최대리

전산세무2급
(실기 + 필기)

최남규 편저

도서출판 최대리

들어가기 전에

1. 본서의 특징
① 최신 기출문제 출제경향을 완벽 반영한 2025년 최신 개정판
② 이론 학습 후 관련 실기를 바로 풀어보며 이론을 정리할 수 있도록 연결하여 집필하였다.
③ 실기 프로그램의 단계적인 학습을 위해 [길라잡이] → [따라하기] → [기출문제]로 전개하였다.
   ㉠ [길라잡이] : 한국세무사회 KcLep(케이렙) 프로그램을 세부 메뉴별로 자세하게 설명하고 있다.
   ㉡ [따라하기] : 책을 보고 순서대로 따라하기만 해도 프로그램을 다룰 수 있도록 작업진행 단계별로 화면을 캡쳐하여 제공하고 있다.
④ 와우패스(wowpass.com)의 합격환급반(합격시 수강료 전액 환급) 또는 와우패스 내일배움카드 과정으로 부담없이 최대리와 함께 공부하실 수 있습니다.

2. 프로그램 다운받아 설치하기

① 한국세무사회 자격시험 홈페이지(http://license.kacpta.or.kr)에 접속하여 좌측 하단에 케이렙(수험용) 다운로드 베너를 클릭하여 프로그램을 바탕화면에 저장하고 더블클릭하여 설치한다.
② 본서(1쇄) 출간 시점 현재의 저장된 파일의 이름은 KcLepSetup_2024.04.19.이다. 추후에 업데이트되면 새로운 버전을 다시 다운받아 설치한다.

※ 설치동영상 : 네이버 카페(최대리 전산회계)의 [도서출판 최대리]>[DATA 자료실]에서 제공 ※

http://cafe.naver.com/choidairi

네이버 카페의 [도서출판 최대리] > [정오표] 게시판을 꼭 확인해 주세요.

일련번호 : account709

전산세무2급 기출문제 해설강의 최대 90강 무료제공 !!

STEP 1.	STEP 2.	STEP 3.
와우패스 홈페이지 접속	핵심용어강의 버튼 클릭	일련번호 입력
검색창에 와우패스 또는 www.wowpass.com 을 입력하세요.	홈페이지 하단 중앙의 「핵심용어강의」를 클릭하세요.	교재에 표시된 일련번호를 입력하세요.

본서를 구입하신 후에도 네이버 카페 최대리 전산회계(http://cafe.naver.com/choidairi)에서 자격시험 및 교재와 관련된 궁금증을 언제든지 도움 받을 수 있으며, 추후에 일부 개정된 내용이 발표되면 네이버 카페 [도서출판 최대리]>[개정 자료실] 게시판에서 관련 자료를 문서로 정리하여 제공해 드리는 사후서비스를 제공하고 있습니다. 최선을 다했으나 미처 발견하지 못한 오류는 없는지 두려움이 남습니다. 부족한 부분은 독자 여러분의 격려와 충고를 통해 계속하여 보완해 나갈 것을 약속드립니다.

본서가 전산회계 자격취득을 희망하는 여러분에게 좋은 지침서가 될 것으로 확신하며, 수험생 여러분의 앞날에 합격의 영광이 있기를 기원합니다.

2025. 3.

최 남 규

최대리 전산세무 2급(실기+필기)

최•대•리•전•산•세•무•회•계

2025년 전산세무 회계자격시험 시행공고

2025년도 시행 국가공인 전산세무회계자격시험과 한국세무사회인증 세무회계자격시험의 시행계획을 다음과 같이 공고합니다.

1. 시험일정

회 별	등 급	인터넷 원서접수	시험일자	합격자 발표
제118회	전 산 세 무 (1·2급) 전 산 회 계 (1·2급)	01.02. ~ 01.08.	02.09(일)	02.27(목)
제119회		03.06. ~ 03.12.	04.05(토)	04.24(목)
제120회		05.02. ~ 05.08.	06.07(토)	06.26(목)
제121회		07.03. ~ 07.09.	08.02(토)	08.21(목)
제122회		08.28. ~ 09.03.	09.28(일)	10.23(목)
제123회		10.30. ~ 11.05.	12.06(토)	12.24(수)

2. 시험시간

종 목	전산세무회계			
등 급	전산세무 1급	전산세무 2급	전산회계 1급	전산회계 2급
시험시간	15:00 ~ 16:30	12:30 ~ 14:00	15:00 ~ 16:00	12:30 ~ 13:30
	90분	90분	60분	60분

3. 시험종목 및 평가범위

종목	등급		평가범위
전산세무회계	전산세무 1급	이 론	재무회계(10%), 원가회계(10%), 세무회계(10%)
		실 무	재무회계 및 원가회계(15%), 부가가치세(15%), 원천제세(10%), 법인세무조정(30%)
	전산세무 2급	이 론	재무회계(10%), 원가회계(10%), 세무회계(10%)
		실 무	재무회계 및 원가회계(35%), 부가가치세(20%), 원천제세(15%)
	전산회계 1급	이 론	회계원리(15%), 원가회계(10%), 세무회계(5%)
		실 무	기초정보의 등록·수정(15%), 거래 자료의 입력(30%), 부가가치세(15%), 입력자료 및 제 장부 조회(10%)
	전산회계 2급	이 론	회계원리(30%)
		실 무	기초정보의 등록·수정(20%), 거래 자료의 입력(40%), 입력자료 및 제 장부 조회(10%)

⇨ 세부적인 평가범위는 홈페이지의 "수험정보"의 "개요 및 요강"란을 참고하기 바람.

4. 시험장소

서울, 부산, 대구, 광주, 대전, 인천, 울산, 춘천, 원주, 안양, 안산, 수원, 평택, 의정부, 청주, 천안, 당진, 포항, 구미, 안동, 창원, 김해, 진주, 전주, 순천, 목포, 제주 등
- 상기지역은 상설시험장이 설치된 지역이나 응시인원이 일정 인원에 미달할 때는 인근지역을 통합하여 실시함.
- 상기지역 내에서의 시험장 위치는 응시원서 접수결과에 따라 시험시행일 일주일 전부터 한국세무사회 홈페이지에 공고함.

5. 시험방법

이론시험(30%)은 객관식 4지 선다형 필기시험으로, 실무시험(70%)는 PC에 설치된 전산세무회계프로그램을 이용한 실기시험으로 함.
⇨ 수험용 프로그램 : 전산세무회계 자격시험용 표준프로그램 KcLep(케이렙)

6. 합격자 결정기준

- 전산세무 1급·2급, 전산회계 1급·2급 : 100점 만점에 70점 이상

7. 응시자격

제한 없음.

8. 원서접수

- 접수기간 : 각 회별 원서접수기간 내 접수
- 접수방법 : 한국세무사회 국가공인자격시험 홈페이지(http://license.kacpta.or.kr)로 접속하여 단체 및 개인별 접수(회원가입 및 사진등록)
- 응시료 납부방법 : 원서접수시 공지되는 입금기간 내에 금융기관을 통한 계좌이체

종 목	전산세무회계			
등 급	전산세무 1급	전산세무 2급	전산회계 1급	전산회계 2급
응시료	30,000원	30,000원	30,000원	30,000원

9. 합격자발표

- 해당 합격자 발표일에 한국세무사회 홈페이지에 공고하며, 자동응답전화(060-700-1921)를 통해 확인할 수 있음.
- 자격증은 홈페이지의 [자격증발급] 메뉴에서 신청가능하며, 취업희망자는 한국세무사회의 인력뱅크를 이용하시기 바람.

10. 기타 사항

기타 자세한 사항은 한국세무사회 자격시험 홈페이지(http://license.kacpta.or.kr)를 참고하거나 전화로 문의바람.

문의 : TEL (02) 521-8398, FAX (02) 521-8396

차례

제1편 재/무/회/계

제1부 기초정보관리
- 제1장 회사등록 … 15
- 제2장 거래처등록 … 18
- 제3장 계정과목 및 적요등록 … 22
- 제4장 전기이월 작업 … 25
    - 제1절 전기분 재무상태표 … 25
    - 제2절 전기분 원가명세서 … 27
    - 제3절 전기분 손익계산서 … 28
    - 제4절 전기분 잉여금처분계산서 … 30
    - 제5절 거래처별 초기이월 … 31

제2부 계정과목별 회계처리
- 제1장 일반전표입력 … 34
- 제2장 유동자산 … 39
    - 제1절 당좌자산 … 39
    - 제2절 재고자산 … 74
- 제3장 비유동자산 … 92
    - 제1절 투자자산 … 92
    - 제2절 유형자산 … 98
    - 제3절 무형자산 … 113
    - 제4절 고정자산등록 … 118
    - 제5절 기타비유동자산 … 125
- 제4장 부채 … 138
    - 제1절 유동부채 … 138
    - 제2절 비유동부채 … 144

제5장 자본 — 155
- 제1절 자본금 — 155
- 제2절 자본잉여금 — 157
- 제3절 자본조정 — 160
- 제4절 기타포괄손익누계액과 이익잉여금 — 163

제6장 손익계산서 계정 — 173
- 제1절 매출액·매출원가 — 173
- 제2절 판매비와관리비 — 174
- 제3절 영업외수익과 비용 — 177

제3부 부가가치세

제1장 부가가치세법 — 198
- 제1절 부가가치세의 기초 — 198
- 제2절 총칙 — 203
- 제3절 과세거래 — 213
- 제4절 공급시기 — 224
- 제5절 영세율과 면세 — 233
- 제6절 과세표준과 세율 — 244
- 제7절 거래징수와 세금계산서 — 252

제2장 매입매출전표 — 264
- 제1절 매출거래 — 268
- 제2절 매입거래 — 283

제3장 부가가치세신고서 — 303
- 제1절 납부세액의 계산 — 303
- 제2절 신고와 납부 — 310
- 제3절 환급 — 310
- 제4절 부가가치세신고서 — 315

제4장 기타의 첨부서류(부속명세서) — 329
- 제1절 대손세액의 처리 — 329
- 제2절 부동산임대용역을 공급하는 경우 — 341
- 제3절 재화의 공급의제 — 353

제4절 의제매입세액공제	359
제5절 재활용폐자원 등에 대한 매입세액공제특례	371
제6절 신용카드매출전표 발행 등에 대한 세액공제	381
제7절 신용카드매출전표 등에 의한 매입세액공제	386
제8절 공제받지 못할 매입세액명세서	392
제9절 수출실적명세서	408

제5장 수정신고 및 가산세 　　　　419

제1절 수정신고	419
제2절 가산세	422

제4부 결산 및 재무제표

제1장 결산의 의의 및 절차　　　　444

제1절 결산의 의의	444
제2절 결산의 절차	444

제2장 결산의 예비절차　　　　446

제1절 시산표의 작성	446
제2절 재고조사표	447
제3절 결산정리분개	448
제4절 결산자료입력	453

제3장 결산의 본절차　　　　457

제1절 손익 계정의 설정	457
제2절 수익·비용 계정의 마감	457
제3절 순손익의 자본 계정 대체	458
제4절 재무상태표 계정의 마감	459

제4장 재무제표 작성　　　　460

제1절 제조원가명세서	461
제2절 손익계산서	462
제3절 이익잉여금 처분계산서	463
제4절 재무상태표	465

제5장 마감후 이월　　　　466

제2편 원/천/징/수

제1장 사원등록	475
제2장 급여자료 입력	496
제1절 수당등록	496
제2절 공제등록	498
제3절 급여자료입력	499
제3장 원천징수이행상황신고서	510
제4장 연말정산	519
제1절 연말정산의 개요	519
제2절 연말정산 추가자료입력	520

제3편 원/가/회/계

제1장 원가계산의 기초	565
제1절 회계의 의의와 분류	565
제2절 원가회계의 의의와 목적	566
제3절 원가의 개념과 분류	568
제4절 원가의 구성	580
제5절 원가의 흐름	583
제6절 원가계산	595
제2장 요소별 원가계산	599
제1절 재료비	599
제2절 노무비	600
제3절 제조경비	601
제4절 제조간접비의 배부	604
제3장 부문별 원가계산	617
제1절 부문별 원가계산의 기초	617
제2절 부문별 원가계산의 절차	618
제4장 제품별 원가계산	628
제1절 개별원가계산	628
제2절 종합원가계산	632

[보론1] 소득세법

- 소득세의 과세방법 (P.654)
- 이자소득과 배당소득의 범위 (P.658)
- 금융소득에 대한 과세방법 (P.659)
- 이자소득의 수입시기 (P.660)
- 사업소득 (P.661)
- 사업소득 총수입금액 (P.662)
- 사업소득 필요경비 (P.663)
- 부동산임대업의 범위 (P.665)
- 주택임대소득에 대한 과세여부 (P.666)
- 근로소득의 수입시기 (P.669)
- 연금소득 (P.670)
- 기타소득 (P.671)
- 결손금과 이월결손금의 공제 (P.675)
- 공제항목별 적용대상자 (P.679)
- 중간예납의무자 (P.681)
- 소득별 원천징수 세율 (P.682)
- 일용근로자에 대한 과세방법 (P.685)
- 과세표준확정신고의 예외 (P.686)
- 소액부징수 (P.688)

[보론2] 전자신고

- 부가가치세 전자신고방법 (P.696)
- 원천징수신고 전자신고방법 (P.702)

제1편 재무회계

제1부 기초정보관리

제2부 계정과목별 회계처리

제3부 부가가치세

제4부 결산 및 재무제표

제1부

기초정보관리

  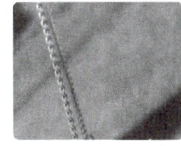

↘ 제1장 회사등록

↘ 제2장 거래처등록

↘ 제3장 계정과목 및 적요등록

↘ 제4장 전기이월 작업

데이터 설치하기...............................

본서를 학습하기 위해서는 다음과 같이 작업할 회사의 데이터를 설치해야 합니다.

> **Notice** 본 작업 전에 프로그램(KcLep)이 설치되어 있어야 합니다(P.2 참조).
> **KcLep 길라잡이**

❶ 네이버 카페 최대리 전산회계(http://cafe.naver.com/choidairi)에 접속한다.

❷ [도서출판 최대리]>[DATA 자료실] 게시판에서 "[2025] 최대리 전산세무2급(실기+필기) Data"의 첨부파일(1)을 바탕화면(또는 본인이 원하는 위치)에 다운받는다.

❸ 다운받은 파일을 마우스 오른쪽 클릭하고 보조창에서 "2025 최대리 전산세무2급(실기+필기...."에 압축풀기(W)를 클릭한다.

❹ 압축이 풀린 폴더를 더블클릭하고 그 속에 숫자 4자리 폴더(2001 ~ 2006)를 복사해서 로컬 디스크(C:)에 KcLepDB > KcLep 폴더 속에 붙여 넣는다.

❺ 케이렙 프로그램을 실행하고 [로그인] 화면 [종목선택]란에 "전산세무2급", [드라이브]란에 "C:₩KcLepDB"를 선택하고 [회사등록]을 클릭한다.

❻ [회사등록] 메뉴에서 상단 툴바의 F4 회사코드재생성 버튼을 클릭한다.

❼ [로그인] 화면의 [회사코드]란에서 [📖]를 클릭하고 「회사코드도움」 보조창에서 "2001.㈜최대리"를 선택하고 [확인(Enter)]을 클릭한다.

※ 도서출판 최대리 홈페이지(http://www.choidairi.co.kr)의 [자료실]>[데이터 자료실]에서도 다운 받을 수 있습니다.

> 데이터 설치하기가 잘 안되시는 분은 네이버 카페의 [도서출판 최대리] > [DATA 자료실] 게시판에서 "[2025] 최대리 전산세무2급(실기+필기) 데이터 설치하기" 동영상을 수강하세요.

제1장 회사등록

[회사등록] 메뉴는 회계처리 하고자 하는 회사를 프로그램에 등록하는 작업으로 프로그램 운영상 가장 먼저 실행해야 하는 작업이다. [회사등록] 메뉴에 입력된 내용은 각종 신고서 및 출력물 등 프로그램 전반에 걸쳐 사용되므로 정확하게 입력해야 한다. 회사등록은 사업자등록증을 보고 입력한다.

KcLep 길라잡이

- 바탕화면에  아이콘을 더블클릭하면 나타나는 화면(이하 "[로그인] 화면"이라 한다)에서 종목선택(전산세무2급)과 드라이브(C:\KcLepDB)를 선택하고, [회사코드]란에서 를 클릭하고 「회사코드도움」 보조창에서 "2001.㈜최대리"를 선택하고 확인(Enter) 을 클릭한다.
- [회계관리]>[재무회계]>[기초정보관리]>[회사등록]을 선택하면 다음과 같은 화면이 나타난다.

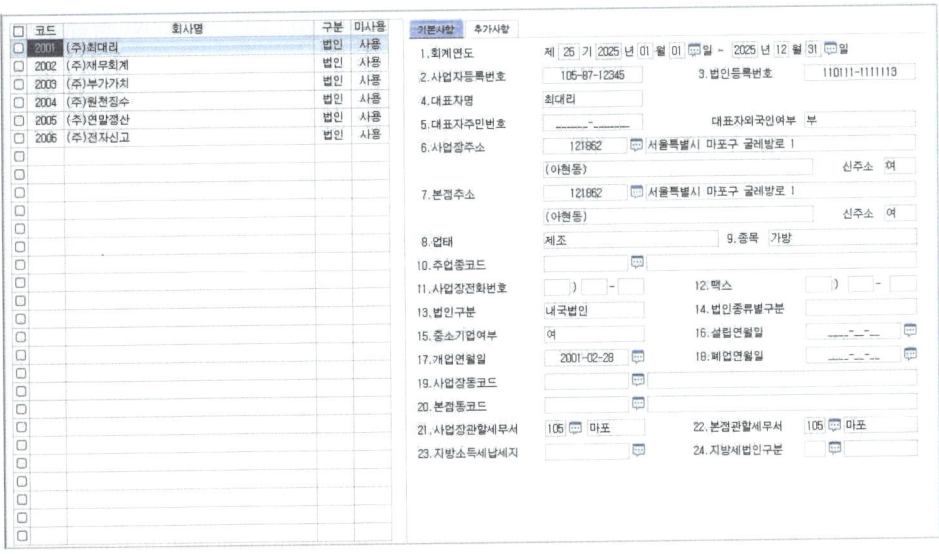

• [회사등록] 화면 •

※ ··· "제1부 기초정보관리" 전체 내용은 전산회계 1·2급 자격시험의 범위이다. 따라서 이미 학습이 되어 있는 것으로 보고, 본서에서는 백업받은 데이터를 보고 해당 메뉴를 간단히 설명만 하기로 한다.

▶ **코드 / 회사명**

등록할 회사의 코드번호를 "101 ~ 9999"까지의 범위 안에서 숫자로 입력하고, 사업자등록증에 기재된 상호명을 입력한다.

▶ **구분**(1:법인, 2:개인)

등록할 회사가 법인인 경우에는 "1:법인"을 선택하고, 개인인 경우에는 "2:개인"을 선택한다. 전산세무 2급 자격시험의 회계처리 대상은 법인사업자이다.

▶ **미사용**(0:사용, 1:미사용)

해당 회사의 사용 여부를 선택한다. 해당 회사를 더 이상 사용하지 않을 경우 "1:미사용"을 선택하면 [로그인] 화면에서 을 클릭해도 조회되지 않는다.

✻ 『기본사항』 탭

1. 회계연도

회사의 기수와 회계연도를 입력한다. [회계연도]란은 회사를 임의로 등록하여 연습하고자 할 경우 회사등록에 필요한 최소한의 내용이므로 반드시 기수와 회계연도를 모두 정확히 입력해야 프로그램이 정상적으로 실행된다.

2. 사업자등록번호 / 3. 법인등록번호 / 4. 대표자명

사업자등록증상의 사업자등록번호와 법인등록번호를 입력한다. 사업자등록증상의 대표자명을 입력한다.

5. 대표자 주민번호 / 대표자 외국인 여부(0.부, 1.여)

대표자가 내국인인 경우에는 주민등록번호를 입력하고, 외국인인 경우에는 외국인등록번호를 입력한다. 대표자의 외국인 여부를 선택한다.

6. 사업장주소 / 7. 본점주소

사업자등록증상의 사업장소재지와 본점소재지를 입력한다. 우편번호와 함께 입력하고자 하는 경우에는 [   ]란에 커서가 위치할 때 를 클릭하거나, 키보드의 F2 키를 누르면 나타나는 「우편번호 검색」 보조창에서 도로명 등을 입력하고 키보드의 Enter↵ 키를 친다. 해당 주소를 찾아 클릭하고 나머지 주소를 입력한다.

8.업태 / 9.종목 / 10.주업종코드

사업자등록증상의 업태와 종목을 입력한다. 전자신고에 수록되는 사업장의 주업종코드를 입력한다. 키보드의 F2 키를 누르면 나타나는 「주업종도움」 보조창의 [전체]란에 업종을 입력하고, 해당 업종을 선택하고 확인(Enter)을 클릭한다.

11.사업장 전화번호 / 12.팩스 / 13.법인구분 / 14.법인종류별구분

전화번호와 팩스번호를 지역번호와 함께 입력한다. 법인의 구분과 종류별 구분을 선택한다.

15.중소기업 여부(0.부, 1.여)

중소기업 여부를 선택한다. [13]란부터 [15]란에 입력된 내용은 전산세무 1급 [법인조정] 메뉴에서 사용하게 된다.

16.설립연월일 / 17.개업연월일 / 18.폐업연월일

법인의 설립 및 개업 연, 월, 일을 입력한다. 사업장 폐업시 폐업 연, 월, 일을 입력한다.

19.사업장동코드 / 20.본점동코드

사업장과 본점의 주소지 법정동코드를 입력한다. 키보드의 F2 키를 누르면 나타나는 「동코드도움」 보조창 상단의 [검색]란에 동명을 입력하고 키보드의 Enter↵ 키를 친다. 해당 동을 선택하고 확인(Enter)을 클릭한다.

21.사업장 관할세무서 / 22.본점 관할세무서

사업장 관할세무서와 본점 관할세무서를 코드번호 세 자리로 입력한다. 키보드의 F2 키를 누르면 나타나는 「세무서도움」 보조창 상단의 [전체]란에 세무서명을 입력하고 확인(Enter)을 클릭한다(위 [사업장동코드]란과 [본점동코드]란을 입력하면 자동 반영됨).

23.지방소득세 납세지

지방소득세 납세지명을 입력한다. 지방소득세(종업원분)의 납세지는 사업장소재지이다(위 [사업장동코드]란을 입력하면 자동 반영됨).

24.지방세 법인구분

지방소득세 법인세분 신고시의 법인의 구분을 선택한다. 키보드의 F2 키를 누르면 나타나는 「지방소득세 법인구분」 보조창에서 법인구분명을 선택하고 확인(Enter)을 클릭한다.

EHCH … 『추가사항』 탭 전체의 내용은 자격시험과 무관하므로 설명을 생략한다.

제 2 장 거래처등록

[거래처등록] 메뉴에는 거래처원장에서 관리하고자 하는 거래처를 등록한다. 등록된 거래처는 [재무회계]>[전표입력]>[일반전표입력] 및 [매입매출전표입력] 메뉴에서 거래 자료 입력 시 [거래처]란 또는 [공급처명]란에 코드번호를 입력해주면 보조원장인 거래처원장이 자동으로 작성된다. 거래처등록은 회사등록과 마찬가지로 거래처의 사업자등록증 사본을 받아 등록하는 것이 가장 정확하지만, 사업자등록증의 내용이 그대로 반영되어 있는 세금계산서나 일반영수증을 보고 입력할 수도 있다.

 KcLep 길라잡이

- [재무회계]>[기초정보관리]>[거래처등록]을 선택하면 다음과 같은 화면이 나타난다.

❶ 『일반거래처』 탭

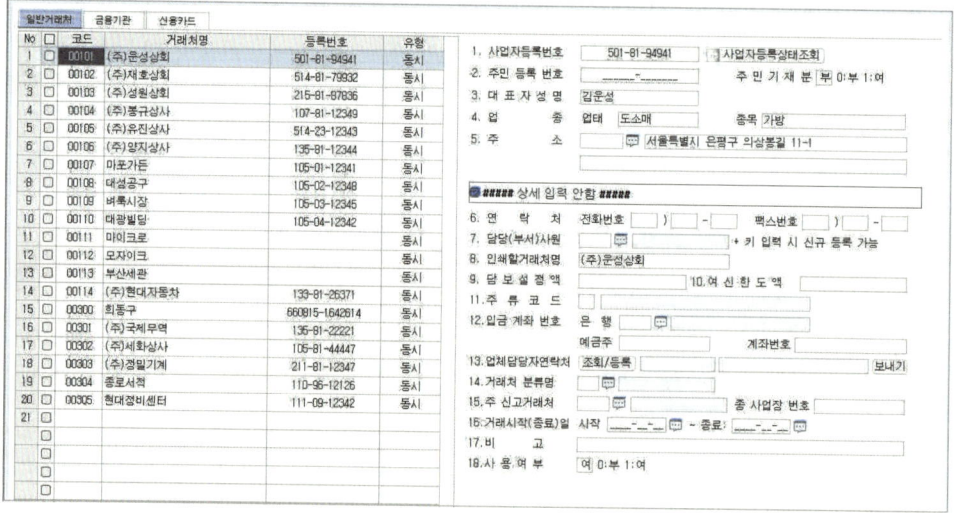

▶ 코드 / 거래처명

"101 ~ 97999"의 범위 내에서 코드번호를 입력한다. 코드범위를 벗어난 숫자를 입력하면 입력되지 않는다(이하 본 메뉴는 모두 동일). 거래처의 사업자등록증상 상호명(비사업자의 경우 성명)을 입력한다.

▶ 등록번호

화면 우측 [사업자등록번호]란 또는 [주민등록번호]란에 입력된 내용이 자동 반영된다.

▶ 유형(1:매출, 2:매입, 3:동시)

거래처의 유형을 선택한다.

1. 사업자등록번호

거래처의 사업자등록번호를 입력한다(잘못 입력된 번호는 적색으로 표시됨).

2. 주민등록번호 / 주민기재분(0:부, 1:여)

거래처가 사업자등록증이 없는 일반인(비사업자)인 경우에는 주민등록번호를 입력하면 우측 [주민기재분]란은 "여"로 입력된다(잘못 입력된 번호는 적색으로 표시됨).

3. 대표자 성명

거래처의 대표자 성명을 입력한다.

4. 업종

거래처의 사업자등록증상의 업태와 종목을 입력한다.

5. 주소

거래처의 사업장소재지를 입력한다. 우편번호와 함께 입력하고자 하는 경우에는 [　　　]란에 커서가 위치할 때 키보드의 F2 키를 누르면 나타나는 「우편번호 검색」 보조창에서 도로명 등을 입력하고 키보드의 Enter↵ 키를 친다. 해당 주소를 찾아 클릭하고 나머지 주소를 입력한다.

> 한마디 … 『일반거래처』 탭의 나머지 내용은 자격시험과 무관하므로 설명을 생략한다.

❷ 『금융기관』 탭

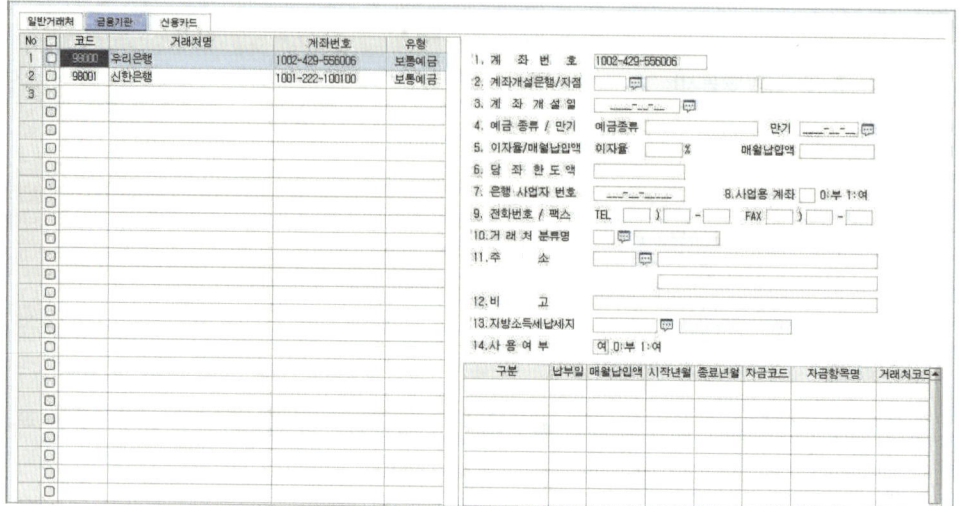

▶ 코드

"98000 ~ 99599"의 범위 내에서 코드번호를 입력한다. 순차적으로 코드번호를 부여하고자 하는 경우에는 98000번은 "0"을 입력하고, 98001번은 "1"을 입력하면 빠르게 입력할 수 있다.

▶ 거래처명

금융기관명을 입력한다.

▶ 계좌번호

화면 우측 [계좌번호]란에 입력된 내용이 자동 반영된다.

▶ 유형(1:보통예금, 2:당좌예금, 3:정기적금, 4:정기예금, 5:기타)

해당 금융기관의 금융상품 유형을 선택한다.

1. 계좌번호

해당 금융상품의 계좌번호를 입력한다.

> 한마디 … 『금융기관』 탭의 나머지 내용은 자격시험과 무관하므로 설명을 생략한다.

❸ 『신용카드』 탭

▶ 코드

"99600 ~ 99999"의 범위 내에서 코드번호를 입력한다. 순차적으로 코드번호를 부여하고자 하는 경우에는 99600번은 "0"을 입력하고, 99601번은 "1"을 입력하면 빠르게 입력할 수 있다.

▶ 거래처명 / 가맹점(카드)번호

카드명(또는 카드사명)을 입력한다. [가맹점(카드)번호]란은 화면 우측에 입력된 내용이 자동 반영된다.

▶ 유형(1:매출, 2:매입)

[거래처명]란이 카드인 경우 "2:매입"을 선택하고, [거래처명]란이 카드사인 경우 "1:매출"을 선택한다.

1.사업자등록번호 / 2.가맹점번호 / 3.카드번호(매입)

[유형]란이 "1:매출"인 경우 카드사의 사업자등록번호와 가맹점번호를 입력하고, [유형]란이 "2:매입"인 경우 카드사의 사업자등록번호와 카드번호를 입력한다.

> 한마디 … 『신용카드』 탭의 나머지 내용은 자격시험과 무관하므로 설명을 생략한다.

[참고] 거래처 삭제 및 변경
　등록된 거래처를 삭제하고자 할 때는 해당 거래처에 커서를 놓고 키보드의 F5 키를 누르면 나타나는 대화창에서 예(Y)를 클릭한다. 한번 등록된 거래처의 코드번호는 변경할 수 없으며 거래처명은 변경할 수 있다. 실무상 거래처의 코드번호를 변경해야 할 일이 발생하였다면 [재무회계]>[데이터관리]>[기타코드변환(거래처코드변환)] 메뉴를 이용하면 된다. 다만, 자격시험에서는 이러한 기능을 사용하지 않으므로 거래처 등록시 코드번호가 잘못 입력된 경우에는 삭제하고 다시 입력한다.

[참고] 삭제된 데이터 복구 및 완전삭제
　삭제된 거래처를 복구하고자 할 경우에는 상단 툴바의 CF5 삭제된데이타 를 클릭하면 나타나는 「삭제된 거래처관리」 보조창에서 복구할 거래처를 선택하고 데이터 복구(F4) 를 클릭하고 보조창에서 예(Y) 를 클릭한다. 삭제된 데이터를 완전히 삭제하고자 하는 경우에는 「삭제된 거래처관리」 보조창에서 완전히 삭제할 거래처를 선택하고 휴지통 비우기(F5) 를 클릭하고 대화창에서 예(Y) 를 클릭한다.

제 3 장 계정과목 및 적요등록

[계정과목 및 적요등록] 메뉴는 기본적으로 등록되어 있는 계정과목 이외에 회사에서 사용할 계정과목을 추가로 등록하거나, 거래 자료 입력시 빈번히 사용되는 적요를 미리 등록하여 입력의 편의와 능률향상을 도모하기 위함이다. 일반적으로 사용되는 계정과목과 적요가 이미 등록되어 있는 상태이므로 기업이 수행하는 경영활동의 성격, 기업의 규모에 따라 필요한 계정과목과 적요를 추가로 등록하면 된다. 계정과목은 시스템 전반에 영향을 미치므로 프로그램을 처음 사용하는 시점에서 정확하게 설정하여야 한다.

 KcLep 길라잡이

- [재무회계]>[기초정보관리]>[계정과목 및 적요등록]을 선택하면 다음과 같은 화면이 나타난다.

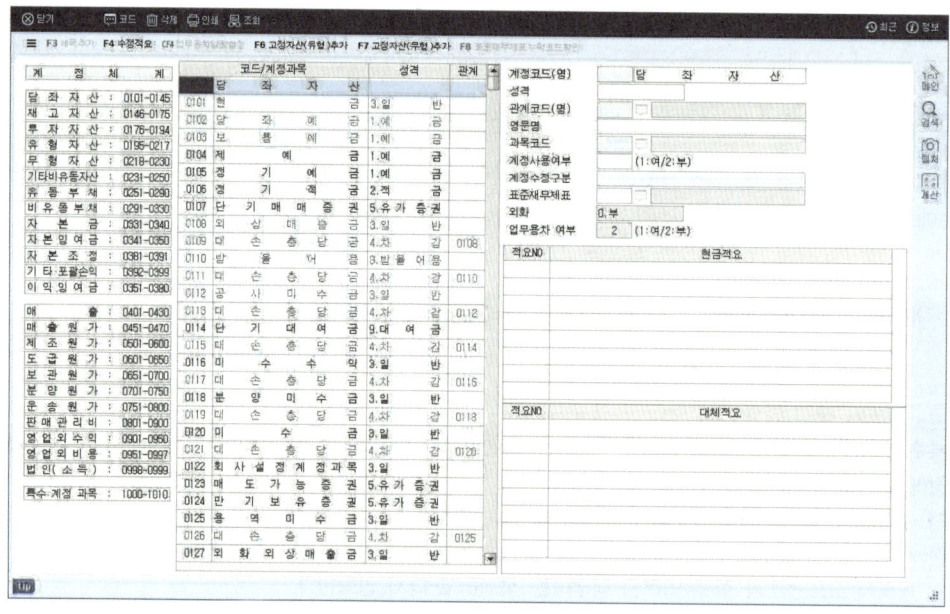

• [계정과목 및 적요등록] 화면 •

▶ 계정체계

계정과목 코드번호는 101번부터 999번(특수 계정과목은 제외)으로 구성되어 있는데, [계정체계]란은 계정과목 코드번호가 어떤 순서로 정리되어 있는지를 보여준다. [계정체계]란의 항목 중 어느 하나를 선택(예 재고자산)하면 [코드/계정과목]란이 해당 항목(146.상품 ~)부터 표시되는 형태로 바뀐다.

▶ 코드/계정과목

본 프로그램은 일반기업회계기준에서 예시하는 계정과목(통합계정)이 아니라 실무에서 사용하는 관리적 측면의 구체적인 계정과목이 등록되어 있다. 예를 들어, 일반적인 상거래에서 발생된 외상매출금과 받을어음은 매출채권으로 재무상태표에 표시되어야 함이 일반기업회계기준의 원칙이다. 그러나 실무에서 매출채권이라는 통합계정을 사용한다면 관리적인 측면에서 문제가 많을 것이다. 따라서 본 프로그램에서는 실제 사용시에는 구체적인 계정과목(외상매출금, 받을어음)을 사용하고, 외부보고용 재무상태표(제출용) 작성시에는 일반기업회계기준에서 예시한 통합계정으로 자동 표시되는 형식을 취하고 있다.

▶ 성격

성격은 해당 계정과목의 프로그램상 특성이다. 전산으로 재무제표를 자동 작성하기 위해서는 각 계정과목이 갖는 특성을 설정해 주어야 할 필요가 있다. 이미 등록된 계정과목들에 대해서는 정확하게 선택되어 있으므로 변경하지 말고 그대로 사용하면 된다.

▶ 관계

계정과목 상호간의 관계를 설정하여 전산으로 자동분개 및 재무제표를 자동으로 작성하게 해주는 것이다. 이미 정확하게 선택되어 있으므로 변경하지 말고 그대로 사용하면 된다.

[참고] 계정과목 검색 기능

키보드의 F2 키를 누르고 「찾기」 보조창에서 찾을 내용을 두 글자 이상 입력하고 Enter↵ 키를 치면 해당 글자가 포함된 계정과목으로 커서가 이동한다. Enter↵ 키를 계속치면서 찾고자 하는 계정과목으로 이동한다.

계정과목 등록 및 수정

1. **신규등록** : 신규로 등록하고자 하는 계정과목의 성질(자산, 부채, 자본 등)을 파악하고 좌측 [계정체계]란의 항목 중 해당 항목(당좌자산, 재고자산 등)을 클릭하여 이에 맞는 계정체계 범위를 조회한다. 해당 번호내의 "사용자설정계정과목"을 선택하고 화면 우측 [계정코드(명)]란에 커서를 놓고 덧씌워 입력한다.

2. **수정등록** : 이미 등록되어 있는 계정과목의 이름을 수정하고자 하는 경우에는 해당 계정과목을

선택하고 화면 우측 [계정코드(명)]란에 커서를 놓고 덧씌워 입력한다. 해당 계정과목으로 빠르게 이동하기 위해서는 [코드]란에 커서를 놓고 해당 코드번호를 직접 입력하면 자동으로 이동된다. 빨간색 계정과목은 프로그램운영상 특수한 성격이 있으므로 수정하지 않는 것이 바람직하다. 실무상 부득이하게 수정해야 할 경우에는 해당 계정과목에 커서를 놓고 키보드의 Ctrl 키를 누른 상태에서 F2 키를 누르면 우측 [계정코드(명)]란이 활성화 되어 덧씌워 입력이 가능하다.

적요란 거래내역을 간략하게 요약한 일종의 메모이다. 이는 전표 출력시에 해당 분개에 대한 간략한 내용을 제공함으로써 거래의 내용을 자세히 알 수 있게 해주는 역할을 한다. "811.복리후생비"의 적요를 예시하면 다음과 같다.

적요NO	현금적요
1	일 숙직비 지급
2	직원식대및차대 지급
3	직원야유회비용 지급
4	직원식당운영비 지급
5	직원회식대 지급
6	회사부담 국민건강보험료 지급
7	임직원경조사비 지급
8	임직원피복비 지급

적요NO	대체적요
1	직원식당운영비 대체
2	직원회식대 미지급

▶ 현금적요

[재무회계]>[전표입력]>[일반전표입력]에서 거래 자료 입력시 [구분]란에서 "1.출금" 또는 "2.입금"을 선택하면 하단에 나타나는 적요로서, 이미 기본적인 내용이 등록되어 있으며 추가등록 및 수정시에는 해당란에 커서를 놓고 해당 내용을 직접 입력한다.

▶ 대체적요

[재무회계]>[전표입력]>[일반전표입력]에서 거래 자료 입력시 [구분]란에서 "3.차변" 또는 "4.대변"을 선택하면 하단에 나타나는 적요로서, 이미 기본적인 내용이 등록되어 있으며 추가등록 및 수정시에는 해당란에 커서를 놓고 해당 내용을 직접 입력한다.

[참고] 고정적요

"146.상품"이나 "813.기업업무추진비" 등을 선택하면 고정적요가 나타난다. 고정적요는 프로그램운영상 특수한 기능이 있으므로 수정할 수 없다.

제 4 장 전기이월 작업

전기이월 작업은 본 프로그램으로 전기에 결산을 하고 [재무회계]>[전기분 재무제표]>[마감후 이월]에서 마감작업을 하면 자동으로 반영되므로 작업할 필요가 없다. 하지만 계속사업자가 당기에 프로그램을 처음 사용하는 경우에는, 전기에 대한 자료가 없기 때문에 결산이 완료된 전기분 재무상태표 등을 보고 입력하여 전기의 자료를 이월 받는 것이다.

제1절 전기분 재무상태표

[전기분 재무상태표] 메뉴는 전기분 재무상태표를 보고 입력한다. 입력된 자료는 각 계정과목별로 전기 잔액을 이월시킴과 동시에 ① 비교식 재무상태표의 작성, ② [전기분 손익계산서]의 기말상품재고액과 기말제품재고액의 표시, ③ [전기분 원가명세서]의 기말원재료재고액과 기말재공품재고액의 표시, ④ [거래처별 초기이월]에 기초자료를 제공한다.

 **KcLep 길라잡이**

- [재무회계]>[전기분 재무제표]>[전기분 재무상태표]를 선택하면 다음 화면이 나타난다.

• [전기분 재무상태표] 화면 •

▶ **자산 / 부채 및 자본**

화면 왼쪽(차변)에는 자산항목만 입력 및 조회가 가능하고, 화면 오른쪽(대변)에는 부채 및 자본항목만 입력 및 조회가 가능하도록 구성되어 있다.

▶ **코드 / 계정과목 / 금액**

전기분 재무상태표를 보고 계정과목 코드번호 세 자리와 금액을 입력한다. 금액 입력시 키보드의 플러스키(+)를 누르면 1,000원 단위로 입력되므로 이를 이용하면 빠르게 입력할 수 있다. 계정과목 코드번호를 모를 경우 입력하는 방법은 다음과 같다.

[방법1] [코드]란에 커서를 놓고 키보드의 F2 키를 누르고 「계정코드도움」 보조창의 [전체]란에 입력하고자 하는 계정과목명 두 글자(⑩ 외상) 또는 그 이상(⑩ 외상매출금)을 입력하면 해당 글자가 포함되어 있는 모든 계정과목명이 조회된다. 이 때 해당 계정과목으로 커서를 옮기고 키보드의 Enter 키를 치거나 확인(Enter)을 클릭한다.

[방법2] [코드]란에 커서를 놓고 입력하고자 하는 계정과목명 두 글자(⑩ 외상) 또는 그 이상(⑩ 외상매출금)을 입력하고 키보드의 Enter 키를 치면 「계정코드도움」 보조창에 해당 글자가 포함되어 있는 모든 계정과목명이 조회된다. 이 때 해당 계정과목으로 커서를 옮기고 키보드의 Enter 키를 치거나 확인(Enter)을 클릭한다.

▶ **퇴직급여충당부채(295) / 퇴직연금충당부채(329)**

화면 오른쪽(대변)에 "295.퇴직급여충당부채" 또는 "329.퇴직연금충당부채"를 입력하면 원가별로 나누어 입력할 수 있도록 화면 하단이 활성화된다.

▶ **계정별 합계**

계정과목별로 좌측에 입력된 내용을 반영하여 자동 표시해 주는 계정별 합계액이다.

▶ **대차차액**

입력된 자료가 왼쪽(차변)이 크면 차액만큼 양수(+)로 표시되고, 오른쪽(대변)이 크면 차액만큼 음수(-)로 표시된다. 작업이 완료되면 대차차액이 발생해서는 안된다.

[참고] 전기분 재무상태표 입력시 유의사항
① 계정과목의 코드와 금액은 차변·대변 구분 없이 모두 양수(+)로 입력하며, 각종 충당금 및 결손금 등의 경우 계정과목 [성격]란에 "4.차감"으로 입력되어 있으므로 금액 입력시 음수(-)로 입력하지 않도록 주의한다.
② 본 메뉴를 종료하면 입력된 자료는 코드번호 순서대로 자동 정렬이 되므로 입력에는 순서가 없다. 그러므로 입력하던 도중 하나의 계정과목이 빠진 경우에는 위에 입력된 내용을 삭제하지 않고 가장 아래에 입력하면 된다.
③ 입력된 코드 및 금액을 삭제하고자 하는 경우에는 해당 코드에 커서를 놓고 키보드의 F5 키를 누르고

Enter↵ 키를 치거나 를 클릭한다. 모든 메뉴에서 입력된 자료의 삭제는 이와 동일하다.
④ 차감적 평가계정(대손충당금, 감가상각누계액)은 해당 계정과목의 바로 아래에 있는 계정과목의 코드번호를 선택해야 한다. 예를 들면, "108.외상매출금"의 대손충당금은 바로 아래에 있는 "109.대손충당금"을 선택해야 하며, "110.받을어음"의 대손충당금은 "111.대손충당금"을 선택해야 한다.
⑤ 재무상태표에는 이익잉여금처분전의 재무상태를 표시하여야 한다. 다만 프로그램에서는 "377.미처분이익잉여금"이 아닌 "**375.이월이익잉여금**"으로 입력해야 함에 주의한다. 이는 프로그램의 특성이다.

제2절 전기분 원가명세서

[전기분 원가명세서] 메뉴는 전기분 원가명세서를 보고 입력한다. 입력된 자료는 비교식 원가명세서의 전기분 자료를 제공하게 된다.

KcLep 길라잡이

- [재무회계]>[전기분 재무제표]>[전기분 원가명세서]를 선택하면 다음과 같은 화면이 나타난다.

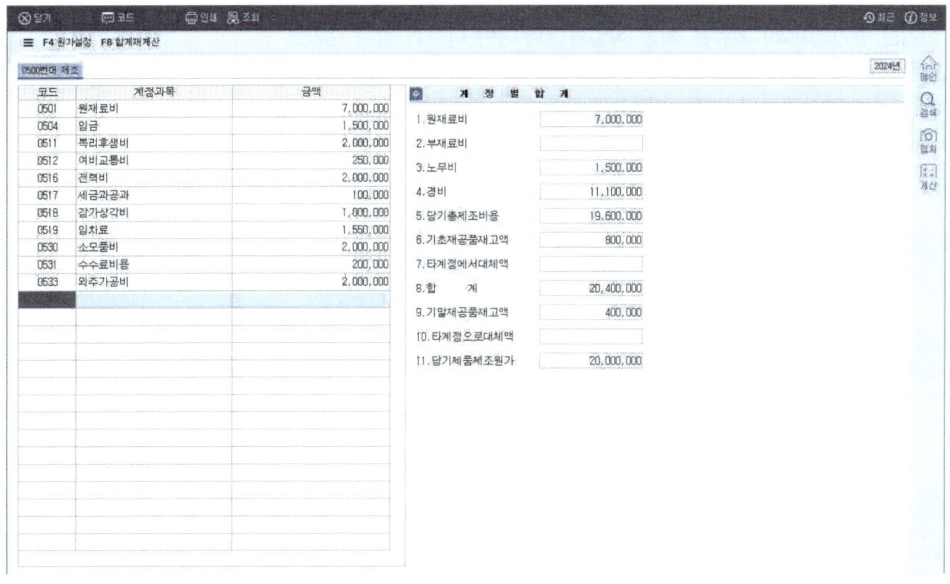

• [전기분 원가명세서] 화면 •

▶ 코드 / 계정과목 / 금액

전기분 원가명세서를 보고 계정과목 코드번호 세 자리를 입력하고 금액을 입력한다. 계정과목

코드번호와 금액을 입력하는 방법은 [전기분 재무상태표] 메뉴에서 설명한 내용과 동일하다.

▶ **원재료비의 입력방법**

[코드]란에 "501.원재료비"를 입력하면 「원재료」 보조창이 나타난다. 이곳에 기초원재료재고액과 당기원재료매입액 등을 입력하고 키보드의 Enter↵ 키를 계속치고 진행한다. 기말원재료재고액은 [전기분 재무상태표] 메뉴에서 "153.원재료"로 입력한 금액이 자동 반영되어 표시되므로 본 메뉴에서는 입력할 수 없다. 원재료비는 기초원재료재고액과 당기원재료매입액을 합한 금액에서 기말원재료재고액을 차감한 금액이 자동으로 표시된다.

▶ **재공품재고액의 입력방법**

기초재공품재고액이 있는 경우에는 화면 우측 계정별합계의 [기초재공품재고액]란에 직접 입력하며, [기말재공품재고액]란은 [전기분 재무상태표] 메뉴에서 "169.재공품"으로 입력된 금액이 자동 반영되어 표시되므로 본 메뉴에서는 입력할 수 없다.

▶ **계정별 합계**

계정과목별로 좌측에 입력된 내용을 반영하여 자동 표시해 주는 계정별 합계액이다.

> [참고] 원가설정
> **[전기분 원가명세서]** 메뉴를 처음 작업할 경우에는 다음과 같은 순서로 원가를 설정해야 한다.
> ① 제조업의 매출원가코드 "455.제품매출원가"를 선택하고 편집(Tab) 을 클릭한다.
> ② [사용여부]란에서 "1.여"를 선택하고 선택(Tab) 을 클릭한다.
> ③ 확인(Enter) 을 클릭한다.

제3절 전기분 손익계산서

[전기분 손익계산서] 메뉴는 전기분 손익계산서를 보고 입력한다. 입력된 자료는 비교식 손익계산서의 전기분 자료를 제공하게 된다.

KcLep 길라잡이

- [재무회계]>[전기분 재무제표]>[전기분 손익계산서]를 선택하면 다음과 같은 화면이 나타난다.

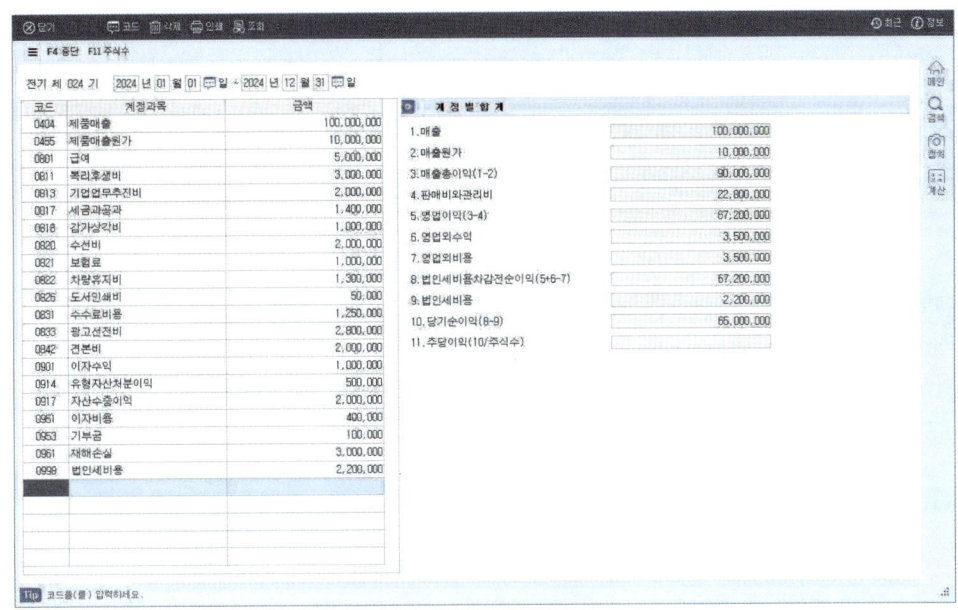

• [전기분 손익계산서] 화면 •

▶ 코드 / 계정과목명 / 금액

전기분 손익계산서를 보고 계정과목 코드번호 세 자리와 금액을 입력한다. 계정과목 코드번호와 금액을 입력하는 방법은 [전기분 재무상태표] 메뉴에서 설명한 내용과 동일하다.

▶ 제품매출원가의 입력방법

[코드]란에 "455.제품매출원가"를 입력하면 「매출원가」 보조창이 나타난다. 이곳에 기초제품재고액과 당기제품제조원가 등을 입력하고 키보드의 Enter 키를 계속치고 진행한다. 기말제품재고액은 [전기분 재무상태표] 메뉴에서 "150.제품"으로 입력한 금액이 자동 반영되어 표시되므로 본 메뉴에서는 입력할 수 없다. 따라서 본 메뉴 작업 전에 반드시 [전기분 재무상태표] 메뉴를 먼저 작업해야 한다. 제품매출원가는 기초제품재고액과 당기제품제조원가를 합한 금액에서 기말제품재고액을 차감한 금액이 자동으로 표시된다.

▶ 계정별 합계

계정과목별로 좌측에 입력된 내용을 반영하여 자동 표시해 주는 계정별 합계액이다.

제4절 전기분 잉여금처분계산서

[전기분 잉여금처분계산서] 메뉴는 전기분 이익잉여금처분계산서를 보고 입력한다. 입력된 자료는 비교식 이익잉여금처분계산서의 전기분 자료를 제공하게 된다.

KcLep 길라잡이

- [재무회계]>[전기분 재무제표]>[전기분 잉여금처분계산서]를 선택하면 다음과 같은 화면이 나타난다.

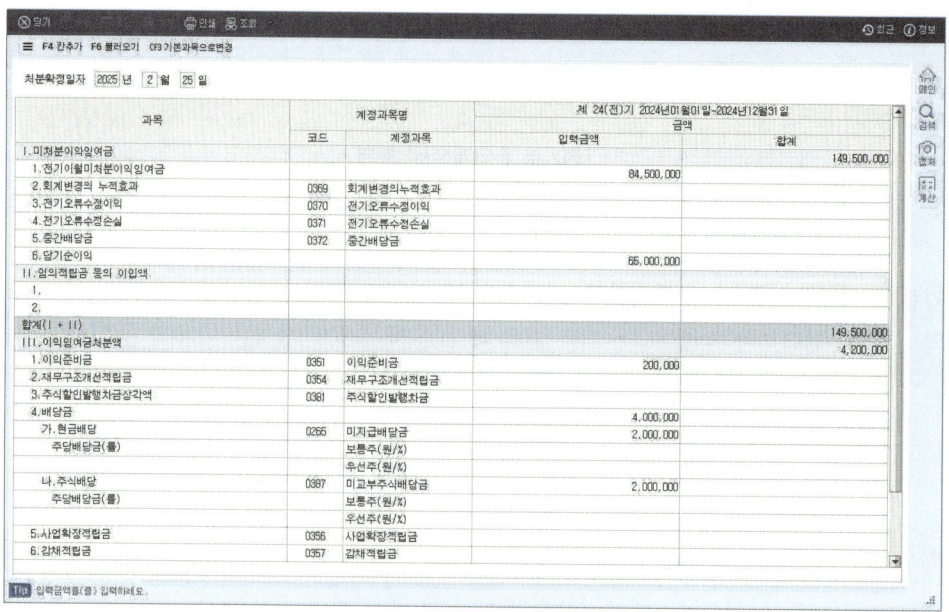

• [전기분 잉여금처분계산서] 화면 •

참고 전기분 잉여금처분계산서 입력시 유의사항
① [당기순이익]란은 [전기분 손익계산서] 메뉴에서 자동 반영되며 수정도 가능하다.
② 프로그램에 기본적으로 제시된 항목 이외에 추가로 등록할 사항이 있는 경우에는 상단 툴바의 F4 칸추가 를 클릭하여 항목을 추가로 설정할 수 있다. F4 칸추가 는 커서가 [당기순이익]란, [II.임의적립금 등의 이입액]란 아래칸, [IV.차기이월미처분이익잉여금]란에 위치한 경우에만 활성화 된다.
③ 전기이월미처리결손금은 [전기이월미처분이익잉여금]란에 음수(-)로 입력하고, 당기순손실은 [당기순이익]란에 음수(-)로 표시된다.

제5절 거래처별 초기이월

[거래처별 초기이월] 메뉴는 거래처원장에 각 거래처별로 전기이월 자료를 제공하기 위하여 입력하는 메뉴이다. [재무회계]>[장부관리]>[거래처원장]에서는 전기이월 자료를 직접 입력할 수 없기 때문에 [거래처별 초기이월] 메뉴에서 거래처원장에서 관리하고자 하는 계정과목별로 각 거래처별 전기이월 금액을 입력하는 것이다.

KcLep 길라잡이

• [재무회계]>[전기분 재무제표]>[거래처별 초기이월]을 선택하고 상단 툴바의 F4 불러오기 를 클릭하여 [전기분 재무상태표] 메뉴에서 작업한 내용을 불러온다.

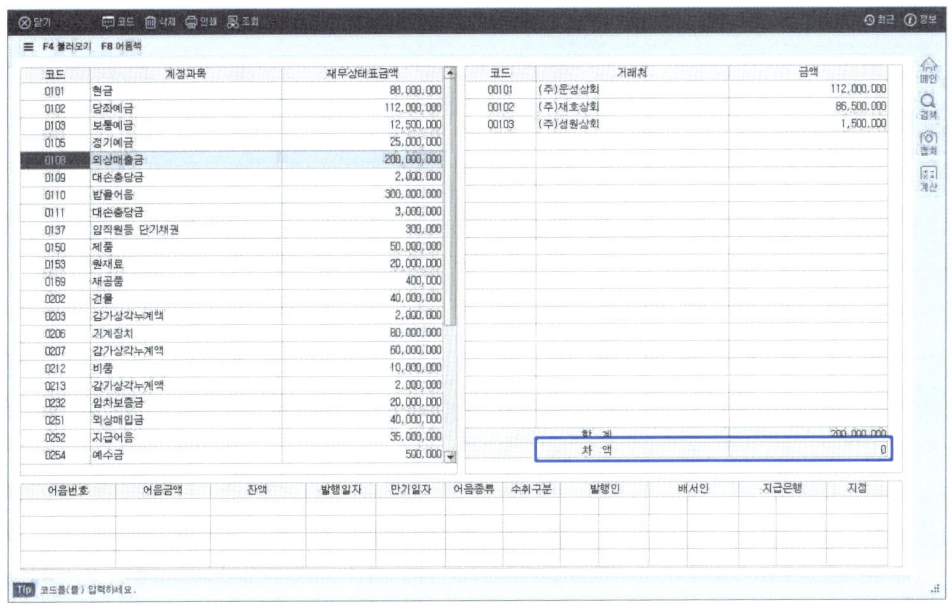

• [거래처별 초기이월] 화면 •

▶ 코드 / 거래처 / 금액

기초자료를 참고하여 거래처원장에서 관리하고자 하는 계정과목을 선택하고, 화면 우측 [코드]란에 커서를 놓고 키보드의 F2 키를 눌러 「거래처도움」 보조창에서 해당 거래처를 선택하고 확인(Enter) 을 클릭한다. 각 거래처별로 전기이월 금액을 입력하여 화면 우측 하단 [차액]란에 금액이 없도록 한다.

memo

제2부

계정과목별 회계처리

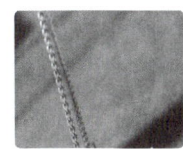

↘ 제1장 일반전표입력

↘ 제2장 유동자산

↘ 제3장 비유동자산

↘ 제4장 부채

↘ 제5장 자본

↘ 제6장 손익계산서 계정

제 1 장 일반전표입력

[일반전표입력] 메뉴는 회계상의 거래가 발생하면 증빙서류 등을 보고 프로그램이 요구하는 형식에 맞추어 입력하는 메뉴이다. 입력된 자료는 자동으로 정리, 분류, 집계되어 [분개장] 및 [총계정원장] 등의 메뉴에서 필요한 내용을 조회 및 출력을 할 수 있게 한다.

 KcLep 길라잡이

- [재무회계]>[전표입력]>[일반전표입력]을 선택하면 다음과 같은 화면이 나타난다.

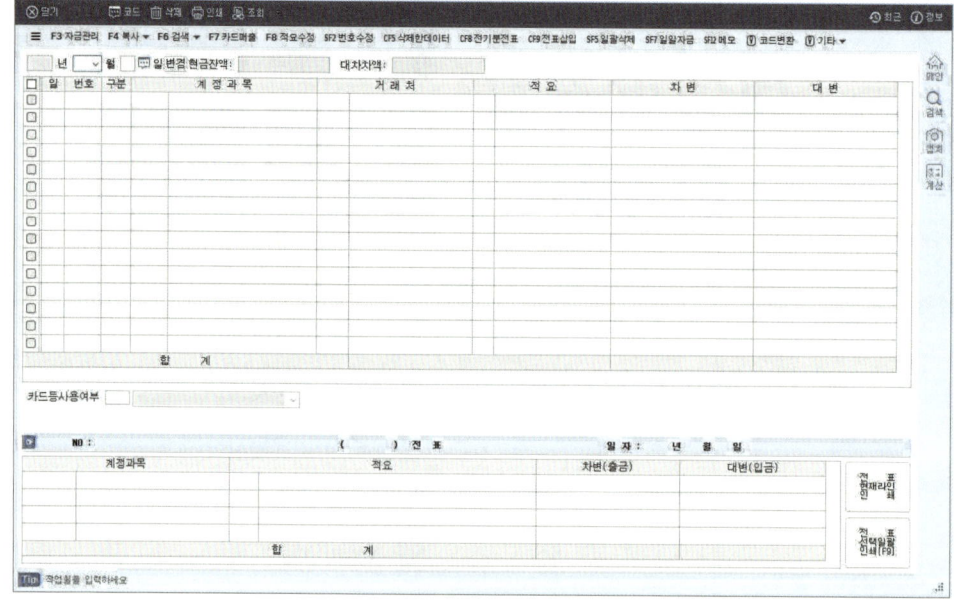

• [일반전표입력] 화면 •

▶ 월

거래가 발생한 월을 입력한다.

[참고] 현금잔액

  [현금잔액]란에 표시된 금액은 [전기분 재무상태표] 메뉴에서 현금으로 입력한 금액이며, 전기말 현금잔액이 당기의 기초현금으로 표시되는 것이다.

▶ 일

거래가 발생한 일을 입력한다. [일]란은 상황에 따라 두 가지 방법으로 입력할 수 있다.

[방법1] 상단의 [월]란에는 "월"을 입력하고 [일]란에는 "일"을 입력한다. 그 다음 [일]란에는 상단에 입력한 일이 자동 표시되는 방법이다. 이 방법은 동일한 화면 내에서 하루 동안의 거래를 연속적으로 입력하는 방법이다.

[방법2] 상단의 [월]란에는 "월"을 입력하고 [일]란에서 Enter↵ 키를 치고 진행하여 [일]란은 입력하지 않는다. 그 다음 [일]란에 "일"을 입력하면서 작업하는 방법이다. 이 방법은 동일한 화면 내에서 한 달 동안의 거래를 연속적으로 입력하는 방법이다. 자격시험에서는 문제에 제시된 상황에 따라 빨리 입력 및 조회할 수 있는 방법을 사용하면 된다.

▶ 번호

전표번호를 말하는데, 이는 "00001"부터 일자별로 자동 부여되며, 일자가 바뀌면 새로이 "00001"부터 부여된다. 즉, 1월 1일의 첫 번째 전표를 입력하면 차변과 대변이 일치할 때까지 계속하여 "00001"번이 부여된다. 1월 1일의 두 번째 전표를 입력하면 차변과 대변이 일치할 때까지 "00002"번이 부여된다. 1월 2일 또는 2월 1일처럼 일이나 월을 바꾸어 첫 번째 전표를 입력하면 차변과 대변이 일치할 때까지 "00001"번이 부여되는 방식으로 진행된다.

[참고] 전표번호가 잘못 부여된 경우

전표번호는 자동부여 되므로 커서가 들어가지 않도록 구성되어 있다. 그러나 전표를 잘못 입력하여 하나의 전표가 서로 다른 번호로 부여된 경우에는 상단 툴바의 [SF2번호수정]을 클릭하고 [번호]란에 커서를 놓고 직접 번호를 부여하여 수정한다. 번호를 수정한 후에는 다시 [SF2번호수정]을 클릭하여 원래의 모드로 복귀한다.

▶ 구분

전표의 구분을 입력한다. 해당란에 커서가 위치하면 화면 하단 메시지창에 아래와 같은 도움말이 나타난다. [구분]란은 숫자로 입력한다.

> 1.출금,   2.입금,   3.차변,   4.대변,   5.결산차변,   6.결산대변

[1.출금] 출금전표를 의미하는 것으로 현금 감소의 거래일 때 선택한다. 현금 감소의 거래이기 때문에 대변에 자동으로 현금 계정이 표시되므로 차변 계정과목만 선택하면 된다. 이 경우 차변 계정과목은 현금 계정이 될 수 없으므로 "101.현금"은 입력되지 않는다.

(차) <u>입력해야 할 계정과목</u>   ××× / (대) 현금   ×××

[2.입금] 입금전표를 의미하는 것으로 현금 증가의 거래일 때 선택한다. 현금 증가의 거래이기 때문에 차변에 자동으로 현금 계정이 표시되므로 대변 계정과목만 선택하면 된다. 이 경우 대변 계정과목은 현금 계정이 될 수 없으므로 "101.현금"은 입력되지 않는다.

(차) 현금 ××× / (대) 입력해야 할 계정과목 ×××

[3.차변] 대체전표를 의미하는 것으로 현금이 포함되지 않은 거래이거나 또는 현금이 일부
[4.대변] 만 포함된 경우에 선택하며 차변과 대변의 계정과목을 모두 선택한다.

(차) 입력해야 할 계정과목 ××× / (대) 입력해야 할 계정과목 ×××

한마디 … 현금의 증감거래라고 해서 반드시 "1.출금"이나 "2.입금"을 선택해서 입력해야 하는 것은 아니고 "3.차변"과 "4.대변"을 이용하여 입력해도 그 결과만 동일하면 상관없다. "5.결산차변"과 "6.결산대변"은 기말에 결산정리분개를 [결산자료입력] 메뉴를 이용하여 자동으로 할 때 나타나는 것으로 성격은 "3.차변"과 "4.대변"과 동일하다.

▶ 계정과목

해당 거래의 계정과목은 코드번호의 입력 또는 선택으로 이루어진다. 계정과목 코드번호를 입력 또는 선택하면 [계정과목]란은 자동으로 표시된다. 계정과목 코드번호를 모를 경우 입력하는 방법은 다음과 같다.

[방법1] [코드]란에 커서를 놓고 입력하고자 하는 계정과목명 두 글자(예 외상)를 입력하고, 키보드의 [Enter↵] 키를 치면 「계정코드도움」 보조창에 해당 글자가 포함되어 있는 모든 계정과목명이 조회된다. 이 때 해당 계정과목으로 커서를 옮기고 키보드의 [Enter↵] 키를 치거나 [확인(Enter)]을 클릭한다.

[방법2] [코드]란에 커서를 놓고 키보드의 [F2] 키를 누르고 「계정코드도움」 보조창의 [전체]란에 입력하고자 하는 계정과목명 두 글자(예 외상) 또는 그 이상(예 외상매출금)을 입력하면 해당 글자가 포함되어 있는 모든 계정과목명이 조회된다. 이 때 해당 계정과목으로 커서를 옮기고 키보드의 [Enter↵] 키를 치거나 [확인(Enter)]을 클릭한다.

▶ 거래처

해당 거래의 거래처는 코드번호의 입력 또는 선택으로 이루어진다. 거래처의 코드번호를 입력하면 [거래처]란은 자동으로 표시된다. 실무에서는 거래처원장에서 관리할 필요가 있는 거래처는 모두 코드번호를 입력해야 하며, 거래처원장에서 관리할 필요가 없는 거래처는 코드번호를 입력하지 않고 [거래처]란에 이름만 직접 입력하면 된다. 단, 자격시험에서는 채권(외

상매출금, 받을어음 등)·채무(외상매입금, 지급어음 등)와 관련된 계정과목들은 별도의 제시가 없어도 반드시 거래처의 코드번호를 입력해야 하며, 나머지 계정과목은 별도의 제시가 없으면 입력하지 않아도 된다. 거래처 코드번호를 모를 경우 입력하는 방법은 다음과 같다.

[방법1] [코드]란에 커서를 놓고 키보드의 플러스키(+)를 누르거나 또는 숫자 "00000"을 입력하고 거래처명 두 글자(예 마포) 또는 그 이상(예 마포가든)을 입력하고 [Enter↵] 키를 치면 「거래처도움」 보조창에 해당 글자가 포함되어 있는 모든 거래처가 조회된다. 이 때 해당 거래처로 커서를 옮기고 키보드의 [Enter↵] 키를 치거나 [확인(Enter)]을 클릭한다.

[방법2] [코드]란에 커서를 놓고 키보드의 F2 키를 누르고 「거래처도움」 보조창의 [전체]란에 입력하고자 하는 거래처명 두 글자(예 마포) 또는 그 이상(예 마포가든)을 입력하면, 해당 글자가 포함되어 있는 모든 거래처가 조회된다. 이 때 해당 거래처로 커서를 옮기고 키보드의 [Enter↵] 키를 치거나 [확인(Enter)]을 클릭한다.

[방법3] [코드]란에서 거래처명 두 글자(예 마포)를 입력하고 키보드의 [Enter↵] 키를 치면, 「거래처도움」 보조창에 해당 글자가 포함된 모든 거래처가 조회된다. 이 때 해당 거래처로 커서를 옮기고 키보드의 [Enter↵] 키를 치거나 [확인(Enter)]을 클릭한다. 이 방법이 거래처를 가장 빠르게 입력하는 방법이다.

▶ **적요**

거래내용을 간단하게 입력하여 전표에 표시해 주는 부분으로, 등록된 적요의 내용 중 적당한 것을 선택하여 숫자로 입력한다. 적당한 내용이 없는 경우에는 해당 내용을 직접 입력한다. 자격시험에서는 적요의 등록을 요구하는 경우에만 입력한다.

▶ **차변 / 대변**

거래금액을 입력한다. [구분]란이 "1.출금"과 "3.차변"인 경우에는 [차변]란에 입력되며, [구분]란이 "2.입금"과 "4.대변"인 경우에는 [대변]란에 입력된다. 금액 입력시 키보드의 플러스키(+)를 누르면 1,000원 단위로 입력되므로 이를 이용하면 빠르게 입력할 수 있다.

[참고] 데이타 정렬방식

전표를 입력한 후 [**일반전표입력**] 메뉴를 종료하고 다시 들어가 보면 입력된 전표는 일자순(기본값)으로 자동 정렬이 된다. 가장 최근에 입력된 순서대로 보고 싶으면 동 메뉴의 아무 곳이나 커서를 놓고 마우스 오른쪽을 클릭하여 [데이타 정렬방식 ▶] ➡ [입력순]을 선택하여 볼 수 있다. 자격시험에서는 이미 전표가 입력되어 있는 상황에서 추가로 전표를 입력하게 된다. 이 경우 본인이 입력한 자료를 확인할 때 이 기능을 사용하면 유용할 것이다.

참고 **입력된 전표의 삭제**
입력된 전표를 삭제하고자 하는 경우에는 삭제하고자 하는 전표를 체크하고, 키보드의 F5 키를 누르면 나타나는 대화창에서 키보드의 Enter↵ 키를 치거나 예(Y) 를 클릭한다.

참고 **삭제한 데이타 복구 및 완전삭제**
삭제한 데이타를 복구하고자 할 경우에는 상단 툴바의 CF5 삭제한데이타 를 클릭하면 나타나는 「삭제데이타 조회기간 입력」 보조창에서 조회일자를 입력하고 확인(Tab) 을 클릭한다. 복구할 데이타를 선택하고 CF6 데이타복구 를 클릭하고 대화창에서 예(Y) 를 클릭한다. 삭제한 데이타를 완전히 삭제하고자 하는 경우에는 CF7 휴지통비우기 를 클릭하고 대화창에서 예(Y) 를 클릭한다.

참고 **대차차액**
[구분]란에 "3.차변"을 입력하고 금액(500,000원)을 입력하면 화면 상단 [대차차액]란에 [500,000]이 표시되며, [구분]란에 "4.대변"을 입력하고 금액(100,000원)을 입력하면 [대차차액]란이 [400,000]으로 표시된다. [대차차액]란은 차변 금액이 큰 경우에는 양수(+)로 표시되고, 대변 금액이 큰 경우에는 음수(-)로 표시된다. 이는 차변과 대변의 금액이 차이가 발생하지 않게 확인하는 것이며, 대차차액이 발생한 상황에서 종료하는 경우에는 아래와 같은 대화창이 나타나므로 확인하고 종료해야 한다. 대화창에서 예(Y) 를 클릭하면 대차차액이 발생한 전표만을 보여준다. 대차차액이 없어지도록 차액 내역을 입력하고 키보드의 Esc 키를 눌러 빠져 나온다.

참고 **카드등 사용여부**
사업자는 자기의 사업과 관련하여 사업자로부터 재화 또는 용역을 공급받고 그 대가를 지출하는 경우에는 적격증빙(세금계산서, 계산서, 신용카드매출전표, 현금영수증)을 받아 5년간 보관하여야 한다. 이를 수취하지 아니하면 증빙불비가산세를 부담해야 한다. 단, 거래 건당 3만원(기업업무추진비는 1만원) 이하의 금액에 대하여는 적격증빙을 수취하지 않더라도 증빙불비가산세를 적용하지 않는다. 이와 관련해서 실무상 제출하는 서류가 "영수증수취명세서"인데 이 서식을 자동으로 작성하기 위해 사용되는 메뉴가 [카드등 사용여부]란이다. 따라서 본 메뉴는 자격시험 범위에 맞지 않아 메뉴가 활성화 되지 않는다.

참고 **500번대(제조경비)와 800번대(판매비와관리비)의 구분**
500번대(제조경비)는 해당 비용이 제품의 원가를 구성하는 제조경비인 경우에 사용하며, 800번대(판매비와관리비)는 해당 비용이 판매비와관리비인 경우에 사용한다. 제조경비를 사용하면 해당 비용은 제조원가명세서에 제조경비로 반영되며 당기제품제조원가에 포함되어 제품의 원가를 구성하게 된다. 그리고 당기제품제조원가는 손익계산서의 매출원가로 반영된다. 판매비와관리비를 사용하면 해당 비용은 곧바로 손익계산서에 판매비와관리비에 반영된다. 따라서 해당 비용의 성격을 잘 파악하고 코드번호를 선택해야 한다. 예를 들면, 제조업의 경우 공장 직원의 복리후생비는 "511.복리후생비" 계정을 사용해야 하고, 본사 사무실 직원의 복리후생비는 "811.복리후생비" 계정을 사용해야 한다. 이하 모든 비용은 이와 같은 기준에 의하여 선택하여야 한다. 자격시험에서 잘못된 코드번호의 선택은 0점 처리 된다.

참고 **입력방식** 변경 **버튼**
전표의 입력방식을 기본값인 "년월일" 방식이 아닌 "년월 ~ 년월" 방식으로 변경하고자 하는 경우에 사용한다. 자격시험에서는 기본값인 "년월일" 방식으로 작업하는 것이 더 좋겠다.

제 2 장 유동자산

유동자산이란 보고기간 종료일로부터 1년 이내에 현금화 또는 실현될 것으로 예상되는 자산으로 그 성격에 따라 당좌자산과 재고자산으로 분류한다.

제1절 당좌자산

당좌자산이란 판매과정을 거치지 않고 보고기간 종료일로부터 1년 이내에 현금화 할 수 있는 자산이다.

1. 현금및현금성자산

현금및현금성자산은 현금과 예금 및 현금성자산으로 한다.

(1) 현금(101) ◀ 숫자는 프로그램의 계정과목 코드번호를 의미합니다. 중요한 것만 표시하니 암기할 것 !!!

현금이란 재화나 용역을 구입하거나 채무를 상환하는데 사용되는 교환의 대표적인 수단이다. 회계상 현금으로 처리되는 것은 통화뿐만 아니라 언제든지 아무런 제약없이 통화로 전환할 수 있는 통화대용증권까지 포함된다.

> **현 금**
> ① 통화 : 동전, 지폐
> ② 통화대용증권 : 타인(동점)발행당좌수표, 은행발행자기앞수표, 송금수표, 가계수표, 여행자수표, 우편환증서, 전신환증서, 만기가 된 공사채 이자표, 만기가 된 어음, 배당금지급통지표 등

(2) 예금

당좌예금(102), 보통예금(103) 및 기타 제예금으로서 기한이 보고기간 종료일로부터 1년 이내에 도래하는 예금으로 한다. 당좌예금이란 기업이 은행과 당좌거래계약을 체결하여 당좌예금계좌에 현금을 예입하고 기업이 대금결제수단으로 수표를 발행하면, 수표소지인은 해당 은행에 수표를 제시하여 현금을 지급받을 수 있도록 하는 무이자의 예금이다. 수표소지인이 은행에 당좌수표를 제시하면 발행인의 당좌예금계좌에서 인출되어 즉시 현금으로 지급받을 수 있다. 따라서 발행인은 당좌수표를 발행한 시점에서 당좌예금의 감소로 처리하고, 수표소지인은 타인발행당좌수표(통화대용증권)를 수취한 시점에서 현금의 증가로 처리한다.

　당좌거래계약을 체결할 때에는 수표의 지급이행을 강제하기 위하여 당좌거래개설보증금을 일정금액 예치하여야 한다. 회사가 당좌거래개설보증금을 예치할 경우 동 금액은 사용이 제

한된 예금이므로 프로그램에서는 **특정현금과예금** 계정을 사용한다.

(3) 현금성자산

현금성자산이란 큰 거래비용 없이 현금으로 전환이 용이하고 이자율변동에 따른 가치변동의 위험이 경미한 금융상품으로서 취득 당시 만기일(또는 상환일)이 3개월 이내인 것을 말한다. 그 예는 다음과 같다.

① 취득 당시 만기가 3개월 이내에 도래하는 채권 및 단기금융상품
② 환매채(3개월 이내의 환매조건)
③ 투자신탁의 계약기간이 3개월 이하인 초단기수익증권(MMF)

 다음 거래를 회계처리 하시오.

(1) 서울은행과 당좌거래계약(3년)을 체결하고 당좌거래개설보증금 150,000원 및 당좌예금으로 1,000,000원을 현금으로 입금하였다.
(2) 수철상회로부터 원재료 600,000원을 매입하고, 대금은 당좌수표를 발행하여 지급하였다.
(3) 창제상회에 제품 250,000원을 매출하고, 대금 중 150,000원은 현금으로 받고 나머지는 동점발행의 당좌수표로 받았다.

해설 (1) (차) 당좌예금　　　　　　1,000,000　/　(대) 현금　　　　　　1,150,000
　　　　　특정현금과예금　　　　 150,000
　　(2) (차) 원재료　　　　　　　 600,000　/　(대) 당좌예금　　　　　 600,000
　　　　* 당좌예금은 당좌수표를 발행한 시점에서 감소하는 것으로 회계처리 한다.
　　(3) (차) 현금　　　　　　　　 250,000　/　(대) 제품매출　　　　　 250,000
　　　　* 타인(동점)발행당좌수표는 통화대용증권이므로 현금으로 회계처리 한다.

memo

2. 단기금융상품(=단기예금)

금융기관이 취급하는 정기예금, 정기적금 및 기타 정형화된 상품 등으로 단기적 자금운용 목적으로 소유하거나 만기가 보고기간 종료일로부터 1년 이내에 도래하는 것은 단기금융상품(유동자산)으로 분류하고, 만기가 보고기간 종료일로부터 1년 이후에 도래하는 것은 장기금융상품(비유동자산)으로 분류한다. 이들 금융상품 중 사용이 제한되어 있는 예금에 대해서는 그 내용을 주석(재무제표에 표시된 정보에 추가하여 별도로 제공되는 정보)으로 기재한다.

[참고] 사용이 제한되어 있는 예금
① 차입금에 대한 담보로 제공된 예금, ② 당좌거래개설 보증금, ③ 금융기관에서 기업에 대출할 때 대출액의 일정비율 만큼을 대출기간 중 예금 또는 적금으로 예치하도록 한 양건예금 등

(1) 정기예적금

금융기관이 취급하는 정기예금, 정기적금으로 보고기간 종료일로부터 1년 이내에 만기가 도래하는 것으로 한다.

 다음 거래를 회계처리 하시오.

(1) 신한은행에 정기예금(만기 : 6개월) 500,000원에 가입하고 대금은 당사 보통예금계좌에서 대체하여 입금하였다.
(2) 신한은행에 예입한 정기예금(만기 : 6개월)이 만기가 되어 원금 500,000원과 이자 20,000원이 당사 보통예금계좌로 입금되었다.

[해설] (1) (차) 정기예금　　　　　　500,000　　/　(대) 보통예금　　　　　　500,000
　　　(2) (차) 보통예금　　　　　　520,000　　/　(대) 정기예금　　　　　　500,000
　　　　　　　　　　　　　　　　　　　　　　　　　　　이자수익　　　　　　　20,000

(2) 기타 단기금융상품

금융기관이 취급하는 기타의 정형화된 상품으로서 만기가 보고기간 종료일로부터 1년 이내에 도래하는 것으로 한다. 기타의 정형화된 상품에는 기업어음(CP), 어음관리구좌(CMA), 양도성예금증서(CD), 환매채(RP), 표지어음, 기업금전신탁 등이 있다.

[참고] 용어정리
- 기업어음(CP) : 신용도 높은 우량기업이 단기 운영자금을 조달하기 위해 발행하는 단기의 무담보 융통어음
- 어음관리구좌(CMA) : 투자금융회사가 고객이 맡긴 예금을 기업어음, 할인어음 등에 투자하여 얻은 수익을 고객에게 돌려주는 상품
- 양도성예금증서(CD) : 은행이 정기예금에 대해 발행하는 무기명 예금증서
- 환매채(RP) : 환매조건부채권의 줄임말로 발행기관이 일정기간 경과 후 다시 매입하는 조건으로 판매하는 채권

3. 단기매매증권

단기매매증권은 주로 단기간 내의 매매차익을 얻을 목적으로 취득한 유가증권으로서 매수와 매도가 적극적이고 빈번하게 이루어지는 증권을 말한다.

(1) 최초 인식과 측정(취득원가)

단기매매증권은 계약당사자가 되는 때(매매일)에 재무상태표에 인식하며, 최초 인식시 공정가치로 측정한다. 이때 취득과 직접 관련되는 거래원가(대리인 또는 중개인에게 지급하는 수수료, 증권거래소의 거래수수료 및 세금 등)는 최초 인식하는 공정가치에 가산하지 않고 당기비용으로 처리한다. 최초 인식시 공정가치는 일반적으로 거래가격(제공한 대가의 공정가치)이다.

(2) 배당금수익과 이자수익

보통주나 우선주 등의 지분증권에 투자한 경우에는 배당금수익을 얻을 수 있으며, 사채나 국·공채 등 채무증권에 투자한 경우에는 이자수익을 얻게 된다. 현금배당의 경우 배당금을 받을 권리와 금액이 확정되는 시점에 배당금수익(영업외수익)으로 인식하고, 이자수익은 보유기간 중의 액면이자상당액을 기간 경과분 만큼 이자수익(영업외수익)으로 인식한다. 단, 주식배당의 경우에는 순자산 변동없이 이익잉여금을 자본에 전입하고 무상주를 교부한 거래이므로 발행회사에 대한 투자회사의 몫은 변동이 없기 때문에 수익을 인식하지 아니하고 보유주식의 수량과 단가의 변동을 비망 기록한다.

(3) 후속 측정(기말평가)

단기매매증권을 취득하여 결산일 현재 보유하고 있는 경우에는 이를 공정가치로 평가하며, 공정가치의 변동분(미실현보유손익)은 당기손익항목(단기매매증권평가손익)으로 처리한다. 시장성 있는 유가증권은 시장가격을 공정가치로 보며, 시장가격은 보고기간말 현재의 종가로 한다. 다만, 보고기간말 현재의 종가가 없으며 보고기간말과 해당 유가증권의 직전 거래일 사이에 중요한 경제적 상황의 변화가 없는 경우에는 직전 거래일의 종가로 할 수 있다.

평가이익과 평가손실이 동시에 발생한 경우에는 평가손익을 서로 상계하지 않고 각각 총액으로 보고하는 것이 원칙이지만, 그 금액이 중요하지 않은 경우에는 이를 상계하여 순액으로 표시할 수 있다.

기말현재 보유하고 있는 단기매매증권의 평가액은 다음과 같다. 기말평가에 관한 회계처리를 하시오.

종 목	취득금액	장부금액	공정가치
㈜삼성물산 보통주	1,400,000원	1,000,000원	1,200,000원
㈜대신증권 보통주	4,000,000원	4,500,000원	4,400,000원

해설	(차) 단기매매증권	200,000	/	(대) 단기매매증권평가이익	200,000
	(차) 단기매매증권평가손실	100,000	/	(대) 단기매매증권	100,000

* 기말 공정가치와 장부금액을 비교하여 평가손익을 계산한다.

(4) 후속 측정(처분)

단기매매증권을 처분하는 경우에는 처분금액과 장부금액을 비교하여 그 차액을 단기매매증권처분손익(영업외손익)으로 처리한다. 이때 처분금액은 단기매매증권의 매각대금에서 매각과 관련된 수수료를 차감한 금액이다.

한편, 동일한 유가증권을 여러 번에 걸쳐 각각 서로 다른 가격으로 구입한 경우, 이를 처분하는 시점에서 단가를 산정해야 할 필요가 있는데, 이 경우 단가 산정은 개별법, 총평균법, 이동평균법 또는 다른 합리적인 방법을 사용하되, 동일한 방법을 매기 계속 적용한다.

 다음 거래를 회계처리 하시오.

(1) 단기매매증권(장부금액 1,500,000원)을 2,000,000원에 처분하고 매각수수료 50,000원을 차감한 잔액 1,950,000원은 현금으로 받았다.
(2) 단기간매매차익 목적으로 상장회사의 주식 100주를 2월 1일에 주당 5,000원에 취득하고, 2월 2일에 동일 주식 200주를 주당 6,500원에 취득한 상황에서 2월 3일 동일 주식 100주를 주당 5,500원에 매각하고 대금은 현금으로 회수하였다(이동평균법 적용).

해설	(1) (차) 현금	1,950,000	/	(대) 단기매매증권	1,500,000
				단기매매증권처분이익	450,000

* 매각과 관련된 수수료는 지급수수료로 처리하지 않고 매각대금에서 차감하여야 한다.

	(2) (차) 현금	550,000	/	(대) 단기매매증권	*600,000
	단기매매증권처분손실	50,000			

* {(100주×@5,000) + (200주×@6,500)} ÷ 300주 = @6,000원
* @6,000×100주 = 600,000원

[참고] 유가증권의 재분류

유가증권의 보유의도와 보유능력에 변화가 있어 재분류가 필요한 경우에는 다음과 같이 처리한다.
① 단기매매증권은 다른 범주로 재분류할 수 없으며, 다른 범주의 유가증권의 경우에도 단기매매증권으로 재분류할 수 없다. 다만, 드문 상황에서 더 이상 단기간 내의 매매차익을 목적으로 보유하지 않는 단기매매증권은 매도가능증권이나 만기보유증권으로 분류할 수 있으며, 단기매매증권이 시장성을 상실한 경우에는 매도가능증권으로 분류하여야 한다.
② 매도가능증권은 만기보유증권으로 재분류할 수 있으며, 만기보유증권은 매도가능증권으로 재분류할 수 있다.
③ 유가증권과목의 분류를 변경할 때에는 재분류일 현재의 공정가치로 평가한 후 변경한다.

기/출/문/제 [실기]

다음 거래 자료를 ㈜재무회계(회사코드 : 2002)의 [일반전표입력] 메뉴에 입력하시오.

입력시 유의사항
- 적요와 기초코드등록 및 카드등 사용여부란의 입력은 생략한다.
- 채권·채무와 관련된 거래는 별도의 요구가 없는 한 반드시 기 등록되어 있는 거래처코드를 선택하는 방법으로 거래처명을 입력한다.
- 제조경비는 500번대 계정코드를 판매비와관리비는 800번대 계정코드를 사용한다.
- 타계정 대체거래는 적요 입력시 반드시 적요번호를 선택한다.
- 회계처리 과목은 별도 제시가 없는 한 등록되어 있는 계정과목 중 가장 적절한 과목으로 한다.

01 1월 1일 강릉상회에서 원재료 2,000,000원을 매입하고 현금 1,000,000원을 지불하고 나머지는 당좌수표를 발행하였다.

02 1월 2일 수원상사에 제품 1,000,000원을 매출하고 동점발행당좌수표로 회수하였다.

03 1월 3일 조흥은행에 예치된 정기예금(만기 : 6개월)이 만기가 되어 원금 10,000,000원과 당기 발생분 이자 500,000원이 당좌예금 통장으로 이체되었다.

04 1월 4일 여유자금을 운영하기 위하여 현금 5,000,000원을 한국은행 정기예금(만기 : 8개월)에 예치할 것을 구두로 약정하였다.

05 1월 5일 단기간 내의 매매차익 목적으로 상장사인 ㈜인화물산의 주식 1,000주를 증권회사를 통하여 주당 10,000원에 매입하고 증권회사에 매입수수료 100,000원을 포함하여 현금으로 지급하였다(매입수수료는 영업외비용으로 처리할 것).

06 1월 6일 단기간 매매차익 목적으로 보유하고 있는 삼성전자의 주식에 대하여 현금배당 40,000원이 확정되어 보통예금계좌에 입금되었다.

07 1월 7일 단기간 매매차익 목적으로 보유하고 있는 삼성전자 주식에 투자한 대가로 주식 2주(액면 @5,000원)를 받았다.

08 1월 8일 단기간 매매차익 목적으로 보유하고 있는 엘지전자의 사채에 대한 이자 50,000원이 보통예금계좌에 입금되었다.

09 12월 31일 기말현재 보유하고 있는 단기매매증권 평가액은 다음과 같다. 기말평가에 대한 회계처리를 하시오.

종 류	장부금액	취득금액	공정가치
삼일기업㈜ 보통주	2,700,000원	2,500,000원	2,200,000원
오한실업㈜ 보통주	3,100,000원	2,500,000원	4,000,000원

10 12월 31일 결산일 현재 단기매매증권 60,170,000원의 내역은 다음과 같다. 단기매매증권의 평가와 관련된 분개는 주식종류별 평가차익과 평가차손을 서로 상계하여 하나의 전표로 입력한다.

구 분	취득일	주식수	주당취득금액	주당공정가치
삼미전자㈜ 보통주	8월 12일	2,000주	8,000원	8,800원
공성물산㈜ 보통주	11월 13일	1,700주	7,200원	7,100원
철산유통㈜ 보통주	12월 3일	3,100주	10,300원	12,200원

11 1월 11일 단기간 매매차익 목적으로 매입하였던 상장회사 ㈜삼미테크의 주식 5,000주(장부금액 5,000,000원)를 증권거래소에서 1주당 1,100원에 모두 처분하고 대금은 전액 현금으로 받았다.

12 1월 12일 단기간 매매차익 목적으로 구입하였던 상장회사 ㈜기린상사의 주식 300주(장부금액 3,000,000원)를 1주당 15,000원에 처분하고, 대금은 거래수수료 70,000원을 차감한 잔액을 모두 현금으로 받았다.

13 1월 13일 단기간 매매차익 목적으로 매입하였던 상장회사 ㈜바로시스템의 주식 300주(장부금액 3,000,000원)를 1주당 9,000원에 온누리증권에서 모두 처분하고 거래수수료 70,000원을 차감한 잔액은 모두 현금으로 받았다.

14 1월 14일 단기매매증권인 기흥전자㈜의 주식 300주를 주당 22,000원에 매각하고 매각대금은 현금으로 받았다. 기흥전자㈜의 주식은 모두 1월 10일에 주당 19,000원에 400주를 취득한 것으로서 취득시에 수수료 등 제비용이 70,000원 지출되었다. 주식 매각시 분개를 행하시오.

15 1월 15일 단기간 매매차익 목적으로 취득한 삼성전자㈜의 주식 10주를 주당 300,000원에 매각하고 대금은 현금으로 회수하였다. 단, 삼성전자㈜ 주식취득현황은 다음과 같으며 단가산정은 이동평균법을 적용할 것.

- 1월 1일 : 10주,   주당 200,000원
- 1월 12일 : 10주,   주당 300,000원

16 1월 16일 단기매매증권인 ㈜강철전자의 주식 500주를 주당 13,000원에 매각하고, 매각수수료 250,000원을 제외한 매각대금을 국민은행 보통예금으로 송금 받다. ㈜강철전자 주식에 대한 거래현황은 다음 자료 이외에는 없다고 가정하며, 단가의 산정은 이동평균법에 의한다.

(세무1급)

취득일자	주식수	취득단가	취득금액
1월 7일	300주	13,200원	3,960,000원
1월 10일	400주	12,500원	5,000,000원

17 1월 17일 단기보유목적으로 구입한 ㈜인천의 주식(시장성 있음) 200주를 1주당 17,000원에 처분하고 대금은 증권거래세 17,000원과 거래수수료 10,000원을 차감한 잔액이 보통예금에 입금되었다.

(세무1급)

※ 상장주식인 ㈜인천의 주가에 대한 내용
  전기 11월 2일 200주 취득 : 1주당 15,000원(취득부대비용은 없다고 가정한다)
  전기 12월 31일 : 1주당 18,000원

18 1월 18일 단기보유목적으로 구입한 ㈜정안의 주식(시장성 있음) 300주를 1주당 23,000원에 처분하고 대금은 보통예금에 입금되었다. 주식처분에 따른 증권거래세 20,700원과 거래수수료 12,000원은 현금으로 지급하였다.

(세무1급)

※ ㈜정안주식의 취득 및 변동내역
  전기 10월 20일 500주 취득 : 1주당 20,000원(취득부대비용은 15,000원 소요됨)
  전기 12월 31일 공정가치 : 1주당 22,000원

도우미

01 1월 1일 : (차) 153.원재료　　2,000,000　／　(대) 101.현금　　　1,000,000
　　　　　　　　　　　　　　　　　　　　　(대) 102.당좌예금　1,000,000

02 1월 2일 : (차) 101.현금　　　1,000,000　／　(대) 404.제품매출　1,000,000
　　* 동점이란 수원상사를 가리키며, 타인발행당좌수표는 통화대용증권이므로 현금으로 처리한다.

03 1월 3일 : (차) 102.당좌예금　10,500,000　／　(대) 105.정기예금　10,000,000
　　　　　　　　　　　　　　　　　　　　　(대) 901.이자수익　　500,000

04 1월 4일 : 회계상 거래가 아니므로 분개하지 않는다.

05 1월 5일 : (차) 107.단기매매증권　10,000,000　／　(대) 101.현금　10,100,000
　　　　　　　(차) 984.수수료비용　　100,000
　　* 취득과 직접 관련되는 거래원가는 당기비용으로 처리한다. 이 경우 당사가 금융업이라면 판매비와관리비에 해당하지만, 일반기업이라면 영업외비용으로 처리해야 한다.

06 1월 6일 : (차) 103.보통예금　　40,000　／　(대) 903.배당금수익　40,000

07 1월 7일 : 회계처리 하지 않고 보유 주식의 수량과 단가의 변동을 비망기록 한다.

08 1월 8일 : (차) 103.보통예금　　50,000　／　(대) 901.이자수익　　50,000

09 12월31일 : (차) 957.단기매매증권평가손실　500,000　／　(대) 107.단기매매증권　500,000
　　12월31일 : (차) 107.단기매매증권　900,000　／　(대) 905.단기매매증권평가이익　900,000
　　* 공정가치와 장부금액을 비교하여 평가손익을 인식한다.

10 12월31일 : (차) 107.단기매매증권　7,320,000　／　(대) 905.단기매매증권평가이익　7,320,000
　　* 공정가치 = 17,600,000 + 12,070,000 + 37,820,000 = 67,490,000원
　　* 장부금액 = 16,000,000 + 12,240,000 + 31,930,000 = 60,170,000원
　　* 평가이익 = 67,490,000(공정가치) − 60,170,000(장부금액) = 7,320,000원

11 1월 11일 : (차) 101.현금　　5,500,000　／　(대) 107.단기매매증권　5,000,000
　　　　　　　　　　　　　　　　　　　　　(대) 906.단기매매증권처분이익　500,000

12 1월 12일 : (차) 101.현금　　4,430,000　／　(대) 107.단기매매증권　3,000,000
　　　　　　　　　　　　　　　　　　　　　(대) 906.단기매매증권처분이익　1,430,000
　　* {(@15,000×300주) − 70,000} − 3,000,000 = 1,430,000원(처분이익)
　　* 처분금액과 장부금액을 비교하여 그 차액을 단기매매증권처분손익으로 처리한다. 이때 처분금액은 매각대금(@15,000×300주 = 4,500,000)에서 매각과 관련된 수수료(70,000)를 차감한 금액이어야 한다.

13 1월 13일 : (차) 101.현금　　　　　2,630,000　　/　(대) 107.단기매매증권　3,000,000
　　　　　(차) 958.단기매매증권처분손실　370,000

* {(@9,000×300주) − 70,000} − 3,000,000 = −370,000원(처분손실)

14 1월 14일 : (차) 101.현금　　　　　6,600,000　　/　(대) 107.단기매매증권　5,700,000
　　　　　　　　　　　　　　　　　　　　　　　　　(대) 906.단기매매증권처분이익　900,000

* 주식 장부금액 = (@19,000 × 300주) = 5,700,000원

15 1월 15일 : (차) 101.현 금　　　　　3,000,000　　/　(대) 107.단기매매증권　2,500,000
　　　　　　　　　　　　　　　　　　　　　　　　　(대) 906.단기매매증권처분이익　500,000

* {(@200,000×10주) + (@300,000×10주)} ÷ 20주 = @250,000원(1주당 단가)

16 1월 16일 : (차) 103.보통예금　　　6,250,000　　/　(대) 107.단기매매증권　6,400,000
　　　　　(차) 958.단기매매증권처분손실　150,000

* 장부금액 = (3,960,000 + 5,000,000) × 500주/700주 = 6,400,000원
* 처분금액 = (@13,000×500주) − 250,000 = 6,250,000원

17 1월 17일 : (차) 103.보통예금　　　3,373,000　　/　(대) 107.단기매매증권　3,600,000
　　　　　(차) 958.단기매매증권처분손실　227,000

* 처분금액 = (200주×@17,000) − 27,000 = 3,373,000원
* 장부금액 = 200주×@18,000 = 3,600,000원
* 처분손실 = 3,373,000 − 3,600,000 = −227,000원

18 1월 18일 : (차) 103.보통예금　　　6,900,000　　/　(대) 107.단기매매증권　6,600,000
　　　　　　　　　　　　　　　　　　　　　　　　　(대) 101.현금　　　　　　　　32,700
　　　　　　　　　　　　　　　　　　　　　　　　　(대) 906.단기매매증권처분이익　267,300

* 처분금액 = {(300주×@23,000) − 32,700 = 6,867,300원
* 장부금액 = 300주×@22,000 = 6,600,000원
* 처분이익 = 6,867,300 − 6,600,000 = 267,300원

한마디 … 자격시험 "전산세무 2급"의 출제 경향을 보면 바로 윗 급수인 "전산세무 1급"에서 자주 출제되는 문제가 간혹 출제되어 시험의 난이도를 조절하는 경향이 있다. 따라서 본서의 기출문제(실기)에서는 이런 문제까지를 학습하고자 "전산세무 1급"에서 자주 출제되는 유형의 문제를 포함시키고 있으며, 그 표시를 (세무1급)이라고 하고 있다.

두마디 … 2025년 프로그램 계정과목 기본값이 더 넓은 표현으로 아래와 같이 변경되었습니다. 자격시험장 프로그램에는 변경된 우측의 명칭으로 보일 것입니다.

　　　　　* 905.단기매매증권평가이익　⇨　905.단기투자자산평가이익
　　　　　* 906.단기매매증권처분이익　⇨　906.단기투자자산처분이익
　　　　　* 957.단기매매증권평가손실　⇨　957.단기투자자산평가손실
　　　　　* 958.단기매매증권처분손실　⇨　958.단기투자자산처분손실

4. 매출채권

매출채권은 일반적인 상거래에서 발생한 채권으로 외상매출금과 받을어음으로 구분된다. 일반적인 상거래라 함은 당해 기업의 사업목적을 위한 경상적 영업활동에서 발생하는 거래로서 판매기업의 경우에는 상품매출 거래를, 제조기업의 경우에는 제품매출 거래를 말한다.

(1) 외상매출금(108)

외상매출금이란 일반적인 상거래에서 발생한 채권, 즉 상품이나 제품을 외상으로 판매하고 아직 그 대금을 회수하지 않은 미수액으로, 보고기간 종료일로부터 1년 이내에 회수될 금액을 말한다.

(2) 받을어음(110)

받을어음이란 일반적인 상거래에서 발생한 어음상의 권리로서, 그 지급기일이 보고기간 종료일로부터 1년 이내에 도래하는 어음을 말한다.

5. 어음의 배서(背書)

어음의 소지인이 당해 어음의 만기일 이전에 어음상의 권리를 타인에게 양도하는 것을 어음의 배서라고 한다. 배서는 어음소지인(배서인)이 어음의 뒷면에 양도의 의사를 표시하고 기명날인하여 양수인(피배서인)에게 어음을 교부하는 것이다. 어음의 배서에는 ① 추심위임배서, ② 배서양도, ③ 어음할인을 위한 배서 세 가지 경우가 있다.

(1) 추심위임배서

타인이 발행한 어음의 대금회수(추심)를 거래은행에 의뢰하는 경우, 어음의 뒷면에 배서하고 어음을 은행에 넘겨주는 것을 추심위임배서라고 한다. 이 경우 추심의뢰 한 어음에 대해서는 소유권 이전이 아니므로 회계처리하지 않고 추심료 지급에 대한 것만 수수료비용(지급수수료)으로 회계처리 한다. 그리고 만기일에 은행으로부터 추심되었다는 통지를 받으면 어음상의 권리를 소멸시키고 해당 자산을 증가시킨다.

(2) 배서양도

어음소지인이 당해 어음의 만기일 이전에 어음상의 권리를 타인에게 양도하는 것을 어음의 배서양도라고 한다. 배서양도는 어음에 대한 소유권이 이전되므로 배서양도 하는 시점에서 어음상의 권리를 소멸시킨다.

(3) 어음할인

어음은 만기일 이전에 금융기관에 배서하고 할인료를 차감한 잔액을 받아 자금을 융통할 수 있는데, 이를 어음의 할인이라고 한다. 할인료는 받을어음의 만기지급금액에 대한 신용제공기간 동안의 선이자(先利子)에 해당하는데 다음과 같이 계산된다.

$$할인료 = 어음금액 \times 연이자율 \times 일수(신용제공기간)/365$$

일반적으로 매출채권을 금융기관 등에서 할인하는 거래에 대하여는 해당 금융자산의 미래경제적효익에 대한 양수인의 통제권에 특정한 제약이 없는 한 매각거래로 회계처리 한다.

[매각거래]   [차입거래]

① 할인받는 시점

차 변		대 변	
현 금	×××	받을어음	×××
매출채권처분손실	×××		

차 변		대 변	
현 금	×××	단기차입금	×××
이자비용	×××		

② 어음만기일

차 변	대 변
분개없음.	

차 변		대 변	
단기차입금	×××	받을어음	×××

예제 다음 거래를 회계처리 하시오.

(1) 받을어음 400,000원이 만기일에 추심되어 추심료 10,000원을 차감한 금액이 보통예금 계좌에 입금되었다는 통지를 받다.
(2) 수철상회의 외상매입금 600,000원을 결제하기 위하여 창제상회 발행의 약속어음(만기: 1년 이내) 400,000원을 배서양도하고 잔액은 현금으로 지급하였다.
(3) 창제상회로부터 매출대금으로 받은 약속어음(만기: 1년 이내) 500,000원을 서울은행에서 할인하고 할인료 20,000원을 제외한 금액은 당좌예금 계좌에 입금되었다(매각거래로 처리할 것).
(4) 수철상회로부터 매출대금으로 받은 약속어음(만기: 1년 이내) 500,000원을 서울은행에서 할인하고 할인료 20,000원을 차감한 금액은 당좌예금 계좌에 입금되었다(차입거래로 처리할 것).

해설 (1) (차) 수수료비용   10,000 / (대) 받을어음   400,000
          보통예금   390,000
    (2) (차) 외상매입금   600,000 / (대) 받을어음   400,000
                                      현금   200,000
    (3) (차) 당좌예금   480,000 / (대) 받을어음   500,000
          매출채권처분손실   20,000
    (4) (차) 당좌예금   480,000 / (대) 단기차입금   500,000
          이자비용   20,000

6. 외화채권·채무

국제간의 거래가 활발해짐에 따라 외화거래가 빈번하게 발생하게 되는데, 외화거래란 대금의 수취와 지급이 외국통화로 이루어지는 거래를 말한다. 외화거래를 장부에 기록하기 위해서는 원화로 환산하는 과정이 필요한데 일반적인 외화거래를 설명하면 다음과 같다.

(1) 거래발생

외화거래가 발생한 경우에는 발생시점의 환율로 환산하여 회계처리 한다.

(2) 기말평가

기말 현재 외화채권·채무가 있는 경우에는 보고기간 종료일 현재의 환율로 환산하고, 장부상 표시된 외화채권·채무의 잔액과의 차액은 외화환산이익(손실)의 과목으로 하여 영업외수익(비용)으로 처리한다.

(3) 거래종료

외화채권·채무의 대금을 수취하거나 지급하여 거래가 종료되는 경우에는 그 시점의 환율을 적용하여 회계처리하고 장부상 금액과의 차액은 외환차익(차손)의 과목으로 하여 영업외수익(비용)으로 처리한다.

 다음의 연속된 거래를 회계처리 하시오.

(1) ×1년 8월 1일 $10,000의 제품을 수출하고 대금은 다음연도 2월 10일 회수하기로 하였다. 동 일자의 환율은 1,000/$이다.
(2) ×1년 9월 1일 6개월 만기로 $10,000를 차입하여 보통예금계좌에 입금하였다. 동 일자의 환율은 1,010/$이다.
(3) ×1년 12월 31일 결산시의 환율은 1,020/$이다.
(4) ×2년 2월 10일 외상매출금 $10,000가 회수되어 보통예금계좌에 입금하였다. 동일자의 환율은 1,030/$이다.
(5) ×2년 3월 1일 차입금 $10,000를 현금으로 상환하였다. 동 일자의 환율은 1,040/$이다.

해설 (1) (차) 외상매출금　　　　　10,000,000　/　(대) 제품매출　　　　10,000,000
　　　(2) (차) 보통예금　　　　　　10,100,000　/　(대) 단기차입금　　　10,100,000
　　　(3) (차) 외상매출금　　　　　　　200,000　/　(대) 외화환산이익　　*200,000
　　　　　* $10,000 × (1,020/$ − 1,000/$) = 200,000원
　　　　　(차) 외화환산손실　　　　　*100,000　/　(대) 단기차입금　　　　100,000
　　　　　* $10,000 × (1,020/$ − 1,010/$) = 100,000원
　　　(4) (차) 보통예금　　　　　*10,300,000　/　(대) 외상매출금　　　10,200,000
　　　　　　　　　　　　　　　　　　　　　　　　　　외환차익　　　　　　100,000

　　　　　* $10,000 × 1,030/$ = 10,300,000원

(5) (차) 단기차입금　　　　　10,200,000　　/　(대) 현금　　　　　*10,400,000
　　　　외환차손　　　　　　　　200,000
　　　* $10,000 × 1,040/$ = 10,400,000원

한마디 … 실무상 전표입력 도중에 거래처코드 번호를 입력하는 것은 거래처원장에서 관리할 필요가 있는 거래처이다. 예를 들어, 갑(甲)이라는 회사는 여러 은행에 보통예금계좌가 있으며, 각 은행별로 보통예금의 변동 상황을 알고자 한다면 보통예금 계정에도 거래처를 입력해야 한다. 하지만 을(乙)이라는 회사는 여러 은행에 보통예금계좌는 있으나 각 은행별로 보통예금의 변동 상황을 알고싶지 않다면 보통예금 계정에 거래처를 입력할 필요가 없다. 이처럼 거래처원장에서 관리할 계정과목은 각 회사의 상황에 따라 서로 다르기 때문에 자격시험에서는 **채권·채무와 관련된 거래**는 별도의 요구가 없는 한 반드시 기 등록되어 있는 거래처코드를 선택하는 방법으로 거래처명을 입력하도록 하고 있으며, 거래처를 입력하지 않으면 감점대상이 된다. 하지만, 처음 시작하는 단계에서는 구분하기가 쉽지않기 때문에 수험생들이 많이 질문을 하는 것 중에 하나가 "**어떤 계정과목에 거래처를 입력하는가**" 이다. 그렇다고 자격시험에서 거래처를 입력해야 할 계정과목을 모두 나열하면 불필요한 암기사항만 생기므로 숙달이 될 때까지는 문제의 지문에서 거래처등록을 요구하지 않는 한 다음과 같은 요령으로 정리하고 시작하면 조금이나마 도움이 될 것 같다.

① **수익·비용** 계정은 거래처를 입력하지 않는다.
② **재고자산·유형자산·무형자산·자본** 계정은 거래처를 입력하지 않는다.
③ 나머지 **자산**(당좌·투자·기타비유동) 계정과 **부채** 계정은 거래처를 조회하여 입력한다. 이들 중에 입력하지 않아도 되는 것이 있지만, 판단이 잘 안되는 계정과목이 있다면 문제의 지문에 거래처명이 있으면 기 등록된 거래처를 조회하여 입력한다.

http://cafe.naver.com/choidairi

기/출/문/제 [실기]

다음 거래 자료를 ㈜재무회계(회사코드 : 2002)의 [일반전표입력] 메뉴에 입력하시오.

01 2월 1일 매출처 ㈜동일가구와 1월 31일 현재까지 거래분에 대한 외상매출금 잔액 (₩55,000,000)이 전액 다음과 같이 회수되었다.

> 4,000,000원은 약속어음(만기 : 1년 이내)으로 받고 잔액은 당사 보통예금 계좌에 입금됨.

02 2월 2일 ㈜역삼기기에 외상으로 판매한 물품대 1,100,000원 중 600,000원은 현금으로 받고, 나머지 500,000원은 어음(만기 : 1년 이내)으로 받았다.

03 2월 3일 제품매출처 ㈜대오물산의 1월 31일까지의 외상매출금 10,000,000원이 다음과 같이 전액 회수되었다.

> 사전약정에 의하여 500,000원은 할인하여 주고, 4,000,000원은 ㈜대오물산 발행의 약속어음(만기 : 1년 이내)으로 받았으며 잔액은 당사 보통예금계좌로 입금되었다.

04 2월 4일 매출처 ㈜동일가구에 대한 받을어음 10,000,000원을 당사 거래은행인 가나은행에 추심의뢰 하였는바, 당일 추심료 30,000원을 차감한 잔액이 당사의 당좌예금 계좌에 입금되었음을 통보받았다.

05 2월 5일 ㈜한이물산에 미지급한 신문광고료 3,000,000원을 거래처(㈜역삼기기)에서 상품 외상판매대금으로 받은 어음 1,000,000원으로 결제하고 나머지는 당좌수표를 발행하여 지급하였다.

06 2월 6일 매입처 ㈜한이물산의 외상매입금 4,000,000원을 다음과 같이 결제하였다. 1,000,000원은 매출처 ㈜역삼기기에서 받아 보유중인 약속어음(만기 : 1년 이내)을 지급하였고, 잔액은 당좌수표를 발행하여 지급하였다.

07 2월 7일 매출처 ㈜동일가구의 외상매출금 전액(₩17,000,000)을 약속어음으로 회수하고, 회수한 약속어음을 제일은행에서 할인하여 할인료 700,000원을 제외한 잔액은 전액 당좌예입 하다(매출채권의 매각거래로 처리하며, 어음회수거래와 매각거래를 분리하여 처리할 것).

08 2월 8일 ㈜한이물산에서 받은 받을어음 500,000원을 중소기업은행에서 할인(할인료 4,164원)하여 할인이자와 미납된 적금 1회분 100,000원을 지급하고 나머지 금액을 당좌예입 하였다(매각거래로 처리할 것).

09 2월 9일 ㈜동일가구로부터 받은 받을어음 30,000,000원을 국민은행에서 할인하고 할인료를 차감한 잔액을 당좌예금 하였다. 매각거래로 처리하며, 할인율은 연 9%이고 할인 후 만기일까지 기간은 50일이다.

10 12월 31일 외화단기차입금($20,000)에 대하여 다음과 같이 적정하게 평가하여 회계처리 하시오(외화단기차입금 계정을 코드번호(274) / 성격(차입금)으로 등록하여 처리할 것).

- 장부금액 : $1당 1,300원
- 12월 31일 현재 기준환율 : $1당 1,250원

11 12월 31일 일본 HANS에 12월 1일 수출한 제품의 매출대금 중 외상매출금이 기말 재무상태표상에 ¥3,000,000이 있다. 이를 기말평가 하시오(적용환율 : 12월 1일 1,090원/¥100, 12월 31일 1,140원/¥100).

12 기말 현재 장부상 단기대여금 계정 중 외화 대여금은 20,000,000원이다. 제시된 자료에 의해 적정하게 평가하여 회계처리 하시오. (세무1급)

- 외화단기대여금(미화) : $20,000
- 12월 31일 현재 기준환율 $1당 : 1,300원

13 당사의 화폐성 외화자산은 다음과 같고, 12월 31일 결산일의 환율은 $1당 1,500원이다. 외화환산손실과 외화환산이익을 각각 인식한다. (세무1급)

계정과목	발생일	발생일 현재 환율
미수금($4,000)	10월 22일	1,430원
장기차입금($30,000)	6월 2일	1,450원

14 2월 14일 거래은행에서 현금을 외화($)로 환전하여 홍콩 상하이은행으로부터 차입한 단기차입금($80,000)을 상환하였다.

- 차입시 적용환율 : $1당 1,200원
- 상환시 적용환율 : $1당 1,250원

15 2월 15일 전기에 미국 HANS사로부터 차입한 외화장기차입금 $45,000를 조기 상환키로 하고 차입이자 $1,000와 함께 보통예금에서 자동이체 하였다(장부상 장기차입금 계정으로 계상되어 있음).

- 전기말 평가시의 적용환율(기준환율) : $1당 1,500원
- 상환시의 적용환율(기준환율) : $1당 1,350원

16 2월 16일 미국 HANS사로부터 1월 6일 차입하여 단기차입금으로 계상하였던 외화차입금 $7,000(1월 6일 적용된 환율은 $1당 1,000원)를 차입금에 대한 이자 $250와 함께 당좌예금계좌에서 이체하여 상환하였다. 2월 16일 적용된 환율은 $1당 1,050원이다.

17 2월 17일 전기 10월 25일 발생한 외상매출금(US $1,000, 거래처 : HANS)을 회수하여 전액 당좌예입 하였다(전기말 외화자산·부채에 대한 평가는 정상적으로 처리됨).

일 자	환 율
전기 10월 25일	1,000원/$
전기 12월 31일	1,100원/$
당기 2월 17일	1,050원/$

18 2월 18일 전기 2월 21일에 HANS사로부터 차입하여 외화장기차입금으로 계상하였던 $10,000를 현금으로 상환하였다. 각각의 기준환율은 다음과 같으며, 회사는 전기말에 외화자산·부채에 대한 평가를 적절히 하였다.

(세무1급)

구 분	전기 2월 21일	전기말	당기 2월 18일
기준환율	1,200/$	1,250/$	1,300/$
원화평가액	12,000,000원	12,500,000원	13,000,000원

KcLep 도우미

01 2월 1일 : (차) 110.받을어음   4,000,000 / (대) 108.외상매출금   55,000,000
　　　　　　　(거래처 : ㈜동일가구)　　　　　　　　(거래처 : ㈜동일가구)
　　　　　(차) 103.보통예금   51,000,000

* 본서의 기출문제 지문 중 괄호안의 금액은 실제 자격시험에서는 제시되지 않는 금액으로 [재무회계]>[장부관리]>[거래처원장]에서 조회하여야 하는 것을 의미한다(이하 모든 문제는 동일).

02 2월 2일 : (차) 101.현금   600,000 / (대) 108.외상매출금   1,100,000
　　　　　(차) 110.받을어음   500,000 　　　　　(거래처 : ㈜역삼기기)
　　　　　　　(거래처 : ㈜역삼기기)

03 2월 3일 : (차) 406.매출할인   500,000 / (대) 108.외상매출금   10,000,000
　　　　　(차) 110.받을어음   4,000,000 　　　　　(거래처 : ㈜대오물산)
　　　　　　　(거래처 : ㈜대오물산)
　　　　　(차) 103.보통예금   5,500,000

04 2월 4일 : (차) 102.당좌예금   9,970,000 / (대) 110.받을어음   10,000,000
　　　　　(차) 831.수수료비용   30,000 　　　　　(거래처 : ㈜동일가구)

05 2월 5일 : (차) 253.미지급금   3,000,000 / (대) 110.받을어음   1,000,000
　　　　　　　(거래처 : ㈜한이물산)　　　　　　　　(거래처 : ㈜역삼기기)
　　　　　　　　　　　　　　　　　　　　　　 (대) 102.당좌예금   2,000,000

06 2월 6일 : (차) 251.외상매입금   4,000,000 / (대) 110.받을어음   1,000,000
　　　　　　　(거래처 : ㈜한이물산)　　　　　　　　(거래처 : ㈜역삼기기)
　　　　　　　　　　　　　　　　　　　　　　 (대) 102.당좌예금   3,000,000

07 2월 7일 : (차) 110.받을어음   17,000,000 / (대) 108.외상매출금   17,000,000
　　　　　　　(거래처 : ㈜동일가구)　　　　　　　　(거래처 : ㈜동일가구)
　　2월 7일 : (차) 102.당좌예금   16,300,000 / (대) 110.받을어음   17,000,000
　　　　　(차) 956.매출채권처분손실   700,000 　　　　(거래처 : ㈜동일가구)

08 2월 8일 : (차) 102.당좌예금   395,836 / (대) 110.받을어음   500,000
　　　　　(차) 106.정기적금   100,000 　　　　　(거래처 : ㈜한이물산)
　　　　　(차) 956.매출채권처분손실   4,164

09 2월 9일 : (차) 102.당좌예금   29,630,137 / (대) 110.받을어음   30,000,000
　　　　　(차) 956.매출채권처분손실   369,863 　　　(거래처 : ㈜동일가구)
　　* 30,000,000 × 9% × 50/365 = 369,863원

⑩ 12월31일 : (차) 274.외화단기차입금   1,000,000   /   (대) 910.외화환산이익   1,000,000
  * 기준환율에 의한 평가액 : 1,250 × $20,000 = 25,000,000원
  * 장부금액 : 1,300 × $20,000 = 26,000,000원
  * 자격시험에서는 장부를 조회하여 외화단기차입금의 거래처를 알 수 있다면 반드시 입력해야 한다.

⑪ 12월31일 : (차) 108.외상매출금   1,500,000   /   (대) 910.외화환산이익   1,500,000
       (거래처 : HANS)
  * 장부금액 : ¥30,000 × 1,090 = 32,700,000원   * 기말평가액 : ¥30,000 × 1,140 = 34,200,000원

⑫ 12월31일 : (차) 114.단기대여금   6,000,000   /   (대) 910.외화환산이익   6,000,000
  * $20,000 × 1,300 = 26,000,000원

⑬ 12월31일 : (차) 120.미수금   280,000   /   (대) 910.외화환산이익   280,000
   12월31일 : (차) 955.외화환산손실   1,500,000   /   (대) 293.장기차입금   1,500,000
  * 미수금 : ($4,000×1,500) − ($4,000×1,430) = 280,000원(환산이익)
  * 장기차입금 : ($30,000×1,500) − ($30,000×1,450) = 1,500,000원(환산손실)

⑭ 2월 14일 : (차) 260.단기차입금   96,000,000   /   (대) 101.현금   100,000,000
       (거래처 : 상하이은행)
      (차) 952.외환차손   4,000,000
  * $80,000 × (1,250−1,200) = 4,000,000원

⑮ 2월 15일 : (차) 293.장기차입금   67,500,000   /   (대) 103.보통예금   62,100,000
       (거래처 : HANS)   (대) 907.외환차익   6,750,000
      (차) 951.이자비용   1,350,000
  * $45,000 × (1,500−1,350) = 6,750,000원   * $1,000 × 1,350 = 1,350,000원
  * 실제 자격시험에서는 장부상에 어떤 계정과목(293.장기차입금 또는 305.외화장기차입금)으로 계상되어 있는지를 확인하고 회계처리 하여야 한다.

⑯ 2월 16일 : (차) 260.단기차입금   7,000,000   /   (대) 102.당좌예금   7,612,500
       (거래처 : HANS)
      (차) 951.이자비용   262,500
      (차) 952.외환차손   350,000
  * $7,000×(1,050−1,000) = 350,000원   * $250×1,050 = 262,500원

⑰ 2월 17일 : (차) 102.당좌예금   1,050,000   /   (대) 108.외상매출금   1,100,000
      (차) 952.외환차손   50,000   (거래처 : HANS)

⑱ 2월 18일 : (차) 305.외화장기차입금   12,500,000   /   (대) 101.현금   13,000,000
       (거래처 : HANS)
      (차) 952.외환차손   500,000

7. 단기대여금

단기대여금이란 회수기한이 보고기간 종료일로부터 1년 이내에 도래하는 대여금을 말한다. 대여금은 기간의 장·단기에 따라 단기대여금과 장기대여금(투자자산)으로 구분된다. 금액이 중요할 경우 차입자가 누구인가에 따라 주주·임원·종업원단기대여금, 관계회사단기대여금 등으로 분류하여 사용할 수 있다.

8. 미수금(120)

미수금이란 일반적인 상거래 이외의 거래에서 발생한 채권을 말한다. 즉, 상품·제품이 아닌 차량이나 비품의 매각대금 등이 입금되지 않은 경우를 말한다. 미수금 중 보고기간 종료일로부터 만기가 1년 이내에 도래하는 것은 유동자산으로 분류하고, 1년 이후에 도래하는 것은 비유동자산 중 기타비유동자산(장기미수금)으로 분류한다.

9. 선급금(131)

선급금이란 상품·원재료 등의 매입이나 외주가공을 위하여 선 지급한 금액을 말한다. 이는 상품·원재료 등 재고자산의 확실한 구입을 위하여 선 지급하거나, 제품 및 부분품의 외주가공을 위하여 선 지급한 계약금 등으로 장차 재고자산 계정 등으로 대체 정리될 계정이다.

10. 가지급금

가지급금이란 실제로 현금 등의 지출은 있었으나, 계정과목이나 금액을 확정할 수 없을 때 일시적으로 처리하는 자산 계정이다. 추후에 계정과목이나 금액이 확정되면 해당 계정으로 대체한다.

11. 선납세금

선납세금이란 기중에 원천징수[1] 된 법인세나 중간예납 한 법인세 등이 처리되는 계정이다. 이는 기말 결산시 법인세비용 계정으로 대체되는데 이에 대한 내용은 유동부채의 미지급세금에서 설명하기로 한다.

---

1) 원천징수란 상대방의 소득이 되는 금액을 지급할 때 이를 지급하는 자(원천징수의무자)가 그 금액을 받는 사람(납세의무자)이 내야 할 세금을 미리 떼어서 대신 납부하는 제도를 말한다.

12. 현금과부족

현금의 실제잔액과 장부상잔액은 항상 일치하여야 하지만 기록의 잘못이나 분실, 도난 등으로 인하여 장부상잔액과 일치하지 않을 경우가 있다. 이러한 경우에 그 불일치의 원인이 확인될 때까지 일시적으로 현금과부족 계정을 설정하여 장부상잔액과 실제 현금보유액을 일치시켜야 한다. 그 후 그 원인이 판명되면 해당 계정으로 대체하고, 결산시까지 그 원인이 판명되지 않으면 현금시재 부족액은 잡손실 계정으로, 초과액은 잡이익 계정으로 대체한다.

memo

기/출/문/제 [실기]

다음 거래 자료를 ㈜재무회계(회사코드 : 2002)의 [일반전표입력] 메뉴에 입력하시오.

01 3월 1일 본사 총무과 김영순 대리의 결혼소요자금을 1개월간 대여하기로 하고, 현금 5,000,000원을 김영순 계좌에 입금하였다.

02 3월 2일 거래처인 ㈜동일가구의 자금사정이 악화되어 외상매출금 중 당월 수금대상인 12,000,000원을 3개월간 연이자율 10%로 빌려주기로 하고 소비대차계약2)을 맺었다.

03 3월 3일 ㈜한이물산의 외상매출금 5,000,000원을 3개월간의 단기대여금(연이자율 10%)으로 전환하였다.

04 장기대여금(₩10,000,000)에 대하여 연이율 10%의 이자를 계산하여 매년말일까지 지급받기로 약정되어 있으나 12월 30일 그 중 일부(₩400,000)만 입금되었으며 이자수익 계정에 계상되어 있다. 결산시(12월 31일)에 회계처리를 하시오(장기대여금은 전액 전기에 발생된 것임).

05 3월 5일 비씨카드 회사로부터 2월 1일 ~ 2월 28일까지의 비씨카드 매출분(미수금 계정) 20,000,000원에 대해 신용카드가맹수수료 600,000원을 제외한 금액이 기업은행 보통예금계좌로 입금되었다.

06 3월 6일 비품(관리부) 컴퓨터 매각(3월 1일 매각)에 따른 비씨카드 결제대금 100,000원 중 수수료를 제외한 96,500원이 보통예금통장에 입금되었다.

07 3월 7일 ㈜무사산업으로부터 원재료 30,000,000원을 구입하기로 계약을 맺고 계약금 10%를 현금으로 지급하였다.

---

2) 소비대차계약이란 당사자 일방이 금전 기타 대체물의 소유권을 상대방에게 이전할 것을 약정하고, 상대방은 그와 동종·동질·동량의 물건을 반환할 것을 약정하는 계약을 말한다.

08 3월 8일 ㈜대오물산으로부터 원재료 50,000,000원을 구입하기로 계약을 맺고 계약금으로 5,000,000원을 동남은행의 당좌수표를 발행하여 지급하였다.

09 3월 9일 부산으로 출장 갔던 영업판매사원 서인규가 귀사하여 3월 5일에 가지급금으로 처리하였던 출장비 100,000원을 정산하고 부족분 13,000원을 추가로 현금 지급하다.

10 3월 10일 작년 4월 10일에 정기예금한 15,000,000원이 금일에 만기 도래하여 다음과 같은 이자계산서와 같이 당사 보통예금계정으로 대체입금 되었다.

영수증	
입금하신 거래내역	찾으신 거래내역
수 수 료 :	정기예금총액 : 15,000,000원
입 금 액 :	이 자 소 득 : 3,250,000원
현 금 :	법 인 세 : 650,000원
관리번호 :	차감 수령액 : 17,600,000원

11 3월 11일 대한은행으로부터 예금이자 46,750원이 보통예금 통장에 입금되었다(이자소득세 원천징수세율은 15%라고 가정함).

12 3월 12일 정기예금이 만기가 되어 23,000,000원(원금 20,000,000원과 이자 3,000,000원) 중 이자소득에 대한 원천징수세액을 제외한 잔액이 보통예금통장에 입금되었다. 이자소득에 대한 법인세 원천징수세율은 14%로 가정한다. _(세무1급)

13 12월 31일 장부상 현금 보다 실제 현금이 부족하여 현금과부족 계정으로 처리해 두었던 금액 40,000원 중 32,000원은 판매직원의 시내교통비 누락분으로 밝혀졌으며, 잔액은 결산일까지 그 내역을 알 수 없다.

KcLep 도우미

01 3월 1일 : (차) 137.임직원등단기채권   5,000,000   /   (대) 101.현금   5,000,000
         (거래처 : 김영순)

02 3월 2일 : (차) 114.단기대여금　　12,000,000　　/　　(대) 108.외상매출금　　12,000,000
　　　　　　　(거래처 : ㈜동일가구)　　　　　　　　　　　(거래처 : ㈜동일가구)

03 3월 3일 : (차) 114.단기대여금　　 5,000,000　　/　　(대) 108.외상매출금　　 5,000,000
　　　　　　　(거래처 : ㈜한이물산)　　　　　　　　　　　(거래처 : ㈜한이물산)

04 12월31일 : (차) 120.미수금　　　　　 600,000　　/　　(대) 901.이자수익　　　　 600,000
　　* 자격시험에서는 계정별원장을 조회하여 장기대여금에 대한 이자(10,000,000 × 10% = 1,000,000)
　　　중 12월 30일에 입금된 400,000원을 차감한 나머지 600,000원을 미수금으로 계상한다. 또한, 장기대
　　　여금에 대한 거래처가 있는 경우에는 전표입력시 반드시 입력해야 한다.

05 3월 5일 : (차) 103.보통예금　　　19,400,000　　/　　(대) 120.미수금　　　　20,000,000
　　　　　　　(차) 831.수수료비용　　　　 600,000　　　　　(거래처 : 비씨카드)

06 3월 6일 : (차) 103.보통예금　　　　　 96,500　　/　　(대) 120.미수금　　　　　 100,000
　　　　　　　(차) 831.수수료비용　　　　　 3,500　　　　　(거래처 : 비씨카드)

07 3월 7일 : (차) 131.선급금　　　　　3,000,000　　/　　(대) 101.현금　　　　　 3,000,000
　　　　　　　(거래처 : ㈜무사산업)

08 3월 8일 : (차) 131.선급금　　　　　5,000,000　　/　　(대) 102.당좌예금　　　 5,000,000
　　　　　　　(거래처 : ㈜대오물산)

09 3월 9일 : (차) 812.여비교통비　　　　 113,000　　/　　(대) 134.가지급금　　　　 100,000
　　　　　　　　　　　　　　　　　　　　　　　　　　　　(대) 101.현금　　　　　　　13,000

10 3월 10일 : (차) 103.보통예금　　　17,600,000　　/　　(대) 105.정기예금　　　15,000,000
　　　　　　　(차) 136.선납세금　　　　　 650,000　　　　　(대) 901.이자수익　　　 3,250,000

11 3월 11일 : (차) 103.보통예금　　　　　 46,750　　/　　(대) 901.이자수익　　　　 55,000
　　　　　　　(차) 136.선납세금　　　　　　 8,250
　　* 15% 원천징수 되기 전의 금액이 이자수익이므로 아래와 같이 전체 금액을 계산한다.
　　* 46,750 ÷ 85% = 55,000원

12 3월 12일 : (차) 103.보통예금　　　22,580,000　　/　　(대) 105.정기예금　　　20,000,000
　　　　　　　(차) 136.선납세금　　　　　 420,000　　　　　(대) 901.이자수익　　　 3,000,000
　　* 3,000,000 × 14% = 420,000원

13 12월31일 : (차) 812.여비교통비　　　　 32,000　　/　　(대) 141.현금과부족　　　 40,000
　　　　　　　(차) 980.잡손실　　　　　　　 8,000

대손회계

Ⅰ. 대손회계(貸損會計)의 의의

대손이란 거래처의 파산 등의 사유로 매출채권 등의 회수가 불가능하게 되어 이를 손실로 인식하는 것을 말하며, 대손회계란 이러한 대손을 중심으로 대손의 회계처리를 다루는 것으로, 실제로 발생한 대손의 처리와 회수불능채권의 예상에 의한 대손추정의 문제를 다루는 회계이다.

(1) 대손상각비

회수불능채권에 대한 손실을 계상하는 비용계정이다. 매출채권에 대한 대손비용은 판매비와 관리비(대손상각비)로, 기타채권에 대한 대손비용은 영업외비용(기타의대손상각비)으로 처리한다.

(2) 대손충당금(109·111)

충당금설정법에 의하여 설정되는 것으로 수취채권(매출채권과 기타채권)의 잔액 중 회수불능채권의 추정금액을 나타내는 것이다. 이것은 수취채권의 평가계정으로서 수취채권의 장부금액(또는 순실현가능가액)을 나타내기 위해 수취채권으로부터 차감하는 형식으로 표시한다.

※ 프로그램 운영상 주의할 점은 대손충당금의 코드번호는 해당 자산의 바로 아래에 있는 코드번호를 사용해야 하는 것이다. 즉, "108.외상매출금"의 대손충당금은 "109.대손충당금"을 사용해야 하며, "110.받을어음"의 대손충당금은 "111.대손충당금"을 사용해야 하는 것이다.

(3) 대손충당금환입

충당금설정법에 의하여 대손충당금을 설정하였으나 전기에 설정한 대손충당금잔액이 당기에 새로 설정할 대손충당금 보다 많아 차액을 환입하는 경우에 나타난다. 매출채권에 대한 대손충당금환입은 판매비와관리비의 부(-)의 금액으로 표시하고, 기타채권에 대한 대손충당금환입은 영업외수익으로 표시한다.

Ⅱ. 대손처리 방법(충당금설정법)

대손처리 방법에는 "직접상각법"과 "충당금설정법"이 있으나, 본서에서는 일반기업회계기준에서 인정하는 충당금설정법에 대해서만 학습하기로 한다. 충당금설정법이란 재무상태표상의 기말 채권 잔액을 기초로 하여 과거의 대손경험률이나 기간경과분석 등을 통하여 기말 대손충당금 잔액을 먼저 확정하고, 이에 대한 당기 대손상각비를 역으로 추정하는 방법이다.

(1) ×1년말 결산시 대손예상액을 추정하여 대손충당금 설정

재무상태표상 수취채권을 순실현가능가액으로 나타내기 위하여 기말 채권잔액에 회수불능채권 금액을 추정하여 대손충당금을 설정한다.

　　　(차) 대손상각비　　　　×××　／　(대) 대손충당금　　　　×××

(2) ×2년 중 대손확정시

회수가 불가능한 채권은 대손충당금과 상계하고 대손충당금 잔액이 부족한 경우에는 그 부족액을 대손상각비로 처리한다.

거래내역	차 변		대 변	
① 대손충당금이 충분한 경우	대손충당금	×××	매출채권	×××
② 대손충당금이 부족한 경우	대손충당금 대손상각비	××× ×××	매출채권	×××
③ 대손충당금이 없는 경우	대손상각비	×××	매출채권	×××

(3) ×2년 중 대손처리된 채권의 회수

전기 이전에 대손처리된 채권을 회수한 경우에는 대손충당금을 증가시키고, 당기에 대손처리한 채권을 회수한 경우에는 당기 대손발생시 회계처리한 차변 분개의 내용을 대변으로 분개하면 된다.

거래내역	차 변		대 변	
① 전기 이전에 대손처리된 외상매출금을 회수	현 금	×××	대손충당금	×××
② 당기에 대손처리한 외상매출금을 회수	현 금	×××	대손충당금	×××
	현 금	×××	대손충당금 대손상각비	××× ×××
	현 금	×××	대손상각비	×××

(4) ×2년말 결산시 대손예상액을 추정하여 대손충당금 설정

기말에 외상매출금 등의 채권잔액에 대하여 과거경험률 및 기간경과분석 등을 토대로 회수불가능한 금액을 추정하여 실제 대손에 대비한다. 기말에 대손충당금을 설정하는 방법에는 총액법과 보충법 두 가지가 있으며 일반기업회계기준에서는 보충법에 따르도록 하고 있다. 따라서 본서는 보충법으로 회계처리 한다.

① 총액법 : 결산정리 전 대손충당금잔액을 모두 환입하고 당기 말 현재 대손추산액을 전액 설정하는 방법
② 보충법 : 당기말 현재 대손추산액과 결산정리 전 대손충당금잔액을 서로 비교하여 부족분은 추가로 설정하고 초과분은 환입하는 방법

> 기말설정액 = 기말채권잔액 × 대손추정율(%) − 대손충당금잔액

거래내역	차 변		대 변	
① 대손충당금 잔액이 없을 경우	대손상각비	×××	대 손 충 당 금	×××
② 대손예상액＞대손충당금 잔액	대손상각비	×××	대 손 충 당 금	×××
③ 대손예상액＜대손충당금 잔액	대손충당금	×××	대손충당금환입	×××

예제

다음의 연속된 거래를 회계처리 하시오.

(1) ×1년 12월 31일 : 외상매출금 잔액 1억원에 대하여 1%의 대손충당금을 설정한다.
(2) ×2년 2월 : 전기의 외상매출금 500,000원을 거래처의 파산으로 대손처리 하였다.
(3) ×2년 3월 : 전기의 외상매출금 800,000원을 거래처의 파산으로 대손처리 하였다.
(4) ×2년 4월 : 전기의 외상매출금 400,000원을 거래처의 파산으로 대손처리 하였다.
(5) ×2년 8월 : 전기에 거래처의 파산으로 대손이 확정되어 대손충당금과 상계처리 했던 외상매출금 300,000원을 현금으로 회수하였다.
(6) ×2년 9월 : 3월에 대손처리 했던 외상매출금 800,000원을 현금으로 회수하였다.
(7) ×2년 12월 31일 : 기말 외상매출금 잔액은 2억원이며 이에 대하여 1%의 대손충당금을 설정하였다(보충법).

해설

(1) (차) 대손상각비　　　　　　　1,000,000　／　(대) 대손충당금　　　　　1,000,000
　　＊ 100,000,000 × 1% = 1,000,000원
(2) (차) 대손충당금　　　　　　　　500,000　／　(대) 외상매출금　　　　　　500,000
　　＊ 충당금잔액이 많으므로 모두 충당금의 감소로 처리한다.(이후 대손충당금 잔액 500,000원)
(3) (차) 대손충당금　　　　　　　　500,000　／　(대) 외상매출금　　　　　　800,000
　　　　대손상각비　　　　　　　　300,000
　　＊ 충당금잔액(500,000)이 부족하므로 우선 충당금을 사용하고 부족분은 대손상각비로 처리한다.
　　　(이후 대손충당금 잔액 0원)
(4) (차) 대손상각비　　　　　　　　400,000　／　(대) 외상매출금　　　　　　400,000
　　＊ 충당금잔액이 없으므로 모두 대손상각비로 처리한다.(이후 대손충당금 잔액 0원)
(5) (차) 현금　　　　　　　　　　　300,000　／　(대) 대손충당금　　　　　　300,000
　　＊ 전기에 대손처리한 금액이 당기에 회수되는 경우에는 대손충당금을 증가시킨다.(이후 대손충당금 잔액 300,000원)
(6) (차) 현금　　　　　　　　　　　800,000　／　(대) 대손충당금　　　　　　500,000
　　　　　　　　　　　　　　　　　　　　　　　　　　대손상각비　　　　　　300,000
　　＊ 당기에 대손처리한 금액이 당기에 회수되는 경우에는 당기 대손발생시 회계처리한 차변 분개의 내용을 대변으로 분개한다(이후 대손충당금 잔액 800,000원).

(7) (차) 대손상각비　　　　　　　1,200,000　/　(대) 대손충당금　　　　1,200,000
　　* (200,000,000×1%) − 800,000 = 1,200,000원
　　* 대손충당금 설정 전 잔액 800,000원은 8월(300,000)과 9월(500,000)에 회수된 금액의 합계

만일, 위 (7)의 경우 기말에 대손충당금잔액이 2,600,000원 남아 있다고 가정하면 당기 말 설정액을 초과하는 부분은 환입하여야 한다.
　　(차) 대손충당금　　　　　　　600,000　/　(대) 대손충당금환입　　600,000
　　* (200,000,000×1%) − 2,600,000 = −600,000원

III. 대손세액공제 관련 회계처리

부가가치세법에서는 사업자가 과세 재화·용역을 공급한 후 공급받는 자의 파산 등으로 인하여 부가가치세를 징수하지 못하는 경우에는 그 대손세액(징수하지 못한 부가가치세)을 매출세액에서 차감할 수 있도록 규정하고 있다.

$$대손세액 = 대손금액(부가가치세\ 포함) \times 10/110$$

이하에서는 대손이 확정되어 부가가치세신고시 대손세액공제를 받은 경우와 받지 않은 경우의 회계처리를 살펴보고, 그 이후 각 상황별로 대손금이 다시 회수되는 경우의 회계처리를 살펴보기로 한다.

사례 1. 대손처리하고 대손세액공제를 받지 않은 경우

(1) X1년 1월 15일 : 제품 1,100,000원(부가가치세 포함)을 판매하고 약속어음(만기 : 1년 이내)을 수취하였다.
　　(차) 받을어음　　　　　　　1,100,000　/　(대) 제품매출　　　　　1,000,000
　　　　　　　　　　　　　　　　　　　　　　　　부가세예수금　　　　100,000
(2) X2년 2월 25일 : 받을어음 1,100,000원(부가가치세 포함)이 부도가 발생하여 대손충당금과 상계하였다(부도 확인일 : X1년 8월 24일).
　　(차) 대손충당금　　　　　　1,100,000　/　(대) 받을어음　　　　　1,100,000
(3) X2년 7월 25일 : 제1기 확정 부가가치세 신고시에 위 (2)의 거래와 관련하여 대손세액공제(변제)신고서 및 증빙서류를 제출하지 않고, 대손세액공제를 받지 않았다.
　　　　　　　　　　　　　− 회계처리 없음 −
(4) X2년 12월 10일 : X2년 2월 25일 대손처리 한 받을어음 1,100,000원을 현금으로 회수하였다.
　　(차) 현금　　　　　　　　　1,100,000　/　(대) 대손충당금　　　　1,100,000

사례 2. 대손처리하고 대손세액공제를 받은 경우

(1) ×1년 1월 15일 : 제품 1,100,000원(부가가치세 포함)을 판매하고 약속어음(만기 : 1년 이내)을 수취하였다.
 (차) 받을어음　　　　　　　1,100,000　/　(대) 제품매출　　　　　　1,000,000
　　　　　　　　　　　　　　　　　　　　　　　부가세예수금　　　　　100,000

(2) ×2년 2월 25일 : 받을어음 1,100,000원(부가가치세 포함)이 부도가 발생하여 대손충당금과 상계하였다(부도 확인일 : ×1년 8월 24일).
 (차) 대손충당금　　　　　　1,100,000　/　(대) 받을어음　　　　　　1,100,000

(3) ×2년 7월 25일 : 제1기 확정 부가가치세 신고시에 위 (2)의 거래와 관련하여 대손세액공제(변제)신고서 및 증빙서류를 제출하고, 대손세액공제 100,000원을 받았다.
 (차) 부가세예수금　　　　　　100,000　/　(대) 대손충당금　　　　　　100,000

(4) ×2년 12월 10일 : ×2년 2월 25일 대손처리 한 받을어음 1,100,000원을 현금으로 회수하였다.
 (차) 현금　　　　　　　　　1,100,000　/　(대) 대손충당금　　　　　　1,000,000
　　　　　　　　　　　　　　　　　　　　　　　부가세예수금　　　　　100,000

사례 3. 대손세액공제를 받은 후 대손처리하는 경우

(1) ×1년 1월 15일 : 제품 1,100,000원(부가가치세 포함)을 판매하고 약속어음(만기 : 1년 이내)을 수취하였다.
 (차) 받을어음　　　　　　　1,100,000　/　(대) 제품매출　　　　　　1,000,000
　　　　　　　　　　　　　　　　　　　　　　　부가세예수금　　　　　100,000

(2) ×2년 2월 25일 : 받을어음 1,100,000원(부가가치세 포함)이 부도가 발생하였으나 대손처리는 하지 않았다(부도 확인일 : ×1년 8월 24일).
　　　　　　　　　　　　　- 회계처리 없음 -

(3) ×2년 7월 25일 : 제1기 확정 부가가치세 신고시에 위 (2)의 거래와 관련하여 대손세액공제(변제)신고서 및 증빙서류를 제출하고, 대손세액공제 100,000원을 받았다.
 (차) 부가세예수금　　　　　　100,000　/　(대) 받을어음　　　　　　　100,000

(4) ×2년 8월 10일 : ×1년 8월 24일 부도 발생한 받을어음에 대하여 대손충당금과 상계하였다.
 (차) 대손충당금　　　　　　1,000,000　/　(대) 받을어음　　　　　　1,000,000

(5) ×2년 12월 10일 : ×2년 8월 10일 대손처리 한 받을어음 1,100,000원을 현금으로 회수하였다.
 (차) 현금　　　　　　　　　1,100,000　/　(대) 대손충당금　　　　　　1,000,000
　　　　　　　　　　　　　　　　　　　　　　　부가세예수금　　　　　100,000

한마디 … 부가가치세편을 배우지 않은 상황에서 위 내용을 이해하기는 힘들 것 같다. 이에 관한 자세한 내용은 제3부 부가가치세편의 기타의 첨부서류(부속명세서)에서 자세히 설명하고 있으므로 지금 이해가 되지 않으면 부가가치세편을 공부한 후에 다시 한번 학습하기 바란다.

기/출/문/제 [실기]

다음 거래 자료를 ㈜재무회계(회사코드 : 2002)의 [일반전표입력] 메뉴에 입력하시오.

01 4월 1일 매출처 ㈜한이물산의 부도로 외상매출금 현재잔액(₩18,300,000) 전부가 회수 불가능하게 되어 대손처리 하였다(장부상 대손충당금잔액은 600,000원).

02 4월 2일 매출처 ㈜역삼기기의 파산으로 인하여 외상매출금 잔액(₩500,000) 전부를 대손처리 하였다(장부상 대손충당금잔액은 2,000,000원이다).

03 4월 3일 거래처 ㈜무사산업의 부도로 단기대여금 500,000원이 회수가 불가능하게 되어 대손처리 하였다. 단, 단기대여금에 대하여는 대손충당금을 설정한 사실은 없다.

04 4월 4일 전기에 대손이 확정되어 대손충당금과 상계 처리한 외상매출금 128,000원을 현금으로 회수하였다. 매출채권의 대손처리가 이루어진 기간의 부가가치세 신고시에 대손세액공제를 받지 않았다.

05 4월 5일 전기 회계연도 중 대손처분하고 부가가치세 신고시 대손세액공제 처리하였던 ㈜동일가구에 대한 외상매출금 352,000원(부가가치세 포함)을 현금으로 회수하였다.

(세무1급)

06 7월 2일 부가가치세법상 적법하게 대손세액공제가 된 다음의 받을어음에 대하여 대손처리를 하시오. 단 대손충당금은 5,000,000원이고 대손세액공제와 관련된 회계처리는 1기 확정 부가가치세 신고와 함께 정상적으로 처리하였다.

매출처	부도발생일	액면금액	비 고
㈜대오물산	작년 12월 5일	11,000,000원	작년 2기 부가가치세 정상신고

※ 추가자료(당기 6월 30일 대손세액공제와 관련된 회계처리)
　(차) 부가세예수금　1,000,000　/ (대) 받을어음　1,000,000

KcLep 도우미

01 4월 1일 : (차) 109.대손충당금　　600,000　　/　(대) 108.외상매출금　　18,300,000
　　　　　(차) 835.대손상각비　　17,700,000　　　　　(거래처 : ㈜한이물산)

한대디 … 자격시험에서는 [재무회계]>[장부관리]>[거래처원장]에서 ㈜한이물산의 외상매출금 잔액을 확인하고, [결산/재무제표]>[합계잔액시산표]에서 기간(4월 1일)을 입력하고 대손충당금 계정 대변 잔액을 확인하여 회계처리 하여야 한다.

02 4월 2일 : (차) 109.대손충당금　　500,000　　/　(대) 108.외상매출금　　500,000
　　　　　　　　　　　　　　　　　　　　　　　　(거래처 : ㈜역삼기기)

03 4월 3일 : (차) 954.기타의대손상각비　500,000　/　(대) 114.단기대여금　　500,000
　　　　　　　　　　　　　　　　　　　　　　　　(거래처 : ㈜무사산업)

04 4월 4일 : (차) 101.현금　　128,000　　/　(대) 109.대손충당금　　128,000

05 4월 5일 : (차) 101.현금　　352,000　　/　(대) 109.대손충당금　　320,000
　　　　　　　　　　　　　　　　　　　(대) 255.부가세예수금　　32,000

06 7월 2일 : (차) 111.대손충당금　　5,000,000　　/　(대) 110.받을어음　　10,000,000
　　　　　(차) 835.대손상각비　　5,000,000　　　　　(거래처 : ㈜대오물산)

* 대손세액공제액 1,000,000원에 대하여 이미 받을어음을 감소시키는 회계처리를 하였으므로, 받을어음 중 대손처리가 가능한 금액은 액면금액에서 대손세액공제액을 차감한 금액인 10,000,000원이다.
* 대손세액공제액 = 11,000,000 × 10/110 = 1,000,000원

기/출/문/제 [필기]

01 현금및현금성자산에 포함되는 항목은 어느 것인가?

① 감채기금 ② 당좌예금
③ 차용증서 ④ 당좌개설보증금

[풀이] 당좌예금은 현금및현금성자산에 포함되며, 감채기금과 당좌개설보증금은 사용이 제한되어 있는 예금으로서 사용 제한의 기간에 따라 장·단기금융상품으로 분류한다.

02 다음 중 현금및현금성자산에 포함되지 않은 것은?

① 자기앞수표 ② 만기가 1년 이내인 상환우선주
③ 우편환 ④ 배당금 지급통지표

[풀이] 취득 당시 상환일까지의 기간이 3개월 이내인 상환우선주는 현금성자산으로 분류하고, 1년 이내인 상환우선주는 매도가능증권으로 분류한다.

03 일반기업회계기준상 현금및현금성자산에 해당되지 않는 것은?

① 취득당시 만기가 1년 이내에 도래하는 채권
② 배당금지급통지표
③ 요구불 당좌예금
④ 만기도래한 사채이자표

[풀이] 취득당시 만기가 3개월 이내에 도래하는 채권은 현금성자산으로 분류하지만, 만기가 1년 이내에 도래하는 채권은 단기매매증권 또는 매도가능증권으로 분류한다.

04 다음은 모두 큰 거래비용 없이 현금으로 전환이 용이하고 이자율변동에 따른 가치변동의 위험이 경미한 금융상품이다. 다음 중 ×1년도 현금성자산이 아닌 것은?

① ×1년 12월 10일 취득하였으나 상환일이 ×2년 4월 20일인 상환우선주
② 3개월 이내의 환매조건인 환매채
③ 투자신탁의 계약기간이 3개월 이내인 초단기수익증권
④ 취득당시 만기가 3개월 이내에 도래하는 채권

[풀이] 취득 당시 상환일이 3개월을 초과하는 상환우선주는 현금성자산이 아니다.

05 다음 중 ×1년 재무제표에 보고되는 현금및현금성자산에 해당하지 않는 것은?

① 지폐 ② 여행자수표
③ 20×1.8.5. 취득한 양도성예금증서 ④ 정기예금
　　(만기 : 20×1.11.2.)

[풀이] 정기예금은 단기금융상품에 해당한다.

06 다음 중 일반기업회계기준상 현금및현금성자산의 합계액은 얼마인가?

- 현 금 50,000원
- 자기앞수표 100,000원
- 우편환증서 100,000원
- 정기예금(장기보유목적) 60,000원
- 외상매출금 300,000원
- 단기대여금 100,000원
- 취득당시 만기일이 3개월 이내 환매조건부채권 500,000원
- 3월전에 가입한 정기적금(만기일 : 가입일로부터 1년) 100,000원

① 850,000원   ② 750,000원   ③ 810,000원   ④ 760,000원

[풀이] 현금및현금성자산 = 현금 + 자기앞수표 + 우편환증서 + 환매조건부채권
50,000 + 100,000 + 100,000 + 500,000 = 750,000원

07 다음 중 일반기업회계기준상 유가증권에 대한 설명으로 틀린 것은?

① 어음이나 수표는 그 자체가 매매대상이 아니므로 회계상 유가증권에서 제외된다.
② 유가증권은 주식과 같은 지분증권과 사채와 같은 채무증권이 포함된다.
③ 단기매매증권의 평가손익은 미실현 보유손익이므로 자본항목으로 처리해야 한다.
④ 단기매매증권의 취득과 직접 관련되는 거래원가는 최초 인식하는 공정가치에 가산하지 않고 당기 비용으로 처리한다.

[풀이] 단기매매증권의 평가손익은 당기손익항목(영업외손익)으로 처리하고, 매도가능증권의 평가손익은 자본항목(기타포괄손익누계액)으로 처리한다.

08 다음 자료에 의한 시장성 있는 단기매매증권과 관련된 내용으로서 틀린 것은?

종목	취득원가	×1년말 공정가치	×2년말 공정가치
㈜한국 보통주식	2,000,000원	1,900,000원	2,100,000원

① ×1년말 단기매매증권평가손실은 100,000원이다.
② ×2년말 단기매매증권평가이익은 200,000원이다.
③ 단기매매증권의 ×2년말 재무상태표상의 가액은 2,100,000원이다.
④ 단기매매증권평가손익은 재무상태표 계정 중 자본조정 항목이다.

[풀이] 단기매매증권평가손익은 손익계산서 계정 중 영업외손익 항목이다.

09 일반기업회계기준상 유가증권 분류에 관한 설명으로 가장 옳지 않은 것은?

① 유가증권은 취득한 후에 만기보유증권, 단기매매증권, 그리고 매도가능증권 중의 하나로 분류한다.
② 단기매매증권과 매도가능증권은 채무증권을 포함하지 않는다.
③ 만기가 확정된 채무증권으로서 상환금액이 확정되었거나 확정이 가능한 채무증권을 만기까지 보유할 적극적인 의도와 능력이 있는 경우에는 만기보유증권으로 분류한다.

④ 단기매매증권이나 만기보유증권으로 분류되지 아니하는 유가증권은 매도가능증권으로 분류한다.

[풀이] 단기매매증권과 매도가능증권은 채무증권을 포함한다.

10 다음 중 일반기업회계기준상 유가증권에 대한 설명 중 잘못된 것은?

① 유가증권은 취득한 후에 만기보유증권, 단기매매증권, 그리고 매도가능증권 중의 하나로 분류된다.
② 만기보유증권이 1년 내에 만기가 도래하는 경우에는 유동자산으로 분류된다.
③ 지분증권인 주식이 만기보유증권으로 분류되는 경우는 없다.
④ 채무증권인 채권이 단기매매증권으로 분류되는 경우는 없다.

[풀이] 지분증권인 주식은 만기의 개념이 없으므로 만기보유증권으로 분류될 수 없으며, 채무증권인 채권도 단기매매증권으로 분류될 수 있다.

11 다음 중 유가증권 양도에 따른 실현손익을 인식하기 위한 원가산정 방법으로서 가장 합리적인 것은?

① 정액법
② 이동평균법
③ 정률법
④ 이중체감법

[풀이] 동일한 유가증권을 여러 번에 걸쳐 각각 서로 다른 가격으로 구입한 경우 단가 산정은 개별법, 총평균법, 이동평균법 또는 다른 합리적인 방법을 사용하되, 동일한 방법을 매기 계속 적용한다.

12 ㈜갑을은 외상매출금의 대손을 연령분석법으로 추정한다. 당기 12월 31일 현재의 대손추정관련 내용은 다음과 같다. 당기 말에 재무상태표상에서 회사의 대손충당금은 얼마로 계상하여야 하는가?

기 간	금 액	대손추정율
60일 이하	10,000,000원	5%
60일 이상	5,000,000원	20%

① 300,000원
② 500,000원
③ 1,000,000원
④ 1,500,000원

[풀이] (10,000,000 × 5%) + (5,000,000 × 20%) = 1,500,000원

13 다음은 ㈜한국산업의 대손충당금과 관련된 내용이다. 거래내용을 확인한 후 당기 대손충당금으로 설정될 금액을 구하시오.

- 기초 수정 전 매출채권 잔액은 300,000원이고 대손충당금 잔액은 18,000원이다.
- 당기 외상매출금 중에 15,000원이 대손 확정되었다.
- 전기 대손 처리한 매출채권 중에 10,000원이 회수되었다.
- 당기 말 대손충당금 잔액은 21,000원이다.

① 8,000원   ② 12,000원   ③ 18,000원   ④ 21,000원

[풀이] 기초대손충당금 - 당기대손발생액 + 전기대손금회수액 + 당기설정액(X) = 기말대손충당금
18,000 - 15,000 + 10,000 + X = 21,000   ∴ X = 8,000원

14 다음 중 일반기업회계기준상 당좌자산에 속하지 않는 것은?

① 일반적 상거래에서 발생한 외상매출금과 받을어음
② 회수기한이 1년 내에 도래하는 대여금
③ 상품·원재료 등의 매입을 위하여 선급한 금액
④ 받은 수익 중 귀속시기가 차기 이후에 속하는 금액

[풀이] 받은 수익 중 귀속시기가 차기 이후에 속하는 금액은 부채(선수수익)이다.

15 다음 중 현행 일반기업회계기준에 의해 유동자산으로 분류할 수 없는 것은?

① 보고기간종료일로부터 1년 이내에 사용되지 않을 것으로 예상되는 자산
② 기업의 정상적인 영업주기 내에 실현될 것으로 예상되거나 판매목적 또는 소비목적으로 보유하고 있는 자산
③ 단기매매 목적으로 보유하는 자산
④ 사용의 제한이 없는 현금및현금성자산

[풀이] 보고기간종료일로부터 1년 이내에 현금화 또는 실현될 것으로 예상되는 자산은 유동자산으로 분류한다.

정답

1. ② 2. ② 3. ① 4. ① 5. ④ 6. ② 7. ③ 8. ④ 9. ② 10. ④
11. ② 12. ④ 13. ① 14. ④ 15. ①

제2절 재고자산

재고자산이란 정상적인 영업과정에서 판매를 위하여 보유하거나 생산과정에 있는 자산 및 생산 또는 서비스 제공과정에 투입될 원재료나 소모품의 형태로 존재하는 자산을 말한다. 재고자산은 다음의 항목으로 구성되어 있다.

- 정상적인 영업과정에서 판매를 위하여 보유하고 있는 자산(상품, 제품)
- 판매를 위하여 생산과정에 있는 자산(재공품)
- 판매할 자산의 생산과정 또는 서비스 제공과정에 투입될 자산(원재료, 저장품)

1. 재고자산의 분류

재고자산은 총액으로 보고하거나 상품, 제품, 재공품, 원재료 및 소모품 등으로 분류하여 재무상태표에 표시한다. 서비스업의 재고는 재공품으로 분류할 수 있다.

(1) 상품(146)

기업이 정상적인 영업활동을 통하여 판매할 목적으로 구입한 상품 등을 말하며, 부동산매매업에 있어서 판매를 목적으로 소유하는 토지, 건물, 기타 이와 유사한 부동산도 이를 상품에 포함시킨다.

(2) 제품(150)

판매를 목적으로 제조한 생산품·부산물 등을 말한다.

(3) 재공품

제품의 제조를 위하여 재공과정에 있는 것을 말하며 반제품을 포함한다. 반제품은 현재 상태로 판매가능한 재공품을 말한다.

(4) 원재료(153)

제품의 생산에 소비할 목적으로 구입한 원료·재료 등을 말한다.

(5) 저장품

생산과정이나 서비스를 제공하는데 투입될 부분품, 소모품, 소모공구기구, 비품 및 수선용 부분품 등을 말한다. 단, 공구 및 비품은 당기 생산과정에 소비 또는 투입될 품목에 한하며, 한 회계기간 이상 사용할 것으로 예상되는 품목이면 비유동자산으로 분류한다.

(6) 기타의 재고자산

위 (1) 내지 (5)에 속하지 아니한 재고자산으로 한다.

2. 취득원가의 측정

재고자산의 취득원가는 매입원가 또는 제조원가를 말한다. 재고자산의 취득원가에는 취득에 직접적으로 관련되어 있으며, 정상적으로 발생되는 기타원가를 포함한다.

(1) 매입원가

재고자산의 매입원가는 매입가액에 매입운임, 하역료 및 보험료 등 취득과정에서 정상적으로 발생한 부대원가를 가산한 금액이다. 매입과 관련된 할인, 에누리 및 기타 유사한 항목은 매입원가에서 차감한다.

(2) 매입환출및에누리(147·154)

매입환출이란 매입한 상품을 판매자에게 반품 처리한 금액을 말하며, 매입에누리란 매입한 상품에 파손이나 결함 등이 있어서 결제금액을 깎는 것을 말한다. 매입환출및에누리는 매입원가에서 차감한다.

※ 프로그램 운영상 주의할 점은 "146.상품"의 매입환출및에누리는 147번 코드를 사용해야 하며, "153.원재료"의 매입환출및에누리는 154번 코드를 사용해야 하는 것이다. 즉, 해당 자산 코드번호의 아래 코드번호를 사용해야 해당 자산의 매입원가에서 차감되는 것이다.

(3) 매입할인(148·155)

매입할인이란 외상대금을 약정된 할인기간 내에 지급하고 대금의 일부를 할인을 받는 것을 말한다. 매입할인은 매입원가에서 차감한다.

※ 프로그램 운영상 주의할 점은 "146.상품"의 매입할인은 148번 코드를 사용해야 하며, "153.원재료"의 매입할인은 155번 코드를 사용해야 하는 것이다. 즉, 해당 자산 코드번호의 아래 코드번호를 사용해야 해당 자산의 매입원가에서 차감되는 것이다.

3. 재고자산의 수량결정방법

재고자산의 수량을 파악하는 방법에는 실지재고조사법과 계속기록법이 있다.

(1) 실지재고조사법

기말에 남아있는 실지재고를 조사하여 기말재고수량을 파악하는 방법으로 재고자산의 입고만을 기록하고 출고기록은 하지 않는다. 따라서 당기 판매가능수량(기초재고수량+당기매입수량)에서 기말실지재고수량을 차감하여 당기판매수량을 파악한다.

> (기초재고수량 + 당기매입수량) − 기말실지재고수량 = 당기판매수량

(2) 계속기록법

재고자산의 입고와 출고가 이루어질 때마다 장부에 계속적으로 그 사실을 기록함으로써, 기중판매량 및 재고수량을 장부에서 언제든지 파악할 수 있는 방법이다.

> 기초재고수량 + 당기매입수량 – 당기판매수량 = 기말재고수량

또한 실지재고조사법과 병행하여 사용하면, 장부상재고량과 실지재고량을 모두 알 수 있기 때문에 보관 중에 발생한 재고감모량을 쉽게 파악할 수 있다.

> 재고감모량 = 장부상재고량 – 실지재고량

4. 재고자산의 원가결정방법

재고자산의 판매량 및 기말재고량에 적용할 단위원가를 결정하는 방법으로는 원가흐름의 가정에 따라 개별법, 선입선출법, 가중평균법(총평균법과 이동평균법), 표준원가법, 소매재고법 등이 있다. 통상적으로 상호 교환될 수 없는 재고항목이나 특정 프로젝트별로 생산되는 제품 또는 서비스의 원가는 개별법을 사용하여 결정하며, 개별법이 적용되지 않는 재고자산의 단위원가는 선입선출법이나 가중평균법 또는 후입선출법을 사용하여 결정한다. 성격과 용도 면에서 유사한 재고자산에는 동일한 단위원가 결정방법을 적용하여야 하며, 성격이나 용도 면에서 차이가 있는 재고자산에는 서로 다른 단위원가 결정방법을 적용할 수 있다.

(1) 개별법

재고자산의 매입상품별로 매입가격을 알 수 있도록 개별적으로 관리하여 판매된 부분에 대한 원가와 기말에 남아있는 재고자산의 원가를 개별적으로 파악하여 매출원가와 기말재고액을 결정하는 방법이다.
   ① 실제 물량흐름과 일치하므로 이론상 가장 이상적인 방법이다.
   ② 수익과 비용이 정확하게 대응되어 정확한 이익을 측정할 수 있다.
   ③ 재고자산의 종류와 수량이 많고 거래가 빈번한 경우에는 적용하기가 불가능하다.

(2) 선입선출법(first-in, first-out method : FIFO method)

실제 물량의 흐름과는 관계없이 먼저 매입한 재고자산이 먼저 판매되는 것으로 가정하여 매출원가와 기말재고액을 결정하는 방법이다.
   ① 일반적인 물량흐름과 일치한다.
   ② 매출원가는 과거의 원가로 계상되어, 현재의 수익과 과거의 원가가 대응되므로 수익과 비용의 대응이 적절히 이루어지지 않는다.
   ③ 물가상승시에는 순이익이 높게 계상된다.
   ④ 기말재고액은 최근에 구입한 원가로 보고되므로 재무상태표상 재고자산가액은 시가에 가깝다.

(3) 후입선출법(last-in, first-out method : LIFO method)

가장 최근에 매입한 재고자산부터 판매되는 것으로 가정하여 매출원가와 기말재고액을 결정하는 방법이다.
① 일반적인 물량흐름과 일치하지 않는다.
② 매출원가는 현재의 원가로 계상되어, 현재의 수익과 현재의 원가가 대응되므로 수익과 비용의 대응이 적절히 이루어진다.
③ 물가상승시에는 순이익이 낮게 계상된다.
④ 물가상승시에는 기말재고액이 오래전에 구입한 원가로 계상되므로 기말재고액이 낮게 계상된다.

(4) 이동평균법(moving average method)

재고자산이 출고되는 시점에서의 평균단가로 매출원가와 기말재고액을 결정하는 방법이다. 이동평균법을 사용할 때에는 재고자산을 매입할 때마다 직전 재고액과 금번 매입액의 합계액을 매입 직전 재고수량과 금번 매입수량의 합계로 나누어 평균단가를 계산해 두었다가, 이후에 판매되는 재고자산의 매출원가로 사용한다.

$$이동평균단가 = \frac{매입\ 직전의\ 재고액\ +\ 금번의\ 매입액}{매입\ 직전의\ 재고수량\ +\ 금번의\ 매입수량}$$

$$매출원가 = 재고자산\ 판매량 \times 이동평균단가$$

(5) 총평균법(total average method)

당기에 판매된 재고자산은 모두 동일한 단가라는 가정하에 매출원가와 기말재고액을 결정하는 방법이다. 총평균법을 사용할 때에는 기말에 재고자산의 기초재고액과 당기매입액의 합계액을 기초재고수량과 당기매입수량의 합계로 나누어 총평균단가를 계산하고, 이 총평균단가를 당기 재고자산 판매량에 곱하여 재고자산의 매출원가를 계산한다.

$$총평균단가 = \frac{기초재고액\ +\ 당기매입액}{기초재고수량\ +\ 당기매입수량}$$

$$매출원가 = 재고자산\ 판매량 \times 총평균단가$$

> [참고] 소매재고법에 의한 원가결정
> 소매재고법은 판매가격기준으로 평가한 기말재고금액에 구입원가, 판매가격 및 판매가격변동액에 근거하여 산정한 원가율을 적용하여 기말재고자산의 원가를 결정하는 방법이다. 이 방법은 실제원가가 아닌 추정에 의한 원가결정방법이므로 원칙적으로 많은 종류의 상품을 취급하여 실제원가에 기초한 원가결정방법의 사용이 곤란한 유통업종에서만 사용할 수 있으며, 그러한 방법으로 평가한 결과가 실제원가와 유사한 경우에 편의상 사용할 수 있다.

5. 재고자산감모손실

재고자산감모손실은 재고자산의 도난, 분실, 파손, 증발, 마모 등에 의한 수량부족으로 발생한 손실로서, 장부상 수량에 비하여 실제 수량이 부족한 경우에 발생하는 손실이다.

> 재고자산감모손실 = (장부수량 − 실제수량) × 단위당원가

재고자산감모손실이 발생한 경우에는 장부상의 기말재고액을 감소시키고 감모손실만큼 비용으로 처리한다. 재고자산감모손실이 정상적으로 발생하는 경우에는 원가성이 인정되는 경우이므로 매출원가에 가산하고, 비정상적으로 발생하는 경우에는 원가성을 인정할 수 없는 경우이므로 손익계산서상의 매출원가란에 "매출이외의 상품감소액(타계정으로 대체액)"이라는 과목으로 하여 매출원가에서 제외시키고 이를 영업외비용으로 처리한다.

 기말 상품의 장부상 잔액은 1,000,000원이고 실제재고액은 800,000원이다. 재고자산 감모액이 (1)정상적인 경우와 (2)비정상적인 경우의 결산시 회계처리 하시오.

해설 (1) (차) 상품매출원가   200,000 / (대) 상품   200,000
　　　(2) (차) 재고자산감모손실 200,000 / (대) 상품   200,000
　　　　　　(영업외비용)   (적요 : 8.타계정으로 대체액)

한마디 … 비정상적인 감모가 발생하거나 후술하는 타계정대체가 발생한 경우 프로그램에서는 해당 재고자산의 적요 입력란에 숫자 "8"(타계정으로 대체액)을 반드시 입력해야 한다.

6. 기타의 회계처리

(1) 타계정대체

기업이 영업활동을 하는 과정에서 자사의 제품이나 상품을 광고선전 목적으로 사용하거나 시험연구용 등으로 사용하는 경우가 있는데, 이를 "타계정대체"라고 한다. 이와 같이 상품이나 제품을 판매목적 이외에 다른 목적으로 사용하는 경우에는 사용된 제품이나 상품의 원가를 손익계산서상의 매출원가란에 "매출이외의 상품감소액(타계정으로 대체액)"이라는 과목으로 하여 매출원가에서 제외시켜야 한다.

 다음 거래를 회계처리 하시오.

　　(1) 상품(원가 200,000원, 시가 300,000원)을 사무실 직원 복리후생 목적으로 사용하였다.
　　(2) 제품(원가 800,000원, 시가 900,000원)을 판매하지 않고 회사의 비품으로 사용하였다.

해설 (1) (차) 복리후생비   200,000 / (대) 상품   200,000
　　　　　　　　　　　　　　　　　　　　　　　(적요 : 8.타계정으로 대체액)

(2) (차) 비품   800,000 / (대) 제품   800,000
                                    (적요 : 8.타계정으로 대체액)

(2) 관세환급금(149 · 151)

관세환급금이란 수출하기 위해 수입한 상품 또는 원재료에 대하여 수입한 때에는 관세를 부담하지만 이를 다시 수출할 때에는 이미 부담한 관세를 환급받게 되는 바, 동 환급액을 말한다. 관세환급금에 대한 회계처리는 관세 등의 납부액을 상품 또는 원재료 가액에 가산한 후 환급시 매출원가에서 차감하는 방법이 일반적으로 많이 사용되는 방법이다. 관세환급금은 상품 또는 제품의 매출원가에서 차감하는 형식으로 표시한다.

※ 프로그램에서는 상품매출원가에서 차감되어야 할 관세환급금은 "149.관세환급금"을 사용하고, 제품매출원가에서 차감되어야 할 관세환급금은 "151.관세환급금"을 사용해야 한다.

 다음 거래를 보고 회계처리 하시오.
(1) 원재료를 수입하면서 관세 40,000원을 현금으로 지급하였다.
(2) 원재료를 수입하면서 지급한 관세 40,000원의 환급을 신청한 바, 김포세관으로부터 금일 확정통지를 받았다.

해설 (1) (차) 원재료   40,000 / (대) 현금   40,000
     (2) (차) 미수금   40,000 / (대) 관세환급금   40,000

7. 재고자산에 포함될 항목의 결정

재고자산의 매입과 매출은 회계기간 중에 계속적으로 발생하므로 평소에는 보유현황을 간단히 파악하더라도 결산시점에는 정확한 매출액과 매출원가를 산정하기 위하여 재고자산의 법률적인 소유권 및 계약조건 등을 고려하여 기말재고자산에 포함될 항목을 결정하여야 한다. 일반적인 재고자산의 수익인식 시점은 판매시점(인도시점)이므로 결산일 현재 보유하고 있는 재고자산은 기업의 자산이다.

(1) 미착상품

미착상품이란 상품을 주문하였으나 운송 중에 있어 아직 도착하지 않은 상품을 말한다. 미착상품은 법률적인 소유권의 유무에 따라서 재고자산 포함여부를 결정한다. 법률적인 소유권 유무는 매매계약상의 거래조건에 따라서 다르다.
① 선적지인도조건 : 상품이 선적된 시점에 소유권이 매입자에게 이전되기 때문에 미착상품은 매입자의 재고자산에 포함된다.
② 목적지인도조건 : 상품이 목적지에 도착하여 매입자가 인수한 시점에 소유권이 매입자에게 이전되기 때문에 매입자의 재고자산에 포함되지 않는다.

(2) 시송품

시송품이란 매입자로 하여금 일정기간 사용한 후에 매입 여부를 결정하라는 조건으로 판매한 상품을 말한다. 시송품은 비록 상품에 대한 점유는 이전되었으나 매입자가 매입의사표시를 하기 전까지는 판매되지 않은 것으로 보아야 하기 때문에 판매자의 재고자산에 포함한다.

(3) 적송품

적송품이란 위탁자(본인)가 수탁자(타인)에게 판매를 위탁하기 위하여 보낸 상품을 말한다. 적송품은 수탁자가 제3자에게 판매를 할 때까지 비록 수탁자가 점유하고 있으나 단순히 보관하고 있는 것에 불과하므로 소유권이 이전된 것이 아니다. 따라서 적송품은 수탁자가 제3자에게 판매하기 전까지는 위탁자의 재고자산에 포함한다.

(4) 할부판매상품

재고자산을 고객에게 인도하고 대금의 회수는 미래에 분할하여 회수하기로 한 경우 대금이 모두 회수되지 않았다고 하더라도 상품의 판매시점에서 판매자의 재고자산에서 제외한다.

(5) 저당상품

금융기관 등으로부터 자금을 차입하고 그 담보로 제공된 저당상품은 저당권이 실행되기 전까지는 담보제공자가 소유권을 가지고 있다. 따라서 저당권이 실행되어 소유권이 이전되기 전에는 단순히 저당만 잡힌 상태이므로 담보제공자의 재고자산에 속한다.

(6) 반품률이 높은 재고자산

반품률이 높은 상품을 판매한 경우에는 반품률의 합리적인 추정가능성 여부에 의하여 재고자산 포함여부를 결정한다.

① 반품률을 합리적으로 추정 가능한 경우 : 반품률을 과거의 경험 등에 의하여 합리적으로 추정가능한 경우에는 상품 인도시에 반품률을 적절히 반영하여 판매된 것으로 보아 판매자의 재고자산에서 제외한다.

② 반품률을 합리적으로 추정 불가능한 경우 : 반품률을 합리적으로 추정할 수 없을 경우에는 구매자가 상품의 인수를 수락하거나 반품기간이 종료된 시점까지는 판매자의 재고자산에 포함한다.

8. 재고자산의 기말평가(저가법의 적용)

재고자산은 취득원가를 장부금액으로 한다. 다만, 시가가 취득원가 보다 낮은 경우에는 시가를 장부금액으로 한다(저가법). 즉, 재고자산의 시가가 취득원가 보다 하락한 경우에는 저가법을 사용하여 재고자산의 장부금액을 결정한다. 저가법이란 원가와 시가를 비교하여 낮은 금액으로 평가하는 것을 말한다. 여기서 원가란 판매가능상품(기초재고+당기매입)의 취득원가를 원가흐름의 가정에 따라 배분한 기말재고금액을 말하며, 시가란 순실현가능가치[3]를 말한다. 생산에 투입하기 위해 보유하는 원재료의 현행대체원가[4]는 순실현가능가치에 대한 최선의 이용가능한 측정치가 될 수 있다.

(1) 적용방법

재고자산 평가를 위한 저가법은 항목별로 적용한다. 그러나 경우에 따라서는 서로 유사하거나 관련있는 항목들을 통합하여 적용하는 것이 적절할 수 있으나(조별기준), 총액기준으로 적용할 수는 없다.

(2) 회계처리

① 재고자산의 시가가 장부금액 이하로 하락하여 발생한 평가손실은 재고자산의 차감계정으로 표시하고 매출원가에 가산한다.

(차) 재고자산평가손실　　　×××　/　(대) 재고자산평가충당금　　×××
　　　(매출원가에 가산)　　　　　　　　　　(재고자산 차감계정)

② 저가법의 적용에 따른 평가손실을 초래했던 상황이 해소되어 새로운 시가가 장부금액보다 상승한 경우에는 최초의 장부금액을 초과하지 않는 범위 내에서 평가손실을 환입하고 매출원가에서 차감한다.

(차) 재고자산평가충당금　　×××　/　(대) 재고자산평가손실환입　×××
　　　(재고자산차감계정)　　　　　　　　　　(매출원가에서 차감)

다음의 연속된 거래를 회계처리 하시오.

(1) ×1년 12월 31일 상품A의 원가는 500,000원이며 순실현가능가액은 400,000원이다. 결산시 회계처리 하시오.
(2) ×2년 12월 31일 상품A의 원가는 500,000원이며 순실현가능가액은 520,000원으로 회복되었다. 결산시 회계처리 하시오.

 (1) (차) 재고자산평가손실　　　100,000　/　(대) 재고자산평가충당금　　100,000
　　　　(매출원가에 가산)　　　　　　　　　　　(재고자산 차감계정)
(2) (차) 재고자산평가충당금　　100,000　/　(대) 재고자산평가손실환입　100,000
　　　　(재고자산 차감계정)　　　　　　　　　　(매출원가에서 차감)

---

[3] 순실현가능가치란 제품이나 상품의 정상적인 영업과정에서의 추정 판매가액에서 제품을 완성하는데 소요되는 추가적인 원가와 판매비용의 추정액을 차감한 금액을 말한다.
[4] 현행대체원가란 재고자산을 현재 시점에서 매입하거나 재생산하는 데 소요되는 금액을 말한다.

기/출/문/제 [실기]

다음 거래 자료를 ㈜재무회계(회사코드 : 2002)의 [일반전표입력] 메뉴에 입력하시오.

01 5월 1일 인천세관으로부터 수입한 원재료에 대한 통관수수료 130,000원이 발생하였으며 대금은 미지급되었다. 자산으로 처리하시오.

02 5월 2일 원재료 매입처인 ㈜역삼기기에 4월 30일 현재의 외상대금(₩8,311,000)을 결제하면서 주문과 다르게 납품된 물품(100개 @1,000원)대금은 에누리 받고, 나머지는 약속어음(만기 : 1년 이내)을 발행하여 지급하다.

03 5월 3일 4월 30일까지의 ㈜동일가구의 원재료 구입관련 외상매입금(₩16,500,000)을 사전약정에 의하여 100,000원을 할인 받고, 9,900,000원은 약속어음(만기 : 1년 이내)을 발행하여 지급하고, 잔액은 현금으로 지급하였다.

04 5월 4일 원재료 매입처 ㈜역삼기기의 4월 30일까지 거래분에 대한 외상매입금 잔액(₩3,300,000) 중 450,000원은 사전약정에 의해 할인받고 2,000,000원은 약속어음(만기 : 1년 이내)으로, 잔액은 당사발행 당좌수표로 지급하였다.

05 12월 31일 재고자산의 기말재고액은 다음과 같다.

구 분	장부상재고	실지재고
원재료	500,000원	400,000원
제 품	5,000,000원	5,000,000원

※ 원재료 감모금액 100,000원은 원가성이 없는 것으로 판명되었다(재고자산감모손실 계정으로 처리할 것).

06 12월 31일 실지재고조사에 의해 확인된 재고자산의 내용은 다음과 같다. (세무1급)

재고자산명	금 액
원 재 료	30,000,000원
제 품	20,000,000원

※ 원재료의 계속기록법에 의한 장부상재고는 42,000,000원이다. 차액 12,000,000원은 원재료 운반 중 파손된 금액으로, 원가성이 없는 것으로 보아 매출원가에 포함시키지 않기로 한다.

07 5월 7일 원재료로 구입하여 보관 중이던 과일류 일부를(원가 500,000원) 생산직 사원의 야근시 간식으로 제공하였다.

08 5월 8일 신제품 여성상의(#3214)를 홍보하기 위하여 견본용 25pcs(@62,000원)를 거래처에 무상으로 제공하였다.

09 5월 9일 상품으로 매입한 주방용품(원가 1,500,000원, 시가 2,800,000원)을 사무실 업무용 비품으로 전용하였다.

10 5월 10일 4월 25일 구입하여 보관중인 원재료(원가 700,000원, 시가 900,000원)를 회사 소모품으로 사용하였다(자산으로 처리 할 것).

11 5월 11일 당사에서 제작한 제품인 전선케이블을 서울시에 기부하였다. 기부한 전선케이블은 원가 1,500,000원, 시가 2,000,000원이다.

12 5월 12일 원재료로 매입하였던 철물 중 일부(원가 7,000,000원, 시가 8,000,000원)를 공장건물 수리에 사용하였다(자본적 지출로 처리).

13 5월 13일 원재료를 수입하면서 지급한 관세 435,000원의 환급을 신청한 바, 인천세관으로부터 금일 확정통지를 받았다.

14 6월 30일 제1기 부가가치세 확정신고시 면세원재료의 구입과 관련하여 다음과 같이 의제매입세액공제신청을 하였다. 원재료의 매입시 공급대가 전액을 원재료 계정으로 회계처리 하였다. 의제매입세액에 대한 회계처리를 하시오. 본 문제에 한하여 과세사업과 면세사업을 겸영한다고 가정한다(공제율 2/102).

면세 재화의 공급대가 = 1,020,000원

KcLep 도우미

01 5월 1일 : (차) 153.원재료 130,000 / (대) 253.미지급금 130,000
　　　　　　　　　　　　　　　　　　　　　　(거래처 : 인천세관)

02 5월 2일 : (차) 251.외상매입금 8,311,000 / (대) 252.지급어음 8,211,000
　　　　　　　(거래처 : ㈜역삼기기)　　　　　　(거래처 : ㈜역삼기기)
　　　　　　　　　　　　　　　　　　　　(대) 154.매입환출및에누리 100,000

03 5월 3일 : (차) 251.외상매입금 16,500,000 / (대) 155.매입할인 100,000
　　　　　　　(거래처 : ㈜동일가구)　　　　　　101.현금 6,500,000
　　　　　　　　　　　　　　　　　　　　(대) 252.지급어음 9,900,000
　　　　　　　　　　　　　　　　　　　　　　(거래처 : ㈜동일가구)

04 5월 4일 : (차) 251.외상매입금 3,300,000 / (대) 155.매입할인 450,000
　　　　　　　(거래처 : ㈜ 역삼기기)　　　(대) 252.지급어음 2,000,000
　　　　　　　　　　　　　　　　　　　　　　(거래처 : ㈜ 역삼기기)
　　　　　　　　　　　　　　　　　　　　(대) 102.당좌예금 850,000

05 12월31일 : (차) 959.재고자산감모손실 100,000 / (대) 153.원재료 100,000
　　　　　　　　　　　　　　　　　　　　　　(적요 : 8.타계정으로 대체액)

06 12월31일 : (차) 959.재고자산감모손실 12,000,000 / (대) 153.원재료 12,000,000
　　　　　　　　　　　　　　　　　　　　　　(적요 : 8.타계정으로 대체액)

07 5월 7일 : (차) 511.복리후생비 500,000 / (대) 153.원재료 500,000
　　　　　　　　　　　　　　　　　　　　　　(적요 : 8.타계정으로 대체액)

08 5월 8일 : (차) 842.견본비 1,550,000 / (대) 150.제품 1,550,000
　　　　　　　　　　　　　　　　　　　　　　(적요 : 8.타계정으로 대체액)

09 5월 9일 : (차) 212.비품 1,500,000 / (대) 146.상품 1,500,000
　　　　　　　　　　　　　　　　　　　　　　(적요 : 8.타계정으로 대체액)

10 5월 10일 : (차) 173.소모품 700,000 / (대) 153.원재료 700,000
　　　　　　　　　　　　　　　　　　　　　　(적요 : 8.타계정으로 대체액)

11 5월 11일 : (차) 953.기부금 1,500,000 / (대) 150.제품 1,500,000
　　　　　　　　　　　　　　　　　　　　　　(적요 : 8.타계정으로 대체액)

12 5월 12일 : (차) 202.건물   7,000,000   /   (대) 153.원재료   7,000,000
                                                       (적요 : 8.타계정으로 대체액)

13 5월 13일 : (차) 120.미수금   435,000   /   (대) 151.관세환급금   435,000
           (거래처 : 인천세관)

14 6월 30일 : (차) 135.부가세대급금   20,000   /   (대) 153.원재료   20,000
                                                       (적요 : 8.타계정으로 대체액)

* 의제매입세액은 원재료계정에서 차감한다. 차변을 부가세예수금으로 처리하는 경우도 정답으로 인정한다. 의제매입세액에 대한 내용은 제3부 부가가치세편의 기타의 첨부서류(부속명세서)에서 학습하게 된다.
* 의제매입세액 = $1,020,000 \times 2/102 = 20,000$원

기/출/문/제 [필기]

01 다음 자료에 근거하여 손익계산서에 반영되는 당기 순매입액을 계산하라.

- 당기에 상품 1,000,000원을 외상으로 매입하였다.
- 위 상품을 매입하면서 매입운임으로 80,000원을 지급하였다.
- 위 외상으로 매입한 상품 중 100,000원을 불량품으로 반품하였다.
- 외상매입금을 조기에 지급하여 30,000원의 매입할인을 받았다.

① 1,050,000원   ② 1,080,000원   ③ 950,000원   ④ 980,000원

[풀이] 당기순매입액 = 매입가액 + 매입부대원가 – 매입환출및에누리 – 매입할인
당기순매입액 = 1,000,000 + 80,000 – 100,000 – 30,000 = 950,000원

02 매입에누리를 영업외수익으로 회계처리한 경우 나타나는 현상으로 틀린 것은?

① 매출총이익이 과소계상 된다.
② 영업이익이 과소계상 된다.
③ 법인세차감전이익이 과소계상 된다.
④ 매출원가가 과대계상 된다.

[풀이] 매입에누리는 총매입액에서 차감해야 하는데 영업외수익으로 처리하면 당기매입액이 증가하여 매출원가가 과대계상 된다. 매출원가가 과대계상 되면 매출총이익과 영업이익이 과소계상 된다. 비용인 매출원가가 과대계상 되고 영업외수익이 과대계상 되면 법인세차감전이익에 미치는 영향은 없다.

03 당기 중 상품가격이 계속 상승하고 기말상품재고수량이 기초상품재고 수량 보다 증가 하였다. 매출총이익이 큰 순서대로 된 것은?

① 선입선출법 〉 총평균법 〉 후입선출법
② 후입선출법 〉 총평균법 〉 선입선출법
③ 총평균법 〉 후입선출법 〉 선입선출법
④ 후입선출법 〉 선입선출법 〉 총평균법

[풀이] 「매출액 – 매출원가 = 매출총이익」이므로 매출원가를 가장 적게 하는 방법이 매출총이익을 가장 크게 만드는 방법이다. 따라서 재고자산(상품)의 가격이 계속 상승하는 경우 선입선출법은 오래전에 낮은 가격으로 구입한 재고자산이 판매된다고 가정하므로 매출원가가 가장 적고 매출총이익이 가장 크다.

04 재고자산 원가결정방법 중 후입선출법에 대한 설명으로 틀린 것은?

① 지속적인 물가상승시 기말 재고자산은 시가를 표시하지 못한다.

② 나중에 매입된 것이 먼저 매출되는 것으로 처리된다.
③ 물가하락시 선입선출법 보다 이익이 과대 계상된다.
④ 물가상승시 재고자산이 과대 계상된다.

[풀이] 후입선출법은 물가상승시 오래전에 낮은 가격으로 매입한 재고자산이 기말재고로 남게 되어 재고자산이 가장 낮게 보수적으로 평가되는 방법이다.

05 기말재고자산의 원가흐름가정 구분에 해당하지 않는 것은?

① 실지재고조사법 ② 개별법
③ 평균법   ④ 선입선출법

[풀이] 실지재고조사법은 기말재고자산의 수량결정 방법이다.

06 재고자산의 평가방법 중에서 다음에서 설명하고 있는 재고자산의 원가흐름의 가정은 무엇인가?

- 계속기록법을 적용하는 경우와 실지재고조사법을 적용하는 경우 모두 동일한 매출원가와 기말재고자산 금액을 갖게 된다.
- 인플레이션 상황에서는 최근 수익에 과거원가가 대응되므로 수익·비용대응 측면에서는 부적합하다.
- 인플레이션 상황에서는 최근 구입한 재고자산이 재무상태표에 계상되므로 자산의 평가가 비교적 합리적이다.

① 개별법   ② 평균법   ③ 선입선출법   ④ 후입선출법

07 다음 중 재고자산의 원가결정 방법에 대한 설명으로 옳지 않은 것은?

① 개별법은 당기 실제 매출액에 전년도 매출원가율을 적용하여 간단하게 재고자산을 추정하는 방법이다.
② 선입선출법은 먼저 매입 또는 생산한 재고항목이 먼저 판매 또는 사용된다고 원가흐름을 가정하는 방법이다.
③ 평균법은 기초재고와 기중에 매입 생산한 재고가 구별없이 판매 또는 사용된다고 원가흐름을 가정하는 방법이다.
④ 후입선출법은 가장 최근에 매입 또는 생산한 재고항목이 가장 먼저 판매된다고 원가흐름을 가정하는 방법이다.

[풀이] 개별법은 재고자산의 매입상품별로 매입가격을 알 수 있도록 개별적으로 관리하여 판매된 부분에 대한 원가와 기말에 남아있는 재고자산의 원가를 개별적으로 파악하여 매출원가와 기말재고액을 결정하는 방법이다. 당기 실제 매출액에 전년도 매출총이익률(또는 매출원가율)을 적용하여 간단하게 재고자산을 추정하는 방법은 매출총이익률법이다.

08 재고자산에 대한 평가방법 중 재고자산이 존재하는 상황에서 후입선출법에 대한 설

명으로서 알맞지 않은 것은? 단, 기말재고자산이 기초재고자산 보다 증가하는 상황이라고 가정한다.

① 물가가 지속적으로 상승시 선입선출법에 비해 매출원가를 크게 계상한다.
② 물가가 지속적으로 상승시 선입선출법에 비해 기말재고자산은 시가를 적정하게 표시하지 못한다.
③ 물가가 지속적으로 하락시 선입선출법 보다 이익을 작게 계상한다.
④ 물가가 지속적으로 하락시 기말재고자산은 선입선출법에 비해 크게 계상된다.

[풀이] 물가가 지속적으로 하락시 선입선출법 보다 후입선출법이 이익을 크게 계상한다.

09 ㈜선화는 재고자산에 대하여 선입선출법을 적용한다. 다음 자료를 이용한 경우에 기말의 재고액은 얼마인가?

날 짜	내 용	수 량	단 가	금 액
01월 01일	기초재고	100개	10원	1,000원
03월 10일	매 입	50개	12원	600원
05월 15일	매 출	70개		
12월 31일	기말재고	80개	?	?

① 900원 ② 880원 ③ 800원 ④ 960원

[풀이] {(기초재고 100개 - 매출 70개) × 10원} + (50개 × 12원) = 900원

10 실지재고조사 중 정상적인 재고자산감모손실이 발생한 경우, 손익계산서상 이를 어디로 분류하여야 하는가?

① 제조원가   ② 영업외비용
③ 매출원가   ④ 특별손실

[풀이] 재고자산 감모손실의 발생 원인이 정상적인 경우에는 매출원가에 포함하고, 비정상적인 경우에는 영업외비용으로 처리한다.

11 일반기업회계기준상 재고자산감모손실에 대한 설명 중 옳은 것은?

① 전액 제조원가에 반영하여야 한다.
② 감모손실이 정상적인 경우에는 매출원가에 가산한다.
③ 감모손실이 비정상적인 경우에는 판매비와관리비 항목으로 분류한다.
④ 재고자산 감모손실은 시가가 장부금액 보다 하락한 경우에 발생한다.

[풀이] 재고자산의 시가가 장부금액 이하로 하락하여 발생한 손실은 재고자산평가손실이다.

12 다음 자료에 의하여 재고감모손실을 바르게 분개한 것은?

- 장부상재고수량 : 200개
- 실제재고수량 : 150개, 원가 @1,000원
- 재고감모손실은 모두 비정상적인 것이다.

① (차) 재고자산감모손실   50,000   (대) 상품   50,000
② (차) 상품매출원가   150,000   (대) 상품   150,000
③ (차) 상품   150,000   (대) 자산수증이익 150,000
④ (차) 특별손실   50,000   (대) 상품   50,000

[풀이] 재고자산감모손실 = (장부수량 − 실제수량) × 단위당원가
(200개 − 150개) × 1,000원 = 50,000원

13 다음은 무엇에 관한 설명인가?

재고자산의 시가가 취득원가 보다 하락한 경우 저가법을 사용하여 결정한다.

① 재고자산 평가손실
② 비정상적 재고자산감모손실
③ 정상적 재고자산감모손실
④ 타계정대체

[풀이] 재고자산의 시가가 장부금액 이하로 하락하여 발생한 평가손실은 재고자산의 차감계정으로 표시하고 매출원가에 가산한다.

14 다음 중 재고자산의 매출원가에 반영되지 않는 경우는?

① 재고자산을 제작하는 비용
② 재고자산 판매시 판매수수료
③ 재고자산의 시가하락에 따른 평가손실
④ 재고자산 보관 중 감모에 따른 정상적인 감모손실

[풀이] 재고자산을 제작하는 비용, 시가하락에 따른 평가손실, 정상적인 감모손실은 매출원가에 가산한다. 판매시 판매수수료는 판매비와관리비에 해당한다.

15 다음 중 재고자산의 평가에 대한 설명으로 틀린 것은?

① 재고자산의 시가가 취득원가 보다 하락한 경우에는 저가법을 사용하여 재고자산의 장부금액을 결정한다.
② 재고자산 평가를 위한 저가법은 항목별로 적용하지만, 재고항목들이 서로 유사하거나 관련되어 있는 경우에는 저가법을 조별로 적용할 수 있다.
③ 재고자산평가손실은 재고자산의 차감계정으로 표시하고 매출원가에 가산한다.
④ 평가손실을 초래했던 상황이 해소되어 시가가 장부금액 보다 상승하여 평가손실을 환입한 경우에는 수정된 장부금액이 최초의 장부금액을 초과할 수도 있다.

[풀이] 평가손실의 환입은 최초의 장부금액을 초과하지 않는 범위 내에서 가능하다.

16 재고자산에 대한 설명 중 틀린 것은?

① 선입선출법에 의해 원가배분을 할 경우 기말재고는 최근에 구입한 상품의 원가로 구성된다.
② 재고자산의 가격이 계속 상승하는 경우 재고자산을 가장 낮게 보수적으로 평가하는 방법은 후입선출법이다.
③ 총평균법에 비해 이동평균법은 현행원가의 변동을 단가에 민감하게 반영시키지 못한다.
④ 재고자산을 저가법으로 평가하는 경우 제품, 상품 및 재공품의 시가는 순실현가능가치를 적용한다.

[풀이] 이동평균법은 총평균법에 비해서 최근에 취득한 원가를 단가에 더 잘 반영하므로 상대적으로 현행원가의 변동을 단가에 민감하게 반영시킨다.

17 재고자산에 대한 설명 중 옳지 않은 것은?

① 재고자산의 감모손실 중 정상적으로 발생한 감모손실은 매출원가에 가산한다.
② 재고자산의 비정상적으로 발생한 감모손실은 영업외비용으로 인식한다.
③ 재고자산의 시가가 장부금액 이하로 하락하여 발생한 평가손실은 재고자산의 차감계정으로 표시하고 매출원가에 가산한다.
④ 저가법으로 평가한 재고자산의 시가가 장부금액 보다 상승한 경우에는 상승분 전액을 당기 수익으로 인식되어야 한다.

[풀이] 시가가 장부금액 보다 상승한 경우에는 최초의 장부금액을 초과하지 않는 범위 내에서 평가손실을 환입하고 매출원가에서 차감한다.

18 다음 중 매출자의 기말재고자산에 포함되지 않는 것은?

① 도착지 인도기준으로 운송 중에 있는 미착상품
② 위탁판매에 의해서 이미 수탁자가 판매한 위탁품
③ 매입자의 매입의사 표시가 없는 시송품
④ 매입계약이 체결되었으나 인도되지 않은 상품

[풀이] 수탁자가 판매하지 않은 위탁품은 위탁자(매출자)의 재고자산에 포함되지만, 판매한 위탁품은 위탁자의 재고자산에 포함되지 않는다.

19 다음 중 재고자산에 포함되지 아니하는 것은?

① 상품 인도 후 고객이 구매의사를 표시하지 아니한 시용판매 상품
② 상품권은 발행되었으나, 상품권이 결산시까지 회수되지 아니한 상품
③ 위탁판매를 위하여 발송한 후 수탁자가 창고에 보관중인 적송품
④ 목적지인도기준에 의하여 구매계약 완료 후 결산일 현재 운송중인 상품

[풀이] 상품권을 판매한 때에는 선수금으로 처리하고, 상품권을 회수한 시점, 즉 재화를 인도하거나 판매한 시점에 수익을 인식한다. 따라서 상품권이 회수되지 아니한 상품은 판매자의 재고자산에 포함된다.

20 다음 재고자산에 대한 설명 중 ㈜태성의 소유가 아닌 것은?

> 가. ㈜태성은 선적지 인도조건인 운송 중인 상품을 ㈜황소로부터 구입하였다.
> 나. ㈜태성이 ㈜북부에게 판매를 위탁한 상품(적송품)이 ㈜북부의 창고에 보관 중이다.
> 다. ㈜태성은 ㈜한국에게 반품률을 합리적으로 추정가능한 상태로 상품을 판매(인도)하였다.
> 라. ㈜태성은 운송 중인 상품을 도착지 인도조건으로 ㈜남부에 판매하였다.

① 가　　　　　② 나　　　　　③ 다　　　　　④ 라

[풀이] 반품률을 과거의 경험 등에 의하여 합리적으로 추정가능한 경우에는 상품 인도시에 반품률을 적절히 반영하여 판매된 것으로 보아 판매자의 재고자산에서 제외한다.

21 다음 중 판매회사의 재고자산으로 분류되지 않는 항목은?

① 위탁자의 결산일 현재 수탁자가 판매하지 못한 적송품
② 판매회사가 도착지 인도조건으로 매입한 결산일 현재 미착상품
③ 결산일 현재 매입자의 매입의사 표시 없는 시송품
④ 반품률을 추정할 수 없는 경우로 반품기간이 종료되지 않은 상품

[풀이] 도착지 인도조건으로 매입한 상품은 상품이 목적지에 도착하여 매입자(판매회사)가 인수한 시점에 소유권이 매입자에게 이전되기 때문에 미착상품은 매입자(판매회사)의 재고자산에 포함되지 않는다.

22 일반기업회계기준상 재고자산에 대한 설명으로 가장 틀린 것은?

① 목적지 인도조건으로 매입하는 미착상품(목적지에 도달되지 않은 상품)은 매입자의 재고자산이 아니다.
② 위탁매매계약을 체결하고 수탁자가 위탁자에게서 받은 적송품은 수탁자의 재고자산이다.
③ 매입자가 사용해본 후 구입결정을 하는 조건으로 판매하기 위하여 공급하고 구입의사 결정이 안된 시송품은 판매자의 재고자산이다.
④ 장부상 재고 보다 실제 조사한 재고의 수량이 적은 경우로써 감모된 원인이 원가성이 없는 경우에는 영업외비용으로 처리한다.

[풀이] 적송품은 수탁자가 제3자에게 판매하기 전까지는 위탁자의 재고자산에 포함한다.

정답

1. ③　2. ③　3. ①　4. ④　5. ①　6. ③　7. ①　8. ③　9. ①　10. ③
11. ②　12. ①　13. ①　14. ②　15. ④　16. ③　17. ④　18. ②　19. ④　20. ③
21. ②　22. ②

제 3 장 비유동자산

비유동자산이란 장기적인 투자수익을 얻을 목적이나 장기간 영업활동에 사용할 목적으로 보유하고 있는 자산으로 투자자산, 유형자산, 무형자산, 기타비유동자산으로 분류한다.

제1절 투자자산

투자자산은 기업이 장기적인 투자수익이나 타기업 지배목적 등의 부수적인 기업활동의 결과로 보유하는 자산이다.

1. 장기금융상품

장기금융상품이란 금융기관이 취급하는 정기예금·정기적금 및 기타 정형화된 상품 등으로 보고기간 종료일로부터 1년 이후에 만기가 도래하는 것으로 한다. 이들 금융상품 중 사용이 제한되어 있는 예금에 대해서는 그 내용을 주석으로 기재한다.

(1) 장기성예금

금융기관이 취급하는 정기예금, 정기적금 및 기타 정형화된 상품 등으로 보고기간 종료일로부터 1년 이후에 만기가 도래하는 것으로 한다.

(2) 특정현금과예금

장기금융상품 중 사용이 제한되어 있는 예금을 특정현금과예금이라 한다. 이는 실무상 관리목적으로 사용하는 계정이다.

2. 매도가능증권

단기매매증권이나 만기보유증권으로 분류되지 아니하는 유가증권은 매도가능증권으로 분류한다. 매도가능증권으로 분류될 수 있는 유가증권에는 소유지분을 나타내는 지분증권(주식 등)과 발행자에 대하여 금전을 청구할 수 있는 채무증권(사채 등)이 있다. 본서에서는 이하 매도가능증권에 대한 회계처리는 지분증권을 대상으로 설명하기로 한다.

(1) 최초 인식과 측정

매도가능증권은 계약당사자가 되는 때(매매일)에 재무상태표에 인식하며, 최초 인식시 공정가치로 측정한다. 이때 취득과 직접 관련되는 거래원가(대리인 또는 중개인에게 지급하는 수수료, 증권거래소의 거래수수료 및 세금 등)는 최초 인식하는 공정가치에 가산한다.

다음 거래를 회계처리 하시오.

(1) 장기보유목적으로 삼성전자의 주식 10주(액면 @5,000원)를 @8,000원(공정가치)에 매입하고 거래수수료 4,000원과 함께 현금으로 지급하였다.
(2) ×1년 1월 시장성 없는 A주식을 50,000원에 현금으로 취득하였다.
(3) ×1년 2월 시장성 있는 B주식을 장기보유목적으로 50,000원에 현금으로 취득하였다.

[해설] (1) (차) 매도가능증권　　　　　　84,000 / (대) 현금　　　　　　84,000
　　　 * (10주×@8,000) + 4,000 = 84,000원
　　　 * 취득과 직접 관련되는 거래원가는 공정가치에 가산한다.
　　(2) (차) 매도가능증권(A)　　　　　50,000 / (대) 현금　　　　　　50,000
　　(3) (차) 매도가능증권(B)　　　　　50,000 / (대) 현금　　　　　　50,000

(2) 후속 측정(기말평가)

① <u>원가법</u> : 매도가능증권 중 시장성이 없는 지분증권의 공정가치를 신뢰성 있게 측정할 수 없는 경우에는 취득원가로 평가한다.
② <u>시가법</u> : 매도가능증권 중 시장성이 있거나 공정가치를 신뢰성 있게 측정할 수 있는 경우 공정가치로 평가한다. 공정가치로 평가한 경우 <u>미실현보유손익은 기타포괄손익누계액</u>(자본항목)으로 처리하고, 당해 매도가능증권에 대한 기타포괄손익누계액은 그 매도가능증권을 <u>처분하거나 손상차손을 인식하는 시점에 일괄하여 당기손익에 반영</u>한다.

 다음의 연속된 거래를 회계처리 하시오.

(1) ×1년 12월 31일 시장성 없는 매도가능증권 A주식(취득금액 50,000원)의 공정가치는 신뢰성 있게 측정할 수 없다.
(2) ×1년 12월 31일 시장성 있는 매도가능증권 B주식(취득금액 50,000원)의 공정가치는 60,000원이다.
(3) ×2년 12월 31일 시장성 없는 매도가능증권 A주식의 공정가치는 신뢰성 있게 측정할 수 없으며, 시장성 있는 매도가능증권 B주식의 공정가치는 57,000원이다.
(4) ×3년 3월 매도가능증권 B주식을 60,000원에 처분하고 현금을 수취하였다.

[해설] (1) 신뢰성 있는 공정가치를 파악할 수 없으므로 취득원가를 유지한다.
　　(2) (차) 매도가능증권(B)　　　　　10,000 / (대) 매도가능증권평가이익　　10,000
　　　　　　　　　　　　　　　　　　　　　　　　　　 (기타포괄손익누계액)
　　(3) (차) 매도가능증권평가이익　　　3,000 / (대) 매도가능증권(B)　　　　3,000

* 만약 B주식의 공정가치가 취득금액 이하인 48,000원이라면 회계처리는 다음과 같다.
  (차) 매도가능증권평가이익   10,000 / (대) 매도가능증권(B)   12,000
       매도가능증권평가손실   2,000

(4) (차) 현금   60,000 / (대) 매도가능증권(B)   57,000
        매도가능증권평가이익   7,000   매도가능증권처분이익   10,000

* (3)번 해설의 하단처럼 회계처리 된 경우라면 처분시 회계처리는 다음과 같다.
  (차) 현금   60,000 / (대) 매도가능증권(B)   48,000
                                              매도가능증권평가손실   2,000
                                              매도가능증권처분이익   10,000

3. 만기보유증권

만기가 확정된 채무증권으로서 상환금액이 확정되었거나 확정이 가능한 채무증권을 만기까지 보유할 적극적인 의도와 능력이 있는 경우에는 만기보유증권으로 분류한다. 비유동자산으로 분류되는 만기보유증권과 매도가능증권을 통합하여 장기투자증권으로 표시할 수 있다.

다음 거래를 회계처리 하시오.

×1년초 C회사가 발행한 사채(액면금액 100,000원, 만기×5년말, 액면이자율 연 8%, 매년말 이자지급, 만기일시상환조건)를 만기까지 보유할 목적으로 현금으로 취득하였으며 취득당시 시장이자율은 연 10%이며 사채의 미래 현금흐름의 현재가치는 92,418원이다.

해설 (차) 만기보유증권   92,418 / (대) 현금   92,418

4. 장기대여금

장기대여금이란 회수기한이 보고기간 종료일로부터 1년 이후에 도래하는 대여금을 말한다.

5. 투자부동산

투자부동산이란 시세차익을 얻기 위하여 보유하고 있는 부동산을 말한다. 다만, 다음의 목적으로 보유하는 부동산은 제외한다.
  ① 재화의 생산, 용역의 제공, 타인에 대한 임대 또는 자체적으로 사용
  ② 정상적인 영업과정에서 판매

6. 퇴직연금운용자산

기업은 종업원의 퇴직시 퇴직금 지급에 충당하고자 퇴직연금에 가입해야 한다. 퇴직연금이란 기업이 사외의 금융기관에 일정금액을 적립하고, 근로자는 퇴직한 뒤 연금 또는 일시금으로 수령하는 제도로서 퇴직금의 사외적립을 통해 근로자의 퇴직금 지급재원을 안전하게 보장해 주는 제도이다. 기업이 확정기여형을 설정한 경우에는 당해 회계기간에 대하여 기업이 납부하여야 할 부담금(기여금)을 퇴직급여로 인식하고, 확정급여형을 설정한 경우에는 기업의 연금부담금을 퇴직연금운용자산으로 계상한다. 퇴직연금운용자산은 퇴직급여와 관련된 부채(퇴직급여충당부채와 퇴직연금미지급금)에서 차감하는 형식으로 표시한다. 퇴직연금운용자산이 퇴직급여충당부채와 퇴직연금미지급금의 합계액을 초과하는 경우에는 그 초과액을 투자자산의 과목으로 표시한다.

 다음 거래를 회계처리 하시오.

(1) 확정기여형 퇴직연금에 가입하고 기여금 1,000,000원을 현금으로 납입하였다.
(2) 확정급여형 퇴직연금에 가입하고 연금부담금 2,000,000원을 현금으로 납입하였다.

[해설] (1) (차) 퇴직급여　　　　　　1,000,000　/　(대) 현금　　　　　　1,000,000
　　　 (2) (차) 퇴직연금운용자산　　2,000,000　/　(대) 현금　　　　　　2,000,000

[참고] 퇴직연금제도

구분	확정급여형(Defined Benefit)	확정기여형(Defined Contribution)
개요	· 근로자가 받을 퇴직급여가 노사합의에 의하여 사전에 정해지고, 회사는 연금 수리에 의해 산출된 부담금을 매년 정기적으로 납입, 운용하는 제도이다. · 기업의 운용성과에 따라 기업이 부담하는 퇴직금비용 부담액이 변동하게 된다. · 근로자는 퇴직시 확정된 퇴직급여를 일시금 또는 연금의 형태로 받을 수 있다.	· 회사는 사전에 정해져 있는 부담금을 근로자의 개인별 계좌에 정기적으로 적립하고 근로자가 직접 적립금을 운용, 그 결과에 따라 장래의 퇴직급여가 달라지는 제도이다. · 근로자의 운용성과에 따라 확정급여형에서 정한 퇴직급여 수준 이상의 퇴직금을 받을 수도 있다. · 근로자는 퇴직시 일시금 또는 연금의 형태로 퇴직급여를 받을 수 있다.
회계처리	· 회사의 연금부담금을 퇴직연금운용자산으로 계상한다. 동 금액만큼 퇴직금 지급의무가 감소하므로 퇴직급여충당부채에서 차감하는 형식으로 표시한다.	· 회사의 연금부담금을 퇴직급여로 처리한다. (퇴직시에는 회계처리 없음)

기/출/문/제 [실기]

다음 거래 자료를 ㈜재무회계(회사코드 : 2002)의 [일반전표입력] 메뉴에 입력하시오.

01 6월 1일 당좌거래개설보증금 6,000,000원을 현금 입금하여 국민은행 역삼지점과 당좌거래를 개설하고 당좌수표용지와 약속어음용지를 교부받았으며 용지대금 10,000원을 현금으로 지급하였다.

02 12월 31일 ㈜재무회계는 전기 1월 15일 상장법인인 ㈜KGB의 주식을 10,000주, 1억원에 취득하여 보유하고 있다. ㈜KGB 주식의 공정가치는 전기 12월 31일에 주당 8,000원, 당기 12월 31일에 주당 13,000원으로 평가되었으며, 당기말 이전의 회계처리는 모두 적절히 이루어져 있다. ㈜재무회계는 ㈜KGB 주식을 매도가능증권으로 분류하고 있다.

(세무1급)

03 6월 3일 장기투자목적으로 건물을 50,000,000원에 취득하고 대금은 당좌수표를 발행하여 지급하였다.

04 6월 4일 투자목적으로 보유중인 상가(취득금액 50,000,000원) 1동을 ㈜한이물산에 51,000,000원에 매각하고 대금은 약속어음(만기 : 1년 이내)으로 받았다.

05 6월 5일 확정기여형 퇴직연금제도를 설정하고 있는 ㈜재무회계는 퇴직연금의 부담금(기여금) 1,500,000원(제조 1,000,000원, 관리 500,000원)을 은행에 현금납부 하였다.

06 6월 6일 퇴직연금 자산에 이자 300,000원이 입금되다. 당사는 전 임직원의 퇴직금 지급 보장을 위하여 ㈜미래설계증권에 확정급여형퇴직연금(DB)에 가입되어 있다.

KcLep 도우미

01 6월 1일 : (차) 177.특정현금과예금   6,000,000   /   (대) 101.현금   6,010,000
　　　　　(차) 831.수수료비용   10,000

02 12월31일 : (차) 178.매도가능증권 50,000,000 / (대) 395.매도가능증권평가손실 20,000,000
　　　　　　　　　　　　　　　　　　　　　　　　　 (대) 394.매도가능증권평가이익 30,000,000

* 전기 1.15. : 취득금액 : (10,000주×@10,000) = 100,000,000원
　　(차) 매도가능증권   100,000,000   /   (대) 자산   100,000,000
* 전기 12.31. : 공정가치(@8,000×10,000주) - 장부가(100,000,000) = -20,000,000원(평가손실)
　　(차) 매도가능증권평가손실   20,000,000   /   (대) 매도가능증권   20,000,000
* 당기 12.31. : 공정가치(@13,000×10,000주) - 장부가(80,000,000) = 50,000,000원(평가이익)

03 6월 3일 : (차) 183.투자부동산   50,000,000   /   (대) 102.당좌예금   50,000,000

04 6월 4일 : (차) 120.미수금   51,000,000   /   (대) 183.투자부동산   50,000,000
　　　　　　　(거래처 : ㈜한이물산)　　　　　　　　(대) 916.투자자산처분이익   1,000,000

05 6월 5일 : (차) 508.퇴직급여   1,000,000   /   (대) 101.현금   1,500,000
　　　　　(차) 806.퇴직급여   500,000

* 확정기여형 퇴직연금제도를 설정한 경우에는 당해 회계기간에 대하여 회사가 납부하여야 할 부담금(기여금)을 퇴직급여로 인식한다.

06 6월 6일 : (차) 186.퇴직연금운용자산   300,000   /   (대) 901.이자수익   300,000

제2절 유형자산

유형자산이란 재화의 생산, 용역의 제공, 타인에 대한 임대 또는 자체적으로 사용할 목적으로 보유하는 물리적 형체가 있는 자산으로서, 1년을 초과하여 사용할 것이 예상되는 자산을 말한다.

1. 유형자산의 특징 및 인식기준

(1) 영업활동에 사용할 목적으로 취득한 자산

따라서 투자목적으로 취득한 자산은 투자자산(투자부동산)으로 분류하여야 하며, 판매를 목적으로 취득한 자산은 재고자산(상품)으로 분류하여야 한다.

(2) 여러 회계기간에 걸쳐 기업에 서비스를 제공하는 미래용역잠재력을 지닌 자산

유형자산은 그 용역잠재력이 존속하는 한 계속하여 보유하며, 수익창출활동에 이용됨에 따라 당기에 소모된 용역잠재력을 비용인 감가상각비로 인식하게 된다. 따라서 내용연수가 1년 미만인 공구와 기구 및 비품 등은 유형자산으로 분류하지 않고 소모품비 등으로 하여 당기비용으로 처리하여야 한다.

(3) 물리적인 형체가 있는 자산

이 점에서 물리적 형체가 없는 무형자산과 구별된다.

(4) 인식기준

유형자산으로 인식되기 위해서는 다음의 인식조건을 모두 충족하여야 한다.
① 자산으로부터 발생하는 미래경제적효익이 기업에 유입될 가능성이 매우 높다.
② 자산의 원가를 신뢰성 있게 측정할 수 있다.

2. 유형자산의 분류

유형자산은 영업상 유사한 성격과 용도로 분류한다.

(1) 토지(201)

대지, 임야, 전답 등으로 하며, 매매목적으로 보유하는 토지와 비업무용 토지는 제외된다.

(2) 건물(202)

회사의 영업활동에 사용되고 있는 점포, 창고, 사무소, 공장 등의 건물과 냉난방·전기·통신 및 기타의 건물부속설비 등을 말한다.

(3) 구축물

자기의 영업활동을 위해 사용하는 토지 위에 정착한 건물 이외의 교량, 궤도, 갱도, 정원설비 및 기타의 토목설비 또는 공작물 등을 말한다.

(4) 기계장치(206)

제품 등의 제조·생산을 위해 사용하는 기계장치, 운송설비(콘베어, 호이스트, 기중기 등)와 기타의 부속설비 등을 말한다.

(5) 건설중인자산

유형자산의 건설을 위한 재료비·노무비 및 경비(건설을 위하여 지출한 도급금액 등 포함)와, 유형자산을 취득하기 위하여 지출한 계약금 및 중도금 등으로 한다. 건설중인자산은 유형자산의 취득을 위하여 취득 완료시까지 지출한 금액을 처리하는 임시계정으로서 취득 완료시에 본 계정으로 대체된다.

(6) 기타의 유형자산

위 이외에 차량운반구(208), 선박, 비품(212), 공구와기구 등 기타자산을 말한다.

유형자산의 과목은 업종의 특성 등을 반영하여 신설하거나 통합할 수 있다. 위에 열거되어 있지 않더라도, 당해 기업이 속한 업종의 특성상 특정 유형자산의 비중이 중요한 경우에는 별도의 과목을 신설하고, 중요하지 않다면 통합하여 적절한 과목으로 표시 할 수 있다. 예를 들면, 항공회사의 경우에는 항공기를, 해운회사의 경우는 선박을 별도의 과목으로 표시할 수 있다. 반면에 기계장치의 비중이 크지 않은 서비스 업종 등의 경우에는 기계장치를 기타의 유형자산으로 분류할 수 있다.

3. 유형자산의 취득원가

유형자산은 최초에는 취득원가로 측정하며, 현물출자, 증여, 기타 무상으로 취득한 자산은 공정가치를 취득원가로 한다. 공정가치란 합리적인 판단력과 거래의사가 있는 독립된 당사자 사이의 거래에서 자산이 교환되거나 부채가 결제될 수 있는 금액을 말한다.

(1) 취득원가의 구성

취득원가는 구입원가 또는 제작원가 및 경영진이 의도하는 방식으로 자산을 가동하는데 필요한 장소와 상태에 이르게 하는데 직접 관련되는 원가인 ① 내지 ⑨와 관련된 지출 등으로 구성된다. 매입할인 등이 있는 경우에는 이를 차감하여 취득원가를 산출한다.
  ① 설치장소 준비를 위한 지출
  ② 외부 운송 및 취급비
  ③ 설치비

④ 설계와 관련하여 전문가에게 지급하는 수수료
⑤ 유형자산의 취득과 관련하여 국·공채 등을 불가피하게 매입하는 경우 당해 채권의 매입금액과 일반기업회계기준에 따라 평가한 현재가치와의 차액
⑥ 자본화대상인 차입원가5)
⑦ 취득세 등 유형자산의 취득과 직접 관련된 제세공과금
⑧ 해당 유형자산의 경제적 사용이 종료된 후에 원상회복을 위하여 그 자산을 제거, 해체하거나 또는 부지를 복원하는 데 소요될 것으로 추정되는 원가가 충당부채의 인식요건을 충족하는 경우 그 지출의 현재가치(복구원가)
⑨ 유형자산이 정상적으로 작동되는지 여부를 시험하는 과정에서 발생하는 원가. 단, 시험과정에서 생산된 재화(⑩ 장비의 시험과정에서 생산된 시제품)의 순매각금액은 당해 원가에서 차감한다.

(2) 채권의 강제매입

유형자산의 취득과 관련하여 불가피하게 채권을 매입하는 경우에는 당해 채권의 매입금액과 일반기업회계기준에 따라 평가한 현재가치와의 차액은 유형자산의 취득원가에 산입한다.

 다음 거래를 회계처리 하시오.

업무용차량(취득원가 1,000,000원)를 5개월 할부로 취득하고, 채권(액면 150,000원)을 현금으로 구입하였다. 동 채권의 현재가치는 100,000원이며 단기매매증권으로 분류하였다.

해설 (차) 차량운반구   1,050,000   / (대) 미지급금   1,000,000
        단기매매증권   100,000   현금   150,000

(3) 일괄구입

자산을 일괄하여 취득하는 경우에 각 자산의 취득원가는 상대적 공정가치에 따라 안분하여 취득원가를 산정하는 방법을 일반적으로 사용한다. 유형자산의 공정가치는 시장가격으로 한다. 다만, 시장가격이 없는 경우에는 동일 또는 유사 자산의 현금거래로부터 추정할 수 있는 실현가능액이나 전문적 자격이 있는 평가인의 감정가액을 사용할 수 있다.

 다음 거래를 회계처리 하시오.

영업에 사용할 목적으로 건물과 토지를 1,500,000원에 일괄구입하고 대금은 현금으로 지

---

5) 차입원가는 기간비용으로 처리함을 원칙으로 한다. 다만, 유형자산, 무형자산 및 투자부동산과 제조·매입·건설 또는 개발이 개시된 날로부터 의도된 용도로 사용하거나 판매할 수 있는 상태가 될 때까지 1년 이상의 기간이 소요되는 재고자산의 취득을 위한 자금에 차입금이 포함된다면 이러한 차입금에 대한 차입원가는 취득에 소요되는 원가로 회계처리 할 수 있다(일반기업회계기준 제18장 차입원가자본화 문단4).

급하였다. 취득 당시의 건물의 공정가치 800,000원, 토지의 공정가치 1,600,000원이었다.

해설 (차) 토지　　　　　　　　　1,000,000　/　(대) 현금　　　　　　　1,500,000
　　　　건물　　　　　　　　　　500,000

* 건물 : 1,500,000 × (800,000/2,400,000) = 500,000원
* 토지 : 1,500,000 × (1,600,000/2,400,000) = 1,000,000원

(4) 구건물 철거

기존 건물이 있는 토지를 구입하여 철거한 후 건물을 신축하는 경우라면, 이 경우는 토지와 건물을 일괄 구입한 것이 아니라 토지를 구입한 것이므로 건물의 원가는 없다. 이때 기존 건물의 철거 관련 비용에서 철거된 건물의 부산물을 판매하여 수취한 금액을 차감한 금액은 토지의 취득원가에 포함한다. 한편, 건물을 신축하기 위하여 사용 중인 기존 건물을 철거하는 경우에는 그 건물의 장부금액은 제거하여 처분손실로 반영하고, 철거비용은 전액 당기비용으로 처리한다.

 다음 거래를 회계처리 하시오.

(1) 구입 즉시 철거하고 신사옥을 건설할 목적으로 기존 건물이 있는 토지를 1,500,000원에 현금으로 취득하였으며, 추가로 철거비용 100,000원이 현금으로 지출되었다.
(2) 본사 건물(취득금액 800,000원, 감가상각누계액 600,000원)을 신축하기 위하여 동 건물을 철거하고 철거비용 50,000원은 현금으로 지급하였다.

해설 (1) (차) 토지　　　　　　　　1,600,000　/　(대) 현금　　　　　　1,600,000
　　　 (2) (차) 감가상각누계액　　　 600,000　/　(대) 건물　　　　　　　800,000
　　　　　　　유형자산처분손실　　　 250,000　　　　현금　　　　　　　 50,000

(5) 증여, 기타 무상으로 취득

유형자산을 증여, 기타 무상으로 취득하는 경우에는 취득한 자산의 공정가치를 취득원가로 한다. 이 경우 자산의 상대계정은 자산수증이익(영업외수익)으로 처리한다.

 다음 거래를 회계처리 하시오.

대주주로부터 공정가치 1,000,000원의 토지를 무상으로 증여받고, 소유권 이전비용으로 20,000원을 현금으로 지출하였다.

해설 (차) 토지　　　　　　　　　1,020,000　/　(대) 자산수증이익　　　1,000,000
　　　　　　　　　　　　　　　　　　　　　　　　 현금　　　　　　　　20,000

(6) 교환에 의한 취득

① **이종자산 간의 교환** : 다른 종류의 자산과 교환으로 취득한 유형자산의 취득원가는 교환을 위하여 제공한 자산의 공정가치로 측정한다. 다만, 교환을 위하여 제공한 자산의 공정가치가 불확실한 경우에는 교환으로 취득한 자산의 공정가치를 취득원가로 할 수 있다. 자산의 교환에 현금수수액이 있는 경우에는 현금수수액을 반영하여 취득원가를 결정한다.

다음 거래를 회계처리 하시오.

(1) ㈜최대리는 기계장치(취득원가 500,000원, 감가상각누계액 300,000원, 공정가치 250,000원)를 ㈜세연의 비품과 교환하였다.
(2) ㈜최대리는 기계장치(취득원가 500,000원, 감가상각누계액 300,000원)를 ㈜세연의 비품(공정가치 220,000원)과 교환하였다.
(3) ㈜최대리는 기계장치(취득원가 500,000원, 감가상각누계액 300,000원, 공정가치 150,000원)를 ㈜세연의 비품과 교환하고 현금 50,000원을 지급하였다.

해설 (1) (차) 감가상각누계액   300,000   / (대) 기계장치   500,000
            비품   250,000   유형자산처분이익   50,000
      (2) (차) 감가상각누계액   300,000   / (대) 기계장치   500,000
            비품   220,000   유형자산처분이익   20,000
      (3) (차) 감가상각누계액   300,000   / (대) 기계장치   500,000
            비품   *200,000   현금   50,000
            유형자산처분손실   50,000
      * 제공한 자산의 공정가치(150,000) + 현금수수액(50,000) = 200,000원

② **동종자산 간의 교환** : 동일한 업종 내에서 유사한 용도로 사용되고 공정가치가 비슷한 동종자산과의 교환으로 유형자산을 취득하는 경우에는, 제공된 유형자산으로부터의 수익창출과정이 아직 완료되지 않았기 때문에 교환에 따른 거래손익을 인식하지 않아야 하며, 교환으로 받은 자산의 원가는 교환으로 제공한 자산의 장부금액으로 한다. 교환되는 동종자산의 공정가치가 유사하지 않은 경우에는 거래조건의 일부로 현금과 같이 다른 종류의 자산이 포함될 수 있다. 이 경우 교환에 포함된 현금 등의 금액이 유의적(예 교환되는 자산의 공정가치의 25%를 초과)이라면 동종자산의 교환으로 보지 않는다.

다음 거래를 회계처리 하시오.

(1) ㈜최대리는 기계장치(취득원가 500,000원, 감가상각누계액 300,000원, 공정가치 250,000원)를 ㈜세연의 기계장치와 교환하였다.

(2) ㈜최대리는 기계장치(취득원가 500,000원, 감가상각누계액 300,000원, 공정가치 250,000원)를 ㈜세연의 기계장치와 교환하고 현금 5,000원을 지급하였다. 현금수수액은 유의적이지 않다.

(3) ㈜최대리는 기계장치(취득원가 500,000원, 감가상각누계액 300,000원, 공정가치 250,000원)를 ㈜세연의 기계장치(공정가치 350,000원)와 교환하고 현금 100,000원을 지급하였다. 현금수수액은 유의적이다.

해설 (1) (차) 감가상각누계액   300,000 / (대) 기계장치(구)   500,000
         기계장치(신)   200,000
    (2) (차) 감가상각누계액   300,000 / (대) 기계장치(구)   500,000
         기계장치(신)   *205,000   현금   5,000
     * 제공한 자산의 장부금액(500,000−300,000) + 현금수수액(5,000) = 205,000원
    (3) (차) 감가상각누계액   300,000 / (대) 기계장치(구)   500,000
         기계장치(신)   *350,000   현금   100,000
                                                유형자산처분이익   50,000
     * 제공한 자산의 공정가치(250,000) + 현금수수액(100,000) = 350,000원

(7) 정부보조 등에 의한 취득

정부보조 등에 의해 유형자산을 무상 또는 공정가치 보다 낮은 대가로 취득한 경우, 그 유형자산의 취득원가는 취득일의 공정가치로 한다. 정부보조금 등은 취득원가에서 차감하는 형식으로 표시하고 그 자산의 내용연수에 걸쳐 감가상각액과 상계하며, 해당 유형자산을 처분하는 경우에는 그 잔액을 처분손익에 반영한다. 다음의 사례를 통하여 자세한 내용을 살펴보기로 한다.

① ×1년 11월 3일 정부보조금 1,000원이 보통예금계좌에 입금되었다. 동 정부보조금은 기계장치 취득에 사용될 예정이다.
   (차) 보통예금   1,000 / (대) 정부보조금   1,000
                                (보통예금차감계정)

재무상태표	
·보통예금	1,000
·정부보조금	(1,000)
	₩0

   * 정부보조금은 기계장치를 취득하기 전까지는 보통예금에서 차감하는 형식으로 표시된다.

② ×2년 1월 1일에 기계장치를 5,000원에 취득하고 보통예금계좌에서 이체하였다.
   (차) 기계장치   5,000 / (대) 보통예금   5,000
   (차) 정부보조금   1,000 / (대) 정부보조금   1,000
       (보통예금차감계정)   (기계장치차감계정)

재무상태표	
·기계장치	5,000
·정부보조금	(1,000)
	₩4,000

   * 기계장치를 취득하면 보통예금차감 계정의 정부보조금을 기계장치차감 계정으로 대체한다.

③ ×2년 12월 31일 기계장치를 정액법 5년으로 상각한다. 잔존가
  치는 없다.
  (차) 감가상각비   1,000 / (대) 감가상각누계액   1,000
  (차) 정부보조금   200 / (대) 감가상각비   200
      (기계장치차감계정)

재무상태표	
· 기계장치	5,000
· 정부보조금	(800)
· 감가상각누계액	(1,000)
	₩3,200

* 정부보조금은 감가상각비와 상계처리 한다. 상계되는 정부보조금은 다음
  과 같이 계산한다.
  1,000 × (1,000/5,000) = 200원
  ⓐ 정부보조금≤감가상각대상금액 : 감가상각비×(정부보조금/감가상각대상금액)
  ⓑ 정부보조금>감가상각대상금액 : 감가상각비 전액

④ ×3년 12월 31일 기계장치를 정액법 5년으로 상각한다. 잔존가
  치는 없다.
  (차) 감가상각비   1,000 / (대) 감가상각누계액   1,000
  (차) 정부보조금   200 / (대) 감가상각비   200

재무상태표	
· 기계장치	5,000
· 정부보조금	(600)
· 감가상각누계액	(2,000)
	₩2,400

⑤ ×4년 1월 1일 기계장치를 3,000원에 처분하고 현금을 수취 하
  였다(처분시 감가상각은 고려하지 않기로 함).
  (차) 감가상각누계액 2,000 / (대) 기계장치   5,000
      정부보조금   600   유형자산처분이익   600
      현금   3,000

* 기계장치를 처분하는 경우에는 정부보조금의 잔액을 자산의 처분손익에 반영한다.

4. 취득 후의 원가

유형자산을 취득 또는 완성하여 영업활동에 사용하는 경우에는 취득 이후에 추가적인 비용, 즉 수선유지비용·개량비용·증설비용·재배치 및 이전비용 등이 발생한다. 이 때 지출된 비용이 유형자산의 인식기준(① 미래경제적효익의 유입가능성이 매우 높다, ② 원가를 신뢰성 있게 측정할 수 있다)을 충족하는 경우에는 자본적 지출로 처리하고, 그렇지 않은 경우에는 발생한 기간의 비용으로 인식한다.

(1) 자본적 지출

자본적 지출이란 해당 자산으로부터 발생하는 미래경제적효익이 기업에 유입될 가능성이 매우 높은 지출을 말한다. 예를 들면, 새로운 생산공정의 채택이나 기계부품의 성능개선을 통하여 생산능력 증대, 내용연수 연장, 상당한 원가절감 또는 품질향상을 가져오는 경우에는 자본적 지출로 처리한다. 자본적 지출 발생시에는 그 지출액 만큼 자산 계정을 증액시켜 그 지출의 효익이 지속되는 기간 동안에 감가상각을 통하여 비용으로 인식한다.

  (차) 유형자산   ××× / (대) 현금   ×××

(2) 수익적 지출

수익적 지출이란 해당 자산으로부터 당초 예상되었던 성능수준을 회복하거나 유지하기 위한 비용으로, 자산의 원상을 회복시키거나 능률유지를 위한 지출을 말한다. 예를 들면, 공장설비에 대한 유지·보수나 수리를 위한 지출은 당초 예상되었던 성능수준을 향상시켜주기 보다는 유지시켜주기 위한 지출이므로 수익적 지출로 처리한다. 수익적 지출 발생시에는 발생시점에서 비용으로 인식한다.

(차) 수선비 등 ××× / (대) 현금 ×××

참고 자본적 지출과 수익적 지출의 예시(법인세법 시행규칙)

자본적 지출	수익적 지출
① 본래의 용도를 변경하기 위한 개조	① 건물 또는 벽의 도장
② 엘리베이터 또는 냉·난방장치의 설치	② 파손된 유리나 기와의 대체
③ 빌딩 등에 있어서 피난시설 등의 설치	③ 기계의 소모된 부속품의 대체와 벨트의 대체
④ 재해 등으로 인하여 멸실 또는 훼손되어 본래의 용도에 이용할 가치가 없는 건축물·기계·설비 등의 복구	④ 자동차의 타이어의 대체
	⑤ 재해를 입은 자산에 대한 외장의 복구, 도장, 유리의 삽입
⑤ 기타 개량·확장·증설 등 위 각호와 유사한 성질의 것	⑥ 기타 조업 가능한 상태의 유지 등 위 각호와 유사한 성질의 것

5. 감가상각

유형자산은 사용에 의한 소모, 시간의 경과와 기술의 변화에 따른 진부화 등에 의해 경제적 효익이 감소하는데, 이러한 현상을 측정하여 기업의 재무상태와 경영성과에 반영시키는 절차를 감가상각이라고 한다. 즉, 감가상각은 감가상각대상금액을 그 자산의 내용연수 동안 체계적인 방법에 의하여 각 회계기간에 배분하는 것이다. 감가상각의 주목적은 원가의 배분이며 자산의 재평가는 아니다. 따라서 감가상각액은 유형자산의 장부금액이 공정가치에 미달하더라도 계속하여 인식한다.

(1) 감가상각비의 계산요소

① 감가상각대상금액 : 유형자산의 원가(또는 원가를 대체하는 다른 금액)에서 잔존가치를 차감한 금액을 말한다.
  ㉠ 원가 : 자산을 취득하기 위하여 자산의 취득시점에서 지급한 현금및현금성자산 또는 제공하거나 부담하는 기타 대가의 공정가치
  ㉡ 잔존가치 : 자산의 내용연수가 종료되는 시점에서 그 자산의 예상처분대가에서 예상처분비용을 차감한 금액
② 내용연수 : 자산의 예상사용기간 또는 자산으로부터 획득할 수 있는 생산량이나 이와 유사한 단위를 말한다.

(2) 감가상각방법

유형자산의 감가상각방법에는 정액법, 체감잔액법(예를 들면, 정률법 등), 연수합계법, 생산량비례법 등이 있다.

① 정액법 : 자산의 내용연수 동안 일정액의 감가상각액을 인식하는 방법

$$\text{연 감가상각비} = \frac{(\text{원가} - \text{잔존가치})}{\text{내용연수}}$$

② 정률법 : 자산의 내용연수 동안 감가상각액이 매기간 감소하는 방법

$$\text{연 감가상각비} = \text{미상각잔액} \times \text{정률}(\%)$$

* 미상각잔액은 원가에서 감가상각누계액을 차감한 금액
* 정률 = $1 - \sqrt[n]{\text{잔존가치}/\text{취득원가}}$ (n=내용연수)

③ 생산량비례법 : 자산의 예상조업도 또는 예상생산량에 근거하여 감가상각액을 인식하는 방법

$$\text{연 감가상각비} = (\text{원가} - \text{잔존가치}) \times \text{당기실제생산량}/\text{총추정생산량}$$

④ 연수합계법 : 원가에서 잔존가치를 차감한 금액을 내용연수의 합계에 대한 잔여 내용연수(내용연수의 역순)의 비율을 곱하여 감가상각액을 계산하는 방법

$$\text{연 감가상각비} = (\text{원가} - \text{잔존가치}) \times \frac{\text{연수의 역순}}{\text{내용연수의 합계}}$$

⑤ 이중체감법(정액법의 배법) : 미상각잔액에 정액법에 의한 상각률의 2배를 곱하여 감가상각액을 계산하는 방법

$$\text{연 감가상각비} = \text{미상각잔액} \times \text{상각률}^*$$

* 상각률 = (1/내용연수)×2

6. 유형자산의 손상

유형자산의 손상징후가 있다고 판단되고, 당해 유형자산의 사용 및 처분으로부터 기대되는 미래의 현금흐름총액의 추정액이 장부금액에 미달하는 경우에는 장부금액을 회수가능액으로 조정하고 그 차액을 손상차손으로 처리한다. 다만, 차기 이후에 감액된 자산의 회수가능액이 장부금액을 초과하는 경우에는 그 자산이 감액되기 전의 장부금액의 감가상각 후 잔액을 한도로 하여 그 초과액을 손상차손환입으로 처리한다.

[손상] : (차) 손상차손　　　　　×××　/　(대) 손상차손누계액　　　　×××
　　　　　　(영업외비용)　　　　　　　　　　　(유형자산 차감)
[환입] : (차) 손상차손누계액　×××　/　(대) 손상차손환입　　　　×××
　　　　　　　　　　　　　　　　　　　　　　(영업외수익)

7. 유형자산의 제거

유형자산은 처분하거나, 영구적으로 폐기하여 미래경제적효익을 기대할 수 없게 될 때 재무상태표에서 제거한다. 유형자산의 폐기 또는 처분으로부터 발생하는 손익은 처분금액과 장부금액의 차액으로 결정하며, 손익계산서에서 당기손익으로 인식한다. 즉, 유형자산을 처분하는 경우에는 처분시점에서 유형자산의 장부금액(원가 - 감가상각누계액 - 손상차손누계액)을 제거하는 회계처리를 하고, 장부금액과 처분금액의 차액은 유형자산처분손익(영업외손익)으로 처리한다.

다만, 내용연수가 미경과된 유형자산을 회계기간 중에 처분하는 경우에 처분시점의 장부금액은 기초시점부터 처분일까지의 감가상각비를 고려한 후의 금액이어야 한다. 따라서 기중에 처분이 이루어진 경우에는 처분일까지의 감가상각비를 먼저 계상한 후에 처분에 관한 회계처리를 하여야 한다.

다음 거래를 회계처리 하시오.

(1) ×2년 6월 30일 감가상각이 완료된 비품(취득원가 1,100,000원, 감가상각누계액 1,000,000원)을 200,000원에 처분하고 현금으로 회수하였다.
(2) ×2년 6월 30일 ×1년 1월에 취득하여 사용 중인 비품을 500,000원에 처분하고 현금으로 회수하였다(감가상각방법은 정액법).
　• 취득원가 1,100,000원　　　　• 감가상각누계액　　200,000원
　• 잔존가치 100,000원　　　　　• 내용연수 5년(감가상각방법은 정액법)
① 처분일까지의 감가상각비를 계산하여 회계처리 하시오.
② 처분시의 회계처리를 하시오.

해설 (1) (차) 감가상각누계액　　1,000,000　/　(대) 비품　　　　　　1,100,000
　　　　　　현금　　　　　　　　 200,000　　　　　　유형자산처분이익　 100,000
　　(2) ① (차) 감가상각비　　　　100,000　/　(대) 감가상각누계액　　100,000
　　　　* ×2년도 처분일(6월 30일)까지의 감가상각비 : (1,100,000 - 100,000)/5 × 6/12 = 100,000원
　　　　② (차) 감가상각누계액　　300,000　/　(대) 비품　　　　　　1,100,000
　　　　　　 현금　　　　　　　　 500,000
　　　　　　 유형자산처분손실　　 300,000

기/출/문/제 [실기]

다음 거래 자료를 ㈜재무회계(회사코드 : 2002)의 [일반전표입력] 메뉴에 입력하시오.

01 7월 1일 산업은행에 공장 건물 신축에 직접 사용된 대출금에 대한 상반기 이자 1,000,000원이 보통예금에서 계좌이체 되다. 공장 건물의 착공일은 금년 1월 1일이 며, 준공일은 내년 7월 31일이다.

02 7월 2일 공장에 설치중인 자동화기계장치의 성능을 시험하기 위하여 시운전하고자 대신주유소에서 휘발유 50,000원을 구입하고 현금으로 지급하였다.

03 7월 3일 본사건물 신축을 위하여 취득한 토지의 등기신청과 관련하여 다음과 같이 비용이 발생하여 전액 현금으로 지급하였다.

• 취득세	600,000원	• 교육세	900,000원
• 농특세	240,000원	• 토지 취득 기타관련비용	120,000원

04 7월 4일 신축 공장건물에 대한 소유권보존 등기비용으로서 취득세 등 2,500,000원 과 화재보험료 2,000,000원을 보통예금에서 인출하여 지급하였다.

05 7월 5일 6월 25일에 구입한 업무용 차량을 등록하면서 취득세 등 500,000원을 현금 으로 납부하고, 공채(액면금액 250,000원, 현재가치 200,000원)를 액면금액에 현금으 로 구입한 후 등록을 완료하였다. 상기의 공채는 단기간 내에 매매차익을 목적으로 처분할 예정이다.

06 7월 6일 7월 1일에 구입한 영업부용 승용차를 등록하면서 취득세 등 520,000원과 번호·보조판 구입비 11,000원, 인지대 2,000원 및 공채대금 320,000원을 현금으로 지급하였다(매입공채는 단기간내에 처분할 목적으로 일시보유하고 있다. 등록되어 있는 계정과목 중 가장 적절한 계정과목으로 회계처리 할 것).

07 7월 7일 ㈜역삼기기로부터 업무용 승용차(취득원가 15,000,000원)를 5개월 할부로 취득하고, 공채(액면금액 150,000원)는 현금으로 구입하였다(단, 공채의 현재가치는 100,000원이며 단기매매증권으로 분류하고 부가가치세는 고려하지 말 것).

08 7월 8일 본사사옥을 자가건설하기 위하여 건물이 세워져 있는 삼방물산 토지를 7,000,000원에 구입하고 당좌수표를 발행하여 지급하였다. 또한 구 건물의 철거비용 200,000원과 토지정지비용 100,000원을 현금으로 추가 지급하였다. (세무1급)

09 7월 9일 사용 중인 공장 건물을 새로 신축하기 위하여 기존 건물을 철거하였다. 철거 당시의 기존건물의 취득금액 및 감가상각누계액의 자료는 다음과 같다.

- 건물의 취득금액 : 100,000,000원
- 철거당시 감가상각누계액 : 80,000,000원(철거시점까지 상각완료 가정)
- 건물철거비용 : 3,000,000원(간이과세자로부터 영수증 수취함, 가산세는 고려하지 말것)을 현금 지급함

10 7월 10일 당사의 대주주로부터 자본을 충실히 할 목적으로 시가 30,000,000원의 토지를 증여 받았다.

11 7월 11일 대표이사로부터 취득원가 50,000,000원인 토지를 기증 받았다. 이 토지의 공정가치는 100,000,000원이다. (세무1급)

12 7월 12일 기계(취득원가 10,000,000원, 감가상각누계액 5,880,000원)를 집기비품과 교환하였다. 집기비품의 공정시장가치는 5,000,000원이므로 공정시장가치에 의해 비품계정에 계상한다. 다만 부가가치세는 고려하지 아니한다.

13 7월 13일 정주산업㈜로부터 토지를 취득하면서 그 대가로 장부금액이 130,000,000원 (취득원가 200,000,000원, 감가상각누계액 70,000,000원)이고 공정가치가 100,000,000원인 기계장치와 현금 50,000,000원을 지급하였다(기계장치에 대한 부가가치세는 고려하지 말 것). (세무1급)

14 7월 14일 제조설비를 취득하는 조건으로 상환의무 없는 정부보조금 30,000,000원을 보통예금으로 수령하였다. 명칭이 동일한 계정과목이 여러 개 있는 경우 문제에서 제시한 내용에 알맞은 계정과목을 선택하시오.

15 7월 15일 산업자원부로부터 자산취득조건 정부보조금을 100,000,000원 지원받아 보통예금에 입금하였다. 20%는 당해 프로젝트를 성공하는 경우에 3년 거치 후 3년 분할 상환해야할 의무를 부담하며, 80%는 상환의무를 부담하지 아니한다. (세무1급)

16 7월 16일 아래와 같이 공장용 건물과 관련된 현금 지출에 대한 내역을 보고 알맞은 회계처리를 하시오.

- 파손으로 인한 유리교체   75,000원
- 건물의 일부 도색비   50,000원
- 내용연수 증가를 위한 개량   300,000원

17 7월 17일 사용 중이던 공장용 기계장치 일부를 ㈜역삼기기에 위탁하여 수리하고 수리비 350,000원 중 200,000원만 현금 지급하였으며 나머지는 한 달 후에 지급하기로 하고 영수증을 수취하였다(수익적 지출로 처리).

18 7월 18일 ㈜한이물산에 보유중인 토지 일부를 6,500,000원(장부금액 5,500,000원)에 매각하고 대금 중 4,000,000원은 당사 보통예금계좌로 입금되었고, 잔액은 9월 20일에 받기로 하였다.

19 7월 19일 전기 1월 5일에 취득하여 사용 중인 공장용 기계장치를 8,000,000원에 매각하고 대금은 전액 현금으로 회수하였다. 처분일까지의 감가상각에 대한 회계처리(월할 계산)를 하시오(매각에 대한 회계처리는 하지 말 것).

- 취득원가 : 10,000,000원
- 감가상각누계액 : 2,000,000원 (전기 12월 31일 현재)
- 감가상각방법 : 정액법
- 내용연수 : 5년
- 잔존가치 : 없다고 가정

20 7월 20일 원재료 운반용 트럭이 노후되어 매각 처분하고 매각대금 300,000원을 현금으로 수령하다. 처분한 트럭의 취득금액은 12,000,000원이며, 전기 말까지 감가상각누계액 계상액은 7,200,000원이다. 당사는 트럭에 대하여 잔존가치 없이 내용연수 5년, 정액법으로 상각하여 왔다(처분시까지 당기분 감가상각 분개는 적정하게 처리되었다고 가정하고 처분시 분개만 처리하며, 부가가치세는 고려하지 않음).

KcLep 도우미

01 7월 1일 : (차) 214.건설중인자산　1,000,000　／　(대) 103.보통예금　1,000,000
  * 유형자산, 무형자산 및 투자부동산과 제조·매입·건설 또는 개발이 개시된 날로부터 의도된 용도로 사용하거나 판매할 수 있는 상태가 될 때까지 1년 이상의 기간이 소요되는 재고자산의 취득을 위한 자금에 차입금이 포함된다면 이러한 차입금에 대한 차입원가는 취득에 소요되는 원가로 회계처리 할 수 있다.

02 7월 2일 : (차) 206.기계장치　50,000　／　(대) 101.현금　50,000

03 7월 3일 : (차) 201.토지　1,860,000　／　(대) 101.현금　1,860,000

04 7월 4일 : (차) 202.건물　2,500,000　／　(대) 103.보통예금　4,500,000
　　　　　　(차) 521.보험료　2,000,000

05 7월 5일 : (차) 208.차량운반구　550,000　／　(대) 101.현금　750,000
　　　　　　(차) 107.단기매매증권　200,000

06 7월 6일 : (차) 208.차량운반구　533,000　／　(대) 101.현금　853,000
　　　　　　(차) 107.단기매매증권　320,000

07 7월 7일 : (차) 208.차량운반구　15,050,000　／　(대) 253.미지급금　15,000,000
　　　　　　(차) 107.단기매매증권　100,000　　　　(거래처 : ㈜역삼기기)
　　　　　　　　　　　　　　　　　　　　　　　　(대) 101.현금　150,000

08 7월 8일 : (차) 201.토지　7,300,000　／　(대) 102.당좌예금　7,000,000
　　　　　　　　　　　　　　　　　　　　　　　(대) 101.현금　300,000

09 7월 9일 : (차) 203.감가상각누계액　80,000,000　／　(대) 202.건물　100,000,000
　　　　　　(차) 970.유형자산처분손실　23,000,000　　(대) 101.현금　3,000,000

10 7월 10일 : (차) 201.토지　30,000,000　／　(대) 917.자산수증이익　30,000,000

11 7월 11일 : (차) 201.토지　100,000,000　／　(대) 917.자산수증이익　100,000,000

12 7월 12일 : (차) 207.감가상각누계액　5,880,000　／　(대) 206.기계장치　10,000,000
　　　　　　　(차) 212.비품　5,000,000　　　　　　(대) 914.유형자산처분이익　880,000

13 7월 13일 : (차) 207.감가상각누계액　70,000,000　／　(대) 206.기계장치　200,000,000
　　　　　　　(차) 201.토지　*150,000,000　　　　(대) 101.현금　50,000,000
　　　　　　　(차) 970.유형자산처분손실　30,000,000
　　* 100,000,000 + 50,000,000 = 150,000,000원

14 7월 14일 : (차) 103.보통예금　　30,000,000　/　(대) 104.정부보조금　　30,000,000

15 7월 15일 : (차) 103.보통예금　　100,000,000　/　(대) 293.장기차입금　　20,000,000
　　　　　　　　　　　　　　　　　　　　　　　　(거래처 : 산업자원부)
　　　　　　　　　　　　　　　　　　　　　　(대) 104.정부보조금　　80,000,000

16 7월 16일 : (차) 520.수선비　　125,000　/　(대) 101.현금　　425,000
　　　　　　　(차) 202.건물　　300,000

17 7월 17일 : (차) 520.수선비　　350,000　/　(대) 101.현금　　200,000
　　　　　　　　　　　　　　　　　　　　　　(대) 253.미지급금　　150,000
　　　　　　　　　　　　　　　　　　　　　　(거래처 : ㈜역삼기기)

18 7월 18일 : (차) 103.보통예금　　4,000,000　/　(대) 201.토지　　5,500,000
　　　　　　　(차) 120.미수금　　2,500,000　　　(대) 914.유형자산처분이익　　1,000,000
　　　　　　　(거래처 : ㈜한이물산)

19 7월 19일 : (차) 518.감가상각비　　1,166,666　/　(대) 207.감가상각누계액　　1,166,666
　　＊ (10,000,000÷5년) × 7개월/12개월 = 1,166,666원

20 7월 20일 : (차) 209.감가상각누계액　＊8,600,000　/　(대) 208.차량운반구　　12,000,000
　　　　　　　(차) 101.현금　　300,000
　　　　　　　(차) 970.유형자산처분손실　　3,100,000
　　＊ 당기분 감가상각비 = 12,000,000 × 1/5 × 7/12 = 1,400,000원
　　＊ 감가상각누계액 = 7,200,000 + 1,400,000 = 8,600,000원

제3절 무형자산

무형자산이란 재화의 생산이나 용역의 제공, 타인에 대한 임대 또는 관리에 사용할 목적으로 기업이 보유하고 있으며, 물리적 형체가 없지만 식별가능하고, 기업이 통제하고 있으며, 미래경제적효익이 있는 비화폐성자산[6]을 말한다. 무형자산의 정의에서는 영업권과 구별하기 위하여 무형자산이 식별가능할 것을 요구한다. 사업결합으로 인식하는 영업권은 사업결합에서 획득하였지만 개별적으로 식별하여 별도로 인식하는 것이 불가능한 그 밖의 자산에서 발생하는 미래경제적효익을 나타내는 자산이다.

1. 무형자산의 요건

무형자산으로 정의되기 위한 요건은 식별가능성, 자산에 대한 통제 및 미래경제적효익의 존재이다.

(1) 식별가능성

자산은 ① 자산이 분리가능하거나, ② 자산이 계약상 권리 또는 기타 법적 권리로부터 발생하는 경우에 식별가능하다. 여기서 분리가능하다는 것은 기업에서 분리하거나 분할할 수 있고, 개별적으로 또는 관련된 계약·식별가능한 자산이나 부채와 함께 매각·이전·라이선스·임대·교환할 수 있는 것을 말한다. 무형자산이 분리가능하지 않더라도 다른 방법으로 무형자산을 식별할 수 있는 경우도 있다. 예를 들면, 제조설비를 제조공정에 대한 특허권과 함께 일괄취득한 경우에는 그 특허권은 분리가능하지는 않지만 식별가능하다.

(2) 자산에 대한 통제

무형자산의 미래경제적효익을 확보할 수 있고 그 효익에 대한 제3자의 접근을 제한할 수 있다면 자산을 통제하고 있는 것이다. 무형자산의 미래경제적효익에 대한 통제는 일반적으로 법적 권리로부터 나오며, 법적 권리가 없는 경우에는 통제를 입증하기 어렵다.

(3) 미래경제적효익의 존재

무형자산은 미래에 수익을 증가시키거나 비용을 감소시킬 수 있는 능력이 있어야 한다. 무형자산의 미래경제적효익은 재화의 매출이나 용역수익, 원가절감, 또는 자산의 사용에 따른 기타 효익의 형태로 발생한다.

---

[6] 화폐성자산이란 현금 및 확정되었거나 확정가능한 화폐금액으로 받을 자산을 말하며, 비화폐성자산이란 화폐성자산 외의 자산을 말한다.

2. 무형자산의 분류

무형자산은 사업상 비슷한 성격과 용도를 가진 종류별로 분류하여 표시한다. 다만, 재무제표 이용자에게 더 목적적합한 정보를 제공할 수 있다면 무형자산의 종류는 더 큰 단위로 통합하거나 더 작은 단위로 구분할 수 있다.

(1) 영업권

영업권이란 개별적으로 식별하여 별도로 인식할 수 없으나, 사업결합에서 획득한 그 밖의 자산에서 발생하는 미래경제적효익을 나타내는 자산을 말한다. 사업결합으로 취득한 영업권은 취득자[7]가 개별적으로 식별하여 별도로 인식하는 것이 불가능한 자산으로부터 미래경제적 효익을 기대하고 지불한 금액을 의미한다.

예를 들어, ① 취득자가 취득한 사업의 운영을 취득일로부터 계속하는 것을 가능하게 해주는 현존하는 집합적 노동력(종업원이 자신의 업무에서 보유하고 있는 지식과 경험을 나타내지는 않는다)인 종업원 집단의 존재에 가치를 부여하거나, ② 피취득자가 미래의 새로운 고객과 협상 중인 잠재적 계약에 가치를 부여하여, 피취득자의 식별가능한 취득 자산과 인수 부채의 순액에 대하여 취득자의 지분을 초과하여 지급하는 경우 그 초과되는 금액이 영업권이다. 영업권은 유상으로 매입한 경우에만 자산으로 인식하고, 내부적으로 창출한 영업권(자가창설영업권)은 자산으로 인식하지 않는다.

(2) 산업재산권

일정기간 독점적·배타적으로 이용할 수 있는 권리로서 특허권, 실용신안권, 의장권, 상표권, 상호권 및 상품명 등을 포함한다.

(3) 개발비

개발비란 제조비법, 공식, 모델, 디자인 및 시작품 등의 개발과 관련하여 발생한 비용(소프트웨어 개발과 관련된 비용 포함)으로서 자산에서 발생하는 미래경제적효익이 기업에 유입될 가능성이 매우 높고, 자산의 원가를 신뢰성 있게 측정할 수 있는 것을 말한다. 그 이외의 경우(연구단계에서 발생한 지출 포함)에는 경상개발비의 과목으로 하여 발생한 기간에 비용으로 인식한다.

(4) 기타의 무형자산

① 라이선스 : 타 기업, 특히 외국의 어떤 상표·특허·제조 기술 등을 독점적으로 사용할 수 있는 권리를 말한다.
② 프랜차이즈 : 체인 본부의 가맹점에 가입되어 일정한 지역에서 특정 상품을 독점으로 판매할 수 있는 권리를 말한다.

---

[7] 취득자란 피취득자에 대한 지배력을 획득하는 기업을 말하며, 피취득자란 취득자가 사업결합으로 지배력을 획득하는 대상사업 또는 사업들을 말한다.

③ 저작권 : 문학·연극·음악·예술 및 기타 지적·정신적인 작품을 포함하는 저작물의 저작자에게 자신의 저작물을 사용 또는 수익·처분하거나 타인에게 그러한 행위를 허락 할 수 있는 독점·배타적인 권리를 말한다.
④ 컴퓨터소프트웨어 : 외부에서 소프트웨어를 구입하는 경우 그 구입비용을 말한다.
⑤ 임차권리금 : 토지·건물의 임대차에 부수하여 그 부동산이 가지는 특수한 장소적 이익 등의 대가로서 보증금 이외에 지급하는 금액을 말한다.
⑥ 광업권 : 일정한 광구에서 부존하는 광물을 독점적·배타적으로 채굴하여 취득할 수 있는 권리를 말한다.
⑦ 어업권 : 일정한 수면에서 어업을 경영할 권리를 말한다.

3. 무형자산의 인식과 최초 측정(취득원가)

무형자산은 다음의 조건을 모두 충족하는 경우에만 인식한다.
① 자산에서 발생하는 미래경제적효익이 기업에 유입될 가능성이 매우 높다.
② 자산의 원가를 신뢰성 있게 측정할 수 있다.

(1) 개별 취득

개별 취득하는 무형자산의 원가는 구입가격(매입할인과 리베이트를 차감하고 수입관세와 환급받을 수 없는 제세금을 포함한다)에 자산을 의도한 목적에 사용할 수 있도록 준비하는 데 직접 관련되는 원가를 포함한다.

(2) 내부적으로 창출한 영업권

내부적으로 창출한 영업권은 원가를 신뢰성 있게 측정할 수 없을 뿐만 아니라 기업이 통제하고 있는 식별가능한 자원도 아니기 때문에 자산으로 인식하지 않는다. 예를 들어, 내부적으로 창출한 브랜드, 고객 목록 및 이와 유사한 항목에 대한 지출은 무형자산으로 인식하지 않는다.

(3) 내부적으로 창출된 무형자산

내부적으로 창출한 무형자산이 인식기준에 부합하는지를 평가하기 위하여 무형자산의 창출과정을 연구단계와 개발단계로 구분한다. 무형자산을 창출하기 위한 내부 프로젝트를 연구단계와 개발단계로 구분할 수 없는 경우에는 그 프로젝트에서 발생한 지출은 모두 연구단계에서 발생한 것으로 본다.
① 연구단계[8] : 프로젝트의 연구단계에서는 미래경제적효익을 창출할 무형자산이 존재한다는 것을 입증할 수 없기 때문에 연구단계에서 발생한 지출은 무형자산으로 인식할 수 없고 발생한 기간의 비용으로 인식한다.

---
8) 연구단계란 새로운 과학적 또는 기술적 지식을 얻기 위해 수행하는 독창적이고 계획적인 탐구활동단계를 말한다.

② 개발단계[9] : 개발단계에서 발생한 지출은 다음의 조건을 모두 충족하는 경우에만 무형자산으로 인식하고, 그 외의 경우에는 발생한 기간의 비용으로 인식한다.
  ㉮ 무형자산을 사용 또는 판매하기 위해 그 자산을 완성시킬 수 있는 기술적 실현가능성을 제시할 수 있다.
  ㉯ 무형자산을 완성해 그것을 사용하거나 판매하려는 기업의 의도가 있다.
  ㉰ 완성된 무형자산을 사용하거나 판매할 수 있는 기업의 능력을 제시할 수 있다.
  ㉱ 무형자산이 어떻게 미래경제적효익을 창출할 것인가를 보여줄 수 있다.
  ㉲ 무형자산의 개발을 완료하고 그것을 판매 또는 사용하는 데 필요한 기술적, 금전적 자원을 충분히 확보하고 있다는 사실을 제시할 수 있다.
  ㉳ 개발단계에서 발생한 무형자산 관련 지출을 신뢰성 있게 구분하여 측정할 수 있다.
③ 내부적으로 창출한 무형자산의 원가 : 내부적으로 창출한 무형자산의 원가는 인식기준을 최초로 충족한 이후에 발생한 지출금액으로 그 자산의 창출, 제조, 사용준비에 직접 관련된 지출과 합리적이고 일관성있게 배분된 간접 지출을 모두 포함한다.

4. 취득 또는 완성 후의 지출

무형자산의 취득 또는 완성 후의 지출로서 다음의 요건을 모두 충족하는 경우에는 자본적 지출로 처리하고, 그렇지 않은 경우에는 발생한 기간의 비용으로 인식한다.
① 관련 지출이 무형자산의 미래경제적효익을 실질적으로 증가시킬 가능성이 매우 높다.
② 관련된 지출을 신뢰성 있게 측정할 수 있으며, 무형자산과 직접 관련된다.

5. 무형자산의 상각

무형자산의 미래경제적효익은 시간의 경과에 따라 소비되기 때문에 상각을 통하여 장부금액을 감소시킨다. 상각이란 무형자산의 상각대상금액(원가에서 잔존가치를 차감한 금액)을 그 자산의 내용연수 동안 체계적인 방법에 의하여 각 회계기간의 비용으로 배분하는 것이다.

(1) 상각기간

무형자산의 상각기간은 독점적·배타적인 권리를 부여하고 있는 관계 법령이나 계약에 정해진 경우를 제외하고는 20년을 초과할 수 없으며 상각은 자산이 사용가능한 때부터 시작한다.

(2) 상각방법

무형자산의 상각방법은 자산의 경제적 효익이 소비되는 행태를 반영한 합리적인 방법이어야 한다. 무형자산의 상각대상금액을 내용연수 동안 합리적으로 배분하기 위해 다양한 방법을

---

[9] 개발단계란 상업적인 생산 또는 사용 전에 연구결과나 관련 지식을 새롭거나 현저히 개량된 재료, 장치, 제품, 공정, 시스템 및 용역의 생산을 위한 계획이나 설계에 적용하는 활동단계를 말한다.

사용할 수 있다. 이러한 상각방법에는 정액법, 체감잔액법(정률법 등), 연수합계법, 생산량비례법 등이 있다. 다만, 합리적인 상각방법을 정할 수 없는 경우에는 정액법을 사용한다.

(3) 잔존가치

잔존가치란 자산의 내용연수가 종료되는 시점에 그 자산의 예상처분대가에서 예상처분비용을 차감한 금액을 말하는데, 무형자산의 잔존가치는 없는 것을 원칙으로 한다. 다만, 경제적 내용연수 보다 짧은 상각기간을 정한 경우에 상각기간이 종료될 때 제3자가 자산을 구입하는 약정이 있거나, 그 자산에 대한 거래시장이 존재하여 상각기간이 종료되는 시점에 자산의 잔존가치가 거래시장에서 결정될 가능성이 매우 높다면 잔존가치를 인식할 수 있다. 무형자산의 잔존가치는 유사한 환경에서 사용하다가 매각된 동종 무형자산의 매각가격을 이용하여 추정할 수 있으며, 잔존가치를 결정한 후에는 가격이나 가치의 변동에 따라 증감시키지 않는다.

6. 재무상태표상 표시방법

무형자산의 재무상태표상 표시방법은 두 가지로 구분할 수 있다. 첫째는 무형자산의 원가에서 상각누계액을 직접 차감하는 직접법이고, 둘째는 무형자산의 원가에서 상각누계액을 차감하는 형식으로 표시하는 간접법이다.

① 직접법 : (차) 무형자산상각비   ××× / (대) 무형자산   ×××
② 간접법 : (차) 무형자산상각비   ××× / (대) 무형자산상각누계액   ×××

한마디 … 프로그램 운영상 간접법은 사용할 수 없으므로 자격시험에서는 직접법을 사용한다.

제4절 고정자산등록

[고정자산등록] 메뉴는 감가상각 대상 자산의 감가상각에 필요한 기초자료를 입력하는 메뉴로『기본등록사항』탭과『추가등록사항』탭으로 구성되어 있다. [고정자산등록] 메뉴에 입력된 자료는 [미상각분감가상각비], [양도자산감가상각비], [고정자산관리대장] 메뉴에 자동 반영되어 해당 각 메뉴를 조회 및 출력할 수 있게 한다.

 KcLep 길라잡이

- [재무회계]>[고정자산 및 감가상각]>[고정자산등록]을 선택하면 다음과 같은 화면이 나타난다.

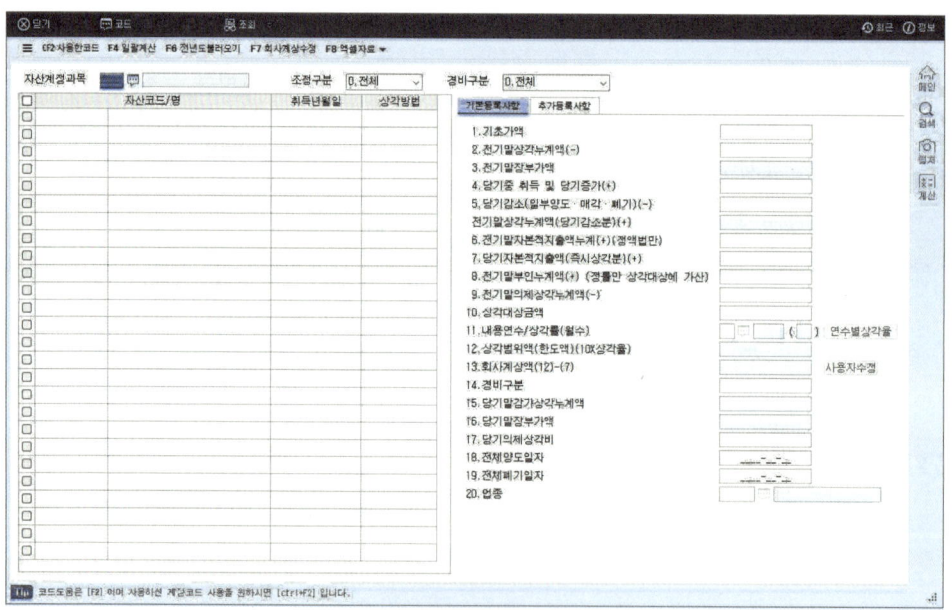

• [고정자산등록] 화면 •

▶ 자산 계정과목

등록하고자 하는 고정자산(세법상 명칭)의 계정과목 코드번호 3자리를 입력한다. 코드번호를 모르는 경우에는 키보드의 F2 키를 누르면 나타나는 「계정코드도움」보조창에서 해당 자산을 선택하고 확인(Enter)을 클릭한다.

▶ **자산코드/명**

해당 자산의 관리에 필요한 코드를 "000001 ~ 999999" 사이의 숫자로 입력하고 해당 자산의 구체적인 품목명을 입력한다.

▶ **취득년월일**

해당 자산의 취득 년, 월, 일을 입력한다.

▶ **상각방법**(1:정률법, 2:정액법)

감가상각방법 중 정률법은 "1"을, 정액법은 "2"를 입력한다. 본 프로그램은 세법 규정에 따라 운영되므로 건축물(202.건물과 204.구축물)과 무형자산의 경우에는 상각방법이 정액법으로 고정되어 다른 방법을 선택할 수 없도록 구성되어 있다.

[참고] 법인세법의 감가상각방법

구 분		상각방법	무신고
유형 고정 자산	① 일반	정률법 또는 정액법	정률법
	② 건축물	정액법	정액법
	③ 광업용 유형고정자산	생산량비례법, 정률법 또는 정액법	생산량비례법
무형 고정 자산	① 일반	정액법	정액법
	② 광업권	생산량비례법 또는 정액법	생산량비례법
	③ 개발비	20년 이내의 정액법	5년간 정액법

✽ 『기본등록사항』 탭

1. 기초가액
2. 전기말상각누계액(-)
3. 전기말장부가액

1. 기초가액

전기말 현재의 취득가액을 입력한다. 단, 무형자산을 직접법으로 상각한 경우에는 전기말 장부금액을 입력한다.

2. 전기말 상각누계액

전기말 현재의 감가상각누계액을 입력한다. 단, 무형자산을 직접법으로 상각한 경우에는 전기말까지 직접 상각한 금액의 누계액을 입력한다.

3.전기말 장부가액

기초가액에서 전기말 상각누계액을 차감한 금액이 자동 계산되어 표시된다.

```
4.당기중 취득 및 당기증가(+)
5.당기감소(일부양도·매각·폐기)(-)
  전기말상각누계액(당기감소분)(+)
6.전기말자본적지출액누계(+)(정액법만)
7.당기자본적지출액(즉시상각분)(+)
8.전기말부인누계액(+) (정률만 상각대상에 가산)
9.전기말의제상각누계액(-)
```

4.당기 중 취득 및 당기증가

당기 중 신규 취득한 자산의 취득가액 또는 당기 이전에 취득한 자산에 대하여 당기 중 자본적 지출액이 발생한 경우에 해당 금액을 입력한다. 동란에 입력된 내용은 [법인조정] 메뉴인 [미상각자산 감가상각조정명세서] 메뉴의 해당란에 자동반영 되는데, 자세한 내용은 전산세무 1급(법인조정)에서 학습하게 된다(이하 대부분의 내용이 마찬가지이다).

5.당기감소

고정자산의 일부가 양도·매각·폐기 등의 사유로 감소한 경우 해당 금액을 입력한다.

6.전기말 자본적 지출액 누계

상각방법이 정액법인 경우로서 당기 이전에 법인세법상 자본적 지출액에 해당하는 금액을 회사가 수익적 지출로 잘못 처리한 경우, 동 자본적 지출액의 누계액을 입력한다.

7.당기 자본적 지출액

당기에 법인세법상 자본적 지출에 해당하는 금액을 회사가 수익적 지출로 잘못 처리한 경우, 동 자본적 지출액을 입력한다.

8.전기말 부인누계액

전기말 감가상각비 부인누계액을 입력한다.

9.전기말 의제상각누계액

전기말 현재의 의제상각비누계액을 입력한다.

```
10. 상각대상금액
11. 내용연수/상각률(월수)                    (    ) 연수별상각율
12. 상각범위액(한도액)(10%상각율)
13. 회사계상액(12)-(7)                              사용자수정
14. 경비구분
15. 당기말감가상각누계액
16. 당기말장부가액
```

10. 상각대상금액

법인세법상 상각계산의 기초가액을 의미한다.

11. 내용연수/상각률(월수)

해당 자산의 내용연수를 입력한다. 내용연수를 입력하면 상각률은 자동 계산되어 표시된다. 법인세법시행규칙에서는 각 자산별·업종별로 내용연수를 구체적으로 규정하고 있는데, 를 클릭하면 「기준내용년수 도움표」 보조창에서 이를 확인할 수 있다.

12. 상각범위액(한도액)

입력된 감가상각비 계산요소에 따라 당기상각범위액(세법상 당기 감가상각비)이 자동 계산된다.

13. 회사계상액

회사계상액이 상각범위액과 다른 경우에는 사용자수정을 클릭하여 해당 금액으로 수정한다.

14. 경비구분

고정자산의 용도에 따른 감가상각비의 구분을 입력한다. 해당 자산의 감가상각비가 판매비와관리비에 속하면 "6. 800번대(판관비)"를 입력하고 제조경비에 속하면 "1. 500번대(제조)"를 입력한다.

15. 당기말 감가상각누계액

[전기말 상각누계액]란과 [회사계상액]란의 합계액이 자동 표시된다.

16. 당기말 장부가액

[기초가액]란에서 [당기말 감가상각누계액]란을 차감한 금액이 자동 표시된다.

```
17. 당기의제상각비        [            ]
18. 전체양도일자         [ ____-__-__ ]
19. 전체폐기일자         [ ____-__-__ ]
20. 업종                [   ][💬][         ]
```

17. 당기 의제상각비

각 사업연도의 소득에 대하여 법인세가 면제되거나 감면되는 사업을 영위하는 법인이, 법인세를 면제받거나 감면받은 경우에는 감가상각자산에 대하여 상각범위액에 해당하는 감가상각비를 손금으로 계상하여야 하는데, 법인이 이를 계상하지 않거나 상각범위액에 미달하게 계상한 경우 해당 금액을 입력한다.

18. 전체 양도일자

고정자산을 사업연도 중에 양도한 경우에는 양도일자를 입력한다. 양도일자를 입력하면 양도일까지의 월수로 [상각범위액]란이 자동 반영된다.

19. 전체 폐기일자

고정자산을 폐기한 경우 폐기일자를 입력한다.

20. 업종

내용연수 선택의 적정성 여부를 판단하기 위한 업종구분으로 💬를 클릭하여 「업종코드도움」 보조창에서 해당 업종을 선택한다.

> **한마디** … 『기본등록사항』 탭의 대부분은 전산세무 1급의 범위이므로 어려워 할 것 없다. 그리고 『추가등록사항』 탭 전체의 내용은 자격시험과 무관하므로 설명을 생략한다. 만약 자격시험에서 경비구분과 업종을 구체적으로 제시하지 않으면 입력하지 않아도 된다.

http://cafe.naver.com/choidairi

기/출/문/제 (실기)

다음 자료를 ㈜재무회계(회사코드 : 2002)의 [고정자산등록] 메뉴에 입력하시오.

01 감가상각 대상 자산은 다음과 같다. [고정자산등록] 메뉴에 입력하여 산출된 당기 상각비를 결산시 계상한다(제시된 자산에 대해서만 감가상각 한다고 가정).

계정과목	자산명	용 도	취득일자	취득금액	전기말 상각누계액	상각 방법	내용 년수
건 물	공장 (코드 : 1)	생산공장	2015.01.15.	200,000,000	10,000,000	정액법	20
기계장치	기계 (코드 : 1)	제품생산	2014.06.15.	50,000,000	13,000,000	정률법	10

02 다음 자산에 대한 당기 감가상각비를 산출하고 결산에 반영하시오(제시된 자료 외의 자산은 없는 것으로 가정한다).

자산명	취득금액	감가상각 누계액	상각 방법	내용 연수	취득일자
건물(공장) (코드 : 2)	100,000,000원	7,500,000원	정액법	40	2017.01.01.
기계장치(도장설비) (코드 : 2)	20,000,000원	13,971,980원	정률법	5	2017.05.01.
차량운반구(공장화물차) (코드 : 1)	4,000,000원	1,804,000원	정률법	5	2018.07.02.
차량운반구(총무과용) (코드 : 2)	6,000,000원	2,706,000원	정률법	5	2018.02.01.

도우미

해설 1

- [재무회계]>[고정자산 및 감가상각]>[고정자산등록]을 선택한다.
- [자산계정과목]란에 "202.건물"과 "206.기계장치"를 입력하고 다음과 같이 입력한다.

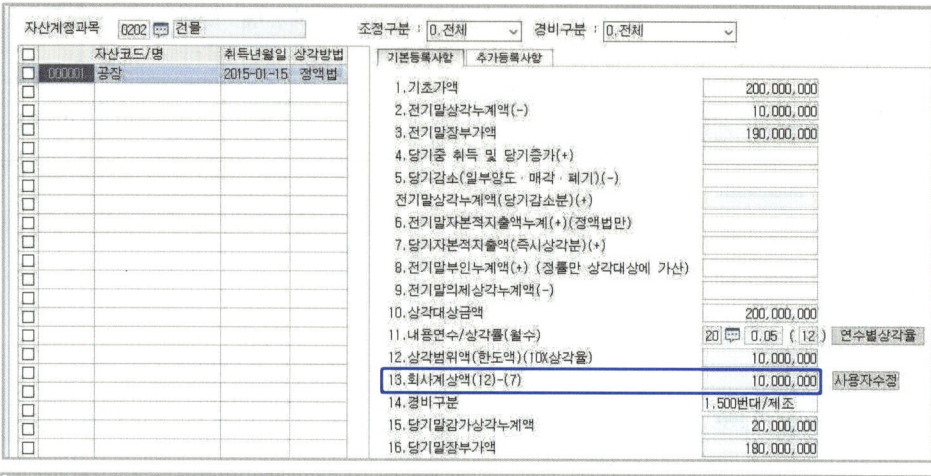

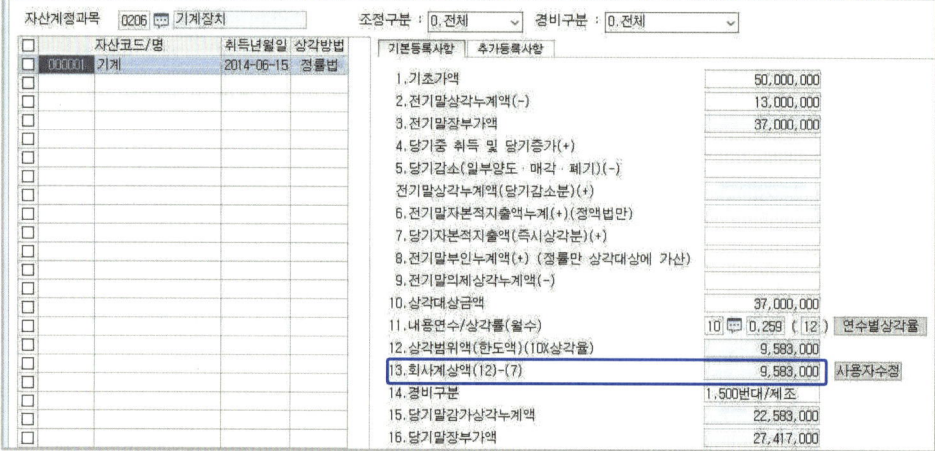

① [회사계상액]란의 금액(공장 10,000,000원, 기계 9,583,000원)을 적어놓는다.
② 결산시에 [재무회계]>[결산/재무제표]>[결산자료입력]에서 제조원가를 구성하는 자산의 감가상각비는 제품매출원가 부분의 [일반감가상각비]란에 입력하고, 판매비와관리비를 구성하는 자산의 감가상각비는 판매비와일반관리비 부분의 [감가상각비]란에 입력한다.

해설 2

- 제시된 자료만 입력하면 되는 단순한 문제이므로 출제의 형태만 살펴보는 것으로 하고 풀이는 생략하기로 한다.

제5절 기타비유동자산

기타비유동자산이란 비유동자산 중 투자자산, 유형자산, 무형자산에 속하지 않는 자산으로 보증금, 장기매출채권, 장기미수금 등이 포함된다.

1. 보증금

보증금이란 전세권, 전신전화가입권, 임차보증금 및 영업보증금 등을 말한다.

(1) 임차보증금

타인의 부동산·동산을 월세 등의 조건으로 사용하기 위하여 지급하는 보증금을 말한다.

(2) 전세권

전세권이란 전세금을 지급하고 타인의 부동산을 그 용도에 따라 사용·수익하는 권리로서 전세계약에 따라 지급된 금액으로 평가한다.

(3) 전신전화가입권

특정한 전신 또는 전화를 소유·사용하는 권리로서 이 권리를 얻기 위하여 지급된 설치비로 평가된다.

(4) 기타보증금

영업목적을 위하여 타인에게 제공한 거래보증금, 입찰보증금 및 하자보증금 등을 말한다.

2. 장기매출채권

장기매출채권이란 일반적 상거래에서 발생한 장기의 외상매출금과 받을어음을 말한다.

(1) 장기외상매출금

장기외상매출금이란 일반적인 상거래에서 발생한 채권, 즉 상품이나 제품을 외상으로 판매하고 아직 그 대금을 회수하지 않은 미수액으로 보고기간 종료일로부터 1년 이후에 회수될 금액을 말한다.

(2) 장기받을어음

장기받을어음이란 일반적인 상거래에서 발생한 어음상의 권리로서, 그 지급기일이 보고기간 종료일로부터 1년 이후에 도래하는 어음을 말한다.

3. 장기미수금

일반적인 상거래 이외의 거래에서 발생한 채권으로서 보고기간 종료일로부터 만기가 1년 이후에 도래하는 것을 말한다.

4. 부도어음과수표

어음소지인은 만기일 또는 그 후 2일 이내에 지급장소에서 어음을 제시하고 어음대금의 지급을 청구하여야 한다. 이 때 어음금액의 지급을 거절하거나, 환어음의 인수를 거절하는 것을 어음의 부도라 하고, 지급이 거절된 어음을 부도어음이라 한다. 어음이 부도되면 어음 소지인은 어음채무자에게 어음금액을 청구할 수 있으며, 이것을 소구권이라 한다. 이때 청구하는 금액은 어음금액, 만기일로부터 상환일까지의 법정이자, 공증인에 의한 지급거절증서 작성비 등의 합계액이다. 부도어음과수표 계정은 실무에서 정상적인 어음과 구분하기 위하여 관리목적상 사용하는 임시계정으로, 부도가 발생하면 부도어음과수표 계정으로 처리하였다가 기말에 회수가능성을 판단하여 매출채권 계정으로 재분류하던지 대손처리 한다.

 다음의 연속된 거래를 회계처리 하시오.

(1) 서울상회 발행 약속어음 100,000원을 만기일에 발행인의 거래은행에 제시한 바 부도로 확인되었다(부도어음과수표 계정을 사용할 것).
(2) 소구권을 행사하기 위하여 지급거절증서 작성비용 등 20,000원을 현금으로 지급하고 서울상회에 함께 청구하였다.

해설 (1) (차) 부도어음과수표   100,000 / (대) 받을어음   100,000
     (2) (차) 부도어음과수표   20,000 / (대) 현금   20,000

http://cafe.naver.com/choidairi

기/출/문/제 (실기)

다음 거래 자료를 ㈜재무회계(회사코드 : 2002)의 [일반전표입력] 메뉴에 입력하시오.

01 7월 21일 ㈜한이물산과 공장건물의 임대차계약을 하고 임차보증금 10,000,000원 중 3,000,000원은 현금으로 지급하고 나머지는 당좌수표를 발행하여 지급하였다.

02 7월 22일 2월 28일에 ㈜역삼기기로부터 받아 두리은행에서 할인받은 약속어음 6,000,000원이 부도되어 두리은행으로부터 상환청구를 받고 만기일 이후의 법정이자 100,000원을 포함한 6,100,000원을 현금으로 지급하고, ㈜역삼기기에게 전액 상환 청구하였다(부도어음과수표 계정으로 처리할 것).

03 7월 23일 ㈜무사산업으로부터 받은 약속어음(만기 : 1년 이내) 중 30,000,000원을 만기일에 발행인의 거래은행에 지급제시를 하였으나 부도로 확인되었다. 당사는 거절증서작성비용 등 150,000원을 현금으로 별도 지급하고 ㈜무사산업에 함께 청구하였다.

 도우미

01 7월 21일 : (차) 232.임차보증금   10,000,000 / (대) 101.현금   3,000,000
              (거래처 : ㈜한이물산)   (대) 102.당좌예금   7,000,000

02 7월 22일 : (차) 246.부도어음과수표   6,100,000 / (대) 101.현금   6,100,000
              (거래처 : ㈜역삼기기)

03 7월 23일 : (차) 246.부도어음과수표 30,150,000 / (대) 110.받을어음   30,000,000
              (거래처 : ㈜무사산업)   (거래처 : ㈜무사산업)
                                                     (대) 101.현금   150,000

기/출/문/제 [필기]

01 다음 유가증권의 분류 중에서 만기보유증권으로 분류할 수 있는 판단기준이 되는 것은 무엇인가?

① 만기까지 매매차익을 목적으로 취득한 채무증권
② 만기까지 다른 회사에 중대한 영향력을 행사하기 위한 지분증권
③ 만기까지 보유할 적극적인 의도와 능력이 있는 채무증권
④ 만기까지 배당금이나 이자수익을 얻을 목적으로 투자하는 유가증권

[풀이] 만기가 확정된 채무증권으로서 상환금액이 확정되었거나 확정이 가능한 채무증권을 만기까지 보유할 적극적인 의도와 능력이 있는 경우에는 만기보유증권으로 분류한다.

02 유가증권에 대한 설명 중 옳지 않은 것은?

① 단기매매증권과 매도가능증권은 원칙적으로 공정가치로 평가한다.
② 단기매매증권과 매도가능증권의 미실현보유손익은 당기손익 항목으로 처리한다.
③ 매도가능증권은 보유 목적에 따라 유동자산이나 투자자산으로 분류된다.
④ 단기매매증권이 시장성을 상실한 경우에는 매도가능증권으로 분류하여야 한다.

[풀이] 단기매매증권의 평가손익은 당기손익항목(영업외손익)으로 처리하고, 매도가능증권의 평가손익은 자본항목(기타포괄손익누계액)으로 처리한다. 보고기간 종료일로부터 1년 이내에 만기가 도래하거나 매도 등에 의하여 처분할 것이 거의 확실한 매도가능증권은 유동자산으로 분류하고, 그 외의 경우에는 투자자산으로 분류한다.

03 다음 세 가지 조건에 모두 해당하는 유가증권은?

- 보유기간 중 평가방법은 원칙적으로 공정가액법에 의한다.
- 보유기간 중 평가손익은 재무상태표상 자본항목에 표시한다.
- 지분증권 또는 채무증권에 해당한다.

① 단기매매증권   ② 매도가능증권   ③ 만기보유증권   ④ 지분법적용투자주식

[풀이] 매도가능증권으로 분류될 수 있는 유가증권에는 소유지분을 나타내는 지분증권(주식 등)과 발행자에 대하여 금전을 청구할 수 있는 채무증권(사채 등)이 있다.

04 유형자산에 관한 설명으로 옳지 않은 것은?

① 정상적인 영업활동에 사용할 목적으로 취득한 자산이다.
② 여러 회계기간에 걸쳐 기업에 서비스를 제공하는 미래용역잠재력을 지닌 자산이다.
③ 미래의 경제적 효익이 기업에 유입될 가능성이 매우 높다.
④ 물리적 실체가 없는 자산이다.

05 다음 중 일반기업회계기준상 유형자산이 아닌 것은?

① 사업용 기계장치
② 현재 건설 중인 본사 건축물과 토지
③ 사업용 건물 신축을 위해 매입한 토지
④ 부동산 매매업자가 판매목적을 위하여 매입한 토지

[풀이] 부동산 매매업자가 판매목적을 위하여 매입한 토지는 재고자산에 해당한다.

06 다음 중 자산의 종류가 다른 것은 무엇인가?

① 건설중인자산　　　　　② 구축물
③ 임차보증금　　　　　　④ 비품

[풀이] 임차보증금은 기타의비유동자산으로 분류하고 나머지 자산들은 유형자산으로 분류한다.

07 다음 중 유형자산으로 분류되지 않는 항목은?

① 시세차익 목적 보유부동산　　② 제조공장의 부지
③ 건설중인 제조공장의 건물　　④ 기계장치

[풀이] 시세차익 목적으로 보유하고 있는 부동산은 투자자산이다.

08 유형자산의 취득원가를 구성하는 항목에 포함되지 않는 것은?

① 외부 운송 및 취급비
② 설치비
③ 매입할인액
④ 취득세 등 유형자산의 취득과 직접 관련된 제세공과금

[풀이] 유형자산 구입시에 매입대금을 조기지급하고 매입가액의 일부를 할인받는 경우에는 유형자산의 매입가액에서 직접 차감하여 순매입액 만을 유형자산의 취득원가로 한다.

09 다음은 유형자산의 취득원가를 구성하는 항목들이다. 가장 옳지 않은 것은?

① 유형자산의 설계와 관련한 설계비용
② 재산세 등 유형자산의 사용과 직접 관련된 제세공과금
③ 자본화대상인 차입원가
④ 유형자산의 설치비용

[풀이] 유형자산의 사용과 관련된 비용은 당기비용으로 처리한다.

10 ㈜중앙은 2월 10일 본사 건물용 부지를 구입하고, 당해 토지에 있던 구건물을 철거하고 10월 31일 본사건물을 완공하여 업무를 시작하였다. 다음 중 토지의 취득원가를 구성하지 않는 것은?

① 구건물의 철거비용　　　　　② 토지 구입대금

③ 토지 등기비 및 취득세   ④ 신건물 공사비

[풀이] 기존 건물이 있는 토지를 구입하여 철거한 후 건물을 신축하는 경우라면, 이 경우는 토지와 건물을 일괄 구입한 것이 아니라 토지를 구입한 것이므로 건물의 원가는 없다. 이때 기존 건물의 철거 관련 비용에서 철거된 건물의 부산물을 판매하여 수취한 금액을 차감한 금액은 토지의 취득원가에 포함한다. 신건물의 공사비는 건물의 취득원가이다.

11 ㈜한라는 사옥을 신축하기 위하여 ㈜백두로부터 건물과 토지를 함께 400,000,000원에 매입하였다. 장부금액은 토지와 건물 각각 200,000,000원이다. ㈜한라는 매입즉시 6,550,000원을 들여 건물을 철거하고 사옥신축공사를 시작하였다. 건물 철거시 나온 골조는 1,000,000원에 매각하였다. 토지의 취득원가는 얼마인가?

① 200,000,000원 ② 400,000,000원
③ 406,550,000원 ④ 405,550,000원

[풀이] 토지의 취득원가 = 토지가액 + 철거비용 − 잔존폐물의 매각수입
400,000,000 + 6,550,000 − 1,000,000 = 405,550,000원

12 당기 중에 공장건설용 토지를 구입하면서 다음과 같은 지출이 이루어진 경우 토지의 취득금액은 얼마인가?

- 토지 취득대금 30,000,000원
- 토지상의 구건물 철거비용 3,700,000원
- 토지 취득세 1,400,000원
- 토지 재산세 450,000원
- 구건물 철거시 철골자재 등 매각대금 2,100,000원

① 30,000,000원 ② 33,000,000원 ③ 33,450,000원 ④ 35,100,000원

[풀이] 30,000,000 + 3,700,000 + 1,400,000 − 2,100,000 = 33,000,000원

13 일반기업회계기준상 유형자산의 취득원가를 설명한 것이다. 잘못된 것은?

① 증여로 취득한 자산의 가액은 공정가치를 취득원가로 한다.
② 교환으로 취득한 토지의 가액은 장부금액을 취득원가로 한다.
③ 유형자산에 대한 건설자금이자는 취득원가에 포함한다.
④ 현물출자로 받은 자산은 공정가치를 취득원가로 한다.

[풀이] 교환으로 취득한 자산의 취득원가는 이종자산 간의 교환인 경우에는 제공한 자산의 공정가치로 측정하고, 동종자산 간의 교환인 경우에는 제공한 자산의 장부금액으로 측정한다.

14 유형자산의 취득원가에 관한 내용 중 가장 잘못된 것은?

① 유형자산의 취득원가는 공정가치로 한다.
② 새로운 건물을 신축하기 위하여 사용 중인 기존건물을 철거하는 경우에 기존건물의 장부금액은 새로운 건물의 취득원가에 가산한다.
③ 유형자산의 취득에 관한 운송비와 설치비용은 취득원가에 가산한다.

④ 유형자산의 취득과 관련하여 국·공채를 불가피하게 매입하는 경우에는 동 국·공채의 매입금액과 일반기업회계기준에 따라 평가한 현재가치와의 차액을 유형자산의 취득원가에 가산한다.

> [풀이] 건물을 신축하기 위하여 사용 중인 기존 건물을 철거하는 경우에는 그 건물의 장부금액은 제거하여 처분손실로 반영하고, 철거비용은 전액 당기비용으로 처리한다.

15 ㈜한세회는 업무용 슈퍼컴퓨터를 구입하고 다음과 같은 금액을 지출하였다. 이때 컴퓨터 취득원가는?

- 컴퓨터 구입가액 : 8,000,000원
- 업무용 소프트웨어 별도구입비 : 2,000,000원
- 컴퓨터 택배배송료 : 100,000원
- 컴퓨터 설치비 : 200,000원

① 10,200,000원 ② 10,000,000원 ③ 8,300,000원 ④ 8,000,000원

> [풀이] 외부에서 소프트웨어를 구입한 경우 그 구입비용은 무형자산(컴퓨터소프트웨어)에 해당한다.
> 8,000,000 + 100,000 + 200,000 = 8,300,000원

16 유형자산의 취득원가에 대한 설명 중 틀린 것은?

① 건물을 신축하기 위하여 기존 건물이 있는 토지를 취득하고 그 건물을 철거할 경우 건물의 철거비용은 토지의 취득원가에 산입한다.
② 유형자산을 구입하고 그 대금으로 주식을 발행하여 교부하는 경우 유형자산의 취득원가는 발행주식의 액면금액으로 한다.
③ 정부보조금을 받아 취득하는 유형자산의 취득원가는 취득일의 공정가치로 한다.
④ 이종자산간의 교환으로 유형자산을 취득하는 경우 유형자산의 취득원가는 제공한 자산의 공정가치로 측정한다.

> [풀이] 현물을 제공받고 주식을 발행하는 경우에는 제공받은 현물의 공정가치를 주식의 발행금액으로 한다. 따라서 현물출자로 취득한 유형자산의 취득원가는 그 자산의 공정가치이다.

17 다음은 일반기업회계기준상 유형자산의 교환에 대한 내용이다. 틀린 것은?

① 이종자산간 교환하는 경우에는 교환으로 취득한 유형자산의 취득가액은 취득자산의 공정가치로 측정한다.
② 자산의 교환에 있어 현금수수액이 있는 경우에는 그 현금수수액을 반영하여 취득원가를 결정한다.
③ 동종자산의 교환인 경우에는 제공한 자산의 장부가액을 취득한 자산의 취득가액으로 할 수 있다.
④ 동종자산과의 교환시에 교환에 포함된 현금 등의 금액이 유의적이라면 동종자산의 교환으로 보지 않는다.

> [풀이] 이종자산간의 교환시에 취득자산의 원가는 제공한 자산의 공정가치로 측정한다.

18 다음은 일반기업회계기준에 따른 유형자산의 취득원가에 대한 설명이다. 가장 잘못된 것은?

① 유형자산의 취득에 사용된 차입금에 대하여 당해 자산의 취득완료시점까지 발생한 이자비용은 자산의 취득원가에 가산함을 원칙으로 한다.
② 유형자산이 정상적으로 작동되는지 여부를 시험하는 과정에서 발생하는 원가는 취득부대비용으로 보아 취득원가에 가산한다.
③ 현물출자, 증여, 기타 무상으로 취득한 자산은 공정가치를 취득원가로 한다.
④ 국고보조금 등에 의해 유형자산을 공정가액 보다 낮은 대가로 취득한 경우에도 그 유형자산의 취득원가는 취득일의 공정가액으로 한다.

[풀이] 차입원가는 기간비용으로 처리함을 원칙으로 한다. 다만, 자본화 대상인 차입원가에 해당될 경우 취득원가로 회계처리 할 수 있다. 정부보조 등에 의해 유형자산을 무상 또는 공정가치 보다 낮은 대가로 취득한 경우, 그 유형자산의 취득원가는 취득일의 공정가치로 한다.

19 자본적 지출이 수익적 지출로 처리되었을 경우 그 결과는 어떻게 되는가?

① 부채가 과소계상 된다.　　② 자산이 과대계상 된다.
③ 당기순이익이 과소계상 된다.　　④ 자기자본이 과대계상 된다.

[풀이] 자본적 지출을 수익적 지출로 처리하면 자산이 과소계상 되고 비용이 과대계상 된다. 자산이 과소계상 되면 자본이 과소계상 되고 비용이 과대계상 되면 당기순이익이 과소계상 된다.

20 상품도매업을 영위하는 ㈜전라도산업은 유형자산에 대한 보유기간 중의 수익적 지출을 자본적 지출로 잘못 회계처리하여 재무제표를 작성하였다. 이 경우 그 잘못된 회계처리가 재무제표에 미치는 효과로 가장 옳은 것은?

① 재무상태표상 자산이 실제 보다 과소계상 된다.
② 재무상태표상 부채가 실제 보다 과대계상 된다.
③ 손익계산서상 당기순이익이 실제 보다 과대계상 된다.
④ 손익계산서상 매출총이익이 실제 보다 과소계상 된다.

[풀이] 수익적 지출을 자본적 지출로 잘못 회계처리하면 자산이 과대계상 되고 비용이 과소계상 된다. 따라서 매출총이익 및 당기순이익이 과대계상 된다.

21 다음은 유형자산과 관련한 설명이다. 가장 옳지 않은 것은?

① 영업활동을 위한 토지도 유형자산에 해당된다.
② 감가상각은 감가상각대상금액을 그 자산의 내용연수 동안 체계적인 방법에 의하여 각 회계기간에 배분하는 것이다.
③ 유형자산 보유기간 동안에 발생한 모든 지출은 지출시 당기비용으로 회계처리 한다.
④ 유형자산의 취득원가에는 경영진이 의도하는 방식으로 자산을 가동하는데 필요한 장소와 상태에 이르게 하는데 직접 관련되는 지출을 포함한다.

22 감가상각 대상자산이 아닌 것은?

① 건물 ② 건설중인자산
③ 기계장치 ④ 장기할부로 구입한 업무용 트럭

[풀이] 토지와 건설중인자산은 감가상각 대상자산이 아니다.

23 다음 중 일반기업회계기준상 감가상각대상인 것을 모두 골라내면?

> 가. 사옥으로 사용 중인 건물 나. 업무용으로 사용 중인 오토바이
> 다. 매매목적으로 보관중인 토지 라. 처분예정으로 보관중인 기계장치

① 가, 나 ② 가, 나, 다
③ 나, 다 ④ 나, 다, 라

[풀이] 내용연수 도중 사용을 중단하고 처분예정인 유형자산은 사용을 중단한 시점의 장부금액으로 계상한다. 이러한 자산에 대해서는 투자자산으로 재분류하고 감가상각을 하지 않는다. 내용연수 도중 사용을 중단하였으나, 장래 사용을 재개할 예정인 유형자산에 대해서는 감가상각을 하되, 그 감가상각액은 영업외비용으로 처리한다.

24 다음 중 유형자산과 관련한 용어의 설명으로 옳지 않은 것은?

① 유형자산은 재화의 생산 등에 사용할 목적으로 보유하는 물리적 형체가 있는 자산으로서, 1년을 초과하여 사용할 것이 예상되는 자산을 말한다.
② 감가상각은 감가상각대상금액을 그 자산의 내용연수 동안 체계적인 방법으로 각 회계기간에 배분하는 것을 말한다.
③ 감가상각대상금액은 원가 또는 원가를 대체하는 다른 금액에서 잔존가치를 차감한 금액을 말한다.
④ 내용연수는 실제 사용시간 또는 생산량의 단위를 말한다.

[풀이] 내용연수는 자산의 예상사용기간 또는 자산으로부터 획득할 수 있는 생산량이나 이와 유사한 단위를 말한다.

25 일반기업회계기준상 유형자산의 감가상각에 관한 내용이다. 옳지 않은 것은?

① 사용하지 않는 자산도 진부화나 마모 등이 있는 경우 내용연수를 결정하여야 한다.
② 기업의 자산관리정책에 따라 일정기간이 경과되거나 경제적 효익의 일정부분이 소멸되어 처분될 경우는 유사한 자산에 대한 기업의 경험에 비추어 해당 유형자산의 내용연수를 추정하여야 한다.
③ 유형자산의 감가상각방법에는 정액법, 체감잔액법(예를 들면, 정률법 등), 연수합계법, 생산량비례법 등이 있다
④ 감가상각방법의 선택은 현금흐름과 절세 등 각종 지표를 고려하여 선택하여야 한다.

[풀이] 유형자산의 감가상각방법은 자산의 경제적 효익이 소멸되는 행태를 반영한 합리적인 방법이어야 한다. 현금흐름과 절세 등은 감가상각방법의 선택기준이 될 수 없다.

26 다음 보기 중 일반기업회계기준에서 인정하는 유형자산 감가상각방법을 옳게 모두 나열한 것은?

> (가) 정률법   (나) 정액법   (다) 생산량비례법   (라) 이동평균법   (마) 총평균법

① (가), (나)
② (가), (나), (다)
③ (가), (나), (다), (라)
④ (나), (다), (라), (마)

27 다음의 유형자산을 취득하였을 경우, 취득하는 연도에 감가상각비를 가장 많이 인식하는 방법은?

> • 취득금액 : 1,000,000원   • 잔존가치 : 50,000원   • 내용연수 : 5년(정률 0.451)

① 정액법   ② 정률법   ③ 내용연수합계법   ④ 이중체감법

[풀이] 정액법 : (1,000,000 - 50,000) × 1/5 = 190,000원
정률법 : 1,000,000 × 0.451 = 451,000원
연수합계법 : (1,000,000 - 50,000) × 5/15 = 316,666원
이중체감법 : 1,000,000 × (1/5) × 2 = 400,000원

28 다음 중 일반기업회계기준에서 인정하는 유형자산의 감가상각방법으로서, 내용연수 동안 감가상각비가 매 기간 감소하는 효과가 나타나는 것은?

① 정액법
② 생산량 비례법
③ 조업도 비례법
④ 연수합계법

[풀이] 정액법은 매 기간의 감가상각비가 동일하며, 생산량비례법(조업도비례법)은 매 기간의 생산량(조업도)에 따라 감가상각비가 달라진다. 연수합계법은 매 기간의 감가상각비가 감소한다.

29 다음 재무상태표에 대한 설명으로 옳지 않은 것은?

재 무 상 태 표

건   물 300,000
감가상각누계액 (50,000) 250,000

① 지금까지 인식되어온 감가상각비의 합계액은 250,000원이다.
② 이 건물은 300,000원에 취득되었다.
③ 감가상각누계액은 50,000원이다.
④ 이 건물의 장부금액은 250,000원이다.

[풀이] 지금까지 인식되어온 감가상각비의 합계액은 감가상각누계액과 같은 50,000원이다.

30 다음은 일반기업회계기준에 의한 유형자산 손상의 회계처리에 대한 설명이다. 이중 가장 옳지 않은 것은?

① 유형자산의 사용강도나 사용방법의 현저한 변화가 있거나, 심각한 물리적 변형이 오면 손상차손을 검토하여야 한다.
② 유형자산의 사용 및 처분으로부터 기대되는 미래의 현금흐름 총액의 추정액 및 순공정가치가 장부가액에 미달할 경우에는 손상차손을 인식한다.
③ 유형자산의 회수가능액은 순공정가치와 사용가치 중 큰 금액을 말한다.
④ 손상차손누계액은 재무상태표의 부채로 표시한다.

[풀이] 손상차손누계액은 유형자산의 취득가액에서 차감하는 형태로 표시한다.

31 일반기업회계기준상 무형자산 상각과 관련한 설명으로 옳은 것은?

① 무형자산의 상각방법에는 정액법, 유효이자율법, 연수합계법, 생산량비례법 등이 있다.
② 무형자산 상각시 잔존가치는 어떠한 경우라도 없는 것으로 한다.
③ 무형자산의 상각기간은 독점적·배타적인 권리를 부여하고 있는 관계 법령이나 계약에 정해진 경우를 제외하고는 20년으로 한다.
④ 무형자산의 상각은 당해 자산이 사용가능한 때부터 시작한다.

[풀이] 무형자산의 상각기간은 독점적·배타적인 권리를 부여하고 있는 관계 법령이나 계약에 정해진 경우를 제외하고는 20년을 초과할 수 없으며 상각은 당해 자산이 사용가능한 때부터 한다.

32 다음의 무형자산에 관한 내용 중 옳지 않은 것은?

① 개발비는 개별적으로 식별이 가능하고 미래경제적효익을 기대할 수 있어야 한다.
② 연구비는 개발비와 달리 모두 비용으로 처리해야 한다.
③ 개발비상각액은 판매비와관리비로 처리해야 한다.
④ 개발비는 정액법 또는 생산량비례법 등에 의해 관련 제품 등의 판매 또는 사용가능한 시점부터 20년 이내의 합리적 기간 동안 상각한다.

[풀이] 무형자산의 상각이 다른 자산의 제조와 관련된 경우에는 관련 자산의 제조원가로, 그 밖의 경우에는 판매비와관리비로 계상한다.

33 다음 중 일반기업회계기준상 무형자산에 대한 설명으로 틀린 것은?

① 무형자산으로 정의되기 위한 세 가지 조건은 식별가능성, 자원에 대한 통제 및 미래 경제적 효익의 존재이다.
② 무형자산의 상각시 잔존가치는 없는 것을 원칙으로 한다.
③ 무형자산의 상각은 자산이 사용가능한 때부터 시작한다.
④ 무형자산의 합리적인 상각방법을 정할 수 없는 경우에는 정률법을 사용한다.

[풀이] 무형자산의 합리적인 상각방법을 정할 수 없는 경우에는 정액법을 사용한다.

34 다음 중 무형자산에 대한 설명으로 틀린 것은?

① 무형자산으로 정의되기 위한 요건은 식별가능성, 자산에 대한 통제 및 미래경제적효익의 존재이다.
② 내부적으로 창출한 영업권은 원가를 신뢰성 있게 측정할 수 있으므로 자산으로 인식한다.
③ 개별 취득하는 무형자산의 원가는 구입가격에 자산을 의도한 목적에 사용할 수 있도록 준비하는 데 직접 관련되는 원가를 포함한다.
④ 무형자산의 미래경제적효익은 시간의 경과에 따라 소비되기 때문에 상각을 통하여 장부금액을 감소시킨다.

[풀이] 내부적으로 창출한 영업권은 원가를 신뢰성 있게 측정할 수 없을 뿐만 아니라 기업이 통제하고 있는 식별가능한 자원도 아니기 때문에 자산으로 인식하지 않는다.

35 무형자산에 대한 설명 중 옳지 않은 것은?

① 무형자산이란 업무용도로 보유하는 비화폐성자산으로써 일반적으로 미래경제적효익이 있는 물리적 형체가 없는 자산을 말한다.
② 무형자산의 취득원가는 그 자산의 창출, 제조, 사용준비에 사용된 직접비 뿐만 아니라 간접비도 포함한다.
③ 무형자산의 인식기준을 충족하지 못하면 그 지출은 발생한 기간의 비용으로 인식한다.
④ 무형자산의 상각은 항상 판매비와관리비로 처리한다.

[풀이] 무형자산의 상각이 다른 자산의 제조와 관련된 경우에는 관련 자산의 제조원가로, 그 밖의 경우에는 판매비와관리비로 계상한다.

36 일반기업회계기준상 무형자산에 대한 설명으로 잘못된 것은?

① 무형자산으로 분류되기 위해서는 식별가능성, 자원에 대한 통제, 미래 경제적 효익의 유입가능성을 충족해야 한다.
② 무형자산에 대한 상각은 관련 법령이나 계약에 의한 경우를 제외하고는 원칙적으로 20년을 초과할 수 없다.
③ 무형자산의 상각은 당해 자산이 사용가능한 때부터 시작한다.
④ 무형자산 원가의 인식기준을 최초로 충족시킨 이후 이미 비용으로 인식한 지출도 무형자산의 원가로 인식할 수 있다.

[풀이] 내부적으로 창출한 무형자산의 원가는 무형자산의 인식기준을 최초로 충족한 이후에 발생한 지출금액으로 한다. 따라서 이미 비용으로 인식한 지출은 무형자산의 원가로 인식할 수 없다.

37 다음 중 일반기업회계기준상 무형자산에 관한 설명으로 옳지 않은 것은?

① 무형자산으로 인식하기 위한 요건으로 식별가능성, 기업의 통제, 미래의 경제적 효익의 발생으로 분류한다.
② 무형자산의 내용연수가 독점적·배타적 권리를 부여하고 있는 관계 법령에 따라 20년

을 초과하는 경우에도 상각기간은 20년을 초과할 수 없다.
③ 무형자산의 잔존가치는 없는 것을 원칙으로 한다.
④ 내부적으로 창출한 브랜드, 고객목록 및 이와 유사한 항목에 대한 지출은 무형자산으로 인식하지 않는다.

[풀이] 무형자산의 상각기간은 독점적·배타적인 권리를 부여하고 있는 관계 법령이나 계약에 정해진 경우를 제외하고는 20년을 초과할 수 없다.

38 다음 중 영업권에 대한 설명으로 옳지 않은 것은?
① 내부적으로 창출된 영업권도 원가를 신뢰성 있게 측정하였다면 자산으로 인식할 수 있다.
② 사업결합으로 취득한 무형자산의 취득원가는 취득일의 공정가치로 측정한다.
③ 영업권의 상각은 관계 법령이나 계약에 정해진 경우를 제외하고는 20년을 초과할 수 없다.
④ 영업권의 잔존가치는 없는 것을 원칙으로 한다.

[풀이] 내부적으로 창출한 영업권은 원가를 신뢰성 있게 측정할 수 없을 뿐만 아니라 기업이 통제하고 있는 식별가능한 자원도 아니기 때문에 자산으로 인식하지 않는다.

정답

1. ③	2. ②	3. ②	4. ④	5. ④	6. ③	7. ①	8. ③	9. ②	10. ④
11. ④	12. ②	13. ②	14. ②	15. ③	16. ②	17. ①	18. ①	19. ③	20. ③
21. ③	22. ②	23. ①	24. ④	25. ④	26. ②	27. ②	28. ④	29. ①	30. ④
31. ④	32. ③	33. ④	34. ②	35. ④	36. ④	37. ②	38. ①		

제4장 부채

부채란 과거의 거래나 사건의 결과로서 기업이 미래에 타인에게 지급해야 할 채무를 말한다. 부채는 1년을 기준으로 유동부채와 비유동부채로 분류한다.

제1절 유동부채

유동부채란 보고기간 종료일로부터 1년 이내에 상환되어야 하는 채무를 말한다.

1. 매입채무

매입채무란 일반적인 상거래에서 발생한 채무로서 외상매입금과 지급어음으로 구분된다. 일반적인 상거래라 함은 당해 기업의 사업목적을 위한 경상적 영업활동에서 발생하는 거래로서 판매기업의 경우에는 상품매입 거래를, 제조기업의 경우에는 원재료매입 거래를 말한다.

(1) 외상매입금(251)

외상매입금이란 일반적인 상거래에서 발생한 채무, 즉 상품이나 원재료를 외상으로 매입하고 아직 그 대금을 지급하지 않은 미지급액으로, 보고기간 종료일로부터 1년 이내에 지급해야 할 금액을 말한다.

(2) 지급어음(252)

지급어음이란 일반적인 상거래에서 발생한 어음상의 의무로서, 그 지급기일이 보고기간 종료일로부터 1년 이내에 도래하는 어음을 말한다.

2. 단기차입금

단기차입금이란 기업에 필요한 운용자금조달을 위하여 금융기관 등으로부터 차입한 당좌차월액과 보고기간 종료일로부터 1년 이내에 상환될 차입금을 말한다.

> **참고** 당좌차월
>
> 당좌예금은 기업이 은행과 당좌거래계약을 체결하여 현금을 예입하고 기업이 대금결제수단으로 수표를 발행하면 수표소지인은 해당 은행에 수표를 제시하여 현금을 지급받을 수 있도록 하는 무이자의 예금인데 당좌수표는 당좌예금잔액의 한도액 내에서만 발행할 수 있다. 그러나 거래은행에 근저당을 설정하고 당좌차월계약을 체결하면 당좌예금잔액을 초과하여 당좌차월 한도액까지 수표를 발행할 수 있다. 이때 당좌예금잔액을 초과하여 발행된 금액을 당좌차월이라 한다.

3. 미지급금(253)

미지급금이란 일반적인 상거래 이외의 거래나 계약 등에 의하여 발생한 것으로서, 보고기간 종료일로부터 1년 이내에 상환기일이 도래하는 채무를 말한다. 예를 들면, 회사에서 업무용으로 사용할 자동차를 매입하고 그 대금을 아직 지급하지 않은 경우 등 동 미지급액을 말한다.

4. 선수금(259)

선수금이란 수주공사, 수주품 및 기타 일반적인 상거래에서 발생한 선수액을 말한다.

5. 예수금

예수금이란 일반적인 상거래 이외에서 발생한 일시적 제 예수액을 말한다. 예를 들면, 종업원에게 급여 지급시 원천징수하여 세무서에 납부하기까지 일시적으로 예수하는 원천징수 소득세 및 지방소득세예수금, 국민연금예수금, 건강보험료예수금 등이 예수금 계정에 포함된다.

6. 유동성장기부채

유동성장기부채란 비유동부채 중에서 보고기간 종료일로부터 1년 이내에 상환될 것 등으로 한다.

7. 가수금

가수금은 현금 등을 받았으나 계정과목이나 금액을 확정할 수 없을 때에 사용하며, 계정과목이나 금액이 확정되면 해당 계정에 대체한다.

8. 미지급세금(=당기법인세부채)

미지급세금이란 회사가 납부하여야 할 법인세부담액 중 아직 납부하지 못한 금액을 말한다. 법인세법에서는 법인이 벌어들인 각 사업연도소득에 대한 법인세를 각 사업연도 종료일이 속하는 달의 말일부터 3개월 이내에 신고·납부하도록 하고 있다. 기업은 기말 결산시에 법인세차감전순이익에 대하여 법인세와 법인세에 부가되어 징수되는 지방소득세 및 농어촌특별세를 계산하고, 기납부한 중간예납세액 및 원천징수세액을 차감한 잔액(법인세부담액)은 기말 결산일 현재 납부할 수 없으므로 부채(당기법인세부채)로 인식하여야 한다.

 다음의 연속된 거래를 회계처리 하시오.

(1) 보통예금에 대한 이자 100,000원이 발생하여 원천징수 14,000원을 제외한 금액이 보통예금통장에 입금되었다.

(2) 당해 사업연도의 법인세 중간예납액 500,000원을 현금으로 납부하였다.
(3) 기말 결산시 법인세차감전순이익에 대한 법인세등 추산액은 1,000,000원이다.

해설 (1) (차) 보통예금   86,000 / (대) 이자수익   100,000
             선납세금   14,000
     (2) (차) 선납세금   500,000 / (대) 현금   500,000
     (3) (차) 법인세등   1,000,000 / (대) 선납세금   514,000
                                              미지급세금   486,000

9. 미지급배당금

미지급배당금이란 배당결의일 현재 미지급된 현금배당액을 말한다.
  ① 배당기준일 : 배당 받을 권리가 있는 주주를 확정짓는 날로서, 일반적으로 결산일을 기준으로 한다.
  ② 배당결의일 : 배당의무의 발생일로서, 주주총회의 결의에 따라 잉여금 처분내역을 회계처리 한다.
  ③ 배당지급일 : 배당의무의 이행일로서, 이행내역을 거래로 기록하여야 한다.

 다음의 연속된 거래를 회계처리 하시오.
  (1) 주주총회에서 미처분이익잉여금 500,000원을 다음과 같이 처분하기로 결의하였다.
    • 현금배당   100,000원
    • 이익준비금   10,000원
  (2) 배당금 100,000원을 보통예금계좌에서 이체하여 지급하였다.

해설 (1) (차) 미처분이익잉여금   110,000 / (대) 이익준비금   10,000
            (375.이월이익잉여금)   미지급배당금   100,000
         * 프로그램에서는 미처분이익잉여금 대신에 "375.이월이익잉여금"을 사용한다.
     (2) (차) 미지급배당금   100,000 / (대) 보통예금   100,000

기/출/문/제 [실기]

다음 거래 자료를 ㈜재무회계(회사코드 : 2002)의 [일반전표입력] 메뉴에 입력하시오.

01 8월 1일 ㈜역삼기기의 외상대금 924,000원을 당점 발행수표로 지급하였다.

02 8월 2일 ㈜무사산업의 외상매입금 3,000,000원을 다음과 같이 결제하였다.

> 2,000,000원은 다음연도 2월 12일 만기 약속어음을 발행하여 주고 잔액은 현금으로 지급함.

03 8월 3일 상품의 수송용 트럭 구입대금 중 ㈜한이물산의 8월분 할부금 1,500,000원을 한남은행에 현금으로 납부하였다.

04 8월 30일 급여지급명세는 다음과 같으며 가나은행의 당점 보통예금계좌에서 종업원의 예금계좌로 이체되었다.

사원명	근무부서	기본급 및 제수당	원천징수세액 등	차감지급 금액
장만석	생산팀	1,800,000원	60,000원	1,740,000원
조현만	영업팀	1,500,000원	55,000원	1,445,000원
계		3,300,000원	115,000원	3,185,000원

05 8월 5일 영업부 신입사원 연수시 초빙된 강사의 강연료를 현금으로 지급하고 교부한 다음의 원천징수영수증에 대하여 적절한 회계처리를 하시오.

> [기타소득 원천징수영수증]
> - 지급총액 : 5,000,000원
> - 필요경비 : 4,000,000원
> - 소득금액 : 1,000,000원
> - 세율 : 20%
> - 원천징수세액 : 소득세 200,000원, 지방소득세 20,000원

06 8월 6일 관리부 직원들의 마케팅교육에 초빙된 강사의 강사료 2,000,000원에 대해 소득세 및 지방소득세 66,000원을 차감한 잔액을 보통예금통장에서 송금하였다. 송금수수료 600원도 보통예금통장에서 이체되었다.

07 8월 7일 가수금 500,000원의 내역이 ㈜동일가구에 대한 제품매출 계약금 300,000원과 외상매출금 회수액 200,000원으로 확인되었다.

08 8월 8일 회사 운영자금에 사용할 목적으로 김영순에게 당해연도 1월 5일 단기 차입한 10,000,000원과 이자 1,000,000원 중 이자소득세 275,000원을 제외한 금액을 현금으로 지급하였다.

09 차기 1월 10일에 지급할 이자 2,500,000원 중 당기에 귀속되는 금액은 2,200,000원이다. 결산시(12월 31일) 회계처리 하시오.

10 당기말 현재까지 발생한 공장임차료(지급기일 : 다음연도 1월 15일)로 미지급된 금액 3,000,000원이 있다. 결산시(12월 31일) 회계처리 하시오.

11 당기말 현재까지 경과된 기간에 대한 생산직 직원급여 미지급분 1,700,000원이 있다. 결산시(12월 31일) 회계처리 하시오.

12 기말 현재 상하이은행에서 차입한 장기차입금 중 7,500,000원은 만기가 1년 이내에 도래하므로 유동성대체를 한다. 결산시(12월 31일) 회계처리 하시오.

13 8월 13일 금일 전기분에 대해 처분 확정된 배당금(₩40,000,000)을 현금으로 지급하였다.

KcLep 도우미

① 8월 1일 : (차) 251.외상매입금　924,000　/　(대) 102.당좌예금　924,000
　　　　　　　(거래처 : ㈜역삼기기)

② 8월 2일 : (차) 251.외상매입금　3,000,000　/　(대) 252.지급어음　2,000,000
　　　　　　　(거래처 : ㈜무사산업)　　　　　　　　(거래처 : ㈜무사산업)
　　　　　　　　　　　　　　　　　　　　　　　(대) 101.현금　1,000,000

③ 8월 3일 : (차) 253.미지급금　1,500,000　/　(대) 101.현금　1,500,000
　　　　　　　(거래처 : ㈜한이물산)

④ 8월 30일 : (차) 504.임금　1,800,000　/　(대) 254.예수금　115,000
　　　　　　　(차) 801.급여　1,500,000　　　(대) 103.보통예금　3,185,000

⑤ 8월 5일 : (차) 825.교육훈련비　5,000,000　/　(대) 254.예수금　220,000
　　　　　　　　　　　　　　　　　　　　　　　(대) 101.현금　4,780,000

⑥ 8월 6일 : (차) 825.교육훈련비　2,000,000　/　(대) 254.예수금　66,000
　　　　　　　(차) 831.수수료비용　600　　　(대) 103.보통예금　1,934,600

⑦ 8월 7일 : (차) 257.가수금　500,000　/　(대) 259.선수금　300,000
　　　　　　　　　　　　　　　　　　　　　　　(거래처 : ㈜동일가구)
　　　　　　　　　　　　　　　　　　　　　(대) 108.외상매출금　200,000
　　　　　　　　　　　　　　　　　　　　　　　(거래처 : ㈜동일가구)

⑧ 8월 8일 : (차) 260.단기차입금　10,000,000　/　(대) 101.현금　10,725,000
　　　　　　　(거래처 : 김영순)　　　　　　　　(대) 254.예수금　275,000
　　　　　　　(차) 951.이자비용　1,000,000

⑨ 12월31일 : (차) 951.이자비용　2,200,000　/　(대) 262.미지급비용　2,200,000

⑩ 12월31일 : (차) 519.임차료　3,000,000　/　(대) 262.미지급비용　3,000,000

⑪ 12월31일 : (차) 504.임금　1,700,000　/　(대) 262.미지급비용　1,700,000

⑫ 12월31일 : (차) 293.장기차입금　7,500,000　/　(대) 264.유동성장기부채　7,500,000
　　　　　　　(거래처 : 상하이은행)　　　　　　(거래처 : 상하이은행)

⑬ 8월 13일 : (차) 265.미지급배당금　40,000,000　/　(대) 101.현금　40,000,000

제2절 비유동부채

비유동부채란 보고기간 종료일로부터 1년 이후에 상환되어야 하는 장기의 채무를 말한다.

1. 사채

사채(社債 ; bonds)란 회사가 거액의 장기자금을 조달하기 위하여 발행하는 것으로, 계약에 따라 일정한 이자를 지급하며 일정한 시기에 원금을 상환할 것을 계약하고 차입한 채무를 말한다.

(1) 사채 발행

사채의 발행방법은 액면발행, 할인발행, 할증발행의 3가지가 있는데, 이는 변화하는 시장이자율과 액면이자율의 차이에 따라 구분되는 것이다.

거래유형	비 교	상 황
액면발행	발행금액 = 액면금액	액면이자율 = 시장이자율
할인발행	발행금액 < 액면금액	액면이자율 < 시장이자율
할증발행	발행금액 > 액면금액	액면이자율 > 시장이자율

① 액면발행 : 사채가 발행될 때 회사가 수령하는 금액(발행금액)이 사채의 액면금액과 같은 경우를 말한다.
    (차) 현금   ××× / (대) 사채   ×××
② 할인발행 : 발행금액이 사채의 액면금액 보다 작은 경우를 말한다. 이 때, 만기시에 지급할 액면금액과 발행시 실수령가액(발행금액)과의 차이를 "사채할인발행차금"이라 한다. 사채할인발행차금은 당해 사채의 액면금액에서 차감하는 형식으로 기재한다.
    (차) 현금   ××× / (대) 사채   ×××
        사채할인발행차금   ×××
③ 할증발행 : 발행금액이 사채의 액면금액 보다 큰 경우를 말한다. 이 때, 만기시에 지급할 액면금액과 발행금액과의 차이를 "사채할증발행차금"이라 한다. 사채할증발행차금은 당해 사채의 액면금액에 부가하는 형식으로 기재한다.
    (차) 현금   ××× / (대) 사채   ×××
                                   사채할증발행차금   ×××

다음 거래를 회계처리 하시오.

(1) 사채(액면금액 : 10,000원, 만기 : 3년, 액면이자율 : 10%)를 10,000원에 발행하고 대금은 보통예금계좌에 입금되었다.

(2) 사채(액면금액 : 10,000원, 만기 : 3년, 액면이자율 : 10%)를 7,000원에 발행하고 대금은 보통예금계좌에 입금되었다.
(3) 사채(액면금액 : 10,000원, 만기 : 3년, 액면이자율 : 10%)를 13,000원에 발행하고 대금은 보통예금계좌에 입금되었다.

해설 (1) (차) 보통예금 10,000 / (대) 사채 10,000
(2) (차) 보통예금 7,000 / (대) 사채 10,000
　　　사채할인발행차금 3,000
(3) (차) 보통예금 13,000 / (대) 사채 10,000
　　　　　　　　　　　　　　　　사채할증발행차금 3,000

(2) 사채발행비

사채발행비란 사채를 발행하는데 직접적으로 발생한 사채권인쇄비, 인수수수료, 안내광고비 등의 비용을 말한다. 사채발행비는 사채의 발행금액에서 차감한다. 따라서 사채가 액면발행되었거나 할인발행된 경우에는 이를 사채할인발행차금으로 처리하고, 사채가 할증발행된 경우에는 사채할증발행차금에서 감액시켜야 한다.

 다음 거래를 회계처리 하시오.

(1) 사채(액면금액 : 10,000원, 만기 : 3년, 액면이자율 : 10%)를 10,000원에 발행하고, 발행수수료 200원을 제외한 잔액은 보통예금계좌에 입금되었다.
(2) 사채(액면금액 : 10,000원, 만기 : 3년, 액면이자율 : 10%)를 7,000원에 발행하고, 발행수수료 200원을 제외한 잔액은 보통예금계좌에 입금되었다.
(3) 사채(액면금액 : 10,000원, 만기 : 3년, 액면이자율 : 10%)를 13,000원에 발행하고, 발행수수료 200원을 제외한 잔액은 보통예금계좌에 입금되었다.

해설 (1) (차) 보통예금 9,800 / (대) 사채 10,000
　　　사채할인발행차금 200
(2) (차) 보통예금 6,800 / (대) 사채 10,000
　　　사채할인발행차금 3,200
(3) (차) 보통예금 12,800 / (대) 사채 10,000
　　　　　　　　　　　　　　　　사채할증발행차금 2,800

(3) 할인액의 상각(할증액의 환입)

사채 만기시에는 사채의 액면금액을 상환해야 하기 때문에 사채가 할인(할증) 발행된 경우에는 할인액(할증액)을 사채 상환기간 동안 상각(환입)해야 한다. 할인액 상각액은 지급할 이자비용(액면이자)에 가산하고, 할증액 환입액은 지급할 이자비용에서 차감시키는데 상각액(환입액)

을 계산하는 방법에는 정액법과 유효이자율법이 있다. 정액법은 할인액(할증액)을 사채 보유기간 동안 매기 동일한 금액을 상각(환입)하는 방법이며, 유효이자율법은 유효이자와 액면이자의 차이만큼을 상각(환입)하는 방법이다. 사채할인발행차금 및 사채할증발행차금은 사채 발행시부터 최종 상환시까지의 기간에 유효이자율법을 적용하여 상각(환입)한다.

 다음의 연속된 거래를 회계처리 하시오.

(1) ×1년초 사채(액면금액 : 100,000원, 만기 : 3년, 액면이자율 : 10%, 시장이자율 : 12%, 이자지급일 : 매년말)를 95,196원에 발행하고 대금은 보통예금계좌에 입금되었다.
(2) ×1년말 사채이자를 현금으로 지급하였다(할인액 상각은 유효이자율법).
(3) ×2년말 사채이자를 현금으로 지급하였다.
(4) ×3년말 사채원금 100,000원과 사채이자를 현금으로 지급하였다.

해설 (1) (차) 보통예금　　　　　　95,196　 / (대) 사채　　　　　　　100,000
　　　　　　사채할인발행차금　 4,804
　　(2) (차) 이자비용　　　　　　11,424　 / (대) 현금　　　　　　　 10,000
　　　　　　　　　　　　　　　　　　　　　　사채할인발행차금　 1,424
　　(3) (차) 이자비용　　　　　　11,594　 / (대) 현금　　　　　　　 10,000
　　　　　　　　　　　　　　　　　　　　　　사채할인발행차금　 1,594
　　(4) (차) 이자비용　　　　　　11,786　 / (대) 현금　　　　　　　110,000
　　　　　　사채　　　　　　　　100,000　　　사채할인발행차금　 1,786

기 간	장부금액 (액면금액 − 할인차금)	유효이자(12%) (장부금액×유효이자율)	액면이자(10%) (액면금액×액면이자율)	할인발행차금상각 (유효이자 − 액면이자)
×1년초	95,196			
×1년말	②96,620	①11,424	10,000	1,424
×2년말	98,214	③11,594	10,000	1,594
×3년말	100,000	11,786	10,000	1,786
계		34,804	30,000	4,804

① 95,196×12% = 11,424　② 95,196+1,424 = 96,620　③ 96,620×12% = 11,594

 다음의 연속된 거래를 회계처리 하시오.

(1) ×1년초 사채(액면금액 : 100,000원, 만기 : 2년, 액면이자율 : 10%, 시장이자율 : 8%, 이자지급일 : 매년말)를 103,567원에 발행하고 대금은 보통예금계좌에 입금되었다.
(2) ×1년말 사채이자를 현금으로 지급하였다(할증액 환입은 유효이자율법).
(3) ×2년말 사채원금 100,000원과 사채이자를 현금으로 지급하였다.

해설 (1) (차) 보통예금　　　　　103,567　/　(대) 사채　　　　　　　100,000
　　　　　　　　　　　　　　　　　　　　　　사채할증발행차금　　3,567
　　(2) (차) 이자비용　　　　　　8,285　/　(대) 현금　　　　　　　10,000
　　　　　사채할증발행차금　　1,715
　　(3) (차) 이자비용　　　　　　8,148　/　(대) 현금　　　　　　　110,000
　　　　　사채할증발행차금　　1,852
　　　　　사채　　　　　　　　100,000

기 간	장부금액 (액면금액+할증차금)	액면이자(10%) (액면금액×액면이자율)	유효이자(8%) (장부금액×유효이자율)	할증발행차금환입 (액면이자−유효이자)
×1년초	103,567			
×1년말	②101,852	10,000	①8,285	1,715
×2년말	100,000	10,000	③8,148	1,852
계		20,000	16,433	3,567

　① 103,567×8% = 8,285　② 103,567−1,715 = 101,852　③ 101,852×8% = 8,148

2. 장기차입금

장기차입금이란 기업이 필요한 운용자금 조달을 위하여 금융기관 등으로부터 금전 등을 차입한 경우로서 그 상환기한이 보고기간 종료일로부터 1년 후에 도래하는 것을 말한다. 장기차입금 중 보고기간 종료일 현재 1년 이내에 만기가 도래하는 유동성 장기차입금은 "유동성장기부채(유동부채)"로 대체한다.

3. 장기성매입채무

유동부채에 속하지 아니하는 일반적 상거래에서 발생한 장기외상매입금과 장기성지급어음을 말한다.

4. 장기미지급금

일반적인 상거래 이외의 거래나 계약 등에 의하여 발생한 것으로서, 보고기간 종료일로부터 1년 이후에 상환기일이 도래하는 채무를 말한다.

5. 퇴직급여충당부채

충당부채는 과거사건이나 거래의 결과에 의한 현재의무로서, 지출의 시기 또는 금액이 불확실하지만 그 의무를 이행하기 위하여 자원이 유출될 가능성이 매우 높고 또한 당해 금액을 신뢰성 있게 추정할 수 있는 의무를 말한다. 충당부채는 다음의 요건을 모두 충족하는 경우에 인식한다.
① 과거사건이나 거래의 결과로 현재의무가 존재한다.
② 당해의무를 이행하기 위하여 자원이 유출될 가능성이 매우 높다.
③ 그 의무의 이행에 소요되는 금액을 신뢰성 있게 추정할 수 있다.

퇴직급여충당부채란 장래에 종업원이 퇴직할 때 지급하게 될 퇴직금에 대비하여 설정한 준비액으로서, 종업원이 노동력을 제공한 기간에 발생된 퇴직금이라는 비용을 인식함에 따라 발생한 부채이다.

(1) 퇴직급여충당부채의 설정

퇴직급여충당부채는 보고기간말 현재 전 종업원이 일시에 퇴직할 경우 지급하여야 할 퇴직금에 상당하는 금액(퇴직금추계액)으로 한다. 따라서 보고기간말에 퇴직금추계액과 이미 계상된 퇴직급여충당부채 잔액을 비교하여 퇴직급여충당부채 잔액이 부족한 경우에는 차액을 추가로 전입하고, 퇴직급여충당부채 잔액이 과다한 경우에는 차액을 환입한다. 퇴직급여충당부채환입은 판매비와관리비의 부(-)의 금액으로 표시한다.

> 퇴직급여충당부채 전입액 = 당기말 퇴직금추계액 - (전기말 퇴직금추계액 - 당기중 퇴직금지급액)

(2) 퇴직금의 지급

퇴직금을 지급할 경우에는 퇴직급여충당부채에서 지급하는 것으로 처리하고, 퇴직급여충당부채를 초과하여 퇴직금을 지급하는 경우 그 초과액은 퇴직급여로 처리한다.

 다음의 연속된 거래를 회계처리 하시오.
(1) ×1년 말 전 임직원이 일시에 퇴직할 경우 지급해야 할 퇴직금은 1,000,000원이다.
(2) ×2년 중 사무직 종업원 1명이 퇴직하여 퇴직금 200,000원을 현금으로 지급하였다.
(3) ×2년 말 전 임직원이 일시에 퇴직할 경우 지급해야 할 퇴직금은 1,600,000원이다.

해설 (1) (차) 퇴직급여　　　　　　1,000,000　/　(대) 퇴직급여충당부채　　1,000,000
(2) (차) 퇴직급여충당부채　　200,000　/　(대) 현금　　　　　　　　　200,000
(3) (차) 퇴직급여　　　　　　　800,000　/　(대) 퇴직급여충당부채　　　800,000
　　＊ 1,600,000 - (1,000,000 - 200,000) = 800,000

기/출/문/제 [실기]

다음 거래 자료를 ㈜재무회계(회사코드 : 2002)의 [일반전표입력] 메뉴에 입력하시오.

01 9월 1일 액면총액 10,000,000원(1,000좌, @10,000원)의 사채를 @8,000원으로 할인발행하고 납입금은 우리은행 보통예금계좌에 예입하였다.

02 9월 2일 신제품 기계를 구입하기 위해 회사채를 발행하고, 발행수수료를 제외한 잔액은 전액보통예금에 입금되었다.　　　　　　　　　　　　　　　　　　(세무1급)

- 1좌당 액면금액 : 10,000원
- 1좌당 발행금액 : 9,000원
- 발행 사채수 : 5,000좌
- 사채발행수수료 : 2,500,000원

03 9월 3일 상하이은행에서 보고기간 종료일로부터 1년 후 상환조건으로 30,000,000원을 대출 받아 보통예금으로 대체입금하고 회사가 소유하고 있는 시가 50,000,000원 상당의 부동산을 동 대출의 담보로 제공하였다.

04 9월 4일 공장직원의 연봉제를 목적으로 노조와 합의하여 전기말까지의 퇴직금추계액 전액을 당좌수표를 발행하여 지급하였다. 공장직원의 전기말 퇴직금추계액은 100,000,000원이고 퇴직급여충당부채는 50,000,000원이다.

05 9월 5일 공장직원 홍길동이 퇴사하여 퇴직금 3,500,000원 중 퇴직소득세 40,000원, 지방소득세 4,000원을 공제한 잔액을 현금 지급하였다(장부상 퇴직급여충당부채 계정 잔액은 2,500,000원).

06 9월 6일 사무직 직원에 대한 급여체계를 연봉제로 변경하기로 결정하고 전 사무직 직원에 대하여 중간정산퇴직금을 지급하였다. 퇴직금총액은 95,000,000원이며 퇴직소득원천징수세액 820,000원을 차감하고 나머지 금액을 보통예금에서 인출하여 지급하였다(장부상 퇴직급여충당부채 계정 잔액은 20,000,000원).　　(세무1급)

07 퇴직급여추계액은 20,000,000원이다. 장부상 충당부채 잔액은 12,000,000원이며, 기말(12월 31일) 결산시에 퇴직급여충당부채는 퇴직급여추계액의 100%를 설정한다. 전기 및 당기 퇴직급여추계액의 생산직과 사무직 비율은 6 : 4 이다.

08 기말(12월 31일) 결산시 다음과 같이 퇴직급여충당부채를 설정하였다(전액 판매비와관리비로 회계처리 할 것).

퇴직급여충당부채

4/30 당좌예금	8,000,000	1/1 전기이월	15,000,000
12/31 차기이월	20,000,000		

09 당기말(12월 31일) 현재 퇴직급여추계액은 다음과 같다. 당기 설정 전 퇴직급여충당부채 잔액(₩70,000,000)은 생산직직원 60%, 사무직직원 40%로 구성되어 있다. 퇴직급여충당부채를 설정하시오.

- 생산직 사원 : 48,000,000원
- 영업직 사원 : 32,000,000원

10 기말(12월 31일) 결산시 다음과 같이 퇴직급여충당부채를 설정한다. 60%는 영업직 사원분, 40%는 생산직사원분으로 회계처리 하시오.

퇴직급여충당부채

8/30 현금	7,000,000	1/1 전기이월	18,000,000
12/31 차기이월	25,000,000		

KcLep 도우미

01 9월 1일 : (차) 103.보통예금   8,000,000   /   (대) 291.사채   10,000,000
         (차) 292.사채할인발행차금   2,000,000

02 9월 2일 : (차) 103.보통예금   42,500,000   /   (대) 291.사채   50,000,000
         (차) 292.사채할인발행차금   7,500,000

03 9월 3일 : (차) 103.보통예금   30,000,000   /   (대) 293.장기차입금   30,000,000
                                                        (거래처 : 상하이은행)

04 9월 4일 : (차) 295.퇴직급여충당부채 50,000,000 /   (대) 102.당좌예금   100,000,000
         (차) 508.퇴직급여   50,000,000

05 9월 5일 : (차) 295.퇴직급여충당부채   2,500,000 /   (대) 101.현금   3,456,000
         (차) 508.퇴직급여   1,000,000   (대) 254.예수금   44,000

06 9월 6일 : (차) 295.퇴직급여충당부채 20,000,000 /   (대) 254.예수금   820,000
         (차) 806.퇴직급여   75,000,000   (대) 103.보통예금   94,180,000

07 12월31일 : (차) 508.퇴직급여   4,800,000   /   (대) 295.퇴직급여충당부채 8,000,000
          (차) 806.퇴직급여   3,200,000
   * 기말 퇴직급여충당부채 설정에 관한 분개는 [재무회계]>[결산/재무제표]>[결산자료입력]의 [퇴직
     급여(전입액)]란에 당기 추가설정 금액을 입력하고 상단 툴바의 F3전표추가를 클릭하면 자동 발생되는
     분개이므로 당기 설정액을 계산해내는 것이 중요하며 분개는 이해만 하면 된다.

08 12월31일 : (차) 806.퇴직급여   13,000,000   /   (대) 295.퇴직급여충당부채 13,000,000
   * 퇴직급여충당부채 전입액 = 당기말 퇴직금추계액(20,000,000)-{전기말 퇴직금추계액(15,000,000)
     -당기중 퇴직금지급액(8,000,000)} = 13,000,000원이다.

09 12월31일 : (차) 508.퇴직급여   6,000,000   /   (대) 295.퇴직급여충당부채 10,000,000
          (차) 806.퇴직급여   4,000,000
   * 생산직직원 : 48,000,000 - (70,000,000×60%) = 6,000,000원
   * 사무직직원 : 32,000,000 - (70,000,000×40%) = 4,000,000원

10 12월31일 : (차) 806.퇴직급여   8,400,000   /   (대) 295.퇴직급여충당부채 14,000,000
          (차) 508.퇴직급여   5,600,000
   * 퇴직급여충당부채 당기설정액 : 14,000,000원
   * 영업직 사원분 : 14,000,000 × 60% = 8,400,000원
   * 생산직 사원분 : 14,000,000 × 40% = 5,600,000원

기/출/문/제 [필기]

01 다음 중 회계상 부채로 분류할 수 없는 항목은?
① 미지급임차료　　　　　　　　② 미지급이자
③ 미교부주식배당금　　　　　　④ 미지급법인세
[풀이] 미교부주식배당금은 자본조정 항목이다.

02 다음은 회사채를 발행하는 경우에 사채발행가격에 해당하는 금액을 설명한 것이다. 사채발행가격에 해당하지 않는 것은?
① 사채발행일의 시장가치
② 사채가 창출하는 미래 현금흐름의 현재가치
③ 사채 액면이자의 현재가치 + 사채 원금의 현재가치
④ 사채 액면금액의 현재가치 + 사채발행차금의 현재가치
[풀이] 사채발행차금은 사채의 발행가격에 영향을 미치는 것이 아니고 사채의 보유기간 동안 상각을 통하여 이자비용에서 가감된다.

03 회사채에 대한 설명으로 틀린 것은?
① 액면이자율 보다 시장이자율이 클 경우는 할증발행 한다.
② 액면이자율과 시장이자율이 같을 경우는 액면발행 한다.
③ 사채발행비는 사채의 발행금액에서 차감한다.
④ 사채할인발행차금은 유효이자율을 적용하여 상각한다.
[풀이] 사채의 액면이자율 보다 시장이자율이 클 경우에는 할인발행 된다.

04 사채에 대한 설명 중 틀린 것은?
① 유효이자율법 적용시 할증발행차금 상각액은 매기 증가한다.
② 유효이자율법 적용시 할인발행차금 상각액은 매기 감소한다.
③ 정액법 적용시 장부금액에 대한 이자비용의 비율이 매기 변동한다.
④ 할인발행시 유효이자율법에 의해 계산된 이자비용은 매기 증가한다.
[풀이] 유효이자율법 적용시 사채할인발행차금 상각액은 매기 증가한다. 정액법 적용시 장부금액은 변동하는데 이자비용은 일정하므로 장부금액에 대한 이자비용의 비율은 매기 변동한다.

05 다음 중 일반기업회계기준상 사채의 회계처리로 옳은 것은?
① 사채발행금액과 액면금액간의 차액은 사채할인발행차금 또는 사채할증발행차금으로 하여 당기손익으로 표시한다.

② 사채발행금액은 사채발행수수료와 사채발행과 관련하여 직접 발생한 기타비용을 차감한 금액으로 한다.
③ 사채는 재무상태표상 자본조정으로 구분한다.
④ 사채할인발행차금은 정액법으로 상각한다.

[풀이] 사채할인발행차금은 사채의 액면금액에서 차감하는 형식으로 표시되고, 사채할증발행차금은 사채의 액면금액에서 가산하는 형식으로 표시된다. 사채할인발행차금은 유효이자율법으로 상각한다.

06 사채에 관한 설명 중 가장 잘못된 것은?

① 사채할인발행차금은 사채의 발행금액에서 차감하는 형식으로 표시한다.
② 「액면이자율 〈 시장이자율」인 경우에는 할인발행 된다.
③ 유효이자율법 하에서 사채할인발행차금 상각액은 매년 증가한다.
④ 사채할인발행차금은 선급이자의 성격으로 볼 수 있다.

[풀이] 사채할인발행차금은 사채의 액면금액에서 차감하는 형식으로 표시한다.

07 다음 중 사채와 관련된 설명으로 가장 잘못된 것은?

① 사채의 발행금액은 사채의 미래현금흐름을 발행 당시의 해당 사채의 시장이자율(유효이자율)로 할인한 가치인 현재가치로 결정된다.
② 사채가 할인(할증)발행되어도 매년 인식하는 이자비용은 동일하다.
③ 사채의 액면이자율이 시장이자율 보다 낮은 경우에는 사채는 할인발행 된다.
④ 사채발행차금은 유효이자율법에 의하여 상각 또는 환입하도록 되어 있다.

[풀이] 사채가 액면발행 되면 매년 인식하는 이자비용은 동일하다. 사채가 할인발행 되면 매년 인식하는 이자비용은 증가하고 할증발행 되면 매년 인식하는 이자비용은 감소한다.

08 다음의 거래에 대한 회계적인 설명으로서 적당하지 않은 것은?

> 사채를 6억원에 발행하고 발행금액은 사채발행비용을 제외한 599,000,000원을 보통예금으로 입금 받았다. 사채의 액면금액은 5억원이고, 만기는 2년 액면이자율은 10%이다.

① 사채는 할증발행 되었다.
② 액면이자율이 시장이자율 보다 높다.
③ 액면금액과 발행금액의 차이를 사채할증발행차금 계정으로 사용한다.
④ 사채발행비용은 영업외비용으로 처리한다.

[풀이] 사채를 할증발행 하는 경우 사채발행비는 사채할증발행차금을 감액시킨다.
발행시 : (차) 보통예금   599,000,000 / (대) 사채   500,000,000
                                        (대) 사채할증발행차금   99,000,000

09 다음 중 일반기업회계기준상 사채에 대한 설명으로 옳지 않은 것은?

① 사채발행금액은 사채발행수수료 등의 비용을 차감한 후의 가액을 말한다.
② 1좌당 액면금액이 10,000원인 사채를 15,000원에 발행한 경우 할증발행 하였다고 한다.
③ 사채할인발행차금은 사채의 액면금액에서 차감하는 형식으로 기재한다.
④ 사채할인발행차금 및 사채할증발행차금은 액면이자율을 적용하여 상각 또는 환입한다.

[풀이] 사채할인발행차금 및 사채할증발행차금은 사채발행시부터 최종상환시까지의 기간에 유효이자율법을 적용하여 상각 또는 환입한다.

10 사채가 할인발행되고 유효이자율법이 적용되는 경우 다음 중 틀린 것은?

① 사채할인발행차금 상각액은 매기 감소한다.
② 매기간 계상되는 총사채 이자비용은 초기에는 적고 기간이 지날수록 금액이 커진다.
③ 사채의 장부가액은 초기에는 적고 기간이 지날수록 금액이 커진다.
④ 사채발행시점에 발생한 사채발행비는 즉시 비용으로 처리하지 않고, 사채의 만기 동안의 기간에 걸쳐 유효이자율법을 적용하여 비용화 한다.

[풀이] 유효이자율법에 의해 계산된 사채할인발행차금 상각액은 매기 증가하며, 사채할인발행차금 상각액은 이자비용에 가산되므로 이자비용은 기간이 지날수록 커진다.

11 다음은 회사채에 대한 설명이다. 가장 잘못된 것은?

① 사채할인발행차금은 액면이자율법을 적용하여 상각한다.
② 액면이자율 보다 시장이자율이 클 경우에는 할인발행 한다.
③ 액면이자율과 시장이자율이 같은 경우에는 액면발행 한다.
④ 사채발행비는 사채의 발행가액에서 차감한다.

[풀이] 사채할인발행차금은 유효이자율법을 적용하여 상각한다.

12 다음 중 일반기업회계기준상 충당부채 인식기준에 해당되지 않는 것은?

① 과거사건이나 거래의 결과로 현재의무가 존재할 것
② 당해 의무를 이행하기 위하여 자원이 유출될 가능성이 매우 높을 것
③ 거래상대방이 명확하고, 손해에 대한 구상권을 행사할 수 있을 것
④ 그 의무의 이행에 소요되는 금액을 신뢰성 있게 추정할 수 있을 것

 정답

1. ③ 2. ④ 3. ① 4. ② 5. ② 6. ① 7. ② 8. ④ 9. ④ 10. ①
11. ① 12. ③

제 5 장 자본

자본은 기업의 자산에서 모든 부채를 차감한 후의 잔여지분을 나타내며, 주주로부터의 납입자본에 기업활동을 통하여 획득하고 기업의 활동을 위해 유보된 금액을 가산하고, 기업활동으로부터의 손실 및 소유자에 대한 배당으로 인한 주주지분 감소액을 차감한 잔액이다. 자본은 변동원천과 법률적 요구를 기준으로 자본금, 자본잉여금, 자본조정, 기타포괄손익누계액 및 이익잉여금으로 분류한다.

자본거래
① 자본금 : 주주가 납입한 법정자본금
② 자본잉여금 : 주주와의 거래에서 발생하여 자본을 증가시키는 잉여금
③ 자본조정 : 자본거래에 해당하나 자본금이나 자본잉여금으로 분류할 수 없는 임시적인 자본항목

손익거래
④ 기타포괄손익누계액 : 손익계산서의 당기손익으로 분류하기 어려운 손익항목의 잔액
⑤ 이익잉여금(또는 결손금) : 기업의 영업활동에 의하여 축적된 이익으로서 사외로 유출되지 않고 기업내부에 유보된 금액

제1절 자본금

자본금이란 주주에 의해 불입된 자본 중 상법규정에 의하여 법정자본으로 계상된 부분을 말한다. 자본금은 발행주식의 액면총액으로서 보통주자본금과 우선주자본금 등으로 분류할 수 있다. 여러 종류의 주식을 발행하는 경우 다른 주식에 대해 표준이 되는 주식을 보통주라 하며, 보통주에 비해 특정한 사항에 대하여 우선적인 권리를 부여한 주식을 우선주라 한다. 특별한 언급이 없는 한 주식은 보통주로 전제하며 보통주자본금 대신 자본금을 사용하기로 한다. 한편, 회사는 정관으로 정한 경우에는 주식의 전부를 무액면주식으로 발행할 수 있다. 다만, 무액면주식을 발행하는 경우에는 액면주식을 발행할 수 없다. 이하 본서에서는 액면주식을 대상으로 설명하기로 한다.

1. 주식의 발행

주식의 발행은 액면금액을 기준으로 하여 액면발행·할인발행·할증발행으로 구분할 수 있다. 주식의 액면금액은 기업의 법정자본금을 의미할 뿐, 주식의 시장가격이나 주주가 실제 불입하는 금액을 나타내는 것이 아니다.

(1) 액면발행(액면금액 = 발행금액)

액면발행이란 주권상의 액면금액과 동일한 금액으로 주식을 발행하는 경우를 말한다. 주식을 액면발행한 경우에는 대변에 액면금액을 자본금 계정으로 기록하고 차변에 주주로부터 제공받은 자금을 기입한다.

 (차) 현금   ××× / (대) 자본금   ×××

(2) 할증발행(액면금액 < 발행금액)

할증발행이란 주권상의 액면금액 보다 높은 금액으로 주식을 발행하는 경우를 말한다. 주식을 할증발행한 경우에는 주식의 발행금액과는 상관없이 주식의 액면금액을 대변에 자본금 계정으로 기록하고, 차변에 주주로부터 제공받은 자금을 기입한다. 그리고 액면금액을 초과하는 부분은 주식발행초과금 계정으로 처리한다. 주식발행초과금은 자본잉여금으로 분류된다.

 (차) 현금   ××× / (대) 자본금   ×××
                 주식발행초과금   ×××

(3) 할인발행(액면금액 > 발행금액)

할인발행이란 주권상의 액면금액 보다 낮은 금액으로 주식을 발행하는 경우를 말한다. 주식을 할인발행한 경우에는 주식의 발행금액과는 상관없이 주식의 액면금액을 대변에 자본금 계정으로 기록하고, 차변에 주주로부터 제공받은 자금을 기입한다. 그리고 액면금액에 미달하는 부분은 주식할인발행차금 계정으로 기록한다. 주식할인발행차금은 자본조정 항목으로 분류된다.

 (차) 현금   ××× / (대) 자본금   ×××
   주식할인발행차금 ×××

2. 현물출자에 의한 주식발행

주식발행의 대가로 현금을 납입 받는 것이 일반적이지만, 현금 대신에 기업이 필요로 하는 현물로 납입받는 경우가 있는데 이를 현물출자라 한다. 기업이 현물을 제공받고 주식을 발행한 경우에는 제공받은 현물의 공정가치를 주식의 발행금액으로 한다.

 다음 거래를 회계처리 하시오.

 영업용 토지를 취득하면서 주식 1,000주(액면 @5,000원)를 교부하였다. 토지의 공정가치는 6,000,000원이다.

해설 (차) 토지   6,000,000 / (대) 자본금   5,000,000
                     주식발행초과금 1,000,000

3. 신주발행비

신주발행비란 주식의 발행과 직접 관련하여 발생한 비용으로서, 법률비용, 주주모집을 위한 광고비, 주권인쇄비, 증권회사수수료 등이 있다. 신주발행비는 주식발행초과금에서 차감하거나 주식할인발행차금에 가산한다. 즉, 주식이 액면발행 또는 할인발행된 경우에는 주식할인발행차금으로 처리하고, 주식이 할증발행된 경우에는 주식발행초과금에서 감액시키는 것으로 처리한다.

 다음 거래를 회계처리 하시오.

(1) 주식 1주(액면 @5,000원)를 5,000원에 증자하고 신주발행비 300원을 차감한 잔액이 보통예금계좌로 입금되었다.
(2) 주식 1주(액면 @5,000원)를 4,000원에 증자하고 신주발행비 300원을 차감한 잔액이 보통예금계좌로 입금되었다.
(3) 주식 1주(액면 @5,000원)를 6,000원에 증자하고 신주발행비 300원을 차감한 잔액이 보통예금계좌로 입금되었다.

[해설] (1) (차) 보통예금　　　　　　　　4,700　/　(대) 자본금　　　　　　　　5,000
　　　　　　주식할인발행차금　　　　　 300
　　　(2) (차) 보통예금　　　　　　　　3,700　/　(대) 자본금　　　　　　　　5,000
　　　　　　주식할인발행차금　　　　　1,300
　　　(3) (차) 보통예금　　　　　　　　5,700　/　(대) 자본금　　　　　　　　5,000
　　　　　　　　　　　　　　　　　　　　　　　　주식발행초과금　　　　　 700

제2절 자본잉여금

자본잉여금이란 증자나 감자 등 주주와의 거래(자본거래)에서 발생하여 자본을 증가시키는 잉여금을 말한다. 자본잉여금은 주식발행초과금과 기타자본잉여금으로 구분하여 표시한다. 기타자본잉여금으로 분류되는 것에는 감자차익, 자기주식처분이익 등이 있다. 자본잉여금은 주주에 대한 배당금의 재원으로 사용할 수 없고 무상증자를 통한 자본금으로의 전입(자본전입) 및 결손보전을 위해서만 사용될 수 있다.

1. 주식발행초과금

주식발행초과금이란 주식을 할증발행하는 경우에 발행금액이 액면금액을 초과하는 부분을 말한다. 다만, 주식발행초과금이 발생할 당시에 장부상 주식할인발행차금 미상각액이 존재하는 경우에는 발생된 주식발행초과금의 범위 내에서 주식할인발행차금 미상각액을 상계처리한 후의 금액으로 한다.

다음 거래를 회계처리 하시오.

(1) 주식 10주(액면 @5,000원)를 @5,500원에 발행하고 전액 현금으로 납입 받았다.
(2) 주식 10주(액면 @5,000원)를 @5,500원에 발행하고 전액 현금으로 납입 받았다. 다만, 주식할인발행차금 미상각잔액이 2,000원 있다.

해설 (1) (차) 현금　　　　　　　　　55,000　/　(대) 자본금　　　　　　　　50,000
　　　　　　　　　　　　　　　　　　　　　　　　　주식발행초과금　　　　 5,000
　　(2) (차) 현금　　　　　　　　　55,000　/　(대) 자본금　　　　　　　　50,000
　　　　　　　　　　　　　　　　　　　　　　　　　주식할인발행차금　　　 2,000
　　　　　　　　　　　　　　　　　　　　　　　　　주식발행초과금　　　　 3,000

2. 감자차익

감자차익이란 자본금을 감소하는 경우에 그 감소액이 주식소각의 대가로 주주에게 반환되는 금액 또는 결손금 보전에 충당한 금액을 초과할 때에 그 초과금액을 말한다. 다만, 감자차익이 발생할 당시에 장부상 이익잉여금 처분으로 상각되지 않은 감자차손이 있는 경우에는 동 금액을 차감한 후의 금액으로 한다.

(1) 실질적 감자(유상감자)

실질적 감자란 사업규모를 축소하기 위하여 자본금을 감소시키는 것으로, 회사가 주주에게 주식소각의 대가로 현금 등을 지급함으로써 회사의 자본금이 감소하는 유상감자를 말한다. 회사의 순자산(자본)이 감소하므로 이를 실질적 감자라고 한다.

 다음 거래를 회계처리 하시오.

(1) 사업의 축소를 위하여 주주총회의 승인을 얻어 주식 10주(액면 @5,000원)를 1주당 4,000원으로 매입소각하고 대금은 현금으로 지급하였다.
(2) 사업의 축소를 위하여 주주총회의 승인을 얻어 주식 10주(액면 @5,000원)를 1주당 4,000원으로 매입소각하고 대금은 현금 지급하였다. 다만, 감자차손이 4,000원 있다.

해설 (1) (차) 자본금　　　　　　　　50,000　/　(대) 현금　　　　　　　　　40,000
　　　　　　　　　　　　　　　　　　　　　　　　　감자차익　　　　　　　10,000
　　　* 감자금액 : 10주 × @5,000 = 50,000
　　(2) (차) 자본금　　　　　　　　50,000　/　(대) 현금　　　　　　　　　40,000
　　　　　　　　　　　　　　　　　　　　　　　　　감자차손　　　　　　　 4,000
　　　　　　　　　　　　　　　　　　　　　　　　　감자차익　　　　　　　 6,000

(2) 형식적 감자(무상감자)

형식적 감자란 회사가 누적된 결손금을 보전하기 위하여 자본금을 감소시키는 것으로, 회사의 자본금과 결손금을 상계시켜 회사의 자본금이 감소하는 무상감자를 말한다. 회사의 순자산(자본)에는 아무런 변화가 없으므로 이를 형식적 감자라고 한다.

다음 거래를 회계처리 하시오.

(1) 이월결손금 2,000,000원을 보전하기 위하여 주식 1,000주(액면 @5,000원)를 주당 액면 2,000원으로 변경하였다(주금액의 절삭).
(2) 이월결손금 2,000,000원을 보전하기 위하여 주식 1,000주(액면 @5,000원)를 500주로 무상감자 하였다(주식의 병합).

[해설] (1) (차) 자본금   3,000,000   / (대) 미처리결손금   2,000,000
                                              (376.이월결손금)
                                        (대) 감자차익   1,000,000
  * 감자금액 : 1,000주 × (@5,000−@2,000) = 3,000,000
  * 프로그램에서는 미처리결손금 대신에 "376.이월결손금"을 사용한다.
(2) (차) 자본금   2,500,000   / (대) 미처리결손금   2,000,000
                                        감자차익   500,000
  * 감자금액 : (1,000주−500주) × @5,000 = 2,500,000

3. 자기주식처분이익

회사가 이미 발행한 주식을 유상 또는 무상으로 재취득한 주식으로서 공식적으로 소각되지 않은 주식을 자기주식이라 한다. 이러한 자기주식을 처분하는 경우 취득원가를 초과하여 처분할 때 발생하는 이익을 자기주식처분이익이라 한다.

다음 거래를 회계처리 하시오.

(1) 자기주식(액면가 @5,000원) 10주를 @6,000원에 취득하고 현금을 지급하였다.
(2) 취득금액 60,000원인 자기주식을 70,000원 처분하고 현금을 수취하였다.

[해설] (1) (차) 자기주식   60,000   / (대) 현금   60,000
  * 자기주식을 유상으로 취득한 경우에는 취득시 지불한 금액을 취득원가로 계상한다.
(2) (차) 현금   70,000   / (대) 자기주식   60,000
                                        자기주식처분이익   10,000

제3절 자본조정

자본조정이란 당해 항목의 성격으로 보아 자본거래에 해당하나 최종 납입된 자본으로 볼 수 없거나, 자본의 가감 성격으로 자본금이나 자본잉여금으로 분류할 수 없는 항목을 말한다.

1. 주식할인발행차금

주식할인발행차금이란 주식 발행금액이 액면금액에 미달하는 경우 그 미달하는 금액을 말한다. 주식할인발행차금 발생시에 장부상 주식발행초과금이 존재하는 경우에는 주식발행초과금의 범위내에서 주식발행초과금과 우선 상계한다. 미 상계된 나머지 잔액은 자본에서 차감하는 형식으로 기재하며 이익잉여금의 처분으로 상각한다.

 다음의 거래를 회계처리 하시오.

(1) 주식 10주(액면 @5,000원)를 @4,500원에 발행하고 전액 현금으로 납입 받았다.
(2) 주식 10주(액면 @5,000원)를 @4,500원에 발행하고 전액 현금으로 납입 받았다. 다만, 주식발행초과금이 2,000원 있다.
(3) 주주총회에서 미처분이익잉여금 500,000원을 다음과 같이 처분하기로 결의하였다.
- 현금배당   100,000원
- 이익준비금   10,000원
- 주식할인발행차금상각   1,000원

[해설] (1) (차) 현금   45,000 / (대) 자본금   50,000
            주식할인발행차금   5,000

    (2) (차) 현금   45,000 / (대) 자본금   50,000
            주식발행초과금   2,000
            주식할인발행차금   3,000

    (3) (차) 미처분이익잉여금   111,000 / (대) 미지급배당금   100,000
            (375.이월이익잉여금)   이익준비금   10,000
                                            주식할인발행차금   1,000

* 프로그램에서는 "377.미처분이익잉여금" 대신에 "375.이월이익잉여금"을 사용한다.

2. 감자차손

감자차손이란 자본금을 감소하는 경우에 주주에게 환급되는 금액이 소각된 주식의 액면금액을 초과한 때에 그 초과금액을 감자차익과 상계하고, 그것으로 부족한 경우에 그 차액을 말한다. 감자차손은 자본에서 차감하는 형식으로 기재한다.

다음의 연속된 거래를 회계처리 하시오.

(1) 사업의 축소를 위하여 주주총회의 승인을 얻어 주식 10주(액면 @5,000원)를 1주당 6,000원으로 매입소각하고 대금은 현금으로 지급하였다.
(2) 주주총회에서 미처분이익잉여금 500,000원을 다음과 같이 처분하기로 결의하였다.
- 현금배당   100,000원   • 이익준비금   10,000원
- 감자차손상각   10,000원

[해설] (1) (차) 자본금   50,000   /   (대) 현금   60,000
              감자차손   10,000
        (2) (차) 미처분이익잉여금 120,000 / (대) 미지급배당금   100,000
                                              이익준비금   10,000
                                              감자차손   10,000

3. 자기주식

자기주식이란 회사가 이미 발행한 주식을 유상 또는 무상으로 재취득한 주식으로 공식적으로 소각되지 않은 주식을 말한다. 자기주식은 자본에서 차감하는 형식으로 기재한다.

(1) 취득시

발행기업이 매입 등을 통하여 취득하는 자기주식은 취득원가를 자기주식의 과목으로 하여 자본조정으로 회계처리 한다.

(2) 처분시

자기주식을 처분하는 경우 처분금액이 장부금액 보다 크다면 그 차액을 자기주식처분이익으로 하여 자본잉여금으로 회계처리 한다. 처분금액이 장부금액 보다 작다면 그 차액을 자기주식처분이익의 범위내에서 상계처리하고, 미상계된 잔액이 있는 경우에는 자기주식처분손실로 회계처리 한다. 이익잉여금 처분으로 상각되지 않은 자기주식처분손실은 향후 발생하는 자기주식처분이익과 우선적으로 상계한다.

(3) 소각시

자기주식을 소각하는 경우에는 취득원가와 액면금액을 비교하여, 취득원가가 더 큰 경우에는 감자차익에서 우선적으로 차감하고 나머지는 감자차손으로 처리하고, 액면금액이 더 큰 경우에는 감자차익으로 처리한다.

㈜세연은 ×1년도말 현재의 자본금(10,000주, 액면 @5,000원)이 50,000,000원이며, ×2년도 중에 다음과 같은 거래가 발생하였다. 다음의 연속된 거래를 회계처리 하시오.

(1) ×2년 2월 10주의 자기주식을 @6,000원에 취득하다.
(2) ×2년 3월 위 자기주식 중 2주를 @7,000원에 처분하다
(3) ×2년 4월 위 자기주식 중 4주를 @5,000원에 처분하다.
(4) ×2년 5월 위 자기주식 중 4주를 소각하다.

해설 (1) (차) 자기주식   60,000 / (대) 현금   60,000
     (2) (차) 현금   14,000 / (대) 자기주식   12,000
                                                  자기주식처분이익   2,000
     (3) (차) 현금   20,000 / (대) 자기주식   24,000
             자기주식처분이익   2,000
             자기주식처분손실   2,000
     (4) (차) 자본금   20,000 / (대) 자기주식   24,000
             감자차손   4,000

4. 자기주식처분손실

자기주식처분손실은 자기주식 매각시 처분금액이 취득원가 보다 작은 경우에 자기주식처분이익과 상계하고, 그것으로 부족한 경우에 그 차액을 말한다. 자기주식처분손실은 자본에서 차감하는 형식으로 기재한다.

5. 미교부주식배당금

배당결의일 현재 미지급된 주식 배당액을 말하며, 배당 지급일에 주식을 교부하면 자본금 계정에 대체된다. 미교부주식배당금은 자본에 가산하는 형식으로 기재한다.

 다음의 연속된 거래를 회계처리 하시오.

(1) 주주총회에서 미처분이익잉여금 500,000원을 다음과 같이 처분하기로 결의하였다.
   • 주식배당   200,000원(액면가 @5,000원)
(2) 주권을 발행하여 주식배당을 실시하였다.

해설 (1) (차) 미처분이익잉여금   200,000 / (대) 미교부주식배당금   200,000
     (2) (차) 미교부주식배당금   200,000 / (대) 자본금   200,000

제4절 기타포괄손익누계액과 이익잉여금

1. 기타포괄손익누계액

기타포괄손익누계액이란 손익거래 중 손익계산서의 당기손익으로 분류하기 어려운 손익항목의 잔액을 말한다. 기타포괄손익누계액은 소멸시 당기손익에 반영된다.

(1) 매도가능증권평가손익

매도가능증권평가이익(손실)은 매도가능증권으로 분류된 주식이나 채권을 공정가치로 평가함에 따라 발생하는 평가손익을 말한다.

(2) 해외사업환산손익

해외사업환산손익이란 해외지점, 해외사무소 또는 해외소재 지분법대상회사의 외화표시 자산·부채를 현행환율법에 의하여 원화로 환산하는 경우에 발생하는 환산손익을 말한다.

(3) 현금흐름위험회피 파생상품평가손익

현금흐름위험회피를 목적으로 투자한 파생상품에서 발생하는 평가손익을 말한다.

2. 이익잉여금

이익잉여금이란 손익계산서에 보고된 손익과 다른 자본 항목에서 이입된 금액의 합계액에서 주주에 대한 배당, 자본금으로의 전입 및 자본조정 항목의 상각 등으로 처분된 금액을 차감한 잔액이다. 이익잉여금은 법정적립금, 임의적립금 및 미처분이익잉여금(또는 미처리결손금)으로 구분하여 표시한다.

(1) 이익준비금

이익준비금은 상법규정에 따라 적립된 법정적립금으로서 상법에서는 "회사는 그 자본금의 2분의 1이 될 때까지 매 결산기에 이익배당액의 10분의 1 이상을 이익준비금으로 적립하여야 한다. 다만, 주식배당의 경우에는 그러하지 아니하다."라고 규정하고 있다. 이러한 이익준비금은 자본전입(무상증자)과 결손보전에 충당하는 경우 외에는 처분하지 못한다.

(2) 임의적립금

임의적립금은 법령이 아닌 회사가 임의적으로 일정한 목적을 위하여 정관 또는 주주총회의 결의에 의하여 이익의 일부를 적립하는 것이다. 이러한 임의적립금에는 사업확장적립금, 감채적립금, 배당평균적립금, 결손보전적립금, 별도적립금 등이 있다.

(3) 미처분이익잉여금(또는 미처리결손금)

미처분이익잉여금이란 기업이 벌어들인 이익 중 배당금이나 다른 잉여금으로 처분되지 않고 남아 있는 이익잉여금으로서 당기 이익잉여금처분계산서의 미처분이익잉여금을 말한다. 그리고 미처리결손금이란 기업이 결손을 보고한 경우에 보고된 결손금 중 다른 잉여금으로 보전되지 않고 이월된 부분으로서 당기 결손금처리계산서의 미처리결손금을 말한다.

memo

기/출/문/제 [실기]

다음 거래 자료를 ㈜재무회계(회사코드 : 2002)의 [일반전표입력] 메뉴에 입력하시오.

01 10월 1일 당사는 이사회의 결의로 신주 100,000주(액면금액 1주당 *500*원)를 1주당 *900*원에 발행하고 전액 현금으로 납입받아 즉시 동남은행에 당좌예입하였다.

02 10월 2일 당사는 1주당 액면금액이 *5,000*원인 보통주 10,000주를 발행하여 토지를 취득하고, 취득세 등 *4,000,000*원을 현금으로 납부하였다. 토지의 공정가치(시가)는 *80,000,000*원이다.
(세무1급)

03 10월 3일 신규사업을 확장할 목적으로 임시주주총회의 승인을 얻어 신주 5,000주 (액면금액 @*5,000*원, 발행금액 @*10,000*원)를 발행하고, 신주발행비용 *1,000,000*원을 차감한 금액은 보통예금에 예입하였다.

04 10월 4일 당사는 이사회의 결의로 신주 100,000주(액면금액 1주당 *5,000*원)를 1주당 *5,400*원에 발행하고 전액 동남은행에 당좌예입 하였으며 신주발행비 *3,700,000*원은 현금으로 별도 지급하였다.

05 10월 5일 유상증자를 실시하여 신주 500주(액면금액 *10,000*원)를 주당 *20,000*원에 발행하여 전액 보통예금통장에 불입하고 주식발행비 *500,000*원은 별도로 당좌수표를 발행하여 지급하였다.

06 10월 6일 회사는 신주 10,000주(액면금액 @5,000원)를 1주당 *6,000*원에 발행하고 납입대금 전액을 보통예금에 입금하였으며, 신주발행비 *4,500,000*원은 당좌수표를 발행하여 지급하였다(주식할인발행차금 미상각잔액은 *500,000*원 있다고 가정).

07 10월 7일 ㈜재무회계는 사업의 축소를 위하여 주식 1,500주(액면 @*5,000*원)를 1주당 *4,000*원에 매입소각하고 대금은 현금으로 지급하였다.

08 10월 8일 신주 10,000주(액면금액 1주당 5,000원)를 1주당 5,200원에 발행하고 전액 현금으로 납입받아 조은은행에 당좌예입 하였으며, 신주발행비 3,500,000원은 현금으로 지급하였다.
(세무1급)

09 10월 9일 당사는 이사회의 결의로 신주 50,000주(액면금액 1주당 5,000원)를 1주당 4,900원에 발행하고 전액 현금으로 납입받아 동서은행에 당좌예입 하였으며, 주식발행비 2,500,000원은 현금으로 별도 지급하였다(주식발행초과금 계정의 잔액은 1,000,000원 있다고 가정).

10 10월 10일 자기주식 10,000주를 1주당 30,000원에 당좌수표를 발행하여 취득하였다. 주식의 액면금액은 1주당 5,000원이다.

11 10월 11일 10월 2일에 취득한 자기주식 5,000,000원을 4,500,000원에 처분하고 전액 현금으로 수령하였다.

12 10월 12일 주주총회에서 승인된 금전배당 3,000,000원과 주식배당 5,000,000원을 현금 및 주식으로 교부하였다.

13 3월 1일 주주총회에서 전기분 이익잉여금처분계산서(안) 대로 처분이 확정되었다. 이익잉여금 처분에 관한 회계처리를 하시오.

> 〈 전기 이익잉여금 처분계산서 처분내역 〉
> • 이익준비금 1,000,000원   • 현금배당 10,000,000원

14 10월 14일 전기 이익잉여금 처분계산서대로 주주총회에서 확정된 배당을 실시하여, 주주에게 소득세 등 원천징수액 4,400,000원을 차감한 15,600,000원을 현금으로 지급하고, 주식배당 20,000,000원은 주권을 발행하여 교부하였다. 주권발행과 관련된 비용 1,000,000원을 현금으로 지급하였다(주식발행초과금 계정의 잔액은 없다고 가정).

KcLep 도우미

01 10월 1일 : (차) 102.당좌예금 90,000,000 / (대) 331.자본금 50,000,000
(대) 341.주식발행초과금 40,000,000

02 10월 2일 : (차) 201.토지 *84,000,000 / (대) 101.현금 4,000,000
(대) 331.자본금 50,000,000
(대) 341.주식발행초과금 30,000,000

* 80,000,000 + 4,000,000 = 84,000,000원

03 10월 3일 : (차) 103.보통예금 49,000,000 / (대) 331.자본금 25,000,000
(대) 341.주식발행초과금 24,000,000

04 10월 4일 : (차) 102.당좌예금 540,000,000 / (대) 331.자본금 500,000,000
(대) 341.주식발행초과금 36,300,000
(대) 101.현금 3,700,000

05 10월 5일 : (차) 103.보통예금 10,000,000 / (대) 331.자본금 5,000,000
(대) 341.주식발행초과금 4,500,000
(대) 102.당좌예금 500,000

06 10월 6일 : (차) 103.보통예금 60,000,000 / (대) 331.자본금 50,000,000
(대) 102.당좌예금 4,500,000
(대) 381.주식할인발행차금 500,000
(대) 341.주식발행초과금 5,000,000

07 10월 7일 : (차) 331.자본금 7,500,000 / (대) 101.현금 6,000,000
(대) 342.감자차익 1,500,000

08 10월 8일 : (차) 102.당좌예금 52,000,000 / (대) 331.자본금 50,000,000
(차) 381.주식할인발행차금 1,500,000 (대) 101.현금 3,500,000

09 10월 9일 : (차) 102.당좌예금 245,000,000 / (대) 331.자본금 250,000,000
(차) 341.주식발행초과금 1,000,000 (대) 101.현금 2,500,000
(차) 381.주식할인발행차금 6,500,000

10 10월 10일 : (차) 383.자기주식 300,000,000 / (대) 102.당좌예금 300,000,000

11 10월 11일 : (차) 101.현금 4,500,000 / (대) 383.자기주식 5,000,000
(차) 390.자기주식처분손실 500,000

12 10월 12일 : (차) 265.미지급배당금 3,000,000   /   (대) 101.현금   3,000,000
             (차) 387.미교부주식배당금 5,000,000   (대) 331.자본금   5,000,000

13 3월 1일 : (차) 375.이월이익잉여금 11,000,000   /   (대) 351.이익준비금   1,000,000
                                                     (대) 265.미지급배당금   10,000,000

14 10월 14일 : (차) 265.미지급배당금 20,000,000   /   (대) 254.예수금   4,400,000
                                                     (대) 101.현금   15,600,000

    10월 14일 : (차) 387.미교부주식배당금 20,000,000 / (대) 331.자본금   20,000,000
             (차) 381.주식할인발행차금 1,000,000   (대) 101.현금   1,000,000

기/출/문/제 [필기]

01 다음 중 주식회사의 자본을 실질적으로 감소시킨 거래는 어느 것인가?
① 회사가 자금이 부족하여 현금배당을 하지 않고 주식배당을 했다.
② 자본잉여금과 이익잉여금을 자본금에 전입시킨다.
③ 회사는 결산 결과 당기순이익이 발생하였다.
④ 회사는 결산 결과 당기순손실이 발생하였다.

[풀이] 회사의 결산 결과 당기순이익이 발생하면 자본이 증가하게 되고, 당기순손실이 발생하면 자본이 감소하게 된다.

02 주식배당에 관한 설명 중 옳지 않은 것은?
① 이익잉여금을 현금으로 배당하지 않고 주식을 교부한 것이다.
② 배당 후에도 자본(순자산)은 불변이다.
③ 배당 후 자본금은 증가한다.
④ 배당금만큼 주주의 이익은 커진다.

[풀이] 주식배당을 하면 자본금은 증가하지만 자본(순자산)은 불변한다. 주식배당의 경우에는 주주들의 지분을 보다 많은 주식의 수로 분할하는 것에 불과하기 때문에 주주들에게는 아무런 이익이 되지 않는다.

03 다음 중 이익잉여금의 항목에 포함되지 않은 것은?
① 이익준비금
② 임의적립금
③ 차기이월미처분이익잉여금
④ 미교부주식배당금

[풀이] 미교부주식배당금은 자본조정 항목이다.

04 다음 중 자본조정 항목이 아닌 것은?
① 자기주식
② 자기주식처분손실
③ 주식할인발행차금
④ 전기오류수정손실

[풀이] 당기에 발견한 전기 또는 그 이전기간의 오류는 당기 손익계산서에 영업외손익 중 전기오류수정손익으로 보고한다. 다만, 전기 이전기간에 발생한 중대한 오류의 수정은 자산, 부채 및 자본의 기초금액에 반영한다. 비교재무제표를 작성하는 경우 중대한 오류의 영향을 받는 회계기간의 재무제표항목은 재 작성한다.

05 재무상태표상의 자본에 대한 설명으로서 틀린 것은?
① 자본금은 발행주식수에 발행금액을 곱하여 계산하며 재무상태표에 공시할 때에는 주식 종류별로 구분하여 표시한다.

② 재무상태표상 자본잉여금은 주식발행초과금과 기타자본잉여금으로 구분하여 표시한다.
③ 재무상태표상의 자본은 자본금, 자본잉여금, 자본조정, 기타포괄손익누계액, 이익잉여금으로 구성된다.
④ 주식할인발행차금은 자본조정 항목이다.

[풀이] 자본금은 발행주식수에 액면금액을 곱하여 계산한다.

06 주식발행회사의 입장에서 주식배당으로 인한 효과로 가장 적절한 것은?

① 자본총액이 주식배당액 만큼 감소하며, 회사의 자산도 동액만큼 감소한다.
② 미지급배당금만큼 부채가 증가한다.
③ 자본금은 증가하지만 이익잉여금은 감소한다.
④ 주식배당은 배당으로 인한 회계처리가 불필요하므로 자본항목간의 변동도 없다.

[풀이] 주식배당을 하면 이익잉여금이 감소하고 자본금이 증가하며 자본총액은 불변한다.

07 다음의 자료에서 자본잉여금에 해당하는 항목의 금액은 얼마인가?

• 주식발행초과금	100,000원	• 주식할인발행차금	100,000원
• 감자차익	100,000원	• 감자차손	100,000원
• 자기주식처분이익	100,000원	• 자기주식처분손실	100,000원
• 이익준비금	100,000원	• 매도가능증권평가이익	100,000원
• 기업합리화적립금	100,000원	※ 예시된 항목의 상계는 고려하지 말 것.	

① 200,000원   ② 300,000원   ③ 400,000원   ④ 500,000원

[풀이] 자본잉여금은 주식발행초과금, 감자차익, 자기주식처분이익이다.

08 다음 중 자본이 실질적으로 감소하는 경우로 가장 적합한 것은 무엇인가?

가. 주주총회의 결과에 근거하여 주식배당을 실시하다.
나. 중간결산을 하여 중간배당을 현금배당으로 실시하다.
다. 이익준비금을 자본금에 전입하다.
라. 당기의 결산결과 당기순손실이 발생하다.

① 가, 나   ② 가, 다   ③ 다, 라   ④ 나, 라

[풀이] 주식배당과 이익준비금의 자본전입은 자본 항목간의 대체이므로 자본이 실질적으로 감소하지 않는다. 현금배당과 당기순손실의 발생은 자본의 감소를 가져온다.

09 일반기업회계기준상 자본은 자본금, 자본잉여금, 자본조정, 기타포괄손익누계액, 이익잉여금(또는 결손금)으로 분류되는데, 다음 중 그 분류가 다른 것은?

① 주식발행초과금   ② 자기주식처분이익

③ 매도가능증권평가이익   ④ 감자차익

[풀이] 매도가능증권평가이익은 기타포괄손익누계액으로, 나머지는 자본잉여금으로 분류한다.

10 다음 중 자본잉여금의 감소가 가능한 항목은?

① 주식배당   ② 무상증자
③ 주식분할   ④ 주식병합

[풀이] 자본잉여금은 주주에 대한 배당금의 재원으로 사용할 수 없고 무상증자를 통한 자본금으로의 전입(자본전입) 및 결손보전을 위해서만 사용될 수 있다.

11 주주총회에서 이익배당을 의결하고 곧 주주에게 배당금을 현금으로 지급할 경우에 자산, 부채, 자본에 미치는 영향은?

① 자산의 증가, 자본의 증가   ② 부채의 감소, 자산의 감소
③ 자본의 감소, 부채의 증가   ④ 자본의 감소, 자산의 감소

[풀이] 이익의 현금배당시 자산(현금)의 감소와 동시에 자본(이익잉여금)이 감소된다.

12 ㈜한실적 회사는 주주총회를 통해 회사의 이익잉여금을 다음과 같이 배분하기로 결정하였다. 이 경우 이익잉여금 처분에 따른 ㈜한실적의 자본의 증감액은 얼마인가?

- 이익잉여금 총액 : 100,000,000원
- 이익잉여금 처분액 : 20,000,000원
  (현금배당액 : 15,000,000원, 주식배당액 : 5,000,000원)
  [주] 상기 외의 다른 사항은 고려하지 않기로 한다.

① 15,000,000원 감소   ② 증감사항 없음
③ 5,000,000원 증가   ④ 15,000,000원 증가

[풀이] 배당결의일 : (차) 미처분이익잉여금   20,000,000 / (대) 미지급배당금   15,000,000
                                                                      (대) 미교부주식배당금   5,000,000
자본감소(−20,000,000) + 자본증가(+5,000,000) = −15,000,000원(자본감소)

13 다음 중 궁극적으로 재무상태표의 구성항목인 자본을 증감시키는 결과를 초래하지 않는 회계거래는?

① 상품 1,000,000원(원가 800,000원)을 외상으로 판매하였다.
② 직원회식비로 100,000원을 카드결제 하였다.
③ 외상매출금 500,000원을 현금으로 수령하였다.
④ 유상증자를 통해 보통주 주식 1억원을 발행하였다.

[풀이] 수익 또는 비용이 발생하면 궁극적으로 자본에 변화를 초래한다. ③은 분개가 「(차) 현금 500,000 / (대) 외상매출금 500,000」으로 자산의 감소와 증가가 동시에 발생되므로 자본에 미치는 영향은 없다.

14 다음 내용과 관련하여 자본의 실질적인 감소를 초래하는 것으로 적합한 것을 모두 묶은 것은?

> 가. 이사회 결의에 의하여 중간배당으로 현금배당을 실시하다.
> 나. 주주총회 결의에 의하여 이익잉여금의 일정 금액을 사업확장적립금으로 적립하다.
> 다. 결손금 보전을 위해 이익준비금을 자본금에 전입하다.

① 가 ② 가, 나 ③ 가, 다 ④ 가, 나, 다

[풀이] 가. (차) 미처분이익잉여금 ××× / (대) 현금 ××× : 자본감소
나. (차) 이익잉여금 ××× / (대) 사업확장적립금 ××× : 자본불변
다. (차) 이익준비금 ××× / (대) 자본금 ××× : 자본불변

15 주식발행회사의 입장에서 주식배당 결의와 동시에 주식배당을 즉시 실시하였다고 가정하였을 경우에 발생되는 효과로써 가장 적절한 것은?

① 미지급배당금만큼 부채가 증가한다.
② 자본총액이 주식배당액 만큼 감소한다.
③ 자본금은 증가하지만 이익잉여금은 감소한다.
④ 주식배당은 배당으로 인한 회계처리가 불필요하므로 자본항목 간의 변동도 없다.

[풀이] 배당결의일 : (차) 미처분이익잉여금 ××× / (대) 미교부주식배당금 ×××
배당지급일 : (차) 미교부주식배당금 ××× / (대) 자본금 ×××
따라서, 자본금은 증가하고 이익잉여금은 감소한다. 자본 항목간의 변동만 있으므로 자본 총액은 변화가 없다.

정답

1. ④ 2. ④ 3. ④ 4. ④ 5. ① 6. ③ 7. ② 8. ④ 9. ③ 10. ②
11. ④ 12. ① 13. ③ 14. ① 15. ③

제 6 장 손익계산서 계정

제1절 매출액·매출원가

1. 매출액(401·404)

매출액은 기업의 주된 영업활동에서 발생한 제품, 상품, 용역 등의 총매출액에서 매출할인, 매출환입, 매출에누리 등을 차감한 금액이다. 차감 대상 금액이 중요한 경우에는 총매출액에서 차감하는 형식으로 표시하거나 주석으로 기재한다. 매출액은 업종별이나 부문별로 구분하여 표시할 수 있으며, 반제품매출액, 부산물매출액, 작업폐물매출액, 수출액, 장기할부매출액 등이 중요한 경우에는 이를 구분하여 표시하거나 주석으로 기재한다.

> 매출액 = 총매출액 − 매출환입및에누리 − 매출할인

(1) 매출환입및에누리(402·405)

매출환입이란 판매한 상품·제품이 반품 처리된 금액을 말하며, 매출에누리란 판매한 상품·제품에 파손이나 결함이 있어서 결제금액을 깎아주는 것을 말한다. 매출환입및에누리는 총매출액에서 차감한다.

(2) 매출할인(403·406)

매출할인이란 외상대금을 약정된 할인기간 내에 회수하고 대금의 일부를 할인해 주는 것을 말한다. 매출할인은 총매출액에서 차감한다.

2. 매출원가(451·455)

매출원가는 제품, 상품 등의 매출액에 대응되는 원가로서 판매된 제품이나 상품 등에 대한 제조원가 또는 매입원가이다. 매출원가의 산정과정은 손익계산서 본문에 표시하거나 주석으로 기재한다.

> 상품매출원가 = 기초상품재고액 + 당기상품매입액 − 기말상품재고액

> 제품매출원가 = 기초제품재고액 + 당기제품제조원가 − 기말제품재고액

제2절 판매비와관리비

판매비와관리비는 제품, 상품, 용역 등의 판매활동과 기업의 관리활동에서 발생하는 비용으로서 매출원가에 속하지 아니하는 모든 영업비용을 포함한다. 판매비와관리비는 당해 비용을 표시하는 적절한 항목으로 구분하여 표시하거나 일괄 표시할 수 있다. 일괄 표시하는 경우에는 적절한 항목으로 구분하여 이를 주석으로 기재한다. 한편, 빈번하게 발생하는 것은 아니지만 영업활동과 관련하여 비용이 감소함에 따라 발생하는 대손충당금환입, 퇴직급여충당부채환입 등은 판매비와관리비의 부(-)의 금액으로 표시한다.

※ 제조경비(500번대)는 제품제조원가를 구성하는 원가경비로서 계정의 내용은 판매비와관리비와 동일하므로 별도로 설명하지 않는다.

1. 급여(801) 및 임금(504)

급여란 임직원의 근로제공에 대한 대가로서 지급하는 인건비를 말하며 임원급여, 직원의 급료와 임금 및 제수당 등을 가리킨다.

2. 퇴직급여

퇴직급여란 당해연도 중 임직원의 퇴직시 회사의 퇴직금지급규정 또는 근로기준법에 의하여 지급해야 할 퇴직금 중 당해연도 부담분에 속하는 금액을 말한다. 임직원이 퇴직하는 경우 지급되는 퇴직금은 우선적으로 퇴직급여충당부채와 상계하고, 동 충당부채 잔액 이상으로 퇴직금을 지급하는 경우 동 초과부분은 퇴직급여 계정으로 처리한다.

3. 복리후생비(811 · 511)

복리후생비란 임직원의 복리와 후생을 위하여 지급한 비용으로서 식대보조금, 경조금, 축의금, 건강보험료 회사부담분 등을 말한다.

4. 여비교통비(812 · 512)

여비교통비란 임직원의 여비와 교통비를 말한다. 이때의 여비는 통상 기업의 임직원이 업무를 수행하기 위하여 비교적 먼 곳으로 출장 가는 경우에 소요되는 경비로서, 구체적인 내용으로는 철도운임, 항공운임, 숙박료, 식사대 및 기타 출장에 따른 부대비용이며, 교통비는 상기 여비 이외의 시내출장비라든지 시내의 일시적인 주차료 등을 말한다.

5. 기업업무추진비(813 · 513) = (구)접대비

기업업무추진비에는 회사의 업무와 관련하여 고객이나 거래처를 접대한 경우 이와 관련된 제반비용, 사례비 및 경조금 등을 계상한다.

6. 통신비(814 · 514)

통신비에는 전신, 전화, 팩시밀리, 우편 등의 비용을 계상한다.

7. 수도광열비(815) / 가스수도료(515) 및 전력비(516)

수도광열비는 수도료, 전기료, 가스료, 연료대 등의 비용을 말한다.

8. 세금과공과(817 · 517)

세금과공과(금)에는 주민세, 재산세, 자동차세 등의 세금과 상공회의소회비 등의 공과금을 계상한다.

9. 감가상각비

건물, 기계장치, 차량운반구 등 유형자산의 당해연도 감가상각비를 계상한다.

10. 임차료(819 · 519)

임차료에는 사무실, 공장 또는 토지 등의 임차료 및 컴퓨터나 집기비품의 리스료를 계상한다.

11. 수선비(820 · 520)

수선비에는 건물, 건물부속설비, 집기, 비품 등의 유형자산의 수선비를 계상한다. 수선비 중 자본적 지출에 해당되는 부분은 해당 자산 계정에 가산시켜야 한다.

12. 보험료(821 · 521)

보험료에는 기업이 소유하는 건물 · 기계장치 등의 유형자산, 상품 · 제품 · 원재료 등의 재고자산 등에 대하여 가입한 각종 손해보험(화재보험, 도난보험, 책임보험 등) 등의 비용을 계상한다. 다만, 유형자산이나 재고자산의 구입과 관련하여 소요되는 운송보험 등에 대한 보험료는 당해 자산의 취득과정에서 정상적으로 발생한 부대원가로 취급하여 취득원가에 가산한다.

13. 차량유지비(822 · 522)

차량유지비에는 차량운반구 유지비용으로 차량유류대, 주차비, 차량수리비 등을 계상한다.

14. 경상연구개발비

개발비 중 미래경제적효익의 유입 가능성이 매우 높고, 취득원가를 신뢰성 있게 측정할 수 있는 경우에만 무형자산으로 인식하고, 그렇지 못한 개발비는 발생 즉시 비용으로 처리한다.

15. 운반비(824 · 524)

상품이나 제품을 고객이나 대리점 기타 보관소로 운송하는데 지출된 비용을 계상한다.

16. 교육훈련비
교육훈련비에는 임직원의 직무능력 향상을 위한 교육 및 훈련에 관련된 비용을 계상한다.

17. 도서인쇄비(826 · 526)
도서인쇄비에는 도서구입비 및 인쇄와 관련된 비용을 계상한다.

18. 소모품비(830 · 530)
소모품비는 소모성 비품 구입에 관한 비용으로서, 사무용 용지, 소모공구 구입비, 주방용품 구입비, 문구 구입비, 기타 소모자재 등의 구입비를 계상한다.

19. 수수료비용(831 · 531)
수수료비용에는 제공받은 용역의 대가를 지불할 때 사용되는 비용을 계상한다.

20. 광고선전비
광고선전비에는 상품이나 제품의 판매촉진을 위해 지출한 광고선전비로 TV · 라디오 · 신문 · 잡지 등의 대중매체에 지급되는 비용을 계상한다.

21. 대손상각비
대손상각비는 회수가 불확실한 매출채권에 대하여 합리적이고 객관적인 기준에 따라 산출한 대손추산액을 처리하는 계정으로서 대손충당금의 상대계정이다. 이 경우 대손추산액에서 대손충당금잔액을 차감한 금액을 대손상각비로 계상한다. 한편 회수가 불가능한 채권은 대손충당금과 상계하고 대손충당금이 부족한 경우에는 그 부족액을 대손상각비로 처리한다.

22. 무형자산상각비
무형자산의 당해연도 상각비를 계상한다.

23. 잡비
이상에서 열거한 비용 이외에 판매와 관리 활동과 관련되어 지출된 기타의 비용을 계상하며, 이 비용이 중요한 경우에는 잡비로 하지 않고 적절한 계정과목을 설정하여 구분 표시하여야 한다.

제3절 영업외수익과 비용

1. 영업외수익

영업외수익이란 기업의 주된 영업활동이 아닌 활동으로부터 발생한 수익과 차익을 말한다.

1. 이자수익(901)

금융업 이외의 판매업, 제조업 등을 영위하는 기업이 일시적인 유휴자금을 대여하고 받은 이자를 말한다.

2. 배당금수익

주식, 출자금 등의 장·단기 투자자산과 관련하여 피투자회사의 이익 또는 잉여금의 분배로 받는 금전배당금을 말한다.

3. 임대료

타인에게 물건이나 부동산 등을 임대하고 그 대가로 받는 금액을 말한다. 다만, 부동산임대업의 경우와 같이 부동산의 임대가 주된 영업활동인 경우에는 매출(임대료수입)로 분류한다.

4. 단기매매증권평가이익

단기매매증권을 공정가치로 평가하는 경우 장부금액 보다 공정가치가 상승한 경우에 그 차액을 단기매매증권평가이익으로 계상한다.

5. 단기매매증권처분이익

단기매매증권을 처분하는 경우 장부금액 보다 처분금액이 더 큰 경우에 그 차액을 단기매매증권처분이익으로 계상한다.

6. 외환차익

외화채권·채무의 대금을 수취하거나 지급하였을 경우에 발생하는 이익을 말한다. 즉, 회수일 및 상환일의 환율과 장부상 환율과의 차이로 인한 이익을 의미한다.

7. 외화환산이익

과거에 발생한 외화거래로 기말 현재 외화로 표시된 채권·채무가 있는 경우에는 보고기간 말의 환율로 환산하고, 장부상 외화채권·채무 금액과의 차이 중 이익을 외화환산이익으로 계상한다.

8. 유형자산처분이익

유형자산의 매각시 장부금액(원가 - 감가상각누계액) 보다 처분금액이 더 큰 경우에 그 차액을 유형자산처분이익으로 계상한다.

9. 투자자산처분이익

투자자산의 매각시 장부금액 보다 처분금액이 더 큰 경우에 그 차액을 투자자산처분이익으로 계상한다.

10. 자산수증이익

회사가 주주, 채권자 등 타인으로부터 무상으로 자산을 증여받은 경우에 발생하는 이익을 계상한다.

11. 채무면제이익

회사가 주주, 채권자 및 제3자로부터 회사의 채무를 면제받은 경우 발생하는 이익을 계상한다.

12. 보험금수익

자산에 대하여 보험가입 후 보험금 지급사유가 발생하여 지급받은 보험금을 계상한다.

13. 잡이익

일반기업회계기준에 열거된 영업외수익 중 금액적으로 중요하지 않거나 그 항목이 구체적으로 밝혀지지 않은 수익은 잡이익으로 처리한다.

2. 영업외비용

영업외비용이란 기업의 주된 영업활동이 아닌 활동으로부터 발생한 비용과 차손을 말한다.

1. 이자비용(951)

당좌차월, 장·단기차입금 등으로부터 발생하는 지급이자와 사채이자가 해당된다.

2. 외환차손

외화채권·채무의 대금을 수취하거나 지급하였을 경우에 발생하는 손실을 말한다. 즉, 결제시점의 환율과 장부상 환율과의 차이로 인한 손실을 의미한다.

3. 기부금

업무와 관련없이 무상으로 기증하는 금전, 기타의 자산가액을 말한다.

4. 기타의대손상각비

거래처의 파산 등의 사유로 기타채권(비매출채권)의 회수가 불가능하게 되어 이를 손실로 계상하는 비용 계정이다.

5. 외화환산손실

과거에 발생한 외화거래로 기말 현재 외화채권·채무가 있는 경우에는 보고기간말의 환율로 환산하고, 장부상 외화채권·채무 금액과의 차이 중 손실을 외화환산손실로 계상한다.

6. 매출채권처분손실

매출채권을 금융기관 등에서 할인하는 거래에 대하여 매각거래로 회계처리 하는 경우, 동 금액은 감소된 매출채권과 실수령액과의 차액을 말한다.

7. 단기매매증권평가손실

단기매매증권을 공정가치로 평가하는 경우 장부금액 보다 공정가치가 하락한 경우에 그 차액을 단기매매증권평가손실로 계상한다.

8. 단기매매증권처분손실

단기매매증권을 처분하는 경우 장부금액 보다 처분금액이 더 작은 경우에 그 차액을 단기매매증권처분손실로 계상한다.

9. 재해손실

화재, 풍수해, 지진, 침수해 등 천재지변 또는 돌발적인 사건으로 인하여 발생한 손실액을 말한다.

10. 유형자산처분손실

유형자산의 매각시 장부금액(원가 - 감가상각누계액)보다 처분금액이 더 작은 경우에 그 차액을 유형자산처분손실로 계상한다.

11. 투자자산처분손실

투자자산의 매각시 장부금액 보다 처분금액이 더 작은 경우에 그 차액을 투자자산처분손실로 계상한다.

12. 잡손실

일반기업회계기준에 열거된 영업외비용 중 그 금액이 중요하지 않거나, 그 항목이 구체적으로 밝혀지지 않는 비용은 잡손실로 처리한다.

기/출/문/제 [실기]

다음 거래 자료를 ㈜재무회계(회사코드 : 2002)의 [일반전표입력] 메뉴에 입력하시오.

01 11월 1일 ㈜역삼기기의 제품 외상대금 25,500,000원을 회수함에 있어 1,000,000원은 사전약정에 의해 할인하여 주고, 6,000,000원은 약속어음(만기 : 1년 이내)으로 받았으며 잔액은 동점발행 당좌수표로 받았다.

02 11월 2일 ㈜한이물산의 10월말까지의 제품매출 관련 외상매출금 잔액(₩10,000,000) 중 500,000원을 사전약정에 의하여 할인하고 5,000,000원은 자기앞수표로 받고 잔액은 보통예금통장으로 계좌이체 받다.

03 11월 30일 11월분 직원급여를 다음과 같이 당사 보통예금계좌에서 이체하여 지급하였다.

| 부 서 | 기본급 | 소득세 | 건강보험 | 고용보험 | 공제계 | 차인 |
	제수당	지방소득세	국민연금	가불금		지급액
한기주	3,000,000원	151,750원	63,780원	14,850원	377,850원	2,922,150원
(관리부)	300,000원	15,170원	132,300원			
홍수환	1,100,000원	1,220원	23,150원	5,850원	281,190원	1,018,810원
(생산부)	200,000원	120원	50,850원	200,000원		
계	4,600,000원	168,260원	270,080원	220,700원	659,040원	3,940,960원

* 홍수환의 가불금은 11월 8일 임직원등단기채권 계정으로 계상되어 있다.

04 11월 4일 체육대회날 방배식당에서 생산직 사원에게 식사를 제공하고 음식값 330,000원을 엘지카드로 결제하였다.

05 11월 5일 과천식당에서 판매거래처 영업부직원을 접대하고 음식값 880,000원을 엘지카드로 결제하였다.

06 11월 6일 생산직사원에 대한 산재보험료 790,000원을 동남은행에 현금으로 납부하였다.

07 11월 7일 회사가 부담키로 한 본사건물에 대한 임차보증금의 간주임대료 부가가치세 300,000원을 ㈜성일기업에 현금지급 하였다.

08 11월 8일 공장임차료 800,000원과 송금수수료 600원을 보통예금 국민은행통장에서 지급하였다.

09 11월 9일 ㈜삼성화재에 관리부 업무용 차량보험료 565,000원을 보통예금통장에서 인터넷뱅킹으로 이체하였다. 이체수수료는 500원이다.

10 본사에서는 계속적으로 소모품 구입시 모두 소모품비로 계상하고 기말 결산시 미사용분 자료(복사용지외 10,000,000원)를 구매과로부터 넘겨받아 소모품으로 자산 계상한다.

11 11월 11일 중국에 외주가공을 의뢰한 제품의 가공이 완료되어 가공료 US $10,000를 현금으로 송금하였다(환율 US $1 = 1,300원).

12 11월 12일 ㈜무사산업으로부터 외상대 결제잔액에 차액이 발생하였다는 연락을 받고 확인한 결과, 10월 28일 현금으로 회수된 외상대 221,800원이 기장 누락되었다. 동 금액은 현금잔액의 과다로 인하여 10월 28일자에 잡이익으로 계상되었음이 확인되었다(11월 12일자에 수정 분개할 것).

13 11월 13일 대주주 홍수환에 대한 단기차입금(₩50,000,000)을 전액 면제받았다.

14 11월 14일 종로전자로부터 11월 4일에 구입한 2,500,000원의 에어컨(비품)을 사단법인 한국장애인재활협회에 기부하였다.

KcLep 도우미

01 11월 1일 : (차) 406.매출할인   1,000,000   /   (대) 108.외상매출금   25,500,000
            (차) 101.현금   18,500,000   (거래처 : ㈜역삼기기)
            (차) 110.받을어음   6,000,000
                (거래처 : ㈜역삼기기)

02 11월 2일 : (차) 406.매출할인   500,000   /   (대) 108.외상매출금   10,000,000
         (차) 101.현금   5,000,000   (거래처 : ㈜한이물산)
         (차) 103.보통예금   4,500,000

03 11월30일 : (차) 801.급여   3,300,000   /   (대) 103.보통예금   3,940,960
          (차) 504.임금   1,300,000   (대) 254.예수금   459,040
                                                  (대) 137.임직원등단기채권 200,000
                                                       (거래처 : 홍수환)

04 11월 4일 : (차) 511.복리후생비   330,000   /   (대) 253.미지급금   330,000
                                                       (거래처 : 엘지카드)

05 11월 5일 : (차) 813.기업업무추진비   880,000   /   (대) 253.미지급금   880,000
                                                       (거래처 : 엘지카드)

06 11월 6일 : (차) 517.세금과공과   790,000   /   (대) 101.현금   790,000
              (복리후생비 또는 보험료)

07 11월 7일 : (차) 817.세금과공과   300,000   /   (대) 101.현금   300,000

08 11월 8일 : (차) 519.임차료   800,000   /   (대) 103.보통예금   800,600
          (차) 531.수수료비용   600

09 11월 9일 : (차) 821.보험료   565,000   /   (대) 103.보통예금   565,500
          (차) 831.수수료비용   500

10 12월 31일 : (차) 173.소모품   10,000,000   /   (대) 830.소모품비   10,000,000

11 11월 11일 : (차) 533.외주가공비   13,000,000   /   (대) 101.현금   13,000,000

12 11월 12일 : (차) 930.잡이익   221,800   /   (대) 108.외상매출금   221,800
                                                       (거래처 : ㈜무사산업)

13 11월 13일 : (차) 260.단기차입금   50,000,000   /   (대) 918.채무면제이익 50,000,000
              (거래처 : 홍수환)

14 11월 14일 : (차) 953.기부금   2,500,000   /   (대) 212.비품   2,500,000

http://cafe.naver.com/choidairi

기/출/문/제 [필기]

01 다음 자료를 이용하여 순매출액을 계산하는데 있어 차감하면 안 될 항목은?

① 매출운임　　② 매출에누리　　③ 매출환입　　④ 매출할인

[풀이] 매출운임은 판매하는 과정에서 발생되는 비용이므로 판매비와관리비의 운반비 계정으로 계상된다.

02 다음 자료에 의하여 제품매출원가를 계산하면 얼마인가?

- 당기제품제조원가 300,000원
- 기초제품재고액   120,000원
- 기말제품재고액   100,000원
- 매출액   400,000원
- 매출할인   60,000원

① 280,000원　　② 320,000원　　③ 340,000원　　④ 360,000원

[풀이] 제품매출원가 = 기초제품재고액 + 당기제품제조원가 - 기말제품재고액
120,000 + 300,000 - 100,000 = 320,000원

03 다음은 ㈜성일상사의 재고자산(상품)관련 자료이다. 손익계산서상 매출원가는 얼마인가?

- 기초재고액   150,000원
- 매입환출액   50,000원
- 타계정대체액   20,000원 (※ 접대목적의 거래처 증정분)
- 기말재고액   30,000원
- 당기매입액   270,000원
- 매입할인   30,000원

① 270,000원　　② 290,000원　　③ 320,000원　　④ 340,000원

[풀이] 매출원가 = 기초재고액 + (당기매입액-매입환출액-매입할인) - 타계정대체액 - 기말재고액
150,000 + (270,000 - 50,000 - 30,000) - 20,000 - 30,000 = 290,000원

04 ㈜납세물산의 ×1년도 손익계산서상 매출총이익이 2,600,000원일 경우, 아래 자료를 보고 ×1년도 매출액을 추정하면? 단, ㈜납세물산은 상품도매업만 영위하고 있으며, 아래 이외의 자료는 없는 것으로 가정한다.

- 기초 상품재고액   3,000,000원
- 상품 타계정대체액 1,000,000원 (※ 접대목적 거래처 증정)
- 기말 상품재고액   2,000,000원
- 당기 상품매입액   2,500,000원

① 2,500,000원 ② 3,500,000원 ③ 5,100,000원 ④ 6,100,000원

[풀이] 매출원가 = 기초재고 + 당기매입 - 타계정대체액 - 기말재고
매출원가 = 3,000,000 + 2,500,000 - 1,000,000 - 2,000,000 = 2,500,000원
매출액(X) - 매출원가(2,500,000) = 매출총이익(2,600,000) ∴ 매출액(X) = 5,100,000원

05 다음 중 일반기업회계기준 하에서 재화의 판매로 인한 수익을 인식하기 위하여 충족되어야 하는 조건이 아닌 것은?

① 재화의 소유에 따른 유의적인 위험과 보상이 구매자에게 이전된다.
② 판매자는 판매한 재화에 대하여 소유권이 있을 때 통상적으로 행사하는 정도의 관리나 효과적인 통제를 할 수 없다.
③ 수익금액을 신뢰성 있게 측정할 수 있으며, 수익금액이 판매자에게 이전되어야 한다.
④ 경제적 효익의 유입 가능성이 매우 높다.

[풀이] 재화의 판매로 인한 수익은 다음 조건이 모두 충족될 때 인식한다(일반기업회계기준 16.10).
① 재화의 소유에 따른 유의적인 위험과 보상이 구매자에게 이전된다.
② 판매자는 판매한 재화에 대하여 소유권이 있을 때 통상적으로 행사하는 정도의 관리나 효과적인 통제를 할 수 없다.
③ 수익금액을 신뢰성 있게 측정할 수 있다.
④ 경제적 효익의 유입 가능성이 매우 높다.
⑤ 거래와 관련하여 발생했거나 발생할 거래원가와 관련 비용을 신뢰성 있게 측정할 수 있다.

06 다음 중 일반기업회계기준상 용역제공에 따른 수익을 진행기준으로 인식하기 위한 요건으로 옳지 않은 것은?

① 재화의 소유에 따른 유의적인 위험과 보상이 구매자에게 이전될 것
② 경제적 효익의 유입 가능성이 매우 높을 것
③ 진행률을 신뢰성 있게 측정할 수 있을 것
④ 이미 발생한 원가 및 거래의 완료를 위하여 투입하여야 할 원가를 신뢰성 있게 측정할 수 있을 것

[풀이] 용역의 제공으로 인한 수익은 용역제공거래의 성과를 신뢰성 있게 추정할 수 있을 때 진행기준에 따라 인식한다. 다음 조건이 모두 충족되는 경우에는 용역제공거래의 성과를 신뢰성 있게 추정할 수 있다고 본다(일반기업회계기준 문단 16.11).
① 거래 전체의 수익금액을 신뢰성 있게 측정할 수 있다.
② 경제적 효익의 유입 가능성이 매우 높다.
③ 진행률을 신뢰성 있게 측정할 수 있다.
④ 이미 발생한 원가 및 거래의 완료를 위하여 투입하여야 할 원가를 신뢰성 있게 측정할 수 있다.

07 다음 중 일반기업회계기준상 재화의 판매, 용역의 제공, 이자, 배당금, 로열티로 분류할 수 없는 기타의 수익의 인식조건으로 적합하지 않은 것은?

① 수익가득과정이 완료되었거나 실질적으로 거의 완료되었을 것
② 수익금액을 신뢰성 있게 측정할 수 있을 것
③ 경제적 효익의 유입 가능성이 매우 높을 것
④ 현금의 유입이 있을 것

[풀이] 재화의 판매, 용역의 제공, 이자, 배당금, 로열티로 분류할 수 없는 기타의 수익은 다음 조건을 모두 충족할 때 발생기준에 따라 합리적인 방법으로 인식한다(일반기업회계기준 16.17).
① 수익가득과정이 완료되었거나 실질적으로 거의 완료되었다.
② 수익금액을 신뢰성 있게 측정할 수 있다.
③ 경제적 효익의 유입 가능성이 매우 높다.

08 위탁판매의 수익실현시기로 일반기업회계기준에서는 어느 것을 택하고 있는가?
① 매출세금계산서가 도착한 날
② 수탁자로부터 송금이 도착한 날
③ 위탁자가 위탁품을 적송한 날
④ 수탁자가 위탁품을 판매한 날

[풀이] 위탁판매의 경우 위탁자는 수탁자가 해당 재화를 제3자에게 판매한 시점에 수익을 인식한다.

09 다음 중 일반기업회계기준상 수익의 인식에 대한 설명으로 틀린 것은?
① 매출에누리와 할인 및 환입은 수익에서 차감한다.
② 수익은 재화의 판매, 용역의 제공이나 자산의 사용에 대하여 받았거나 받을 대가의 공정가치로 측정한다.
③ 재화의 소유에 따른 유의적인 위험과 보상이 이전되지 않으면 인도시점에 수익을 인식하지 않는다.
④ 상품권의 발행과 관련된 수익은 상품권의 대가를 수령하고 상품권을 인도한 시점에 인식하는 것을 원칙으로 한다.

[풀이] 상품권의 발행과 관련된 수익은 상품권을 회수하여 재화를 인도하거나 판매한 시점에 인식하고, 상품권 판매시에는 선수금으로 처리한다.

10 상품권에 대한 회계처리 내용 중 틀린 것은?
① 상품권을 판매시 선수금 등으로 계상할 뿐 수익을 인식하지 않는다.
② 상품권을 회수하고 재화 등을 인도한 때 매출로 인식한다.
③ 상품권을 회수하여 재화 등을 인도하는 경우, 잔액을 환급하여 주는 경우 선수금과 상계한다.
④ 상품권 판매 후 회수되지 않고 소멸시효가 완성되는 경우, 소멸시효가 완성되는 시점에 매출로 계상한다.

[풀이] 상품권의 유효기간이 경과하였으나 상법상의 소멸시효가 완성되지 않은 경우에는 유효기간이 경과된 시점에 상품권에 명시된 비율에 따라 영업외수익으로 인식함을 원칙으로 하고, 상법상의 소멸시효가 완성된 경우에는 소멸시효가 완성된 시점에 잔액을 영업외수익으로 인식하여야 한다.

11 수익의 실현에 대한 설명 중 거리가 가장 먼 것은?

① 상품권의 발행과 관련된 수익은 상품권을 회수한 시점에서 인식한다.
② 위탁매출은 수탁자가 위탁품을 판매한 날에 실현되는 것으로 하며, 시용매출은 매입자에게 도착한날에 실현되는 것으로 한다.
③ 용역의 제공으로 인한 수익은 용역제공거래의 성과를 신뢰성 있게 추정할 수 있을 때 진행기준에 따라 인식한다.
④ 할부판매의 경우에는 이자부분을 제외한 판매가격에 해당하는 수익을 판매시점에 인식한다.

[풀이] 시용매출의 경우에는 매입자가 구입의사표시를 한 때 수익으로 인식한다. 할부판매의 경우에는 이자부분을 제외한 판매가격에 해당하는 수익을 판매시점에 인식한다.

12 일반기업회계기준서상 용역제공 수익인식기준과 관련하여 옳은 것은?

① 광고제작수수료는 관련 용역이 모두 완료되는 시점에 수익으로 인식한다.
② 수강료는 현금주의에 따라 수익으로 인식한다.
③ 주문개발하는 소프트웨어의 대가로 수취하는 수수료는 진행률에 따라 수익을 인식한다.
④ 예술공연 등의 행사에서 발생하는 입장료 수익은 입장권을 발매하는 시점에 수익으로 인식한다.

[풀이] 광고제작수수료는 광고 제작의 진행률에 따라 인식하고, 광고매체수수료는 광고 또는 상업방송이 대중에게 전달될 때 인식한다. 수강료는 강의기간에 걸쳐 수익으로 인식한다. 예술공연 등의 행사에서 발생하는 수익은 행사가 개최되는 시점에 인식한다.

정답

1. ①   2. ②   3. ②   4. ③   5. ③   6. ①   7. ④   8. ④   9. ④   10. ④
11. ②   12. ③

보 론

I. 회계정보의 질적특성

회계정보의 질적특성이란 회계정보가 정보이용자의 의사결정에 유용한 정보를 제공하기 위하여 갖추어야 할 주요 속성을 말한다. 회계정보가 갖추어야 할 가장 중요한 질적특성은 목적적합성과 신뢰성이다. 그리고 회계정보의 비교가능성은 목적적합성과 신뢰성 만큼 중요한 질적특성은 아니지만, 목적적합성과 신뢰성을 갖춘 정보가 기업실체 간에 비교가능하거나 또는 기간별 비교가 가능할 경우 보다 더 유용한 회계정보가 될 수 있다.

1. 주요 질적특성

(1) 목적적합성

회계정보가 정보이용자의 의사결정에 유용하기 위해서는 그 정보가 의사결정 목적과 관련되어야 한다. 즉, 목적적합성 있는 정보는 정보이용자가 기업실체의 과거, 현재 또는 미래 사건의 결과에 대한 예측을 하는 데 도움이 되거나 또는 그 사건의 결과에 대한 정보이용자의 당초 기대치(예측치)를 확인 또는 수정할 수 있게 함으로써 의사결정에 차이를 가져올 수 있는 정보를 말한다. 목적적합성 있는 회계정보는 예측가치 또는 피드백가치를 가져야 한다.

① 예측가치 : 정보이용자가 기업실체의 미래 재무상태, 경영성과 등을 예측하는 데에 그 정보가 활용될 수 있는 능력을 의미한다.
② 피드백가치 : 제공되는 회계정보가 기업실체의 재무상태, 경영성과 등에 대한 정보이용자의 당초 기대치(예측치)를 확인 또는 수정되게 함으로써 의사결정에 영향을 미칠 수 있는 능력을 말한다.
③ 적시성 : 회계정보가 정보이용자에게 유용하기 위해서는 그 정보가 의사결정에 반영될 수 있도록 적시에 제공되어야 한다.

(2) 신뢰성

회계정보가 정보이용자의 의사결정에 유용하기 위해서는 신뢰할 수 있는 정보이어야 한다. 신뢰성이란 회계정보가 표현하고자 하는 바를 충실하게 표현하고 있음을 보증하는 정보의 자질을 말한다. 회계정보의 신뢰성은 다음의 요소로 구성된다. 첫째 회계정보는 그 정보가 나타내고자 하는 대상을 충실히 표현하고 있어야 하고, 둘째 객관적으로 검증가능 하여야 하며, 셋째 중립적이어야 한다.

① **표현의 충실성** : 회계정보가 신뢰성을 갖기 위해서는 그 정보가 나타내고자 하는 대상 즉, 기업실체의 경제적 자원과 의무, 그리고 이들의 변동을 초래하는 거래나 사건을 충실하게 표현하여야 한다.

② **검증가능성** : 회계정보가 신뢰성을 갖기 위해서는 객관적으로 검증가능 하여야 한다. 검증가능성이란 동일한 경제적 사건이나 거래에 대하여 동일한 측정방법을 적용할 경우 다수의 독립적인 측정자가 유사한 결론에 도달할 수 있어야 함을 의미한다.

③ **중립성** : 회계정보가 신뢰성을 갖기 위해서는 편의 없이 중립적이어야 한다. 의도적인 결과를 유도할 목적으로 회계기준을 제정하거나 재무제표에 특정 정보를 표시함으로써 정보이용자의 의사결정이나 판단에 영향을 미친다면 그러한 회계정보는 중립적이라 할 수 없다.

2. 기타의 질적특성(비교가능성)

회계정보는 기간별 비교가 가능해야 하고 기업실체간의 비교가능성도 있어야 한다. 즉, 유사한 거래나 사건의 재무적 영향을 측정·보고함에 있어서 기간별로 일관된 회계처리방법을 사용하여야 하며 기업실체 간에도 동일한 회계처리방법을 사용하는 것이 바람직하다.

II. 재무제표의 기본가정

재무제표는 정보이용자에게 기업의 재무적 정보를 전달하는 보고수단이다. 재무제표는 일정한 가정 하에 작성되며, 그러한 기본가정으로는 기업실체, 계속기업, 기간별보고가 있다.

① **기업실체의 가정** : 기업을 소유주와는 독립적으로 존재하는 회계단위로 간주하고, 이 회계단위의 관점에서 그 경제활동에 대한 재무정보를 측정, 보고하는 것을 말한다.

② **계속기업의 가정** : 기업실체는 그 목적과 의무를 이행하기에 충분할 정도로 장기간 존속한다고 가정하는 것을 말한다.

③ **기간별 보고의 가정** : 기업실체의 존속기간을 일정한 기간 단위로 분할하여 각 기간별로 재무제표를 작성하는 것을 말한다.

III. 회계변경

회계변경은 회계정책의 변경과 회계추정의 변경을 말한다.

1. 회계정책의 변경

회계정책이란 기업이 재무보고의 목적으로 선택한 일반기업회계기준과 그 적용방법을 말한다. 회계정책의 변경은 재무제표의 작성과 보고에 적용하던 회계정책을 다른 회계정책으로 바꾸는 것을 말한다. 회계정책의 변경에 해당하는 예는 다음과 같다.
① 재고자산 평가방법의 변경
② 유가증권의 취득단가산정방법 변경

2. 회계추정의 변경

회계추정이란 기업환경의 불확실성하에서 미래의 재무적 결과를 사전적으로 예측하는 것을 말한다. 회계추정의 변경이란 기업환경의 변화, 새로운 정보의 획득 또는 경험의 축적에 따라 지금까지 사용해오던 회계적 추정치의 근거와 방법 등을 바꾸는 것을 말한다. 회계추정의 변경에 해당하는 예는 다음과 같다.
① 대손의 추정
② 재고자산의 진부화 여부에 대한 판단과 평가
③ 우발채무의 추정
④ 감가상각자산의 내용연수 또는 감가상각방법의 변경 및 잔존가치의 추정

3. 회계변경의 회계처리 방법

회계정책의 변경에 대해서는 소급법을 적용하고, 회계추정의 변경에 대해서는 전진법을 적용한다. 다만, 회계정책의 변경에 따른 누적효과를 합리적으로 결정하기 어려운 경우에는 회계변경을 전진법적으로 적용한다. 한편, 회계정책의 변경과 회계추정의 변경이 동시에 이루어지는 경우에는 회계정책의 변경에 의한 누적효과를 먼저 계산하여 소급적용한 후, 회계추정의 변경효과를 전진적으로 적용한다.

(1) 소급법

새로운 회계방침을 처음부터 적용하여 왔다고 가정하여, 새로운 회계방침이 전기 이전의 경영성과에 미치는 누적효과를 계산하여 당기 재무제표상 미처분이익잉여금에 반영하고, 과거의 재무제표를 새로운 회계방침을 적용하여 수정하는 방법이다. 이 방법은 변경의 영향이 재무제표에 충분히 반영되므로 재무제표의 비교가능성이 유지된다는 장점이 있으나, 과거의 재무제표를 새로운 회계처리 방법에 따라 수정하므로 재무제표의 신뢰성이 떨어진다는 단점이 있다.

(2) 당기일괄처리법

새로운 회계방침을 처음부터 적용하여 왔다고 가정하여, 새로운 회계방침이 전기 이전의 경영성과에 미치는 누적효과를 계산하여 당기 손익계산서에 회계변경수정손익으로 계상하고, 과거의 재무제표는 수정하지 않는 방법이다. 이 방법은 과거의 재무제표를 수정하지 않음으로써 재무제표의 신뢰성이 높다는 장점이 있으나, 회계변경에 따른 효과를 당기손익에 반영함에 따라 이익조작가능성이 높고 재무제표의 비교가능성이 떨어진다는 단점이 있다.

(3) 전진법

새로운 회계방침을 당기와 당기 이후의 기간에 적용하는 방법으로 과거의 재무제표에 대해서는 수정하지 않는다. 이 방법은 과거의 재무제표를 수정하지 않음으로써 재무제표의 신뢰성이 높다는 장점이 있으나, 변경효과를 파악하기 어렵고 재무제표의 비교가능성이 떨어진다는 단점이 있다.

4. 정당한 회계변경

매기 동일한 회계정책 또는 회계추정을 사용하면 비교가능성이 증대되어 재무제표의 유용성이 향상된다. 따라서 재무제표를 작성할 때 일단 채택한 회계정책이나 회계추정은 유사한 종류의 사건이나 거래의 회계처리에 그대로 적용하여야 한다. 다만, 다른 회계정책이나 회계추정의 채택이 더 합리적이라고 기업이 입증할 수 있을 때에 한해서는 회계변경을 정당화할 수 있다. 정당한 사유에 의한 회계정책 및 회계추정 변경의 예는 다음과 같다. 다만, ③을 제외하고는 회계변경의 정당성을 입증하여야 한다.

① 합병, 사업부 신설, 대규모 투자, 사업의 양수도 등 기업환경의 중대한 변화에 의하여 총자산이나 매출액, 제품의 구성 등이 현저히 변동됨으로써 종전의 회계정책을 적용할 경우 재무제표가 왜곡되는 경우
② 동종산업에 속한 대부분의 기업이 채택한 회계정책 또는 추정방법으로 변경함에 있어서 새로운 회계정책 또는 추정방법이 종전 보다 더 합리적이라고 판단되는 경우
③ 일반기업회계기준의 제정, 개정 또는 기존의 일반기업회계기준에 대한 새로운 해석에 따라 회계변경을 하는 경우

다음의 경우에는 정당한 회계변경으로 보지 아니한다.

① 단순히 세법의 규정을 따르기 위한 회계변경은 정당한 회계변경으로 보지 아니한다. 그 이유는 세무보고의 목적과 재무보고의 목적이 서로 달라 세법에 따른 회계변경이 반드시 재무회계정보의 유용성을 향상시키는 것은 아니기 때문이다.
② 이익조정을 주된 목적으로 한 회계변경은 정당한 회계변경으로 보지 아니한다.

기/출/문/제 [필기]

01 다음은 회계정보가 정보이용자의 의사결정에 유용성을 충족하기 위해서 갖추어야할 회계정보의 질적특성 중 목적적합성에 대한 설명이다. 목적적합성의 하부속성에 해당하지 않는 것은?

① 예측가치
② 표현의 충실성
③ 피드백가치
④ 적시성

[풀이] 표현의충실성은 신뢰성의 하부개념이다.

02 회계정보의 질적특성 중 목적적합성과 신뢰성의 사례로 옳은 것은?

구분	목적적합성	신뢰성
① 자산평가방법	시가법	원가법
② 수익인식방법	완성기준	진행기준
③ 손익인식방법	현금주의	발생주의
④ 재무제표보고시기	결산재무제표	분기, 반기재무제표

[풀이] ① 자산평가방법 : 목적적합성은 시가법, 신뢰성은 원가법
② 수익인식방법 : 목적적합성은 진행기준, 신뢰성은 완성기준
③ 손익인식방법 : 목적적합성은 발생주의, 신뢰성은 현금주의
④ 재무제표 보고시기 : 목적적합성은 분기·반기재무제표, 신뢰성은 결산재무제표

03 반기별 재무제표의 공시와 관련 있는 회계정보의 질적 특성은?

① 적시성
② 표현충실성
③ 중립성
④ 검증가능성

04 다음 중 회계정보가 갖추어야 할 질적특성에 대한 설명으로 틀린 것은?

① 예측가치란 정보이용자가 기업실체의 미래 재무상태, 경영성과, 순현금흐름 등을 예측하는 데에 그 정보가 활용될 수 있는 능력을 의미한다.
② 피드백가치란 제공되는 회계정보가 기업실체의 재무상태, 경영성과, 순현금흐름 등에 대한 정보이용자의 당초 기대치를 확인 또는 수정되게 함으로써 의사결정에 영향을 미칠 수 있는 능력을 말한다.
③ 중립성이란 동일한 경제적 사건이나 거래에 대하여 동일한 측정방법을 적용할 경우 다수의 독립적인 측정자가 유사한 결론에 도달할 수 있어야 함을 의미한다.
④ 표현의 충실성은 재무제표상의 회계수치가 회계기간말 현재 기업실체가 보유하는 자산과 부채의 크기를 충실히 나타내야 한다는 것이다.

[풀이] ③은 중립성이 아닌 검증가능성에 대한 설명이다.

05 재무제표의 기간별 비교가능성을 제고하기 위하여 재무제표의 표시와 분류는 매기 동일하여야 한다. 일반기업회계기준상 그 예외로 인정하고 있지 않는 것은?

① 일반기업회계기준에 의하여 재무제표 항목의 표시와 분류의 변경이 요구되는 경우
② 사업결합 또는 사업중단 등에 의해 영업의 내용이 유의적으로 변경된 경우
③ 세법의 변경으로 인하여 재무제표 항목의 표시와 분류의 변경이 요구되는 경우
④ 재무제표 항목의 표시와 분류를 변경함으로써 기업의 재무정보를 더욱 적절하게 전달할 수 있는 경우

[풀이] 재무제표의 기간별 비교가능성을 제고하기 위하여 재무제표 항목의 표시와 분류는 다음의 경우를 제외하고는 매기 동일하여야 한다(일반기업회계기준 문단 2.13).
① 일반기업회계기준에 의하여 재무제표 항목의 표시와 분류의 변경이 요구되는 경우
② 사업결합 또는 사업중단 등에 의해 영업의 내용이 유의적으로 변경된 경우
③ 재무제표 항목의 표시와 분류를 변경함으로써 기업의 재무정보를 더욱 적절하게 전달할 수 있는 경우

06 다음 중 회계공준이 아닌 것은?

① 계속기업
② 검증가능성
③ 기업실체
④ 기간별보고

[풀이] 검증가능성은 회계정보의 질적특성 중 신뢰성의 하부개념이다.

07 회계이론을 연역적으로 설명하기 위해서는 기본적인 가정 또는 전제가 필요하다. 재무제표를 작성·공시하는 데 있어 기초가 되는 기본전제가 아닌 것은?

① 기업실체
② 기간별 보고
③ 비교가능성
④ 계속기업

[풀이] 비교가능성은 회계정보의 질적특성 중 기타의 질적특성 이다.

08 다음 회계변경 중 회계추정의 변경에 해당하지 않는 것은?

① 매출채권의 대손추정률을 1%에서 1.5%로 변경
② 기말재고자산의 원가결정방법을 총평균법에서 선입선출법으로 변경
③ 건물의 내용연수를 20년에서 30년으로 변경
④ 기계장치의 잔존가치를 기존 보다 두배 증가되도록 변경

[풀이] 기말재고자산의 원가결정방법(평가방법)의 변경은 회계정책의 변경이다.

09 다음은 일반기업회계기준상 회계변경의 사례들이다. 성격이 다른 하나는?

① 재고자산의 평가방법을 선입선출법에서 총평균법으로 변경하였다.
② 매출채권에 대한 대손설정비율을 1%에서 2%로 변경하기로 하였다.
③ 정액법으로 감가상각하던 기계장치의 내용연수를 5년에서 8년으로 변경하였다.
④ 감가상각자산의 잔존가치를 100,000원에서 50,000원으로 변경하였다.

[풀이] 재고자산 평가방법의 변경은 회계정책의 변경이고 나머지는 회계추정의 변경이다.

10 회계변경의 처리방법에는 소급법, 전진법, 당기일괄처리법이 있다. 다음 중 소급법에 관한 설명으로 옳은 것은?

① 과거 재무제표에 대한 신뢰성이 유지된다.
② 전기 재무제표가 당기와 동일한 회계처리방법에 의하므로 기간별 비교가능성이 향상된다.
③ 회계변경의 누적효과를 당기손익에 반영하므로 당기손익이 적정하게 된다.
④ 회계변경의 효과를 미래에 영향을 미치게 하는 방법이므로, 일반기업회계기준에서는 회계추정의 변경에 사용하도록 하고 있다.

[풀이] 소급법은 과거의 재무제표를 새로운 회계처리 방법에 따라 수정하므로 재무제표의 신뢰성이 떨어지고, 재무제표의 기간별 비교가능성은 향상된다. 회계변경의 누적효과를 당기손익에 반영하는 것은 당기일괄처리법이며, 소급법은 회계정책의 변경에 적용한다.

11 다음 중 회계추정의 변경에 관한 설명 중 가장 옳지 않은 것은?

① 회계추정의 변경은 전진적으로 회계처리 한다.
② 회계추정 변경 전, 후의 손익계산서 항목은 동일한 항목으로 처리한다.
③ 회계추정 변경의 효과는 당해 변경이 발생한 회계연도의 다음 회계연도부터 적용한다.
④ 회계추정에는 대손의 추정, 감가상각자산의 내용연수 추정 등이 있다.

[풀이] 회계추정 변경의 효과는 당해 회계연도 개시일부터 적용한다.

12 일반기업회계기준의 회계정책 또는 회계추정의 변경과 관련한 다음 설명 중 잘못된 것은 어느 것인가?

① 일반 기업회계기준에서 회계정책의 변경을 요구하는 경우 회계정책을 변경할 수 있다.
② 변경된 회계정책은 원칙적으로 소급하여 적용한다.
③ 회계정책의 변경과 회계추정의 변경이 동시에 이루어지는 경우 회계정책의 변경에 의한 누적효과를 먼저 계산한다.
④ 세법과의 마찰을 최소화하기 위해 세법의 규정을 따르기 위한 회계변경도 정당한 회계변경으로 본다.

[풀이] 단순히 세법의 규정을 따르기 위한 회계변경은 정당한 회계변경으로 보지 아니한다. 기업은 다음 중 하나의 경우에 회계정책을 변경할 수 있다(일반기업회계기준 문단 5.9).
① 일반기업회계기준에서 회계정책의 변경을 요구하는 경우
② 회계정책의 변경을 반영한 재무제표가 거래, 기타 사건 또는 상황이 재무상태, 재무성과 또는 현금흐름에 미치는 영향에 대하여 신뢰성 있고 더 목적적합한 정보를 제공하는 경우

13 일반기업회계기준의 회계정책 또는 회계추정의 변경과 관련한 다음 설명 중 잘못된 것은?

① 일반기업회계기준에서 회계정책의 변경을 요구하는 경우 회계정책을 변경할 수 있다.
② 감가상각방법의 변경은 회계정책의 변경에 해당한다.
③ 회계정책의 변경과 회계추정의 변경이 동시에 이루어지는 경우 회계정책의 변경에 의한 누적효과를 먼저 계산한다.
④ 재고자산의 진부화 여부에 대한 판단과 평가는 회계추정의 변경에 해당한다.

[풀이] 감가상각방법의 변경은 회계추정의 변경이다.

14 다음 중에서 회계정책의 변경과 회계추정의 변경에 대한 설명으로 가장 잘못된 것은?

① 회계추정의 변경은 전진적으로 처리하여 그 효과를 당기와 당기 이후의 기간에 반영한다.
② 회계정책의 변경과 회계추정의 변경이 동시에 이루어지는 경우에는 회계정책의 변경에 의한 누적효과를 먼저 계산하여 소급적용한 후, 회계추정의 변경효과를 전진적으로 적용한다.
③ 변경된 새로운 회계정책은 소급하여 적용하고 전기 또는 그 이전의 재무제표를 비교목적으로 공시하는 경우 소급적용에 따른 수정사항을 반영하여 재작성 한다.
④ 회계변경의 속성상 그 효과를 회계정책의 변경효과와 회계추정의 변경효과로 구분하기가 불가능한 경우 이를 회계정책의 변경으로 본다.

[풀이] 회계변경의 속성상 그 효과를 회계정책의 변경효과와 회계추정의 변경효과로 구분하기가 불가능한 경우 이를 회계추정의 변경으로 본다(일반기업회계기준 5.16).

15 회계변경과 관련한 다음 설명 중 잘못된 것은?

① 회계추정은 기업환경의 불확실성하에서의 미래의 재무적 결과를 사전적으로 예측하는 것이다.
② 유가증권 취득단가 산정방법의 변경은 회계추정 변경에 해당한다.
③ 회계추정의 변경을 전진적으로 처리하는 경우에는 그 변경의 효과를 당해 회계연도 개시일부터 적용한다.
④ 회계정책의 변경과 회계추정의 변경이 동시에 이루어지는 경우에는 회계정책의 변경에 의한 누적효과를 먼저 계산한다.

[풀이] 유가증권 취득단가 산정방법의 변경은 회계정책의 변경에 해당한다.

16 다음 중 정당한 회계변경으로 볼 수 없는 경우는?

① 동종산업에 속한 대부분의 기업이 채택한 회계정책 또는 추정방법으로 변경함에 있어서 새로운 회계정책 또는 추정방법이 종전 보다 더 합리적이라고 판단되는 경우
② 일반기업회계기준의 제정, 개정 또는 기존의 일반기업회계기준에 대한 새로운 해석에 따라 회계변경을 하는 경우
③ 합병, 사업부 신설 등 기업환경의 중대한 변화에 의하여 총자산이나 매출액, 제품의 구성 등이 현저히 변동됨으로써 종전의 회계정책을 적용할 경우 재무제표가 왜곡되는 경우
④ 세법의 규정이 변경되어 회계처리를 변경해야 하는 경우

[풀이] 단순히 세법의 규정을 따르기 위한 회계변경은 정당한 회계변경으로 보지 아니한다.

17 다음 중 일반기업회계기준서상 정당한 회계변경(회계정책 또는 회계추정)의 사례로 적합한 것은?

① 정확한 세무신고를 위해 세법규정을 따를 필요가 있는 경우
② 기존의 일반기업회계기준에 대한 새로운 해석이 있는 경우
③ 회사의 상호 또는 대표이사를 변경하는 경우
④ 주식회사의 외부감사에 관한 법률에 의하여 최초로 회계감사를 받는 경우

[풀이] 일반기업회계기준의 제정, 개정 또는 기존의 일반기업회계기준에 대한 새로운 해석에 따라 회계변경을 하는 경우 정당한 사유에 의한 회계정책 및 회계추정 변경으로 본다.

정답

1. ②　2. ①　3. ①　4. ③　5. ③　6. ②　7. ③　8. ②　9. ①　10. ②
11. ③　12. ④　13. ②　14. ④　15. ②　16. ④　17. ②

memo

제3부

부가가치세

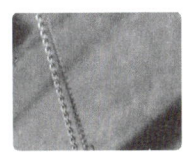

↘ 제1장 부가가치세법

↘ 제2장 매입매출전표입력

↘ 제3장 부가가치세신고서

↘ 제4장 기타의 첨부서류(부속명세서)

↘ 제5장 수정신고 및 가산세

제1장 부가가치세법

제1절 부가가치세의 기초

1. 부가가치세의 개념

부가가치세(value added tax ; VAT)란 재화나 용역의 생산 또는 유통단계에서 발생되는 부가가치에 대해 부과되는 조세이다. 여기서 부가가치란 생산 또는 유통단계의 사업자가 독자적으로 새로이 창출한 가치이다.

[유형별 소비형태]

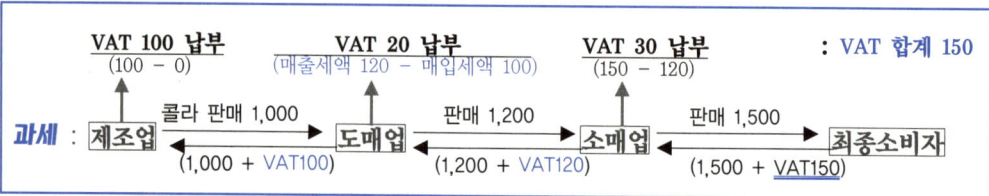

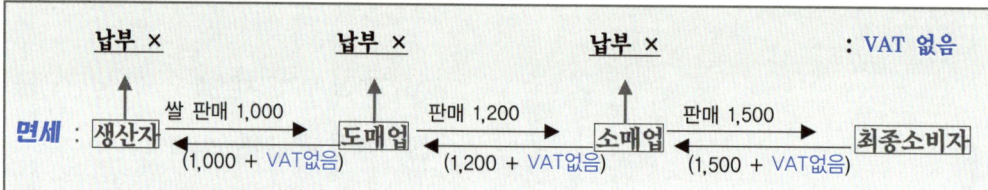

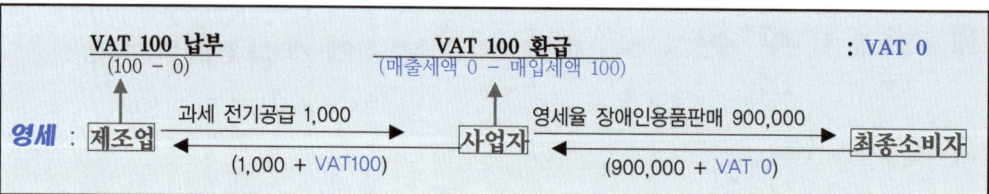

2. 부가가치의 계산방법

(1) 가산법

가산법은 부가가치를 구성하는 생산요소의 가치를 직접 계산하고 이를 합산하여 부가가치를 계산하는 방법이다.

> 부가가치 = 지대 + 임금 + 이자 + 이윤
> (토지) (노동) (자본) (경영활동의 대가)

(2) 공제법

공제법은 다음단계에 제공한 총부가가치(매출액)에서 직전 단계까지 형성된 총부가가치(매입액)를 차감하여 부가가치를 계산하는 방법이다.

$$부가가치 = 매출액 - 매입액$$

3. 부가가치세의 계산방법

부가가치세는 부가가치에 일정한 세율을 곱하여 계산한다.

(1) 가산법

부가가치를 구성하는 생산요소를 합계한 금액에 세율을 곱하여 부가가치세를 계산하는 방법이다.

$$부가가치세 = 부가가치 합계액 \times 세율$$

(2) 공제법

① 전단계거래액공제법 : 매출액에서 매입액을 공제하여 부가가치를 계산하고 이에 세율을 곱하여 부가가치세를 계산하는 방법이다.

$$부가가치세 = (매출액 - 매입액) \times 세율$$

② 전단계세액공제법 : 일정기간의 매출액에 세율을 곱하여 매출세액을 계산하고 매입액에 세율을 곱하여 매입세액을 계산한 다음, 매출세액에서 매입세액을 공제하여 부가가치세를 계산하는 방법이다. 현재 우리나라는 전단계세액공제법을 채택하고 있다.

$$부가가치세 = 매출세액(매출액 \times 세율) - 매입세액(매입액 \times 세율)$$

4. 우리나라 부가가치세법의 특징

① 국세 : 부가가치세는 국가가 부과하는 조세이다[10]. (≠ 지방세)
② 일반소비세 : 부가가치세는 부가가치세법상 면세로 열거되어 있지 아니한 모든 재화와 용역의 소비에 대하여 포괄적으로 과세하므로 일반세이며, 소비를 담세력으로 하므로 소비세이다. (≠ 개별소비세)
③ 다단계거래세 : 부가가치세는 재화 또는 용역이 생산되거나 유통되는 제조·도매·소매 등 모든 거래의 자기단계에서 부가되는 가치에 대해 과세하는 다단계거래세이다.

---

10) 지역경제 활성화와 지방자치단체의 세수입을 늘려주기 위해서 국세인 부가가치세의 일부를 지방소비세로 2010년 1월 1일 이후 부가가치세법에 따라 최초로 납부하는 분부터 부과하고 있다.

④ 간접세 : 부가가치세는 각 단계의 사업자가 납부하여야 하나 실질적인 세부담은 최종 소비자가 지게 되는 간접세이다. (≠ 직접세)

⑤ 물세 : 부가가치세는 납세의무자의 부양가족이나 교육비·의료비 등 인적사정이 전혀 고려되지 않는 물세이다. (≠ 인세)

⑥ 전단계세액공제법 : 부가가치세는 매출세액에서 전단계에서 지급한 매입세액을 공제하는 전단계세액공제법을 채택하고 있다.

⑦ 소비지국 과세원칙 : 수출의 경우 영세율을 적용함으로써 완전면세하여 주고 수입재화에 대하여는 과세함으로써 결국 국내소비에 대하여만 과세하는 소비지국과세원칙을 채택하고 있다. (≠ 생산지국 과세원칙)

⑧ 신고납세제도 : 원칙적으로 납세의무자의 과세표준신고에 의해 납세의무가 확정된다. (≠ 정부부과제도)

5. 부가가치세의 효과 및 단점

① 수출의 촉진 : 부가가치세는 수출 또는 수출지원사업에 대하여 영세율을 적용하여 거래징수당한 매입세액을 전액 환급해 줌으로써 수출촉진에 기여한다.

② 투자의 촉진 : 소비형 부가가치세에서는 제작·매입한 자본재에 대한 매입세액을 공제 또는 환급 받기 때문에 투자를 촉진한다.

> [참고] 부가가치의 범위
> ① GNP형 부가가치세 : 총매출액 - 중간재구입액
> ② 소득형 부가가치세 : 총매출액 - 중간재구입액 - 감가상각비
> ③ 소비형 부가가치세 : 총매출액 - 중간재구입액 - 자본재구입액

③ 근거과세의 확립 : 매입세액을 공제받기 위해서는 세금계산서가 수수되어야 하므로 근거과세확립에 공헌한다.

④ 세부담의 역진성 : 최종소비자에게 조세부담이 전가되고 단일세율이므로 소득이 달라도 동일한 세부담을 해야 하는 조세부담의 역진성을 갖는 단점이 있다.

memo

한마디 … 부가가치세편의 기/출/문/제 [필기]의 객관식 문제는 지난 20년간 출제된 문제를 소단위별로 정리하였습니다. 그리고 중복되어 출제되는 문제는 본문에서 제외하고, 그 출제 빈도를 확인할 수 있도록 ★표로 그 출제회수를 제시하고 있습니다. ☆는 1문제, ★는 5문제를 의미합니다.

기/출/문/제 (필기)

— 우리나라 부가가치세법의 특징 —

01 현행 부가가치세법의 특징이 아닌 것은?

① 소비형 부가가치세제를 채택하고 있다.
② 전단계세액공제법을 채택하고 있다.
③ 각 거래단계마다 증가하는 부가가치에 대하여 거래징수하는 다단계거래세이다.
④ 납세의무자와 담세자가 일치하는 직접세이다.

[풀이] 납세의무자와 담세자가 다른 간접세에 해당한다.

02 다음 중 현행 부가가치세법상 특징과 거리가 먼 것은?

① 영세율을 제외한 모든 부가가치세 과세대상에 대하여 10%의 단일세율을 적용한다.
② 이익이 발생하지 않았을 경우에는 부가가치세가 발생하지 않아 납부할 필요가 없다.
③ 최종소비하는 자가 실질적인 세부담을 하는 소비세이다.
④ 수출을 장려하기 위한 취지에서는 면세제도 보다는 영세율제도가 더 적합하다.

[풀이] 부가가치세는 이익발생과 관계없이 납부세액이 있으면 납부해야 한다.

03 다음 중 우리나라의 부가가치세의 특징이 아닌 것은?

① 다단계거래세
② 간접세
③ 물세(物稅)
④ 소득에 대한 과세

[풀이] 부가가치세는 소비를 담세력으로 하므로 소비세이다.

04 부가가치세법에 대한 다음 설명 중 가장 옳지 않은 것은?

① 부가가치세의 과세대상은 재화 및 용역의 공급과 재화의 수입이다.
② 부가가치세는 재화나 용역이 최종 소비자에게 도달할 때까지의 모든 거래단계마다 부가가치세를 과세하는 다단계거래세이다.
③ 부가가치세는 납세의무자와 실질적인 담세자가 일치하지 않는 간접세이다.
④ 부가가치세는 재화 또는 용역이 생산되는 국가에서 과세하는 생산지국 과세원칙을 채택하고 있다.

[풀이] 소비지국 과세원칙을 채택하고 있다.

05 우리나라 부가가치세와 소득세의 공통점이 아닌 것은?

① 국세 ② 신고납세제도
③ 종가세 ④ 누진세제도

[풀이] 소득세는 초과누진세제도를 취하나, 부가가치세는 단일비례세율(10%)이며, 일정한 재화 또는 용역에 대하여는 영(zero)의 세율을 적용한다.

③ 세법에 따라 직접적으로 세액산출의 기초가 되는 과세대상의 수량 또는 가액을 과세표준이라 하는데, 과세표준이 수량으로 표시되는 조세를 "종량세"라고 하고, 과세표준이 금액으로 표시되는 조세를 "종가세"라고 한다.

정답

1. ④ 2. ② 3. ④ 4. ④ 5. ④

제2절 총칙

1. 납세의무자

다음 중 어느 하나에 해당하는 자는 부가가치세를 납부할 의무가 있다.
① 사업자
② 재화를 수입하는 자

여기서 사업자란 사업목적이 영리이든 비영리이든 관계없이 사업상 독립적으로 재화 또는 용역을 공급하는 자를 말한다. 이를 구체적으로 설명하면 다음과 같다.

(1) 사업자의 요건

① 영리목적 유무와 무관 : 부가가치세는 사업자가 얻은 소득에 대하여 과세하는 것이 아니라 그가 창출하여 공급한 부가가치에 대해 공급받는 자로부터 세액을 징수하여 납부하는 것이므로 사업목적이 영리이든 비영리이든 관계없다. 따라서 사업자에는 개인, 법인, 법인격이 없는 사단·재단 뿐만 아니라 국가·지방자치단체와 지방자치단체조합도 포함된다.

② 사업성 : 사업성이란 최소한 부가가치를 창출할 수 있을 정도의 실체적인 사업형태를 갖추고, 사회통념상 인정될 수 있는 정도의 계속적·반복적으로 공급하는 것을 말한다. 따라서 사업적으로 부가가치세가 과세되는 재화 또는 용역을 공급하면 사업자등록 여부 및 부가가치세의 거래징수 여부에 불구하고 부가가치세를 신고하고 납부할 의무가 있다.

③ 사업상 독립성 : 부가가치세 납세의무자인 사업자가 되기 위해서는 인적 또는 물적으로 자기책임하에 독립적으로 재화 또는 용역을 공급하여야 한다. 따라서 타인에게 고용된 지위에 있지 않아야 하며(인적독립), 주된 사업에 부수되거나 연장이 아닌 별도의 것이어야 한다(물적독립).

(2) 사업자의 분류

사업자는 과세사업자와 면세사업자로 구분할 수 있다. 과세사업자란 부가가치세가 과세되는 재화 또는 용역을 공급하는 사업자를 말하며, 면세사업자란 부가가치세가 면제되는 재화 또는 용역을 공급하는 사업자를 말한다.

면세사업자는 원칙적으로 납세의무자에 포함되는 것이나 정책적인 목적 등의 이유로 면세규정을 두어 납세의무자의 범위에서 제외하고 있다. 과세사업자는 매출규모와 업종에 따라 일반과세자와 간이과세자로 구분한다.

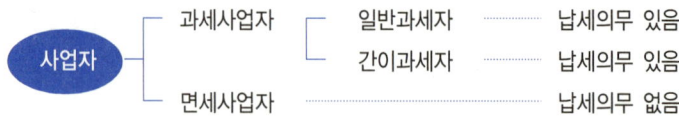

참고 간이과세자의 특징
- 직전 연도의 재화와 용역의 공급에 대한 공급대가가 1억 400만원에 미달하는 개인사업자로 한다.
- 간이과세가 적용되지 아니하는 다른 사업장을 보유하고 있는 사업자와 업종, 규모, 지역 등을 고려하여 대통령령으로 정하는 사업자(광업, 제조업, 도매업, 부동산매매업, 일정한 전문자격사업 등)는 공급대가의 수준에 관계없이 간이과세적용이 배제된다.
- 부동산임대업 또는 과세유흥장소를 경영하는 사업자로서 해당 업종의 직전 연도의 공급대가의 합계액이 4천800만원 이상인 사업자는 간이과세적용이 배제된다.
- 납부세액 = 해당 과세기간의 공급대가 × 해당 업종의 부가가치율 × 10%

2. 과세기간

과세기간이란 세법에 의하여 과세표준을 계산하는 기초가 되는 기간을 말한다. 여기서 과세표준이란 납세의무자가 납부해야 할 세액산출의 기준이 되는 과세대상의 수량 또는 가액을 말하는데 부가가치세의 과세표준은 공급가액이다.

(1) 일반적인 경우

사업자에 대한 부가가치세의 과세기간은 다음과 같다. 단, 간이과세자에 대한 부가가치세의 과세기간은 1월 1일부터 12월 31일까지이다.
① 제 1기 : 1월 1일부터 6월 30일까지
② 제 2기 : 7월 1일부터 12월 31일까지

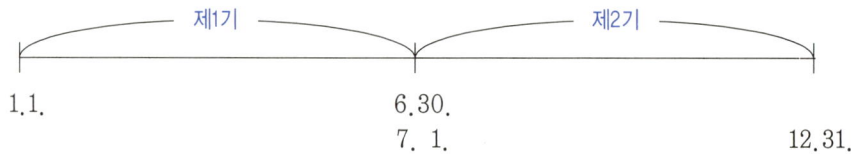

(2) 기타의 경우

① 신규사업개시자 : 신규로 사업을 시작하는 자에 대한 최초의 과세기간은 사업개시일부터 그 날이 속하는 과세기간의 종료일까지로 한다. 다만, 사업개시일 이전에 사업자등록을 신청한 경우에는 그 신청한 날부터 그 신청일이 속하는 과세기간의 종료일까지로 한다.

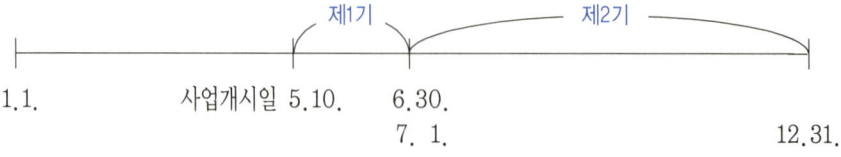

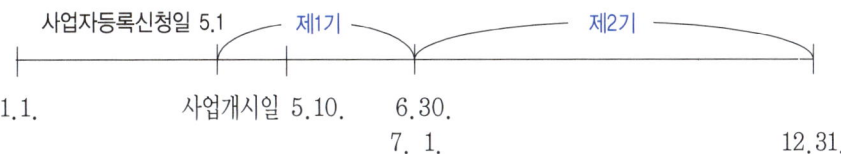

② **폐업자**: 사업자가 폐업하는 경우의 과세기간은 폐업일이 속하는 과세기간의 개시일부터 폐업일까지로 한다.

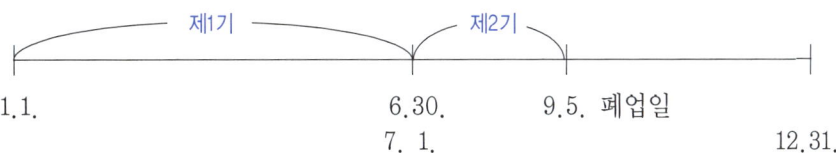

3. 납세지

납세지는 납세의무자가 납세의무를 이행하고 세무관청이 과세권을 행사하는 기준이 되는 장소이다. 사업자의 부가가치세 납세지는 각 사업장의 소재지로 하며, 재화를 수입하는 자의 부가가치세 납세지는 관세법에 따라 수입을 신고하는 세관의 소재지로 한다.

(1) 사업장

사업장은 사업자가 사업을 하기 위하여 거래의 전부 또는 일부를 하는 고정된 장소로 한다. 사업장의 구체적인 범위는 다음과 같다.

사 업	사업장의 범위
① 광업	• 광업사무소의 소재지
② 제조업	• 최종제품을 완성하는 장소. ※ 다만, 따로 제품의 포장만을 하거나 용기에 충전만을 하는 장소와 저유소(貯油所)는 제외한다.
③ 건설업 · 운수업 · 부동산매매업	㉠ 법인인 경우 : 법인의 등기부상 소재지 ㉡ 개인인 경우 : 사업에 관한 업무를 총괄하는 장소
④ 부동산임대업	• 부동산의 등기부상 소재지
⑤ 무인자동판매기를 통하여 재화 · 용역을 공급하는 사업	• 사업에 관한 업무를 총괄하는 장소
⑥ 비거주자 또는 외국법인	• 비거주자 또는 외국법인의 국내사업장
⑦ 사업장을 두지 아니한 경우	• 사업자의 주소 또는 거소

(2) 직매장

사업자가 자기의 사업과 관련하여 생산하거나 취득한 재화를 직접 판매하기 위하여 특별히 판매시설을 갖춘 장소를 직매장이라고 한다. 이러한 직매장은 사업장으로 본다.

(3) 하치장과 임시사업장

① 하치장이란 재화를 보관하고 관리할 수 있는 시설만 갖춘 장소로서 사업자가 관할세무서장에게 그 설치 신고를 한 장소를 말한다. 이러한 하치장은 사업장으로 보지 않는다.

② 임시사업장이란 각종 경기대회나 박람회 등 행사가 개최되는 장소에 개설한 임시사업장으로서 그 개설 신고된 장소를 말한다. 이러한 임시사업장은 사업장으로 보지 않는다.

4. 주사업장총괄납부

부가가치세는 각 사업장 단위로 납세의무를 이행하는 것이 원칙이나, 사업장이 둘 이상인 사업자가 주된 사업장의 관할세무서장에게 주사업장총괄납부를 신청한 경우에는 납부할 세액을 주된 사업장에서 총괄하여 납부할 수 있다. 단, 신고는 각 사업장별로 해야 한다.

(1) 주된 사업장

주된 사업장은 법인의 본점(주사무소 포함) 또는 개인의 주사무소로 한다. 다만, 법인의 경우에는 지점(분사무소 포함)을 주된 사업장으로 할 수 있다.

(2) 총괄납부의 신청

주된 사업장에서 총괄하여 납부하는 사업자(주사업장총괄납부사업자)가 되려는 자는 그 납부하려는 과세기간 개시 20일 전에 "주사업장총괄납부신청서"를 주된 사업장의 관할세무서장에게 제출하여야 한다.

  다만, 다음에 해당하는 자가 주된 사업장에서 총괄하여 납부하려는 경우에는 다음의 구분에 따른 기한까지 "주사업장총괄납부신청서"를 주된 사업장의 관할 세무서장에게 제출하여야 한다. 이처럼 주사업장총괄납부를 신청한 자는 해당 신청일이 속하는 과세기간부터 총괄하여 납부한다.

① 신규로 사업을 시작하는 자 : 주된 사업장의 사업자등록증을 받은 날부터 20일 이내
② 사업장이 하나이나 추가로 사업장을 개설하려는 자 : 추가 사업장의 사업개시일부터 20일 이내

(3) 총괄납부의 포기

주사업장총괄납부사업자가 주사업장총괄납부를 포기할 때에는 각 사업장에서 납부하려는 과세기간 개시 20일 전에 "주사업장총괄납부포기신고서"를 주된 사업장 관할세무서장에게 제

출해야 한다. 이처럼 주사업장총괄납부를 포기한 경우에는 포기한 날이 속하는 과세기간의 다음 과세기간부터 각 사업장에서 납부해야한다.

5. 사업자등록

사업자등록이란 납세의무가 있는 사업자를 관할세무서의 대장에 등록하는 것을 말하며, 이로 인하여 과세관청은 납세의무자를 파악할 수 있고 사업자는 고유의 등록번호를 부여받아 거래시에 이를 활용하게 된다.

(1) 사업자등록의 신청

① 원칙(사업장 단위 등록) : 사업자는 사업장마다 사업 개시일부터 20일 이내에 사업장 관할세무서장에게 사업자등록을 신청하여야 한다. 다만, 신규로 사업을 시작하려는 자는 사업 개시일 이전이라도 사업자등록을 신청할 수 있다. 사업자등록의 신청은 관할세무서장이 아닌 다른 세무서장에게도 할 수 있다.

> [참고] 사업 개시일
> 사업 개시일이란 다음의 날을 말한다.
> ① 제조업 : 제조장별로 재화의 제조를 시작한 날
> ② 광업 : 사업장별로 광물을 채취·채광을 시작한 날
> ③ 기타의 사업 : 재화나 용역의 공급을 시작한 날

② 특례(사업자 단위 등록) : 사업장이 둘 이상인 사업자(사업장이 하나이나 추가로 사업장을 개설하려는 사업자를 포함한다)는 사업자 단위로 해당 사업자의 본점 또는 주사무소 관할세무서장에게 등록을 신청할 수 있다. 이 경우 등록한 사업자를 "사업자단위과세사업자"라 한다. 한편, 이미 사업장 단위로 등록한 사업자가 사업자단위과세사업자로 변경하려면 사업자단위과세사업자로 적용받으려는 과세기간 개시 20일 전까지 사업자의 본점 또는 주사무소 관할세무서장에게 변경등록을 신청하여야 한다.

(2) 제출서류

사업자등록을 하려는 사업자는 사업장마다 "사업자등록신청서"를 세무서장(관할세무서장 또는 그 밖의 세무서장 중 어느 한 세무서장을 말한다)에게 제출하여야 한다. 다만, 사업자단위과세사업자로 등록을 신청하려는 사업자는 본점 또는 주사무소(사업자단위과세적용사업장)에 대하여 "사업자등록신청서"를 사업자단위과세적용사업장 관할세무서장에게 제출하여야 한다.

(3) 사업자등록증의 발급

사업자등록 신청을 받은 사업장 관할세무서장은 사업자의 인적사항과 그 밖에 필요한 사항을 적은 사업자등록증을 신청일부터 2일 이내(토요일·공휴일 또는 근로자의 날은 산정에서 제외)에 신청자에게 발급하여야 한다. 다만, 사업장시설이나 사업현황을 확인하기 위하여 국세청장

이 필요하다고 인정하는 경우에는 발급기한을 5일 이내에서 연장하고 조사한 사실에 따라 사업자등록증을 발급할 수 있다.

(4) 사업자등록증의 사후관리

사업자가 다음 중 어느 하나에 해당하는 경우에는 사업자의 인적사항, 사업자등록의 변경사항 및 그 밖의 필요한 사항을 적은 "사업자등록정정신고서"에 사업자등록증을 첨부하여 세무서장에게 제출하여야 한다. 신고를 받은 세무서장은 다음의 기한 내에 변경 내용을 확인하고 사업자등록증의 기재사항을 정정하여 재발급하여야 한다.

사업자등록 정정사유	재발급기한
① 상호를 변경하는 경우 ② 사이버몰에 인적사항 등의 정보를 등록하고 재화 또는 용역을 공급하는 사업을 하는 사업자(통신판매업자)가 사이버몰의 명칭 또는 인터넷 도메인이름을 변경하는 경우	신청일 당일
③ 법인의 대표자를 변경하는 경우 　[주의] 개인의 대표자를 변경하는 경우 (×) ④ 사업의 종류에 변동이 있는 경우 ⑤ 사업장을 이전하는 경우 　[주의] 사업자의 주소를 이전하는 경우 (×) ⑥ 상속으로 사업자의 명의가 변경되는 경우 　[주의] 증여로 인하여 사업자의 명의가 변경되는 경우 (×) ⑦ 공동사업자의 구성원 또는 출자지분이 변경되는 경우 ⑧ 임대인, 임대차 목적물이나 그 면적, 보증금, 임차료 또는 임대차기간이 변경되거나 새로 상가건물을 임차한 경우(상가건물임대차보호법을 적용받는 경우로 한정한다) ⑨ 사업자단위과세사업자가 사업자단위과세적용사업장을 변경하는 경우 ⑩ 사업자단위과세사업자가 종된 사업장을 신설하거나 이전하는 경우 ⑪ 사업자단위과세사업자가 종된 사업장의 사업을 휴업하거나 폐업하는 경우	신청일부터 2일 이내

memo

기/출/문/제 (필기)

— 납세의무자 —

01 부가가치세법상 납세의무자인 사업자의 요건과 관련이 없는 것은?

① 사업성이 있어야 한다.
② 영리목적이 있어야 한다.
③ 사업상 독립성을 갖추어야 한다.
④ 과세대상인 재화나 용역을 공급하는 자 이어야 한다.

[풀이] 납세의무자인 사업자는 영리목적 유무와 무관하다.

— 과세기간 —

02 다음 중 부가가치세법상 과세기간에 관한 설명으로 틀린 것은?

① 제1기는 1월 1일부터 6월 30일, 제2기는 7월 1일부터 12월 31일까지이다.
② 법인사업자와 개인사업자의 과세기간은 다르다.
③ 폐업자는 폐업일이 속하는 과세기간의 개시일부터 폐업일까지로 한다.
④ 신규사업자는 사업 개시일부터 그 날이 속하는 과세기간 종료일까지로 한다.

[풀이] 법인사업자와 개인사업자의 과세기간은 동일하다.

— 사업장의 범위 — ☆☆

03 다음 중 부가가치세법상 업종별 사업장에 대한 설명으로 틀린 것은?

① 광업에 있어서는 광업사무소의 소재지를 사업장으로 한다.
② 제조업에 있어서는 최종제품을 완성하는 장소를 사업장으로 한다. 다만, 따로 제품의 포장만을 하는 장소는 제외한다.
③ 건설업에 있어서는 사업자가 법인인 경우 각 현장사무소를 사업장으로 한다.
④ 부동산임대업에 있어서는 그 부동산의 등기부상의 소재지를 사업장으로 한다.

[풀이] 건설업에 있어서는 사업자가 법인인 경우 법인의 등기부상 소재지를 사업장으로 한다.

04 다음 중 사업장의 범위에 대한 설명으로 옳지 않은 것은?

① 제조업 : 최종제품을 완성하는 장소
② 건설업 : 법인인 경우 법인의 등기부상 소재지
③ 부동산매매업 : 개인인 경우 사업에 관한 업무를 총괄하는 장소
④ 부동산임대업 : 사업에 관한 업무를 총괄하는 장소

[풀이] 부동산임대업의 사업장은 부동산의 등기부상 소재지이다.

05 다음 중 부가가치세법상 업종별 사업장에 대한 설명으로 옳지 않은 것은?

① 부동산임대업을 영위하는 개인은 그 부동산의 등기부상의 소재지를 사업장으로 한다.
② 제조업을 영위하는 개인은 최종제품을 완성하는 장소를 사업장으로 한다(다만, 따로 제품의 포장만을 하는 장소는 제외).
③ 건설업을 영위하는 법인은 각 건설 현장 사무소를 사업장으로 한다.
④ 부동산매매업을 영위하는 법인은 법인의 등기부상 소재지를 사업장으로 한다.

[풀이] 건설업을 영위하는 법인은 법인의 등기부상 소재지를 사업장으로 한다.

― 주사업장총괄납부 ― ☆

06 다음 중 부가가치세법상 주사업장총괄납부제도에 대한 설명으로 틀린 것은?

① 사업장이 둘 이상 있는 경우에는 주사업장총괄납부를 신청하여 주된 사업장에서 부가가치세를 일괄하여 납부하거나 환급받을 수 있다.
② 주된 사업장은 법인의 본점(주사무소를 포함한다) 또는 개인의 주사무소로 한다. 다만, 법인의 경우에는 지점(분사무소를 포함한다)을 주된 사업장으로 할 수 있다.
③ 주된 사업장에 한 개의 등록번호를 부여한다.
④ 납부하려는 과세기간 개시 20일 전에 주사업장총괄납부신청서를 주된 사업장의 관할 세무서장에게 제출하여야 한다.

[풀이] 주된 사업장에 한 개의 등록번호를 부여하는 것은 사업자단위과세제도에 대한 설명이다.

― 사업자등록의 신청 ― ☆☆

07 다음 중 부가가치세법상 사업자등록과 관련된 설명으로 적절하지 않은 것은?

① 신규사업자는 사업 개시일부터 20일 이내에 사업자등록을 하여야 한다.
② 사업자등록은 반드시 사업장마다 하여야 한다.
③ 신규로 사업을 개시하려는 자는 사업개시일 전이라도 사업자등록을 할 수 있다.
④ 세무서장은 원칙적으로 사업자등록증을 법에서 정한 기한내에 발급하여야 한다.

[풀이] 둘 이상의 사업장이 있는 사업자는 사업자단위로 당해 사업자의 본점 또는 주사무소에서 사업자등록을 할 수 있다.

08 부가가치세법과 관련된 다음의 설명 중 가장 잘못된 것은?

① 사업자등록 신청은 사업장마다 사업개시일로부터 20일 내에 하는 것이 원칙이다.
② 면세사업자는 부가가치세법상 사업자에 해당하지 아니한다.
③ 직매장은 사업장에 해당하고, 하치장은 사업장에 해당하지 아니한다.
④ 한 사업자에게 동일한 업종으로 둘 이상의 사업장이 있는 경우에는 사업자단위로 신고·납부하는 것이 원칙이다.

[풀이] 사업자에게 둘 이상의 사업장이 있는 경우에도 부가가치세는 사업장 마다 신고·납부하는 것이 원칙이다.

09 다음 중 부가가치세법상 사업자등록과 관련된 설명으로 틀린 것은?

① 사업자는 원칙적으로 사업장마다 사업 개시일부터 20일 이내에 사업자등록을 하여야 한다.
② 신규로 사업을 시작하려는 자는 사업 개시일 전에 사업자등록을 할 수 없다.
③ 사업장이 둘 이상인 사업자는 사업자단위로 해당 사업자의 본점 또는 주사무소 관할 세무서장에게 등록을 신청할 수 있다.
④ 사업자는 사업자등록의 신청을 사업장 관할세무서장이 아닌 다른 세무서장에게도 할 수 있다.

[풀이] 신규로 사업을 시작하려는 자는 사업개시일 이전이라도 사업자등록을 신청할 수 있다.

10 다음은 부가가치세법상 사업자등록에 대한 설명이다. 가장 틀린 것은?

① 사업자는 원칙적으로 사업장마다 사업 개시일부터 20일 이내에 사업자등록을 신청하여야 한다.
② 신규로 사업을 시작하려는 자는 사업개시일 전에 사업자등록을 신청할 수 없다.
③ 사업장이 둘 이상인 사업자는 사업자단위로 해당 사업자의 본점 또는 주사무소 관할 세무서장에게 등록을 신청할 수 있다.
④ 사업자단위로 등록 신청을 한 경우에는 원칙적으로 사업자단위과세적용사업장에 한 개의 등록번호가 부여된다.

[풀이] 신규로 사업을 시작하려는 자는 사업개시일 이전이라도 사업자등록을 신청할 수 있다.

11 부가가치세법상 사업자단위과세제도에 대한 설명이다. 가장 틀린 것은?

① 사업장이 둘 이상 있는 경우에는 사업자단위과세 제도를 신청하여 주된 사업장에서 부가가치세를 일괄하여 신고와 납부, 세금계산서 수수를 할 수 있다.
② 주된 사업장은 법인의 본점(주사무소를 포함한다) 또는 개인의 주사무소로 한다. 다만, 법인의 경우에는 지점(분사무소를 포함한다)을 주된 사업장으로 할 수 있다.
③ 주된 사업장에 한 개의 사업자등록번호를 부여한다.
④ 사업장단위로 등록한 사업자가 사업자단위과세사업자로 변경하려면 사업자단위과세사업자로 적용받으려는 과세기간 개시 20일 전까지 변경등록을 신청하여야 한다.

[풀이] 사업자단위과세사업자는 각 사업장 대신에 그 사업자의 본점 또는 주사무소의 소재지를 납세지로 한다. 단, 주사업장총괄납부와 달리 법인인 경우에도 지점을 주된 사업장(사업자단위과세적용사업장)으로 할 수는 없다.

― 사업자등록증의 사후관리 ― ☆☆

12 부가가치세법상 사업자등록(개인)의 정정사유가 아닌 것은?

① 사업장을 이전하는 때
② 사업자(대표자) 명의변경
③ 새로운 사업의 종류를 추가할 때
④ 상속으로 인하여 사업자의 명의가 변경되는 때

[풀이] 개인사업자가 대표자를 변경하는 경우는 정정사유에 해당하지 않는다.

13 다음은 ㈜대한의 법인등기부등본상의 기재사항들이다. 부가가치세법상 사업자등록 정정사유가 아닌 것은?

① ㈜대한에서 ㈜민국으로 상호변경
② ㈜대한의 대표이사를 A에서 B로 변경
③ ㈜대한의 자본금을 1억원에서 2억원으로 증자
④ ㈜대한의 사업종류에 부동산 임대업을 추가

[풀이] 법인의 자본금 변동사항은 사업자등록 정정사유가 아니다.

14 부가가치세법상 사업자등록과 관련된 설명 중 틀린 것은?

① 신규로 사업을 시작하려는 자는 사업 개시일 이전이라도 사업자등록을 신청할 수 있다.
② 사업자등록의 신청을 받은 관할세무서장은 신청일부터 3일 이내에 사업자등록증을 신청자에게 발급하는 것이 원칙이다.
③ 휴업 또는 폐업을 하는 경우 지체없이 사업장 관할세무서장에게 신고하여야 한다.
④ 과세사업을 경영하는 자가 면세사업을 추가할 경우에는 면세사업자등록 신청을 별도로 할 필요가 없다.

[풀이] 사업자등록의 신청을 받은 관할세무서장은 신청일부터 2일 이내에 사업자등록증을 신청자에게 발급하는 것이 원칙이다.

정답

1. ② 2. ② 3. ③ 4. ④ 5. ③ 6. ③ 7. ② 8. ④ 9. ② 10. ②
11. ② 12. ② 13. ③ 14. ②

제3절 과세거래

1. 과세대상

과세대상이란 세금을 부과할 수 있는 대상을 말하는데, 부가가치세는 다음의 각 거래에 대하여 과세한다.

① 사업자가 행하는 재화 또는 용역의 공급
② 재화의 수입

재화의 공급과 용역의 공급은 공급자가 사업자인 경우에만 과세거래에 해당하고, 공급자가 비사업자인 경우에는 납세의무가 없으므로 과세거래가 될 수 없다. 반면, 재화를 수입할 때 수입자는 사업자 해당여부에 관계없이 부가가치세를 납부할 의무가 있다. 재화를 수입하는 자는 관세법에 따라 관세를 납부하므로 소비지국과세원칙을 구현하기 위하여 부가가치세도 관세와 함께 납부하도록 하고 있다.

2. 재화의 공급

재화의 공급은 계약상 또는 법률상의 모든 원인에 따라 재화를 인도(引渡)하거나 양도(讓渡)하는 것으로 한다.

(1) 재화의 정의

재화란 재산적 가치가 있는 물건 및 권리를 말한다.

구 분	구체적인 범위
(1) 물 건	① 상품·제품·원료·기계 등 모든 유체물 ② 전기·가스·열 등 관리할 수 있는 자연력
(2) 권 리	• 광업권·특허권·저작권 등 물건 외에 재산적 가치가 있는 모든 것

[참고] 화폐대용증권(수표·어음 등), 지분증권(주식, 출자지분), 채무증권(회사채, 국공채), 상품권은 과세대상 재화로 보지 않는다.

(2) 재화 공급의 범위

① **매매계약** : 현금판매, 외상판매, 할부판매, 장기할부판매, 조건부 및 기한부판매, 위탁판매, 그 밖의 매매계약에 따라 재화를 인도하거나 양도하는 것
② **가공계약** : 자기가 주요자재의 전부 또는 일부를 부담하고 상대방으로부터 인도받은 재화를 가공하여 새로운 재화를 만드는 가공계약에 의하여 재화를 인도하는 것

③ **교환계약** : 재화의 인도 대가로서 다른 재화를 인도받거나 용역을 제공받는 교환계약에 따라 재화를 인도하거나 양도하는 것

④ **그 밖의 원인** : 경매, 수용, 현물출자와 그 밖의 계약상 또는 법률상의 원인에 따라 재화를 인도하거나 양도하는 것

> [참고] 수재·화재·도난·파손·재고감모손 등으로 인하여 재화를 잃어버리거나 재화가 멸실된 경우에는 재화의 공급으로 보지 않는다.

(3) 재화의 공급으로 보지 않는 경우

다음 중 어느 하나에 해당하는 것은 재화의 공급으로 보지 않는다.

① **담보 제공** : 재화를 담보로 제공하는 것, 즉 질권·저당권 또는 양도담보의 목적으로 동산·부동산 및 부동산상의 권리를 제공하는 것은 재화의 공급으로 보지 않는다.
> [WHY] 실제로 재화가 인도·양도되더라도 그것은 실제 소유권이 이전되는게 아니라 단순히 채권담보로 맡긴 것에 지나지 않다.

② **사업 양도** : 사업장별로 그 사업에 관한 모든 권리와 의무를 포괄적으로 승계시키는 것은 재화의 공급으로 보지 않는다.
> [WHY] 재화의 공급에 포함하면, 양도자는 양수자로부터 부가가치세를 거래징수하여 납부하고, 양수자는 그 금액을 매입세액으로 공제(또는 환급)받게 된다. 그 결과 양수자는 거래징수당한 시점부터 환급받는 시점까지 불필요한 자금압박을 받게 되며, 과세관청은 국고수입도 없으면서 번거로운 행정적 부담을 안게 된다.

③ **조세의 물납** : 법률에 따라 조세를 물납하는 것, 즉 사업용 자산을「상속세 및 증여세법」및「지방세법」에 따라 물납하는 것은 재화의 공급으로 보지 않는다.
> [WHY] 조세의 물납도 재화의 공급에 해당하나, 이 경우 납세의무자는 국가로부터 부가가치세를 거래징수하여 이를 국가에 다시 납부하는 것이므로 무의미한 결과가 된다.

④ **법률에 따른 공매·경매** :「국세징수법」에 따른 공매,「민사집행법」에 따른 경매에 따라 재화를 인도하거나 양도하는 것은 재화의 공급으로 보지 않는다.
> [WHY] 재화의 소유권을 이전 당하는 사업자는 사실상 파산 등의 상태로 부가가치세를 체납하는 경우가 많은데, 매수인이 매입세액을 공제받게 되면 국가 세수입의 손실만을 가져오는 결과가 된다.

⑤ **법률에 따른 수용** :「도시 및 주거환경정비법」,「공익사업을 위한 토지 등의 취득 및 보상에 관한 법률」등에 따른 수용절차에서 수용대상 재화의 소유자가 수용된 재화에 대한 대가를 받는 경우에도 재화의 공급으로 보지 않는다.
> [WHY] 수용된 재화는 공익사업을 위하여 철거·멸실되는 점을 고려한 것이다.

3. 재화 공급의 특례(간주공급)

부가가치세법에서는 재화의 실질적인 공급에 해당하지 않지만 일정한 사건들을 재화의 공급으로 간주하여 과세대상으로 보도록 하고 있는데, 이를 "재화의 공급의제" 또는 "재화의 간주공급"이라 한다.

(1) 자기생산·취득재화의 공급의제

자기생산·취득재화란 사업자가 자기의 과세사업과 관련하여 생산하거나 취득한 재화(사업자가 재화를 공급받을 때 매출세액에서 매입세액이 공제된 재화 등)로서 다음의 사유가 발생할 때에는 이미 공제받은 매입세액을 매출세액으로 납부하도록 하기 위해서 공급으로 간주한다.

㈎ 면세사업에의 전용

과세사업과 면세사업을 함께 경영하는 사업자가 자기생산·취득재화를 자기의 면세사업(부가가치를 창출하지 못하는 사업)을 위하여 직접 사용하거나 소비하는 것은 재화의 공급으로 본다.

> [예] 자기가 직접 생산한 사료(과세재화)를 판매하여 부가가치를 창출하지 않고 자기의 축산업(면세사업)에 사용·소비하는 경우

㈏ 승용자동차 등의 비영업용에의 전용

다음 중 어느 하나에 해당하는 자기생산·취득재화의 사용 또는 소비는 재화의 공급으로 본다.

① 사업자가 자기생산·취득재화를 매입세액이 매출세액에서 공제되지 아니하는 비영업용 소형승용자동차로 사용 또는 소비하거나, 그 자동차의 유지를 위하여 사용 또는 소비하는 것

> [예] 자동차 제조회사가 자기가 생산한 비영업용 소형승용자동차를 업무용으로 사용하는 경우
> [예] 주유소나 자동차부품판매업을 영위하는 사업자가 휘발유나 자동차부품을 자기의 비영업용 소형승용자동차에 사용·소비하는 경우

② 운수업, 자동차 판매업, 자동차 임대업, 운전학원업, 무인경비업 및 이와 유사한 업종을 경영하는 사업자가 자기생산·취득재화 중 비영업용 소형승용자동차와 그 자동차의 유지를 위한 재화를 해당 업종에 직접 영업으로 사용하지 아니하고 다른 용도로 사용하는 것

> [예] 운수업을 영위하는 사업자가 운수사업으로 비영업용 소형승용자동차를 구입하여 매입세액을 공제받은 후 이를 임직원의 업무용으로 사용하는 경우

> [참고] **비영업용 소형승용자동차**
> ① 영업용이란 운수업 등에서와 같이 승용자동차를 직접 영업에 사용하는 것을 의미하므로, 그렇지 않은 것은 회사의 용도와 상관없이 비영업용에 해당한다.
> ② 소형승용자동차란 사람의 수송을 목적으로 제작된 승용자동차(8인승 이하)로서 개별소비세 과세대상이 되는 차량(배기량 1,000cc 이하인 것은 제외)을 말한다.
> 이러한 비영업용 소형승용자동차의 구입과 임차 및 유지에 관한 매입세액은 공제하지 않는다.

(다) **개인적 공급**

사업자가 자기생산·취득재화를 사업과 직접적인 관계없이 자기의 개인적인 목적이나 그 밖의 다른 목적을 위하여 사용·소비하거나, 그 사용인 또는 그 밖의 자가 사용·소비하는 것으로서 사업자가 그 대가를 받지 아니하거나 시가 보다 낮은 대가를 받는 경우는 재화의 공급으로 본다.

> 예) 가구 제조업자가 제조한 가구를 사업자의 가정용으로 사용하거나 종업원에게 제공하는 경우

> [참고] **개인적 공급에 해당하지 않는 경우**
> 사업자가 실비변상적이거나 복리후생적인 목적으로 그 사용인에게 대가를 받지 아니하거나, 시가 보다 낮은 대가를 받고 제공하는 것으로서, 다음 중 어느 하나에 해당하는 것은 재화의 공급으로 보지 아니한다. 이 경우 시가 보다 낮은 대가를 받고 제공하는 것은 시가와 받은 대가의 차액에 한정한다.
> ① 사업을 위해 착용하는 작업복, 작업모 및 작업화를 제공하는 경우
> ② 직장연예 및 직장문화와 관련된 재화를 제공하는 경우
> ③ 다음 ㉠, ㉡ 중 어느 하나에 해당하는 재화를 제공하는 경우. 이 경우 ㉠, ㉡별로 각각 사용인 1명당 연간 10만원을 한도로 하며, 10만원을 초과하는 경우 해당 초과액에 대해서는 재화의 공급으로 본다.
>   ㉠ 경조사와 관련된 재화
>   ㉡ 설날, 추석, 창립기념일 및 생일 등과 관련된 재화

(라) **사업상 증여**

사업자가 자기생산·취득재화를 자기의 고객이나 불특정 다수인에게 증여하는 경우는 재화의 공급으로 본다.

> 예) 타올 판매업자가 자기의 개업식에 참석한 고객에게 무상으로 타올을 배포하는 경우

(마) **폐업시 잔존재화**

사업자가 폐업할 때 자기생산·취득재화 중 남아있는 재화는 폐업 후 누군가 소비하게 되더라도 폐업으로 인하여 사업자가 아니기 때문에 부가가치세를 과세할 수 없게 되는 문제가 발생한다. 이러한 문제점 때문에 폐업시 남아 있는 재화는 자기에게 공급하는 것으로 본다.

(2) 판매목적 타사업장 반출의 공급의제

사업장이 둘 이상인 사업자가 자기의 사업과 관련하여 생산 또는 취득한 재화를 판매할 목적으로 자기의 다른 사업장에 반출하는 것은 재화의 공급으로 본다. 다만, 다음 중 어느 하나에 해당하는 경우는 재화의 공급으로 보지 아니한다.

① 사업자가 사업자단위과세사업자로 적용을 받는 과세기간에 자기의 다른 사업장에 반출하는 경우
② 사업자가 주사업장총괄납부의 적용을 받는 과세기간에 자기의 다른 사업장에 반출하는 경우(다만, 세금계산서를 발급하고 예정신고 또는 확정신고를 한 경우에는 제외한다)

4. 용역의 공급

용역의 공급은 계약상 또는 법률상의 모든 원인에 따른 것으로서 다음 중 어느 하나에 해당하는 것으로 한다.
① 역무를 제공하는 것
② 시설물, 권리 등 재화를 사용하게 하는 것

(1) 용역의 범위

용역이란 재화 외의 재산 가치가 있는 모든 역무와 그 밖의 행위를 말한다. 이는 구체적으로 다음의 사업에 해당하는 모든 역무와 그 밖의 행위로 한다.
① 건설업
② 숙박 및 음식점업
③ 운수 및 창고업
④ 정보통신업(출판업과 영상·오디오 기록물 제작 및 배급업은 제외)
⑤ 금융 및 보험업
⑥ 부동산업. 다만, 다음에 해당하는 사업은 제외한다.
   ㉠ 전·답·과수원·목장용지·임야·염전 임대업
   ㉡ 공익사업과 관련해 지역권·지상권을 설정하거나 대여하는 사업
   > [WHY] ㉠은 주로 농어민들이 해당하며, ㉡은 공익을 위해서 제공되기 때문에 부가가치세의 부담을 줄여주기 위해서 용역의 범위에서 제외한다.
⑦ 전문, 과학 및 기술 서비스업과 사업시설 관리, 사업 지원 및 임대서비스업
⑧ 공공행정, 국방 및 사회보장 행정
⑨ 교육 서비스업
⑩ 보건업 및 사회복지 서비스업
⑪ 예술, 스포츠 및 여가관련 서비스업
⑫ 협회 및 단체, 수리 및 기타 개인서비스업과 제조업 중 산업용 기계 및 장비 수리업
⑬ 가구내 고용활동 및 달리 분류되지 않은 자가소비 생산활동
⑭ 국제 및 외국기관의 사업
   > [WHY] 현실적으로 대부분의 사업이 재화와 용역을 동시에 혼합하여 공급하는 경우가 많기 때문에 재화와 용역의 정의만으로는 그 구분이 어렵다는 점을 고려하여 용역을 공급하는 사업의 범위를 구체적으로 열거하고 있다.

다만, 위의 규정에도 불구하고 건설업과 부동산업 중 다음 중 어느 하나에 해당하는 사업은 재화를 공급하는 사업으로 본다.
① 부동산 매매 또는 그 중개를 사업목적으로 나타내어 부동산을 판매하는 사업
② 사업상 목적으로 1과세기간 중에 1회 이상 부동산을 취득하고 2회 이상 판매하는 사업

(2) 용역 공급의 범위

다음 중 어느 하나에 해당하는 것은 용역의 공급으로 본다.

① 건설업의 경우 건설업자가 건설자재의 전부 또는 일부를 부담하는 것
② 자기가 주요자재를 전혀 부담하지 아니하고 상대방으로부터 인도받은 재화를 단순히 가공만 해 주는 것

> [참고] 자기가 주요자재의 전부 또는 일부를 부담하고 상대방으로부터 인도받은 재화를 가공하여 새로운 재화를 만드는 가공계약에 의하여 재화를 인도하는 것은 재화의 공급에 해당한다. 다만, 건설업은 항상 용역의 공급에 해당한다.

③ 산업상·상업상 또는 과학상의 지식·경험 또는 숙련에 관한 정보(Know-how)를 제공하는 것

(3) 용역 공급의 특례

① 사업자가 대가를 받지 아니하고 타인에게 용역을 공급하는 것은 용역의 공급으로 보지 아니한다. 다만, 사업자가 특수관계인에게 사업용 부동산의 임대용역 등을 공급하는 것은 용역의 공급으로 본다.

> [참고] 특수관계인이란 6촌 이내의 혈족, 4촌 이내의 인척, 배우자 등을 말한다.

② 고용관계에 따라 근로를 제공하는 것은 용역의 공급으로 보지 아니한다.

> [참고] 인적독립이 없으므로 사업자에 해당하지 않는다.

5. 재화의 수입

재화의 수입은 다음 중 어느 하나에 해당하는 물품을 국내에 반입하는 것(보세구역을 거치는 것은 보세구역에서 반입하는 것을 말한다)으로 한다.

외국 물품	비 고
(1) 외국으로부터 국내에 도착한 물품으로서 수입신고가 수리되기 전의 것	• 물품에는 외국 선박에 의하여 공해에서 채집되거나 잡힌 수산물을 포함한다.
(2) 수출신고가 수리된 물품	• 수출신고가 수리된 물품으로서 선적되지 아니한 물품을 보세구역에서 반입하는 경우는 제외한다.

> [WHY] 수출되어 영세율을 적용받은 후 수출이 취소되어 다시 반입하는 경우에는 재화의 수입으로 보아 과세한다. 다만, 수출의 공급시기는 선적일이므로 선적되지 않은 것은 아직 영세율이 적용되지 않았으니 다시 반입하는 경우에는 수입의 범위에 포함하지 않는다.

6. 부수 재화 또는 용역의 공급

부수 재화 또는 용역이란 주된 재화 또는 용역의 공급에 필수적으로 부수되는 다음의 재화 또는 용역을 말한다.

(1) 주된 "거래"에 부수되는 재화 또는 용역

주된 거래(주된 재화 또는 용역의 공급)에 부수하여 공급되는 것으로서 다음 중 어느 하나에 해당하는 재화 또는 용역의 공급은 주된 재화 또는 용역의 공급에 포함되는 것을 본다.

① 대가관계 : 해당 대가가 주된 재화 또는 용역의 공급에 대한 대가에 통상적으로 포함되어 공급되는 재화 또는 용역
   예) 조경공사업체가 조경공사(과세대상)에 포함하여 수목(면세대상)을 공급하는 경우
② 공급관계 : 거래의 관행으로 보아 통상적으로 주된 재화 또는 용역의 공급에 부수하여 공급되는 것으로 인정되는 재화 또는 용역
   예) 미술학원에서 교육용역(면세대상)을 공급하면서 실습자재(과세대상)를 제공하는 경우

이들은 별도의 독립된 거래로 보지 않고 주된 거래에 포함되는 것으로 보며, 그 부수 공급에 대한 과세·면세의 여부도 주된 거래를 따른다.

(2) 주된 "사업"에 부수되는 재화 또는 용역

주된 사업에 부수되는 다음 중에 해당하는 재화 또는 용역의 공급은 별도의 공급으로 보되, 과세 및 면세 여부는 주된 사업에 따른다. 다만, 공급하는 해당 재화 또는 용역 자체가 면세대상이라면 주된 사업이 과세사업이든 면세사업이든 면세된다. (면세우선의 원칙)

① 주된 사업과 관련하여 우연히 또는 일시적으로 공급되는 재화 또는 용역
   예) 학원(면세대상)에서 수강생 수송용으로 사용하던 버스(과세대상)를 매각하는 경우 버스는 면세된다.
   예) 제조업(과세대상)에서 보유하고 있는 토지(면세대상)를 매각하는 경우 토지는 면세한다.
② 주된 사업과 관련하여 주된 재화의 생산 과정이나 용역의 제공 과정에서 필연적으로 생기는 재화
   예) 통조림가공업자(과세대상)가 참치를 가공하는 과정에서 발생한 참치부산물(면세대상)을 모아 사료용으로 판매하는 경우 참치부산물은 과세한다.

이들은 독립된 사업이 아니라 주된 사업의 일부를 구성하는 것으로 본다. 그러나 이들은 별도의 독립된 거래이다. 따라서 공급시기가 독자적으로 존재하며, 세금계산서 등을 별도로 발급해야 하며 과세표준도 별도로 계산해야 한다.

기/출/문/제 (필기)

— 과세대상 —

01 다음 중 부가가치세의 과세대상이 아닌 것은?
① 재화의 공급
② 용역의 공급
③ 용역의 수입
④ 재화의 수입

— 재화의 정의 — ☆☆

02 다음 중 부가가치세법상 재화가 아닌 것은?
① 전력
② 기계장치
③ 선박
④ 어음

[풀이] 화폐대용증권(수표·어음 등), 지분증권(주식, 출자지분), 채무증권(회사채, 국공채), 상품권은 과세대상 재화로 보지 않는다.

03 다음 중 부가가치세법상 과세대상인 재화가 아닌 것은?
① 영업권
② 상가건물
③ 상품권
④ 특허권

04 다음 중 부가가치세 납세의무가 있는 거래는?
① 비사업자가 일시적으로 공급하는 컴퓨터
② 과세사업자가 공급하는 토지
③ 과세사업자가 공급하는 상품권
④ 과세사업자가 공급하는 건물

[풀이] 과세사업자가 공급하는 건물은 재화의 공급에 해당한다.
② 토지의 공급은 면세대상임

05 다음 중 부가가치세법상 과세대상인 재화가 아닌 것끼리 짝지은 것은?

| ㉠ 지상권 | ㉡ 영업권 | ㉢ 특허권 |
| ㉣ 선하증권 | ㉤ 상품권 | ㉥ 주식 |

① ㉠, ㉡
② ㉢, ㉥
③ ㉤, ㉥
④ ㉡, ㉣

[풀이] 상품권과 주식은 과세대상 재화로 보지 않는다.
㉣ 선하증권이란 해상운송계약에 따른 운송화물의 수령 또는 선적을 인증하고, 그 물품의 인도 청구권을 문서화 한 증권으로 재화 중 권리에 해당한다.

− 재화의 공급으로 보지 않는 경우 − ☆☆☆

06 사업자의 다음 거래 중 부가가치세 과세대상에 해당하는 것은?

① 세금계산서 발급없이 사업장별로 그 사업에 관한 모든 권리 의무를 포괄적으로 승계시키는 것
② 양도담보의 목적으로 부동산을 제공하는 것
③ 수용에 의하여 재화를 인도하는 것
④ 민사집행법에 의한 경매에 따라 재화를 양도하는 것

[풀이] 경매, 수용, 현물출자 등에 따라 재화를 인도하거나 양도하는 것은 재화의 공급에 해당한다.

07 부가가치세 과세대상에 대한 다음 설명 중 잘못된 것은?

① 재화의 수입은 수입한 자가 사업자인 경우에만 세관장에 관세징수의 예에 의하여 부가가치세를 징수할 수 있다.
② 수표, 어음 등의 화폐대용증권은 재화로 보지 않는다.
③ 숙박업은 용역의 공급에 해당한다.
④ 사업용 자산을 물납하는 경우 과세거래로 보지 않는다.

[풀이] 재화의 수입은 수입한 자가 사업자가 아닌 경우에도 부가가치세를 징수한다.

− 재화 공급의 특례 − ☆☆☆

08 다음 중 부가가치세법상 과세거래에 해당하는 것은?

① 재화를 질권, 저당권 또는 양도담보의 목적으로 동산 등의 권리를 제공하는 경우
② 본점과 지점의 총괄납부승인을 얻은 사업자가 본사에서 지점으로 재화를 공급하고 세금계산서를 교부한 경우
③ 사업을 사업장별로 그 사업에 관한 모든 권리와 의무를 포괄적으로 승계시키는 것
④ 상속세 및 증여세법 또는 지방세법에 따라 조세를 물납하는 것

[풀이] 사업자가 주사업장총괄납부의 적용을 받는 과세기간에 자기의 다른 사업장에 반출하는 경우에는 재화의 공급으로 보지 않는다. 다만, 세금계산서를 발급하고 예정신고 또는 확정신고를 한 경우에는 제외한다.

09 다음 중 부가가치세법상 재화 또는 용역의 공급으로 보지 않는 것은?

① 채무불이행으로 담보물이 채무변제에 충당된 경우
② 사업자가 폐업할 때 당초매입세액이 공제된 자기생산·취득재화 중 남아있는 재화
③ 사업자가 당초 매입세액이 공제된 자기생산·취득재화를 사업과 직접적인 관계없이 자기의 개인적인 목적으로 사용하는 경우
④ 질권, 저당권 또는 양도담보의 목적으로 동산, 부동산 및 부동산상의 권리를 제공하는 경우

[풀이] 질권, 저당권 또는 양도담보의 목적으로 동산, 부동산 및 부동산상의 권리를 제공하는 것은 재화의 공급으로 보지 않는다. 다만, 채무불이행으로 담보물이 채무변제에 충당된 경우에는 재화의 공급으로 본다.

― 용역의 범위 ―

10 다음 중 부가가치세법상 용역의 공급에 해당되지 않는 것은?
① 음식업 ② 건설업
③ 교육서비스업 ④ 과수원임대업

[풀이] 전·답·과수원·목장용지·임야·염전임대업은 부동산업에서 제외한다.

11 다음 중 부가가치세법상 용역의 공급에 해당하지 않는 것은?
① 건설업의 건설용역 ② 부동산임대업의 임대용역
③ 특허권의 대여 ④ 전기의 공급

[풀이] 전기는 재산적 가치가 있는 물건에 해당하므로 전기의 공급은 재화의 공급에 해당한다.
③ 특허권(재화 중 권리)의 양도는 재화의 공급이고, 특허권의 대여(권리 등 재화를 사용하게 하는 것)는 용역의 공급이다.

12 다음 중 부가가치세법상 용역의 공급에 해당하지 않는 것은?
① 상표권의 양도 ② 부동산임대업의 임대
③ 특허권의 대여 ④ 건설업의 건설용역

[풀이] 상표권(재화 중 권리)의 양도는 재화의 공급에 해당한다.

― 용역 공급의 범위 ―

13 다음 중 부가가치세법상 용역의 공급에 해당하지 않는 것은?
① 건설업의 경우 건설업자가 건설자재의 전부 또는 일부를 부담하는 것
② 자기가 주요 자재를 전혀 부담하지 아니하고 상대방으로부터 인도받은 재화를 단순히 가공만 하는 것
③ 상업상 또는 과학상의 지식·경험 또는 숙련에 관한 정보를 제공하는 것
④ 자기가 주요 자재의 전부 또는 일부를 부담하고 상대방으로부터 인도받은 재화를 가공하여 새로운 재화를 만드는 가공계약에 따라 재화를 인도하는 것

[풀이] 자기가 주요 자재의 전부 또는 일부를 부담하고 상대방으로부터 인도받은 재화를 가공하여 새로운 재화를 만드는 가공계약에 따라 재화를 인도하는 것은 재화의 공급에 해당한다.

― 용역 공급의 특례 ― ☆☆

14 다음 중 부가가치세법상 재화 또는 용역의 공급으로 보지 않는 것은?
① 법률에 따라 조세를 물납하는 경우
② 사업자가 폐업할 때 당초 매입세액이 공제된 자기생산·취득재화 중 남아있는 재화
③ 사업자가 당초 매입세액이 공제된 자기생산·취득재화를 사업과 직접적인 관계없이 자기의 개인적인 목적으로 사용하는 경우
④ 특수관계인에게 사업용 부동산 임대용역을 무상으로 제공하는 경우

[풀이] 법률에 따라 조세를 물납하는 것은 재화의 공급으로 보지 않는다.

— 부수 재화 또는 용역의 공급 — ☆☆

15 다음은 부가가치세법상 주된 재화 또는 용역의 공급에 부수되어 공급되는 재화와 용역에 대한 과세 및 면세여부에 관한 내용이다. 다음 중 연결이 틀린 것은?

주 된 공 급	부수재화 또는 용역	부수재화 또는 용역의 과세여부
㉠ 과세거래인 경우	과세대상 재화와 용역	과 세
㉡ 과세거래인 경우	면세대상 재화와 용역	과 세
㉢ 면세거래인 경우	과세대상 재화와 용역	과 세
㉣ 면세거래인 경우	면세대상 재화와 용역	면 세

① ㉠   ② ㉡   ③ ㉢   ④ ㉣

[풀이] 주된 재화 또는 용역의 공급에 부수되어 공급되는 재화 또는 용역의 공급은 주된 재화 또는 용역의 공급에 포함되는 것으로 본다. 따라서 부수공급의 과세 및 면세 여부도 주된 거래에 따른다.

16 다음은 부가가치세법상 부수 재화 및 부수 용역의 공급에 관한 사례이다. 다음 중 부가가치세가 면세되는 것은?

① 조경공사업체가 조경공사에 포함하여 수목을 공급하는 경우
② TV를 판매한 업체가 그 A/S 용역을 제공하는 경우
③ 은행에서 업무에 사용하던 차량을 매각한 경우
④ 악기 도매업자가 피아노와 함께 피아노 의자를 공급한 경우

[풀이] 주된 사업(은행업/면세대상)과 관련하여 우연히 또는 일시적으로 공급되는 재화(과세대상/차량) 또는 용역은 면세한다.
　① 주된 거래(조경공사/과세대상)　－ 부수 공급(면세대상/수목) 과세
　② 주된 거래(TV판매/과세대상)　－ 부수 공급(과세대상/AS 용역) 과세
　④ 주된 거래(피아노판매/과세대상) － 부수 공급(과세대상/의자) 과세

정답

| 1. ③ | 2. ④ | 3. ③ | 4. ④ | 5. ③ | 6. ③ | 7. ① | 8. ② | 9. ④ | 10. ④ |
| 11. ④ | 12. ① | 13. ④ | 14. ① | 15. ③ | 16. ③ | | | | |

제4절 공급시기

부가가치세는 과세기간을 단위로 과세하므로 재화 또는 용역의 공급이 발생하면 이를 어느 과세기간에 속하는지를 결정할 필요가 있다. 즉, 공급시기는 재화 또는 용역의 공급이 이루어지는 시기를 말하며, 어느 과세기간에 속하는지를 결정하는 기준이 된다. 또한 공급시기가 도래하면 공급자는 공급받는 자에게 세금계산서를 발급하여야 하므로 **공급시기는 세금계산서 발급의 기준시점**이 된다.

1. 재화의 공급시기

(1) 일반적인 공급시기

재화가 공급되는 시기는 다음의 구분에 따른 때로 한다. 이 경우 구체적인 거래 형태에 따른 재화의 공급시기에 관하여 아래의 표에 따른다.
① 재화의 이동이 필요한 경우 : 재화가 인도되는 때
② 재화의 이동이 필요하지 아니한 경우 : 재화가 이용가능하게 되는 때
③ 위 ①, ②를 적용할 수 없는 경우 : 재화의 공급이 확정되는 때

(2) 거래 형태별 공급시기

① 구체적인 거래 형태에 따른 공급시기

구 분	공급시기
㉠ 현금판매, 외상판매 또는 할부판매의 경우	• 재화가 인도되거나 이용가능하게 되는 때
㉡ 상품권 등을 현금 또는 외상으로 판매하고 그 후 그 상품권 등이 현물과 교환되는 경우	• 재화가 실제로 인도되는 때
㉢ 재화의 공급으로 보는 가공의 경우	• 가공된 재화를 인도하는 때

② 장기할부판매 등

구 분	공급시기
㉠ 장기할부판매의 경우	• 대가의 각 부분을 받기로 한 때
㉡ 완성도기준지급조건부로 재화를 공급하는 경우	• 대가의 각 부분을 받기로 한 때 ※ 다만, 재화가 인도되거나 이용가능하게 되는 날 이후에 받기로 한 대가의 부분에 대해서는 재화가 인도되거나 이용가능하게 되는 날을 공급시기로 본다.
㉢ 중간지급조건부로 재화를 공급하는 경우	
㉣ 전력이나 그 밖에 공급단위를 구획할 수 없는 재화를 계속적으로 공급하는 경우	• 대가의 각 부분을 받기로 한 때

> [참고] 용어정리
> ① **장기할부판매**란 재화를 공급하고 그 대가를 월부, 연부 또는 그 밖의 할부의 방법에 따라 받는 것 중 2회 이상으로 분할하여 대가를 받고, 해당 재화의 인도일의 다음날부터 최종 할부금의 지급기일까지의 기간이 1년 이상인 것을 말한다.
> ② **완성도기준지급조건부공급**이란 재화의 완성비율(작업진행률)에 따라 대금을 지급받는 경우를 말한다.
> ③ **중간지급조건부공급**이란 계약금을 받기로 한 날의 다음 날부터 재화를 인도하는 날 또는 재화를 이용가능하게 하는 날까지의 기간이 6개월 이상인 경우로서 그 기간 이내에 계약금 외의 대가를 분할하여 받는 경우를 말한다.

③ **반환조건부판매, 동의조건부판매, 그 밖의 조건부판매 및 기한부판매의 경우** : 그 조건이 성취되거나 기한이 지나 판매가 확정되는 때

④ **무인판매기를 이용하여 재화를 공급하는 경우** : 무인판매기에서 현금을 꺼내는 때

⑤ **수출재화의 경우**

구 분	공급시기
㉠ 내국물품을 외국으로 반출하는 것과 중계무역 방식의 수출	• 수출재화의 선(기)적일
㉡ 원양어업 또는 위탁판매수출	• 수출재화의 공급가액이 확정되는 때
㉢ 외국인도수출 및 위탁가공무역방식의 수출	• 외국에서 해당 재화가 인도되는 때

> [참고] 용어정리
> ① **중계무역방식의 수출**이란 수출할 것을 목적으로 물품 등을 수입하여 보세구역 등 이외의 국내에 반입하지 아니하고 수출하는 것을 말한다.
>   예) 중국과 A제품 수출계약을 맺고 태국과 A제품의 수입계약을 체결해서 중국으로 직접 보내는 방식
> ② **외국인도수출**이란 수출대금은 국내에서 영수하지만 국내에서 통관되지 않은 수출물품 등을 외국으로 인도하거나 제공하는 수출을 말한다.
>   예) 중국과 A제품 수출계약을 맺고 태국에 있는 내 A제품을 중국으로 직접 보내는 방식
> ③ **위탁판매수출**이란 물품을 무환(無煥 대금을 받지 않고)으로 외국의 수탁자에게 수출하여 해당 물품이 판매되는 만큼 대금을 받는 조건으로 이루어지는 수출을 말한다.
> ④ **위탁가공무역 방식의 수출**이란 가공임(加工賃)을 지급하는 조건으로 외국에서 가공할 원료의 전부 또는 일부를 거래 상대방에게 수출하거나 외국에서 조달하여 가공한 후 가공물품을 외국으로 인도하는 방식의 수출을 말한다.
>   예) 중국과 A제품 수출계약을 맺고 태국의 가공업자에게 원료를 보내서 A제품을 가공한 후 중국으로 보내는 방식

⑥ 재화의 공급의제의 경우

구 분		공급시기
㉮ 자기생산·취득 재화의 공급의제	㉠ 면세사업에의 전용	• 재화를 사용하거나 소비하는 때
	㉡ 승용자동차 등의 비영업용에의 전용	
	㉢ 개인적 공급	
	㉣ 사업상 증여	• 재화를 증여하는 때
	㉤ 폐업시 잔존재화	• 폐업일
㉯ 판매목적 타사업장 반출재화의 공급의제		• 재화를 반출하는 때

⑦ 폐업 전에 공급한 재화의 공급시기 특례 : 사업자가 폐업 전에 공급한 재화의 공급시기가 폐업일 이후에 도래하는 경우에는 그 폐업일을 공급시기로 본다.

(3) 특수한 경우의 공급시기

① 사업자가 보세구역 안에서 보세구역 밖의 국내에 재화를 공급하는 경우가 재화의 수입에 해당할 때 : 수입신고 수리일. 이것은 사업자가 행하는 재화의 공급시기이며, 재화의 수입시기는 관세법에 따른 수입신고가 수리된 때로 한다.
② 위탁판매 또는 대리인에 의한 매매 : 수탁자 또는 대리인의 공급을 기준으로 위 (2) 거래 형태별 공급시기의 규정을 적용한다.

[참고] 보세구역

보세구역이란 세관장이 지정 또는 특허한 장소로 관세의 부과가 보류되는 국내의 특정 지역을 의미한다. 외국물품을 장치(보관), 제조, 가공, 전시, 판매, 검사 등을 하는 장소이다.

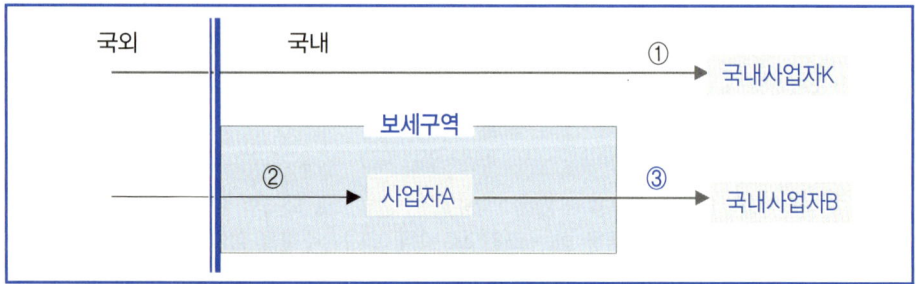

① 외국으로부터 국내에 도착한 물품 : 재화의 수입(○)
② 외국으로부터 보세구역으로 재화를 반입 : 재화의 수입(×)
③ 보세구역 내에서 보세구역 외의 장소로 공급하는 재화가 외국에서 도착한 물품인 경우 : 재화의 공급(○) + 재화의 수입(○)

2. 용역의 공급시기

(1) 일반적인 공급시기
용역이 공급되는 시기는 다음의 어느 하나에 해당하는 때로 한다.
  ① 역무의 제공이 완료되는 때
  ② 시설물, 권리 등 재화가 사용되는 때

(2) 거래 형태별 공급시기
① 장기할부판매 등

구 분	공급시기
㉠ 장기할부조건부 또는 그 밖의 조건부로 용역을 공급하는 경우	• 대가의 각 부분을 받기로 한 때
㉡ 완성도기준지급조건부로 용역을 공급하는 경우	• 대가의 각 부분을 받기로 한 때 ※ 다만, 역무의 제공이 완료되는 날 이후 받기로 한 대가의 부분에 대해서는 역무의 제공이 완료되는 날을 공급시기로 본다.
㉢ 중간지급조건부로 용역을 공급하는 경우	
㉣ 공급단위를 구획할 수 없는 용역을 계속적으로 공급하는 경우	• 대가의 각 부분을 받기로 한 때

② 역무의 제공이 완료되는 때 또는 대가를 받기로 한 때를 공급시기로 볼 수 없는 경우: 역무의 제공이 완료되고 그 공급가액이 확정되는 때
③ 사업자가 부동산 임대용역을 공급하는 경우로서 다음에 해당하는 경우: 예정신고기간 또는 과세기간의 종료일
  ㉠ 사업자가 부동산 임대용역을 공급하고 받은 전세금 또는 임대보증금에 대한 간주임대료
  ㉡ 사업자가 둘 이상의 과세기간에 걸쳐 부동산 임대용역을 공급하고 그 대가를 선불 또는 후불로 받는 경우에 월수로 안분 계산한 임대료
④ 폐업 전에 공급한 재화의 공급시기 특례: 사업자가 폐업 전에 공급한 용역의 공급시기가 폐업일 이후에 도래하는 경우에는 그 폐업일을 공급시기로 본다.

기/출/문/제 (필기)

― 재화의 공급시기 ― ☆☆☆☆

01 다음은 부가가치세법상 거래형태별 재화의 공급시기를 열거한 것이다. 옳지 않은 것은?

① 외상판매의 경우 재화가 인도되거나 이용 가능하게 되는 때
② 장기할부판매의 경우 대가의 각 부분을 받기로 한 때
③ 수출재화의 경우 수출재화의 선적일
④ 개인적 공급의 경우 각 과세기간 종료일 현재

[풀이] 개인적 공급의 경우 : 재화를 사용하거나 소비하는 때

02 부가가치세법상 재화의 공급시기에 대한 연결이 가장 옳지 않은 것은?

① 폐업시 잔존재화 : 폐업 후 재화가 사용되는 때
② 수출재화 : 수출재화의 선적일
③ 단기할부판매 : 재화가 인도되는 때
④ 무인판매기에 의한 공급의 경우 : 무인판매기에서 현금을 인취하는 때

[풀이] 폐업시 잔존재화의 경우 : 폐업일

03 다음 중 부가가치세법상 공급시기가 잘못된 것은?

① 폐업시 잔존재화의 경우 : 재화가 사용 또는 소비되는 때
② 장기할부판매의 경우 : 대가의 각 부분을 받기로 한 때
③ 무인판매기로 재화를 공급하는 경우 : 무인판매기에서 현금을 꺼내는 때
④ 외상판매의 경우 : 재화가 인도되거나 이용가능하게 되는 때

[풀이] 폐업시 잔존재화의 경우 : 폐업일

04 다음은 부가가치세법상 공급시기에 관한 내용이다. 잘못된 것은?

① 상품권 등을 현금 또는 외상으로 판매하고 그 후 그 상품권 등이 현물과 교환되는 경우 : 재화가 실제로 인도되는 때
② 내국신용장에 의한 재화의 공급 : 재화를 인도하는 때
③ 재화의 공급으로 보는 가공의 경우 : 가공된 재화를 인도하는 때
④ 전력이나 그 밖에 공급단위를 구획할 수 없는 재화를 계속적으로 공급하는 경우 : 예정신고기간 또는 과세기간 종료일

[풀이] 전력이나 그 밖에 공급단위를 구획할 수 없는 재화를 계속적으로 공급하는 경우 : 대가의 각 부분을 받기로 한 때

05 다음 중 부가가치세법상 재화의 공급시기에 대한 내용이다. 틀린 것은?

① 원양어업 및 위탁판매수출 : 수출재화의 공급가액이 확정되는 때
② 위탁가공무역방식의 수출 : 위탁재화의 공급가액이 확정되는 때
③ 외국인도수출 : 외국에서 해당재화가 인도되는 때
④ 내국물품을 외국으로 반출하는 경우 : 수출재화의 선적일 또는 기적일

[풀이] 외국인도수출, 위탁가공무역방식의 수출 : 외국에서 해당 재화가 인도되는 때

06 다음 중 부가가치세법상 공급시기가 잘못된 것은?

① 상품권 등을 현금 또는 외상으로 판매한 후 해당 상품권 등이 현물과 교환되는 경우 : 재화가 실제로 인도되는 때
② 중간지급조건부로 재화를 공급하는 경우 : 재화가 인도되거나 이용 가능하게 되는 때
③ 현금판매, 외상판매, 할부판매의 경우 : 재화가 인도되거나 이용 가능하게 되는 때
④ 직수출 및 중계무역방식의 수출의 경우 : 수출재화의 선(기)적일

[풀이] 중간지급조건부로 재화를 공급하는 경우 : 대가의 각 부분을 받기로 한 때

07 부가가치세법상 재화의 공급시기에 관한 설명이다. 틀린 것은?

① 재화의 이동이 필요하지 않은 경우 : 재화의 공급이 확정되는 때
② 상품권 등을 현금 또는 외상으로 판매하고 그 후 그 상품권 등이 현물과 교환되는 경우 : 재화가 실제로 인도되는 때
③ 사업자가 자기의 과세사업과 관련하여 생산하거나 취득한 재화로서 자기의 고객에게 증여하는 경우 : 재화를 증여하는 때
④ 2회 이상으로 분할하여 대가를 받고 해당 재화의 인도일의 다음 날부터 최종 할부금 지급기일까지의 기간이 1년 이상인 장기할부판매의 경우 : 대가의 각 부분을 받기로 한 때

[풀이] 재화의 이동이 필요하지 않은 경우 : 재화가 이용가능하게 되는 때

08 부가가치세법상 재화 및 용역의 공급시기에 대한 설명으로 옳지 않은 것은?

① 완성도기준지급조건부 판매 : 대가의 각 부분을 받기로 한 때
② 폐업시 잔존재화 : 폐업하는 때
③ 내국물품 외국반출(직수출) : 수출재화의 공급가액이 확정되는 때
④ 반환조건부 판매 : 조건이 성취되거나 기한이 지나 판매가 확정되는 때

[풀이] 내국물품 외국반출(직수출) : 수출재화의 선(기)적일

09 다음 중 부가가치세법상 재화의 공급시기에 대한 설명으로 옳지 않은 것은?

① 무인판매기를 이용하여 재화를 공급하는 경우 : 사업자가 무인판매기에서 현금을 꺼내는 때
② 기획재정부령으로 정하는 장기할부판매의 경우 : 대가의 각 부분을 받기로 한 때
③ 폐업시 남아있는 재화가 공급으로 간주되는 경우 : 폐업 후 남아있는 재화가 사용·소비되는 때
④ 수입재화를 보세구역 내에서 보세구역 외의 국내에 공급하는 경우 : 해당 재화의 수입신고수리일

[풀이] 폐업시 잔존재화의 경우 : 폐업일

10 부가가치세법상 재화의 공급시기가 잘못된 것은?

① 반환조건부 등 기타조건부판매의 경우 : 조건이 성취되는 때
② 완성도기준지급에 의한 경우 : 대가의 각 부분을 받기로 한 때
③ 보세구역 내에서 보세구역 외로 공급하는 경우 : 수입신고수리일
④ 위탁매매의 경우 : 위탁자가 수탁자에게 재화를 인도하는 때

[풀이] 수탁자의 공급을 기준으로 적용한다.

— 재화 또는 용역의 공급시기 —

11 부가가치세법상의 재화 또는 용역의 공급시기로서 틀린 것은?

① 장기할부판매 : 재화가 인도되거나 이용가능하게 되는 때
② 현금판매, 외상판매, 할부판매 : 재화가 인도되거나 이용가능하게 되는 때
③ 부동산임대보증금에 대한 간주임대료의 경우 : 예정신고기간 종료일 또는 과세기간 종료일
④ 선불 또는 후불로 받는 총임대료를 월수에 따라 안분계산한 경우 : 예정신고기간 종료일 또는 과세기간 종료일

[풀이] 장기할부판매 : 대가의 각 부분을 받기로 한 때

12 다음 중 부가가치세법상 거래시기에 대한 설명으로 틀린 것은?

① 장기할부판매의 경우에는 대가의 각 부분을 받기로 한 때
② 사업자가 보세구역
  내에서 보세구역 이외의 국내에 재화를 공급하는 경우에 당해 재화가 수입재화에 해당하는 때에는 수입신고수리일
③ 위탁매매 또는 대리인에 의한 매매의 경우에는 수탁자 또는 대리인의 거래시기
④ 임대보증금 등에 대한 간주임대료의 경우에는 그 대가의 각 부분을 받기로 한 때

[풀이] 임대보증금에 대한 간주임대료 : 예정신고기간 또는 과세기간의 종료일

13 다음 중 부가가치세에 대한 공급시기의 내용으로 틀린 것은?

공급형태	공급시기
① 중간지급조건부판매	각 대가를 받기로 한 때
② 계속적 공급	각 대가를 받기로 한 때
③ 선(후)불로 받은 임대료	각 대가를 받기로 한 때
④ 장기할부판매	각 대가를 받기로 한 때

[풀이] 사업자가 둘 이상의 과세기간에 걸쳐 부동산 임대용역을 공급하고 그 대가를 선불 또는 후불로 받는 경우에 월수로 안분 계산한 임대료 : 예정신고기간 또는 과세기간의 종료일

14 부가가치세법상 재화와 용역의 공급시기에 대한 연결이 가장 옳은 것은?
① 사업상 증여 : 증여한 재화를 사용, 소비하는 때
② 전세금 또는 임대보증금을 받는 경우 : 예정신고기간 또는 과세기간 종료일
③ 무인판매기를 이용하여 재화를 공급하는 경우 : 재화가 인도되는 때
④ 판매목적으로 타사업장 반출시 : 반출된 재화가 고객에게 인도되는 때

[풀이] 전세금 또는 임대보증금에 대한 간주임대료 : 예정신고기간 또는 과세기간의 종료일
　① 사업상 증여 : 재화를 증여하는 때
　③ 무인판매기를 이용하여 재화를 공급 : 무인판매기에서 현금을 꺼내는 때
　④ 판매목적 타 사업장 반출 : 재화를 반출하는 때

15 다음 중 재화 및 용역의 공급시기에 대한 설명으로 옳지 않은 것은?
① 완성도기준지급조건부 : 대가의 각 부분을 받기로 한 때
② 폐업시 잔존재화 : 폐업하는 때
③ 내국물품 외국반출(직수출) : 수출재화의 공급가액이 확정되는 때
④ 부동산 전세금에 대한 간주임대료 : 예정신고기간의 종료일 또는 과세기간의 종료일

[풀이] 내국물품 외국반출(직수출) : 수출재화의 선(기)적일

16 부가가치세법상 재화 또는 용역의 공급시기에 대한 설명이다. 옳지 않은 것은?
① 재화의 이동이 필요한 경우에는 재화가 인도되는 때가 재화의 공급시기이다.
② 상품권을 현금으로 판매하고 그 후 그 상품권 등이 현물과 교환되는 경우에는 재화가 실제로 인도되는 때가 재화의 공급시기이다.
③ 사업자가 폐업할 때 자기생산·취득재화 중 남아 있는 재화는 그 재화가 실제 판매될 때가 재화의 공급시기이다.
④ 중간지급조건부로 용역을 공급하는 경우에는 대가의 각 부분을 받기로 한 때를 용역의 공급시기로 본다.

[풀이] 폐업시 잔존재화 : 폐업일

17 다음 중 부가가치세법상 재화 또는 용역의 공급시기에 대한 설명으로 가장 옳지 않은 것은?

① 재화의 이동이 필요하지 아니한 경우에는 재화가 이용가능하게 되는 때가 재화의 공급시기이다.
② 상품권을 현금으로 판매하고 그 후 그 상품권 등이 현물과 교환되는 경우에는 재화가 실제로 인도되는 때가 재화의 공급시기이다.
③ 사업자가 보세구역 안에서 보세구역 밖의 국내에 재화를 공급하는 경우로서 재화의 수입에 해당할 때에는 재화가 실제로 반출된 날을 재화의 공급시기로 본다.
④ 중간지급조건부로 용역을 공급하는 경우에는 대가의 각 부분을 받기로 한 때를 용역의 공급시기로 본다.

[풀이] 사업자가 보세구역 안에서 보세구역 밖의 국내에 재화를 공급하는 경우로서 재화의 수입에 해당할 때 : 수입신고 수리일

18 부가가치세법상 재화 및 용역의 공급시기에 대한 내용으로 옳지 않은 것은?

① 장기할부판매 : 대가의 각 부분을 받기로 한 때
② 현금판매, 외상판매, 할부판매 : 재화가 인도되거나 이용가능하게 되는 때
③ 완성도기준지급조건부 판매 : 완성되어 사용 또는 소비되는 때
④ 임대보증금 등에 대한 간주임대료 : 예정신고기간 종료일 또는 과세기간 종료일

[풀이] 완성도기준지급조건부 공급 : 대가의 각 부분을 받기로 한 때

정답

| 1. ④ | 2. ① | 3. ① | 4. ④ | 5. ② | 6. ② | 7. ① | 8. ③ | 9. ③ | 10. ④ |
| 11. ① | 12. ④ | 13. ③ | 14. ② | 15. ③ | 16. ③ | 17. ③ | 18. ③ | | |

제5절 영세율과 면세

1. 영세율

영세율이란 일정한 재화 또는 용역의 공급에 대하여 영(zero)의 세율을 적용하는 제도를 말한다. 영세율이 적용되는 경우에는 재화 또는 용역의 공급가액에 영(zero)의 세율을 적용하여 매출단계의 부가가치세는 면제하고 매입단계에서 부담한 매입세액은 공제(또는 환급) 받게 된다. 그 결과 당해 재화 또는 용역의 부가가치세 부담이 완전히 제거되고, 거래상대방은 부가가치세를 전혀 부담하지 않게 되므로 이를 "완전면세"라고 한다.

(1) 영세율 적용대상자

영세율이 적용되는 거래는 영(zero)의 세율이 적용되는 것 외에는 일반적인 과세거래와 동일하므로 영세율 적용대상자는 과세사업자이어야 한다. 따라서 면세사업자는 영세율 적용을 받을 수 없으며, 간이과세자는 영세율 적용을 받을 수 있다. 다만, 간이과세자의 경우 매입세액을 환급받지는 못한다.

한편 영세율은 원칙적으로 거주자 또는 내국법인에 대하여 적용되며, 사업자가 비거주자 또는 외국법인이면 상호(면세)주의에 따른다. 즉, 그 상대방 국가에서 대한민국의 거주자 또는 내국법인에 대하여 동일하게 면세하는 경우에만 영세율을 적용한다.

(2) 영세율의 적용대상거래

① 재화의 수출 : 재화의 공급이 수출에 해당하면 그 재화의 공급에 대하여는 영세율을 적용한다. 수출은 다음의 것으로 한다.
㉠ 내국물품(대한민국 선박에 의하여 채집되거나 잡힌 수산물을 포함)을 외국으로 반출하는 것
㉡ 국내 사업장에서 계약과 대가 수령 등의 거래가 이루어지는 것으로서 중계무역방식의 수출, 위탁판매수출, 외국인도수출, 위탁가공무역 방식의 수출 등

> [참고] 수출대행계약의 영세율 적용
> 수출품 생산업자가 수출업자와 다음과 같이 수출대행계약을 체결하여 수출업자의 명의로 수출하는 경우에 수출품 생산업자가 외국으로 반출하는 재화는 영세율을 적용한다.
> ① 수출품 생산업자가 직접 수출신용장을 받아 수출업자에게 양도하고 수출대행계약을 체결하는 경우
> ② 수출업자가 수출신용장을 받고 수출품 생산업자와 수출대행계약을 체결한 경우
> 이 경우 수출을 대행하는 수출업자는 그 수출대행수수료에 대해 10%의 부가가치세를 과세받게 된다.

㉢ 내국신용장 또는 구매확인서에 의하여 재화[금지금(金地金)은 제외]를 공급하는 것

> [참고] 용어정리
> ① **신용장**(Letter of Credit)이란 은행이 신용장개설의뢰인(보통 수입상)의 신용을 보증하는 증서로서 신용장개설은행 앞으로 발행된 환어음을 인수·지급할 것을 약정하는 서류이다.
> ② **내국신용장**(Local Letter of Credit)이란 사업자가 국내에서 수출용 원자재, 수출용 완제품 또는 수출재화임가공용역을 공급받으려는 경우에 해당 사업자의 신청에 따라 외국환은행의 장이 재화나 용역의 공급시기가 속하는 과세기간이 끝난 후 25일 이내에 개설하는 신용장을 말한다.
> ③ **구매확인서**란 외국환은행장이 내국신용장에 준하여 재화나 용역의 공급시기가 속하는 과세기간이 끝난 후 25일 이내에 발급하는 확인서를 말한다.

② **용역의 국외공급** : 국외에서 공급하는 용역에 대하여는 영세율을 적용한다.
  예) 사업자가 국외에서 건설공사를 도급받아 국외에서 건설용역을 제공하는 경우

③ **외국항행용역의 공급** : 선박 또는 항공기에 의한 외국항행용역의 공급에 대하여는 영세율을 적용한다. 외국항행용역은 선박 또는 항공기에 의하여 여객이나 화물을 국내에서 국외로, 국외에서 국내로 또는 국외에서 국외로 수송하는 것을 말하며, 외국항행사업자가 자기의 사업에 부수하여 공급하는 재화 또는 용역으로서 다음의 것을 포함한다.
  ㉠ 외국을 항행하는 선박 또는 항공기 내에서 승객에게 공급하는 것
  ㉡ 자기의 승객만이 전용(轉用)하는 버스를 탑승하게 하는 것
  ㉢ 자기의 승객만이 전용하는 호텔에 투숙하게 하는 것

④ **외화 획득 재화 또는 용역의 공급 등** : 외화를 획득하기 위한 재화 또는 용역의 공급으로서 다음에 해당하는 것은 영세율을 적용한다. 이들은 모두 국내거래지만 외화 획득을 장려하기 위한 취지이다.
  ㉠ 우리나라에 상주하는 외교공관, 영사기관, 국제연합과 이에 준하는 국제기구 등에 재화 또는 용역을 공급하는 경우
  ㉡ 수출업자와 직접 도급계약에 따라 수출재화를 임가공하는 수출재화임가공용역
  ㉢ 내국신용장 또는 구매확인서에 의해 공급하는 수출재화임가공용역

2. 면세

면세제도란 일정한 재화 또는 용역의 공급에 대하여는 부가가치세의 납세의무를 면제하는 제도를 말한다. 면세에는 "부분면세제도"와 "완전면세제도"가 있다. 부분면세제도는 면세대상거래의 매출에서 산출하는 매출세액만을 면제하는 것이므로 전 단계에서 부담한 매입세액은 공제(또는 환급)하지 않는다. 반면 완전면세제도는 과세대상거래의 매출에 영(zero)의 세율을 적용하여 매출단계에서 부담한 부가가치세는 면제하고 매입단계에서 부담한 매입세액은 공제(또는 환급)해 주는 것을 말한다. 이와 같은 면세제도 중 부가가치세법에서 규정하는 면세란 부분면세를 뜻하며, 주로 최종소비자에게 부가가치세의 부담을 경감시키기 위하여 이 면세제도를 활용하고 있다.

(1) 재화 또는 용역의 공급에 대한 면세
다음의 재화 또는 용역의 공급에 대하여는 부가가치세를 면제한다.

(가) 기초생활필수품
① 미가공식료품(식용으로 제공되는 농산물, 축산물, 수산물과 임산물을 포함한다) 및 우리나라에서 생산되어 식용으로 제공되지 아니하는 농산물, 축산물, 수산물과 임산물

> [참고] 미가공식료품은 국산과 외국산을 막론하고 면세하나, 식용으로 제공되지 않는 미가공 농·축·수·임산물은 국산만 면세하고 외국산은 면세하지 않는다. 예컨대, 콩(식용)은 원산지 불문하고 면세지만, 관상용 새·금붕어(비식용)는 우리나라에서 생산된 것만 면세한다.

[참고] 면세하는 미가공식료품 등의 범위
미가공식료품은 가공되지 아니하거나 원생산물 본래의 성질이 변하지 아니하는 정도의 1차 가공(탈곡·정미·제분·건조·냉동 등)을 거친 농·축·수·임산물로 하되 다음의 것을 포함한다.
① 김치, 두부, 단무지, 장아찌, 젓갈류, 게장, 메주, 간장, 된장, 고추장, 데친 채소류 등 단순 가공 식료품(제조시설을 갖추고 판매목적으로 독립된 거래단위로 포장하여 2026년 1월 1일부터 공급하는 것은 제외하되, 단순하게 운반편의를 위하여 일시적으로 포장하는 것은 포함한다)
② 미가공식료품을 단순히 혼합한 것
③ 면세하는 미가공식료품에는 소금(천일염)을 포함한다.

> [참고] 과세되는 식료품의 예 : 맛소금, 맛김, 바나나우유, 초코우유, 설탕 등

② 수돗물 ≠ (생수, 전기는 과세)
③ 연탄과 무연탄 ≠ (유연탄, 갈탄, 착화탄은 과세)
④ 여성용 생리처리 위생용품
⑤ 여객운송용역 ≠ (항공기, 우등고속버스, 전세버스, 택시, 특수자동차, 특종선박, 고속철도에 의한 여객운송용역은 과세)
⑥ 주택과 이에 부수되는 토지의 임대용역 ≠ (사업용 건물과 그 부수토지의 임대용역은 과세)

(나) 국민후생 및 문화관련 재화와 용역
① 의료보건용역(수의사의 용역 포함)과 혈액 ≠ (약사가 의약품을 판매하는 것은 과세)

[참고] 면세하는 의료보건용역의 범위
① 의료법에 따른 의사, 치과의사, 한의사, 조산사 또는 간호사가 제공하는 용역. 단, 다음의 진료용역은 면세대상에서 제외한다.
  ㉠ 미용목적 성형수술 : 쌍꺼풀수술, 코성형수술, 지방흡입술, 주름살제거술 등은 과세
  ㉡ 미용목적 피부관련시술 : 기미치료술, 여드름치료술, 탈모치료술, 제모술 등은 과세
② 접골사, 침사, 안마사, 임상병리사, 방사선사, 물리치료사, 치과기공사, 치과위생사, 장의업자가 제공하는 용역
③ 약사가 제공하는 의약품의 조제용역
④ 수의사가 제공하는 동물의 진료용역. 단, 가축·수산동물·장애인 보조견·국민기초생활보장법에 따른 수급자가 기르는 동물의 진료용역으로 한정한다.
⑤ 그 밖에 질병 예방 및 치료를 목적으로 하는 동물의 진료용역으로서 농림축산식품부장관이 기획재정부장관과 협의하여 고시하는 용역에 대해서는 면세한다.

② 교육용역

> **참고** 면세하는 교육용역의 범위
> 면세하는 교육용역이란 주무관청의 허가 또는 인가를 받거나 주무관청에 등록 또는 신고된 학교, 학원, 강습소, 훈련원 등에서 지식, 기술 등을 가르치는 것을 말한다. 다만, 다음의 학원에서 가르치는 교육용역에 대해서는 과세한다.
> ㉠ 「체육시설의 설치·이용에 관한 법률」에 따른 무도(볼룸댄스 과정을 가르치는)학원
> ㉡ 「도로교통법」에 따른 자동차운전학원

③ 도서(도서대여 및 실내 도서열람 용역을 포함), 신문(인터넷신문 포함), 잡지, 관보, 뉴스통신 및 방송. 다만 광고는 제외한다.
④ 예술창작품, 예술행사, 문화행사 또는 아마추어 운동경기 ≠ (골동품, 모조품은 과세)
⑤ 도서관, 과학관, 박물관, 미술관, 동물원, 식물원에 입장하게 하는 것

(다) 부가가치 구성요소
① 토지
② 저술가·작곡가 그 밖의 자가 직업상 제공하는 인적용역
③ 금융·보험용역

(라) 기타의 재화와 용역
① 우표(수입용 우표는 제외한다), 인지, 증지, 복권 및 공중전화
② 판매가격이 200원 이하인 담배와 특수용담배
③ 종교, 자선, 학술, 구호 그 밖의 공익을 목적으로 하는 단체가 공급하는 재화 또는 용역
④ 국가, 지방자치단체 또는 지방자치단체조합이 공급하는 재화 또는 용역
⑤ 국가, 지방자치단체, 지방자치단체조합 또는 공익단체에 무상으로 공급하는 재화 또는 용역
⑥ 「공동주택관리법」에 따른 관리규약에 따라 관리주체 또는 입주자대표회의가 복리시설인 공동주택 어린이집의 임대용역

(마) 조세특례제한법상 면세대상
① 영유아용 기저귀와 분유
② 국민주택(85㎡) 및 해당 주택의 건설용역(리모델링 용역을 포함)

> **참고** 부동산의 공급과 임대에 대한 면세 여부
>
> | 구 분 | 토 지 | 건물 등 |
> |---|---|---|
> | (1) 부동산의 공급 | 면 세 | 과 세
(단, 국민주택의 공급은 면세) |
> | (2) 부동산의 임대 | 과 세
(단, 주택부수토지의 임대는 면세) | 과 세
(단, 주택의 임대는 면세) |

(2) 면세의 포기

면세포기란 면세되는 재화 또는 용역을 공급하는 사업자가 면세적용을 포기하고 과세로 전환하는 것을 말하는데 다음 2가지 경우에 한하여 면세포기를 인정하고 있다.

① 영세율의 적용 대상이 되는 것
② 학술 등 연구단체가 그 연구와 관련하여 실비 또는 무상으로 공급하는 재화 또는 용역의 공급

(개) 면세포기 절차

부가가치세의 면제를 받지 아니하려는 사업자는 "면세포기신고서"를 관할세무서장에게 제출하여야 한다. 이 경우 지체없이 사업자등록을 하여야 한다. 면세포기는 언제든지 가능하며 승인을 요하지 않는다.

(나) 면세포기의 효력 및 재적용 절차

면세의 포기를 신고한 사업자는 신고한 날로부터 3년간 부가가치세를 면제받지 못한다. 그 기간이 지난 뒤 다시 부가가치세를 면제받으려면 "면세적용신고서"와 발급받은 사업자등록증을 제출하여야 한다. "면세적용신고서"를 제출하지 아니하면 계속하여 면세를 포기한 것으로 본다.

3. 영세율과 면세의 비교

구 분	영세율	면 세
(1) 기본원리	• 매출액 × 0%(영세율) 적용	• 납부의무 면제
(2) 목적	① 소비지국과세원칙 (국제적 이중과세방지) ② 수출산업의 지원 (외화획득 지원)	• 세부담의 역진성 완화
(3) 적용대상	• 수출 등 외화획득 재화·용역	• 생필품 등
(4) 면세정도	• 완전면세 (매입세액 전액 공제되고, 매출자 단계에서 과세되지 않음)	• 불완전면세 (매입세액 공제 불가능)
(5) 과세대상 여부	• 부가가치세 과세대상에 포함	• 부가가치세 과세대상에서 제외
(6) 사업자 여부	• 부가가치세법상 과세사업자로 신고·납부의무 있음	• 부가가치세법상 사업자가 아니므로 신고·납부의무 없음

memo 2025년 개정사항 (p.235)

[종전] ① 의료보건용역(수의사의 용역 포함)과 혈액

[개정] ① 의료보건용역(수의사의 용역 포함)과 혈액(치료·예방·진단 목적으로 조제한 동물의 혈액을 포함)

기/출/문/제 (필기)

— 영세율 — ☆☆☆

01 부가가치세 영세율에 대한 설명 중 틀린 것은?

① 영세율은 부가가치세 세율이 0%이다.
② 소비지국 과세원칙 실현 및 수출촉진 등이 영세율을 적용하는 이유이다.
③ 영세율 적용대상은 기초생필품, 부가가치 구성요소 등이다.
④ 영세율 적용대상 사업자는 부가가치세법상의 납세의무를 모두 이행해야 한다.

[풀이] 기초생필품, 부가가치 구성요소 등은 면세 적용대상이다.

02 다음 중 부가가치세법상 영세율 적용대상에 해당하는 것은?

① 자동차대여용역
② 일정한 면적이내의 주택임대용역
③ 선박 또는 항공기의 외국항행용역
④ 도서대여용역

[풀이] 선박 또는 항공기에 의한 외국항행용역의 공급에 대하여는 영세율을 적용한다.

03 다음은 영세율에 대한 설명이다. 가장 틀린 것은?

① 영세율 제도는 소비지국에서 과세하도록 함으로써 국제적인 이중과세를 방지하고자 하기 위한 제도이다.
② 국외에서 공급하는 용역에 대해서는 영세율을 적용하지 아니한다.
③ 비거주자나 외국법인의 국내 거래에 대해서는 영세율을 적용하지 아니함을 원칙으로 하되, 상호주의에 따라 영세율을 적용한다.
④ 국내 거래도 영세율 적용대상이 될 수 있다.

[풀이] 국외에서 공급하는 용역에 대하여는 영세율을 적용한다.
③ 영세율은 원칙적으로 거주자 또는 내국법인에 대하여 적용되며, 사업자가 비거주자 또는 외국법인이면 상호(면세)주의에 따른다.

04 다음 중 부가가치세법상 영세율 적용대상이 아닌 것은?

① 사업자가 내국신용장 또는 구매확인서에 의하여 공급하는 수출용 재화
② 수출업자와 직접 도급계약에 의한 수출재화임가공용역
③ 국외에서 공급하는 용역
④ 수출업자가 타인의 계산으로 대행위탁수출을 하고 받은 수출대행수수료

[풀이] 수출을 대행하는 수출업자가 수출품생산업자로부터 받는 수출대행수수료에 대해서는 10%의 부가가치세를 과세받게 된다.

05 다음 중 부가가치세법상 영세율 적용대상이 아닌 것은?

① 사업자가 내국신용장 또는 구매확인서에 의하여 공급하는 수출용 재화(금지금(金地金)은 아님)
② 수출업자와 직접 도급계약에 의한 수출재화임가공용역
③ 국외에서 공급하는 용역
④ 수출업자가 타인의 계산으로 대행위탁수출을 하고 받은 수출대행수수료

06 다음 중 부가가치세법상 영세율 적용대상 거래가 아닌 것은?

① 재화의 수출
② 국내사업자의 용역의 국외공급
③ 내국신용장에 의해서 공급하는 수출재화임가공용역
④ 국가·지방자치단체·지방자치단체조합이 공급하는 재화 또는 용역

[풀이] 국가·지방자치단체 또는 지방자치단체조합이 공급하는 재화 또는 용역은 면세에 해당한다.

— 재화 또는 용역의 공급에 대한 면세 — ★☆☆☆

07 다음 중 부가가치세 과세대상이 되는 경우는?

① 국민주택규모 초과주택을 임대하고 받은 월세
② 국민주택규모 초과주택을 분양하고 받은 금액
③ 의사의 보건의료용역
④ 토지를 판매하고 받은 가액

[풀이] 주택의 임대는 면세한다. 국민주택의 공급은 면세한다.

08 다음 중 부가가치세법상 면세에 해당되지 않는 것은?

① 수의사가 제공하는 용역
② 임상병리사가 제공하는 용역
③ 조산사가 제공하는 용역
④ 약사가 소매하는 일반약품판매대금

[풀이] 약사가 의약품을 판매하는 것은 과세한다.

09 다음 중 부가가치세법상 과세대상인 것은?

① 국내생산 비식용 미가공인 농·축·수·임산물
② 국민주택규모를 초과한 주택과 그 부수토지의 임대용역
③ 우표, 인지, 증지, 복권
④ 고속철도에 의한 여객운송용역

[풀이] 고속철도 여객운송용역은 과세에 해당한다.

10 다음 중 부가가치세법상 면세 대상 재화나 용역에 해당하지 않는 것은?

① 가공되지 아니한 식료품
② 시내버스에 의한 여객운송용역
③ 성형수술을 위한 의료보건용역
④ 정부의 인허가를 받은 학원 등에서 제공하는 교육용역

[풀이] 미용목적 성형수술은 면세대상에서 제외한다.

11 다음 중 부가가치세법상 면세대상이 아닌 것은?

① 국내에서 생산된 애완용 돼지
② 산후조리용역
③ 국민주택규모를 초과하는 주택의 임대
④ 상가부수토지의 임대용역

[풀이] 상가부수토지의 임대용역은 과세대상이다.

12 다음 중 부가가치세법상 납세의무가 있는 사업자가 아닌 자는?

① 상가건물을 임대하고 있는 사업자
② 제품을 생산하여 전량 수출하고 있는 영세율적용 사업자
③ 산후조리원을 운영하고 있는 사업자
④ 음식업을 운영하고 있는 간이과세자

[풀이] 산후조리원은 면세하는 의료보건용역에 해당한다.

13 다음 중 부가가치세법상의 납세의무가 없는 경우는?

① 소규모 식당을 운영하는 간이과세 대상 사업자
② 대가를 받고 대한민국 정부에 복사기를 판매하는 상인
③ 화장품을 중국에 수출하는 무역업자
④ 서울에 소재하는 소아과전문병원

[풀이] 소아과전문병원 면세하는 의료보건용역에 해당한다.

14 다음은 부가가치세법상 부동산의 임대 및 공급에 대한 부가가치세 과세여부에 대한 설명 중 면세에 해당하는 것을 모두 묶은 것은?

> 가. 국민주택 면적을 초과하는 아파트의 임대
> 나. 상가용 토지의 공급
> 다. 주차장용 토지의 임대
> 라. 국민주택 면적을 초과하는 아파트의 공급

① 가, 나   ② 가, 다   ③ 나, 다   ④ 가, 라

[풀이] 주택의 임대와 토지의 공급은 면세에 해당한다.

15 다음 중 부가가치세법상 과세여부에 대한 설명으로 맞는 것은?

① 국가, 지방자치단체, 지방자치단체조합 또는 대통령령으로 정하는 공익단체에 유상으로 공급하는 재화 또는 용역 : 과세
② 전기 : 면세
③ 국민주택 규모 초과 주택의 임대 : 과세
④ 수돗물 : 과세

[풀이] 국가, 지방자치단체, 지방자치단체조합 또는 대통령령으로 정하는 공익단체에 무상으로 공급하는 재화 또는 용역은 면세, 유상으로 공급하는 경우에는 과세한다.

— 면세의 포기 — ☆☆

16 다음 중 부가가치세법상 면세에 대한 설명으로 틀린 것은?

① 가공되지 아니한 식료품 및 우리나라에서 생산된 식용에 공하지 아니하는 농산물은 부가가치세를 면세한다.
② 면세대상이 되는 재화 또는 용역만을 공급하는 경우 부가가치세법상 사업자등록의무를 부담하지 아니하여도 된다.
③ 면세대상이 되는 재화가 영세율적용의 대상이 되는 경우에는 면세포기신청서를 제출하고 승인을 얻은 경우에 한하여 면세포기가 가능하다.
④ 면세포기신고를 한 사업자는 신고한 날로부터 3년간은 부가가치세의 면세를 받지 못한다.

[풀이] 면세포기는 승인을 요하지 않는다.

17 면세사업만 영위한 사업자가 부가가치세법상 면세의 포기를 신고한 경우 신고한 날부터 몇 년간 부가가치세 면세를 적용받지 못하는가?

① 3년   ② 1년   ③ 5년   ④ 6개월

[풀이] 면세의 포기를 신고한 사업자는 신고한 날로부터 3년간 부가가치세를 면제받지 못한다.

18 다음 중 부가가치세법상 면세포기에 관한 설명으로 잘못된 것은?

① 영세율 적용대상인 재화 또는 용역을 공급하는 면세사업자도 면세포기를 함으로써 매입세액을 공제받을 수 있다.
② 면세의 포기를 신고한 사업자는 신고한 날로부터 3년간 면세 재적용을 받지 못한다.
③ 면세포기는 과세기간 종료일 20일 전에 면세포기신고서를 관할세무서장에게 제출하여야 한다.
④ 면세사업관련 매입세액은 공제받지 못할 매입세액으로 매입원가에 해당한다.

[풀이] 면세포기는 언제든지 가능하며 승인을 요하지 않는다.

— 영세율과 면세의 비교 — ☆☆☆☆

19 다음 중 부가가치세법상 영세율과 면세제도에 대한 설명으로 잘못된 것은?
① 수출의 경우 영세율을 적용한다.
② 국내거래라 하더라도 영세율이 적용되는 경우가 있다.
③ 영세율은 완전면세제도이고, 면세는 불완전면세제도이다.
④ 영세율과 면세의 경우 모두 부가가치세 신고의무가 면제된다.
[풀이] 영세율은 부가가치세 신고의무가 있고, 면세는 부가가치세 신고의무가 없다.

20 다음 중 부가가치세법상 영세율과 면세에 대한 설명 중 옳지 않은 것은?
① 영세율 취지는 소비지국 과세원칙의 구현이다.
② 면세 적용대상에는 기초생활 필수품 등이 있다.
③ 면세사업만 영위하는 사업자는 부가가치세법상 사업자이다.
④ 면세의 취지는 부가가치세의 역진성을 완화하기 위함이다.
[풀이] 면세사업만 영위하는 사업자는 부가가치세법상 사업자가 아니다.

21 부가가치세법상 영세율과 면세에 관한 다음의 설명 중 잘못된 것은?
① 영세율 적용대상인 재화 또는 용역을 공급하는 면세사업자도 선택에 의해 면세를 포기할 수 있다.
② 영세율 적용대상 사업자와 면세사업자의 매입세액은 공제 또는 환급받을 수 있다.
③ 영세율 적용을 받더라도 사업자등록, 세금계산서 발급 등 납세의무자로서의 의무를 이행하지 않으면 가산세 등 불이익이 발생한다.
④ 면세의 포기를 신고한 사업자는 신고한 날부터 3년간 면세를 적용받을 수 없다.
[풀이] 면세사업자의 매입세액은 공제 또는 환급받을 수 없다.

22 다음 중 부가가치세법상 영세율과 면세에 대한 설명으로 잘못된 것은?
① 면세 제도는 세부담의 누진성을 완화하기 위하여 주로 기초생활필수품 등에 적용하고 있다.
② 선박 또는 항공기에 의한 외국항행용역의 공급에 대하여는 영세율을 적용한다.
③ 영세율은 완전면세제도이고, 면세는 불완전면세제도이다.
④ 국내거래라도 영세율이 적용되는 경우가 있다.
[풀이] 면세 제도는 세부담의 역진성을 완화하기 위하여 주로 기초생활필수품 등에 적용하고 있다.

23 부가가치세법상 영세율과 면세제도에 관한 설명으로 옳지 않은 것은?

① 면세사업자가 영세율을 적용받기 위해서는 면세를 포기하여야 한다.
② 국내거래도 영세율 적용대상이 될 수 있다.
③ 면세 제도는 부가가치세 부담이 전혀없는 완전면세 형태이다.
④ 면세의 포기를 신고한 사업자는 신고한 날로부터 3년간 면세 재적용을 받지 못한다.

[풀이] 영세율이 완전면세 형태이고, 면세 제도는 부분면세 형태이다.

24 다음은 부가가치세법상 영세율과 면세에 대한 설명이다. 가장 틀린 것은?

① 재화의 공급이 수출에 해당하면 면세를 적용한다.
② 면세사업자는 부가가치세법상 납세의무가 없다.
③ 간이과세자는 간이과세를 포기하지 않아도 영세율을 적용받을 수 있다.
④ 토지를 매각하는 경우에는 부가가치세가 면제된다.

[풀이] 재화의 공급이 수출에 해당하면 영세율을 적용한다.

25 부가가치세법상 영세율과 면세에 대한 설명으로 가장 옳지 않은 것은?

① 국내 거래에는 영세율이 적용되지 않는다.
② 면세의 취지는 부가가치세의 역진성을 완화하기 위함이다.
③ 국외에서 공급하는 용역에 대해서는 영세율을 적용한다.
④ 상가 부수 토지를 매각하는 경우에도 부가가치세가 면제된다.

[풀이] 외화 획득 재화 또는 용역의 공급 등에 대해서는 국내거래지만 외화 획득을 장려하기 위한 취지에서 영세율을 적용한다.

정답

1. ③ 2. ③ 3. ② 4. ④ 5. ④ 6. ④ 7. ② 8. ④ 9. ④ 10. ③
11. ④ 12. ③ 13. ④ 14. ① 15. ① 16. ③ 17. ① 18. ③ 19. ④ 20. ③
21. ② 22. ① 23. ③ 24. ① 25. ①

제6절 과세표준과 세율

과세표준이란 납세의무자가 납부해야 할 세액산출의 기준이 되는 과세대상, 즉 과세물건의 금액 또는 수량을 말한다.

1. 재화 또는 용역의 공급에 대한 과세표준

(1) 일반적인 기준

재화 또는 용역의 공급에 대한 부가가치세의 과세표준은 해당 과세기간에 공급한 재화 또는 용역의 공급가액을 합한 금액으로 한다. 여기서 공급가액이란 다음의 가액을 말한다.

구 분	공급가액
① 금전으로 대가를 받는 경우	• 그 대가
② 금전 외의 대가를 받는 경우	• 자기가 공급한 재화 또는 용역의 시가[주]

[주] 시가란 사업자가 특수관계인이 아닌 자와 해당 거래와 유사한 상황에서 계속적으로 거래한 가격 또는 제3자간에 일반적으로 거래된 가격을 말한다.

이러한 공급가액에는 부가가치세를 포함하지 않는다. 한편, 사업자가 재화 또는 용역을 공급하고 그 대가로 받은 금액에 부가가치세가 포함되어 있는지가 분명하지 아니한 경우에는 그 대가로 받은 금액에 110분의 100을 곱한 금액을 공급가액으로 한다.

> 예 재화를 공급한 대가로 받은 165,000원에 부가가치세가 포함되어 있는지가 불분명한 경우
> ⇨ 165,000 × 100/110 = 150,000원을 공급가액으로 한다. 즉, 받은 대가에 부가가치세가 포함된 것으로 보는 것이다.

(2) 거래 형태별 공급가액의 계산

(가) 외상거래 등의 공급가액

① 외상판매 및 할부판매의 경우 : 공급한 재화의 총가액
② 다음 중 어느 하나에 해당하는 경우 : 계약에 따라 받기로 한 대가의 각부분
  ㉠ 장기할부판매
  ㉡ 완성도기준지급조건부 또는 중간지급조건부
  ㉢ 계속적으로 재화나 용역을 공급하는 경우
③ 둘 이상의 과세기간에 걸쳐 계속적으로 일정한 용역을 제공하고 그 대가를 선불로 받는 경우 : 계약기간의 개월 수로 안분 계산한 금액

> 선불로 받은 금액 × 각 과세대상기간의 개월 수 ÷ 계약기간의 개월 수

※ 해당 계약기간의 개시일이 속하는 달이 1개월 미만이면 1개월로 하고, 해당 계약기간의 종료일이 속하는 달이 1개월 미만이면 산입하지 않는다(초월산입・말월불산입).

(나) 대가를 외국통화 등으로 받는 경우

대가를 외국통화나 그 밖의 외국환으로 받은 경우에는 다음과 같이 환산한 금액을 그 대가로 한다.

구 분	공급가액
① 공급시기가 되기 전에 원화로 환가한 경우	• 환가한 금액
② 공급시기 이후에 외국통화 그 밖의 외국환 상태로 보유하거나 지급받는 경우	• 공급시기의 기준환율 또는 재정환율에 따라 계산한 금액

예 $100를 수출하고 공급시기는 8월 1일(환율 1,100원/$)인 경우
　[상황 1] 대금을 7월 1일(환율 1,000원/$)에 수령하여 원화로 환가한 경우 : 공급가액 100,000원
　[상황 2] 대금을 7월 1일에 수령하여 외국통화 상태로 보유 중인 경우 : 공급가액 110,000원
　[상황 3] 대금을 9월 1일(환율 1,200원/$)에 수령하여 환가한 경우 : 공급가액 110,000원
　[WHY] 공급시기 이후의 계속적으로 변동되는 환율을 반영하지 않기 위함이다.

(다) 재화의 공급의제의 경우

구 분		공급가액
(1) 자기생산·취득 재화의 공급의제	① 면세사업에의 전용	• 자기가 공급한 재화의 시가 ※ 다만, 재화가 감가상각자산인 경우에는 간주시가
	② 승용자동차 등의 비영업용에의 전용	
	③ 개인적 공급	
	④ 사업상 증여	
	⑤ 폐업시 잔존재화	• 폐업시 남아 있는 재화의 시가
(2) 판매목적 타사업장 반출재화의 공급의제		• 해당 재화의 취득가액[주]

[주] 다만, 취득가액에 일정액을 더하여 공급하여 자기의 다른 사업장에 반출하는 경우에는 그 취득가액에 일정액을 더한 금액을 공급가액으로 본다.

> **참고** 간주시가
>
> 재화의 공급으로 보는 재화가 감가상각자산인 경우에는 다음과 같이 계산한 금액을 공급가액으로 본다.
>
> $$간주시가 = 해당\ 재화의\ 취득가액 \times (1 - 체감률 \times 경과된\ 과세기간의\ 수)$$
>
> ① 재화의 취득가액은 매입세액을 공제받은 해당 재화의 가액으로 하며, 체감률은 건물·구축물의 경우에는 5%를, 그 밖의 감가상각자산은 25%로 한다.
> ② 경과된 과세기간의 수는 과세기간 단위로 계산하되, 건물·구축물의 경우에는 경과된 과세기간의 수는 20을, 그 밖의 감가상각자산의 경과된 과세기간의 수는 4를 한도로 한다.
> ③ 경과된 과세기간의 수를 계산할 때 과세기간 개시일 후에 감가상각자산을 취득하거나 해당 재화가 공급된 것으로 보게 되는 경우에는 그 과세기간의 개시일에 해당 재화를 취득하거나 해당 재화가 공급된 것으로 본다.

예
- 감가상각자산 : 기계장치, 취득일자 : ×1년 4월 2일, 폐업일자 : ×2년 6월 1일
- 취득가액 : 54,000,000원 (부가가치세 5,400,000원 별도)
- 취득 당시 매입세액공제 받음

⇨ 간주시가 = 해당 재화의 취득가액 × (1 - 체감률 × 경과된 과세기간의 수)
   └ 54,000,000원 × (1 - 25% × 2)) = 27,000,000원

⇨ 경과된 과세기간의 수

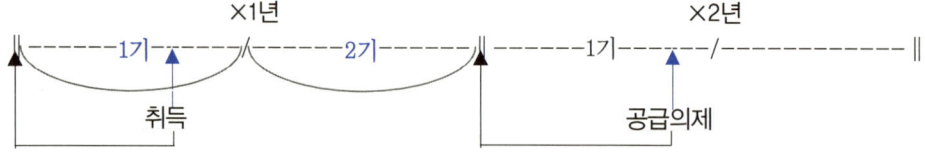

(3) 부당한 행위의 경우

특수관계인에게 대한 재화 또는 용역의 공급이 다음 중 어느 하나에 해당하는 경우로서 조세의 부담을 부당하게 감소시킬 것으로 인정되는 경우에는 공급한 재화 또는 용역의 시가를 공급가액으로 본다.

구 분		공급가액
① 재화의 공급	㉠ 부당하게 낮은 대가를 받은 경우	• 공급한 재화의 시가
	㉡ 대가를 받지 않은 경우	
② 용역의 공급	㉠ 부당하게 낮은 대가를 받은 경우	• 공급한 용역의 시가
	㉡ 사업용 부동산의 임대용역을 공급하고 대가를 받지 않은 경우	

(4) 공급가액에 포함 여부

공급가액은 대금, 요금, 수수료, 그 밖에 어떤 명목이든 상관없이 재화 또는 용역을 공급받는 자로부터 받는 금전적 가치 있는 모든 것을 포함한다. 이러한 공급가액에 포함되는지 여부를 예시하면 다음과 같다.

(가) 공급가액에 포함되는 금액
① 장기할부판매 또는 할부판매 경우의 이자상당액
② 대가의 일부로 받는 운송보험료·산재보험료 등
③ 대가의 일부로 받는 운송비·포장비·하역비 등
④ 개별소비세와 교통·에너지·환경세 및 주세가 과세되는 재화 또는 용역에 대하여는 해당 개별소비세와 교통·에너지·환경세 및 주세와 그 교육세 및 농어촌특별세 상당액

(나) 공급가액에 포함되지 않는 금액
① 재화나 용역을 공급할 때 그 품질이나 수량, 인도조건 또는 공급대가의 결제방법이나 그 밖의 공급조건에 따라 통상의 대가에서 일정액을 직접 깎아 주는 금액(매출에누리)

② 환입된 재화의 가액(매출환입)
③ 공급받는 자에게 도달하기 전에 파손되거나 훼손되거나 멸실한 재화의 가액
④ 재화 또는 용역의 공급과 직접 관련되지 아니하는 국고보조금과 공공보조금
⑤ 공급에 대한 대가의 지급이 지체되었음을 이유로 받는 연체이자
⑥ 공급에 대한 대가를 약정기일 전에 받았다는 이유로 사업자가 당초의 공급가액에서 할인해 준 금액(매출할인)

> [참고] 세부사항
> ① 사업자가 음식·숙박용역이나 개인서비스 용역을 공급하고 그 대가와 함께 받는 종업원의 봉사료를 세금계산서, 영수증 또는 신용카드매출전표 등에 그 대가와 구분하여 적은 경우로서 봉사료를 해당 종업원에게 지급한 사실이 확인되는 경우에는 그 봉사료는 공급가액에 포함하지 아니한다. 다만, 사업자가 그 봉사료를 자기의 수입금액에 계상하는 경우에는 그러하지 아니하다.
> ② 통상적으로 용기 또는 포장을 해당 사업자에게 반환할 것을 조건으로 그 용기대금과 포장비용을 공제한 금액으로 공급하는 경우에는 그 용기대금과 포장비용은 공급가액에 포함하지 아니한다(반환조건부 용기대금).

(5) 과세표준에서 공제하지 않는 것

사업자가 재화 또는 용역을 공급받는 자에게 지급하는 장려금이나 이와 유사한 금액 및 대손금액은 과세표준에서 공제하지 아니한다. 다만, 공급받는 자의 파산 등으로 거래징수하지 못한 부가가치세액은 대손이 확정된 경우 대손세액공제를 받을 수 있다.

2. 재화의 수입에 대한 과세표준

재화의 수입에 대한 부가가치세의 과세표준은 그 재화에 대한 관세의 과세가격과 관세, 개별소비세, 주세, 교육세, 농어촌특별세 및 교통·에너지·환경세를 합한 금액으로 한다.

3. 세율

부가가치세의 세율은 10퍼센트로 한다. 우리나라 부가가치세의 세율 구조는 단일비례세율이며, 일정한 재화 또는 용역의 공급에 대해서는 영(zero)의 세율을 적용한다.

기/출/문/제 (필기)

— 재화 또는 용역의 공급에 대한 과세표준 —

01 금전 이외의 대가를 받는 경우에 부가가치세의 과세표준은?

① 자기가 공급한 재화의 원가
② 금전이외로 받은 물품의 시가
③ 자기가 공급한 재화의 시가
④ 금전이외로 받은 물품의 원가

[풀이] 금전 외의 대가를 받는 경우 : 자기가 공급한 재화 또는 용역의 시가

02 다음 자료를 보고 거래내역에 대한 부가가치세 과세표준을 구하시오.

- 3월 15일 대만의 웬디사에 제품을 총 $20,000에 수출하기로 하고, 계약금으로 $2,000를 수령하여 동일자로 원화로 환전하였다.
- 4월 15일 제품을 인천항에서 선적하고 중도금으로 $10,000를 수령하였다.
- 4월 30일 잔금 $8,000를 수령하고 동 금액을 원화로 환전하였다.
  [환율 정보] 3월 15일 1,200원/$, 4월 15일 1,300원/$, 4월 30일 1,100원/$

① 22,200,000원   ② 24,000,000원   ③ 25,800,000원   ④ 26,000,000원

[풀이] 계약금($2,000 × 1,200/$) + 중도금과 잔금($18,000 × 1,300/$) = 25,800,000원
계약금은 3월 15일의 환율, 중도금과 잔금은 선적일의 환율을 적용한다.

03 ㈜구룡은 제품을 외국에 수출하는 업체이다. 당사 제품 $50,000를 수출하기 위하여 11월 20일에 선적하고 대금은 12월 10일에 수령하였다. 수출관련 과세표준은 얼마인가?

| • 11월 20일 기준환율 | 1,000원/$ | • 12월 10일 기준환율 | 1,100원/$ |
| • 11월 20일 대고객매입율 | 1,050원/$ | • 12월 10일 대고객매입율 | 1,200원/$ |

① 50,000,000원   ② 55,000,000원   ③ 50,500,000원   ④ 60,000,000원

[풀이] $50,000 × 1,000/$(선적일의 기준환율) = 50,000,000원

— 간주시가 — ☆

04 부가가치세법상 간주공급(공급의제)의 과세표준 산출시 감가상각자산에 적용하는 상각률을 5%로 적용해야 하는 것은?

① 건물
② 차량운반구
③ 비품
④ 기계장치

[풀이] 체감률은 건물·구축물의 경우에는 5%를, 그 밖의 감가상각자산은 25%로 한다.

05 아래의 자료를 이용하여 부가가치세법상 폐업시 잔존재화의 과세표준을 구하면 얼마인가?

- 감가상각자산 : 기계장치
- 취득일자 : X1년 4월 2일
- 폐업일자 : X2년 6월 1일
- 취득가액 : 54,000,000원 (부가가치세 5,400,000원 별도)
- 취득 당시 매입세액공제 받음

① 13,500,000원　② 20,000,000원　③ 27,000,000원　④ 48,600,000원

[풀이] 간주시가 = 해당 재화의 취득가액 × (1 − 체감률 × 경과된 과세기간의 수)
　└ 54,000,000원 × (1 − 25% × 2) = 27,000,000원

− 공급가액에 포함 여부 − ☆☆☆☆☆

06 다음은 부가가치세법상 과세표준에 대한 설명이다. 틀린 것은?

① 부가가치세 포함여부가 불분명한 대가의 경우 110분의 100을 곱한 금액을 공급가액(과세표준)으로 한다.
② 상가를 임대하고 받은 보증금에 대하여도 간주임대료를 계산하여 과세표준에 포함하여야 한다.
③ 대가의 지급지연으로 받는 연체이자도 과세표준에 포함한다.
④ 대가를 외국환으로 받고 받은 외국환을 공급시기 이전에 환가한 경우 환가한 금액을 과세표준으로 한다.

[풀이] 대가의 지급 지연으로 받는 연체이자는 과세표준에 포함하지 않는다.

07 다음 중 부가가치세 공급가액에 포함되지 않는 것은?

① 할부판매 및 장기할부판매의 이자상당액
② 대가의 일부로 받은 운송보험료
③ 특수관계인에게 공급하는 재화 또는 부동산임대 용역
④ 공급받는 자에게 도달하기 전에 공급자의 귀책사유로 인하여 파손, 훼손 또는 멸실된 재화의 가액

[풀이] 공급받는 자에게 도달하기 전에 파손되거나 훼손되거나 멸실한 재화의 가액은 공급가액에 포함하지 않는다.

08 다음 중 부가가치세 과세표준에 포함하는 항목이 아닌 것은?

① 재화의 수입에 대한 관세, 개별소비세, 주세, 교육세, 농어촌특별세 상당액
② 할부판매, 장기할부판매의 경우 이자 상당액
③ 공급대가의 지급 지연으로 인하여 지급받는 연체이자
④ 대가의 일부로 받은 운송보험료, 산재보험료

09 다음 중 부가가치세법상 과세표준에 포함되는 것은?

① 비반환조건부 용기대금
② 대가와 구분 기재된 종업원의 봉사료
③ 매출할인
④ 재화 또는 용역의 공급과 관련 없이 수령한 국고보조금

[풀이] 통상적으로 용기 또는 포장을 해당 사업자에게 반환할 것을 조건으로 그 용기대금과 포장비용을 공제한 금액으로 공급하는 경우에는 그 용기대금과 포장비용은 과세표준에 포함하지 않는다(반환조건부 용기대금).

10 다음 중 부가가치세 공급가액에 포함되는 것은 무엇인가?

① 매출할인
② 반환조건부 용기대금
③ 대가와 구분 기재된 종업원의 봉사료
④ 할부판매 이자상당액

[풀이] 장기할부판매 또는 할부판매 경우의 이자상당액은 과세표준에 포함된다.

— 과세표준에서 공제하지 않는 것 — ☆

11 다음 중 부가가치세 과세표준에 포함되지 않는 것은 어느 것인가?

① 연체이자
② 판매장려금
③ 하자보증금
④ 대손금

[풀이] 사업자가 재화 또는 용역을 공급받는 자에게 지급하는 장려금이나 이와 유사한 금액 및 대손금액은 과세표준에서 공제하지 아니한다.

— 과세표준 계산문제 — ☆☆☆☆☆

12 다음 자료에 의한 부가가치세 과세표준은 얼마인가?

구 분	금 액	비 고
세금계산서 발급 제품매출	100,000,000원 (공급가액)	ⓐ 할부판매, 장기할부판매의 이자상당액 2,000,000원 포함 ⓑ 현금으로 지급한 판매장려금 1,000,000원 불포함 ⓒ 제품으로 지급한 판매장려금 시가 1,000,000원(공급가액) 불포함

① 99,000,000원   ② 100,000,000원   ③ 101,000,000원   ④ 102,000,000원

[풀이] 제품매출 공급가액 + 현물 지급한 판매장려금(제공한 재화의 시가) = 과세표준
└ 100,000,000 + 1,000,000 = 101,000,000원

ⓐ 할부판매 이자상당액은 과세표준에 포함하는데, 이미 포함되어 있으므로 무시한다.
ⓑ 현금으로 지급한 판매장려금은 과세표준에서 공제하지 않는데, 차감하지(불포함) 않았으므로 무시한다.
ⓒ 현물로 지급한 판매장려금은 사업상 증여로 보아 과세표준에 포함하는데, 포함되어 있지 않으므로 가산한다.

13 다음 자료에 의하여 부가가치세 과세표준을 계산하시오?

> ⓐ 제품판매액(공급가액) : 50,000,000원
> ⓑ 대손금(공급가액) : 6,000,000원
> ⓒ 장려물품 제공액 : 원가 3,000,000원 (시가 3,500,000원)
> ⓓ 판매할 제품 중 대표자 개인적 사용분 : 원가 3,000,000원 (시가 5,000,000원)

① 56,000,000원 ② 57,000,000원 ③ 58,500,000원 ④ 59,500,000원

[풀이] 제품판매액 + 장려물품 제공액(시가) + 개인적 공급(시가) = 과세표준
└ 50,000,000 + 3,500,000 + 5,000,000 = 58,500,000원
ⓑ 대손금은 과세표준에서 공제하지 않으므로 무시한다.

14 다음 자료에 의해 부가가치세 과세표준을 계산하면? 단, 당해 사업자는 주사업장 총괄납부사업자가 아니다.

> ⓐ 상품 외상판매액(공급가액) : 30,000,000원
> ⓑ 자기의 타사업장으로의 반출액(공급가액) : 2,000,000원
> ⓒ 판매처로 운송하는 도중 교통사고로 인해 파손된 상품(원가) : 1,000,000원
> ※ 단, 위 외상판매액에는 반영되어 있지 않다.
> ⓓ 판매실적에 따라 거래처에 현금으로 지급한 장려금 : 3,000,000원

① 30,000,000원 ② 31,000,000원 ③ 32,000,000원 ④ 33,000,000원

[풀이] 외상판매액 + 판매목적 타사업장반출 = 과세표준
└ 30,000,000 + 2,000,000 = 32,000,000원
ⓒ 공급받는 자에게 도달하기 전에 파손되거나 훼손되거나 멸실한 재화의 가액은 공급가액에 포함하지 않는데, 외상판매액에 반영되어 있지 않으므로 무시한다.
ⓓ 현금으로 지급한 판매장려금은 과세표준에서 공제하지 않으므로 무시한다.

 정답

1. ③ 2. ③ 3. ① 4. ① 5. ③ 6. ③ 7. ④ 8. ③ 9. ① 10. ④
11. ① 12. ③ 13. ③ 14. ③

제7절 거래징수와 세금계산서

1. 거래징수

사업자가 재화 또는 용역을 공급하는 경우에는 공급가액에 10%의 세율을 적용하여 계산한 부가가치세를 재화 또는 용역을 공급받는 자로부터 징수해야 하는데, 이를 거래징수라고 한다.

2. 세금계산서의 종류

세금계산서란 과세사업자가 재화 또는 용역을 공급하는 때에 부가가치세를 거래 상대방으로부터 징수하고 그 징수사실을 증명하기 위하여 발급하는 증서를 말한다. 세금계산서는 매입세액을 공제를 받기 위한 필수자료이며 거래의 증빙, 대금청구서, 영수증 및 과세자료로 활용된다.

세 금 계 산 서 (공급자 보관용)							책번호		권	호
							일련번호			

공급자	등록번호				공급받는자	등록번호				
	상호(법인명)		성명(대표자)			상호(법인명)		성명(대표자)		
	사업장주소					사업장주소				
	업태		종목			업태	소매	종목	가방	

작성			공급가액		세액		비고
년	월 일	공란수	백십억천백십만천백십일		십억천백십만천백십일		

월	일	품목	규격	수량	단가	공급가액	세액	비고

합계금액	현금	수표	어음	외상미수금	이 금액을	(영수) 청구	함

(1) 세금계산서

세금계산서는 공급하는 사업자가 공급자 보관용(매출세금계산서), 공급받는자 보관용(매입세금계산서)으로 각 2매를 발행하여 1매를 발급한다. 세금계산서는 제출할 필요없이 보관만 하면되고, 부가가치세 신고시에 공급자는 매출처별세금계산서합계표를, 공급받는 자는 매입처별세금계산서합계표를 제출한다. 세금계산서의 기재사항은 다음과 같다.

구 분	내 용	비 고
(1) 필요적 기재사항	① 공급하는 사업자의 등록번호와 성명 또는 명칭 ② 공급받는 자의 등록번호 ③ 공급가액과 부가가치세액 ④ 작성 연월일	그 전부 또는 일부가 기재되지 않았거나 그 내용이 사실과 다른 경우에는 세금계산서로서의 효력이 인정되지 않는다.
(2) 임의적 기재사항	① 공급하는 자의 주소 ② 공급받는 자의 상호·성명·주소 ③ 공급하는 자와 공급받는 자의 업태와 종목 ④ 공급품목 ⑤ 단가와 수량 ⑥ 공급 연월일	세금계산서의 효력에는 아무런 영향을 미치지 않는 사항들이다.

(2) 수입세금계산서

세관장은 수입되는 재화에 대하여 부가가치세를 징수할 때에는 수입된 재화에 대한 세금계산서(이하 "수입세금계산서"라 한다)를 수입하는 자에게 발급하여야 한다.

(3) 영수증

영수증이란 공급받는 자와 부가가치세를 따로 기재하지 않은 증빙서류를 말한다. 따라서 영수증에는 부가가치세가 포함된 금액(공급대가)을 기재한다. 다만, 일반과세자로서 영수증 발급대상 사업을 하는 자가 신용카드기 또는 직불카드기 등 기계적 장치(금전등록기는 제외)를 사용하여 영수증을 발급할 때에는 영수증에 공급가액과 세액을 별도로 구분하여 적어야 한다.

3. 전자세금계산서

전자세금계산서란 전자적인 방법으로 발급하는 세금계산서를 말한다. 여기서 전자적인 방법이란 ㉠ 전자세금계산서 발급업무를 대행하는 사업자의 전자세금계산서 발급시스템을 이용하는 방법, ㉡ 국세청장이 구축한 전자세금계산서 발급시스템을 이용하는 방법 등을 이용하여, 세금계산서에 기재할 사항, 작성자의 신원 및 계산서의 변경여부를 확인할 수 있는 인증시스템을 거쳐 정보통신망으로 발급하는 것을 말한다.

(1) 전자세금계산서 의무발급 사업자

다음의 사업자가 세금계산서를 발급하려면 전자세금계산서를 발급하여야 한다.
① 법인사업자
② 직전 연도의 사업장별 재화 및 용역의 공급가액(면세공급가액 포함)의 합계액이 8천만원 이상인 개인사업자(그 이후 직전 연도의 사업장별 재화 및 용역의 공급가액이 8천만원 미만이 된 개인사업자를 포함)

(2) 의무발급 개인사업자의 발급기간

전자세금계산서 의무발급 개인사업자는 사업장별 재화 및 용역의 공급가액의 합계액이 8천만원 이상인 해의 다음해 제2기 과세기간이 시작하는 날부터 전자세금계산서를 발급해야 한다. 다만, 사업장별 재화와 용역의 공급가액의 합계액이 수정신고 등으로 8천만원 이상이 된 경우에는 수정신고 등을 한 날이 속하는 과세기간의 다음 과세기간이 시작하는 날부터 전자세금계산서를 발급해야 한다.

(3) 전자세금계산서 발급명세 전송의무

전자세금계산서 의무발급 사업자가 전자세금계산서를 발급하였을 때에는 전자세금계산서 발급일의 다음 날까지 전자세금계산서 발급명세를 국세청장에게 전송하여야 한다. 이처럼 전자세금계산서 발급명세를 전송한 경우에는 ① 예정신고 또는 확정신고시 매출·매입처별세금계산서합계표를 제출하지 않을 수 있으며, ② 5년간 세금계산서 보존 의무가 면제된다. 반면에, 전자세금계산서 발급명세를 지연전송(미전송)하는 경우에는 그 공급가액에 일정한 %를 곱한 금액을 가산세로 하여 납부세액에 더하거나 환급세액에서 뺀다.

4. 세금계산서 발급의무자 및 발급대상 거래

(1) 발급의무자

세금계산서의 발급의무자는 납세의무자로 등록한 과세사업자이다. 따라서 면세사업자는 세금계산서를 발급할 수 없다.

(2) 발급대상 거래

재화 또는 용역의 공급에 대하여는 원칙적으로 모두 세금계산서를 발급하여야 한다. 영세율이 적용되는 거래도 비록 부가가치세는 거래징수하지 않지만 세금계산서를 발급하는 것이 원칙이다. 그러나 면세되는 재화 또는 용역의 공급에 대하여는 세금계산서를 발급하지 않는다.

(3) 세금계산서 발급의무의 면제

세금계산서를 발급하기 어렵거나 세금계산서의 발급이 불필요한 다음의 경우에는 세금계산서를 발급하지 아니할 수 있다.

① 택시운송 사업자, 노점 또는 행상을 하는 자, 무인자동판매기를 이용하여 재화나 용역을 공급하는 자 등이 공급하는 재화 또는 용역
② 소매업 또는 미용, 욕탕 및 유사 서비스업을 경영하는 자가 공급하는 재화 또는 용역(소매업의 경우에는 공급받는 자가 세금계산서 발급을 요구하지 아니하는 경우로 한정한다)
③ 자기생산·취득재화의 공급의제에 해당하는 재화

[주의] 판매목적 타사업장 반출로 공급의제 되는 재화는 세금계산서를 발급해야 한다.

④ 영세율 적용대상이 되는 일정한 재화 또는 용역
  ㉠ 재화의 수출(내국신용장 또는 구매확인서에 의하여 공급하는 재화는 제외)
  ㉡ 용역의 국외공급
  ㉢ 외국항행용역의 공급
  ㉣ 외화 획득 재화 또는 용역의 공급 중 일정한 것
⑤ 그 밖에 국내사업장이 없는 비거주자 또는 외국법인에게 공급하는 재화 또는 용역
⑥ 부동산임대용역 중 간주임대료에 해당하는 부분
⑦ 전자서명인증사업자가 인증서를 발급하는 용역(다만, 공급받는 자가 사업자로서 세금계산서 발급을 요구하는 경우는 제외한다)

5. 세금계산서의 발급시기

세금계산서는 사업자가 재화 또는 용역의 공급시기에 재화 또는 용역을 공급받는 자에게 발급하여야 한다. 다만, 재화 또는 용역의 공급시기가 되기 전에 세금계산서를 발급하면 그 발급하는 때를 공급시기로 보는 특례규정에 따라 세금계산서를 발급할 수도 있다.

(1) 공급시기 전 발급특례

⑺ 공급시기 전에 받은 대가에 대한 발급

사업자가 재화 또는 용역의 공급시기가 되기 전에 재화 또는 용역에 대한 대가의 전부 또는 일부를 받고, 그 받은 대가에 대하여 세금계산서 등을 발급하면 그 세금계산서를 발급하는 때를 각각 그 재화 또는 용역의 공급시기로 본다.

⑷ 발급 후 대가수령

사업자가 재화 또는 용역의 공급시기가 되기 전에 세금계산서를 발급하고 그 세금계산서 발급일부터 7일 이내에 대가를 받으면 해당 세금계산서를 발급한 때를 재화 또는 용역의 공급시기로 본다. 다만, 다음 중 어느 하나에 해당하는 경우에는 재화 또는 용역을 공급하는 사업자가 그 재화 또는 용역의 공급시기가 되기 전에 세금계산서를 발급하고 그 세금계산서 발급일부터 7일이 지난 후 대가를 받더라도 해당 세금계산서를 발급한 때를 재화 또는 용역의 공급시기로 본다.

① 거래 당사자 간의 계약서·약정서 등에 대금 청구시기와 지급시기를 따로 적고, 대금 청구시기와 지급시기 사이의 기간이 30일 이내인 경우
② 재화 또는 용역의 공급시기가 세금계산서 발급일이 속하는 과세기간에 도래하는 경우

(2) 공급시기 후 발급특례

다음의 어느 하나에 해당하는 경우에는 재화 또는 용역의 공급일이 속하는 달의 다음 달 10일까지 세금계산서를 발급할 수 있다.

① 거래처별로 1역월의 공급가액을 합하여 해당 달의 말일을 작성연월일로 하여 세금계산서를 발급하는 경우
② 거래처별로 1역월 이내에서 사업자가 임의로 정한 기간의 공급가액을 합하여 그 기간의 종료일을 작성연월일로 하여 세금계산서를 발급하는 경우
③ 관계 증명서류 등에 따라 실제거래사실이 확인되는 경우로서 해당 거래일을 작성연월일로 하여 세금계산서를 발급하는 경우

6. 수정세금계산서의 발급사유 및 절차

세금계산서 또는 전자세금계산서의 기재사항을 착오로 잘못 적거나 세금계산서 또는 전자세금계산서를 발급한 후 그 기재사항에 관하여 다음의 사유가 발생하면 수정한 세금계산서를 또는 수정한 전자세금계산서를 발급할 수 있다.

발급사유	발급절차
(1) 처음 공급한 재화가 환입된 경우	• 재화가 환입된 날을 작성일로 적음 ※ 비고란에 처음 세금계산서 작성일을 덧붙여 적은 후 붉은색 글씨로 쓰거나 음(陰)의 표시를 하여 발급
(2) 계약의 해제로 재화 또는 용역이 공급되지 아니한 경우	• 계약이 해제된 때에 그 작성일은 계약해제일로 적음 ※ 비고란에 처음 세금계산서 작성일을 덧붙여 적은 후 붉은색 글씨로 쓰거나 음(陰)의 표시를 하여 발급
(3) 계약의 해지 등에 따라 공급가액에 추가되거나 차감되는 금액이 발생한 경우	• 증감 사유가 발생한 날을 작성일로 적음 ※ 추가되는 금액은 검은색 글씨로 쓰고, 차감되는 금액은 붉은색 글씨로 쓰거나 음(陰)의 표시를 하여 발급
(4) 착오로 전자세금계산서를 이중으로 발급한 경우	• 처음에 발급한 세금계산서의 내용대로 음(陰)의 표시를 하여 발급
(5) 면세 등 발급대상이 아닌 거래 등에 대하여 발급한 경우	• 처음에 발급한 세금계산서의 내용대로 음(陰)의 표시를 하여 발급
(6) 필요적 기재사항 등이 착오로 잘못 적힌 경우[주]	• 처음에 발급한 세금계산서의 내용대로 세금계산서를 붉은색 글씨로 쓰거나 음(陰)의 표시를 하여 발급하고, 수정하여 발급하는 세금계산서는 검은색 글씨로 작성하여 발급
(7) 세율을 잘못 적용하여 발급한 경우[주]	• 처음에 발급한 세금계산서의 내용대로 세금계산서를 붉은색 글씨로 쓰거나 음(陰)의 표시를 하여 발급하고, 수정하여 발급하는 세금계산서는 검은색 글씨로 작성하여 발급

(8) 필요적 기재사항 등이 착오 외의 사유로 잘못 적힌 경우[주]	• 처음에 발급한 세금계산서의 내용대로 세금계산서를 붉은색 글씨로 쓰거나 음(陰)의 표시를 하여 발급하고, 수정하여 발급하는 세금계산서는 검은색 글씨로 작성하여 발급 ※ 재화나 용역의 공급일이 속하는 과세기간에 대한 확정신고기한 다음날부터 1년 이내 세금계산서를 작성한다.

[주] 위 (6), (7), (8)의 경우에는 다음 중 어느 하나에 해당하는 경우로서 과세표준 또는 세액을 경정할 것을 미리 알고 있는 경우는 제외한다.
  ㉠ 세무조사의 통지를 받은 경우
  ㉡ 세무공무원이 과세자료의 수입 또는 민원 등을 처리하기 위하여 현지출장이나 확인업무에 착수한 경우
  ㉢ 세무서장으로부터 과세자료 해명안내 통지를 받은 경우 등

> [참고] **세부사항**
> ① 재화 또는 용역을 공급한 후 공급시기가 속하는 과세기간 종료 후 25일 이내에 내국신용장이 개설되었거나 구매확인서가 발급된 경우 : 내국신용장 등이 개설된 때에 그 작성일은 처음 세금계산서 작성일을 적음
>   ※ 비고란에 내국신용장 개설일 등을 덧붙여 적어 영세율 적용분은 검은색 글씨로 세금계산서를 작성하여 발급하고, 추가하여 처음에 발급한 세금계산서의 내용대로 세금계산서를 붉은색 글씨로 쓰거나 음(陰)의 표시를 하여 작성하고 발급
> ② 일반과세자에서 간이과세자로 과세유형이 전환된 후 과세유형 전환 전에 공급한 재화 또는 용역에 앞의 도표 (1) ~ (3)까지의 사유가 발생한 경우 : 처음에 발급한 세금계산서 작성일을 수정세금계산서의 작성일로 적음
>   ※ 비고란에 사유 발생일을 덧붙여 적은 후 추가되는 금액은 검은색 글씨로 쓰고 차감되는 금액은 붉은색 글씨로 쓰거나 음(陰)의 표시를 하여 작성하고 발급
> ③ 위탁판매의 경우에 수탁자가 재화를 인도하는 때에는 수탁자가 위탁자 명의의 세금계산서를 발급하며, 위탁자가 직접 재화를 인도하는 때에는 위탁자가 세금계산서를 발급할 수 있다. 이 경우에는 수탁자의 등록번호를 부기하여야 한다.

> [참고] **매입자발행세금계산서 제도**
> 부가가치세 납세의무자로 등록한 사업자로서 세금계산서 발급의무가 있는 사업자가 재화 또는 용역을 공급하고 세금계산서 발급시기에 세금계산서를 발급하지 않은 경우, 그 재화 또는 용역을 공급받은 자(면세사업자 포함)는 관할세무서장의 확인을 받아 세금계산서를 발행할 수 있는데, 이것을 매입자발행세금계산서라 한다.
>
> (1) **발행 대상 사업자(매출사업자)**
> 세금계산서 발급의무가 있는 사업자
>
> (2) **발행할 수 있는 사업자**
> 매입자발행세금계산서를 발행할 수 있는 자는 면세사업자를 포함한 모든 사업자이다. 면세사업자는 매입자발행세금계산서를 발행하여 지출증빙으로 사용가능하므로 발행대상에서 면세사업자를 제외할 경우 지출증빙미수취가산세를 추징당하므로 이를 해소하기 위함이다.
>
> (3) **대상 거래**
> 거래건당 공급대가가 5만원 이상인 경우로 한다.

기/출/문/제 (필기)

— 세금계산서 기재사항 —

01 다음 중 세금계산서에 반드시 기재하여야 하는 사항이 아닌 것은?
① 공급하는 자의 등록번호와 성명 또는 명칭
② 공급받는 자의 업태, 종목
③ 공급가액과 부가가치세액
④ 세금계산서의 작성연월일
[풀이] 공급받는 자의 업태와 종목은 임의적 기재사항이다.

02 다음 중 세금계산서의 필요적 기재사항이 아닌 것은?
① 공급하는 자의 상호 또는 성명
② 공급가액과 부가가치세
③ 공급받는 자의 사업자등록번호
④ 공급연월일
[풀이] 공급연월일은 임의적 기재사항이다.

03 다음 중 세금계산서의 필요적 기재사항이 아닌 것은?
① 작성연월일
② 공급가액
③ 공급받는 자의 등록번호
④ 공급품목
[풀이] 공급품목은 임의적 기재사항이다.

— 전자세금계산서 — ☆

04 전자세금계산서제도에 대한 내용이다. 다음 중 틀린 것은?
① 법인사업자는 전자세금계산서 의무발급자이다.
② 개인사업자는 일정요건에 해당하게 되면 의무발급대상자가 된다.
③ 월 합계로 발급하는 전자세금계산서는 재화 및 용역의 공급일이 속하는 달의 다음 달 10일까지 발급할 수 있는 경우도 있다.
④ 국세청에 전송된 전자세금계산서는 반드시 출력하여 별도 보관하여야 한다.
[풀이] 국세청에 전송된 전자세금계산서는 별도로 보관할 의무가 없다.

— 세금계산서 발급의무의 면제 — ★★

05 다음 재화의 간주공급 중 세금계산서의 발급이 가능한 경우는 어느 것인가?
① 직매장(타사업장) 반출
② 개인적 공급
③ 사업상 증여
④ 폐업시 잔존재화
[풀이] 판매목적 타사업장 반출로서 공급의제되는 재화는 세금계산서를 발급해야 한다.

06 다음 중 부가가치세법상 세금계산서의 발급의무가 면제되지 않는 것은?

① 택시운송
② 간주공급 중 개인적 공급
③ 내국신용장 또는 구매확인서에 의하여 공급하는 재화
④ 부동산임대용역 중 간주임대료

[풀이] 영세율 적용대상이 되는 일정한 재화 또는 용역 중 내국신용장 또는 구매확인서에 의하여 공급하는 재화는 세금계산서 발급의무가 면제되지 않는다.

07 다음 중 부가가치세법상 세금계산서 발급의무 면제에 해당하지 않는 것은?

① 영세율 적용분 중 내국신용장·구매확인서에 의한 재화의 공급
② 공급받는 자가 세금계산서 발급을 요구하지 않는 경우의 소매업
③ 폐업시 잔존재화
④ 택시운전사, 노점상

[풀이] 영세율 적용대상이 되는 일정한 재화 또는 용역 중 내국신용장 또는 구매확인서에 의하여 공급하는 재화는 세금계산서 발급의무가 면제되지 않는다.

08 다음 중 부가가치세법상 세금계산서 발급의무 면제대상이 아닌 것은?

① 국외제공용역
② 보세구역 내에서의 국내업체간의 재화공급
③ 무인판매기를 이용하여 재화를 공급하는 자
④ 부동산임대용역 중 전세금 또는 임대보증금에 대한 간주임대료

[풀이] 보세구역 내에서의 국내업체간의 재화공급은 과세거래이며 세금계산서 발급의무가 면제되지 않는다.

09 부가가치세법상 재화 또는 용역의 공급이 다음과 같을 경우 세금계산서 발급 대상에 해당하는 공급가액의 합계액은 얼마인가? 단, 아래의 금액에 부가가치세는 포함되어있지 않다.

- 내국신용장에 의한 수출액 : 25,000,000원
- 외국으로 직수출액 : 15,000,000원
- 일반과세자의 부동산 임대용역 : 12,000,000원
- 일반과세자의 부동산임대보증금에 대한 간주임대료 : 350,000원
- 견본품 무상제공(장부가액 : 4,000,000원, 시가 : 5,000,000원)

① 37,000,000원 ② 37,350,000원 ③ 42,000,000원 ④ 42,320,000원

[풀이] 내국신용장에 의한 수출액 + 일반과세자의 부동산 임대용역 = 세금계산서 발급대상 공급가액
└ 25,000,000 + 12,000,000 = 37,000,000원
- 견본품 무상제공은 사업상 증여로 보지 않는다.

― 세금계산서의 발급시기 ―

10 다음은 부가가치세법상 세금계산서의 교부에 관한 사항이다. 적절하게 교부하지 않은 것의 개수는?

> ⓐ 공급시기 전에 세금계산서를 교부하고 교부일로부터 7일 이내에 대가를 지급받음.
> ⓑ 단기할부판매에 관하여 대가의 각 부분을 받기로 한 때마다 각각 세금계산서를 교부함.
> ⓒ 반복적 거래처에 있어서 월합계금액을 공급가액으로 하고, 매월 말일자를 공급일자로 하여 다음달 말일까지 세금계산서를 교부함.
> ⓓ 이미 공급한 재화가 환입된 경우에는 환입된 날을 공급일자로 하고, 비고란에 당초세금계산서 작성일자를 부기하여 발행함.

① 1개   ② 2개   ③ 3개   ④ 4개

[풀이] ⓑ 단기할부판매의 경우에는 인도일에 세금계산서를 발급한다.
       ⓒ 월합계세금계산서는 해당 달의 말일을 작성연월일로 하여 다음달 10일까지 세금계산서를 발급할 수 있다.

11 부가가치세법과 관련한 다음 설명 중 옳은 것은?

① 사업개시 전에 사업자등록을 하지 아니한 신규사업자는 부가가치세법상 가산세가 적용된다.
② 소매업을 영위하는 자는 공급받는 자가 세금계산서 발행을 요구해도 발행하지 못한다.
③ 사업자는 재화의 공급시기인 재화 인도일 이전이라도 세금계산서를 발행하는 경우가 있다.
④ 주택이 아닌 건물의 임대는 과세되나 토지의 임대는 항상 면세된다.

[풀이] 사업자가 재화 또는 용역의 공급시기가 되기 전에 세금계산서를 발급하고 그 세금계산서 발급일부터 7일 이내에 대가를 받으면 해당 세금계산서를 발급한 때를 공급시기로 본다.
     ① 사업자등록은 사업개시일로부터 20일 이내에 신청하면 된다.
     ② 소매업의 경우에는 공급받는 자가 세금계산서의 발급을 요구하면 발행해야 한다.
     ④ 주택 이외의 건물과 토지의 임대는 과세된다(주택부수토지의 임대는 면세).

― 수정세금계산서의 발급사유 및 절차 ― ☆

12 부가가치세법상 세금계산서 수수와 관련한 설명으로서 옳지 않은 것은?

① 원칙적으로 세금계산서는 각 사업장별로 수취, 발급하여야 한다.
② 사업자가 재화 또는 용역의 공급시기가 도래하기 전에 세금계산서를 발급하더라도 그 세금계산서 발급일부터 7일 이내에 대가를 지급받는 경우에는 적법하게 세금계산서를 발급한 것으로 본다.
③ 당초 공급한 재화가 환입된 경우에는 당초 공급한 날을 작성일자에 기재하고, 당해 금액에 부의 표시를 하여 수정세금계산서를 발급하여야 한다.
④ 사업의 포괄양도에 해당되는 경우에는 세금계산서를 발급할 수 없다.

[풀이] 당초 공급한 재화가 환입된 경우 : 재화가 환입된 날을 작성일자로 적음. 비고란에 처음 세금계산서 작성일을 덧붙여 적은 후 붉은색 글씨로 쓰거나 음(陰)의 표시를 하여 발급
④ 사업의 포괄적인 양도는 재화의 공급으로 보지 않는다.

13 다음 중 부가가치세법상 수정세금계산서 발급 사유가 아닌 것은?

① 필요적 기재사항이 착오로 잘못 기재되어 경정할 것을 미리 알고 있는 경우
② 면세 등 발급대상이 아닌 거래 등에 대하여 발급한 경우
③ 공급가액에 추가 또는 차감되는 금액이 발생한 경우
④ 착오로 전자세금계산서를 이중으로 발급한 경우

[풀이] 필요적 기재사항 등이 착오 또는 착오 외의 사유로 잘못 적힌 경우에는 수정세금계산서를 발급할 수 있다. 다만, 과세표준 또는 세액을 경정할 것을 미리 알고 있는 경우는 제외한다.

14 부가가치세법상 수정(전자)세금계산서 작성일을 적고자 한다. 다음 중 작성일을 소급하여 처음에 발급한 (전자)세금계산서의 작성일을 적어야 하는 것은?

① 계약의 해지로 공급가액에 감소되는 금액이 발생한 경우
② 처음에 공급한 재화가 환입된 경우
③ 세율을 잘못 적용한 경우
④ 계약의 해제로 재화가 공급되지 아니한 경우

[풀이] 세율을 잘못 적용하여 발급한 경우 : 처음에 발급한 세금계산서의 내용대로 세금계산서를 붉은색 글씨로 쓰거나 음(陰)의 표시를 하여 발급
① 증감 사유가 발생한 날, ② 재화가 환입된 날, ④ 계약해제일을 작성일로 적음

15 다음은 수정세금계산서 또는 수정전자세금계산서의 발급사유 및 발급절차를 설명한 것이다. 가장 틀린 것은?

① 계약의 해제로 재화나 용역이 공급되지 아니한 경우 : 계약이 해제된 때에 그 작성일은 계약해제일로 적고 비고란에 처음 세금계산서 작성일을 덧붙여 적은 후 붉은색 글씨로 쓰거나 음(陰)의 표시를 하여 발급한다.
② 면세 등 발급대상이 아닌 거래 등에 대하여 발급한 경우 : 처음에 발급한 세금계산서의 내용대로 붉은색 글씨로 쓰거나 음(陰)의 표시를 하여 발급한다.
③ 처음 공급한 재화가 환입된 경우 : 처음 세금계산서를 작성한 날을 작성일로 적고 비고란에 재화가 환입된 날을 덧붙여 적은 후 붉은색 글씨로 쓰거나 음(陰)의 표시를 하여 발급한다.
④ 착오로 전자세금계산서를 이중으로 발급한 경우 : 처음에 발급한 세금계산서의 내용대로 음(陰)의 표시를 하여 발급한다.

[풀이] 처음 공급한 재화가 환입된 경우 수정세금계산서 발급 절차 : 재화가 환입된 날을 작성일로 적음. 비고란에 처음 세금계산서 작성일을 덧붙여 적은 후 붉은색 글씨로 쓰거나 음(陰)의 표시를 하여 발급

16 다음 중 부가가치세법상 세금계산서에 관한 설명으로 옳지 않은 것은?

① 세금계산서 발급 후 계약의 해제로 재화가 공급되지 않아 수정세금계산서를 작성하고자 하는 경우 그 작성일은 처음에 발급한 세금계산서의 작성일을 기입한다.
② 세금계산서의 발급의무자는 부가가치세가 과세대상 재화 또는 용역을 공급하는 사업자이다.
③ 세금계산서는 공급하는 사업자가 공급자 보관용과 공급받는 자 보관용 2매를 작성하여 공급받는 자 보관용을 거래상대방에게 교부한다.
④ 세금계산서란 과세사업자가 재화 또는 용역을 공급할 때 부가가치세를 거래징수하고 그 거래 사실을 증명하기 위하여 공급받는 자에게 발급하는 것이다.

[풀이] 계약의 해제로 재화 또는 용역이 공급되지 아니한 경우 : 계약이 해제된 때에 그 작성일은 계약해제일로 적음

17 다음 중 부가가치세법상 수정(전자)세금계산서 발급사유와 발급절차에 관한 설명으로 잘못된 것은?

① 상대방에게 공급한 재화가 환입된 경우 수정(전자)세금계산서의 작성일은 재화가 환입된 날을 적는다.
② 계약의 해제로 재화·용역이 공급되지 않은 경우 수정(전자)세금계산서의 작성일은 계약해제일을 적는다.
③ 계약의 해지 등에 따라 공급가액에 추가 또는 차감되는 금액이 발생한 경우 수정(전자)세금계산서의 작성일은 증감사유가 발생한 날을 적는다.
④ 재화·용역을 공급한 후 공급시기가 속하는 과세기간 종료 후 25일 이내에 내국신용장이 개설된 경우 수정(전자)세금계산서의 작성일은 내국신용장이 개설된 날을 적는다.

[풀이] 재화 또는 용역을 공급한 후 공급시기가 속하는 과세기간 종료 후 25일 이내에 내국신용장이 개설된 경우 : 내국신용장이 개설된 때에 그 작성일은 처음 세금계산서 작성일을 적음. 비고란에 내국신용장 개설일을 덧붙여 적어 영세율 적용분은 검은색 글씨로 세금계산서를 작성하여 발급하고, 추가하여 처음에 발급한 세금계산서의 내용대로 세금계산서를 붉은색 글씨로 쓰거나 음(陰)의 표시를 하여 작성

18 부가가치세법에 따른 수정세금계산서에 대한 다음의 설명 중 옳은 것은?

① 수정세금계산서는 반드시 전자로 발급하여야 한다.
② 과세표준 또는 세액을 경정할 것을 미리 알고 있는 경우는 적법한 수정세금계산서의 발급사유에 해당하지 않는다.
③ 계약의 해제로 인한 발급의 경우 그 작성일은 처음 세금계산서 작성일로 한다.
④ 일반과세자에서 간이과세자로 과세유형이 전환되기 전에 공급한 재화 또는 용역에 수정발급 사유가 발생하는 경우의 작성일은 그 사유가 발생한 날을 작성일로 한다.

[풀이] 필요적 기재사항 등이 착오(또는 착오 외)로 잘못 적힌 경우와 세율을 잘못 적용하여 발급한 경우로서 과세표준 또는 세액을 경정할 것을 미리 알고 있는 경우에는 수정세금계산서를 발급할 수 없다.

③ 계약의 해제로 인한 발급의 경우 작성일은 계약해제일로 적음
④ 일반과세자에서 간이과세자로 과세유형이 전환된 후 과세유형 전환 전에 공급한 재화 또는 용역에 수정발급 사유가 발생하는 경우 : 처음에 발급한 세금계산서 작성일을 수정세금계산서의 작성일로 적음

19 부가가치세법상 위탁자가 확인되는 재화의 위탁매매에 관한 설명 중 옳지 않은 것은?

① 위탁매매의 공급시기는 수탁자가 공급한 때이다.
② 위탁매매에 의한 공급가액은 위탁자의 과세표준에 포함하지 아니한다.
③ 위탁매매시 수탁자가 당해 재화를 직접 인도할 경우에는 수탁자가 위탁자 명의의 세금계산서를 교부한다.
④ 위탁자가 수탁자에게 지급하는 위탁판매수수료에 대하여는 수탁자가 위탁자에게 세금계산서를 교부하여야 한다.

[풀이] 위탁매매에 의한 공급가액은 위탁자의 과세표준에 포함한다.

– 매입자발행세금계산서 제도 –

20 부가가치세법상 세금계산서와 관련한 다음 설명 중 잘못된 것은?

① 소매업을 영위하는 자가 영수증을 교부할 경우 상대방이 세금계산서를 요구하는 경우에는 세금계산서를 교부하여야 한다.
② 매입자발행세금계산서는 거래 건당 공급대가 5만원 이상을 발행대상으로 한다.
③ 수탁자가 재화를 인도하는 경우에는 수탁자 명의로 세금계산서를 교부하고 비고란에 위탁자의 사업자등록번호를 부기한다.
④ 공급가액에 증감사유가 발생하여 수정세금계산서를 발행하는 경우 증감사유가 발생한 날을 작성일자로 하여 세금계산서를 교부한다.

[풀이] 위탁판매의 경우에 수탁자가 재화를 인도하는 때에는 수탁자가 위탁자 명의의 세금계산서를 발급하며, 위탁자가 직접 재화를 인도하는 때에는 위탁자가 세금계산서를 발급할 수 있다. 이 경우에는 수탁자의 등록번호를 부기하여야 한다.

정답

1. ② 2. ④ 3. ④ 4. ④ 5. ① 6. ③ 7. ① 8. ② 9. ① 10. ②
11. ③ 12. ③ 13. ① 14. ③ 15. ③ 16. ① 17. ④ 18. ② 19. ② 20. ③

제 2 장 매입매출 전표 입력

[매입매출전표입력] 메뉴는 부가가치세 신고와 관련된 매입·매출거래를 입력한다. 따라서 부가가치세 신고와 관련되지 않는 거래는 본 메뉴에 입력하지 않고 [재무회계]>[전표입력]>[일반전표입력]에 입력해야 한다. 입력된 자료는 자동으로 정리, 분류, 집계되어 부가가치세 신고서와 부속서류 및 재무회계 자료로 반영되어 각각의 메뉴에서 필요한 내용을 조회 및 출력할 수 있게 한다.

KcLep 길라잡이

- [재무회계]>[전표입력]>[매입매출전표입력]을 선택하면 다음과 같은 화면이 나타난다.
- 화면 〈상단〉은 부가가치세 신고와 관련된 매입·매출거래의 내용을 입력하는 부분이며, 입력된 자료는 [부가가치세신고서]와 [세금계산서합계표] 및 [매입매출장] 메뉴로 반영된다.
- 화면 〈하단〉은 해당 매입·매출 거래와 관련된 분개를 입력하는 부분이며, 입력된 자료는 [전표입력]>[일반전표입력]에서 입력하는 것과 동일하게 재무회계 자료로 반영된다.

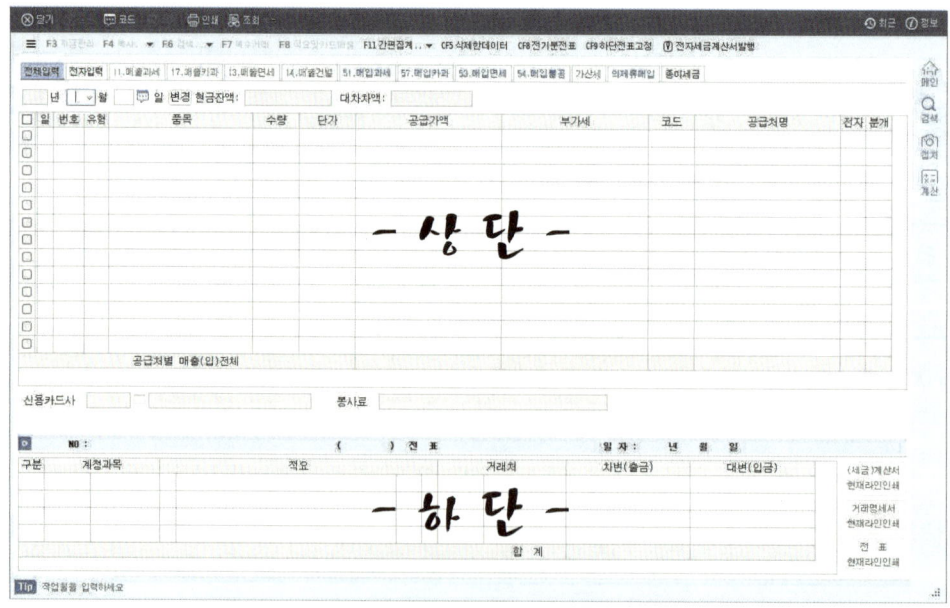

• [매입매출전표입력] 화면 •

▶ 월

거래가 발생한 월을 입력한다(입력방식[월별입력 또는 기간입력]은 [일반전표입력] 메뉴와 동일).

▶ 일

거래가 발생한 일을 입력한다. [일]란은 상황에 따라 두 가지 방법으로 입력할 수 있는데, 이는 [전표입력]>[일반전표입력]에서 설명한 방법과 동일하다.

[방법1] 상단의 [월]란에는 "월"을 입력하고 [일]란에서는 "일"을 입력한다. 그 다음 [일]란에는 상단에 입력한 일이 자동 표시되는 방법이다. 이 방법은 동일한 화면 내에서 하루 동안의 거래를 연속적으로 입력하는 방법이다.

[방법2] 상단의 [월]란에는 "월"을 입력하고 [일]란에서 Enter↵ 키를 치고 진행하여 [일]란은 입력하지 않는다. 그 다음 [일]란에 "일"을 입력하면서 작업하는 방법이다. 이 방법은 동일한 화면 내에서 한 달 동안의 거래를 연속적으로 입력하는 방법이다. 자격시험에서는 문제에 제시된 상황에 따라 빨리 입력 및 조회할 수 있는 방법을 사용하면 된다.

▶ 유형

메뉴 하단의 「부가세유형」 도움말을 참조하여 입력하고자 하는 매입·매출거래의 유형을 코드번호 두 자리로 입력한다. 유형 코드번호의 선택에 따라 부가가치세신고서의 각 해당란에 자동 집계되므로 정확한 유형을 선택해야 한다. 자격시험에서 잘못된 유형의 선택은 감점이 아닌 오답으로 처리된다.

▶ 품목 / 규격 / 수량 / 단가

매입·매출거래의 품목·규격·수량·단가를 입력한다. 하나의 거래에 품목이 두 가지 이상인 경우에는 상단 툴바의 F7 복수거래를 클릭하고 메뉴 하단의 「복수거래내용(F7)」 창에 각각의 품목·규격·수량·단가를 입력한다.

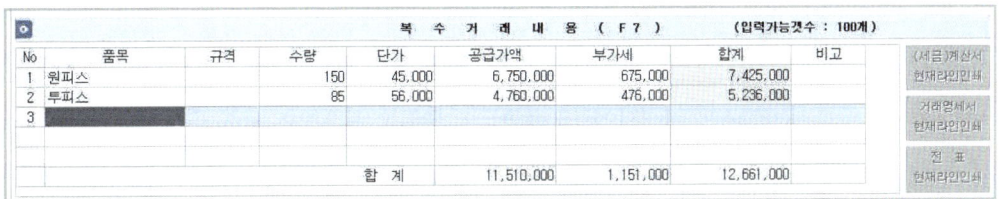

▶ **공급가액**

[수량]란과 [단가]란을 입력하면 [공급가액]란은 자동으로 계산되어 표시되며, [수량]란과 [단가]란의 입력을 생략한 경우에는 직접 입력한다. 매출거래인 경우에는 매출액(공급가액)을 입력하고, 매입거래인 경우에는 매입액을 입력한다.

> [참고] **공급가액과 공급대가**
> 사업자가 재화 또는 용역을 공급하는 때에는 과세표준에 10%의 세율을 적용하여 계산한 부가가치세를 그 공급받는 자로부터 징수하여야 하는데, 부가가치세가 포함된 총 거래금액을 공급대가, 포함되지 아니한 순수한 매출액을 공급가액으로 구분하여 부른다.

▶ **부가세**

[수량]란과 [단가]란을 입력하면 자동으로 계산되어 표시되며, [수량]란과 [단가]란의 입력을 생략한 경우에도 [공급가액]란을 입력하면 자동으로 표시된다. 단, 선택한 유형(12.영세, 13.면세 등)에 따라 [부가세]란에 금액이 표시되지 않는 경우도 있다.

▶ **코드 / 공급처명 / 사업/주민번호**

매입·매출거래처의 코드번호를 입력한다. 매입·매출거래 입력시에는 반드시 거래처코드를 입력해야 하며, 입력하지 않으면 부가가치세 신고 부속서류인 세금계산서합계표가 자동으로 작성되지 않는다. 거래처 코드번호를 모를 경우 입력하는 방법은 [전표입력]>[일반전표입력]에서 설명한 방법과 동일하다.

[방법1] [코드]란에 커서를 놓고 키보드의 플러스키(➕)를 누르거나 또는 숫자 "00000"을 입력하고 거래처명 두 글자(예 마포) 또는 그 이상(예 마포가든)을 입력하고 [Enter↵] 키를 치면 「거래처도움」 보조창에 해당 글자가 포함되어 있는 모든 거래처가 조회된다. 이 때 해당 거래처로 커서를 옮기고 [Enter↵] 키를 치거나 확인(Enter)을 클릭한다. 다만, 입력된 내용의 거래처명이 없는 경우에는 거래처를 신규로 등록하는 작업이 진행되는데 ① 「공급처등록」 보조창에서 자동 부여된 거래처코드 번호를 등록하고자 하는 번호로 수정하고, ② 수정[tab]을 클릭하고 화면 하단의 『공급처등록정보』 창에 해당 거래처의 나머지 인적사항을 입력한다. ③ 키보드의 [Enter↵] 키를 치거나 등록[Enter]을 클릭한 경우로서 거래처의 나머지 인적사항을 입력하고자 하는 경우에는 커서를 다시 [공급처명]란에 놓고 화면 하단의 『공급처등록정보』 창에 입력한다. 번호가 잘못 부여된 경우에는 [기초정보관리]>[거래처등록]에서 삭제하고 다시 등록해야 한다.

[방법2] [코드]란에 커서를 놓고키보드의 [F2] 키를 누르고 「거래처도움」 보조창의 [전체]란에 입력하고자 하는 거래처명 두 글자(예 마포) 또는 그 이상(예 마포가든)을 입력하면, 해당 글자가 포함되어 있는 모든 거래처가 조회된다. 이 때 해당 거래처로 커서를 옮기고 키보드의 [Enter↵] 키를 치거나 확인(Enter)을 클릭한다.

[방법3] [코드]란에서 거래처명 두 글자(⑩ 마포)를 입력하고 키보드의 Enter↵ 키를 치면 「거래처도움」 보조창에 해당 글자가 포함된 모든 거래처가 조회된다. 이 때 해당 거래처로 커서를 옮기고 키보드의 Enter↵ 키를 치거나 확인(Enter) 을 클릭한다. 이 방법이 거래처를 가장 빠르게 입력하는 방법이다.

▶ **전자**(1:여, 0:부)

자격시험에서는 전자(세금)계산서를 발급 또는 수취한 경우에 [전자]란에 "1:여"를 입력하고 종이(세금)계산서를 발급 또는 수취한 경우에는 키보드의 Enter↵ 키로 진행한다.

▶ **분개**

매입·매출거래의 회계처리를 위한 분개를 선택하는 란이다. 분개유형(0:분개없음, 1:현금, 2:외상, 3:혼합, 4:카드, 5:추가)을 선택하면 해당 유형에 따라 분개의 전부 또는 일부가 자동 표시된다. 이 때의 자동분개는 동 메뉴에서 선택한 유형과 [재무회계]>[기초정보관리]>[환경등록]에서 ② 분개유형 설정에 등록된 계정과목이 반영되며, 기본계정의 내용과 맞지 않는 경우에는 직접 수정하여 입력한다.

[참고] 분개유형 설정 및 환경등록
전산세무 2급은 제조업을 다루기 때문에 [재무회계]>[기초정보관리]>[환경등록]의 ② 분개유형 설정을 [매출]란은 "404.제품매출"로, [매입]란은 "153.원재료"로 설정되어 있다. 자격시험에서 제공하는 데이터의 [환경등록] 메뉴의 내용은 다음과 같다.

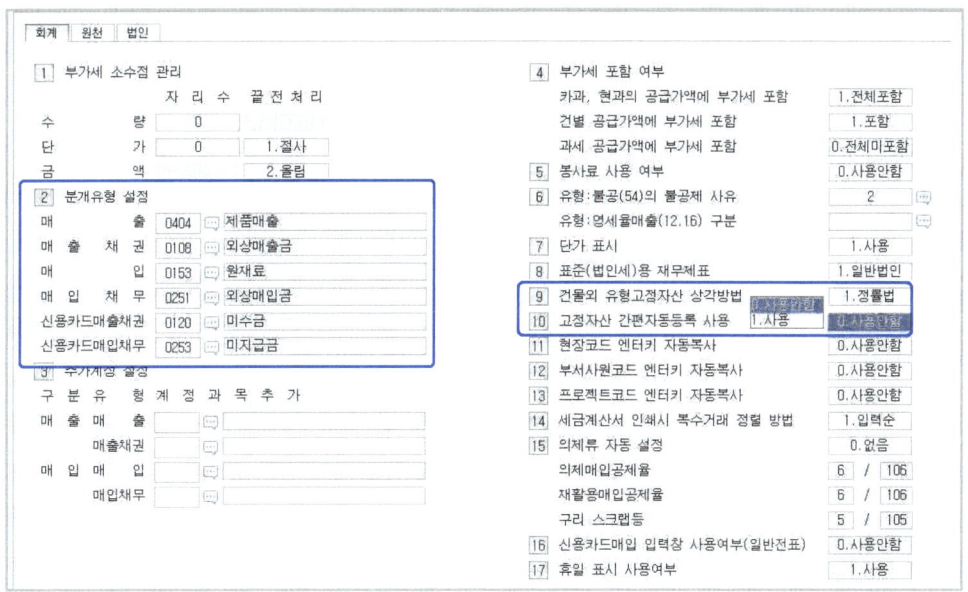

[한마디] … 『전체입력』 탭 이외의 나머지 탭은 매입매출전표를 유형별로 빠르게 입력하는 방법으로 자격시험에서 사용할 경우가 거의 없으므로 설명을 생략한다.

제1절 매출거래

1. 매출항목의 유형별 특성

매출의 유형별로 입력해야 할 내용 및 반영되는 서식을 살펴보면 다음과 같으며, 반영되는 서식은 전산세무 1·2급의 출제범위에 속한다. 분개는 매출유형 상호간의 비교를 위하여 일률적으로 1,000,000원의 외상거래라고 표시한다.

(1) 11.과세(과세매출)

구 분	내 용
입력내용	일반적인 세금계산서(부가가치세 10%)가 발급되는 과세 매출거래
반영되는 서 식	㉠ 부가가치세신고서 [1]란 ㉡ 부가가치세신고서 [과세표준명세]란 ㉢ 부속서류 : (매출처별)세금계산서합계표 ㉣ 매입매출장
분 개	(차) 외상매출금 1,100,000 / (대) 부가세예수금 100,000 (대) 제 품 매 출 1,000,000

> [참고] 매출환입및에누리 발생시 입력방법
> 에누리액 및 환입된 재화의 가액은 부가가치세법상 과세표준에 포함되지 않는다. 따라서 실무에서도 동 거래가 발생하면 음수(-)의 매출세금계산서를 발행한다. 프로그램으로 입력할 때 [유형]란은 "11.과세"를 선택하고 [수량]란을 음수(-)로 [단가]란은 양수(+)로 입력하면, [공급가액]란 및 [부가세]란은 음수(-)로 표시되어 부가가치세의 과세표준이 감소하게 된다.

(2) 12.영세(영세율)

구 분	내 용
입력내용	영세율 적용대상 거래 중 세금계산서 발급의무가 면제되지 않는 영세율 매출거래(내국신용장 또는 구매확인서에 의하여 공급하는 재화 등)
반영되는 서 식	㉠ 부가가치세신고서 [5]란 ㉡ 부가가치세신고서 [과세표준명세]란 ㉢ 부속서류 : (매출처별)세금계산서합계표 ㉣ 부속서류 : 영세율매출명세서 ㉤ 매입매출장
분 개	(차) 외상매출금 1,000,000 / (대) 제품매출 1,000,000

(3) 13.면세(계산서)

구 분	내 용
입력내용	면세사업자로서 계산서를 발급한 면세 매출거래
반영되는 서 식	㉠ 부가가치세신고서 [면세사업수입금액]란 및 [계산서발급금액]란 ㉡ 부속서류 : (매출처별)계산서합계표 ㉢ 매입매출장
분 개	(차) 외상매출금　1,000,000　　/ (대) 제품매출　1,000,000

(4) 14.건별(무증빙)

구 분	내 용
입력내용	㉠ 영수증발급대상 과세 매출거래 (예 증빙이 없거나 영수증을 발급한 과세 매출거래) ㉡ 세금계산서 발급의무가 없는 과세 매출거래 (예 간주공급 발생시)
반영되는 서 식	㉠ 부가가치세신고서 [과세/기타(정규영수증외 매출분)]란 ㉡ 부가가치세신고서 [과세표준명세]란 ㉢ 매입매출장
분 개	(차) 외상매출금　1,000,000　　/ (대) 부가세예수금　90,909 　　　　　　　　　　　　　　　　 (대) 제 품 매 출　909,091

(5) 16.수출(수출)

구 분	내 용
입력내용	영세율 적용대상 거래 중 세금계산서 발급의무가 면제되는 영세율 매출거래 (예 직수출)
반영되는 서 식	㉠ 부가가치세신고서 [영세/기타]란 ㉡ 부가가치세신고서 [과세표준명세]란 ㉢ 부속서류 : 영세율매출명세서 ㉣ 매입매출장
분 개	(차) 외상매출금　1,000,000　　/ (대) 제품매출　1,000,000

(6) 17.카과(카드과세)

구 분	내 용
입력내용	신용카드매출전표 발급에 의한 과세 매출거래
반영되는 서 식	㉠ 부가가치세신고서 [과세/신용카드·현금영수증발행분]란 ㉡ 부가가치세신고서 [과세표준명세]란 ㉢ 부속서류 : 신용카드매출전표 등 발행금액집계표 ㉣ 매입매출장
분 개	(차) 외상매출금　1,000,000　　/ (대) 부가세예수금　90,909 　　　　　　　　　　　　　　　　 (대) 제 품 매 출　909,091

2. 매출전표의 분개 요령

분개는 상호간의 비교를 위하여 일률적으로 유형(11.과세)의 공급가액 1,000,000원인 거래로 표시한다.

(1) 1 : 현금

차변이 전액 현금 계정인 경우에 사용한다. 대변 계정은 부가세예수금과 [기초정보관리]>[환경등록]의 ② 분개유형설정의 "매출(404.제품매출)"로 자동 분개된다. 부가세예수금 계정을 제외한 나머지 계정과목은 수정 및 추가입력 가능하다.

(차) 현 금	1,100,000	/	(대) 부가세예수금	100,000
			(대) 제품매출	1,000,000

구분	계정과목		적요	거래처	차변(출금)	대변(입금)
입금	0255	부가세예수금	수정 불가		(현금)	100,000
입금	0404	제품매출	수정 가능		(현금)	1,000,000
			대차차액이 발생한 경우 추가입력 가능			
				합 계	1,100,000	1,100,000

(2) 2 : 외상

차변이 전액 외상매출금 계정인 경우에 사용한다. 대변 계정은 부가세예수금과 [기초정보관리]>[환경등록]의 ② 분개유형설정의 "매출(404.제품매출)"로 자동 분개된다. 부가세예수금 계정을 제외한 나머지 계정과목은 수정 및 추가입력 가능하다.

(차) 외상매출금	1,100,000	/	(대) 부가세예수금	100,000
			(대) 제품매출	1,000,000

구분	계정과목		적요	거래처	차변(출금)	대변(입금)
차변	0108	외상매출금	수정 가능		1,100,000	
대변	0255	부가세예수금	수정 불가			100,000
대변	0404	제품매출	수정 가능			1,000,000
			대차차액이 발생한 경우 추가입력 가능			
				합 계	1,100,000	1,100,000

(3) 3 : 혼합

차변이 전액 현금 또는 외상매출금 계정이 아닌 경우에 사용한다. 대변 계정은 부가세예수금과 [기초정보관리]>[환경등록]의 ② 분개유형설정의 "매출(404.제품매출)"로 자동 분개된다. 부가세예수금 계정을 제외한 나머지 계정과목은 수정 및 추가입력 가능하다.

```
(차) 현금          500,000    /   (대) 부가세예수금      100,000
(차) 외상매출금    600,000        (대) 제품매출        1,000,000
```

구분	계정과목	적요	거래처	차변(출금)	대변(입금)
대변	0255 부가세예수금	수정 불가			100,000
대변	0404 제품매출	수정 가능			1,000,000
차변	0101 현금	추가 입력		500,000	
차변	0108 외상매출금	대차차액이 발생한 경우 추가입력 가능		600,000	
		대차차액이 발생한 경우 추가입력 가능			
			합 계	1,100,000	1,100,000

단타더 … 나머지 분개유형(0:분개없음, 4:카드, 5:추가)은 자격시험에서 사용할 필요가 없으므로 설명을 생략한다.

> **참고** 매출항목의 유형 중 나머지에 대한 설명
> ① 18.카면(카드면세) : 신용카드매출전표 발급에 의한 면세 매출거래
> ② 19.카영(카드영세) : 신용카드매출전표 발급에 의한 영세율 매출거래
> ③ 20.면건(무증빙) : 계산서가 발급되지 않은 면세 매출거래
> ④ 21.전자(전자화폐) : 전자적 결제수단에 의한 과세 매출거래
> ⑤ 22.현과(현금과세) : 현금영수증 발급에 의한 과세 매출거래 *(출제된 적이 없음)*
> ⑥ 23.현면(현금면세) : 현금영수증 발급에 의한 면세 매출거래
> ⑦ 24.현영(현금영세) : 현금영수증 발급에 의한 영세율 매출거래

기/출/문/제 (실기)

다음 거래를 ㈜재무회계(코드 : 2002)의 [매입매출전표입력] 메뉴에 입력 하시오.

한대리 … 동 거래의 내용 중 취급 품목이 ㈜재무회계의 업태/종목과 일치하지 않더라도 다양한 거래를 학습하기 위한 것이므로 이를 무시하고 학습하길 바란다. 전자(세금)계산서인 경우에는 [전자]란에서 "1:여"을 선택하고, 거래처 신규 등록시 [유형]란은 "3:동시"를 사용한다.

01 1월 1일 사업자가 아닌 개인소비자 이연길(540825-1652411)에게 당사가 제조한 가구(공급가액 3,000,000원, 부가가치세 300,000원)를 판매하고 전자세금계산서를 발급하였다. 대금은 전액 현금으로 회수되었다(주민등록기재분이며 코드 501로 거래처등록을 할 것).

02 1월 2일 비사업자인 홍수환에게 제품 10개 @150,000원(공급가액 1,500,000원, 부가가치세 150,000원)을 외상으로 매출하고 전자세금계산서를 발급하였다.

03 1월 3일 ㈜한이물산에 제품(공급가액 5,000,000원, 부가가치세 500,000원)을 매출하고, 대금 중 2,000,000원은 자기앞수표로 받고 잔액은 외상으로 하였다(전자세금계산서 발급분).

04 1월 4일 ㈜동일가구에 제품을 매출하고 다음과 같이 발급한 전자세금계산서에 대하여 적절한 회계처리를 하시오(복수거래 키를 이용하여 거래내역을 입력할 것).

품 목	수 량	단 가	공급가액	세 액	결제방법
A제품	300	30,000	9,000,000	900,000	현금 4,200,000원 어음(만기 : 1년 이내) 20,000,000원
B제품	200	40,000	8,000,000	800,000	
C제품	100	50,000	5,000,000	500,000	

05 1월 5일 ㈜한이물산에 제품(공급가액 80,000,000원, 부가가치세 별도)을 판매하고 전자세금계산서를 발급하였다. 판매대금 중 10,000,000원은 ㈜한이물산이 발행한 어음(만기 : 1년 이내)으로 받고, 나머지는 외상으로 하였다.

06 1월 6일 거래처 ㈜한이물산에 제품(공급가액 7,200,000원, 부가가치세 별도)을 매출하고 전자세금계산서를 발급하였다. ㈜한이물산은 1월 5일에 지급하였던 계약금(₩1,500,000)을 제외한 잔액을 당사 보통예금계좌에 전액 입금하였다.

07 1월 7일 ㈜역삼기기에 제품 50,000,000원(부가가치세 별도)을 매출하고 대금 중 5,000,000원은 1월 2일에 수령한 선수금(₩5,000,000)으로 대체하고 잔액은 외상으로 하였다(전자세금계산서 발급분).

08 1월 8일 제품(공급가액 3,200,000원, 부가가치세 320,000원)을 ㈜역삼기기에 판매하고 전자세금계산서를 발급하였다. 대금은 계약시 받은 선수금 320,000원을 공제하고 잔액은 약속어음(만기 : 다음연도 9월 4일)으로 받았다.

09 1월 9일 ㈜한이물산에 제품(공급가액 2,500,000원, 부가가치세 별도)을 다음과 같은 장기할부조건으로 판매하기로 하고 부가가치세법상의 전자세금계산서를 정상적으로 발행하였다. 각 할부금은 회수시점에 정확히 현금으로 회수하였으며, 수익인식기준을 회수기일도래기준에 따라 처리하기로 한다.

구 분	제품인도일	1차할부금	2차할부금	3차할부금	4차할부금	5차할부금
일 자	2025.1.9.	2025.1.9.	2026.1.9.	2026.7.9.	2027.1.9.	2027.7.9.
공급가액	2,500,000원	500,000원	500,000원	500,000원	500,000원	500,000원
세 액	250,000원	50,000원	50,000원	50,000원	50,000원	50,000원

10 1월 10일 거래처 ㈜역삼기기에 납품한 제품이 반품되어 전자세금계산서(공급가액 -20,000,000원, 부가가치세 -2,000,000원)를 발급하였으며, 대금은 외상매출금을 차감처리 하였다.

11 1월 11일 ㈜무사산업에 판매한 제품에 하자가 발견되어 다음과 같이 전자세금계산서를 발행하고 대금은 외상매출금과 상계하였다.

품 목	수 량	단 가	공급가액	부가가치세
의 류	-10	200,000	-2,000,000	-200,000

12 2월 2일 제품 제조에 사용되었던 기계장치(자동제어기, 취득금액 30,000,000원, 감가상각누계액 25,000,000원)를 6,000,000원(부가가치세 별도)에 ㈜한이물산에 매각하고 전자세금계산서를 발급하였다. 대금은 전액 현금으로 회수하였다.

13 2월 3일 공장에서 사용하였던 운반용 차량을 ㈜역삼기기에 매각하고 전자세금계산서를 발급하였다. 대금은 동점발행 어음(만기 : 1년 이내)으로 받았다.

- 매각대금 : 2,100,000원(부가가치세 별도)
- 취득금액 : 15,000,000원
- 감가상각누계액 : 13,200,000원

14 2월 4일 제품 제조에 사용하던 다음 기계장치를 ㈜무사산업에 매각하고 전자세금계산서를 발급하였다. 대금은 외상으로 하였다.

- 매각대금 : 9,900,000원(부가가치세 포함)
- 취득금액 : 12,000,000원
- 감가상각누계액 : 5,000,000원

15 2월 5일 거래처인 ㈜역삼기기에 보유하고 있던 화물자동차를 1,000,000원(부가가치세 별도)에 매각하고 전자세금계산서를 발급하였다. 동 화물자동차의 취득금액은 5,000,000원이며 전기말 감가상각누계액은 4,500,000원이다. 매각대금 중 500,000원은 ㈜역삼기기에 지불할 외상매입금과 상계하고 나머지 600,000원은 현금으로 받았다.

16 2월 6일 김장원씨에게 다음과 같이 전자세금계산서를 발행하여 차량운반구를 매각하였다. 동 차량운반구는 내용연수가 경과되어 감가상각이 완료된 자산으로 그 취득금액은 5,000,000원이며 감가상각누계액은 4,999,000원으로 장부금액 1,000원은 고정자산관리를 위해 비망기록을 유지하도록 남겨진 금액이다[비사업자인 김장원(550314-2251315)을 거래처코드 502번으로 하여 주민등록기재분 거래처로 신규 등록 할 것].

(세무1급)

품 명	공급가액	세 액	결제방법
차량운반구	560,000	56,000	전액 외상

17 2월 7일 기계장치를 ㈜무사산업에 다음과 같이 매각하고 전자세금계산서를 발급하였다. 대금 중 1,000,000원은 당일 현금으로 받고 잔액은 한 달 후에 받기로 하였다(기중 양도자산에 관한 감가상각비는 고려하지 않는다).

- 매각대금 : 8,000,000원(부가가치세 별도)
- 취득금액 : 12,000,000원
- 감가상각누계액 : 3,000,000원

18 2월 8일 ㈜동일가구에 업무용으로 사용 중이던 트럭과 승합차를 2,900,000원(부가가치세 별도)에 매각하고 전자세금계산서를 발급하였다(차량의 내역은 다음과 같으며, 당기분 감가상각비는 고려하지 말 것). (세무1급)

구 분	취득금액	전기말 감가상각누계액	결제방법
트 럭	10,000,000원	5,500,000원	전액 현금
승합차	6,000,000원	3,500,000원	
계	16,000,000원	9,000,000원	

19 3월 9일 ㈜동일가구에 제품 제조과정에서 발생된 부산물(공급가액 650,000원, 부가가치세 65,000원)을 외상으로 판매하고 전자세금계산서를 발급하였다(계정코드 420. 부산물매출 계정을 등록하여 회계처리 할 것).

20 3월 10일 제품 제조과정에서 생긴 부산물 2,200,000원(부가가치세 포함)을 ㈜대오물산에 판매하고 전자세금계산서를 발급하였다. 대금은 전액 현금으로 받았다(잡이익 계정으로 회계처리 할 것).

21 4월 1일 수출업자 ㈜한이물산에 Local L/C에 의하여 제품(공급가액 20,000,000원)을 납품하고 영세율 전자세금계산서를 발급하였다. 대금은 전액 수표로 받았다.

22 4월 2일 수출업체 ㈜대오물산에 Local L/C에 의하여 제품을 매출하고 영세율 전자세금계산서(공급가액 30,000,000원)를 발급하였으며 대금은 보통예입 되었다.

23 4월 3일 수출업체인 ㈜대오물산에 외환은행발행 구매확인서에 의하여 제품(공급가액 50,000,000원)을 매출하고 영세율 전자세금계산서를 발급하였다. 대금은 선수금 7,000,000원을 상계하고 잔액은 외상으로 하였다.

24 4월 4일 해외수출업체인 ㈜한이물산에 Local L/C에 의하여 가구 70,000,000원을 납품하고, 영세율 전자세금계산서를 발급하였다. 대금은 계약금 7,000,000원을 공제하고 잔액은 외상으로 하였다(계정코드 "112.외화외상매출금" 계정으로 등록하여 회계처리 할 것).

25 5월 5일 비사업자인 이연길에게 제품인 통신장비(부가가치세 포함, 공급대가 1,800,000원)를 소매로 판매하고, 영수증 발행 후 대금은 현금 수령하였다.

26 5월 6일 당사는 생산한 제품 중 원가 1,600,000원(시가 2,000,000원)을 매출처 ㈜무사산업에 접대용으로 제공하였다.

27 5월 7일 당사는 매입한 원재료 중 원가 2,000,000원(시가 3,000,000원)을 매출처인 ㈜동일가구에 접대용으로 제공하였다.

28 6월 8일 수출면장에 의해 제품 $1,000(기준환율 $1당 1,100원)을 미국의 HANS사에 직수출하고 대금은 전액 외상으로 하였다.

29 6월 9일 HANS사에 제품 300box(box당 $200)를 선적 완료하여 수출하고 대금의 결제는 수입한 회사의 검수가 완료된 후에 하기로 하였다.

- 6월 9일의 기준환율 : $1당 1,100원
- 6월 9일의 대고객외국환매입율 : $1당 1,120원
- 6월 9일의 대고객외국환매도율 : $1당 1,110원

30 6월 10일 HANS사에 전자제품(수량 : 100개, 단가 US $1,000)을 직수출하기 위하여 선적을 완료하고 대금은 선적일로부터 30일 이후 받기로 하다(선적일 기준환율 : US $1 = 1,100원, 수출신고일 기준환율 : US $1 = 1,150원).

31 6월 11일 HANS사에 제품 US $10,000를 직수출하면서 HANS사의 거래은행에서 발행한 수출신용장을 수취하고 6월 9일에 수출신고를 하였다. 선하증권(B/L)상의 선적일(ON BOARD)은 6월 11일이다(외상판매).

구 분	6월 9일	6월 11일
US $1당 기준환율	1,000원	1,100원

32 6월 12일 수출면장에 의하여 HANS사에 제품 $100,000를 선적하였다. 동 수출건에 대하여 6월 1일 계약금 $30,000(환산금액 ₩30,000,000)를 받았다(외상판매). (세무1급)

선적일의 기준환율($1) : 1,200원

33 6월 13일 미국의 HANS사에게 제품을 $25,000에 직수출하고 금일에 제품을 선적하였다. 대금은 계약금으로 6월 1일에 $5,000를 받아서 원화 6,000,000원으로 환가하였고, 잔액인 $20,000는 6월 30일 받기로 하였다. 계약금에 대한 회계처리는 적절하게 되었으며, 선적일 및 잔금일의 환율은 다음과 같다. 단, 수출에 대한 회계처리는 부가가치세법에 따라 처리하시오.

구 분		환 율
선적일(6월 13일)	대고객외국환 매도율	₩1,290/$
	대고객외국환 매입율	₩1,280/$
	기준환율	₩1,240/$
잔금일(6월 30일)	대고객외국환 매도율	₩1,270/$
	대고객외국환 매입율	₩1,260/$
	기준환율	₩1,230/$

34 6월 14일 이연길(비사업자)에게 제품을 1,100,000원(부가가치세 포함)에 현금판매하고 현금영수증을 발급하였다.

KcLep 도우미

01 1월 1일

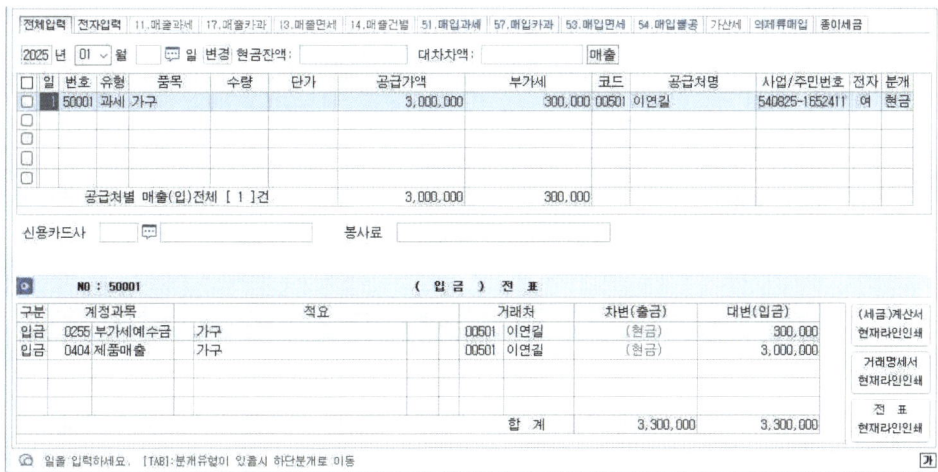

* 입력된 화면은 위와 같지만 본서에서는 위 답안을 아래와 같이 간략하게 표현하기로 한다.

1월 1일 : 유형(11.과세)/ 품목(가구)/ 수량( )/ 단가( )/ 공급가액(3,000,000)/ 부가세
(300,000)/ 공급처명(이연길)/ 전자(1 : 여)/ 분개(1.현금)

 (차) 101.현금   3,300,000 / (대) 255.부가세예수금   300,000
                     (대) 404.제품매출   3,000,000

 * 프로그램의 화면 하단에 [구분]란은 "입금"으로 표시되지만 이를 분개로 표시하면 위의 회계처리와 같다. [분개]란은 "1.현금"을 사용하지 않고 "3.혼합"을 선택하여 위 처럼 분개해도 된다.

02 1월 2일 : 유형(11.과세)/ 품목(제품)/ 수량(10)/ 단가(150,000)/ 공급가액(1,500,000)/ 부가세
(150,000)/ 공급처명(홍수환)/ 전자(1 : 여)/ 분개(2.외상)

 (차) 108.외상매출금   1,650,000 / (대) 255.부가세예수금   150,000
                     (대) 404.제품매출   1,500,000

03 1월 3일 : 유형(11.과세)/ 품목(제품)/ 수량( )/ 단가( )/ 공급가액(5,000,000)/ 부가세
(500,000)/ 공급처명(㈜한이물산)/ 전자(1 : 여)/ 분개(3.혼합)

 (차) 101.현금   2,000,000 / (대) 255.부가세예수금   500,000
 (차) 108.외상매출금   3,500,000   (대) 404.제품매출   5,000,000

04 1월 4일 : 유형(11.과세)/ 품목(A제품외)/ 수량( )/ 단가( )/ 공급가액(22,000,000)/ 부가세
(2,200,000)/ 공급처명(㈜동일가구)/ 전자(1 : 여)/ 분개(3.혼합)

 (차) 101.현금   4,200,000 / (대) 255.부가세예수금   2,200,000
 (차) 110.받을어음   20,000,000   (대) 404.제품매출   22,000,000

 * 상단 툴바의 [F7 복수거래]를 클릭하여 각각의 품목을 등록하면 [품목]란에는 "A제품외"로 표시된다.

05 1월 5일 : 유형(11.과세)/ 품목(제품)/ 수량( )/ 단가( )/ 공급가액(80,000,000)/ 부가세
(8,000,000)/ 공급처명(㈜한이물산)/ 전자(1 : 여)/ 분개(3.혼합)

 (차) 110.받을어음   10,000,000 / (대) 255.부가세예수금   8,000,000
 (차) 108.외상매출금   78,000,000   (대) 404.제품매출   80,000,000

06 1월 6일 : 유형(11.과세)/ 품목(제품)/ 수량( )/ 단가( )/ 공급가액(7,200,000)/ 부가세
(720,000)/ 공급처명(㈜한이물산)/ 전자(1 : 여)/ 분개(3.혼합)

 (차) 259.선수금   1,500,000 / (대) 255.부가세예수금   720,000
 (차) 103.보통예금   6,420,000   (대) 404.제품매출   7,200,000

07 1월 7일 : 유형(11.과세)/ 품목(제품)/ 수량( )/ 단가( )/ 공급가액(50,000,000)/ 부가세
(5,000,000)/ 공급처명(㈜역삼기기)/ 전자(1 : 여)/ 분개(3.혼합)

 (차) 259.선수금   5,000,000 / (대) 255.부가세예수금   5,000,000
 (차) 108.외상매출금   50,000,000   (대) 404.제품매출   50,000,000

08 1월 8일 : 유형(11.과세)/ 품목(제품)/ 수량( )/ 단가( )/ 공급가액(3,200,000)/ 부가세
(320,000)/ 공급처명(㈜역삼기기)/ 전자(1 : 여)/ 분개(3.혼합)

(차)	259.선수금	320,000	(대)	255.부가세예수금	320,000
(차)	110.받을어음	3,200,000	(대)	404.제품매출	3,200,000

⑨ 1월 9일 : 유형(11.과세)/ 품목(제품)/ 수량( )/ 단가( )/ 공급가액(500,000)/ 부가세(50,000)/ 공급처명(㈜한이물산)/ 전자(1 : 여)/ 분개(1.현금)

(차)	101.현금	550,000	(대)	255.부가세예수금	50,000
			(대)	404.제품매출	500,000

* 장기할부판매의 경우 공급시기는 대가의 각 부분을 받기로 한 때이므로 세금계산서는 1차 할부금에 대하여만 발행한다.

⑩ 1월 10일 : 유형(11.과세)/ 품목(제품)/ 공급가액(-20,000,000)/ 부가세(-2,000,000)/ 공급처명(㈜역삼기기)/ 전자(1 : 여)/ 분개(2.외상)

(차)	108.외상매출금	-22,000,000	(대)	255.부가세예수금	-2,000,000
			(대)	404.제품매출	-20,000,000

⑪ 1월 11일 : 유형(11.과세)/ 품목(의류)/ 수량(-10)/ 단가(200,000)/ 공급가액(-2,000,000)/ 부가세(-200,000)/ 공급처명(㈜무사산업)/ 전자(1 : 여)/ 분개(2.외상)

(차)	108.외상매출금	-2,200,000	(대)	255.부가세예수금	-200,000
			(대)	404.제품매출	-2,000,000

⑫ 2월 2일 : 유형(11.과세)/ 품목(자동제어기)/ 수량( )/ 단가( )/ 공급가액(6,000,000)/ 부가세(600,000)/ 공급처명(㈜한이물산)/ 전자(1 : 여)/ 분개(3.혼합)

(차)	207.감가상각누계액	25,000,000	(대)	255.부가세예수금	600,000
(차)	101.현금	6,600,000	(대)	206.기계장치	30,000,000
			(대)	914.유형자산처분이익	1,000,000

* 메뉴 상단에는 부가가치세신고와 관련된 공급가액 6,000,000원과 부가가치세 600,000원을 입력하며, 하단의 분개는 이와 별개로 재무회계와 관련된 회계처리를 해야 하므로, 취득금액과 감가상각누계액을 각각 장부상에서 제거하는 분개를 해야 한다.

⑬ 2월 3일 : 유형(11.과세)/ 품목(차량)/ 수량( )/ 단가( )/ 공급가액(2,100,000)/ 부가세(210,000)/ 공급처명(㈜역삼기기)/ 전자(1 : 여)/ 분개(3.혼합)

(차)	209.감가상각누계액	13,200,000	(대)	255.부가세예수금	210,000
(차)	120.미수금	2,310,000	(대)	208.차량운반구	15,000,000
			(대)	914.유형자산처분이익	300,000

⑭ 2월 4일 : 유형(11.과세)/ 품목(기계장치)/ 수량( )/ 단가( )/ 공급가액(9,000,000)/ 부가세(900,000)/ 공급처명(㈜무사산업)/ 전자(1 : 여)/ 분개(3.혼합)

(차)	207.감가상각누계액	5,000,000	(대)	255.부가세예수금	900,000
(차)	120.미수금	9,900,000	(대)	206.기계장치	12,000,000
			(대)	914.유형자산처분이익	2,000,000

15 2월 5일 : 유형(11.과세)/ 품목(화물자동차)/ 수량( )/ 단가( )/ 공급가액(1,000,000)/ 부가세 (100,000)/ 공급처명(㈜역삼기기)/ 전자(1 : 여)/ 분개(3.혼합)

(차)	209.감가상각누계액	4,500,000	(대) 255.부가세예수금	100,000
(차)	251.외상매입금	500,000	(대) 208.차량운반구	5,000,000
(차)	101.현금	600,000	(대) 914.유형자산처분이익	500,000

16 2월 6일 : 유형(11.과세)/ 품목(차량운반구)/ 수량( )/ 단가( )/ 공급가액(560,000)/ 부가세 (56,000)/ 공급처명(김장원)/ 전자(1 : 여)/ 분개(3.혼합)

(차)	209.감가상각누계액	4,999,000	(대) 255.부가세예수금	56,000
(차)	120.미수금	616,000	(대) 208.차량운반구	5,000,000
			(대) 914.유형자산처분이익	559,000

17 2월 7일 : 유형(11.과세)/ 품목(기계장치)/ 수량( )/ 단가( )/ 공급가액(8,000,000)/ 부가세 (800,000)/ 공급처명(㈜무사산업)/ 전자(1 : 여)/ 분개(3.혼합)

(차)	207.감가상각누계액	3,000,000	(대) 255.부가세예수금	800,000
(차)	101.현금	1,000,000	(대) 206.기계장치	12,000,000
(차)	120.미수금	7,800,000		
(차)	970.유형자산처분손실	1,000,000		

18 2월 8일 : 유형(11.과세)/ 품목(트럭과승합차)/ 수량( )/ 단가( )/ 공급가액(2,900,000)/ 부가세(290,000)/ 공급처명(㈜동일가구)/ 전자(1 : 여)/ 분개(3.혼합)

(차)	209.감가상각누계액	9,000,000	(대) 255.부가세예수금	290,000
(차)	101.현금	3,190,000	(대) 208.차량운반구	16,000,000
(차)	970.유형자산처분손실	4,100,000		

* 품목이 두 가지 이상이므로 F7 복수거래를 이용해야 할 것 같지만 각각의 금액이 표시되지 않으므로 F7 복수거래를 사용할 수 없다.

19 3월 9일 : 유형(11.과세)/ 품목(부산물)/ 수량( )/ 단가( )/ 공급가액(650,000)/ 부가세 (65,000)/ 공급처명(㈜동일가구)/ 전자(1 : 여)/ 분개(2.외상)

(차)	108.외상매출금	715,000	(대) 255.부가세예수금	65,000
			(대) 420.부산물매출	650,000

20 3월 10일 : 유형(11.과세)/ 품목(부산물)/ 수량( )/ 단가( )/ 공급가액(2,000,000)/ 부가세 (200,000)/ 공급처명(㈜대오물산)/ 전자(1 : 여)/ 분개(1.현금)

(차)	101.현금	2,200,000	(대) 255.부가세예수금	200,000
			(대) 930.잡이익	2,000,000

* 부가가치세가 포함된 공급대가로 제시되어 있으므로 [공급가액]란에는 2,000,000원을 입력한다.

㉑ 4월 1일 : 유형(12.영세)/ 품목(제품)/ 수량( )/ 단가( )/ 공급가액(20,000,000)/ 부가세( )/ 공급처명(㈜한이물산)/ 전자(1 : 여)/ 영세율구분(3)/ 분개(1.현금)
　(차) 101.현금　　　　　　　　　　20,000,000　 /　 (대) 404.제품매출　　　　20,000,000

㉒ 4월 2일 : 유형(12.영세)/ 품목(제품)/ 수량( )/ 단가( )/ 공급가액(30,000,000)/ 부가세( )/ 공급처명(㈜대오물산)/ 전자(1 : 여)/ 영세율구분(3)/ 분개(3.혼합)
　(차) 103.보통예금　　　　　　　　30,000,000　 /　 (대) 404.제품매출　　　　30,000,000

㉓ 4월 3일 : 유형(12.영세)/ 품목(제품)/ 수량( )/ 단가( )/ 공급가액(50,000,000)/ 부가세( )/ 공급처명(㈜대오물산)/ 전자(1 : 여)/ 영세율구분(3)/ 분개(3.혼합)
　(차) 259.선수금　　　　　　　　　 7,000,000　 /　 (대) 404.제품매출　　　　50,000,000
　(차) 108.외상매출금　　　　　　　43,000,000

㉔ 4월 4일 : 유형(12.영세)/ 품목(가구)/ 수량( )/ 단가( )/ 공급가액(70,000,000)/ 부가세( )/ 공급처명(㈜한이물산)/ 전자(1 : 여)/ 영세율구분(3)/ 분개(3.혼합)
　(차) 259.선수금　　　　　　　　　 7,000,000　 /　 (대) 404.제품매출　　　　70,000,000
　(차) 112.외화외상매출금　　　　　63,000,000
　* [계정과목 및 적요등록] 메뉴에서 "112.공사미수금" 계정과목에 커서를 놓고 (Ctrl + F2) 키를 동시에 누른 후에야 수정이 가능하다.

㉕ 5월 5일 : 유형(14.건별)/ 품목(통신장비)/ 수량( )/ 단가( )/ 공급가액(1,636,364)/ 부가세(163,636)/ 공급처명(이연길)/ 분개(1.현금)
　(차) 101.현금　　　　　　　　　　 1,800,000　 /　 (대) 255.부가세예수금　　　　163,636
　　　　　　　　　　　　　　　　　　　　　　　　　　(대) 404.제품매출　　　　　 1,636,364
　* [공급가액]란에 공급대가 1,800,000원을 입력하면 공급가액과 세액으로 자동 분리된다.

㉖ 5월 6일 : 유형(14.건별)/ 품목(제품)/ 수량( )/ 단가( )/ 공급가액(2,000,000)/ 부가세(200,000)/ 공급처명(㈜무사산업)/ 분개(3.혼합)
　(차) 813.기업업무추진비　　　　　 1,800,000　 /　 (대) 255.부가세예수금　　　　200,000
　　　　　　　　　　　　　　　　　　　　　　　　　　(대) 150.제품　　　　　　　1,600,000
　　　　　　　　　　　　　　　　　　　　　　　　　　　　(적요 : 8.타계정으로 대체액)
　* 간주공급의 과세표준은 시가이므로 [공급가액]란은 2,000,000원, 세액란은 200,000원이 되도록 입력한다. 타계정으로 대체이므로 제품 계정의 적요란에 "8.타계정으로 대체액"을 입력한다.

㉗ 5월 7일 : 유형(14.건별)/ 품목(원재료)/ 수량( )/ 단가( )/ 공급가액(3,000,000)/ 부가세(300,000)/ 공급처명(㈜동일가구)/ 분개(3.혼합)
　(차) 813.기업업무추진비　　　　　 2,300,000　 /　 (대) 255.부가세예수금　　　　300,000
　　　　　　　　　　　　　　　　　　　　　　　　　　(대) 153.원재료　　　　　　2,000,000
　　　　　　　　　　　　　　　　　　　　　　　　　　　　(적요 : 8.타계정으로 대체액)

㉘ 6월 8일 : 유형(16.수출)/ 품목(제품)/ 수량( )/ 단가( )/ 공급가액(1,100,000)/ 부가세( )/ 공급처명(HANS)/ 영세율구분(1)/ 분개(2.외상)

　(차) 108.외상매출금　　　　　　 1,100,000　　/　(대) 404.제품매출　　　 1,100,000

㉙ 6월 9일 : 유형(16.수출)/ 품목(제품)/ 수량(300)/ 단가(220,000)/ 공급가액(66,000,000)/ 부가세( )/ 공급처명(HANS)/ 영세율구분(1)/ 분개(2.외상)

　(차) 108.외상매출금　　　　　　 66,000,000　　/　(대) 404.제품매출　　　 66,000,000

　* 수출의 경우 대가를 외국통화 기타 외국환으로 받는 경우에는 공급시기(선적일)의 환율에 의한다.

㉚ 6월 10일 : 유형(16.수출)/ 품목(전자제품)/ 수량(100)/ 단가(1,100,000)/ 공급가액(110,000,000)/ 부가세( )/ 공급처명(HANS)/ 영세율구분(1)/ 분개(2.외상)

　(차) 108.외상매출금　　　　　　 110,000,000　　/　(대) 404.제품매출　　　 110,000,000

　* 매출액 : (100개×$1,000) × 1,100 = 110,000,000원

㉛ 6월 11일 : 유형(16.수출)/ 품목(제품)/ 수량( )/ 단가( )/ 공급가액(11,000,000)/ 부가세( )/ 공급처명(HANS)/ 영세율구분(1)/ 분개(2.외상)

　(차) 108.외상매출금　　　　　　 11,000,000　　/　(대) 404.제품매출　　　 11,000,000

　* 매출액 : $10,000 × 1,100 = 11,000,000원

㉜ 6월 12일 : 유형(16.수출)/ 품목(제품)/ 수량( )/ 단가( )/ 공급가액(114,000,000)/ 부가세( )/ 공급처명(HANS)/ 영세율구분(1)/ 분개(3.혼합)

　(차) 259.선수금　　　　　　　　 30,000,000　　/　(대) 404.제품매출　　　 114,000,000
　(차) 108.외상매출금　　　　　　 84,000,000

　* [공급가액]란에 114,000,000원 ☞ {30,000,000 + ($70,000×1,200)}을 입력한다.
　* 대가를 외국통화로 받아 공급시기(수출의 경우에는 선적일) 전에 원화로 환가한 경우에는 그 환가한 금액이 과세표준이다. 공급시기 이후에 외국통화 상태로 보유하거나 지급받은 경우에는 공급시기의 기준환율 또는 재정환율에 의하여 계산한 금액을 과세표준으로 한다.

㉝ 6월 13일 : 유형(16.수출)/ 품목(제품)/ 수량( )/ 단가( )/ 공급가액(30,800,000)/ 부가세( )/ 공급처명(HANS)/ 영세율구분(1)/ 분개(3.혼합)

　(차) 259.선수금　　　　　　　　 6,000,000　　/　(대) 404.제품매출　　　 30,800,000
　(차) 108.외상매출금　　　　　　 24,800,000

　* [공급가액]란에 30,800,000원 ☞ {6,000,000 + ($20,000×1,240)}을 입력한다.

㉞ 6월 14일 : 유형(22.현과)/ 품목(제품)/ 수량( )/ 단가( )/ 공급가액(1,000,000)/ 부가세(100,000)/ 공급처명(이연길)/ 분개(1.현금)

　(차) 101.현금　　　　　　　　　 1,100,000　　/　(대) 255.부가세예수금　　 100,000
　　　　　　　　　　　　　　　　　　　　　　　　(대) 404.제품매출　　　 1,000,000

　* [공급가액]란에 공급대가 1,100,000원을 입력하면 공급가액과 세액으로 자동 분리된다.

제2절 매입거래

1. 매입항목의 유형별 특성

매입의 유형별로 입력해야 할 내용 및 반영되는 서식을 살펴보면 다음과 같으며, 반영되는 서식은 전산세무 1급·2급의 출제범위에 속한다. 분개는 매입유형 상호간의 비교를 위하여 일률적으로 1,000,000원의 현금거래라고 표시한다.

(1) 51.과세(과세매입)

구 분	내 용
입력내용	매입세액이 공제되는 세금계산서를 발급받은 과세 매입거래
반영되는 서 식	㉠ 부가가치세신고서 [세금계산서수취분/일반매입 or 고정자산매입]란 ㉡ 부속서류 : (매입처별)세금계산서합계표 ㉢ 매입매출장
분 개	(차) 부가세대급금 100,000 / (대) 현 금 1,100,000 (차) 원재료 1,000,000

(2) 52.영세(영세율)

구 분	내 용
입력내용	영세율 세금계산서를 발급받은 영세율 매입거래
반영되는 서 식	㉠ 부가가치세신고서 [세금계산서수취분/일반매입 or 고정자산매입]란 ㉡ 부속서류 : (매입처별)세금계산서합계표 ㉢ 매입매출장
분 개	(차) 원재료 1,000,000 / (대) 현 금 1,000,000

(3) 53.면세(계산서)

구 분	내 용
입력내용	면세사업자가 발급한 계산서를 발급받은 면세 매입거래
반영되는 서 식	㉠ 부가가치세신고서 [계산서수취금액]란 ㉡ 부속서류 : (매입처별)계산서합계표 ㉢ 매입매출장
분 개	(차) 원재료 1,000,000 / (대) 현 금 1,000,000

(4) 54.불공(불공제)

구 분	내 용
입력내용	매입세액이 공제되지 않는 세금계산서를 발급받은 과세 매입거래
반영되는 서 식	㉠ 부가가치세신고서 [10]란(고정자산매입 분개시 [11]란에 반영) ㉡ 부가가치세신고서 [16]란 및 [50]란 ㉢ 부속서류 : (매입처별)세금계산서합계표 ㉣ 부속서류 : 공제받지 못할 매입세액명세서 ㉤ 매입매출장
분 개	(차) 기업업무추진비 1,100,000 / (대) 현 금 1,100,000

> [참고] 매입세액 불공제사유
> ① 필요적 기재사항 누락 등 : 발급받은 세금계산서에 필요적 기재사항의 전부 또는 일부가 적히지 아니 하였거나 사실과 다르게 적힌 경우
> ② 사업과 직접 관련 없는 지출에 대한 매입세액
> ③ 비영업용 소형승용자동차 구입·유지 및 임차에 관한 매입세액
>   • 영업용이란 운수업에서와 같이 승용자동차를 직접 영업에 사용하는 것을 의미하므로, 그렇지 않은 것은 회사의 용도와 상관없이 비영업용에 해당한다.
>   • 소형승용자동차란 주로 사람의 수송을 목적으로 제작된 승용자동차(8인승 이하)로서 개별소비세 과세대상이 되는 차량을 말한다(배기량 1,000cc 이하인 것은 제외).
> ④ 기업업무추진비 및 이와 유사한 비용과 관련된 매입세액
> ⑤ 면세사업 등에 관련된 매입세액
> ⑥ 토지의 자본적 지출 관련 : 토지의 가치를 현실적으로 증가시켜 토지의 취득원가를 구성하는 비용에 관련된 매입세액
> ⑦ 사업자등록을 신청하기 전의 매입세액 등

(5) 55.수입(수입분)

구 분	내 용
입력내용	매입세액이 공제되는 수입세금계산서를 세관장으로부터 발급받은 과세 매입거래
반영되는 서 식	㉠ 부가가치세신고서 [10]란 ㉡ 부속서류 : (매입처별)세금계산서합계표 ㉢ 매입매출장
분 개	(차) 부가세대급금 100,000 / (대) 현 금 100,000

> [참고] 수입세금계산서
> 수입세금계산서상의 공급가액은 단순히 세관장이 부가가치세를 징수하기 위한 부가가치세 과세표준일 뿐이므로 회계처리 대상이 아니다. 따라서 프로그램에서는 수입세금계산서를 입력하는 경우 하단 분개시에는 부가가치세만 표시되도록 되어 있다.
>
> > 재화의 수입에 대한 과세표준
> > = 관세의 과세가격(거래가격)+관세+개별소비세+주세+교육세+농어촌특별세+교통·에너지·환경세

(6) 57.카과(카드과세)

구 분	내 용
입력내용	매입세액공제가 가능한 신용카드에 의한 매입거래
반영되는 서 식	㉠ 부가가치세신고서 [14]란 및 [41]란(고정자산매입 분개시 [42]란에 반영) ㉡ 부속서류 : 신용카드매출전표등 수령금액합계표(갑) ㉢ 매입매출장
분 개	(차) 부가세대급금 90,909 / (대) 미지급금 1,000,000 (차) 복리후생비 909,091

참고 신용카드매출전표

신용카드매출전표는 영수증으로 본다. 따라서 이것을 발급받은 사업자는 원칙적으로 매입세액공제를 받을 수 없다. 그러나 사업자가 일반과세자(영수증 발급의무자 중 거래상대방이 세금계산서의 발급을 요구하는 때에 발급의무가 있는 자에 한함)로부터 재화나 용역을 공급받고 부가가치세액이 별도로 구분 기재된 신용카드매출전표 등을 발급받은 때에는 그 부가가치세액을 매입세액으로 공제한다.

2. 매입전표의 분개 요령

분개는 상호간의 비교를 위하여 일률적으로 유형(51.과세)의 공급가액 1,000,000원인 거래로 표시한다.

(1) 1 : 현금

대변이 전액 현금 계정인 경우에 사용한다. 차변 계정은 부가세대급금과 [기초정보관리]>[환경등록]의 ② 분개유형설정의 "매입(153.원재료)"으로 자동 분개된다. 부가세대급금 계정을 제외한 나머지 계정과목은 수정 및 추가입력 가능하다.

```
(차) 부가세대급금      100,000      / (대) 현 금      1,100,000
(차) 원재료          1,000,000
```

구분	계정과목	적요	거래처	차변(출금)	대변(입금)
출금	0135 부가세대급금	수정 불가		100,000	(현금)
출금	0153 원재료	수정 가능		1,000,000	(현금)
		대차차액이 발생한 경우 추가입력 가능			
			합 계	1,100,000	1,100,000

(2) 2 : 외상

대변이 전액 외상매입금 계정인 경우에 사용한다. 차변 계정은 부가세대급금과 [기초정보관리]>[환경등록]의 ② 분개유형설정의 "매입(153.원재료)"으로 자동 분개된다. 부가세대급금 계정을 제외한 나머지 계정과목은 수정 및 추가입력 가능하다.

| (차) 부가세대급금 | 100,000 | / (대) 외상매입금 | 1,100,000 |
| (차) 원재료 | 1,000,000 | | |

구분	계정과목	적요	거래처	차변(출금)	대변(입금)
대변	0251 외상매입금	수정 가능			1,100,000
차변	0135 부가세대급금	수정 불가		100,000	
차변	0153 원재료	수정 가능		1,000,000	
		대차차액이 발생한 경우 추가입력 가능			
			합계	1,100,000	1,100,000

(3) 3 : 혼합

대변이 전액 현금 및 외상매입금 계정이 아닌 경우에 사용한다. 차변 계정은 부가세대급금과 [기초정보관리]>[환경등록]의 ② 분개유형설정의 "매입(153.원재료)"으로 자동 분개된다. 부가세대급금 계정을 제외한 나머지 계정과목은 수정 및 추가입력 가능하다.

| (차) 부가세대급금 | 100,000 | / (대) 현 금 | 500,000 |
| (차) 원재료 | 1,000,000 | (대) 외상매입금 | 600,000 |

구분	계정과목	적요	거래처	차변(출금)	대변(입금)
차변	0135 부가세대급금	수정 불가		100,000	
차변	0153 원재료	수정 가능		1,000,000	
대변	0101 현금	추가 입력			500,000
대변	0251 외상매입금	대차차액이 발생한 경우 추가입력 가능			600,000
		대차차액이 발생한 경우 추가입력 가능			
			합계	1,100,000	1,100,000

잠깐만 … 나머지 분개유형(0:분개없음, 4:카드, 5:추가)은 자격시험에서 사용할 필요가 없으므로 설명을 생략한다.

[참고] **매입항목의 유형 중 나머지에 대한 설명**
① 58.카면(카드면세) : 신용카드매출전표 수취에 의한 면세 매입거래 (출제된 적이 없음)
② 59.카영(카드영세) : 신용카드매출전표 수취에 의한 영세율 매입거래
③ 60.면건(무증빙) : 계산서를 수취하지 않은 면세 매입거래
④ 61.현과(현금과세) : 현금영수증 수취에 의한 과세 매입거래 (출제된 적이 없음)
⑤ 62.현면(현금면세) : 현금영수증 수취에 의한 면세 매입거래 (출제된 적이 없음)

기/출/문/제 (실기)

http : //cafe.naver.com/choidairi

다음 거래를 ㈜재무회계(회사코드 : 2002)의 [매입매출전표입력] 메뉴에 입력 하시오.

한마디 … 동 거래의 내용 중 취급 품목이 ㈜재무회계의 업태/종목과 일치하지 않더라도 다양한 거래를 학습하기 위한 것이므로 이를 무시하고 학습하길 바란다. 전자(세금)계산서인 경우에는 [전자]란에서 "1:여"을 선택하고, 거래처 신규 등록시 [유형]란은 "3:동시"를 사용한다.

01 7월 1일 원재료를 ㈜무사산업으로부터 구입하고 발급받은 다음의 전자세금계산서에 대하여 적절한 회계처리를 하시오.

품 목	수 량	단 가	공급가액	세 액	결제방법
부품A	300	45,000	13,500,000	1,350,000	외상 32,945,000원
부품B	200	46,000	9,200,000	920,000	
부품C	250	29,000	7,250,000	725,000	

02 7월 2일 ㈜무사산업으로부터 다음과 같이 상품과 원재료를 구입하고 전자세금계산서를 발급받았다. 적절한 회계처리를 하시오. (세무1급)

품 목	수 량	단 가	공급가액	부가가치세	결제방법
P상품	1,000	32,000	32,000,000	3,200,000	전액 외상
Q원재료	3,000	18,000	54,000,000	5,400,000	

03 7월 3일 다음은 원재료를 ㈜대오물산으로부터 매입하고 발급받은 전자세금계산서이다. 적절한 회계처리를 하시오.

품 목	공급가액	부가가치세	결제방법
원재료	6,400,000	640,000	현금 2,000,000원, 외상 5,040,000원

04 7월 4일 ㈜동일가구로부터 원재료(공급가액 10,000,000원, 부가가치세 별도)를 공급받고 전자세금계산서를 발급받았다. 대금은 ㈜동일가구의 외상매출금(₩7,000,000)과 상계하고 잔액은 약속어음으로 지급하다.

05 7월 5일 ㈜무사산업으로부터 원재료를 매입하고 받은 다음의 전자세금계산서를 보고 적절한 회계처리를 하시오.

수 량	단 가	공급가액	부가가치세	결제방법
115	120,000	13,800,000	1,380,000	현금 1,180,000원, 지급어음 6,000,000원 외상 8,000,000원

06 7월 6일 ㈜역삼기기로부터 원재료 8,000,000원(부가가치세 별도)을 매입하고 전자세금계산서를 발급받았으며 대금결제는 매출처 ㈜대오물산이 발행한 약속어음(만기 : 1년 이내) 6,700,000원을 배서양도하고 잔액은 외상으로 하였다.

07 7월 7일 ㈜동일가구로부터 원재료(총 공급대가 22,000,000원)를 구입하고 전자세금계산서를 발급받았다. 대금은 5월 1일 지급한 계약금(₩5,000,000)을 차감한 후 잔액은 ㈜대오물산으로부터 받아 보관 중인 약속어음을 배서양도 하였다.

08 7월 8일 ㈜동일가구로부터 원재료(공급가액 7,300,000원, 부가가치세별도)를 매입하고 전자세금계산서를 발급받다. 대금 중 2월 14일에 지급하였던 계약금 2,000,000원을 차감한 잔액 중 5,000,000원은 1월 26일에 매출대금으로 받아서 보관 중이던 ㈜대오물산 발행의 약속어음을 배서양도하고, 잔액은 현금으로 지급하다.

09 7월 9일 ㈜대오물산으로부터 원재료(공급가액 15,000,000원 부가가치세별도)를 매입하고, 전자세금계산서를 발급받았다. 대금 중 2,000,000원은 6월 20일 지급한 계약금으로 대체하고 잔액은 어음을 발행하여 결제하였다.

10 7월 10일 당사 공장건물을 수리한 ㈜튼튼공사(등록번호 : 220-81-17609, 업태 : 건설, 종목 : 건물신축 및 보수)에 수리비용(공급가액 30,000,000원, 세액 3,000,000원)을 당사발행 약속어음(만기 : 1년 이내)으로 지급하였다. 거래처(코드번호 : 503)를 새로 등록하고 수리비용은 자본적 지출로 처리한다(전자세금계산서 수취분).

11 7월 11일 본사 건물에 대한 수해방지공사를 ㈜무사산업에 의뢰한 후 대대적인 개축을 실시하고 전자세금계산서를 발급받았다. 공사대금 18,700,000원(부가가치세 포함) 중 8,700,000원은 현금으로 지급하고 잔액은 월말에 지급하기로 하였다. (세무1급)

12 7월 12일 창고 건물을 신축하고자 ㈜튼튼공사에 용역을 의뢰하고 총 계약금액 200,000,000원 중 1차기성고 금액(공급가액 25,000,000원, 부가가치세 별도)을 당사 보통예금계좌에서 송금하고 전자세금계산서를 발급받았다.

13 7월 13일 생산설비인 정밀측정기기 1대(공급가액 25,000,000원, 부가가치세 2,500,000원)를 ㈜역삼기기로부터 구입하고 전자세금계산서를 발급받았다. 동 구입건에 대하여 7월 1일 지급한 계약금(₩10,000,000)을 공제하고 잔액은 외상으로 하였다.

14 7월 14일 공장용 화물자동차를 ㈜역삼기기에서 수리(공급가액 800,000원, 부가가치세 80,000원)하고 전자세금계산서를 발급받았다. 대금 중 600,000원은 약속어음(만기 : 1년 이내)을 발행하여 지급하고 잔액은 현금으로 지급하였다(수익적 지출로 처리할 것). 〈세무1급〉

15 7월 15일 제품운반에 사용할 화물차 마이티(공급가액 21,000,000원, 부가가치세 2,100,000원)를 ㈜한이물산에서 구입하고 전자세금계산서를 발급받았다. 동 구입 건에 대하여는 인도금으로 5월 25일에 지급한 2,100,000원을 공제한 나머지는 할부계약(6개월)을 체결하였다. 또한 취득세 등 1,100,000원을 현금으로 지급하였다. 〈세무1급〉

16 7월 16일 공장의 도난방지 시스템을 갖추기 위해 ㈜대오물산으로부터 카메라 100대(@150,000원, 부가가치세 별도)와 모니터 10대(@180,000원, 부가가치세 별도)를 구입하면서 전자세금계산서를 발급받고 부가가치세 해당액은 현금 지급하고 나머지는 어음(만기 : 1년 이내)을 발행하여 지급하였다.

17 7월 17일 회사에서 업무용으로 사용할 컴퓨터를 ㈜역삼기기에서 구입하고 전자세금계산서를 발급받았으며, 대금 2,000,000원은 외상으로 하고 부가가치세 200,000원은 현금으로 지급하였다.

18 7월 18일 사무실용 비품 컴퓨터 3대(공급가액 4,500,000원, 부가가치세 별도)를 ㈜한이물산에서 구입하고 구입대금 중 2,000,000원은 현금으로 지불하고 2,000,000원은 매출거래처 ㈜역삼기기에서 받은 약속어음(만기 : 1년 이내)으로 지불하였다. 나머지 대금은 보통예금에서 이체하고 전자세금계산서를 발급 받았다. 보통예금 이체수수료는 700원이며, 동 구좌에서 자동출금 되었다.

19 7월 19일 ㈜한이물산으로부터 영업부용 컴퓨터(공급가액 30,000,000원, 부가가치세 별도)를 매입하고 전자세금계산서를 발급받았다. 매입대금 중 5,000,000원은 7월 10일 지급한 계약금(₩5,000,000)으로 상계하고, 잔액은 엘지카드로 결제하였다.

20 7월 20일 정부로부터 2월 3일 무상지원 받은 정부보조금[코드 104.정부보조금(성격 : 차감)으로 처리되어 있음] 100,000,000원으로 반도체를 세척하는 설비장치를 ㈜역삼기기로부터 150,000,000원(부가가치세 별도)에 구입하면서 보통예금을 인출하여 지급하였으며 전자세금계산서를 수취하였다(명칭이 동일한 계정과목이 여러개 있는 경우 문제에서 제시한 내용에 알맞은 계정과목을 선택할 것). (세무1급)

21 7월 21일 ㈜한이물산으로부터 생산직 근로자의 작업복과 작업화(공급가액 2,500,000원, 세액 250,000원)를 납품받고 전자세금계산서를 발급받았으며, 대금은 현금으로 지급하다(구입시 전액 비용처리 할 것).

22 7월 22일 회사의 창립기념일에 본사 임직원에게 제공할 물품을 외상으로 구입하고 전자세금계산서를 발급받았다. 전액 비용으로 처리하기로 한다. (세무1급)

- 화장품 : @120,000원, 200개(부가가치세 별도)
- 구입처 : ㈜한이물산

23 7월 23일 ㈜한이물산으로부터 직원체육대회와 관련하여 다음과 같이 체육복을 구입하고 전자세금계산서 1매를 발급받았으며, 대금은 한 달 후에 지급하기로 하였다. 단, 자산계정은 사용하지 말 것.

지급처	수량	공급가액	세액	합계
생산부직원용	10벌	100,000원	10,000원	110,000원
영업부직원용	20벌	200,000원	20,000원	220,000원
관리부직원용	30벌	300,000원	30,000원	330,000원
합계	60벌	600,000원	60,000원	660,000원

24 7월 24일 ㈜무사산업으로부터 공급가액 900,000원, 부가가치세 90,000원의 전자세금계산서 1매를 수취하였다. 이는 본사 사무실임차료 700,000원(부가가치세 별도)과 건물관리비 200,000원(부가가치세 별도)에 대해 발행된 것이다. 단, 대금은 다음 달에 지급된다.

25 7월 25일 기계장치를 ㈜역삼기기에서 수리(공급가액 500,000원, 부가가치세 50,000원)하고 전자세금계산서를 발급받았다. 대금 중 300,000원은 약속어음(만기 : 1년 이내)을 발행하여 지급하고, 잔액은 외상으로 하였다(수익적 지출로 처리할 것).

26 7월 26일 수출물량의 폭주로 인해 포장인력을 용역회사 ㈜한이물산에 의뢰하여 공장의 제품완성공정에서 포장작업을 완료하고, 대금 11,220,000원(부가가치세 포함)을 전자세금계산서를 발급받고 현금으로 지급하였다.

27 7월 27일 ㈜대오물산에서 사무실에서 사용할 복사용지 등 200,000원(부가가치세 별도)을 현금으로 구입하고 전자세금계산서를 발급받았다(비용으로 처리할 것).

28 7월 28일 매출처에 제품배달을 위해 ㈜대오물산에 운송료 100,000원(부가가치세 별도)을 현금 지급하고 전자세금계산서를 발급받았다.

29 7월 29일 ㈜무사산업에 원재료를 제공하고, 가공을 의뢰했던 부품을 납품받고 다음과 같이 전자세금계산서를 발급받았다.

품 명	공급가액	세 액	결제방법
임가공비	600,000	60,000	외 상

30 7월 30일 광고선전을 목적으로 불특정 방문객에게 제공하기 위하여 ㈜무사산업으로부터 기념품 1,000개(공급가액 @5,000원, 부가가치세 별도)를 구입하고 전자세금계산서를 발급받았으며 대금은 전액 외상으로 하였다(전액 비용으로 처리할 것).

31 7월 31일 신제품설명회 참석자에게 증정할 선물을 다음과 같이 구입하고 전자세금계산서를 발급받았다(전액 비용으로 처리할 것). (세무1급)

품 목	수 량	단 가	공급가액	부가가치세	거래처	결제방법
우산세트	100	52,000	5,200,000	520,000	㈜대오물산	외 상

32 8월 2일 매입처 ㈜대오물산으로부터 수출용 원재료(공급가액 20,000,000원)를 구매확인서에 의하여 매입하고, 영세율 전자세금계산서를 발급받다. 대금은 전액 약속어음(만기 : 1년 이내)을 발행하여 발급하다.

33 9월 3일 ㈜대오물산으로부터 생산부 직원용 구내식당에서 사용할 쌀(공급가액 800,000원)을 전액 외상으로 구입하고 계산서를 발급받았다(식사는 회사에서 무료로 제공하고 있음).

34 9월 4일 매출거래처 신동상사 사장 모친의 회갑잔치를 축하하고자 ㈜한이물산에 난을 주문 배달시키고 계산서 1매를 발급받았다. 대금 120,000원은 신용카드(엘지카드)로 결제하였다.

35 9월 5일 영업부 업무용 마케팅관련서적을 최고서적(거래처코드 504번으로 등록하여 처리할 것)에서 구입하고 대금 300,000원을 법인카드(엘지카드)로 결제하였으며 계산서를 발급받았다.

36 9월 6일 광고선전을 목적으로 불특정 방문객에게 방문기념품을 제공하기 위하여 ㈜대오물산으로부터 건어물 500묶음(@10,000원)을 구입하고 계산서를 발급받았으며, 대금은 전부 외상으로 하였다(구입시 전액 비용으로 회계처리 할 것). (세무1급)

37 9월 7일 회사는 신한은행(거래처코드 505번으로 등록하여 처리할 것)으로부터 은행업무용으로 사용하던 중고 포터트럭을 11,000,000원에 현금으로 구입하였다. 신한은행은 동 포터트럭 판매에 대하여 관련 세법상의 규정을 준수하여 증빙을 발행하였다(전자로 반영할 것). (세무1급)

38 10월 8일 연말연시를 맞이하여 매출처 선물용으로 제공하기 위해 다음과 같이 구입하고 전자세금계산서를 발급받았다.

품 명	공급가액	세 액	거래처	결제방법
굴비세트	1,000,000	100,000	㈜대오물산	외 상

39 10월 9일 ㈜역삼기기에서 매출처에 선물로 증정하기 위한 노트북 1대(공급가액 2,200,000원, 부가가치세 220,000원)를 외상으로 구입하고 전자세금계산서를 발급받았다(전액 비용으로 회계처리 할 것).

40 10월 10일 매출거래처에 선물로 주기 위하여 ㈜한이물산으로부터 구두를 1,000,000원(부가가치세 별도)에 구입하고, 대금 중 500,000원은 당좌수표를 발행하여 지급하고 나머지는 외상으로 하였다(전자세금계산서 수취분).

41 10월 11일 ㈜무사산업에서 매출 거래처 선물용 우산(공급가액 2,000,000원, 부가가치세별도)을 매입하고 전자세금계산서를 발급받았으며, 대금은 외상으로 하였다.

42 10월 12일 업무용 승용자동차(4인승, 2,000cc) 1대를 매입하였다. 차량매입과 관련된 전자세금계산서는 다음과 같으며 전액 당좌수표를 발행하여 지급하였다(당사의 업태는 제조업임).

품 명	공급가액	세 액	거래처	결제방법
승용자동차	20,000,000	2,000,000	㈜한이물산	수 표

43 10월 13일 영업부에서 사용할 2,000cc급 승용차(공급가액 14,000,000원, 부가가치세 1,400,000원)를 ㈜대오물산에서 구입하고 전자세금계산서를 발급받았다. 대금은 9월 21일에 지급한 인도금(₩2,000,000)을 차감한 나머지를 10개월 할부지급 하기로 하였다(당사의 업태는 제조업이며, 이하 문제에서도 동일하다고 가정함)

44 10월 14일 업무용 승용차(2,000cc)를 ㈜대오물산에서 구입하였다. 대금은 아래와 같이 전액 현금으로 지급하고 전자세금계산서를 발급받았다. [매입매출전표입력] 메뉴에 하나의 전표로 입력하시오.

- 차량가액 25,000,000원
- 부가가치세 2,500,000원
- 취득세 1,000,000원
- 교육세 500,000원
- 농특세 50,000원

45 10월 15일 영업부에서 업무용으로 사용하는 승용차(2,000cc)가 사고로 고장이 나서 ㈜무사산업에서 수리하고(수리비 2,000,000원, 부가가치세 별도) 대금은 외상으로 하였다(자본적 지출로 처리할 것, 전자세금계산서 수취분).

46 10월 16일 회사의 업무용 승용차(배기량 1,500cc)를 ㈜무사산업에서 수리하고 전자세금계산서(공급가액 860,000원, 부가가치세 86,000원)를 발급받았으며 대금은 외상으로 하였다. 비용으로 처리하며, 등록되어 있는 적요를 검토하여 가장 적절한 계정과목을 사용하시오.

47 11월 7일 원재료 수입품을 통관하면서 인천세관으로부터 다음과 같은 수입 전자세금계산서를 발급받았다. 부가가치세와 통관제비용 450,000원은 현금으로 지급하였다(미착재료 계정은 고려하지 말 것).

품 명	공급가액	세 액	결제방법
TL재료	8,000,000	800,000	현 금

48 11월 8일 독일 바그나상사에 주문한 화물자동차를 인천세관을 통하여 수입하고 수입 전자세금계산서(공급가액 80,000,000원, 부가가치세 8,000,000원)를 발급받았다. 부가가치세와 통관수수료(500,000원)를 보통예금에서 인출하여 지급하였다(수입세금계산서와 통관수수료에 대해서만 회계처리 할 것).

49 12월 9일 ㈜무사산업으로부터 업무용 컴퓨터 1set를 2,500,000원(부가가치세 포함)에 구입한 후 엘지카드로 결제하였다(세법상 매입세액 공제요건 갖춤).

50 12월 10일 ㈜대오물산에서 생산직직원 회식비 550,000원(부가가치세 포함)을 엘지카드(법인카드)로 결제하였다(세법상 매입세액 공제요건 갖춤).

51 12월 11일 공장용 화물자동차의 유류대 80,000원(부가가치세 포함)을 ㈜대오물산에서 신용카드(엘지카드)로 결제하였다(세법상 매입세액 공제요건 갖춤).

52 12월 12일 본사직원의 컴퓨터 교육용으로 컴퓨터관련 서적 12개(@20,000원)를 최고서적에서 구입하고, 대금은 엘지카드로 결제하였다.

53 12월 13일 ㈜대오물산으로부터 영업부에서 사용할 컴퓨터를 2,200,000원(부가가치세 포함)에 구입하고 현금영수증(지출증빙용)을 발급받았으며 대금은 당좌수표를 발행하여 지급하였다.

KcLep 도우미

①1 7월 1일

* 입력된 화면은 위와 같지만 본서에서는 위 답안을 아래와 같이 간략하게 표현하기로 한다.

7월 1일 : 유형(51.과세)/ 품목(부품A외)/ 수량( )/ 단가( )/ 공급가액(29,950,000)/ 부가세 (2,995,000)/ 공급처명(㈜무사산업)/ 전자(1 : 여)/ 분개(2.외상)

(차) 135.부가세대급금　　　　　2,995,000　／　(대) 251.외상매입금　　　32,945,000
(차) 153.원재료　　　　　　　　29,950,000

* 상단 툴바의 F7 복수거래 를 클릭하여 각각의 품목을 등록한다.

②2 7월 2일 : 유형(51.과세)/ 품목(P상품외)/ 수량( )/ 단가( )/ 공급가액(86,000,000)/ 부가세 (8,600,000)/ 공급처명(㈜무사산업)/ 전자(1 : 여)/ 분개(2.외상)

(차) 135.부가세대급금　　　　　8,600,000　／　(대) 251.외상매입금　　　94,600,000
(차) 153.원재료　　　　　　　　54,000,000
(차) 146.상품　　　　　　　　　32,000,000

* 상단 툴바의 F7 복수거래 를 클릭하여 각각의 품목을 등록한다.

③3 7월 3일 : 유형(51.과세)/ 품목(원재료)/ 수량( )/ 단가( )/ 공급가액(6,400,000)/ 부가세 (640,000)/ 공급처명(㈜대오물산)/ 전자(1 : 여)/ 분개(3.혼합)

(차) 135.부가세대급금　　　　　640,000　／　(대) 101.현금　　　　　　2,000,000
(차) 153.원재료　　　　　　　　6,400,000　　　 (대) 251.외상매입금　　　5,040,000

④4 7월 4일 : 유형(51.과세)/ 품목(원재료)/ 수량( )/ 단가( )/ 공급가액(10,000,000)/ 부가세 (1,000,000)/ 공급처명(㈜동일가구)/ 전자(1 : 여)/ 분개(3.혼합)

(차) 135.부가세대급금　　　　　1,000,000　／　(대) 108.외상매출금　　　7,000,000
(차) 153.원재료　　　　　　　　10,000,000　　　(대) 252.지급어음　　　　4,000,000

05 7월 5일 : 유형(51.과세)/ 품목(원재료)/ 수량(115)/ 단가(120,000)/ 공급가액(13,800,000)/ 부가세(1,380,000)/ 공급처명(㈜무사산업)/ 전자(1 : 여)/ 분개(3.혼합)

(차)	135.부가세대급금	1,380,000	/	(대) 101.현금	1,180,000
(차)	153.원재료	13,800,000		(대) 252.지급어음	6,000,000
				(대) 251.외상매입금	8,000,000

06 7월 6일 : 유형(51.과세)/ 품목(원재료)/ 수량( )/ 단가( )/ 공급가액(8,000,000)/ 부가세(800,000)/ 공급처명(㈜역삼기기)/ 전자(1 : 여)/ 분개(3.혼합)

(차)	135.부가세대급금	800,000	/	(대) 110.받을어음	6,700,000
(차)	153.원재료	8,000,000		(거래처 : ㈜대오물산)	
				(대) 251.외상매입금	2,100,000

* 메뉴 하단에 받을어음 계정의 거래처를 "㈜대오물산"으로 변경한다.

07 7월 7일 : 유형(51.과세)/ 품목(원재료)/ 수량( )/ 단가( )/ 공급가액(20,000,000)/ 부가세(2,000,000)/ 공급처명(㈜동일가구)/ 전자(1 : 여)/ 분개(3.혼합)

(차)	135.부가세대급금	2,000,000	/	(대) 131.선급금	5,000,000
(차)	153.원재료	20,000,000		(대) 110.받을어음	17,000,000
				(거래처 : ㈜대오물산)	

* 메뉴 하단에 받을어음 계정의 거래처를 "㈜대오물산"으로 변경한다.

08 7월 8일 : 유형(51.과세)/ 품목(원재료)/ 수량( )/ 단가( )/ 공급가액(7,300,000)/ 부가세(730,000)/ 공급처명(㈜동일가구)/ 전자(1 : 여)/ 분개(3.혼합)

(차)	135.부가세대급금	730,000	/	(대) 131.선급금	2,000,000
(차)	153.원재료	7,300,000		(대) 110.받을어음	5,000,000
				(거래처 : ㈜대오물산)	
				(대) 101.현금	1,030,000

09 7월 9일 : 유형(51.과세)/ 품목(원재료)/ 수량( )/ 단가( )/ 공급가액(15,000,000)/ 부가세(1,500,000)/ 공급처명(㈜대오물산)/ 전자(1 : 여)/ 분개(3.혼합)

(차)	135.부가세대급금	1,500,000	/	(대) 131.선급금	2,000,000
(차)	153.원재료	15,000,000		(대) 252.지급어음	14,500,000

10 7월 10일 : 유형(51.과세)/ 품목(수리비)/ 수량( )/ 단가( )/ 공급가액(30,000,000)/ 부가세(3,000,000)/ 공급처명(㈜튼튼공사)/ 전자(1 : 여)/ 분개(3.혼합)

(차)	135.부가세대급금	3,000,000	/	(대) 253.미지급금	33,000,000
(차)	202.건물	30,000,000			

11 7월 11일 : 유형(51.과세)/ 품목(수해방지공사)/ 수량( )/ 단가( )/ 공급가액(17,000,000)/ 부가세(1,700,000)/ 공급처명(㈜무사산업)/ 전자(1 : 여)/ 분개(3.혼합)

| | (차) 135.부가세대급금 | 1,700,000 | / | (대) 101.현금 | 8,700,000 |
| | (차) 202.건물 | 17,000,000 | | (대) 253.미지급금 | 10,000,000 |

⑫ 7월 12일 : 유형(51.과세)/ 품목(1차기성고)/ 수량( )/ 단가( )/ 공급가액(25,000,000)/ 부가세(2,500,000)/ 공급처명(㈜튼튼공사)/ 전자(1 : 여)/ 분개(3.혼합)

| | (차) 135.부가세대급금 | 2,500,000 | / | (대) 103.보통예금 | 27,500,000 |
| | (차) 214.건설중인자산 | 25,000,000 | | | |

⑬ 7월 13일 : 유형(51.과세)/ 품목(정밀측정기기)/ 수량( )/ 단가( )/ 공급가액(25,000,000)/ 부가세(2,500,000)/ 공급처명(㈜역삼기기)/ 전자(1 : 여)/ 분개(3.혼합)

| | (차) 135.부가세대급금 | 2,500,000 | / | (대) 131.선급금 | 10,000,000 |
| | (차) 206.기계장치 | 25,000,000 | | (대) 253.미지급금 | 17,500,000 |

⑭ 7월 14일 : 유형(51.과세)/ 품목(수리비)/ 수량( )/ 단가( )/ 공급가액(800,000)/ 부가세(80,000)/ 공급처명(㈜역삼기기)/ 전자(1 : 여)/ 분개(3.혼합)

| | (차) 135.부가세대급금 | 80,000 | / | (대) 253.미지급금 | 600,000 |
| | (차) 522.차량유지비 | 800,000 | | (대) 101.현금 | 280,000 |

⑮ 7월 15일 : 유형(51.과세)/ 품목(화물자동차)/ 수량( )/ 단가( )/ 공급가액(21,000,000)/ 부가세(2,100,000)/ 공급처명(㈜한이물산)/ 전자(1 : 여)/ 분개(3.혼합)

	(차) 135.부가세대급금	2,100,000	/	(대) 131.선급금	2,100,000
	(차) 208.차량운반구	22,100,000		(대) 253.미지급금	21,000,000
				(대) 101.현금	1,100,000

⑯ 7월 16일 : 유형(51.과세)/ 품목(카메라외)/ 수량( )/ 단가( )/ 공급가액(16,800,000)/ 부가세(1,680,000)/ 공급처명(㈜대오물산)/ 전자(1 : 여)/ 분개(3.혼합)

| | (차) 135.부가세대급금 | 1,680,000 | / | (대) 253.미지급금 | 16,800,000 |
| | (차) 195.설비장치 | 16,800,000 | | (대) 101.현금 | 1,680,000 |

* 상단 툴바의 F7 복수거래 를 클릭하여 각각의 품목을 등록한다.

⑰ 7월 17일 : 유형(51.과세)/ 품목(컴퓨터)/ 수량( )/ 단가( )/ 공급가액(2,000,000)/ 부가세(200,000)/ 공급처명(㈜역삼기기)/ 전자(1 : 여)/ 분개(3.혼합)

| | (차) 135.부가세대급금 | 200,000 | / | (대) 253.미지급금 | 2,000,000 |
| | (차) 212.비품 | 2,000,000 | | (대) 101.현금 | 200,000 |

⑱ 7월 18일 : 유형(51.과세)/ 품목(컴퓨터)/ 수량( )/ 단가( )/ 공급가액(4,500,000)/ 부가세(450,000)/ 공급처명(㈜한이물산)/ 전자(1 : 여)/ 분개(3.혼합)

	(차) 135.부가세대급금	450,000	/	(대) 101.현금	2,000,000
	(차) 212.비품	4,500,000		(대) 103.보통예금	950,700
	(차) 831.수수료비용	700		(대) 110.받을어음	2,000,000
				(거래처 : ㈜역삼기기)	

19 7월 19일 : 유형(51.과세)/ 품목(컴퓨터)/ 수량( )/ 단가( )/ 공급가액(30,000,000)/ 부가세(3,000,000)/ 공급처명((주)한이물산)/ 전자(1 : 여)/ 분개(3.혼합)

   (차) 135.부가세대급금　　　　　3,000,000　　/　(대) 131.선급금　　　　　5,000,000
   (차) 212.비품　　　　　　　　30,000,000　　/　(대) 253.미지급금　　　　28,000,000
   　　　　　　　　　　　　　　　　　　　　　　　　　　(거래처 : 엘지카드)

20 7월 20일 : 유형(51.과세)/ 품목(설비장치)/ 수량( )/ 단가( )/ 공급가액(150,000,000)/ 부가세(15,000,000)/ 공급처명((주)역삼기기)/ 전자(1 : 여)/ 분개(3.혼합)

   (차) 135.부가세대급금　　　　　15,000,000　　/　(대) 103.보통예금　　　 165,000,000
   (차) 195.설비장치　　　　　　 150,000,000　　/　(대) 197.정부보조금　　 100,000,000
   (차) 104.정부보조금　　　　　100,000,000

21 7월 21일 : 유형(51.과세)/ 품목(작업복과 작업화)/ 수량( )/ 단가( )/ 공급가액(2,500,000)/ 부가세(250,000)/ 공급처명((주)한이물산)/ 전자(1 : 여)/ 분개(1.현금)

   (차) 135.부가세대급금　　　　　　250,000　　/　(대) 101.현금　　　　　　2,750,000
   (차) 511.복리후생비　　　　　　2,500,000

22 7월 22일 : 유형(51.과세)/ 품목(화장품)/ 수량(200)/ 단가(120,000)/ 공급가액(24,000,000)/ 부가세(2,400,000)/ 공급처명((주)한이물산)/ 전자(1 : 여)/ 분개(3.혼합)

   (차) 135.부가세대급금　　　　　2,400,000　　/　(대) 253.미지급금　　　　26,400,000
   (차) 811.복리후생비　　　　　24,000,000

23 7월 23일 : 유형(51.과세)/ 품목(체육복)/ 수량(60)/ 단가(10,000)/ 공급가액(600,000)/ 부가세(60,000)/ 공급처명((주)한이물산)/ 전자(1 : 여)/ 분개(3.혼합)

   (차) 135.부가세대급금　　　　　　60,000　　/　(대) 253.미지급금　　　　　660,000
   (차) 511.복리후생비　　　　　　100,000
   (차) 811.복리후생비　　　　　　500,000

24 7월 24일 : 유형(51.과세)/ 품목(사무실임차료외)/ 수량( )/ 단가( )/ 공급가액(900,000)/ 부가세(90,000)/ 공급처명((주)무사산업)/ 전자(1 : 여)/ 분개(3.혼합)

   (차) 135.부가세대급금　　　　　　90,000　　/　(대) 253.미지급금　　　　　990,000
   (차) 819.임차료　　　　　　　　700,000
   (차) 837.건물관리비　　　　　　200,000

   ＊ 상단 툴바의 [F7 복수거래]를 클릭하여 각각의 품목을 등록한다.

25 7월 25일 : 유형(51.과세)/ 품목(수선비)/ 수량( )/ 단가( )/ 공급가액(500,000)/ 부가세(50,000)/ 공급처명((주)역삼기기)/ 전자(1 : 여)/ 분개(3.혼합)

   (차) 135.부가세대급금　　　　　　50,000　　/　(대) 253.미지급금　　　　　550,000
   (차) 520.수선비　　　　　　　　500,000

   ＊ 일반적인 상거래가 아니므로 약속어음도 미지급금으로 회계처리 한다.

㉖ 7월 26일 : 유형(51.과세)/ 품목(포장비)/ 수량( )/ 단가( )/ 공급가액(10,200,000)/ 부가세(1,020,000)/ 공급처명(㈜한이물산)/ 전자(1 : 여)/ 분개(1.현금)
   (차) 135.부가세대급금   1,020,000   / (대) 101.현금   11,220,000
   (차) 528.포장비   10,200,000
   * 외주가공비도 정답으로 인정한다.

㉗ 7월 27일 : 유형(51.과세)/ 품목(복사용지)/ 수량( )/ 단가( )/ 공급가액(200,000)/ 부가세(20,000)/ 공급처명(㈜대오물산)/ 전자(1 : 여)/ 분개(1.현금)
   (차) 135.부가세대급금   20,000   / (대) 101.현금   220,000
   (차) 830.소모품비   200,000

㉘ 7월 28일 : 유형(51.과세)/ 품목(운송료)/ 수량( )/ 단가( )/ 공급가액(100,000)/ 부가세(10,000)/ 공급처명(㈜대오물산)/ 전자(1 : 여)/ 분개(1.현금)
   (차) 135.부가세대급금   10,000   / (대) 101.현금   110,000
   (차) 824.운반비   100,000

㉙ 7월 29일 : 유형(51.과세)/ 품목(임가공비)/ 수량( )/ 단가( )/ 공급가액(600,000)/ 부가세(60,000)/ 공급처명(㈜무사산업)/ 전자(1 : 여)/ 분개(3.혼합)
   (차) 135.부가세대급금   60,000   / (대) 253.미지급금   660,000
   (차) 533.외주가공비   600,000
   * 자격시험에서는 미지급금과 외상매입금 모두를 정답으로 인정하고 있다.

㉚ 7월 30일 : 유형(51.과세)/ 품목(기념품)/ 수량(1,000)/ 단가(5,000)/ 공급가액(5,000,000)/ 부가세(500,000)/ 공급처명(㈜무사산업)/ 전자(1 : 여)/ 분개(3.혼합)
   (차) 135.부가세대급금   500,000   / (대) 253.미지급금   5,500,000
   (차) 833.광고선전비   5,000,000

㉛ 7월 31일 : 유형(51.과세)/ 품목(우산세트)/ 수량(100)/ 단가(52,000)/ 공급가액(5,200,000)/ 부가세(520,000)/ 공급처명(㈜대오물산)/ 전자(1 : 여)/ 분개(3.혼합)
   (차) 135.부가세대급금   520,000   / (대) 253.미지급금   5,720,000
   (차) 833.광고선전비   5,200,000

㉜ 8월 2일 : 유형(52.영세)/ 품목(원재료)/ 수량( )/ 단가( )/ 공급가액(20,000,000)/ 부가세( )/ 공급처명(㈜대오물산)/ 전자(1 : 여)/ 분개(3.혼합)
   (차) 153.원재료   20,000,000   / (대) 252.지급어음   20,000,000

㉝ 9월 3일 : 유형(53.면세)/ 품목(쌀)/ 수량( )/ 단가( )/ 공급가액(800,000)/ 부가세( )/ 공급처명(㈜대오물산)/ 전자( )/ 분개(3.혼합)
   (차) 511.복리후생비   800,000   / (대) 253.미지급금   800,000

34 9월 4일 : 유형(53.면세)/ 품목(난)/ 수량( )/ 단가( )/ 공급가액(120,000)/ 부가세( )/ 공급처명(㈜한이물산)/ 전자( )/ 분개(3.혼합)

(차) 813.기업업무추진비　　　　120,000　　/　(대) 253.미지급금　　　　120,000
　　　　　　　　　　　　　　　　　　　　　　　　　(거래처 : 엘지카드)

35 9월 5일 : 유형(53.면세)/ 품목(서적)/ 수량( )/ 단가( )/ 공급가액(300,000)/ 부가세( )/ 공급처명(최고서적)/ 전자( )/ 분개(3.혼합)

(차) 826.도서인쇄비　　　　　300,000　　/　(대) 253.미지급금　　　　300,000
　　　　　　　　　　　　　　　　　　　　　　　　　(거래처 : 엘지카드)

36 9월 6일 : 유형(53.면세)/ 품목(건어물)/ 수량(500)/ 단가(10,000)/ 공급가액(5,000,000)/ 부가세( )/ 공급처명(㈜대오물산)/ 전자( )/ 분개(3.혼합)

(차) 833.광고선전비　　　　5,000,000　　/　(대) 253.미지급금　　　5,000,000

37 9월 7일 : 유형(53.면세)/ 품목(포터트럭)/ 수량( )/ 단가( )/ 공급가액(11,000,000)/ 부가세( )/ 공급처명(신한은행)/ 전자(1 : 여)/ 분개(1.현금)

(차) 208.차량운반구　　　11,000,000　　/　(대) 101.현금　　　　11,000,000

* 주된 사업과 관련하여 우연히 또는 일시적으로 재화를 공급하는 경우에 과세 및 면세 여부는 주된 사업의 과세 및 면세 여부를 따른다. 신한은행은 금융업으로서 주된 사업이 면세이므로 과세대상인 포터트럭의 공급은 면세로서 계산서가 발행된다. 다만, 해당 재화 또는 용역이 면세대상이라면 주된 사업이 과세사업이든 면세사업이든 면세된다.

38 10월 8일 : 유형(54.불공)/ 품목(굴비세트)/ 수량( )/ 단가( )/ 공급가액(1,000,000)/ 부가세(100,000)/ 공급처명(㈜대오물산)/ 전자(1 : 여)/ 불공제사유(4)/ 분개(3.혼합)

(차) 813.기업업무추진비　　 1,100,000　　/　(대) 253.미지급금　　　1,100,000

39 10월 9일 : 유형(54.불공)/ 품목(노트북)/ 수량(1)/ 단가(2,200,000)/ 공급가액(2,200,000)/ 부가세(220,000)/ 공급처명(㈜역삼기기)/ 전자(1 : 여)/ 불공제사유(4)/ 분개(3.혼합)

(차) 813.기업업무추진비　　 2,420,000　　/　(대) 253.미지급금　　　2,420,000

40 10월 10일 : 유형(54.불공)/ 품목(구두)/ 수량( )/ 단가( )/ 공급가액(1,000,000)/ 부가세(100,000)/ 공급처명(㈜한이물산)/ 전자(1 : 여)/ 불공제사유(4)/ 분개(3.혼합)

(차) 813.기업업무추진비　　 1,100,000　　/　(대) 102.당좌예금　　　　500,000
　　　　　　　　　　　　　　　　　　　　　　(대) 253.미지급금　　　　600,000

41 10월 11일 : 유형(54.불공)/ 품목(우산)/ 수량( )/ 단가( )/ 공급가액(2,000,000)/ 부가세(200,000)/ 공급처명(㈜무사산업)/ 전자(1 : 여)/ 불공제사유(4)/ 분개(3.혼합)

(차) 813.기업업무추진비　　 2,200,000　　/　(대) 253.미지급금　　　2,200,000

42 10월 12일 : 유형(54.불공)/ 품목(승용자동차)/ 수량( )/ 단가( )/ 공급가액(20,000,000)/ 부가세(2,000,000)/ 공급처명(㈜한이물산)/ 전자(1 : 여)/ 불공제사유(3)/ 분개(3.혼합)

(차) 208.차량운반구　　　22,000,000　　/　(대) 102.당좌예금　　　22,000,000

43 10월 13일 : 유형(54.불공)/ 품목(승용차)/ 수량( )/ 단가( )/ 공급가액(14,000,000)/ 부가세(1,400,000)/ 공급처명(㈜대오물산)/ 전자(1 : 여)/ 불공제사유(3)/ 분개(3.혼합)
 (차) 208.차량운반구   15,400,000 / (대) 253.미지급금   13,400,000
                      (대) 131.선급금   2,000,000

44 10월 14일 : 유형(54.불공)/ 품목(승용차)/ 수량( )/ 단가( )/ 공급가액(25,000,000)/ 부가세(2,500,000)/ 공급처명(㈜대오물산)/ 전자(1 : 여)/ 불공제사유(3)/ 분개(3.혼합)
 (차) 208.차량운반구   29,050,000 / (대) 101.현금   29,050,000

45 10월 15일 : 유형(54.불공)/ 품목(수리비)/ 수량( )/ 단가( )/ 공급가액(2,000,000)/ 부가세(200,000)/ 공급처명(㈜무사산업)/ 전자(1 : 여)/ 불공제사유(3)/ 분개(3.혼합)
 (차) 208.차량운반구   2,200,000 / (대) 253.미지급금   2,200,000

46 10월 16일 : 유형(54.불공)/ 품목(수리비)/ 수량( )/ 단가( )/ 공급가액(860,000)/ 부가세(86,000)/ 공급처명(㈜무사산업)/ 전자(1 : 여)/ 불공제사유(3)/ 분개(3.혼합)
 (차) 822.차량유지비   946,000 / (대) 253.미지급금   946,000

47 11월 7일 : 유형(55.수입)/ 품목(TL재료)/ 수량( )/ 단가( )/ 공급가액(8,000,000)/ 부가세(800,000)/ 공급처명(인천세관)/ 전자(1 : 여)/ 분개(3.혼합)
 (차) 135.부가세대급금   800,000 / (대) 101.현금   1,250,000
 (차) 153.원재료   450,000
 * 재고자산의 매입시에 발생하는 통관제비용은 부대비용이므로 자산의 원가에 가산한다.

48 11월 8일 : 유형(55.수입)/ 품목(화물자동차)/ 수량( )/ 단가( )/ 공급가액(80,000,000)/ 부가세(8,000,000)/ 공급처명(인천세관)/ 전자(1 : 여)/ 분개(3.혼합)
 (차) 135.부가세대급금   8,000,000 / (대) 103.보통예금   8,500,000
 (차) 208.차량운반구   500,000
 * 유형자산의 취득과정에서 발생하는 통관수수료는 부대비용이므로 자산의 원가에 가산한다.

49 12월 9일 : 유형(57.카과)/ 품목(컴퓨터)/ 수량( )/ 단가( )/ 공급가액(2,272,728)/ 부가세(227,272)/ 공급처명(㈜무사산업)/ 신용카드사(엘지카드)/ 분개(3.혼합)
 (차) 135.부가세대급금   227,272 / (대) 253.미지급금   2,500,000
 (차) 212.비품   2,272,728   (거래처 : 엘지카드)
 * 메뉴 하단에 미지급금 계정의 거래처를 "엘지카드"로 변경한다.

50 12월 10일 : 유형(57.카과)/ 품목(회식비)/ 수량( )/ 단가( )/ 공급가액(500,000)/ 부가세(50,000)/ 공급처명(㈜대오물산)/ 신용카드사(엘지카드)/ 분개(3.혼합)
 (차) 135.부가세대급금   50,000 / (대) 253.미지급금   550,000
 (차) 511.복리후생비   500,000   (거래처 : 엘지카드)
 * 메뉴 하단에 미지급금 계정의 거래처를 "엘지카드"로 변경한다.

51 12월 11일 : 유형(57.카과)/ 품목(유류대)/ 수량( )/ 단가( )/ 공급가액(72,728)/ 부가세(7,272)/ 공급처명(㈜대오물산)/ 신용카드사(엘지카드)/ 분개(3.혼합)
   (차) 135.부가세대급금   7,272   / (대) 253.미지급금   80,000
   (차) 522.차량유지비   72,728   (거래처 : 엘지카드)
   * 메뉴 하단에 미지급금 계정의 거래처를 "엘지카드"로 변경한다.

52 12월 12일 : 유형(58.카면)/ 품목(서적)/ 수량(12)/ 단가(20,000)/ 공급가액(240,000)/ 부가세( )/ 공급처명(최고서적)/ 신용카드사(엘지카드)/ 분개(3.혼합)
   (차) 826.도서인쇄비   240,000   / (대) 253.미지급금   240,000
                                                (거래처 : 엘지카드)
   * 도서는 면세이다. 메뉴 하단에 미지급금 계정의 거래처를 "엘지카드"로 변경한다.

53 12월 13일 : 유형(61.현과)/ 품목(컴퓨터)/ 수량( )/ 단가( )/ 공급가액(2,000,000)/ 부가세(200,000)/ 공급처명(㈜대오물산)/ 분개(3.혼합)
   (차) 135.부가세대급금   200,000   / (대) 102.당좌예금   2,200,000
   (차) 212.비품   2,000,000
   * [공급가액]란에 공급대가 2,200,000원을 입력하면 공급가액과 세액이 자동 분리되어 입력된다.

제3장 부가가치세신고서

제1절 납부세액의 계산

[납부(환급)세액의 계산구조]

(1) 매출세액계산	과세표준 × 세율 + 예정신고누락분 ± 대손세액가감	= 매출세액

(2) 매입세액의 계산	매입처별세금계산서합계표상의 매입세액
	+ 예정신고누락분
	+ 그 밖의 공제매입세액
	    ㉠ 신용카드매출전표등 수령명세서 제출분
	    ㉡ 의제매입세액
	    ㉢ 재활용폐자원매입세액 등
	- 공제받지 못할 매입세액
		= 매입세액

(3) 납부세액의 계산	매출세액 - 매입세액	= 납부(환급)세액
(4) 경감·공제세액의 계산	- 신용카드매출전표 등 발행공제 등 - 그 밖의 경감·공제세액(전자신고세액공제 등)	= 경감·공제세액
(5) 차가감 납부세액의 계산	- 예정신고 미환급세액(또는 예정고지세액) + 가산세액	= 차가감 납부할 (환급)세액

1. 매입세액공제 일반

(1) 공제하는 매입세액

매출세액에서 공제하는 매입세액은 다음의 금액으로 한다.
  ① 사업자가 자기의 사업을 위하여 사용하였거나 사용할 목적으로 **공급받은 재화 또는 용역에 대한 부가가치세** : 재화 또는 용역을 공급받는 시기가 속하는 과세기간의 매출세액에서 공제
  ② 사업자가 자기의 사업을 위하여 사용하였거나 사용할 목적으로 **수입하는 재화의 수입에 대한 부가가치세** : 재화의 수입시기가 속하는 과세기간의 매출세액에서 공제

(2) 공제하지 아니하는 매입세액

다음의 매입세액은 매출세액에서 공제하지 아니한다.

① 매입처별세금계산서합계표의 미제출 또는 부실기재: 매입처별세금계산서합계표를 제출하지 아니한 경우의 매입세액 또는 제출한 매입처별 세금계산서합계표의 기재사항 중 거래처별 등록번호 또는 공급가액의 전부 또는 일부가 적히지 아니하였거나 사실과 다르게 적힌 경우, 그 기재사항이 적히지 아니한 부분 또는 사실과 다르게 적힌 부분의 매입세액

② 세금계산서 미수취 또는 필요적 기재사항의 부실기재: 세금계산서를 발급받지 아니한 경우 또는 발급받은 세금계산서에 필요적 기재사항의 전부 또는 일부가 적히지 아니하였거나 사실과 다르게 적힌 경우의 매입세액

③ 사업과 직접 관련이 없는 지출에 대한 매입세액

④ 비영업용 소형승용자동차(개별소비세법 제1조제2항제3호에 따른 자동차)의 구입과 임차 및 유지에 관한 매입세액

> **참고** 비영업용 소형승용자동차
> ① 영업용이란 운수업 등에서와 같이 승용자동차를 직접 영업에 사용하는 것을 의미하므로, 그렇지 않은 것은 회사의 용도와 상관없이 비영업용에 해당한다.
> ② 소형승용자동차란 사람의 수송을 목적으로 제작된 승용자동차(8인승 이하)로서 개별소비세 과세대상이 되는 차량(배기량 1,000cc 이하인 것은 제외)을 말한다.

⑤ 기업업무추진비 및 이와 유사한 비용의 지출에 관련된 매입세액

⑥ 면세사업 등에 관련된 매입세액

⑦ 토지의 자본적 지출에 관련된 매입세액: 토지의 조성 등을 위한 자본적 지출에 관련된 매입세액으로서 다음 중 어느 하나에 해당하는 것은 공제하지 아니한다.
　㉠ 토지의 취득 및 형질변경, 공장부지 및 택지의 조성 등에 관련된 매입세액
　㉡ 건축물이 있는 토지를 취득하여 그 건축물을 철거하고 토지만 사용하는 경우에는 철거한 건축물의 취득 및 철거비용과 관련된 매입세액
　㉢ 토지의 가치를 현실적으로 증가시켜 토지의 취득원가를 구성하는 비용에 관련된 매입세액

⑧ 사업자등록을 신청하기 전의 매입세액. 다만, 공급시기가 속하는 과세기간이 끝난 후 20일 이내에 등록을 신청한 경우 등록신청일부터 공급시기가 속하는 과세기간 기산일(1.1. 또는 7.1.)까지 역산한 기간 내의 것은 제외한다.

(3) 그 밖의 공제매입세액

① 신용카드매출전표 등 수령명세서 제출분 매입세액: 사업자가 일반과세자로부터 재화 또는 용역을 공급받고 부가가치세액이 별도로 구분되는 신용카드매출전표 등을 발급받은 경우로서 신용카드매출전표 등 수령명세서를 제출하는 경우 그 부가가치세액은 공제할 수 있는 매입세액으로 본다.

② 의제매입세액 : 사업자가 부가가치세를 면제받아 공급받거나 수입한 농산물·축산물·수산물·임산물을 원재료로 하여 제조·가공한 재화 또는 창출한 용역의 공급에 대하여 부가가치세가 과세되는 경우에는 일정한 금액을 매입세액으로 공제할 수 있다.

의제매입세액공제를 적용받으려는 사업자는 면세농산물 등을 공급받은 사실을 증명하는 의제매입세액공제신고서, 매입처별계산서합계표, 신용카드매출전표 등 수령명세서를 사업장 관할세무서장에게 제출하여야 한다. 다만, 제조업을 영위하는 사업자가 농어민으로부터 면세농산물 등을 직접 공급받는 경우에는 의제매입세액공제신고서만 제출한다.

③ 재활용폐자원매입세액 : 재활용폐자원 및 중고자동차를 수입하는 사업자가 세금계산서를 발급할 수 없는 자 등으로부터 재활용폐자원 및 중고자동차를 취득하여 제조 또는 가공하거나 이를 공급하는 경우에는 일정한 금액을 매입세액으로 공제할 수 있다.

2. 대손세액의 공제특례

사업자는 부가가치세가 과세되는 재화 또는 용역을 공급하고 외상매출금이나 그 밖의 매출채권(부가가치세 포함)의 전부 또는 일부가 공급을 받는 자의 파산·강제집행이나 그 밖에 대통령령으로 정하는 사유로 대손되어 회수할 수 없는 경우에는 대손세액을 그 대손이 확정된 날이 속하는 과세기간의 매출세액에서 뺄 수 있다. 다만, 그 사업자가 대손되어 회수할 수 없는 금액의 전부 또는 일부를 회수한 경우에는 회수한 대손금액에 관련된 대손세액을 회수한 날이 속하는 과세기간의 매출세액에 더한다.

> 대손세액 = 대손금액(부가가치세 포함) × 10/110

(1) 회수불능사유

채무자의 파산 등 대통령령으로 정하는 사유로 회수할 수 없는 채권이란 다음 중 어느 하나에 해당하는 것을 말한다.
① 「상법」에 따른 소멸시효가 완성된 외상매출금 및 미수금
② 「어음법」에 따른 소멸시효가 완성된 어음
③ 「수표법」에 따른 소멸시효가 완성된 수표
④ 「민법」에 따른 소멸시효가 완성된 대여금 및 선급금
⑤ 「채무자 회생 및 파산에 관한 법률」에 따른 회생계획인가의 결정 또는 법원의 면책결정에 따라 회수불능으로 확정된 채권
⑥ 「민사집행법」의 규정에 따라 채무자의 재산에 대한 경매가 취소된 압류채권
⑦ 채무자의 파산, 강제집행, 형의 집행, 사업의 폐지, 사망, 실종, 행방불명으로 회수할 수 없는 채권

⑧ 부도발생일부터 6개월 이상 지난 수표 또는 어음상의 채권 및 외상매출금(중소기업의 외상매출금으로서 부도발생일 이전의 것에 한정). 다만, 해당 법인이 채무자의 재산에 대하여 저당권을 설정하고 있는 경우는 제외한다.
⑨ 중소기업의 외상매출금 및 미수금으로서 회수기일이 2년 이상 지난 외상매출금 등. 다만 특수관계인과의 거래로 인하여 발생한 외상매출금 등은 제외한다.
⑩ 재판상 화해 등 확정판결과 같은 효력을 가지는 것으로 회수불능으로 확정된 채권
⑪ 회수기일이 6개월 이상 지난 채권 중 채권가액이 30만원 이하(채무자별 채권가액의 합계액을 기준으로 한다)인 채권

(2) 시기의 제한

대손세액공제의 범위는 사업자가 부가가치세가 과세되는 재화 또는 용역을 공급한 후 그 공급일부터 10년이 지난 날이 속하는 과세기간에 대한 확정신고 기한까지 위의 사유로 확정되는 대손세액으로 한다. 대손세액공제를 받고자 하는 사업자는 부가가치세 확정신고서에 "대손세액공제신고서"와 대손금액이 발생한 사실을 증명하는 서류를 제출하여야 한다. 따라서 예정신고시에는 대손세액공제를 받을 수 없다.

memo

기/출/문/제 (필기)

— 공제하지 아니하는 매입세액 — ☆☆

01 다음 중 부가가치세법상 매입세액의 공제를 받을 수 있는 경우는?

① 사업과 관련없이 지출한 매입세액
② 매입자발행세금계산서 매입세액
③ 세금계산서 필요적 기재사항 누락 매입세액
④ 면세사업과 관련된 매입세액

[풀이] 매입자발행세금계산서 매입세액은 공제가능하다.

02 다음 중 부가가치세 납부세액 계산시 공제대상 매입세액에 해당되는 것은?

① 사업과 무관한 부가가치세 매입세액
② 공장부지 및 택지의 조성 등에 관련된 부가가치세 매입세액
③ 자동차판매업의 영업에 직접 사용되는 8인승 승용자동차 부가가치세 매입세액
④ 거래처 체육대회 증정용 과세물품 부가가치세 매입세액

[풀이] 자동차판매업의 영업에 직접 사용되는 승용자동차는 영업용에 해당한다.

03 부가가치세법상 납부세액 계산시 공제대상 매입세액에 해당되는 것은?

① 대표자의 개인적인 구입과 관련된 부가가치세 매입세액
② 공장부지 및 택지의 조성 등에 관련된 부가가치세 매입세액
③ 렌트카업의 영업에 직접 사용되는 승용자동차 부가가치세 매입세액
④ 거래처 체육대회 증정용 과세물품 부가가치세 매입세액

[풀이] 렌트카업의 영업에 직접 사용되는 승용자동차는 영업용에 해당한다.

— 그 밖에 공제매입세액 — ☆☆☆

04 다음 중 부가가치세 매입세액공제가 가능한 경우는?

① 토지의 취득에 관련된 매입세액
② 관광사업자의 비영업용 소형승용자동차(5인승 2,000cc) 취득에 따른 매입세액
③ 음식업자가 계산서를 받고 면세로 구입한 축산물의 의제매입세액
④ 소매업자가 사업과 관련하여 받은 영수증에 의한 매입세액

[풀이] 음식업자가 계산서를 받고 면세로 구입한 축산물의 의제매입세액은 공제가능하다.

— 대손세액의 공제특례 —

05 다음 중 부가가치세법상 대손세액공제와 관련된 설명 중 틀린 것은?

① 대손세액공제는 확정신고시에만 가능하다.
② 어음은 부도가 발생하면 즉시 대손세액공제가 가능하다.
③ 대손세액공제액은 대손금액에 110분의 10을 곱한 금액이다.
④ 대손금액을 회수한 경우 대손세액을 회수한 날이 속하는 과세기간의 매출세액에 가산한다.

[풀이] 어음은 부도발생일로부터 6개월 이상 지난시점에서 대손세액공제가 가능하다.

06 부가가치세법에 따른 대손세액공제를 설명한 것이다. 가장 틀린 것은?

① 재화나 용역을 공급한 후 그 공급일로부터 5년이 지난날이 속하는 과세기간에 대한 확정신고기한까지 대손이 확정되어야 한다.
② 채무자의 파산, 강제집행, 사업의 폐지, 사망, 실종, 행방불명으로 인하여 회수할 수 없는 채권은 대손사유의 요건을 충족하여 대손세액공제를 적용받을 수 있다.
③ 대손세액공제는 일반과세자에게만 적용되고 간이과세자는 적용하지 아니한다.
④ 부가가치세 확정신고서에 대손세액공제(변제)신고서와 대손사실 등을 증명하는 서류를 첨부하여 관할세무서장에게 제출하여야 한다.

[풀이] 재화나 용역을 공급한 후 그 공급일로부터 10년이 지난 날이 속하는 과세기간에 대한 확정신고기한까지 대손이 확정되어야 한다.

— 납부세액 계산 —

07 컴퓨터를 제조하여 판매하는 ㈜백두산의 다음 자료를 이용하여 부가가치세법상 납부세액을 계산하면 얼마인가?

> • 매출처별세금계산서합계표상의 공급가액은 10,000,000원이다.
> • 매입처별세금계산서합계표상의 공급가액은 5,000,000원이다. 이 중 개별소비세 과세대상 소형 승용자동차의 렌트비용과 관련한 공급가액은 100,000원이다.
> • 모든 자료 중 영세율 적용 거래는 없다.

① 410,000원　　② 490,000원　　③ 500,000원　　④ 510,000원

[풀이] 매출세액 − 공제가능한 매입세액 = 납부세액
└ (10,000,000 × 10%) − {(5,000,000 − 100,000) × 10%} = 510,000원

08 다음 자료는 제2기 예정신고기간의 자료이다. 부가가치세 과세표준은 얼마인가?
(단, 제시된 자료 이외는 고려하지 말 것)

> • 발급한 세금계산서 중 영세율세금계산서의 공급가액은 2,000,000원이다. 그 외의 매출 및 매입과 관련된 영세율 거래는 없다.
> • 세금계산서를 받고 매입한 물품은 공급가액 15,500,000원, 부가가치세 1,550,000원이다. 이 중 거래처 선물용으로 매입한 물품(공급가액 500,000원, 부가가치세 50,000원)이 포함되어 있다.
> • 납부세액은 2,500,000원이다.

① 40,000,000원 ② 40,500,000원 ③ 42,000,000원 ④ 45,000,000원

[풀이] 매출세액 - 공제가능한 매입세액 = 납부세액
　　└ (과세 공급가액 × 10%) - (1,550,000 - 50,000) = 2,500,000원
　　└ (과세 공급가액 × 10%) = 4,000,000원
　∴ 과세 공급가액 40,000,000원
　　과세 공급가액(40,000,000) + 영세율 공급가액(2,000,000) = 과세표준 42,000,000원

 정답

1. ② 2. ③ 3. ③ 4. ③ 5. ② 6. ① 7. ④ 8. ③

제2절 신고와 납부

1. 예정신고와 납부

(1) 일반적인 경우

사업자는 각 과세기간 중 다음에 규정하는 예정신고기간이 끝난 후 25일 이내에 각 예정신고기간에 대한 과세표준과 납부세액 또는 환급세액을 납세지 관할세무서장에게 신고하여야 한다. 다만, 신규로 사업을 시작하거나 시작하려는 자에 대한 최초의 예정신고기간은 사업개시일(사업개시일 이전에 사업자등록을 신청한 경우에는 그 신청일)로부터 그 날이 속하는 예정신고기간의 종료일까지로 한다.

① 제1기 예정신고기간 : 1월 1일부터 3월 31일까지
② 제2기 예정신고기간 : 7월 1일부터 9월 30일까지

(2) 개인사업자와 영세한 법인사업자의 경우

(가) 원칙(예정고지 및 징수)

개인사업자와 직전 과세기간 공급가액의 합계액이 1억 5천만원 미만인 법인사업자에 대하여는 각 예정신고기간마다 직전 과세기간에 대한 납부세액의 50퍼센트(1천원 미만의 단수가 있을 때에는 그 단수금액은 버린다)로 결정하여 해당 예정신고기간이 끝난 후 25일까지 징수한다.
다만, 다음 중 어느 하나에 해당하는 경우에는 징수하지 않는다.

① 징수하여야 할 금액이 50만원 미만인 경우
② 간이과세자에서 해당 과세기간 개시일 현재 일반과세자로 변경된 경우
③ 「국세징수법」에 따른 다음 중 어느 하나에 해당하는 사유로 관할 세무서장이 징수하여야 할 금액을 사업자가 납부할 수 없다고 인정되는 경우
　㉠ 납세자가 재난 또는 도난으로 재산에 심한 손실을 입은 경우
　㉡ 납세자가 경영하는 사업에 현저한 손실이 발생하거나 부도 또는 도산의 우려가 있는 경우
　㉢ 납세자 또는 그 동거가족이 질병이나 중상해로 6개월 이상의 치료가 필요한 경우 또는 사망하여 상중인 경우

(나) 예외(선택적 신고납부)

휴업 또는 사업 부진으로 인하여 사업실적이 악화된 경우 등 다음의 사유가 있는 사업자는 예정신고를 하고 예정신고기간의 납부세액을 납부할 수 있다.

① 휴업 또는 사업 부진 등으로 인하여 각 예정신고기간의 공급가액 또는 납부세액이 직전 과세기간의 공급가액 또는 납부세액의 3분의 1에 미달하는 자
② 각 예정신고기간분에 대하여 조기환급을 받으려는 자

2. 확정신고와 납부

사업자는 각 과세기간에 대한 과세표준과 납부세액 또는 환급세액을 그 과세기간이 끝난 후 25일(폐업하는 경우에는 폐업일이 속한 달의 다음 달 25일) 이내에 납세지 관할세무서장에게 신고하여야 한다. 다만, 예정신고를 한 사업자 또는 조기환급을 받기 위하여 신고한 사업자는 이미 신고한 과세표준과 납부한 납부세액 또는 환급받은 환급세액은 신고하지 아니한다.

사업자는 확정신고를 할 때 다음의 금액을 확정신고시의 납부세액에서 빼고 부가가치세 확정신고서와 함께 각 납세지 관할세무서장에게 납부하거나 납부서를 작성하여 한국은행 등에 납부하여야 한다.

① 조기 환급을 받을 환급세액 중 환급되지 아니한 세액
② 예정고지에 따라 징수되는 금액

제3절 환급

1. 일반환급

부가가치세 납부세액을 계산함에 있어서 매입세액이 매출세액을 초과하는 경우에는 환급세액이 발생하게 된다. 이 경우 납세지 관할세무서장은 각 과세기간별로 그 과세기간에 대한 환급세액을 확정신고한 사업자에게 그 확정신고기한이 지난 후 30일 이내에 환급하여야 한다. 따라서 예정신고기간에 대한 환급세액은 원칙적으로 이를 환급하지 않고 확정신고시 납부할 세액에서 정산하는 것이다.

2. 조기환급

(1) 조기환급의 대상

일반환급 절차에 불구하고 납세지 관할세무서장은 다음 중 어느 하나에 해당하여 환급을 신고한 사업자에게 환급세액을 조기에 환급할 수 있다.

① 사업자가 영세율을 적용받는 경우
② 사업자가 사업설비(건물 등 감가상각자산을 말함)를 신설·취득·확장 또는 증축하는 경우
③ 사업자가 재무구조개선계획을 이행 중인 경우

(2) 과세기간 또는 예정신고기간에 대한 조기환급

조기환급을 받으려는 사업자가 예정신고서 또는 확정신고서를 제출한 경우에는 조기환급을 신고한 것으로 본다. 다만 사업 설비를 신설·취득·확장 또는 증축하는 경우에는 "건물등감가상각자산취득명세서"를, 사업자가 재무구조개선계획을 이행 중인 경우에는 "재무구조개선계획서"를 각각 그 신고서에 첨부하여야 한다.

이 경우 관할세무서장은 환급세액을 각 과세기간별로 그 확정신고기한(7월 25일, 1월 25일)이 지난 후 15일 이내에 확정신고를 한 사업자에게 환급하거나, 각 예정신고기간별로 그 예정신고기한(4월 25일, 10월 25일)이 지난 후 15일 이내에 예정신고를 한 사업자에게 환급하여야 한다.

(3) 조기환급기간에 대한 조기환급

(가) 조기환급기간

예정신고기간 중 매월 또는 매 2월, 과세기간 최종 3개월 중 매월 또는 매 2월을 조기환급기간이라 한다.

(나) 조기환급신고와 환급

조기환급기간에 대한 환급세액을 조기환급을 받으려는 사업자는 조기환급기간이 끝난 날부터 25일 이내(이하 "조기환급신고기한"이라 한다)에 조기환급기간에 대한 과세표준과 환급세액을 관할세무서장에게 신고해야 한다. 이처럼 조기환급신고를 한 경우에는 조기환급기간에 대한 환급세액을 각 조기환급기간별로 해당 조기환급신고기한이 지난 후 15일 이내에 사업자에게 환급하여야 한다.

구 분	예정신고기간 중		과세기간 최종 3개월 중	
	조기환급기간	조기환급신고기한	조기환급기간	조기환급신고기한
① 매 월의 경우	1월	2월 25일	4월	5월 25일
	2월	3월 25일	5월	6월 25일
② 매 2월의 경우	1월·2월	3월 25일	4월·5월	6월 25일

memo

기/출/문/제 (필기)

− 일반환급 −

01 일반과세자의 부가가치세 확정신고시 일반환급세액이 발생한 경우, 과세관청은 당해 환급세액을 확정신고기한 경과 후 며칠 이내에 환급해주어야 하는가?

① 15일   ② 20일   ③ 30일   ④ 45일

[풀이] 납세지 관할세무서장은 각 과세기간별로 그 과세기간에 대한 환급세액을 확정신고한 사업자에게 그 확정신고기한이 지난 후 30일 이내에 환급하여야 한다.

− 조기환급 − ☆☆☆

02 다음은 과세사업만을 영위하는 ㈜세미의 지출내역이다. 다음 중 조기환급 대상이 아닌 것은?

① 창업시에 재고자산을 일시적으로 대량 매입한 경우
② 사업설비를 확장하는 경우
③ 감가상각자산을 취득하는 경우
④ 영세율 적용대상인 경우

[풀이] 창업시에 재고자산을 일시적으로 대량 매입한 경우는 일반환급 대상이다.

03 ×1년 2월 10일에 사업을 개시하면서 대규모 시설투자를 한 경우, 시설투자로 인한 조기환급을 신고할 수 있는 가장 빠른 신고기한과 환급기한은 언제인가?

① 신고기한 : ×1년 2월 28일, 환급기한 : 15일
② 신고기한 : ×1년 3월 25일, 환급기한 : 15일
③ 신고기한 : ×1년 4월 25일, 환급기한 : 15일
④ 신고기한 : ×1년 4월 25일, 환급기한 : 30일

[풀이] 조기환급기간(2월)에 대한 환급신고기한(3월 25일)이 지난 후 15일 이내에 환급하여야 한다.

04 다음 중 부가가치세법상 환급과 관련한 설명 중 틀린 것은?

① 일반환급은 환급세액을 확정신고한 사업자에게 확정신고기한이 속한 달의 말일부터 30일 이내에 환급하는 것을 말한다.
② 조기환급은 수출 등 영세율 사업자와 설비투자를 한 사업자가 부담한 부가가치세를 조기에 환급하여 자금부담을 덜어주고 수출과 투자를 촉진하는데 그 목적이 있다.
③ 조기환급기간은 예정신고기간 중 또는 과세기간 최종 3개월 중 매월 또는 매2월의 기간을 말한다.
④ 예정신고기한에 대한 조기환급세액은 예정신고기한 경과 후 15일 내에 환급한다.

[풀이] 일반환급은 확정신고한 사업자에게 그 확정신고기한이 지난 후 30일 이내에 환급하여야 한다.

05 부가가치세법상 조기환급기간이란 예정신고기간 중 또는 과세기간 최종 3개월 중 매월 또는 매 2월을 말한다. 다음 중 조기환급기간으로 적절하지 않은 것은?

① ×1년 7월
② ×1년 7월 ~ 8월
③ ×1년 9월 ~ 10월
④ ×1년 11월

[풀이] 예정신고기간 중 조기환급기간은 7월, 8월, 7월 ~ 8월이고, 과세기간 최종 3개월 중 조기환급기간은 10월, 11월, 10월 ~ 11월이다.

06 다음 중 부가가치세법상 환급에 대한 설명으로 틀린 것은?

① 일반환급은 각 과세기간별로 확정신고기한 경과 후 30일 이내에 환급하여야 한다.
② 재화 및 용역의 공급에 영세율이 적용되는 경우에는 조기환급이 가능하다.
③ 고정자산매입 등 사업설비를 신설하는 경우 조기환급이 가능하다.
④ 영세율 등 조기환급기간별로 당해 조기환급신고기한 경과 후 25일 이내에 환급해야 한다.

[풀이] 조기환급기간별로 해당 조기환급신고기한이 지난 후 15일 이내에 환급하여야 한다.

07 다음 중 부가가치세법상 환급과 관련된 설명으로 가장 틀린 것은?

① 납세지 관할세무서장은 환급세액을 원칙적으로 확정신고기한이 지난 후 30일 이내에 환급하여야 한다.
② 납세지 관할세무서장은 조기환급세액이 발생하는 경우 조기환급신고기한이 지난 후 20일 이내에 환급하여야 한다.
③ 조기환급신고는 개인사업자와 법인사업자 구분없이 가능하다.
④ 법인사업자의 예정신고기간의 환급세액은 조기환급 대상에 해당하지 않는 경우 확정신고시 납부할 세액에서 차감된다.

[풀이] 조기환급기간에 대한 환급세액을 각 조기환급기간별로 해당 조기환급신고기한이 지난 후 15일 이내에 사업자에게 환급하여야 한다.

08 다음 중 부가가치세법상 환급에 관한 설명으로 옳지 않은 것은?

① 예정신고시 일반환급세액은 환급되지 않는다.
② 조기환급은 조기환급신고기한 경과 후 15일 이내에 관할세무서장이 신고한 사업자에게 환급하여야 한다.
③ 조기환급을 신고할 때에는 조기환급기간의 매출은 제외하고 매입만 신고할 수 있다.
④ 사업자가 사업설비를 취득하였다면 조기환급을 신고할 수 있다.

[풀이] 조기환급을 신고할 때에는 조기환급기간에 대한 과세표준과 환급세액을 신고해야 한다.

정답

1. ③ 2. ① 3. ② 4. ① 5. ③ 6. ④ 7. ② 8. ③

제4절 부가가치세신고서

[부가가치세신고서] 메뉴는 일반과세자 및 간이과세자의 부가가치세신고서를 작성 및 출력하는 메뉴이다. [재무회계]>[전표입력]>[매입매출전표입력]에서 전표 입력시 선택한 유형에 따라 부가가치세신고서 각각의 해당란으로 자동 반영되므로 나머지 항목들만 추가로 입력하면 된다.

 **KcLep 길라잡이**

- [부가가치]>[신고서/부속명세]>[부가가치세]>[부가가치세신고서]의 『일반과세』 탭에서 [조회기간]란에 신고대상기간(4월 1일 ~ 6월 30일)을 입력하면 다음과 같은 화면이 나타난다.

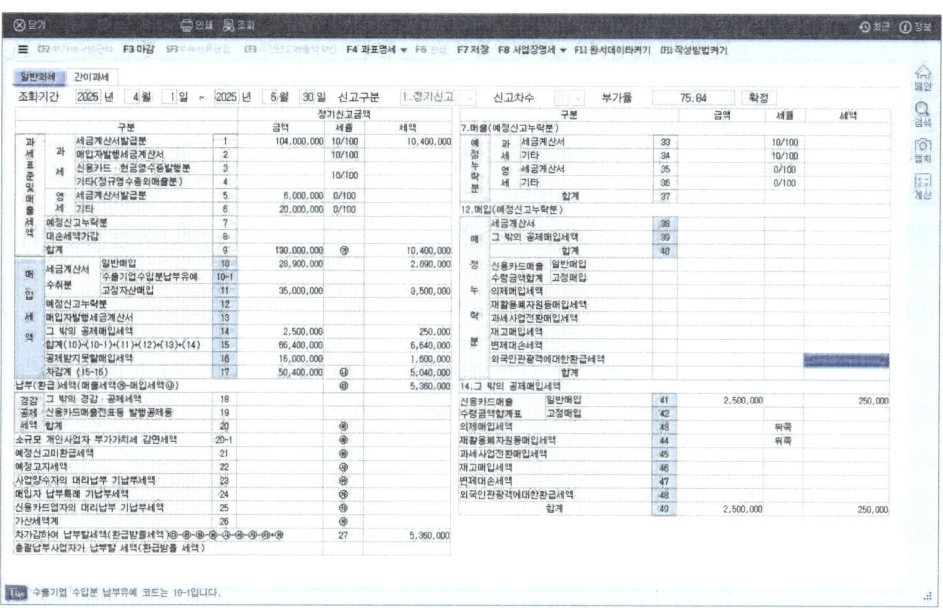

• ㈜최대리 [부가가치세신고서(일반과세)] 화면 •

✽ 과세표준 및 매출세액

과세표준및매출세액	과세	세금계산서발급분	1	104,000,000	10/100	10,400,000
		매입자발행세금계산서	2		10/100	
		신용카드·현금영수증발행분	3		10/100	
		기타(정규영수증외매출분)	4			
	영세	세금계산서발급분	5	6,000,000	0/100	
		기타	6	20,000,000	0/100	

▶ **과세(세금계산서 발급분)**

당해 신고대상기간 중에 부가가치세가 과세되는 사업실적 중 세금계산서 발급분을 입력한다.
　KcLep [매입매출전표입력] 메뉴에서 "11.과세"로 입력한 금액이 자동 반영된다.

▶ **과세(매입자발행세금계산서)**

당해 신고대상기간 중에 매입자로부터 발급받은 매입자발행세금계산서상 금액과 세액을 입력한다.

▶ **과세(신용카드·현금영수증발행분)**

당해 신고대상기간 중에 부가가치세가 과세되는 사업실적 중 신용카드전표발행분·전자화폐수취분과 현금영수증발급분을 입력한다.
　KcLep [매입매출전표입력] 메뉴에서 "17.카과", "21.전자", "22.현과"로 입력한 금액이 자동 반영된다.

▶ **과세(기타)**

당해 신고대상기간 중에 부가가치세가 과세되는 사업실적 중 영수증발급분 및 세금계산서 발급의무가 없는 재화와 용역의 공급분을 입력한다.
　KcLep [매입매출전표입력] 메뉴에서 "14.건별"로 입력한 금액이 자동 반영된다.

▶ **영세율(세금계산서 발급분)**

당해 신고대상기간 중에 영세율이 적용되는 사업실적 중 세금계산서 발급분을 입력한다.
　KcLep [매입매출전표입력] 메뉴에서 "12.영세"로 입력한 금액이 자동 반영된다.

▶ **영세율(기타)**

당해 신고대상기간 중에 영세율이 적용되는 사업실적 중 세금계산서 발급의무 면제분을 입력한다.
　KcLep [매입매출전표입력] 메뉴에서 "16.수출", "19.카영", "24.현영"으로 입력한 금액이 자동 반영된다.

구분			금액	세율	세액
과세표준및매출세액	과세	세금계산서발급분	1	104,000,000	10/100	10,400,000
		매입자발행세금계산서	2		10/100	
		신용카드·현금영수증발행분	3		10/100	
		기타(정규영수증외매출분)	4			
	영세	세금계산서발급분	5	6,000,000	0/100	
		기타	6	20,000,000	0/100	
	예정신고누락분		7			
	대손세액가감		8			
	합계		9	130,000,000	㉮	10,400,000

7.매출(예정신고누락분)				
예정누락분	과세	세금계산서	33		10/100
		기타	34		10/100
	영세	세금계산서	35		0/100
		기타	36		0/100
	합계		37		

12.매입(예정신고누락분)			
예	세금계산서	38	
	그 밖의 공제매입세액	39	

▶ **예정신고누락분**

예정신고 매출 누락분을 확정신고시 함께 신고하고자 하는 경우에 입력한다. 화면 우측의 [33]란부터 [36]란에 입력된 [합계(37)]란의 금액이 자동 반영된다.

▶ **대손세액가감**

부가가치세가 과세되는 재화 또는 용역의 공급에 대한 외상매출금 등이 대손되어 세법상 대손요건을 충족하여 대손세액을 공제받을 사업자가 입력하며, 대손세액을 공제받는 경우에는 대손세액을 차감표시(−)하여 입력하고, 대손금액의 전부 또는 일부를 회수하여 회수금액에 관련된 대손세액을 납부하는 경우에는 당해 납부세액을 가산표시(+)하여 입력한다.

KcLep [대손세액공제신고서(대손발생)] 메뉴를 작성하면 자동 반영된다.

✽ 매입세액

매입세액	세금계산서 수취분	일반매입	10	28,900,000		2,890,000
		수출기업수입분납부유예	10			
		고정자산매입	11	35,000,000		3,500,000
	예정신고누락분		12			
	매입자발행세금계산서		13			
	그 밖의 공제매입세액		14	2,500,000		250,000
	합계(10)-(10-1)+(11)+(12)+(13)+(14)		15	66,400,000		6,640,000

▶ **세금계산서수취분(일반매입)**

당해 신고대상기간 중에 발급받은 세금계산서(단, 고정자산관련 매입은 제외)의 공급가액 합계 및 세액 합계를 입력한다(공제받지 못할 매입세액 포함).

KcLep [매입매출전표입력] 메뉴에서 "51.과세", "52.영세", "54.불공", "55.수입"으로 입력한 금액이 자동 반영된다.

▶ **세금계산서수취분(수출기업 수입분 납부유예)**

수출 중소기업이 원재료 등 재화 수입시 세관에 납부하는 부가가치세를 세무서에 신고시까지 납부유예를 승인받아 납부유예된 세액을 입력한다.

▶ **세금계산서수취분(고정자산매입)**

당해 신고대상기간 중에 발급받은 세금계산서 중 고정자산 매입에 관련된 공급가액 합계 및 세액 합계를 입력한다(공제받지 못할 매입세액 포함).

KcLep [매입매출전표입력] 메뉴에서 "51.과세", "52.영세", "54.불공"으로 입력한 금액 중 하단 분개란에 계정과목을 비유동자산으로 입력한 금액이 자동 반영된다.

▶ **예정신고누락분**

예정신고 매입 누락분을 확정신고시 함께 신고하고자 하는 경우에 입력한다. 화면 우측의 [38]란부터 [39]란에 입력된 [합계(40)]란의 금액이 자동 반영된다. [그 밖의 공제매입세액(39)]란은 바로 아래 [신용카드매출수령금액합계]란부터 [외국인관광객에대한환급세액]란에 입력된 [합계]란의 금액이 자동 반영된다.

▶ **매입자발행세금계산서**

매출자가 세금계산서를 발급하지 않아 관할세무서장에게 신고하여 승인받은 매입자발행세금계산서의 금액과 세액을 입력한다.

▶ **그 밖의 공제매입세액**

세금계산서 수취분 외에 부가가치세법 및 조세특례제한법의 규정에 의하여 공제되는 매입세액을 입력한다. 화면 우측의 [41]란부터 [48]란에 입력된 [합계(49)]란의 금액이 자동 반영된다.

① **신용카드매출수령금액합계표** : 사업과 관련한 재화나 용역을 공급받고 발급받은 신용카드매출전표 등에 대한 명세서를 제출하여 매입세액을 공제하는 경우에 입력한다.
  KcLep [매입매출전표입력] 메뉴에서 "57.카과", "61.현과"로 입력한 금액 중 하단 분개란에 계정과목을 비유동자산으로 입력한 금액은 [42]란에, 나머지는 [41]란에 자동 반영된다.

② **의제매입세액** : 면세농산물 등을 원재료로 제조·창출한 재화 또는 용역이 국내에서 과세되어 의제매입세액을 공제받는 사업자가 입력한다.
  KcLep [의제매입세액공제신고서] 메뉴를 작성하면 자동 반영된다.

③ **재활용폐자원 등 매입세액** : 재활용폐자원 등에 대한 매입세액을 공제받는 사업자가 입력한다.
  KcLep [재활용폐자원세액공제신고서] 메뉴를 작성하면 자동 반영된다.

④ **과세사업전환매입세액** : 면세사업에 사용하는 감가상각자산을 과세사업에 사용하거나 소비하는 경우 취득시 불공제한 매입세액을 공제받는 경우에 입력한다.

⑤ **재고매입세액** : 간이과세자에서 일반과세자로 변경된 사업자가 그 변경되는 날 현재의 재고품 및 감가상각자산에 대하여 매입세액을 공제받는 경우에 입력한다.

⑥ **변제대손세액** : 공급받은 재화나 용역에 대한 외상매입금, 기타 매입채무가 대손확정되어 매입세액을 불공제 받은 후 대손금액의 전부 또는 일부를 변제한 경우, 변제한 대손금액에 관련된 대손세액을 입력한다.
  KcLep [대손세액공제신고서(대손변제)] 메뉴를 작성하면 자동 반영된다.

⑦ **외국인 관광객에 대한 환급세액** : 특례적용관광호텔 사업자는 외국인관광객 등이 숙박용역을 공급받은 날부터 3개월 이내에 부가가치세액을 환급받은 사실이 확인되는 경우 해당 부가가치세액을 입력한다.

▶ **공제받지 못할 매입세액**

당해 신고대상기간 중에 발급받은 세금계산서 중 공제받지 못하는 매입세액, 과세사업과 면세사업에 공통으로 사용된 공통매입세액 또는 대손처분받은 세액이 있는 경우 공급가액 및 세액의 합계액을 입력한다. 화면 우측의 [50]란부터 [52]란에 입력된 [합계(53)]란의 금액이 자동 반영된다.

① **공제받지 못할 매입세액** : 사업자가 자기의 사업을 위하여 사용되었거나 사용될 재화 또는 용역의 공급 및 재화의 수입에 대한 매입세액은 매출세액에서 공제되지만 ㉠ **매입처별세금계산서합계표를 미제출 또는 부실기재한 경우**, ㉡ **세금계산서를 미수취 또는 부실기재한 경우**, ㉢ **사업과 직접 관련이 없는 지출에 대한 매입세액** 등 일정한 경우에는 거래징수당한 사실이 세금계산서 등에 의하여 입증된다 하더라도 그 매입세액은 자기의 매출세액에서 공제받지 못한다.

KcLep [매입매출전표입력] 메뉴에서 "54.불공"으로 입력한 금액과 [공제받지못할매입세액명세서] 메뉴에서 『공제받지못할매입세액내역』 탭을 작성하면 자동 반영된다.

② **공통매입세액 면세등 사업분** : 과세사업과 면세사업을 겸영하는 경우에 면세사업에 관련된 매입세액의 계산은 실지 귀속에 따라 하되, 실지귀속을 구분할 수 없는 공통매입세액은 안분계산하여 면세사업 해당분을 매입세액 불공제 한다.

KcLep [공제받지못할매입세액명세서] 메뉴에서 『공통매입세액안분계산내역』 탭을 작성하면 자동 반영된다.

③ **대손처분 받은 세액** : 재화 또는 용역을 공급받은 사업자가 매입대금을 지급하지 못하여 공급자가 대손금액의 전부 또는 일부를 대손세액으로 공제받은 경우, 공급받은 자는 대손이 확정된 날이 속하는 과세기간의 확정신고시 관련 대손세액 상당액을 매입세액에서 차감하여 납부한다.

✱ **경감 · 공제세액 및 차감 · 가감하여 납부할 세액**

▶ 그 밖의 경감 · 공제세액

화면 우측의 [54]란부터 [59]란에 입력된 [합계(60)]란의 금액이 자동 반영된다.
① 전자신고 및 전자고지 세액공제 : 납세의무자가 직접 전자신고하는 경우 확정신고시에 해당 납부세액에서 10,000원을 공제하거나 환급세액에 가산한다. 납세자가 전자송달의 방법으로 납부고지서의 송달을 신청한 경우 직전 과세기간 납부세액의 50%를 세액으로 결정하여 예정고지 · 징수하는 부가가치세의 납부세액에서 납부고지서 1건당 1,000원을 공제한다.
② 전자세금계산서발급세액공제 : 직전 연도의 사업장별 재화 및 용역의 공급가액(면세공급가액을 포함한다)의 합계액이 3억원 미만인 개인사업자가 전자세금계산서를 발급(전자세금계산서 발급명세를 전자세금계산서의 발급일의 다음 날까지 국세청장에게 전송한 경우로 한정한다)하는 경우에는 발급 건당 200원(연간 100만원 한도)을 해당 과세기간의 부가가치세 납부세액에서 공제할 수 있다.
③ 택시운송사업자경감세액 : 일반택시운송사업자에 대하여는 운수종사자의 처우개선 및 복지향상에 사용하도록 납부세액의 99%를 경감한다.
④ 대리납부세액공제 : 특례사업자(일반과세자인 일반유흥 주점업과 무도유흥 주점업)는 신용카드업자가 대리납부한 부가가치세액의 1%를 예정신고 · 확정신고시 납부세액에서 공제할 수 있다.
⑤ 현금영수증사업자세액공제 : 조특법 제126조의3 규정에 의한 현금영수증사업자(현금영수증 발급기를 각 업소에 설치하여 주는 사업자를 말함)에 대하여는 현금영수증 발급장치 설치 건수에 따라, 현금영수증가맹점(신용카드단말기 등에 현금영수증발급장치를 설치한 사업자를 말함)에 대하여는 현금영수증 결제 건수에 따라 대통령령으로 정하는 금액을 납부세액에서 공제하거나 환급세액에 가산한다.

▶ 신용카드매출전표 등 발행공제 등

일반과세자 중 영수증 발급대상 사업자(법인사업자와 직전 연도의 재화 또는 용역의 공급가액의 합계액이 사업장을 기준으로 10억원을 초과하는 개인사업자는 제외)가 부가가치세가 과세되는 재화 또는 용역을 공급하고 세금계산서 발급시기에 신용카드매출전표등을 발급하거나 전자적 결제수단에 의하여 대금을 결제받은 경우에 입력(법인사업자 등은 금액만 입력)하며, 금액란에는 신용카드매출전표 등 발행금액과 전자화폐 수취금액을 공급대가로 입력하고, [세액]란에는 동 금액의 1.3%에 해당하는 금액을 입력한다.

> KcLep [매입매출전표입력] 메뉴에서 "17.카과", "19.카영", "21.전자", "22.현과", "24.현영"으로 입력된 자료가 자동 반영된다. 단, 법인으로 선택된 회사는 [세액]란은 표시되지 않는다.

▶ 소규모 개인사업자 부가가치세 감면세액

「조특법 제108조의4」에 따른 소규모 개인사업자에 대한 부가가치세 감면세액을 입력한다.

▶ 예정신고 미환급세액

예정신고를 할 때 일반환급세액이 있는 것으로 신고한 경우 그 환급세액을 입력한다.

▶ 예정고지세액

해당 과세기간 중에 예정고지된 세액이 있는 경우 그 예정고지세액을 입력한다.

▶ 사업양수자의 대리납부 기납부세액

사업양수시 양수자 대리납부제도에 따라 양수자가 부가가치세를 대리납부한 경우 해당 금액을 입력한다.

▶ 매입자 납부특례 기납부세액

구리 스크랩 등 거래시 매입자가 대금을 매출자에게 직접 지급하지 않고 국세청장이 지정한 금융기관에 개설한 공급자의 전용계좌에 입금한 부가가치세액을 입력한다.

▶ 신용카드업자의 대리납부 기납부세액

특례사업자는 신용카드업자가 예정신고 · 확정신고시 대리납부한 부가가치세액을 입력한다.

▶ 가산세액계

신고한 내용에 가산세가 적용되는 경우가 있는 사업자만 입력한다. 이하 자세한 내용은 제5장에서 학습하게 된다.

✴ 과세표준명세

상단 툴바의 F4 과표명세를 클릭하면 「과세표준명세」 보조창이 나타난다.

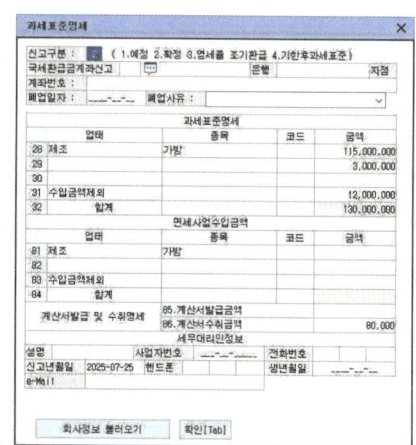

▶ 국세환급금계좌신고

환급받을 세액이 발생한 경우 거래은행과 계좌번호를 입력한다.

▶ 폐업일자 / 폐업사유

사업을 폐업하고 확정신고하는 사업자가 폐업년, 월, 일과 폐업사유를 선택하여 입력한다. 사업자가 부가가치세 확정신고서에 폐업년월일 및 사유를 입력하고 사업자등록증과 폐업신고확인서를 첨부하여 제출하는 경우에는 폐업신고서를 제출한 것으로 본다.

▶ 과세표준명세

[부가가치세신고서] 메뉴의 과세표준매출세액 [합계(9)]란의 금액을 업태·종목별로 입력하되, [수입금액 제외(31)]란에는 고정자산매각, 직매장공급 등 소득세 수입금액에서 제외되는 금액을 입력한다.

KcLep [매입매출전표입력] 메뉴에서 입력된 자료의 하단 분개의 내용에 따라 자동 집계된다. 그러므로 분개를 하지 않은 경우에는 반영되지 않는다. 하단 분개가 고정자산매각 등인 경우에는 [수입금액 제외(31)]란에 집계된다.

	과세표준명세			
	업태	종목	코드	금액
28	제조	가방		115,000,000
29		[29]란 4월 6일 420.부산물매출 ☞		3,000,000
30				
31	수입금액제외	[31]란 4월 5일 고정자산매각 ☞		12,000,000
32	합계			130,000,000

	면세사업수입금액			
	업태	종목	코드	금액
81	제조	가방		
82				
83	수입금액제외			
84	합계			
계산서발급 및 수취명세		85.계산서발급금액		
		86.계산서수취금액		80,000

▶ 면세사업수입금액

부가가치세가 면제되는 사업의 수입금액을 업태·종목별로 구분하여 입력한다.

KcLep [매입매출전표입력] 메뉴에서 "13.면세", "18.카면", "20.면건", "23.현면"으로 입력된 자료가 자동 반영된다.

▶ 계산서발급금액

부가가치세가 과세되지 아니한 재화 또는 용역을 공급하고 발급한 계산서의 합계액을 입력한다.

KcLep [매입매출전표입력] 메뉴에서 "13.면세"로 입력된 자료가 자동 반영된다.

▶ 계산서수취금액

거래상대방으로부터 발급받은 계산서의 합계액을 입력한다.

KcLep [매입매출전표입력] 메뉴에서 "53.면세"로 입력된 자료가 자동 반영된다.

딴대다 … 『간이과세』 탭 전체 내용은 자격시험과 무관하므로 설명을 생략한다.

기/출/문/제 [실기]

다음에 제시된 문제를 ㈜부가가치(회사코드 : 2003)를 선택하여 입력하시오.

> **학습시 유의사항 (부가가치세 전체)**
>
> 자격시험에서는 부가가치세신고서의 작성 후 작업한 자료는 반드시 저장을 하여야 한다. 다만, 본서의 연습문제(실기)에서는 하나의 회사를 통하여 여러 가지 문제를 중복적으로 풀이하는 것이므로 한 문제의 풀이가 끝나면 [부가가치세신고서] 메뉴 종료시에 저장을 하지 않도록 한다. 만일 저장한 경우라면 다음 문제를 풀이할 때 "기존에 저장된 데이타를 불러오시겠습니까?" 라는 대화창에서 "아니오"를 선택한다. 또한, [매입매출전표입력] 메뉴에 입력된 자료도 다음 문제의 풀이에 영향을 미치므로 풀이가 끝나면 곧바로 삭제하도록 한다.

01 다음 자료는 제1기 예정(1.1. ~ 3.31.) 부가가치세 신고와 관련된 자료이다. 부가가치세신고서의 해당란에 직접 입력하고 차가감 납부할 세액(환급받을 세액)을 계산하시오(전표입력 및 [19]란의 입력은 생략).

① 제품을 매출하고 발행한 세금계산서(공급가액 100,000,000원, 세액 10,000,000원)
② 제품을 매출하고 발행한 영세율세금계산서(공급가액 12,000,000원)
③ 제품을 미국에 직수출(공급가액 16,000,000원)
④ 신용카드 소매 매출분 550,000원(세금계산서 미발급)
⑤ 원재료를 매입하고 받은 세금계산서(공급가액 50,000,000원, 세액 5,000,000원)
⑥ 비품을 매입하고 받은 세금계산서(공급가액 2,000,000원, 세액 200,000원)

02 다음 자료는 제1기 확정(4.1. ~ 6.30.) 부가가치세 신고와 관련된 자료이다. 부가가치세신고서의 해당란에 직접 입력하고 차가감 납부할 세액(환급받을 세액)을 계산하시오(전표입력 및 가산세 계산은 생략).

① 제품을 매출하고 발행한 세금계산서(공급가액 100,000,000원, 세액 10,000,000원)
② 제품을 매출처에 사은품으로 제공(원가 3,500,000원, 시가 4,000,000원)
③ 영수증발행 소매 매출분 550,000원이 제1기 예정신고서에 누락
④ 원재료를 매입하고 받은 세금계산서(공급가액 50,000,000원, 세액 5,000,000원)
⑤ 트럭을 매입하고 받은 세금계산서(공급가액 2,000,000원, 세액 200,000원)
⑥ 원재료를 매입하고 받은 세금계산서(공급가액 3,000,000원, 세액 300,000원) 1매가 제1기 예정신고시에 누락

03 다음 자료는 제2기 예정(7.1. ~ 9.30.) 부가가치세 신고와 관련된 자료이다. 부가가치세신고서의 해당란에 직접 입력하고 차가감 납부할 세액(환급받을 세액)을 계산하시오(전표입력은 생략).

① 제품을 매출하고 발행한 세금계산서(공급가액 100,000,000원, 세액 10,000,000원)
② 제품(시가 300,000원)을 복리후생적 목적(직장체육비)으로 사용
③ 원재료(시가 500,000원)를 사업상의 기술개발을 위하여 사용
④ 제품(시가 800,000원)을 상품진열 목적으로 다른 사업장으로 반출
⑤ 원재료를 매입하고 받은 세금계산서(공급가액 50,000,000원, 세액 5,000,000원)
⑥ 비영업용 소형승용자동차를 매입하고 받은 세금계산서
　(공급가액 20,000,000원, 세액 2,000,000원)

04 다음 자료를 보고 제2기(10.1. ~ 12.31.) 부가가치세 확정신고서(19란 및 과세표준명세 부분은 생략)를 작성하라. 단, 신고서작성과 관련한 전표입력사항과 구비서류 작성 및 가산세 계산은 생략한다.

[1] 매출사항

거래일자	거래내용	공급가액	비고
08. 11	상품 도매 매출에 대한 예정신고 누락분 확정신고시 반영	4,000,000원	세금계산서 발급
10. 01	거래처에 견본품 제공	3,000,000원	시가
10. 15	상품 도매 외상 판매	23,000,000원	세금계산서 발급
10. 20	하치장 반출액	5,000,000원	원가
11. 05	상품 소매 신용카드 판매	1,300,000원	세금계산서 미발급
11. 22	상품 직수출액(외상매출)	10,000,000원	세금계산서 미발급
12. 15	거래처에 상품 무상증정	7,800,000원	시가

[2] 매입사항

거래일자	거래내용	공급가액	비고
09. 23	상품매입에 대한 예정신고 누락분 확정신고시 반영	2,800,000원	세금계산서 수취
10. 02	상품 외상매입	8,000,000원	세금계산서 수취
11. 01	내국신용장에 의한 상품 구매	1,500,000원	세금계산서 수취
11. 15	비영업용 소형승용차 수선비	800,000원	세금계산서 수취

K-Lep 도우미

해설 1

- [부가가치]>[신고서/부속명세]>[부가가치세]>[부가가치세신고서]의 『일반과세』 탭에서 조회기간(1월 1일 ~ 3월 31일)을 입력한다.

과세표준및매출세액	과세	세금계산서발급분	1		100,000,000	10/100	10,000,000
		매입자발행세금계산서	2			10/100	
		신용카드·현금영수증발행분	3	①	500,000	10/100	50,000
		기타(정규영수증외매출분)	4			10/100	
	영세	세금계산서발급분	5		12,000,000	0/100	
		기타	6		16,000,000	0/100	
	예정신고누락분		7				
	대손세액가감		8				
	합계		9		128,500,000	㉮	10,050,000

① 신용카드 소매 매출분 550,000원은 공급대가이므로 이를 공급가액으로 입력해야 한다. 신용카드 매출분은 [19]란에 공급대가로 입력해야 하지만, 처음 시작하는 단계이므로 이를 생략하도록 하고 있다. 이에 대한 자세한 내용은 제4장 제6절에서 학습하게 된다.

매입세액	세금계산서수취분	일반매입	10	50,000,000		5,000,000
		수출기업수입분납부유예	10			
		고정자산매입	11	2,000,000		200,000
	예정신고누락분		12			
	매입자발행세금계산서		13			
	그 밖의 공제매입세액		14			
	합계(10)-(10-1)+(11)+(12)+(13)+(14)		15	52,000,000		5,200,000
	공제받지못할매입세액		16			
	차감계 (15-16)		17	52,000,000	㉯	5,200,000
납부(환급)세액(매출세액㉮-매입세액㉯)					㉰	4,850,000

해설 2

- [부가가치세신고서]의 『일반과세』 탭에서 조회기간(4월 1일 ~ 6월 30일)을 입력한다.

구분				금액	세율	세액	7.매출(예정신고누락분)					
과세표준및매출세액	과세	세금계산서발급분	1	100,000,000	10/100	10,000,000	예정누락분	과세	세금계산서	33		10/100	
		매입자발행세금계산서	2		10/100				기타	34	② 500,000	10/100	50,000
		신용카드·현금영수증발행분	3		10/100			영세	세금계산서	35		0/100	
		기타(정규영수증외매출분)	4	① 4,000,000	10/100	400,000			기타	36		0/100	
	영세	세금계산서발급분	5		0/100			합계		37	500,000		50,000
		기타	6		0/100		12.매입(예정신고누락분)						
	예정신고누락분		7	500,000		50,000		세금계산서		38	3,000,000		300,000
	대손세액가감		8				예	그 밖의 공제매입세액		39			
	합계		9	104,500,000	㉮	10,450,000							

① 제품을 매출처에 사은품으로 제공하는 것은 간주공급(사업상 증여)에 해당한다. 사업상 증여의 경우 과세표준은 시가이다. 이에 대한 자세한 내용은 제4장 3절에서 학습하게 된다.
② 영수증발행 소매 매출분 550,000원은 공급대가이므로 이를 공급가액으로 입력해야 한다.

	구분		금액	세율	세액					
매입세액	세금계산서수취분	일반매입	10	50,000,000		5,000,000	정누락분	신용카드매출수령금액합계	일반매입	40	3,000,000	300,000
		수출기업수입분납부유예	10						고정매입			
		고정자산매입	11	2,000,000		200,000		의제매입세액				
	예정신고누락분		12	3,000,000		300,000		재활용폐자원등매입세액				
	매입자발행세금계산서		13					과세사업전환매입세액				
	그 밖의 공제매입세액		14					재고매입세액				
	합계(10)-(10-1)+(11)+(12)+(13)+(14)		15	55,000,000		5,500,000		변제대손세액				
	공제받지못할매입세액		16					외국인관광객에대한환급/				
	차감계 (15-16)		17	55,000,000	㉯	5,500,000		합계				
납부(환급)세액(매출세액㉮-매입세액㉯)					㉰	4,950,000					

해설 3

• [부가가치세신고서]의 『일반과세』 탭에서 조회기간(7월 1일 ~ 9월 30일)을 입력한다.

	구분		금액	세율	세액	16.공제받지못할매입세액			
과세표준및매출세액	세금계산서발급분	1	100,000,000	10/100	10,000,000	공제받지못할 매입세액	50	② 20,000,000	2,000,000
	매입자발행세금계산서	2		10/100		공통매입세액면세등사업분	51		
	신용카드·현금영수증발행분	3		10/100		대손처분받은세액	52		
	기타(정규영수증외매출분)	4	①			합계	53	20,000,000	2,000,000
	세금계산서발급분	5		0/100		18.그 밖의 경감·공제세액			
	기타	6		0/100		전자신고 및 전자고지 세액공제	54		
	예정신고누락분	7				전자세금계산서발급세액공제	55		
	대손세액가감	8				택시운송사업자경감세액	56		
	합계	9	100,000,000	㉮	10,000,000	대리납부세액공제	57		
매입세액	세금계산서수취분	일반매입	10	50,000,000		5,000,000	현금영수증사업자세액공제	58		
		수출기업수입분납부유예	10				기타	59		
		고정자산매입	11	20,000,000		2,000,000	합계	60		
	예정신고누락분		12							
	매입자발행세금계산서		13							
	그 밖의 공제매입세액		14							
	합계(10)-(10-1)+(11)+(12)+(13)+(14)		15	70,000,000		7,000,000				
	공제받지못할매입세액		16	20,000,000		2,000,000				
	차감계 (15-16)		17	50,000,000	㉯	5,000,000				
납부(환급)세액(매출세액㉮-매입세액㉯)					㉰	5,000,000				

① 자기의 사업과 관련하여 생산·취득한 재화를 복리후생적 목적(직장체육비·직장연예비 등)으로 사용하는 경우, 자기 사업상의 기술개발을 위하여 사용하는 경우, 광고선전을 위한 상품진열 등의 목적으로 사용하는 경우는 간주공급에 해당하지 않으므로 과세표준에 포함되지 않는다. 따라서 [4]란에 입력하지 않는다.

② 공제받지 못할 매입세액은 화면 우측의 [50]란에 입력하여 [16]란에 자동 반영되도록 한다.

해설 4

• [부가가치세신고서]의 『일반과세』 탭에서 조회기간(10월 1일 ~ 12월 31일)을 입력한다.

	구분		금액	세율	세액	7.매출(예정신고누락분)				
과세표준및매출세액	세금계산서발급분	1	23,000,000	10/100	2,300,000	예정누락분	과세	세금계산서	33	4,000,000 10/100	400,000
	매입자발행세금계산서	2		10/100				기타	34	10/100	
	신용카드·현금영수증발행분	3	1,300,000	10/100	130,000		영세	세금계산서	35	0/100	
	기타(정규영수증외매출분) ①	4	② ③ 7,800,000		780,000			기타	36	0/100	
	세금계산서발급분	5		0/100			합계		37	4,000,000	400,000
	기타	6	10,000,000	0/100		12.매입(예정신고누락분)					
	예정신고누락분	7	4,000,000		400,000		세금계산서		38	2,800,000	280,000
	대손세액가감	8				예	그 밖의 공제매입세액		39		
	합계	9	46,100,000	㉮	3,610,000						

① 무상으로 견본품을 인도·양도하거나 불특정 다수인에게 광고선전물을 배포하는 것은 사업상 증여로 보지 않으므로 과세표준에 포함되지 않는다.

② 판매목적 타사업장 반출은 간주공급으로 과세표준에 포함되나, 하치장은 사업장이 아니므로 간주공급에 해당하지 않는다. 따라서 과세표준에 포함되지 않는다.
③ 거래처에 상품 무상증정은 사업상 증여에 해당하므로 [4]란에 시가를 입력한다.

매입세액	세금계산서 수취분	일반매입	10	④ 10,300,000		④ 880,000
		수출기업수입분납부유예	10			
		고정자산매입	11			
	예정신고누락분		12	2,800,000		280,000
	매입자발행세금계산서		13			
	그 밖의 공제매입세액		14			
	합계(10)-(10-1)+(11)+(12)+(13)+(14)		15	13,100,000		1,160,000
	공제받지못할매입세액		16	800,000		80,000
	차감계 (15-16)		17	12,300,000	㉯	1,080,000
납부(환급)세액(매출세액㉮-매입세액㉯)					㉰	2,530,000

16.공제받지못할매입세액				
공제받지못할 매입세액	50	⑤	800,000	80,000
공통매입세액면세등사업분	51			
대손처분받은세액	52			
합계	53		800,000	80,000

④ 내국신용장에 의한 상품 구매는 영세율이므로 [세액]란에는 입력하지 않는다.
* [금액]란 8,000,000 + 1,500,000 + 800,000 = 10,300,000
* [세액]란 800,000 +   0 +   80,000 =   880,000
⑤ 비영업용 소형승용차 수선비는 매입세액이 공제되지 않는다.

제 4 장 기타의 첨부 서류 (부속 명세서)

제1절 대손세액의 처리

사업자가 부가가치세가 과세되는 재화 또는 용역을 공급한 후 공급받는 자의 파산 등으로 인하여 부가가치세를 거래징수하지 못하는 경우에는 그 대손세액을 매출세액에서 뺄 수 있으며, 이 경우 공급받은 자는 그 세액을 매입세액에 뺀다.

1. 공급하는 사업자의 경우

사업자는 부가가치세가 과세되는 재화 또는 용역을 공급하고 외상매출금이나 그 밖의 매출채권(부가가치세 포함)의 전부 또는 일부가 공급을 받는 자의 파산·강제집행이나 그 밖에 대통령령으로 정하는 사유로 대손되어 회수할 수 없는 경우에는 대손세액을 그 대손이 확정된 날이 속하는 과세기간의 매출세액에서 뺄 수 있다.

(1) 회수불능사유

채무자의 파산 등 대통령령으로 정하는 사유로 회수할 수 없는 채권이란 다음 중 어느 하나에 해당하는 것을 말한다(전체 내용 중 자격시험과 관련하여 출제가능한 일부만 표시함).
① 「상법」에 따른 소멸시효가 완성된 외상매출금 및 미수금
② 「어음법」에 따른 소멸시효가 완성된 어음
③ 「수표법」에 따른 소멸시효가 완성된 수표
④ 「민법」에 따른 소멸시효가 완성된 대여금 및 선급금
⑤ 「채무자 회생 및 파산에 관한 법률」에 따른 회생계획인가의 결정 또는 법원의 면책 결정에 따라 회수불능으로 확정된 채권
⑥ 「민사집행법」의 규정에 따라 채무자의 재산에 대한 경매가 취소된 압류채권
⑦ 채무자의 파산, 강제집행, 형의 집행, 사업의 폐지, 사망, 실종, 행방불명으로 회수할 수 없는 채권
⑧ 부도발생일부터 6개월 이상 지난 수표 또는 어음상의 채권 및 외상매출금(중소기업의 외상매출금으로서 부도발생일 이전의 것에 한정). 다만, 해당 법인이 채무자의 재산에 대하여 저당권을 설정하고 있는 경우는 제외한다.
⑨ 중소기업의 외상매출금 및 미수금으로서 회수기일이 2년 이상 지난 외상매출금 등. 다만 특수관계인과의 거래로 인하여 발생한 외상매출금 등은 제외한다.
⑩ 재판상 화해 등 확정판결과 같은 효력을 가지는 것으로 회수불능으로 확정된 채권

⑪ 회수기일이 6개월 이상 지난 채권 중 채권가액이 30만원 이하(채무자별 채권가액의 합계액을 기준으로 한다)인 채권

(2) 시기의 제한

대손세액공제의 범위는 사업자가 부가가치세가 과세되는 재화 또는 용역을 공급한 후 그 공급일부터 10년이 지난 날이 속하는 과세기간에 대한 확정신고 기한까지 위의 사유로 확정되는 대손세액으로 한다. 대손세액공제를 받고자 하는 사업자는 부가가치세 확정신고서에 "대손세액공제신고서"와 대손금액이 발생한 사실을 증명하는 서류를 제출하여야 한다. 따라서 예정신고시에는 대손세액공제를 받을 수 없다.

(3) 대손세액공제 방법

대손세액은 그 대손이 확정된 날이 속하는 과세기간의 매출세액에서 뺄 수 있으며, 그 금액은 다음과 같이 계산한다.

$$\text{대손세액} = \text{대손금액}_{(\text{부가가치세 포함})} \times 10/110$$

[참고] 작성서류 : 대손세액공제신고서(대손발생)

[대손세액공제신고서(대손발생)] 메뉴의 [대손세액]란의 합계 금액을 [부가가치세신고서] 메뉴의 [대손세액가감]란에 음수(-)로 입력한다(프로그램에서는 자동반영 됨). 예를 들어, 대손요건이 충족된 대손금액이 11,000,000원인 경우의 입력 사례는 다음과 같다.

(4) 대손금을 회수한 경우

해당 사업자가 대손금액의 전부 또는 일부를 회수한 경우에는 회수한 대손금액에 관련된 대손세액을 회수한 날이 속하는 과세기간의 매출세액에 더한다.

[참고] 작성서류 : 없음

부속서류는 작성하지 않으며, [부가가치세신고서] 메뉴의 [대손세액가감]란에 양수(+)로 직접 입력한다. 예를 들어, 대손금액 11,000,000원이 회수된 경우의 입력 사례는 다음과 같다.

2. 공급받은 사업자의 경우

(1) 대손이 확정된 경우

재화 또는 용역을 공급받은 사업자가 대손세액에 해당하는 금액의 전부 또는 일부를 매입세액으로 공제받은 경우로서 그 사업자가 폐업하기 전에 재화 또는 용역을 공급하는 자가 대손세액공제를 받은 경우에는 그 재화 또는 용역을 공급받은 사업자는 관련 대손세액에 해당하는 금액을 대손이 확정된 날이 속하는 과세기간에 자신의 매입세액에서 뺀다.

> [참고] 작성서류 : 없음
> 부속서류는 작성하지 않으며, [부가가치세신고서] 메뉴의 [대손처분받은세액]란에 금액과 세액을 입력하면 [공제받지못할매입세액]란에 자동 반영된다. 예를 들어, 공급자가 대손세액으로 공제받은 금액이 1,000,000원인 경우 입력 사례는 다음과 같다.

(2) 대손금을 변제한 경우

매입세액에서 대손세액에 해당하는 금액을 뺀 해당 사업자가 대손금액의 전부 또는 일부를 변제한 경우에는 변제한 대손금액에 관련된 매입세액에 해당하는 금액을 변제한 날이 속하는 과세기간의 매입세액에 더한다. 변제대손세액을 매입세액에 더하려는 사업자는 부가가치세 확정신고서에 "대손세액변제신고서"와 변제사실을 증명하는 서류를 첨부하여 관할세무서장에게 제출하여야 한다.

> [참고] 작성서류 : 대손세액공제신고서(대손변제)
> [대손세액공제신고서(대손변제)] 메뉴의 [변제세액]란의 합계 금액을 [부가가치세신고서] 메뉴의 [변제대손세액]란에 입력하면 [그 밖의 공제매입세액]란에 자동 반영된다(프로그램에서는 자동반영 됨). 예를 들어, 대손세액을 매입세액에서 차감한 사업자가 대손금액 11,000,000원을 변제한 경우의 입력 사례는 다음과 같다.

예제

다음 거래내역에 대한 회계처리를 하시오.

(1) ×1년 8월 25일 : 받을어음 1,100,000원(부가가치세 포함)이 부도가 발생하여 대손충당금과 상계하였다(부도 확인일 : 8월 25일).
(2) ×2년 4월 1일 : 창제상회로부터 원재료 5,000,000원(부가가치세 별도)을 현금으로 매입하고 세금계산서를 발급받았다.
(3) ×2년 5월 1일 : 제품 20,000,000원(부가가치세 별도)을 수철상회에 현금으로 매출하고 세금계산서를 발급하였다.
(4) ×2년 6월 30일 : 부가세예수금과 부가세대급금을 서로 상계하고 잔액은 미지급금으로 처리하였다.
(5) ×2년 7월 25일 : 제1기 확정 부가가치세 신고시에 위 (1)의 거래와 관련하여 대손세액공제신고서 및 증빙서류를 제출하고, 부가가치세 1,400,000원을 현금으로 납부하였다.
(6) ×2년 11월 1일 : 창제상회로부터 원재료 5,000,000원(부가가치세 별도)을 현금으로 매입하고 세금계산서를 발급받았다.
(7) ×2년 12월 1일 : 제품 20,000,000원(부가가치세 별도)을 수철상회에 현금으로 매출하고 세금계산서를 발급하였다.
(8) ×2년 12월 10일 : ×1년 8월 25일 대손처리한 받을어음 1,100,000원을 현금으로 회수하였다.
(9) ×2년 12월 31일 : 부가세예수금과 부가세대급금을 서로 상계하고 잔액은 미지급금으로 처리하였다.
(10) ×3년 1월 25일 : 제2기 확정 부가가치세 신고시에 부가가치세 1,600,000원을 현금으로 납부하였다.

해설

(1) (차) 대손충당금　　　　　1,100,000　／　(대) 받을어음　　　　　1,100,000
(2) (차) 원재료　　　　　　　5,000,000　／　(대) 현금　　　　　　　5,500,000
　　　　부가세대급금　　　　　500,000
(3) (차) 현금　　　　　　　　22,000,000　／　(대) 제품매출　　　　20,000,000
　　　　　　　　　　　　　　　　　　　　　　　　부가세예수금　　　2,000,000
(4) (차) 부가세예수금　　　　2,000,000　／　(대) 부가세대급금　　　　500,000
　　　　　　　　　　　　　　　　　　　　　　　　미지급금　　　　　1,500,000
(5) (차) 미지급금　　　　　　1,500,000　／　(대) 현금　　　　　　　1,400,000
　　　　　　　　　　　　　　　　　　　　　　　　대손충당금　　　　　100,000
(6) (차) 원재료　　　　　　　5,000,000　／　(대) 현금　　　　　　　5,500,000
　　　　부가세대급금　　　　　500,000

(7)	(차) 현금	22,000,000	/	(대) 제품매출	20,000,000	
				부가세예수금	2,000,000	
(8)	(차) 현금	1,100,000	/	(대) 대손충당금	1,000,000	
				부가세예수금	100,000	
(9)	(차) 부가세예수금	2,100,000	/	(대) 부가세대급금	500,000	
				미지급금	1,600,000	
(10)	(차) 미지급금	1,600,000	/	(대) 현금	1,600,000	

 **KcLep 길라잡이**

- [부가가치]>[신고서/부속명세]>[부속명세서 I]>[대손세액공제신고서]의 『대손발생』 탭에서 [조회기간]란에 신고기간(4월 ~ 6월)을 입력하면 다음과 같은 화면이 나타난다.

❶ 『대손발생』 탭 - 1기 및 2기 확정신고시 작성

▶ **조회기간**

대손세액공제를 신청하는 신고기간을 입력한다.

▶ **당초 공급일**

회수불능사유가 발생한 채권의 당초 공급일을 입력한다.

▶ **대손확정일**

회수불능사유가 발생하여 대손이 확정된 일자를 입력한다.

▶ 대손금액

부가가치세를 포함한 대손금액을 입력한다.

▶ 공제율

자동 표시되어 나타난다.

▶ 대손세액

대손금액에 공제율을 적용한 금액이 자동 계산된다.

▶ 거래처

대손을 일으킨 거래 상대방의 상호를 입력한다. [회계관리]>[재무회계]>[기초정보관리]>[거래처등록]에 입력된 거래처라면 키보드의 F2 키를 누르고, 「거래처도움」 보조창의 [전체]란에 거래처명 두 글자 또는 그 이상을 입력하고 해당 거래처를 선택하고 확인(Enter) 을 클릭한다.

▶ 대손사유

자동으로 표시되는 보조창에서 대손사유를 선택한다. 해당내용이 없으면 "7 : 직접입력"을 선택하고 해당 사유를 직접 입력한다.

▶ 대손세액 합계

[대손세액]란의 합계 금액은 [신고서/부속명세]>[부가가치세]>[부가가치세신고서]의 [대손세액가감(8)]란에 음수(-)로 자동 반영된다.

❷ 『대손변제』 탭 – *1기 및 2기 확정신고시 작성*

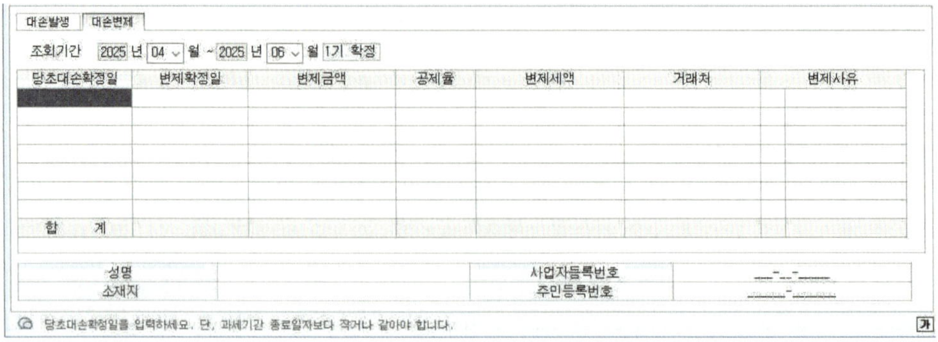

▶ 조회기간

대손세액변제를 신청하는 신고기간을 입력한다.

▶ 당초 대손확정일

변제하는 채권의 당초 대손확정일을 입력한다.

▶ 변제확정일

대손금액을 변제한 날을 입력한다.

▶ 변제금액

변제한 대손금액을 입력한다.

▶ 공제율

자동 표시되어 나타난다.

▶ 변제세액

변제금액에 공제율을 적용한 금액이 자동 계산된다.

▶ 거래처

대손을 당한 거래 상대방의 상호를 입력한다. [회계관리]>[재무회계]>[기초정보관리]>[거래처등록]에 입력된 거래처라면 키보드의 F2 키를 누르고, 「거래처도움」 보조창의 [전체]란에 거래처명 두 글자 또는 그 이상을 입력하고 해당 거래처를 선택하고 확인(Enter)을 클릭한다.

▶ 변제사유

"7:직접입력"을 선택하고 변제사유를 직접 입력한다.

기/출/문/제 [실기]

다음에 제시된 문제를 ㈜부가가치(회사코드 : 2003)를 선택하여 입력하시오.

01 다음 자료에 의하여 대손세액공제신고서를 작성하고 제2기 확정 부가가치세신고서의 해당란에 반영하시오. 제2기 예정신고기간 중 대손이 확정된 매출채권명세는 다음과 같다.

① 대손내역

당초 공급일	대손확정일	공급받는자	대손금액	대손사유
2023. 01. 01.	2025. 07. 20.	수동물산	2,530,000원	채무자의 파산
2022. 01. 01.	2025. 08. 25.	풍길상사	3,674,000원	채권소멸시효완성

② 공급받는자 인적사항

상 호	대표자	사업자등록번호	사업장 소재지
수동물산	이은성	215-81-66563	대구광역시 서구 국채보상로 145
풍길상사	하동수	137-81-19305	서울특별시 성동구 금호로 106

02 다음은 제1기(4.1. ~ 6.30.) 부가가치세 확정신고와 관련된 자료이다. 다음 자료에 의해 공제대상이 되는 거래에 대한 대손세액공제액을 계산하고 대손세액공제신고서를 작성하여 부가가치세신고서에 반영하시오.

(1) 매출처 제일견사가 4월 5일 파산법에 의한 파산으로 외상매출금 2,200,000원(당초 공급일 : 2023년 1월 1일)이 대손확정 되었다.
(2) 매출처 서초물산의 부도발생으로 받을어음 3,300,000원(당초 공급일 : 2024년 1월 1일)을 대손처리 하였다(금융기관 부도확인일 : 2025년 2월 5일).

상 호	대표자	사업자등록번호	사업장 소재지
제일견사	강호일	113-23-79350	서울특별시 마포구 독막로3길 13
서초물산	박보배	107-81-29613	서울특별시 서초구 강남대로 241

03 다음 자료를 토대로 제2기 확정분 대손세액공제(변제)신고서를 작성하시오.

(1) 2025년 2월 21일 대한물산(대표자 : 최대한, 201-06-12305)에 상품을 매출하고, 대금(부가가치세 포함) 15,400,000원은 대한물산 발행 약속어음으로 수령하였다. 동 어음은 거래일로부터 6개월이 지난 2025년 8월 21일에 주거래은행으로부터 부도확인을 받았다.

(2) 외상매출금 중 88,000,000원은 2022년 9월 5일 홍진상사(대표자 : 김홍진, 204-05-00761)에 대한 것이다. 이 외상매출금의 회수를 위해 당사는 법률상 회수노력을 다하였으나, 결국 회수를 못하였고, 2025년 9월 5일자로 동 외상매출금의 소멸시효가 완성되었다.

(3) 소멸시효 완성으로 인해 2025년 1기 부가가치세 확정신고시 공제받지 못할 매입세액(대손처분받은 세액)으로 신고(당초 대손확정일 : 2025년 1월 1일)하였던 청수상사(대표자 : 김청수, 204-06-67885)에 대한 외상매입금 3,300,000원을 2025년 10월 1일 전액 현금으로 상환하였다.

(4) 2025년 10월 10일자로 다도물산(대표자 : 김다도, 601-05-01239)에 대한 채권잔액 187,000원(부가가치세 포함)을 대손처리하다. 동 채권(당초 공급일 : 2023년 1월 1일)은 회수기일로부터 7개월이 경과된 것이며, 이 외의 다도물산에 대한 채권은 없다.

(5) 2023년 12월에 파산으로 대손처리했던 ㈜영일만(대표자 : 김영일, 214-82-36364)에 대한 채권액 16,500,000원(당초 공급일 : 2021년 1월 1일) 중 50%에 상당하는 금액을 2025년 11월 7일 현금으로 회수하였다. 당사는 동 채권액에 대하여 2023년 2기 부가가치세 확정신고시 대손세액공제를 적용받았다.

04 다음 자료를 이용하여 제2기 확정분 대손세액공제(변제)신고서를 작성하시오.

(1) 2024년 8월 1일 충성물산(대표자 : 윤충성, 132-84-56586)에 제품을 매출하고, 대금 11,000,000원(VAT 포함)은 미진상회에서 발행한 약속어음으로 수령하였다. 동 어음은 거래일로부터 6개월이 지난 2025년 5월 5일에 주거래은행으로부터 부도확인을 받았다. 당사는 충성물산 소유의 건물에 대하여 저당권을 설정하고 있다.

(2) 외상매출금 중 33,000,000원(VAT 포함)은 2022년 10월 21일 영광상회(대표자 : 최영광, 132-81-21354)에 대한 것이다. 당사는 외상매출금 회수를 위하여 최선을 다하였으나, 결국 이 외상매출금을 회수하지 못하여 2025년 10월 21일에 소멸시효가 완성되었다.

(3) 2018년 1월 3일자로 ㈜상신건업(대표자 : 김수경, 129-81-66753)에 재화를 공급하면서 발생한 외상매출금 2,200,000원(VAT 포함)을 회수하지 못하고 있다가, 결국 2025년 8월 27일에 법원의 ㈜상신건업에 대한 회생계획인가 결정에 따라 회수할 수 없게 되었다.

KcLep 도우미

해설 1

- [부가가치]>[신고서/부속명세]>[부속명세서Ⅰ]>[대손세액공제신고서]의 『대손발생』 탭에서 조회기간(10월 ~ 12월)을 입력한다.

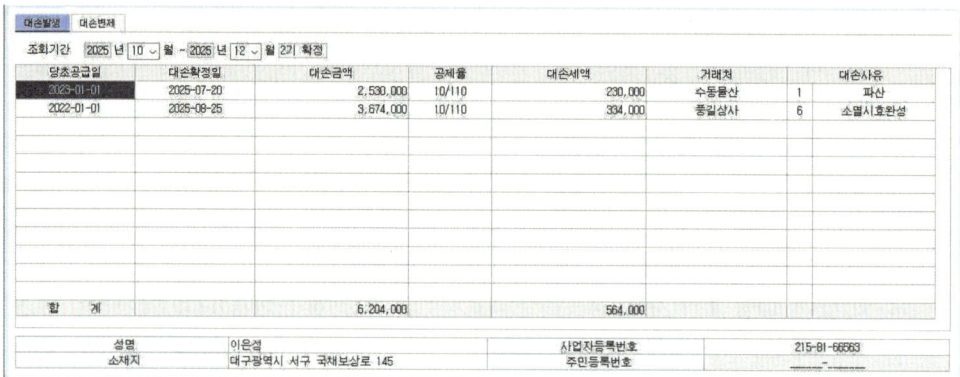

① [거래처]란에서 키보드의 F2키를 누르고 「거래처도움」 보조창에서 거래처를 선택하고 확인(Enter) 을 클릭한다(이하 본 메뉴 모두 동일).
② 작업을 종료할 때 데이터를 저장하면 [부가가치세신고서] 메뉴에 자동 반영된다.

- [부가가치세]>[부가가치세신고서]에서 조회기간(10월 1일 ~ 12월 31일)을 입력한다.

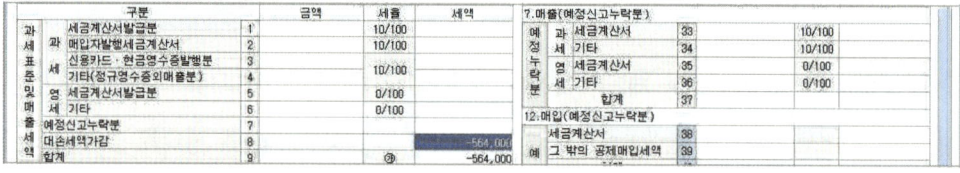

③ 자동 반영된 금액을 확인하고 종료할 때 데이터를 저장한다.

해설 2

- [대손세액공제신고서]의 『대손발생』 탭에서 조회기간(4월 ~ 6월)을 입력한다.

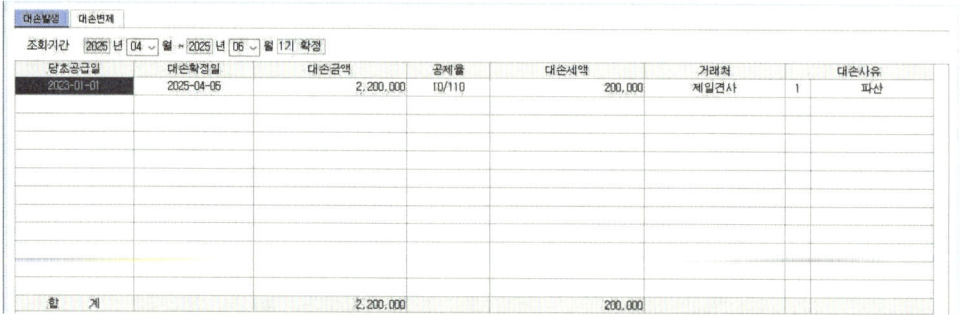

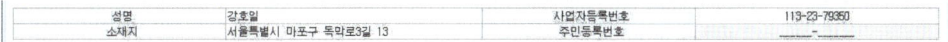

① 받을어음은 부도발생일(2월 5일)로부터 6개월이 경과되는 8월 6일에 대손요건을 충족한다. 그러므로 제1기 확정신고시에는 대손세액공제를 받을 수 없다.
② 작업을 종료할 때 데이터를 저장하면 [부가가치세신고서] 메뉴에 자동 반영된다.

- [부가가치세]>[부가가치세신고서]에서 조회기간(4월 1일 ~ 6월 30일)을 입력한다.

③ 자동 반영된 금액을 확인하고 종료할 때 데이터를 저장한다.

해설 3

- [대손세액공제신고서]의 『대손발생』 탭에서 조회기간(10월 ~ 12월)을 입력한다.

① 저장된 데이터는 불러오지 않는다.
② 부도발생일(8월 21일)부터 6개월 이상 지나지 않은 대한물산의 약속어음은 대손세액공제 불가
③ 소멸시효가 완성된 흥진상사의 외상매출금은 대손세액공제 가능
④ 회수기일이 6개월 이상 지난 채권 중 회수비용이 해당 채권가액을 초과하여 회수실익이 없다고 인정되는 30만원 이하의 채권은 대손세액공제 가능
⑤ 대손세액공제를 받았던 채권의 전부 또는 일부를 회수한 경우에는 작성할 서류는 없지만, 대손발생이 함께 있는 경우 부가가치세신고서상의 금액과 일치하도록 실무상 음수로 입력하고 있다.

- 『대손변제』 탭을 선택한다.

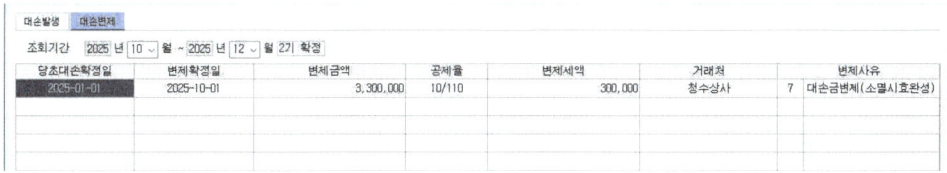

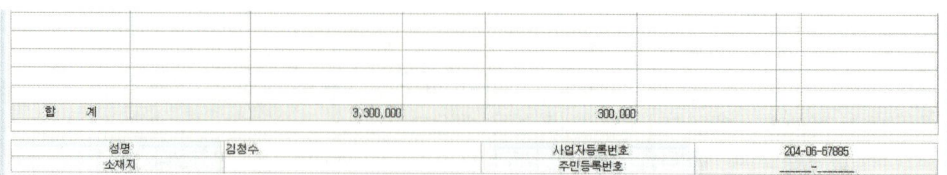

⑥ 대손세액 공제규정에 의하여 대손처분받은 세액으로 매입세액에서 뺀 사업자가 대손금액의 전부 또는 일부를 변제한 경우에는 대손세액을 변제한 과세기간의 매입세액에 더한다.

> [!NOTE]
> 해설 4

- [대손세액공제신고서]의 『대손발생』 탭에서 조회기간(10월 ~ 12월)을 입력한다.

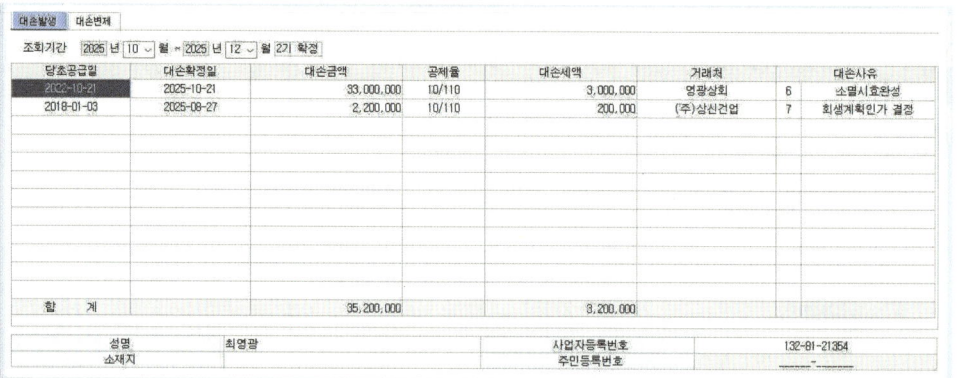

① 저장된 데이터는 불러오지 않는다.
② 부도발생일부터 6개월 이상 지난 수표 또는 어음상의 채권은 대손세액공제가 가능하다. 다만, 채무자의 재산에 대하여 저당권을 설정하고 있는 경우에는 대손세액공제를 받을 수 없다.
③ 소멸시효가 완성된 영광상회의 외상매출금은 대손세액공제가 가능
④ 재화를 공급한 후 그 공급일로부터 10년이 지난 날이 속하는 과세기간에 대한 확정신고 기한까지 대손이 확정되었으므로 ㈜상신건업의 외상매출금은 대손세액공제가 가능

제2절 부동산임대용역을 공급하는 경우

사업자가 부동산임대용역을 공급하고 전세금 또는 임대보증금을 받는 경우에는 금전 외의 대가를 받는 것으로 보아 다음과 같이 계산한 금액을 과세표준(간주임대료)으로 한다.

$$\text{과세표준(간주임대료)} = \text{전세금 또는 임대보증금} \times \text{이자율}^* \times \frac{\text{과세대상기간의 일수}}{365(\text{윤년 }366)}$$

* 이자율은 해당 예정신고기간 또는 과세기간 종료일 현재 서울특별시에 본점을 둔 은행의 계약기간 1년의 정기예금이자율의 평균을 감안하여 국세청장이 정하는 율(%)로 한다.

간주임대료는 대금의 수령여부와 무관하게 임차자가 해당 부동산을 사용하거나 사용하기로 한 때, 즉 임대가 개시된 날을 기준으로 하여 계산한다(선수금·계약금 등은 계산하지 아니함). 한편, 임차인으로부터 임대료를 지급받지 못하여 임대료가 연체된 경우에도 간주임대료 계산 시 지급받지 못한 동 임대료를 임대보증금에서 차감하지 아니하는 것이나, 약정에 의하여 임대보증금에서 차감하기로 한 경우에는 차감하여 간주임대료를 계산한다.

간주임대료에 대한 부가가치세는 원칙적으로 임대인이 부담하는 것이나, 임대인과 임차인과의 약정에 의하여 임차인이 부담하는 것으로 할 수도 있으며, 이는 부담하는 자의 세금과공과금으로 회계처리 한다.

[참고] 작성서류 : 부동산임대공급가액명세서

[부동산임대공급가액명세서] 메뉴에서 계산된 보증금이자(간주임대료)를 [부가가치세신고서] 메뉴의 "과세/ 기타(정규영수증외매출분)"의 [금액]란과 [세액]란을 직접 입력한다. 예를 들어, 간주임대료가 623,287원인 경우의 입력 사례는 다음과 같다.

예제

㈜최대리(임대인)는 창제상회(임차인)와 보증금 100,000,000원, 월 임대료 1,000,000원에 전기부터 임대차계약을 체결한 상태이며, 간주임대료는 임대인이 부담하기로 계약하였다. 다음 거래내역에 대한 회계처리를 하시오(이자율은 2.5%, 연일수는 365일로 가정).

(1) 매월말(4월, 5월, 6월) 임대료 1,000,000원(부가가치세 별도)을 현금으로 회수하고 세금계산서를 발급하였다.
(2) 7월 25일 제1기 확정 부가가치세 362,328원(간주임대료의 세액 62,328원 포함)을 현금으로 납부하였다.
   * 간주임대료(과세표준) = 100,000,000 × 2.5% × 91/365 = 623,287

해설

(1) (차) 현금   3,300,000 / (대) 임대료수입   3,000,000
                                                  부가세예수금   300,000
   * 매월의 분개를 합계한 금액으로 답안을 표시한다.
(2) (차) 부가세예수금   300,000 / (대) 현금   362,328
       세금과공과금   62,328

만일, 간주임대료를 임차인이 부담하는 조건이고 7월 24일 현금으로 회수한 경우라면 각자의 회계처리는 다음과 같다.

7월 24일 : 임차인 : (차) 세금과공과금   62,328 / (대) 현금   62,328
         임대인 : (차) 현금   62,328 / (대) 부가세예수금   62,328

7월 25일 : 임대인 : (차) 부가세예수금   362,328 / (대) 현금   362,328

 **KcLep 길라잡이**

- [부가가치]>[신고서/부속명세]>[부속명세서Ⅰ]>[부동산임대공급가액명세서]를 선택하고 [조회기간]란에 신고기간(1월 ~ 3월)을 입력하면 다음과 같은 화면이 나타난다.

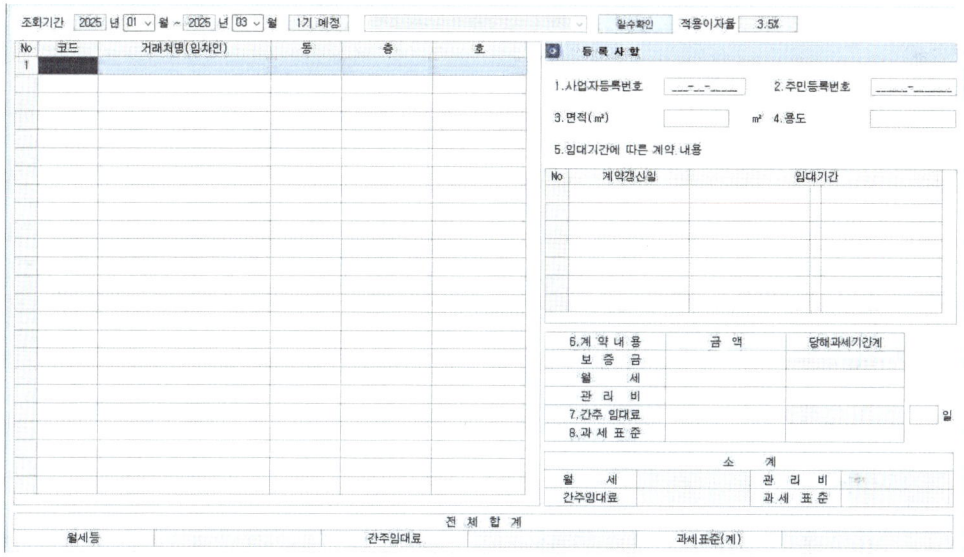

· [부동산임대공급가액명세서] 화면 ·

▶ **조회기간**

신고기간을 입력한다.

▶ **코드 / 거래처명(임차인)**

임대차계약서상의 임차인의 상호(성명)를 입력한다. [회계관리]>[재무회계]>[기초정보관리]>[거래처등록]에 입력된 거래처라면 키보드의 F2 키를 누르고, 「거래처도움」 보조창의 [전체]란에 거래처명 두 글자 또는 그 이상을 입력하고 해당 거래처를 선택하고 확인(Enter)을 클릭한다.

▶ **동 / 층 / 호**

계약건별로 각 임차인이 사용하는 동(필수입력 사항은 아님), 층, 호를 입력한다. 그리고 동일 건물 내 여러 층(호)을 하나의 보증금과 월세로 일괄 계약하는 경우에는 모든 층(호)을 아래의 예시를 참고하여 작성하며, 지하층의 경우에는 "B"로 구분한다.
[층] 지하1층을 임대하는 경우 : "B1"

[층] 지상1층을 임대하는 경우 : "1"
[층] 지상1층, 지상2층, 지상3층을 임대하는 경우 : "1-3"
[호] 201호, 202호, 203호, 205호를 임대하는 경우 : "201-203", "205"

✽ 등록사항

1.사업자등록번호 / 2.주민등록번호

임차인의 사업자등록번호(비사업자인 경우에는 주민등록번호)를 입력한다.

3.면적(m^2) / 4.용도

임대면적 및 용도를 입력한다.

5.임대기간에 따른 계약 내용

▶ 계약갱신일

조회기간 내에 계약기간의 연장, 보증금·월세의 변동이 있는 경우에만 입력한다.

▶ 임대기간

임대차계약서상의 임대기간을 입력한다. 임대기간에 따라서 과세대상기간의 일수가 자동 계산되므로 정확하게 입력해야 한다.

6.계약내용

▶ 보증금

임대차계약서상의 보증금을 입력한다.

▶ 월세 / 관리비

임대차계약서상의 월 수입임대료, 월 관리비를 입력한다. [금액]란에 입력된 월세와 관리비에 [임대기간]란에 입력된 월수를 자동 인식하여 [당해과세기간계]란에 표시된다.

7.간주임대료

간주임대료 계산식에 따라 보증금에 이자율과 임대기간의 일수를 자동 반영하여 산출된다.

8.과세표준

월세와 관리비 및 간주임대료의 합계가 자동 표시된다.

▶ 전체합계

[간주임대료]란의 금액은 [부가가치세신고서] 메뉴의 "과세/ 기타(정규영수증외매출분)"의 [금액]란에 직접 입력하고, 동 금액의 10%를 [세액]란에 입력한다.

[참고] 계약갱신일

(1) 과세기간 중 계약기간만 연장된 경우(적용이자율 3.5%로 가정)

임차인 ㈜최대리의 보증금 20,000,000원, 월세 200,000원(계약기간 : 2024년 2월 1일 ~ 2025년 1월 31일)이 계약기간이 만료되어 2025년 2월 1일(계약갱신일) 보증금 · 월세의 변동 없이 계약기간만 1년 더 연장하기로 계약한 경우 다음과 같이 입력한다.

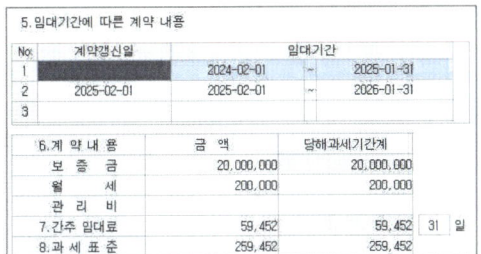 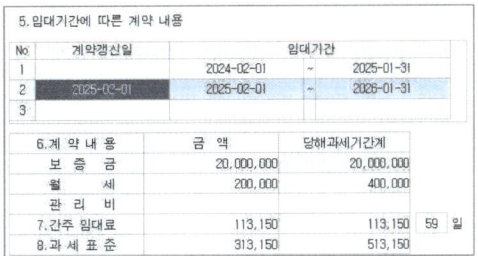

(2) 과세기간 중 보증금 · 월세의 변동이 있는 경우(적용이자율 3.5%로 가정)

임차인 ㈜최대리의 보증금 20,000,000원, 월세 200,000원(계약기간 : 2024년 2월 1일 ~ 2025년 1월 31일)이 2025년 2월 1일(계약갱신일)부터 보증금 30,000,000원, 월세 300,000원(계약기간 : 2025년 2월 1일 ~ 2026년 1월 31일)으로 변경된 경우 다음과 같이 입력한다.

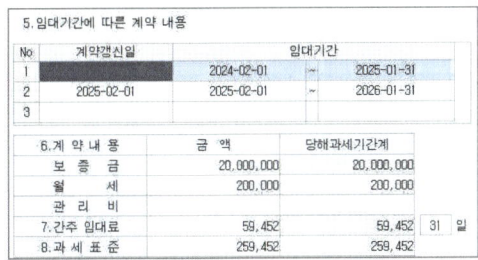 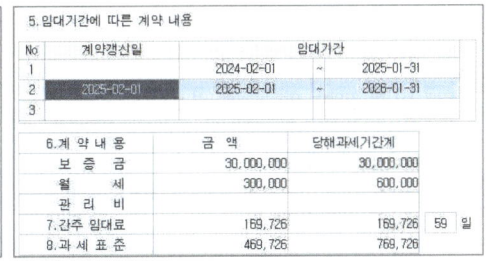

[참고] F6 이자율

법 개정으로 이자율이 변경된 경우에는 상단 툴바의 [F6 이자율]을 클릭하여 「이자율 설정」 보조창에 적용 이자율을 입력하고 [확인(Tab)]을 클릭한다.

딴대디 … 본서(1쇄) 출간 시점현재 국세청장이 정하는 율은 3.5%입니다.

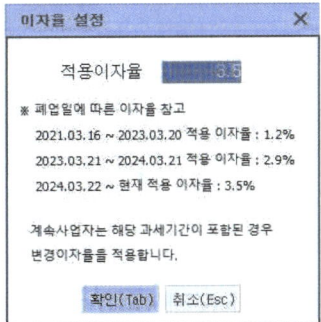

기/출/문/제 [실기]

다음에 문제를 ㈜부가가치(회사코드 : 2003)를 선택하여 입력하시오. 단, 적용이자율은 3.5%를 적용하여 작업하기로 한다.

01 제1기 예정신고기간(1.1. ~ 3.31.) 동안의 부동산임대현황이 아래와 같을 때, 부동산임대공급가액명세서를 작성하고 부가가치세신고서에 반영하시오. 간주임대료와 관련한 회계처리를 3월 31일자 [일반전표입력] 메뉴에 입력하라. 단, 간주임대료에 대한 부가가치세는 임대인이 부담한다.

층별	호수	상호 (사업자등록번호)	면적 (㎡)	임대기간	보증금	월세 (공급가액)
지상 1층	101호	㈜대우전기 (129-81-66753)	40	2024.07.01. ~ 2025.06.30.	40,000,000원	1,000,000원
지상 1층	102호	서초매점 (214-05-88973)	60	2025.03.01. ~ 2026.02.28.	60,000,000원	1,500,000원
지상 2층	201호	㈜상신건설 (120-85-73293)	40	2024.02.01. ~ 2025.01.31.	30,000,000원	1,300,000원

02 다음 자료를 입력하여 제1기 확정분 부동산임대공급가액명세서를 작성하고 부가가치세신고서에 반영하시오.

층	호수	상 호 (사업자등록번호)	면적 (㎡)	임대계약기간	보증금	월 세
지하 1층	101	대흥식당 (120-29-66758)	300	2024.10.01. ~ 2026.09.30.	50,000,000원	400,000원
지상 1층	102	㈜코리아 (120-81-23873)	300	2023.05.01. ~ 2025.04.30.	60,000,000원	500,000원

[추가자료]
㈜코리아는 2025년 4월 말로 임대차계약 기간이 만료되어 다음의 조건으로 재계약하였다.
• 계약기간 : 2025.05.01. ~ 2027.04.30.
• 보 증 금 : 80,000,000원
• 월   세 :   500,000원

03 제2기 예정신고기간의 부동산임대상황은 다음과 같다. 제2기 예정신고기간(3개월)의 부동산임대공급가액명세서를 작성하고 부가가치세 예정신고서에 반영하시오(회계처리는 생략).

층수	호수	면적(㎡)	임차인상호	임차인 사업자등록번호	임대차 계약내용	임대보증금
지상1층	101	100	온누리상회	215-13-40943	2024.11.01 ~ 2025.10.30	100,000,000원
지상1층	102	300	내과의원	215-91-43875	2024.01.01 ~ 2025.12.31	200,000,000원
지상1층	103	500	외과의원	215-91-32344	2024.01.01 ~ 2025.12.31	500,000,000원

04 다음 자료에 의하여 부동산임대공급가액명세서를 작성하고, 제2기 확정 부가가치세 신고서의 해당란에 추가 반영하시오. 단 본 문제에 한하여 ㈜부가가치의 주업종을 부동산임대업으로 가정하며, 임대료 수익에 대하여 매월 말일자로 전자세금계산서를 발급하였고, 전표입력은 생략한다.

[부동산 임대현황]

층별	호수	상호 (사업자등록번호)	면적(㎡)	임대기간	보증금	월세 (공급가액)
지상1층	111호	구민슈퍼 (105-29-11119)	35	2025.02.11. ~ 2027.02.10.	4,000,000원	1,000,000원
지상1층	112호	나라문구 (105-30-11115)	45	2024.05.01. ~ 2026.04.30.	6,000,000원	1,000,000원

KcLep 도우미

해설 1

- [부가가치]>[신고서/부속명세]>[부속명세서 I]>[부동산임대공급가액명세서]에서 조회기간(1월 ~ 3월)을 입력한다.

No	코드	거래처명(임차인)	동	층	호
1	0201	(주)대우전기		1	101
2					

등 록 사 항

1.사업자등록번호	129-81-66753	2.주민등록번호	______-______
3.면적(㎡)	40.00 ㎡	4.용도	

5.임대기간에 따른 계약 내용

No	계약갱신일	임대기간		
1		2024-07-01	~	2025-06-30
2				

6.계 약 내 용	금 액	당해과세기간계	
보 증 금	40,000,000	40,000,000	
월 세	1,000,000	3,000,000	
관 리 비			
7.간주 임대료	345,205	345,205	90 일
8.과 세 표 준	1,345,205	3,345,205	

No	코드	거래처명(임차인)	동	층	호
1	0201	(주)대우전기		1	101
2	0202	서초매점		1	102
3					

등 록 사 항

1.사업자등록번호	214-05-88973	2.주민등록번호	______-______
3.면적(㎡)	60.00 ㎡	4.용도	

5.임대기간에 따른 계약 내용

No	계약갱신일	임대기간		
1		2025-03-01	~	2026-02-28
2				

6.계 약 내 용	금 액	당해과세기간계	
보 증 금	60,000,000	60,000,000	
월 세	1,500,000	1,500,000	
관 리 비			
7.간주 임대료	178,356	178,356	31 일
8.과 세 표 준	1,678,356	1,678,356	

No	코드	거래처명(임차인)	동	층	호
1	0201	(주)대우전기		1	101
2	0202	서초매점		1	102
3	0203	(주)상신건설		2	201
4					

등 록 사 항

1.사업자등록번호	120-85-73293	2.주민등록번호	______-______
3.면적(㎡)	40.00 ㎡	4.용도	

5.임대기간에 따른 계약 내용

No	계약갱신일	임대기간		
1		2024-02-01	~	2025-01-31
2				

6.계 약 내 용	금 액	당해과세기간계	
보 증 금	30,000,000	30,000,000	
월 세	1,300,000	1,300,000	
관 리 비			
7.간주 임대료	89,178	89,178	31 일
8.과 세 표 준	1,389,178	1,389,178	

소 계			
월 세	1,300,000	관 리 비	
간주임대료	89,178	과 세 표 준	1,389,178

전 체 합 계					
월세등	5,800,000	간주임대료	612,739	과세표준(계)	6,412,739

① [간주임대료]란의 금액 *612,739*원을 확인하고 저장한다.

- [부가가치세]>[부가가치세신고서]에서 조회기간(1월 1일 ~ 3월 31일)을 입력한다.

② "과세/ 기타(정규영수증외매출분)"의 [금액]란에 612,739원, [세액]란에 61,273원을 직접 입력한다.

> 참고 … 실무상 월세 및 관리비는 세금계산서를 발행하게 되며, [매입매출전표입력] 메뉴에서 [유형]란에 "11.과세"로 입력하여 [부가가치세신고서] 메뉴의 [과세/ 세금계산서발급분]란에 자동 반영된다. 다만, 자격시험에서는 특별한 말이 없으면 이에 관한 처리는 생략하는 것으로 하므로, [부동산임대공급가액명세서] 메뉴 하단 [월세등]란의 금액 5,800,000원을 [부가가치세신고서] 메뉴의 [과세/ 세금계산서발급분]란에 직접 입력하지 않도록 한다.

- [회계관리]>[재무회계]>[전표입력]>[일반전표입력]

    3월 31일 : (차) 817.세금과공과   61,273   / (대) 255.부가세예수금   61,273

    > 참고 … 실무상으로는 분개를 [회계관리]>[재무회계]>[전표입력]>[매입매출전표입력]에서 유형(14.건별)/ 공급가액(612,739원)/ 세액(61,273원)/ 분개(3.혼합)을 선택하고 메뉴 하단의 분개를 위와 같이 하면 [부가가치세신고서] 메뉴에 자동 반영되는 방식으로 진행한다.

해설 2

- [부속명세서Ⅰ]>[부동산임대공급가액명세서]에서 조회기간(4월 ~ 6월)을 입력한다.

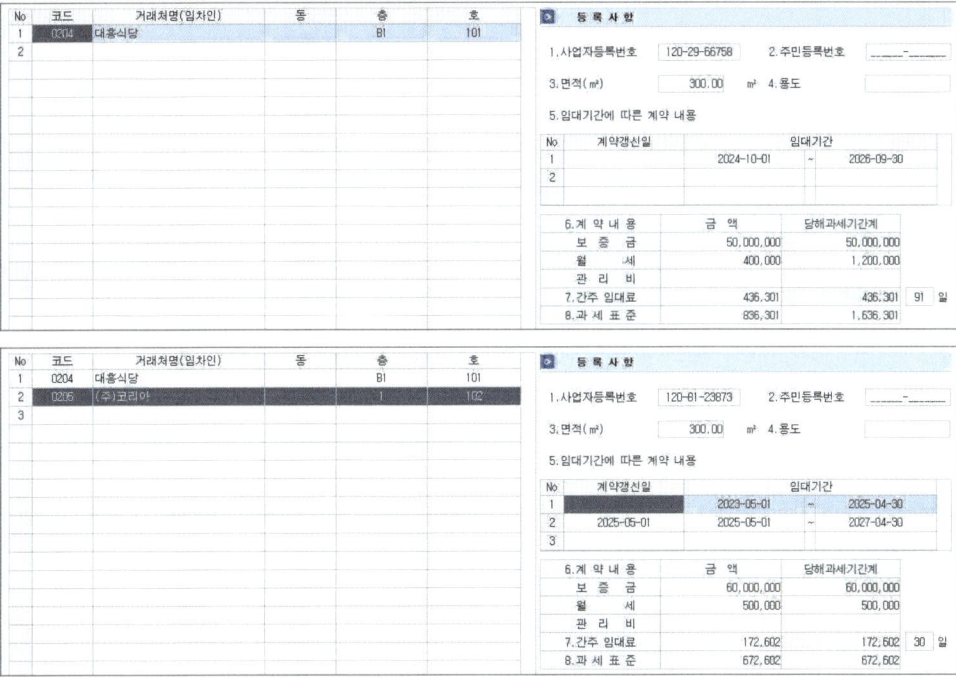

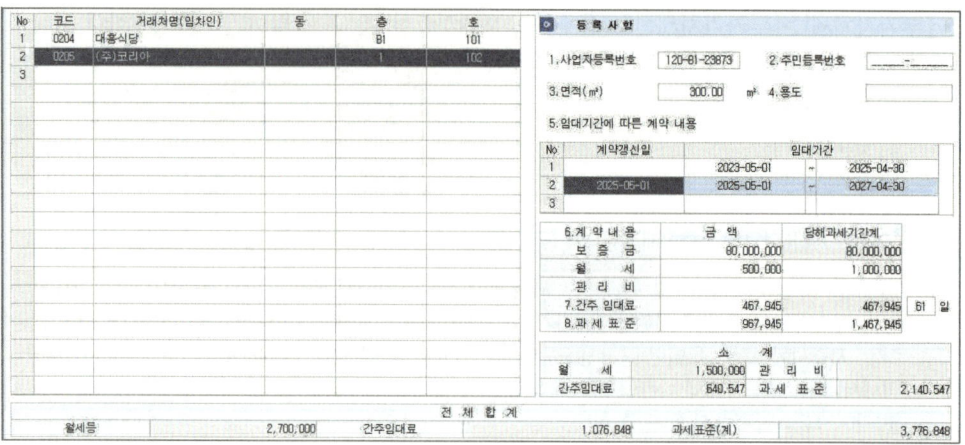

① [간주임대료]란의 금액 1,076,848원을 확인하고 저장한다.

- [부가가치세]>[부가가치세신고서]에서 조회기간(4월 1일 ~ 6월 30일)을 입력한다.

    ② "과세/ 기타(정규영수증외매출분)"의 [금액]란에 1,076,848원, [세액]란에 107,684원을 직접 입력한다.

해설 3

- [부속명세서Ⅰ]>[부동산임대공급가액명세서]에서 조회기간(7월 ~ 9월)을 입력한다.

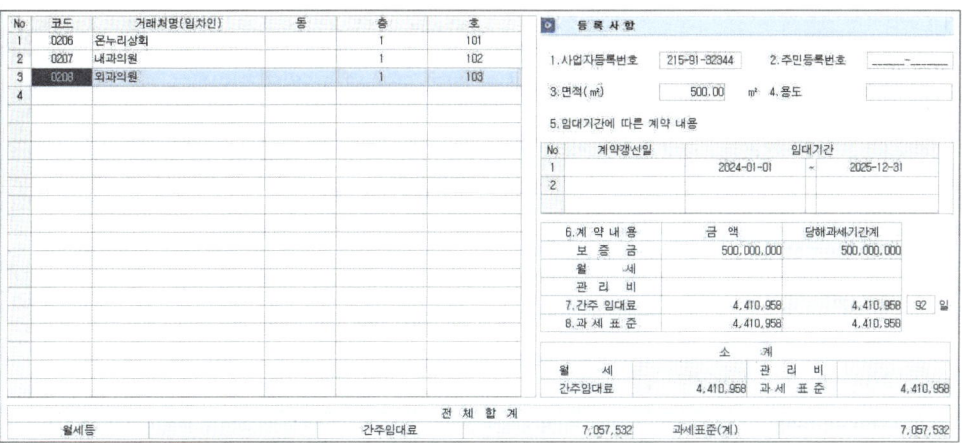

① [간주임대료]란의 금액 7,057,532원을 확인하고 저장한다.

- [부가가치세]>[부가가치세신고서]에서 조회기간(7월 1일 ~ 9월 30일)을 입력한다.
  ② "과세/ 기타(정규영수증외매출분)"의 [금액]란에 7,057,532원, [세액]란에 705,753원을 직접 입력한다.

해설 4

- [부속명세서Ⅰ]>[부동산임대공급가액명세서]에서 조회기간(10월 ~ 12월)을 입력한다.

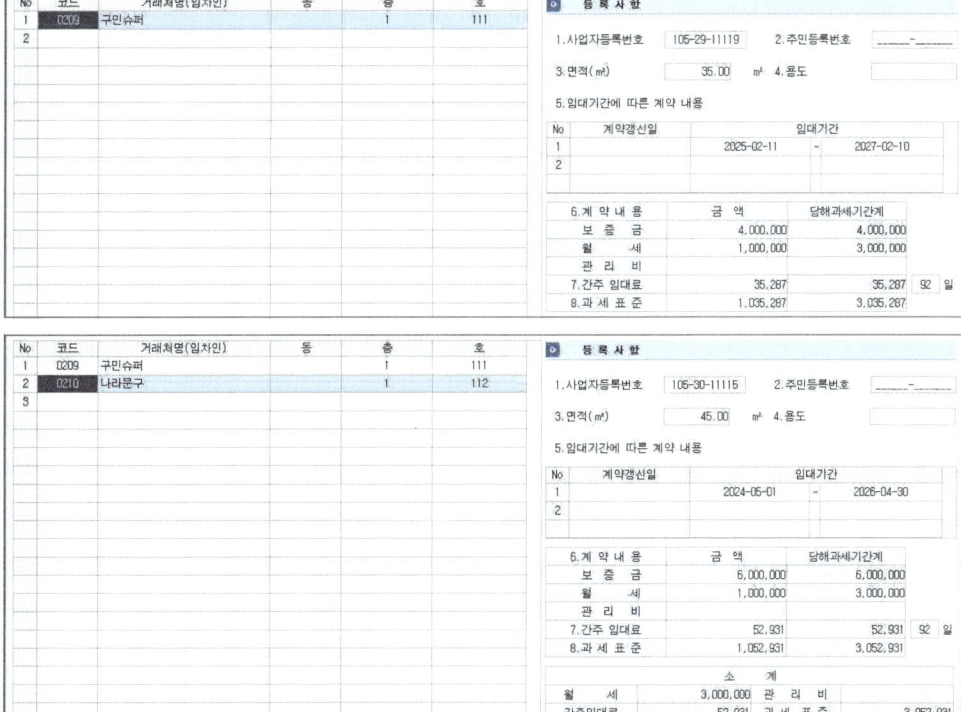

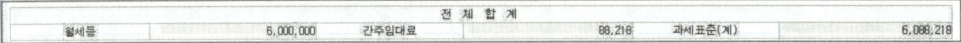

① [월세등]란의 금액 6,000,000원과 [간주임대료]란의 금액 88,218원을 확인하고 저장한다.

- [부가가치세]>[부가가치세신고서]에서 조회기간(10월 1일 ~ 12월 31일)을 입력한다.

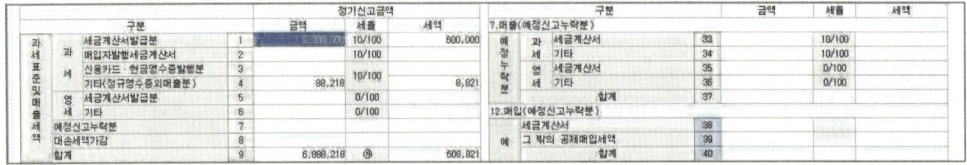

② "과세/ 세금계산서발급분"의 [금액]란에 6,000,000원, [세액]란에 600,000원을 직접 입력한다.
③ "과세/ 기타(정규영수증외매출분)"의 [금액]란에 88,218원, [세액]란에 8,821원을 직접 입력한다.

제3절 재화의 공급의제

단대대 … 본서 P.215 "3. 재화 공급의 특례(간주공급)"에서 이미 간주공급에 대해 학습하였다. 여기서는 실무시험과 관련된 세부적인 내용을 학습하도록 한다.

구 분		과세표준	세금계산서
(1) 자기생산·취득 재화의 공급의제	① 면세사업에의 전용	시가 (또는 간주시가)	발급의무 없음
	② 승용자동차 등의 비영업용에의 전용		
	③ 개인적 공급		
	④ 사업상 증여		
	⑤ 폐업시 잔존재화		
(2) 판매목적 타사업장 반출재화의 공급의제		취득가액 등	발급의무 있음

(1) 개인적 공급에 해당하지 않는 경우

사업자가 실비변상적이거나 복리후생적인 목적으로 그 사용인에게 대가를 받지 아니하거나, 시가 보다 낮은 대가를 받고 제공하는 것으로서, 다음 중 어느 하나에 해당하는 것은 재화의 공급으로 보지 아니한다. 이 경우 시가 보다 낮은 대가를 받고 제공하는 것은 시가와 받은 대가의 차액에 한정한다.

① 사업을 위해 착용하는 작업복, 작업모 및 작업화를 제공하는 경우
② 직장연예 및 직장문화와 관련된 재화를 제공하는 경우
③ 다음 ㉠, ㉡ 중 어느 하나에 해당하는 재화를 제공하는 경우. 이 경우 ㉠, ㉡별로 각각 사용인 1명당 연간 10만원을 한도로 하며, 10만원을 초과하는 경우 해당 초과액에 대해서는 재화의 공급으로 본다.
   ㉠ 경조사와 관련된 재화
   ㉡ 설날, 추석, 창립기념일 및 생일 등과 관련된 재화

(2) 사업상 증여로 보지 않는 경우

① 증여하는 재화의 대가가 주된 거래인 재화 공급의 대가에 포함되는 경우
② 사업을 위하여 대가를 받지 아니하고 다른 사업자에게 인도하거나 양도하는 견본품
③ 「재난 및 안전관리기본법」의 적용을 받아 특별재난지역에 공급하는 물품
④ 자기적립마일리지 등으로만 전부를 결제받고 공급하는 재화. 여기서 자기적립마일리지 등이란 당초 재화·용역을 공급하고 마일리지 등을 적립하여 준 사업자에게 사용한 마일리지 등을 말한다.
⑤ 자기 사업의 광고선전 목적으로 불특정 다수인에게 광고선전용 재화로서 무상으로 배포하는 경우

⑥ 자기의 제품 또는 상품을 구입하는 자에게 구입당시 그 구입액의 비율에 따라 기증하는 기증품 등은 주된 재화의 공급에 포함되므로 과세되는 재화의 공급으로 보지 아니한다.

(3) 간주공급에 해당되지 않는 경우

① 자기의 다른 사업장에서 원료·자재 등으로 사용하거나 소비하기 위하여 반출하는 경우
② 자기 사업상의 기술개발을 위하여 시험용으로 사용하거나 소비하는 경우
③ 수선비 등에 대체하여 사용하거나 소비하는 경우
④ 사후 무료서비스 제공을 위하여 사용하거나 소비하는 경우
⑤ 불량품 교환 또는 광고선전을 위한 상품진열 등의 목적으로 자기의 다른 사업장으로 반출하는 경우

예제

다음의 연속된 거래를 회계처리 하시오.

(1) X1년 1월 1일 : 주유소를 경영하는 사업자가 판매용 휘발유 5,000,000원(부가가치세 별도)을 세금계산서를 발급받고 현금으로 매입하였다.
(2) X1년 2월 1일 : 휘발유 20,000,000원(부가가치세 별도)을 현금으로 판매하고 세금계산서를 발행하였다.
(3) X1년 2월 5일 : 휘발유(원가 200,000원, 시가 300,000원)를 회사 업무용 소형승용차의 유지에 사용하였다.
(4) X1년 3월 31일 : 부가세예수금과 부가세대급금을 서로 상계하고 잔액은 미지급금으로 처리하였다.
(5) X1년 4월 25일 : 제1기 예정 부가가치세 납부세액 1,530,000원을 현금으로 납부하였다.

해설

(1)	(차) 상품	5,000,000	/	(대) 현금	5,500,000
	부가세대급금	500,000			
(2)	(차) 현금	22,000,000	/	(대) 상품매출	20,000,000
				부가세예수금	2,000,000
(3)	(차) 차량유지비	230,000	/	(대) 상품	200,000
				(적요 : 8.타계정으로 대체액)	
				부가세예수금	30,000
(4)	(차) 부가세예수금	2,030,000	/	(대) 부가세대급금	500,000
				미지급금	1,530,000
(5)	(차) 미지급금	1,530,000	/	(대) 현금	1,530,000

 **KcLep 길라잡이**

- 간주공급이 발생한 경우에는 세금계산서 발급의무가 없기 때문에 [회계관리]>[재무회계]>[전표입력]>[매입매출전표입력]에서 [유형]란에 "14.건별"로 입력하고, 하단에 분개를 입력한다. 하단 분개의 재고자산 계정과목의 [적요]란에 "8.타계정으로 대체액 손익계산서 반영"을 입력한다.

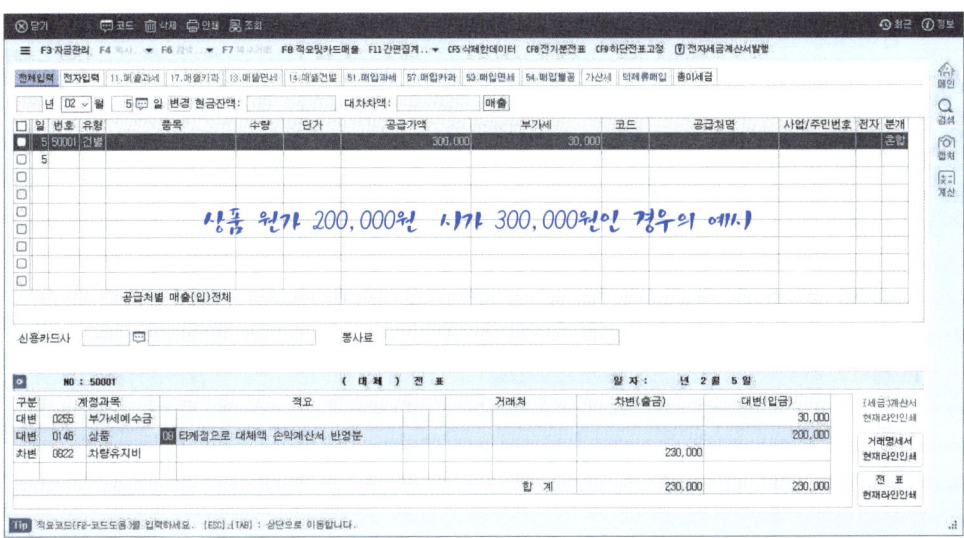

- 입력된 자료는 [부가가치]>[신고서/부속명세]>[부가가치세]>[부가가치세신고서]의 [과세/ 기타(정규영수증외매출분)]란에 자동 반영된다.

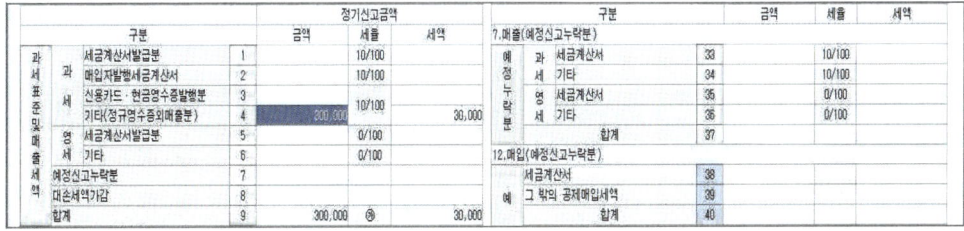

한마디 … 자격시험의 부가가치세 분야에서 간주공급이 출제되면 회계처리를 생략하는 것으로 출제가 되는데, 이때에는 [**부가가치세신고서**] 메뉴의 "과세/ 기타(정규영수증외매출분)"의 [금액]란에 간주공급의 과세표준(시가)을 입력하고, [세액]란에 동 금액의 10%를 입력한다.

기/출/문/제 [실기]

다음에 제시된 문제를 ㈜부가가치(회사코드 : 2003)를 선택하여 입력하시오.

01 다음은 제1기 예정 부가가치세 과세기간 중의 제품 타계정대체액의 명세이다. 재화의 간주(의제)공급에 해당되는 거래를 제1기 예정 부가가치세신고서의 해당란에 반영하시오(전표입력은 생략할 것).

대체된 계정과목	거래내용	금 액	
		원 가	시 가
기업업무추진비	거래처에 사은품으로 제공	2,000,000	3,000,000
비 품	회사의 업무용 비품으로 전용	7,000,000	8,000,000
광 고 선 전 비	개업식에 참석한 고객에게 무상제공	3,000,000	4,000,000
개 발 비	기술개발을 위하여 사용	1,000,000	1,500,000

※ 해당 재화는 모두 매입세액공제분이라고 가정한다.

02 다음은 제1기 확정 부가가치세 과세기간 중의 제품 타계정대체액의 명세이다. 재화의 간주(의제)공급에 해당되는 거래를 제1기 확정 부가가치세신고서의 해당란에 반영하시오(전표입력은 생략할 것).

대체된 계정과목	거래내용	금 액	
		원 가	시 가
기업업무추진비	매출처에 사은품으로 제공	2,800,000	3,500,000
기 부 금	이재민구호품으로 한국방송공사에 기탁	7,700,000	8,200,000
광 고 선 전 비	제품홍보용으로 불특정 다수인에게 무상배포	3,900,000	4,500,000
복 리 후 생 비	회사 창립기념품으로 직원에게 증정 (직원 1명당 증정한 제품의 시가는 160,000원)	1,200,000	1,600,000

※ 해당 재화는 모두 매입세액공제분이라고 가정한다.

03 다음은 제2기 예정 부가가치세 과세기간 중의 타계정대체액 명세이다. 재화의 간주공급에 해당되는 거래를 제2기 예정 부가가치세신고서의 해당란에 반영하시오(회계처리는 생략하며, 해당 재화는 모두 매입세액공제분임).

대체된 계정과목	거래내용	금 액	
		원 가	시 가
수 선 비	불량품 교환비용	2,000,000	3,000,000
차 량 유 지 비	화물자동차의 수선비	7,000,000	8,000,000
광 고 선 전 비	상품진열 목적으로 다른 사업장에 반출	3,000,000	4,000,000
기업업무추진비	매출처에 사은품 제공	4,000,000	5,000,000

04 다음은 제2기 확정 부가가치세 과세기간 중의 타계정대체액 명세이다. 재화의 간주공급에 해당되는 거래를 제2기 확정 부가가치세신고서의 해당란에 반영하시오(회계처리는 생략하며, 해당 재화는 모두 매입세액공제분임).

구 분	내 역	시 가	원 가
수 선 비	사업용건물 수선비	1,500,000원	1,000,000원
	비영업용소형승용차 수선비	2,000,000원	1,500,000원
기업업무추진비	특정거래처에 무상제공	1,300,000원	1,000,000원

KcLep 도우미

해설 1

- [부가가치]>[신고서/부속명세]>[부가가치세]>[부가가치세신고서]의 『일반과세』 탭에서 조회기간(1월 1일 ~ 3월 31일)을 입력한다.

구분			정기신고금액			구분		금액	세율	세액
				금액	세율	세액	7.매출(예정신고누락분)			
과세표준및매출세액	과세	세금계산서발급분	1		10/100		예정누락분	과세 세금계산서	33		10/100	
		매입자발행세금계산서	2		10/100			세 기타	34		10/100	
		신용카드·현금영수증발행분	3		10/100			영세율 세금계산서	35		0/100	
		기타(정규영수증외매출분)	4	7,000,000		700,000		세 기타	36		0/100	
	영세	세금계산서발급분	5		0/100			합계	37			
		기타	6		0/100		12.매입(예정신고누락분)				
	예정신고누락분		7					세금계산서	38			
	대손세액가감		8				예	그 밖의 공제매입세액	39			
	합계		9	7,000,000	㉮	700,000		합계	40			

① 기업업무추진비 : 사업상 증여(과세표준 3,000,000원, 세액 300,000원)
② 비품 : 간주공급에 해당되지 않음
③ 광고선전비 : 사업상 증여(과세표준 4,000,000원, 세액 400,000원)
④ 개발비 : 간주공급에 해당되지 않음

해설 2

- [부가가치세신고서]의 『일반과세』 탭에서 조회기간(4월 1일 ~ 6월 30일)을 입력한다.
- "과세/ 기타(정규영수증외매출분)"의 [금액]란에 4,100,000원, [세액]란에 410,000원을 입력한다.
   ① 기업업무추진비 : 사업상 증여(과세표준 3,500,000원, 세액 350,000원)
   ② 기부금 : 국가·지방자치단체·공익단체 등에 무상으로 공급하는 재화 또는 용역은 면세
   ③ 광고선전비 : 광고선전 목적으로 불특정 다수인에게 무상 배포하는 경우는 사업상 증여에 해당되지 않음
   ④ 복리후생비 : 개인적공급(과세표준 600,000원, 세액 60,000원) – 1명당 10만원 초과금액

해설 3

- [부가가치세신고서]의 『일반과세』 탭에서 조회기간(7월 1일 ~ 9월 30일)을 입력한다.
- "과세/ 기타(정규영수증외매출분)"의 [금액]란에 5,000,000원, [세액]란에 500,000원을 입력한다.
   ① 수선비 : 불량품의 교환비용은 간주공급에 해당되지 않음
   ② 차량유지비 : 비영업용 소형승용차 유지에의 전용에 해당되지 않음
   ③ 광고선전비 : 광고선전을 위한 상품진열 목적으로 반출하는 것은 간주공급에 해당되지 않음
   ④ 기업업무추진비 : 사업상 증여(과세표준 5,000,000원, 세액 500,000원)

해설 4

- [부가가치세신고서]의 『일반과세』 탭에서 조회기간(10월 1일 ~ 12월 31일)을 입력한다.
- "과세/ 기타(정규영수증외매출분)"의 [금액]란에 3,300,000원, [세액]란에 330,000원을 입력한다.
   ① 수선비 : 수선비 등에 대체하여 사용하거나 소비하는 경우는 간주공급에 해당되지 않음
                 비영업용 소형승용자동차 유지에의 전용(과세표준 2,000,000원, 세액 200,000원)
   ② 기업업무추진비 : 사업상 증여(과세표준 1,300,000원, 세액 130,000원)

제4절 의제매입세액공제

사업자가 면세농산물 등을 구입하여 부가가치세가 과세되는 재화를 제조·가공하거나 용역을 창출하는 경우에는 일정한 금액을 매입세액으로 의제하여 매출세액에서 공제한다.

1. 의제매입세액공제의 요건

사업자가 부가가치세를 면제받아 공급받거나 수입한 농산물·축산물·수산물 또는 임산물(이하 "면세농산물등"이라 한다)을 원재료로 하여 제조·가공한 재화 또는 창출한 용역의 공급에 대하여 부가가치세가 과세되는 경우에는 면세농산물 등을 공급받거나 수입할 때 매입세액이 있는 것으로 보아 일정한 금액을 매입세액으로 공제할 수 있다.

2. 증빙서류의 제출

의제매입세액공제를 적용받으려는 사업자는 면세농산물 등을 공급받은 사실을 증명하는 의제매입세액공제신고서·매입처별계산서합계표·신용카드매출전표 등 수령명세서를 사업장 관할세무서장에게 제출하여야 한다. 다만, 제조업을 영위하는 사업자가 농어민으로부터 면세농산물 등을 직접 공급받는 경우에는 의제매입세액공제신고서만 제출한다.

3. 의제매입세액의 계산

다음 산식에 의해 계산된 금액을 매입세액으로 공제한다. 다만, 해당 과세기간에 해당 사업자가 면세농산물 등과 관련하여 공급한 과세표준에 50%(법인사업자)를 곱하여 계산한 금액에 공제율을 곱한 금액을 매입세액으로서 공제할 수 있는 금액의 한도로 한다.

$$의제매입세액 = 면세농산물\ 등의\ 매입가액^{[주1]} \times 공제율^{[주2]}$$

[주1] 매입가액에는 운임 등의 부대비용을 제외한다.

[주2]

구 분 (일반과세자)		공제율	
① 음식점업	개인사업자	8/108[※1]	개별소비세 과세유흥장소의 경영자는 2/102
	법인사업자	6/106	
② 제조업	중소기업, 개인사업자	4/104[※2]	
③ 위 ①, ②외의 사업자		2/102	

※1 해당 과세기간의 과세표준이 2억원 이하인 경우에는 9/109를 적용한다.
※2 과자점업, 도정업, 제분업 및 떡류 제조업 중 방앗간을 경영하는 개인사업자는 6/106을 적용한다.

예제 다음 자료를 이용하여 제1기 예정 및 확정신고기간에 대한 의제매입세액을 계산하시오(공제율 4/104 적용).

[1] 제1기 예정관련 자료
① 면세농산물 등과 관련 과세표준 30,000,000원
② 면세농산물 취득금액(계산서 수취분) 20,000,000원

[2] 제1기 확정관련 자료
① 면세농산물 등과 관련 과세표준 30,000,000원
② 면세농산물 취득금액(계산서 수취분) 20,000,000원

해설 [1] 제1기 예정 의제매입세액 공제세액 : 769,230원
20,000,000 × 4/104 = 769,230원

[2] 제1기 확정 의제매입세액 공제세액 : 384,616원
① 공제대상금액 : (Min ㉠·㉡) = 30,000,000원
㉠ 대상액 한도계산 : (30,000,000+30,000,000)×50% = 30,000,000원
㉡ 당기매입액 : (20,000,000 + 20,000,000) = 40,000,000원
② 공제(납부)할 세액 = (공제대상금액 × 공제율) − 이미 공제받은 금액
: (30,000,000×4/104) − 769,230 = 384,616원

참고 작성서류 : 의제매입세액공제신고서

예정분 [의제매입세액공제신고서] 메뉴를 작성하면 [의제매입세액]란의 합계 금액이, 확정분 [의제매입세액공제신고서] 메뉴를 작성하면 [공제(납부)할세액]란의 금액이 [부가가치세신고서] 메뉴의 [그 밖의 공제매입세액]란과 [의제매입세액]란에 자동 반영된다. 예를 들어, 중소기업 제조업의 예정신고시 면세농산물 등의 매입가액이 20,000,000원이며 의제매입세액 769,230원인 경우 입력 사례는 다음과 같다.

4. 의제매입세액의 추징

의제매입세액은 면세농산물 등을 공급받거나 수입한 날이 속하는 과세기간의 매출세액에서 공제한다. 다만, 의제매입세액의 공제를 받은 면세농산물 등을 그대로 양도 또는 인도하거나, 부가가치세가 면제되는 재화 또는 용역을 공급하는 사업, 그 밖의 목적에 사용하거나 소비할 때에는 그 공제한 금액을 납부세액에 가산하거나 환급세액에서 공제하여야 한다.

예제

당사는 제조업을 영위하는 중소기업이다. 다음 거래내역에 대한 회계처리를 하시오.

(1) ×1년 1월 1일 : 면세농산물(원재료) 20,000,000원을 현금으로 매입하고 계산서를 발급받았다.
(2) ×1년 2월 1일 : 제품 30,000,000원(부가가치세 별도)을 현금으로 매출하고 세금계산서를 발급하였다.
(3) ×1년 3월 31일 : 의제매입세액 공제액을 원재료에서 차감하는 회계처리를 하였다.
(4) ×1년 3월 31일 : 부가세예수금과 부가세대급금을 서로 상계하고 잔액은 미지급금으로 처리하였다.
(5) ×1년 4월 25일 : 제1기 예정 부가가치세신고시에 의제매입세액공제신고서를 제출하고 부가가치세 2,230,770원을 현금으로 납부하였다.

해설

(1) (차) 원재료   20,000,000 / (대) 현금   20,000,000
(2) (차) 현금   33,000,000 / (대) 제품매출   30,000,000
                                      부가세예수금   3,000,000
(3) (차) 부가세대급금   769,230 / (대) 원재료   769,230
                                    (적요 : 8.타계정으로대체)

  * 20,000,000 × 4/104 = 769,230원

(4) (차) 부가세예수금   3,000,000 / (대) 부가세대급금   769,230
                                      미지급금   2,230,770
(5) (차) 미지급금   2,230,770 / (대) 현금   2,230,770

[참고] 면세농산물 등의 매입이 특정기간에 집중되는 제조업의 계산특례

본서의 의제매입세액 계산에 관한 규정에도 불구하고 다음의 요건을 모두 충족하는 사업자는 제2기 과세기간에 대한 납부세액을 확정신고할 때, 다음의 계산식에 따른 금액을 의제매입세액으로 공제할 수 있다.

[요건] ① 제1기 과세기간에 공급받은 면세농산물 등의 가액을 1역년에 공급받은 면세농산물 등의 가액으로 나누어 계산한 비율이 75% 이상이거나 25% 미만일 것
② 해당 과세기간이 속하는 1역년 동안 계속하여 제조업을 영위하였을 것

[산식] 제2기 과세기간에 대한 납부세액을 확정신고할 때 의제매입세액 공제액
① 1역년의 공제대상금액 = MIN(㉠, ㉡)
  ㉠ 1역년에 면세농산물 등과 관련하여 공급한 과세표준 합계액 × 50%
  ㉡ 1역년에 공급받은 면세농산물 등의 매입가액
② 의제매입세액 = (1역년의 공제대상금액) × 공제율 − 제1기 과세기간에 이미 공제받은 금액
(제2기 예정신고를 한 경우에는 제2기 예정신고분 포함)

 **KcLep 길라잡이**

- [부가가치]>[신고서/부속명세]>[부속명세서Ⅰ]>[의제매입세액공제신고서]의 『관리용』 탭에서 [조회기간]란에 신고기간(1월 ~ 3월)을 입력하면 다음과 같은 화면이 나타난다.

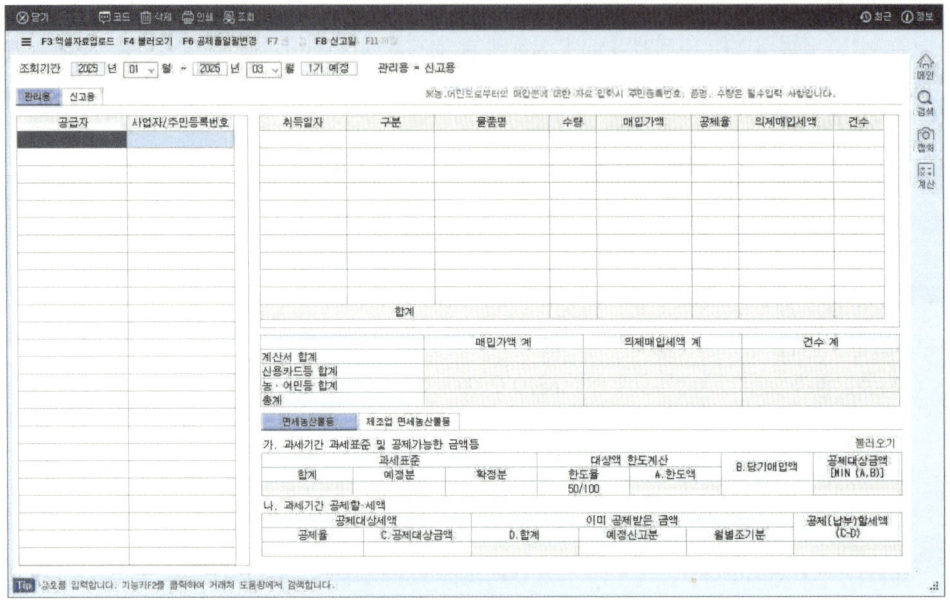

• [의제매입세액공제신고서] 화면 •

▶ **조회기간**

신고기간을 입력한다.

▶ **공급자**

공급자의 상호 또는 성명을 입력한다. [회계관리]>[재무회계]>[기초정보관리]>[거래처등록]에 입력된 거래처라면 키보드의 F2 키를 누르고, 「거래처도움」 보조창의 [전체]란에 거래처명 두 글자 또는 그 이상을 입력하고 해당 거래처를 선택하고 확인(Enter) 을 클릭한다.

▶ **사업자/주민등록번호**

공급자가 사업자인 경우에는 사업자등록번호를 입력하고, 공급자가 비사업자인 경우에는 주민등록번호를 입력한다.

▶ **취득일자**

면세농산물 등의 취득일자를 입력한다.

▶ **구분** (1.계산서, 2.신용카드등, 3.농어민매입)

면세농산물 등을 공급받은 증빙의 구분을 선택한다.

▶ **물품명 / 수량**

취득한 물품의 품목과 수량을 입력한다.

▶ **매입가액**

면세농산물 등의 매입가액(운임 등의 부대비용은 제외)을 입력한다.

▶ **공제율** (1. 2/102, 2. 4/104 3. 6/106, 4. 직접입력)

공제율을 선택한다. 해당 공제율이 없는 경우에는 "4.직접입력"을 선택하고「공제율」보조창에 해당 공제율을 직접 입력한다.

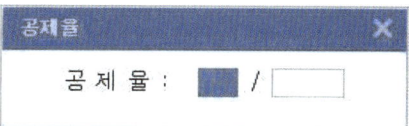

▶ **의제매입세액**

해당 공제율을 선택하면 매입가액에 공제율을 곱한 금액이 자동 계산된다.

※ 매입세액 한도액 계산

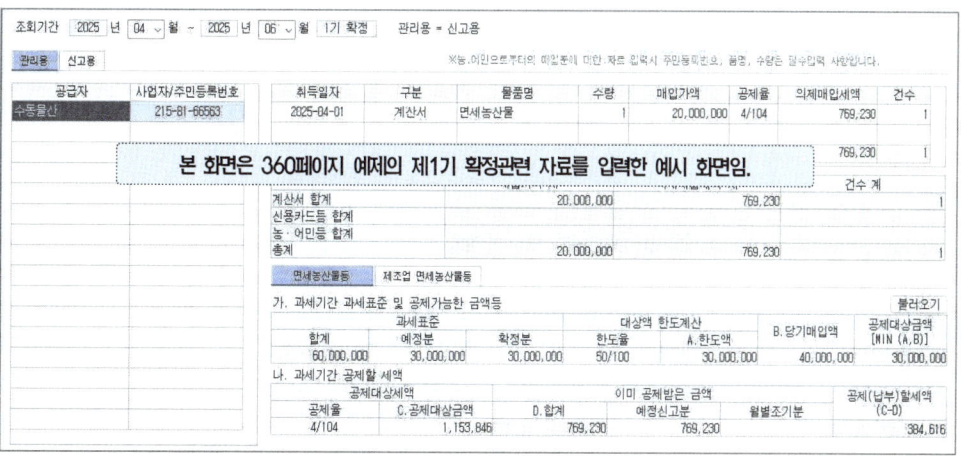

❶ 『면세농산물등』 탭 - *1기 및 2기 확정신고시 작성*

가. 과세기간 과세표준 및 공제가능한 금액등

▶ **과세표준**

과세기간별 면세농산물 등과 관련하여 공급한 과세표준을 [예정분]란과 [확정분]란으로 구분하여 입력한다.

▶ **대상액 한도계산**

과세표준 [합계]란에 한도율(법인은 50%)을 곱하여 계산한 금액이 자동 반영된다.

▶ **B.당기매입액**

당해 과세기간의 면세농산물 등의 매입가액을 입력한다.

▶ **공제대상금액[MIN (A, B)]**

[A.한도액]란과 [B.당기매입액]란 중 적은 금액이 자동 반영된다.

나. 과세기간 공제할 세액

▶ **공제대상세액**

[공제대상금액[MIN(A,B)]란에 공제율을 곱한 금액이 [C.공제대상금액]란에 자동 반영된다.

▶ **이미 공제받은 금액**

이미 공제받은 금액을 [예정신고분]란과 [월별조기분]란으로 구분하여 입력한다.

▶ **공제(납부)할 세액(C-D)**

[C.공제대상금액]란에서 [D.합계]란을 차감한 금액이 자동으로 반영된다.

> [참고] F4 불러오기
>
> 면세농산물 등의 매입시에 [일반전표입력] 또는 [매입매출전표입력] 메뉴에 거래 자료를 입력하고, 부가가치세 신고시에 거래 자료를 [의제매입세액공제신고서] 메뉴에 모두 다시 입력한다는 것은 실무적으로 매우 번거로운 일이다. 그래서 [일반전표입력] 또는 [매입매출전표입력] 메뉴에 입력된 거래 자료를 [의제매입세액공제신고서] 메뉴에 자동으로 반영하고, 나머지 항목들만 수정할 수 있는 기능이 상단 툴바의 F4 불러오기 이다. 실무에서 이 기능을 사용하려면 [일반전표입력] 또는 [매입매출전표입력] 메뉴의 『전체입력』 탭에서 거래 자료 입력시 원재료 등의 [적요]란에 "6.의제매입세액공제신고서 자동반영분"을 입력해야 하며, 또한 [거래처]란 또는 [공급처명]란이 반드시 입력되어야 한다. [매입매출전표입력] 메뉴의 경우에는 『의제류매입』 탭에 입력하는 방법도 있다.

❷ 『제조업 면세농산물등』 탭 - 2기 확정신고시 작성

면세농산물등	제조업 면세농산물등						
가. 1역년 과세표준 및 제2기 과세기간 공제 가능한 금액등							불러오기
과세표준			대상액 한도계산		1역년 매입액		공제대상금액
합계	제1기	제2기	한도율 50/100	A.한도액	B.합계	제1기	제2기	[MIN (A,B)]
나. 과세기간 공제할 세액							
공제대상세액			이미 공제받은 금액				공제(납부)할 세액 (C-D)
공제율	C.공제대상 금액	D.총 합계	제1기	제2기			
				합계	예정신고분	월별조기분	

가. 1역년 과세표준 및 제2기 과세기간 공제 가능한 금액등

▶ 과세표준

1역년에 면세농산물 등과 관련하여 공급한 과세표준을 [제1기]란과 [제2기]란으로 구분하여 입력한다.

▶ 대상액 한도계산

과세표준 [합계]란에 한도율(법인은 50%)을 곱하여 계산한 금액이 자동 반영된다.

▶ 1역년 매입액

1역년에 공급받은 면세농산물 등의 매입가액을 [제1기]란과 [제2기]란으로 구분하여 입력한다. 제1기 과세기간에 공급받은 면세농산물 등의 가액을 1역년에 공급받은 면세농산물 등의 가액으로 나누어 계산한 비율이 75% 이상이거나 25% 미만이어야 한다.

▶ 공제대상금액[MIN (A, B)]

[A.한도액]란과 [B.합계]란 중 적은 금액이 자동 반영된다.

나. 과세기간 공제할 세액

▶ 공제대상세액

[공제대상금액[MIN(A,B)]란에 공제율을 곱한 금액이 [C.공제대상금액]란에 자동 반영된다.

▶ 이미 공제받은 금액

이미 공제받은 금액을 [제1기]란과 [제2기]란으로 구분하여 입력한다.

▶ 공제(납부)할 세액(C-D)

[C.공제대상금액]란에서 [D.총 합계]란을 차감한 금액이 자동으로 반영된다.

기/출/문/제 [실기]

다음에 제시된 문제를 ㈜부가가치(회사코드 : 2003)를 선택하여 입력하시오.

01 다음은 의제매입세액공제 대상이 되는 매입자료 내역이며, 당사는 요식업을 영위하는 법인이다. 자료에 의하여 2025년 제1기 예정분 의제매입세액공제신고서를 작성하고, 의제매입세액공제에 대한 회계처리를 하시오(모든 거래에 대한 계산서는 적정하게 수취하였다. 공제율은 6/106을 적용하며, 의제매입세액공제액은 3월 27일자로 회계처리 할 것).

매입일자	거래처 코드	공급자	사업자등록번호	품명	수량(kg)	매입가액(원)
		대표자	사업장소재지			
2025.02.01	301	강원유통	132-84-56586	닭	100	810,900
2025.02.25	302	해태유통	132-81-21354	당근	200	153,700

02 다음은 의제매입세액공제 대상이 되는 매입자료 내역이며, 당사는 음식업을 영위하는 법인으로 가정한다(공제율은 6/106 적용). 자료에 의하여 제1기 확정분 의제매입세액공제신고서를 작성하시오(수량은 편의상 "1"로 입력하고, 의제매입세액으로 공제대상인 구입 내역만 반영할 것).

[자료1] 확정신고기간 구입 내역

상호(성명)	사업자등록번호 (주민등록번호)	일자	구분	품명	매입가액(원)
강릉수협	123-81-56562	4/28	계산서매입(현금거래)	야채	30,000,000
인천수산	313-81-21351	5/24	신용카드매입	정육	80,000,000
김한세	630121-1222311	6/27	농어민매입(현금거래)	쌀	15,000,000

[자료2] 공급가액

2025년 1기(1.1. ~ 6.31.)의 음식업 매출과 관련한 공급가액은 500,000,000원(1기 예정 공급가액 : 242,000,000원, 1기 확정 공급가액 : 258,000,000원)이다.

[자료3] 관련자료

- 당기 의제매입세액공제대상 면세매입금액 : 184,200,000원
- 예정신고시 의제매입세액공제액 : 4,200,000원

03 다음 거래를 보고 2025년 2기 예정 과세기간에 대한 의제매입세액공제신고서를 작성하시오. 단, 의제매입세액공제신고와 관련해서는 아래 이외의 거래는 없으며, 당사는 과세사업과 면세사업을 겸영하는 제조업자이며, 면세농산물은 과세사업에 사용된다. 관련 전표입력은 생략하기로 한다(공제율은 2/102 적용).

구 분	일 자	상호 또는 성명	사업자번호 또는 주민등록번호	품명	매입가액	증빙	수량
사업자 매입분	07.01.	㈜한세축산	130-84-56561	축산물	3,003,900	계산서	10
	08.03.	㈜영일축산	130-81-21358	축산물	1,020,000	영수증	10
	09.12.	㈜해일수산	130-84-56479	해산물	3,060,000	신용카드	10
	09.21.	㈜우일수산	120-81-66756	해산물	2,099,670	계산서	10
농어민 매입분	07.12.	김한세	630121-1222311	견과류	1,999,200	영수증	10
	08.05.	이세무	290125-1023214	견과류	4,115,700	영수증	10

04 당사는 요식업을 영위하는 법인으로 가정한다. 다음 중 의제매입세액공제 대상이 되는 매입자료만을 의제매입세액공제신고서에 자동 반영되도록 [매입매출전표입력] 메뉴에 입력하여 2025년 2기 확정 신고기간의 의제매입세액공제신고서를 작성하시오(공제율은 6/106 적용). 2기 확정 신고기간의 매출 공급가액은 330,000,000원이고 예정분은 없는 것으로 하며 매입가격은 거래일에 현금지급 하였다.

일자	품목	상호	사업자번호	수량	총매입가격	증빙
12/30	마늘	이승철(농민)	701212-1234561	50kg	600,000	계약서
12/30	음식물쓰레기봉투	서초매점	214-05-88973	10장	10,000	현금영수증
12/30	사과	해태유통	132-81-21354	20kg	212,000	전자계산서

※ 제1기 과세기간에 공급받은 면세농산물 등의 가액을 1역년에 공급받은 면세농산물 등의 가액으로 나누어 계산한 비율이 50%라고 가정한다.

KcLep 도우미

해설 1

- [부가가치]>[신고서/부속명세]>[부속명세서Ⅰ]>[의제매입세액공제신고서]의 『관리용』 탭에서 조회기간(1월 ~ 3월)을 입력한다.

- [회계관리]>[재무회계]>[전표입력]>[일반전표입력]에 다음과 같이 입력한다.
  3월 27일 : (차) 135.부가세대급금   54,600   /   (대) 153.원재료   54,600
          (또는 부가세예수금)   (적요 : 8.타계정으로 대체액)

> **한마디** … [의제매입세액공제신고서] 메뉴에서 작성된 내용은 [부가가치세신고서] 메뉴에 다음과 같이 자동으로 반영되므로 그 위치를 확인해 두어야 한다. 만약, 자격시험에서 [의제매입세액공제신고서] 메뉴를 작성하지 않고 그 결과만을 [부가가치세신고서] 메뉴에 반영하라고 하면, 다음과 같이 입력해야 한다.

[부가가치세신고서] 메뉴 (조회기간 : 1월 1일 ~ 3월 31일)

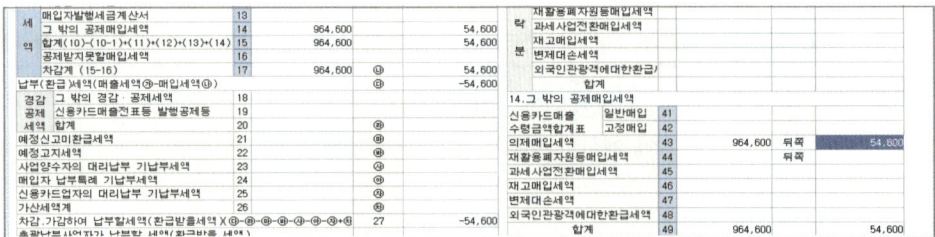

해설 2

- [의제매입세액공제신고서]의 『관리용』 탭에서 조회기간(4월 ~ 6월)을 입력한다.

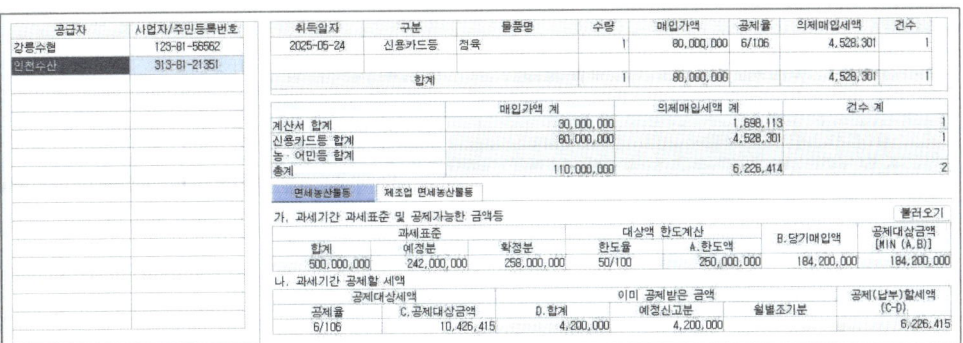

* 농어민으로부터의 매입은 당해 사업자가 제조업자인 경우에 한하여 공제하므로 "김한세"로부터 현금으로 매입한 거래는 입력하지 않는다.

해설 3

- [의제매입세액공제신고서]의 『관리용』 탭에서 조회기간(7월 ~ 9월)을 입력한다.

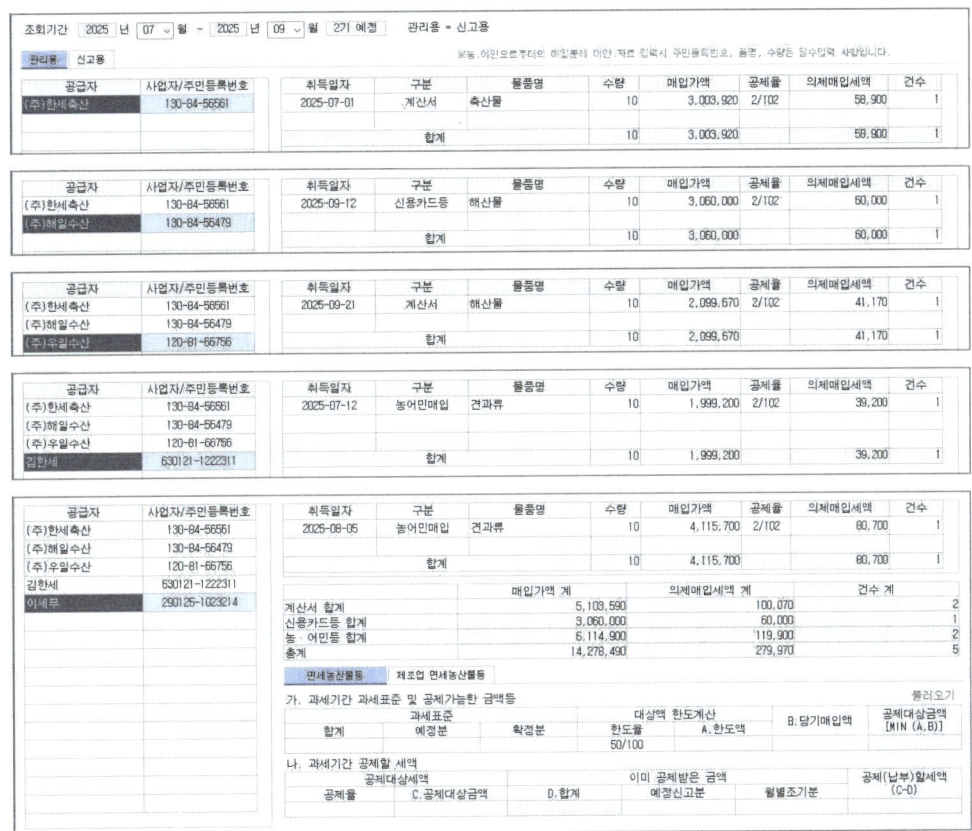

* 사업자로부터 매입분은 계산서 또는 신용카드 등인 경우에만 공제가능 하므로 "㈜영일축산"으로부터 영수증을 수취한 거래는 입력하지 않는다.

해설 4

- [매입매출전표입력] 메뉴의 『의제류매입』 탭에 다음과 같이 입력한다.

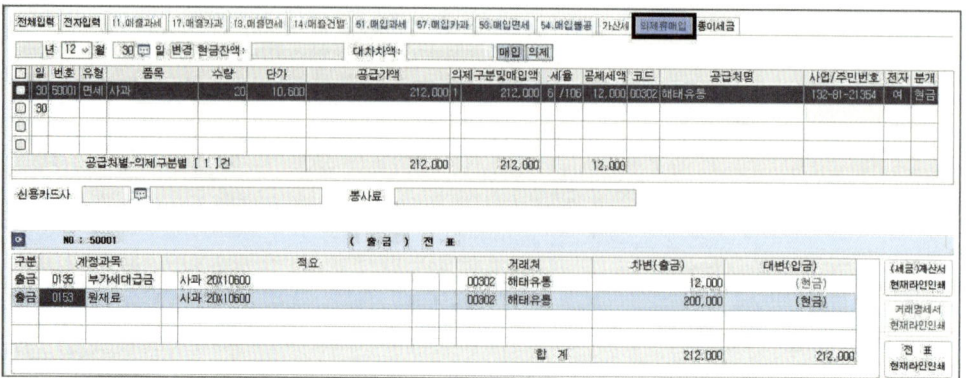

* 농어민으로부터의 매입은 당해 사업자가 제조업자인 경우에 한하여 공제하므로 "김마늘"로부터 매입한 거래는 입력하지 않는다.
* 쓰레기봉투의 매입은 의제매입세액공제 대상이 아니다.

- [의제매입세액공제신고서]의 『관리용』 탭에서 조회기간(10월 ~ 12월)을 입력한다.

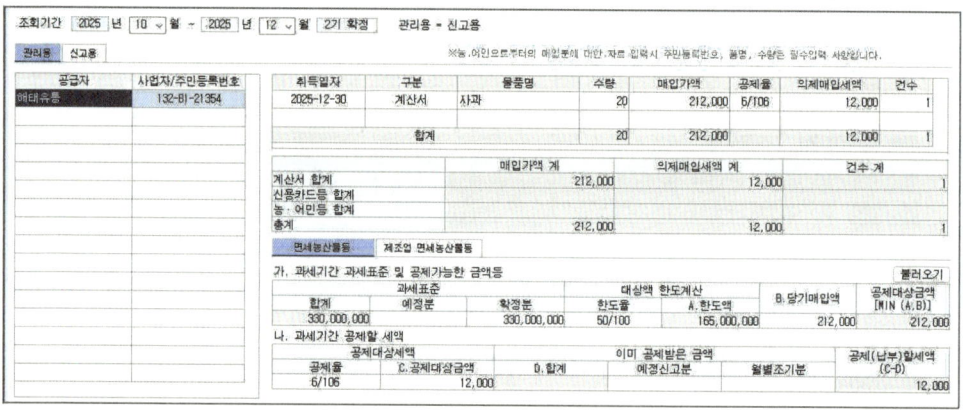

제5절 재활용폐자원 등에 대한 매입세액공제특례

재활용폐자원 및 중고자동차를 수집하는 사업자가 부가가치세 과세사업을 영위하지 아니하는 자와 간이과세자로부터 재활용폐자원 및 중고자동차를 취득하여 제조 또는 가공하거나 이를 공급하는 경우에는 일정한 금액을 매출세액에서 매입세액으로 공제할 수 있다.

1. 적용대상

(1) 적용대상사업자의 범위

① 「폐기물관리법」에 의하여 폐기물중간처리업 허가를 받은 자(폐기물을 재활용하는 경우에 한한다) 또는 폐기물재활용신고를 한 자
② 「자동차관리법」에 따라 자동차매매업등록을 한 자
③ 「한국환경공단법」에 따른 한국환경공단
④ 「자동차관리법」에 따른 자동차 중 중고자동차를 수출하는 자
⑤ 기타 재활용폐자원을 수집하는 사업자로서 기획재정부령으로 정하는 자

(2) 적용대상품목

① 재활용폐자원 : 고철, 폐지, 폐유리, 폐합성수지, 폐합성고무, 폐금속캔, 폐건전지, 폐비철금속류, 폐타이어, 폐섬유, 폐유
② 중고자동차 : 「자동차관리법」에 따른 자동차 중 중고자동차

2. 세액공제 방법

(1) 공제율

> 재활용폐자원 등에 대한 매입세액 = 재활용폐자원 등의 취득금액 × 3/103(10/110*)

  * 중고자동차를 취득하는 경우에는 10/110을 적용한다.

(2) 매입가액 한도액

재활용폐자원 등에 대한 매입세액 공제특례를 적용받는 경우에는, 부가가치세 확정신고시 해당 과세기간의 재활용폐자원과 관련한 부가가치세 과세표준에 80%를 곱하여 계산한 금액에서 세금계산서를 발급받고 매입한 재활용폐자원 매입가액(사업용 고정자산 매입가액 제외)을 차감한 금액을 한도(중고자동차는 공제한도 없음)로 하여 계산한 매입세액을 공제할 수 있다.

> 한도 = (재활용폐자원 관련 과세표준 × 80%) - 세금계산서 수취분 재활용폐자원 매입가액

(3) 적용절차

재활용폐자원 및 중고자동차에 대하여 매입세액공제를 받고자 하는 자는 예정신고 또는 확정신고시 매입처별계산서합계표 또는 영수증을 첨부하여 "재활용폐자원 등의 매입세액공제신고서"를 제출하여야 한다. 이 경우 예정신고 및 조기환급신고시 이미 재활용폐자원매입세액공제를 받은 금액이 있는 경우에는 확정신고시 정산하여야 한다.

다음 자료를 이용하여 제1기 예정 및 확정신고기간에 대한 재활용폐자원 매입세액을 계산하시오(공제율 3/103 적용).

[1] 제1기 예정관련 자료
 ① 재활용폐자원 관련 과세표준 15,000,000원
 ② 재활용폐자원 취득금액(영수증 수취분) 10,300,000원
 ③ 재활용폐자원 취득금액(세금계산서 수취분) 3,000,000원

[2] 제1기 확정관련 자료
 ① 재활용폐자원 관련 과세표준 15,000,000원
 ② 재활용폐자원 취득금액(영수증 수취분) 10,300,000원
 ③ 재활용폐자원 취득금액(세금계산서 수취분) 3,000,000원

[해설] [1] 제1기 예정 재활용폐자원매입세액 공제세액 : 300,000원
    10,300,000 × 3/103 = 300,000원

[2] 제1기 확정 재활용폐자원매입세액 공제세액 : 224,271원
 ① 공제대상금액 : (Min ㉠·㉡) = 18,000,000원
  ㉠ 영수증 수취분 : (10,300,000 + 10,300,000) = 20,600,000원
  ㉡ (재활용폐자원 관련 과세표준 × 한도율) - 세금계산서 수취분 재활용폐자원 매입가액
    : (30,000,000 × 80%) - 6,000,000 = 18,000,000원
 ② 공제(납부)세액 = (공제대상금액×3/103) - 이미 공제받은 세액
    : (18,000,000 × 3/103) - 300,000 = 224,271원

[참고] 작성서류 : 재활용폐자원세액공제신고서
예정분 [**재활용폐자원세액공제신고서**] 메뉴를 작성하면 [공제액]란의 합계 금액이, 확정분 [**재활용폐자원세액공제신고서**] 메뉴를 작성하면 [공제(납부)할세액]란의 금액이 [**부가가치세신고서**] 메뉴의 [그 밖의 공제매입세액]란과 [재활용폐자원등매입세액]란에 자동 반영된다. 예를 들어, 예정신고시 재활용폐자원의 취득금액이 10,300,000원이며 공제액이 300,000원인 경우 입력 사례는 다음과 같다.

예제

㈜최대리는 중고자동차 매매업을 허가받은 사업자이다. 다음 거래내역에 대한 회계처리를 하시오.

(1) X1년 4월 1일 : 개인으로부터 중고자동차를 5,500,000원에 현금으로 매입하였다.
(2) X1년 5월 1일 : 중고자동차를 20,000,000원(부가가치세 별도)에 현금으로 판매하고 세금계산서를 발급하였다.
(3) X1년 6월 30일 : 재활용폐자원 등 매입세액공제액 500,000원을 상품에서 차감하는 회계처리를 하였다(공제율 10/110으로 가정).
(4) X1년 6월 30일 : 부가세예수금과 부가세대급금을 서로 상계하고 잔액은 미지급금으로 처리하였다.
(5) X1년 7월 25일 : 제1기 확정 부가가치세 신고시에 재활용폐자원 및 중고품 매입세액 공제신고서를 제출하고 부가가치세 1,500,000원을 현금으로 납부하였다.

해설

(1)	(차) 상품	5,500,000	/	(대) 현금	5,500,000
(2)	(차) 현금	22,000,000	/	(대) 상품매출	20,000,000
				부가세예수금	2,000,000
(3)	(차) 부가세대급금	500,000	/	(대) 상품	500,000
				(적요 : 8.타계정으로 대체)	

* 5,500,000 × 10/110 = 500,000원

(4)	(차) 부가세예수금	2,000,000	/	(대) 부가세대급금	500,000
				미지급금	1,500,000
(5)	(차) 미지급금	1,500,000	/	(대) 현금	1,500,000

 **KcLep 길라잡이**

- [부가가치]>[신고서/부속명세]>[부속명세서Ⅰ]>[재활용폐자원세액공제신고서]의 『관리용』 탭에서 [조회기간]란에 신고기간(1월 ~ 3월)을 입력하면 다음과 같은 화면이 나타난다.

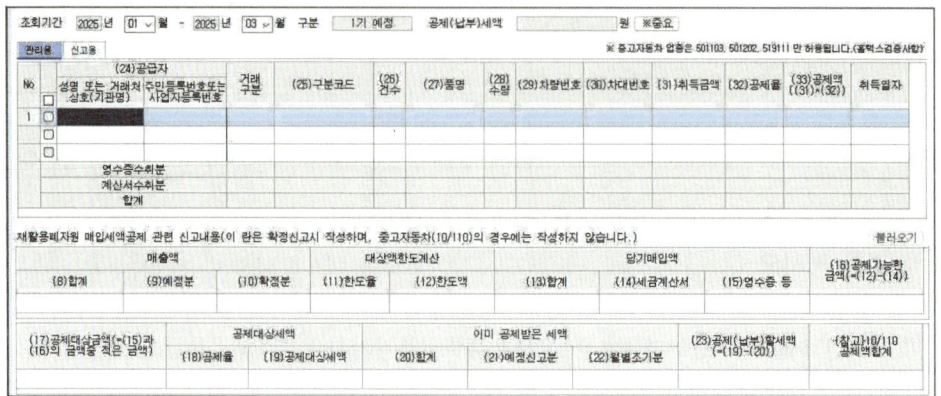

· [재활용폐자원세액공제신고서] 화면 ·

▶ 조회기간

신고기간을 입력한다.

(24) 공급자

▶ 성명 또는 거래처상호(기관명)

재활용폐자원 및 중고자동차 공급자의 성명 또는 거래처상호를 입력한다. [회계관리]>[재무회계]>[기초정보관리]>[거래처등록]에 입력된 거래처라면 키보드의 F2 키를 누르고, 「거래처도움」 보조창의 [전체]란에 거래처명 두 글자 또는 그 이상을 입력하고 해당 거래처를 선택하고 확인(Enter)을 클릭한다.

▶ 주민등록번호 또는 사업자등록번호

공급자가 사업자인 경우에는 사업자등록번호를 입력하고, 공급자가 비사업자인 경우에는 주민등록번호를 입력한다.

▶ 거래구분 (1:영수증, 2:계산서)

재활용폐자원 등을 공급받은 증빙의 구분을 선택한다.

(25) 구분코드 (1:중고자동차, 2:기타재활용폐자원)

적용대상품목의 구분을 선택한다.

(27) 품명 / (28) 수량

취득한 물품의 품목 및 수량을 입력한다.

(29) 차량번호 / (30) 차대번호

취득한 물품이 중고자동차인 경우 차량번호와 차대번호를 입력한다.

(31) 취득금액

재활용폐자원 및 중고자동차의 취득금액을 입력한다.

(32) 공제율 (1 : 3/103, 2 : 10/110)

중고자동차는 "2 : 10/110"을 선택하고, 나머지는 "1 : 3/103"을 선택한다.

(33) 공제액

취득금액에 공제율을 적용하여 자동 계산된다.

▶ 취득일자

재활용폐자원 및 중고자동차의 취득일자를 입력한다.

※ 매입세액정산(재활용) - 1기 및 2기 확정신고시 작성 (중고자동차 제외)

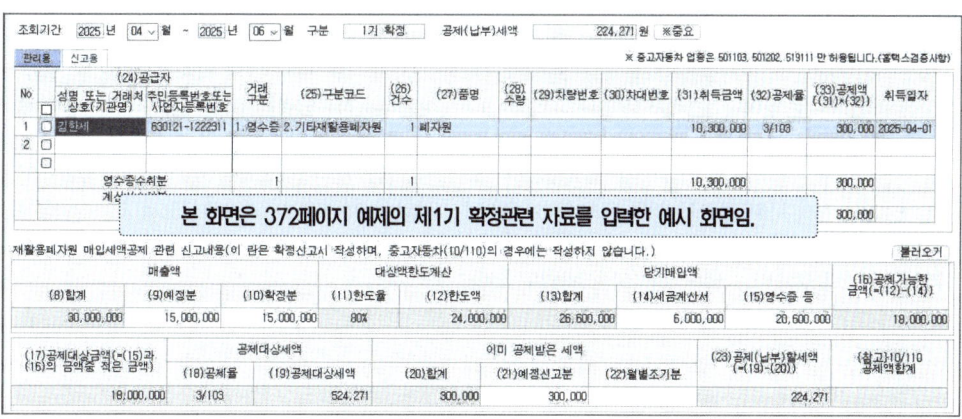

· [재활용폐자원공제신고서] 화면 ·

▶ 매출액

과세기간의 재활용폐자원 관련 과세표준을 [예정분]란과 [확정분]란으로 구분하여 입력한다.

(12) 한도액

매출액 [(8)합계]란에 한도율(80%)을 곱한 금액이 자동 반영된다.

▶ 당기매입액

당해 과세기간의 재활용폐자원 매입가액을 세금계산서 수취분과 영수증 등 수취분으로 구분하여 입력한다.

(16) 공제가능한 금액

[(12)한도액]란에서 [(14)세금계산서]란을 차감한 금액이 자동으로 반영된다.

(19) 공제대상세액

[(17)공제대상금액]란에 공제율(3/103)을 곱한 금액이 자동으로 반영된다.

▶ 이미 공제받은 세액

이미 공제받은 금액을 [예정신고분]란과 [월별조기분]란으로 구분하여 입력한다.

(23) 공제(납부)할 세액

공제대상세액에서 이미 공제받은 세액을 차감한 금액이 자동으로 반영된다.

> [참고] F6 불러오기
>
> 재활용폐자원 등의 매입시에 [일반전표입력] 또는 [매입매출전표입력] 메뉴에 거래 자료를 입력하고, 부가가치세 신고시에 거래 자료를 [재활용폐자원세액공제신고서] 메뉴에 모두 다시 입력한다는 것은 실무적으로 매우 번거로운 일이다. 그래서 [일반전표입력] 또는 [매입매출전표입력] 메뉴에 입력된 거래 자료를 [재활용폐자원세액공제신고서] 메뉴에 자동으로 반영하고, 나머지 항목들만 수정할 수 있는 기능이 상단 툴바의 F6 불러오기 이다. 실무에서 이 기능을 사용하려면 [일반전표입력] 또는 [매입매출전표입력] 메뉴의 『전체입력』 탭에서 거래 자료 입력시 상품 등의 [적요]란에 "7.재활용폐자원매입세액공제신고서 자동반영분"을 입력해야 하며, 또한 [거래처]란 또는 [공급처명]란이 반드시 입력되어야 한다. [매입매출전표입력] 메뉴의 경우에는 『의제류매입』 탭에 입력하는 방법도 있다.

기/출/문/제 [실기]

다음에 제시된 문제를 ㈜부가가치(회사코드 : 2003)를 선택하여 입력하시오.

01 다음 자료를 입력하여 2025년 제1기 예정분 재활용폐자원 및 중고품 매입세액공제 신고서를 작성하고 부가가치세신고서의 해당란에 반영하시오.

[매입세액공제대상 거래내역(영수증)]

취득일자	공급자	품 명	수량(kg)	취득금액
2025. 01. 12.	김남일	폐 지	200	1,050,000
2025. 02. 25.	김남일	폐 지	400	2,100,000
2025. 03. 15.	김남일	폐 지	600	3,150,000

[공급자 인적사항]

공급자	사업자등록번호(주민등록번호)	주 소
김남일	681220-1234569	서울 구로 구로 1동 200

02 다음 자료를 입력하여 2025년 제1기 확정분 재활용폐자원 및 중고품 매입세액공제 신고서를 작성하고 부가가치세신고서의 해당란에 반영하시오. 차량번호 및 차대번호의 입력은 생략한다.

[매입세액공제대상 거래내역(영수증)]

취득일자	공급자	품 명	수량(kg)	취득금액
2025. 04. 12.	이승철	소나타	1	5,500,000

[공급자 인적사항]

공급자	사업자등록번호(주민등록번호)	주 소
이승철	701212-1234561	서울 마포 공덕 100

03 당사는 재활용폐자원을 수집하는 사업자이다. 다음 자료에 의하여 2025년 2기 확정신고기간의 재활용폐자원세액공제신고서를 작성하시오. 단, 공제(납부)할 세액까지 정확한 금액을 입력할 것.

(1) 거래자료

공급자	사업자번호	거래일자	품명	수량	취득금액	증빙	건수
왕고물상	101-02-21108	2025.10.06.	고철	200KG	4,650,000원	영수증	1

(2) 추가자료

- 왕고물상은 간이과세사업자이다.
- 매입매출전표입력은 생략하며, 예정신고기간 중의 재활용폐자원 신고내역은 없다.
- 2기 과세기간 중 재활용관련 매출액과 세금계산서 매입액은 다음과 같다.

구분	매출액	매입공급가액(세금계산서)
예정분	58,000,000원	43,000,000원
확정분	63,000,000원	52,000,000원

KcLep 도우미

해설 1

- [부가가치세]>[신고서/부속명세]>[부속명세서Ⅰ]>[재활용폐자원세액공제신고서]의 『관리용』 탭에서 조회기간(1월 ~ 3월)을 입력한다.

- [부가가치세]>[부가가치세신고서]에서 조회기간(1월 1일 ~ 3월 31일)을 입력한다.

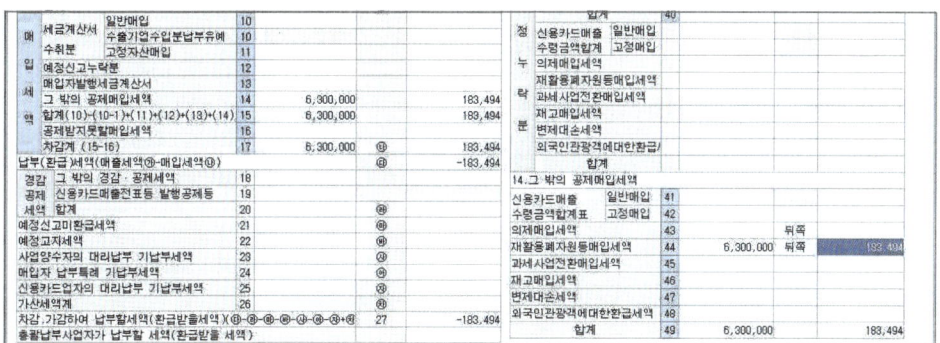

* [재활용폐자원세액공제신고서] 메뉴에서 작성된 내용이 [부가가치세신고서] 메뉴의 [그 밖의 공제매입세액]란과 [재활용폐자원등매입세액]란에 자동으로 반영되므로 그 위치를 확인해 둔다.

한마디 … 위 화면은 제1절 [대손세액공제신고서] 메뉴와 제4절 [의제매입세액공제] 메뉴에서 작업한 내용이 함께 불러오는 것을 학습 편의상 삭제하고 표시한 것이다(이하 동일).

해설 2

- [부속명세서Ⅰ]>[재활용폐자원세액공제신고서]의 『관리용』 탭에서 조회기간(4월 ~ 6월)을 입력한다.

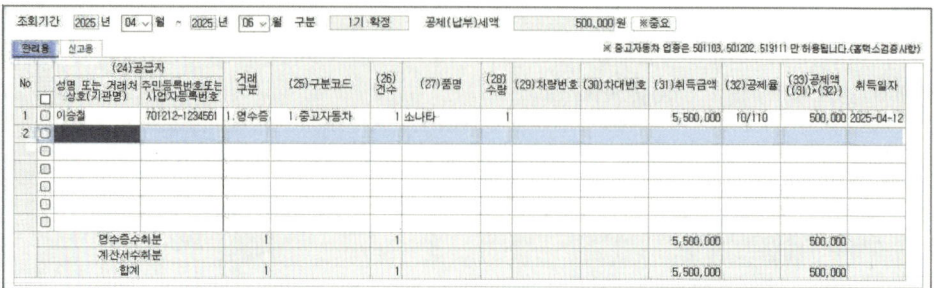

- [부가가치세]>[부가가치세신고서]에서 조회기간(4월 1일 ~ 6월 30일)을 입력한다.
  * [재활용폐자원세액공제신고서] 메뉴에서 작성된 내용이 [부가가치세신고서] 메뉴의 [그 밖의 공제매입세액]란과 [재활용폐자원등매입세액]란에 자동으로 반영된다.

해설 3

- [부속명세서Ⅰ]>[재활용폐자원세액공제신고서]의 『관리용』 탭에서 조회기간(10월 ~ 12월)을 입력한다.

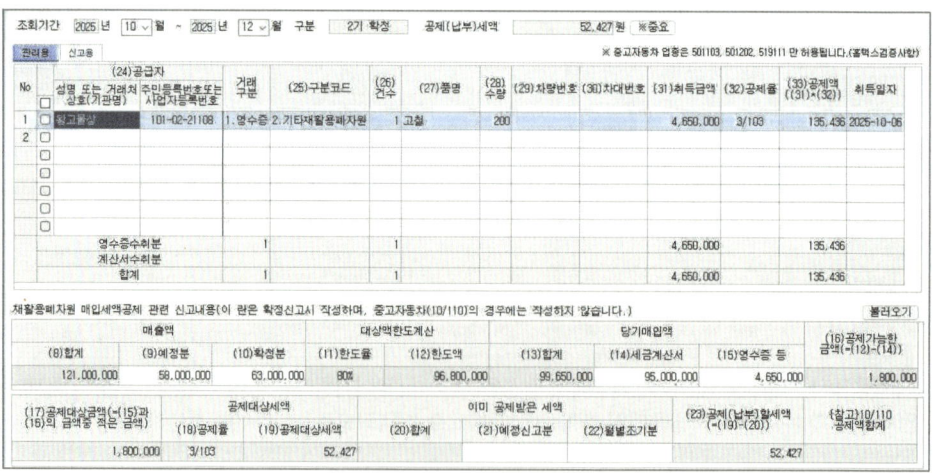

제6절 신용카드매출전표 발행 등에 대한 세액공제

다음 중 어느 하나에 해당하는 사업자가 부가가치세가 과세되는 재화 또는 용역을 공급하고 세금계산서의 발급시기에 신용카드매출전표 등을 발급하거나 전자적 결제수단에 의하여 대금을 결제받는 경우에는 그 발급금액 또는 결제금액의 1.3%에 상당하는 금액을 납부세액에서 공제한다. 공제대상 사업자는 다음과 같다.

(1) 주로 사업자가 아닌 자에게 재화 또는 용역을 공급하는 사업으로서 대통령령으로 정하는 사업을 하는 사업자(법인사업자와 직전 연도의 재화·용역의 공급가액의 합계액이 사업장을 기준으로 10억원을 초과하는 개인사업자 제외한다)

(2) 간이과세자 중 다음의 어느 하나에 해당하는 자(간이과세자 중 영수증만을 발급해야 하는 자)
   ① 직전 연도의 공급대가의 합계액이 4,800만원 미만인 자
   ② 신규로 사업을 시작하는 개인사업자로서 간이과세 적용신고를 하여 간이과세자로 하는 최초의 과세기간에 있는 자

한마디 … 연도별 공제율 및 한도액의 변화입니다. 참고만 하세요.

구 분	공제율		
	2020.1.1. ~ 2021.6.30.	2021.7.1. ~ 2026.12.31.	2027.1.1. 이후
① 음식·숙박업을 영위하는 간이과세자	2.6%	1.3%	1%
② 위 이외의 경우	1.3%		

※ 공제한도액 : 연간 1,000만원 (2027.1.1. 이후부터는 500만원)

KcLep 길라잡이

- [부가가치]>[신고서/부속명세]>[부가가치세]>[신용카드매출전표등발행금액집계표]를 선택하고 [조회기간]란에 신고기간(1월 ~ 3월)을 입력하면 다음과 같은 화면이 나타난다.

• [신용카드매출전표등발행금액집계표] 화면 •

▶ 조회기간

신고기간을 입력한다.

2. 신용카드매출전표 등 발행금액 현황

부가가치세 과세 매출분, 면세 매출분 및 봉사료를 결제수단별로 각각 구분하여 입력하고, [과세 매출분]란에는 공급대가(부가가치세 포함)를 입력한다.

3. 신용카드매출전표 등 발행금액 중 세금계산서 교부내역

▶ 세금계산서 발급금액

과세 매출분 합계금액 중 세금계산서를 발급한 금액을 입력한다.

▶ 계산서 발급금액

면세 매출분 합계금액 중 계산서를 발급한 금액을 입력한다.

> 최대리 … 전산세무2급 자격시험의 대상 회사는 법인이므로 신용카드매출전표 발행 등에 대한 세액 공제를 적용 받을 수 없다. 따라서 [부가가치세신고서] 메뉴의 [신용카드매출전표등발행공제등]란에 [금액]란만 입력되고 [세액]란은 입력되지 않는다.

기/출/문/제 [실기]

다음에 제시된 문제를 ㈜부가가치(회사코드 : 2003)를 선택하여 입력하시오.

01 다음 자료를 제1기 확정 부가가치세신고서의 해당란에 추가반영하고 신용카드매출 표등발행집계표를 작성하시오. 신용카드매출전표는 제시된 자료 외에는 없는 것으로 가정하며, 전표입력은 생략한다(불러오는 자료는 삭제할 것).

① 4월 3일 : 서초물산에 제품 공급가액 5,000,000원(부가가치세 별도)을 판매하고 세금계산서를 발행하였다. 대금은 전액 엘지카드에 의해 결제받고 서초물산에 신용카드매출전표를 발행하였다.

② 5월 5일 : 비사업자인 이연길에게 제품 2,200,000원(부가가치세 포함)을 판매하고 당사가 가맹된 엘지카드에 의해 결제받고 신용카드매출전표를 발행하였다(세금계산서 발행의무가 면제되는 거래라고 가정함).

02 다음 자료를 제2기 확정 부가가치세신고서의 해당란에 추가반영하고 신용카드매출 표등발행집계표를 작성하시오. 신용카드매출전표는 제시된 자료 외에는 없는 것으로 가정하며, 회계처리는 생략한다(불러오는 자료는 삭제할 것).

① 10월 15일 : 비사업자인 강동원에게 제품 1,870,000원(부가가치세 포함)을 판매하고 당사가 가맹된 엘지카드에 의해 결제받고 신용카드매출전표를 발행하였다.

② 10월 30일 : 한양상사㈜에 제품 공급가액 3,000,000원(부가가치세 별도)을 판매하고 세금계산서를 발행하였다. 대금 전액을 엘지카드에 의해 결제하고 한양상사㈜에 신용카드매출전표를 발행하였다.

KcLep 도우미

해설 1

- [부가가치]>[신고서/부속명세]>[부가가치세]>[부가가치세신고서]의 『일반과세』 탭에서 조회기간(4월 1일 ~ 6월 30일)을 입력한다.

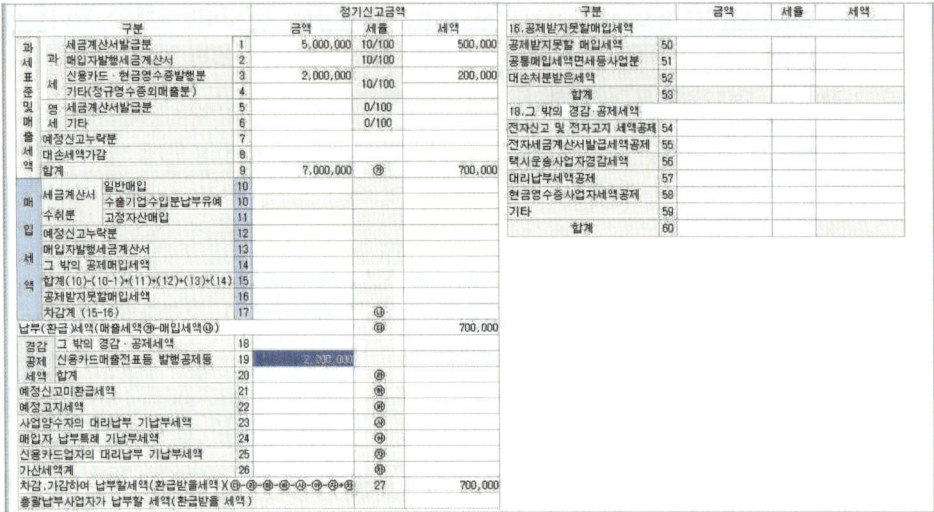

한대리 … 위 화면은 앞 과정의 작업으로 인한 자료를 삭제하고 표시한 것이다(이하 동일).

- [부가가치세]>[신용카드매출전표등발행금액집계표]에서 조회기간(4월 ~ 6월)을 입력한다.

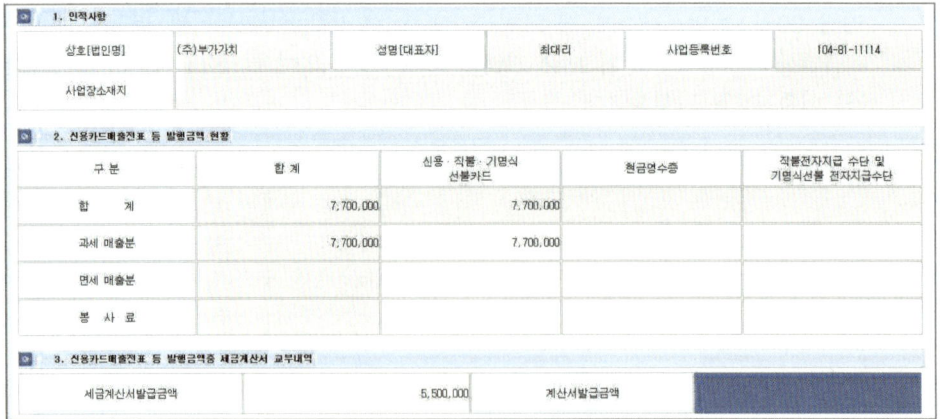

해설 2

- [부가가치세]>[부가가치세신고서]의 『일반과세』 탭에서 조회기간(10월 1일 ~ 12월 31일)을 입력한다.

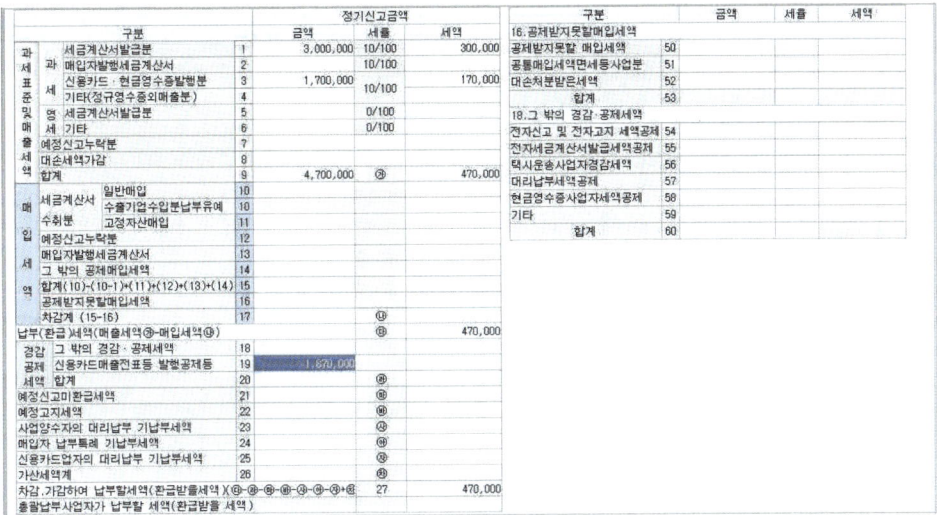

- [부가가치세]>[신용카드매출전표등발행금액집계표]에서 조회기간(10월 ~ 12월)을 입력한다.

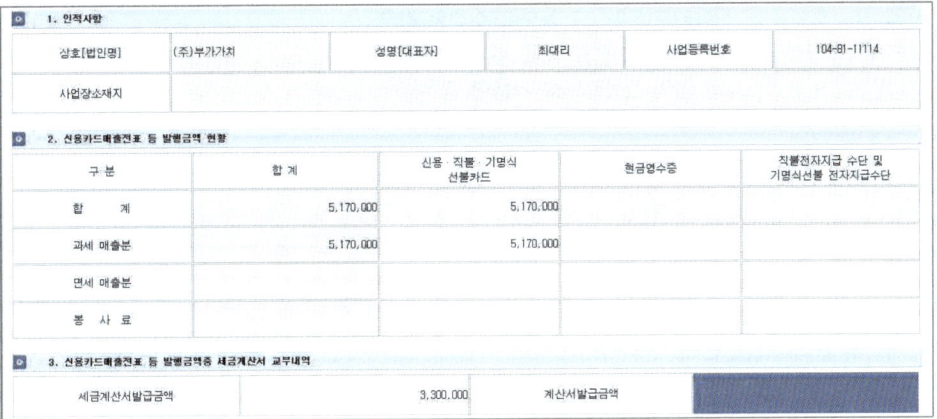

제7절 신용카드매출전표 등에 의한 매입세액공제

사업자가 일반과세자 및 간이과세자(영수증만을 발급해야 하는 자는 제외)로부터 재화나 용역을 공급받고 부가가치세액이 별도로 구분 기재된 신용카드매출전표 등을 발급받은 경우로서 다음의 요건을 모두 충족하는 경우에는 그 부가가치세액을 매입세액으로 공제한다.
① 신용카드매출전표 등 수령명세서를 제출할 것
② 신용카드매출전표 등을 5년간 보관할 것

다만, 영수증 발급대상사업 중 세금계산서 발급금지 사업을 경영하는 다음의 사업자로부터 공급받는 경우는 제외한다.
㉮ 미용·욕탕 및 유사서비스업
㉯ 여객 운송업(전세버스 제외) (예) 항공권, KTX, 우등고속버스, 택시요금)
㉰ 입장권을 발행하여 경영하는 사업 (예) 공연(영화)입장권 등 구입비용)
㉱ 쌍커풀수술 등의 진료용역을 공급하는 사업
㉲ 동물의 진료용역으로서 부가가치세 과세사업 (예) 반려견 진료)
㉳ 무도학원·자동차운전학원 사업

[참고] 매입세액 불공제 대상 신용카드매출전표
① 비영업용 소형승용차 관련 매입세액(유대 등)·기업업무추진비 관련 매입세액·사업과 관련없는 매입세액(가사용 매입 등)을 신용카드매출전표 등으로 수취한 경우
② 면세사업자로부터 신용카드매출전표 등을 수취한 경우
③ 타인(종업원 및 가족 제외) 명의 신용카드를 사용한 경우

KcLep 길라잡이

- [부가가치]>[신고서/부속명세]>[부가가치세]>[신용카드매출전표등수령명세서(갑)(을)]을 선택하고 [조회기간]란에 신고기간(1월 ~ 3월)을 입력하면 다음과 같은 화면이 나타난다.

• [신용카드매출전표등수령명세서(갑)(을)] 화면 •

▶ 조회기간

신고기간을 입력한다.

2. 신용카드 등 매입내역 합계

메뉴 하단의 "3.거래내역입력"에 입력된 자료가 자동으로 집계된다.

3. 거래내역입력

▶ 월/일

매입세액이 공제되는 신용카드 등의 거래일자를 입력한다.

▶ 구분 (1.현금, 2.복지, 3.사업, 4.신용)

신용카드 등의 유형을 선택한다.
1. **현금** : 현금영수증
2. **복지** : 화물운전자 복지카드
3. **사업** : 사업자가 사업용 물품을 구입하는데 사용하는 신용카드를 국세청 현금영수증홈페이지에 등록한 신용카드
4. **신용** : 기타의 신용카드

▶ 공급자 / 공급자(가맹점) 사업자등록번호

공급자의 상호 및 사업자등록번호를 입력한다. [회계관리]>[재무회계]>[기초정보관리]>[거래처등록]에 입력된 거래처라면 키보드의 F2 키를 누르고, 「거래처도움」 보조창의 [전체]란에 거래처명 두 글자 또는 그 이상을 입력하고 해당 거래처를 선택하고 확인(Enter)을 클릭한다.

▶ 카드회원번호

신용카드는 카드회원번호를 입력하고, 현금영수증은 승인번호를 입력한다.

▶ 그 밖의 신용카드 등 거래내역 합계

거래 건수와 공급가액을 입력한다.

[참고] F4 새로불러오기
  [매입매출전표입력] 메뉴에서 "57.카과", "61.현과"로 입력한 내용이 자동 반영된다.

기/출/문/제 [실기]

다음에 제시된 문제를 ㈜부가가치(회사코드 : 2003)를 선택하여 입력하시오.

01 다음은 2025년 1월부터 3월까지의 기간 동안 재화나 용역을 공급받고 신용카드매출전표(부가가치세 별도 기입분)를 수취한 내용이다. 신용카드매출전표등 수령금액합계표를 작성하고, 관련 금액을 제1기 예정분(1월 ~ 3월) 부가가치세신고서상에 반영하라. 단, 아래 거래와 관련해서는 세금계산서를 수취하지 아니하였다.

거래처명 (등록번호)	성명 (대표자)	거래일자	발행금액 (VAT포함)	공급자 업종 (과세유형)	거래내용
두리슈퍼 (111-11-11119)	김두리	2025.01.11.	220,000원	소매업(일반과세)	거래처 선물구입대
일동상회 (222-22-22227)	최일동	2025.01.20.	330,000원	음식점업(일반과세)	직원회식대 (복리후생)
알파문구 (333-33-33336)	오알파	2025.02.13.	440,000원	소매업(영수증만을 발급 해야 하는 간이과세자)	사무비품 구입
왕궁호텔 (555-55-55553)	박왕궁	2025.02.20.	550,000원	숙박업(일반과세)	지방출장 숙박비

※ 삼성카드 회원번호(1111-2222-3333-4444) : 일반신용카드

02 다음은 4월부터 6월까지 사업용 신용카드를 사용하고 신용카드매출전표를 발급받은 내용이다(부가가치세 별도 기재분). 신용카드매출전표등 수령금액합계표를 작성하고 제1기 확정 부가가치세신고서에 그 내용을 반영하시오.

거래처명 (등록번호)	성명 (대표자)	거래 일자	발행금액 (VAT포함)	공급자의 업종 등	거 래 내 용	비 고
갤럭시 (105-03-43135)	정동환	04.10.	330,000원	소매업 일반과세자	거래처 선물구입비용	세금계산서 미발급
향초밥 (105-05-91233)	김성환	05.03.	550,000원	음식점업 일반과세자	직원 회식대 (복리후생비)	세금계산서 미발급
차이헤쎄 (205-06-45604)	송승헌	05.21.	330,000원	소매업 간이과세자	사무용품 구입 (사무용품비)	세금계산서 미발급
아시아나 (610-81-16502)	김정원	05.25.	880,000원	숙박업 일반과세자	임직원 등의 지방출 장시 호텔숙박비용	세금계산서 미발급
김재호세무사 (105-03-86508)	김재호	06.05.	660,000원	세무사 일반과세자	세무컨설팅 비용	세금계산서 수취

※ 비씨카드 회원번호(5555-6666-7777-8884) : 사업용신용카드
※ 차이헤쎄는 영수증만을 발급해야하는 간이과세자임.

03 다음은 10월부터 12월까지 사업용 신용카드를 사용하고 거래처로부터 신용카드매출전표를 발급받은 내용이다(부가가치세 별도 기재분). 신용카드매출전표등 수령금액합계표 작성은 생략하고 제2기 확정 부가가치세신고서에만 그 내용을 반영하시오.

거래처명 (등록번호)	성명 (거래처)	거래 일자	발행금액 (부가세포함)	공급자의 업종 등	거 래 내 용	비 고
미 즈 105-05-54107	이명수	10.06.	220,000원	소매업 일반과세자	소모품 구입비용 (소모품비)	세금계산서 발급
제리키즈 105-03-64106	정동환	10.10.	330,000원	소매업 일반과세자	특정 거래처에 대한 선물구입비용	세금계산서 미발급
모이세 105-05-23905	김성환	11.03.	660,000원	음식점업 일반과세자	직원회식대 (복리후생비)	세금계산서 미발급
헤쎄 105-06-45605	송승헌	11.21.	440,000원	소매업 간이과세자	사무용품 구입 (사무용품비)	영수증만을 발급해야하는 간이과세자임
코리아나 610-81-86503	김정원	11.25.	880,000원	숙박업 일반과세자	임직원 등의 지방출 장시 호텔숙박비용	세금계산서 미발급

KcLep 도우미

해설 1

- [부가가치]>[신고서/부속명세]>[부가가치세]>[신용카드매출전표등수령명세서(갑)(을)]에서 조회기간(1월 ~ 3월)을 입력한다.

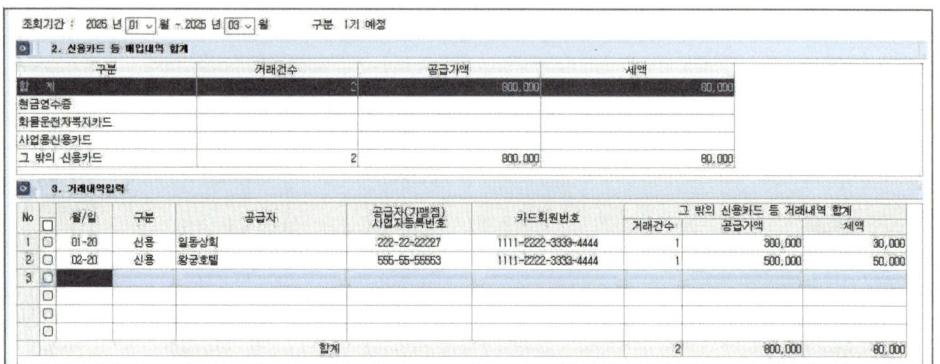

① 1월 11일 : 기업업무추진비 관련 매입세액을 신용카드매출전표 등으로 수취한 경우에는 공제되지 않는다.
② 2월 13일 : 간이과세자 중 영수증만을 발급해야하는 자로부터 신용카드매출전표 등을 수취한 경우에는 공제되지 않는다.

- [부가가치세신고서]의 『일반과세』 탭에서 조회기간(1월 1일 ~ 3월 31일)을 입력한다.

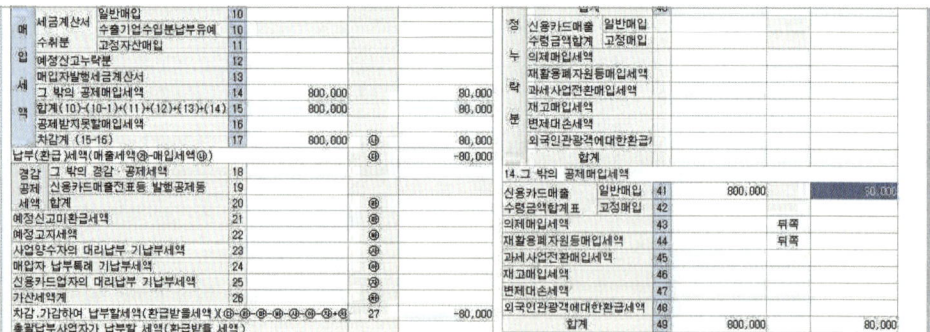

③ [신용카드매출수령금액합계표/ 일반매입]란에 [신용카드매출전표등수령명세서(갑)(을)] 메뉴의 공급가액 합계 800,000원과 세액 합계 80,000원을 [금액]란과 [세액]란에 입력한다.

해설 2

- [부가가치세]>[신용카드매출전표등수령명세서(갑)(을)]에서 조회기간(4월 ~ 6월)을 입력한다.

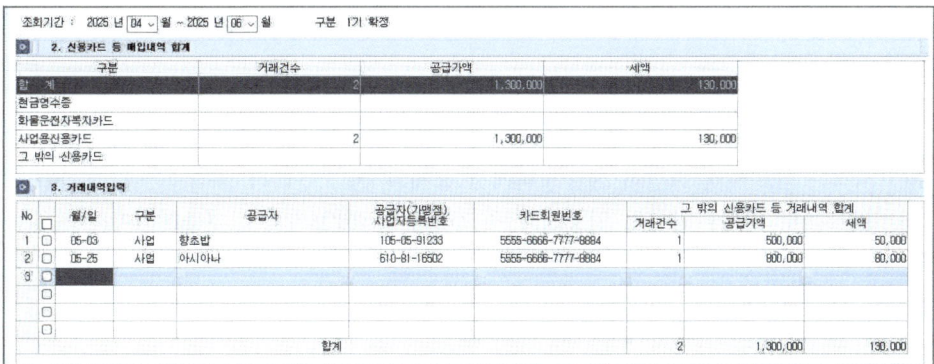

① 4월 10일 : 기업업무추진비 관련 매입세액을 신용카드매출전표 등으로 수취한 경우에는 공제되지 않는다.
② 5월 21일 : 간이과세자 중 영수증만을 발급해야하는 자로부터 신용카드매출전표 등을 수취한 경우에는 공제되지 않는다.
③ 6월 5일 : 세금계산서 수취로 이미 매입세액공제가 되므로 중복으로 공제되지 않는다.

- [부가가치세신고서]의 『일반과세』 탭에서 조회기간(4월 1일 ~ 6월 30일)을 입력한다.
  ④ [신용카드매출수령금액합계표/ 일반매입]란에 [신용카드매출전표등수령명세서(갑)(을)] 메뉴의 공급가액 합계 1,300,000원과 세액 합계 130,000원을 [금액]란과 [세액]란에 입력한다.

해설 3

- [부가가치세]>[신용카드매출전표등수령명세서(갑)(을)] 메뉴 – 입력생략
  ① 10월 6일 : 세금계산서 수취로 이미 매입세액공제가 되므로 중복으로 공제되지 않는다.
  ② 10월 10일 : 기업업무추진비 관련 매입세액을 신용카드매출전표 등으로 수취한 경우에는 공제되지 않는다.
  ③ 11월 21일 : 간이과세자 중 영수증만을 발급해야하는 자로부터 신용카드매출전표 등을 수취한 경우에는 공제되지 않는다.

- [부가가치세신고서]의 『일반과세』 탭에서 조회기간(10월 1일 ~ 12월 31일)을 입력한다.

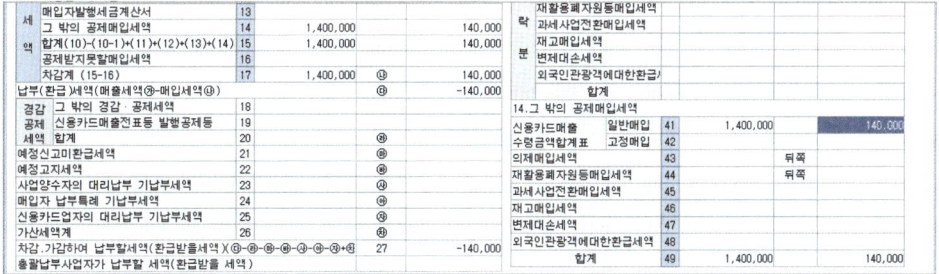

④ [신용카드매출수령금액합계표/ 일반매입]란에 [신용카드매출전표등수령명세서(갑)(을)] 메뉴의 공급가액 합계 1,400,000원과 세액 합계 140,000원을 [금액]란과 [세액]란에 입력한다.
※ 신용카드매출전표 매입세액공제 금액 : (660,000 + 880,000) × 10/110 = 140,000원

제8절 공제받지 못할 매입세액명세서

1. 매입세액 불공제

사업자가 자기의 사업을 위하여 사용되었거나 사용될 재화 또는 용역의 공급 및 재화의 수입에 대한 세액은 납부세액 계산시 매출세액에서 공제되지만, 다음의 경우에는 거래징수 당한 사실이 세금계산서 등에 의하여 입증된다 하더라도 그 매입세액은 매출세액에서 공제하지 아니한다.

(1) 세금계산서 미수취 및 부실기재 매입세액

세금계산서를 발급받지 않은 경우 또는 발급받은 세금계산서에 필요적 기재사항의 전부 또는 일부가 기재되지 아니하였거나 사실과 다르게 적힌 경우의 매입세액(공급가액이 사실과 다르게 적힌 경우에는 실제 공급가액과 사실과 다르게 적힌 금액의 차액에 해당하는 세액을 말함)은 공제되지 않는다. 다만, 다음 중 어느 하나에 해당하는 경우에는 예외적으로 매입세액공제가 허용된다.

① 사업자등록을 신청한 사업자가 사업자등록증 발급일까지의 거래에 대하여 해당 사업자 또는 대표자의 주민등록번호를 적어 발급받은 경우
② 발급받은 세금계산서의 필요적 기재사항 중 일부가 착오로 사실과 다르게 적혔으나 그 세금계산서에 적힌 나머지 필요적 기재사항 또는 임의적 기재사항으로 보아 거래 사실이 확인되는 경우
③ 재화 또는 용역의 공급시기 이후에 발급받은 세금계산서로서 해당 공급시기가 속하는 과세기간에 대한 확정신고기한까지 발급받은 경우
④ 전자세금계산서 의무발급 사업자로부터 발급받은 전자세금계산서로서 국세청장에게 전송되지 아니하였으나 발급한 사실이 확인되는 경우
⑤ 전자세금계산서 의무발급 사업자로부터 발급받은 전자세금계산서 외의 세금계산서로서 재화나 용역의 공급시기가 속하는 과세기간에 발급받았고 그 거래사실도 확인되는 경우
⑥ 실제로 재화나 용역을 공급하거나 공급받은 사업장이 아닌 사업장을 적은 세금계산서를 발급받았더라도 그 사업장이 총괄하여 납부하거나 사업자단위과세사업자에 해당하는 사업장인 경우로서 그 재화나 용역을 실제로 공급한 사업자가 납세지 관할세무서장에게 해당 과세기간에 대한 납부세액을 신고하고 납부한 경우
⑦ 재화 또는 용역의 공급시기가 속하는 과세기간에 대한 확정신고기한이 지난 후 세금계산서를 발급받았더라도 그 세금계산서의 발급일이 확정신고기한 다음 날부터 1년 이내이고 다음 중 어느 하나에 해당하는 경우
㉠ 과세표준수정신고서와 경정청구서를 세금계산서와 함께 제출하는 경우
㉡ 해당 거래사실이 확인되어 관할세무서장 등이 결정 또는 경정하는 경우

⑧ 재화 또는 용역의 공급시기 전에 세금계산서를 발급받았더라도 재화 또는 용역의 공급시기가 그 세금계산서의 발급일부터 6개월 이내에 도래하고 해당 거래사실이 확인되어 관할세무서장 등이 결정 또는 경정하는 경우
⑨ 거래의 실질이 위탁매매 또는 대리인에 의한 매매에 해당함에도 불구하고 거래 당사자 간 계약에 따라 위탁매매 또는 대리인에 의한 매매가 아닌 거래로 하여 세금계산서를 발급받은 경우로서 그 거래사실이 확인되고 거래 당사자가 관할세무서장에게 해당 납부세액을 예정신고·확정신고하고 납부한 경우
⑩ 거래의 실질이 위탁매매 또는 대리인에 의한 매매에 해당하지 않음에도 불구하고 거래 당사자 간 계약에 따라 위탁매매 또는 대리인에 의한 매매로 하여 세금계산서를 발급받은 경우로서 그 거래사실이 확인되고 거래 당사자가 관할세무서장에게 해당 납부세액을 예정신고·확정신고하고 납부한 경우

한마디 … 위 ③·⑦·⑧의 경우에는 공급받는 사업자에게 세금계산서 지연수취 등의 가산세(공급가액 × 0.5%)가 부과된다.

(2) 매입처별세금계산서합계표 미제출 및 부실기재 매입세액

매입처별세금계산서합계표를 제출하지 아니한 경우의 매입세액 또는 제출한 매입처별세금계산서합계표의 기재사항 중 거래처별 등록번호 또는 공급가액의 전부 또는 일부가 적히지 아니하였거나 사실과 다르게 적힌 경우, 그 기재사항이 적히지 아니한 부분 또는 사실과 다르게 적힌 부분의 매입세액은 공제하지 않는다. 다만, 다음 중 어느 하나에 해당하는 경우에는 매입세액공제가 허용된다.
① 매입처별세금계산서합계표를
    ㉠ 과세표준수정신고서와 함께 제출하는 경우
    ㉡ 경정청구서와 함께 제출하여 경정기관이 경정하는 경우
    ㉢ 기한후과세표준신고서와 함께 제출하여 관할세무서장이 결정하는 경우
② 매입처별세금계산서합계표의 거래처별 등록번호 또는 공급가액이 착오로 사실과 다르게 적힌 경우로서 발급받은 세금계산서에 의하여 거래사실이 확인되는 경우
③ 관할세무서장 등이 과세표준과 세액을 경정을 하는 경우 사업자가 발급받은 세금계산서를 경정기관의 확인을 거쳐 해당 경정기관에 제출하는 경우

한마디 … 위 ③의 경우에는 공급받는 사업자에게 매입처별세금계산서합계표 제출불성실가산세(공급가액 × 0.5%)가 부과된다.

(3) 사업과 직접 관련이 없는 지출에 대한 매입세액

사업과 직접 관련이 없는 지출에 대한 매입세액은 공제되지 않는다.

(4) 비영업용 소형승용자동차의 구입과 임차 및 유지에 관한 매입세액

비영업용 소형승용자동차(개별소비세법 제1조제2항제3호에 따른 자동차)의 구입과 임차 및 유지에 관

한 매입세액은 공제되지 않는다. "영업용"이란 운수업·자동차판매(임대)업·운전학원업 등과 같이 승용자동차가 직접 자기 사업의 목적물이 되는 것을 의미하므로, 그렇지 않은 것은 회사의 용도와 상관없이 비영업용에 해당한다. "소형승용자동차"란 주로 사람의 수송을 목적으로 제작된 승용자동차(8인승 이하)로서 개별소비세 과세대상이 되는 차량을 말한다.

> [참고] 소형승용차의 범위
> ㉠ 8인승 이하의 일반형 승용자동차(배기량 1,000cc 이하인 것은 제외)
> ㉡ 지프형 자동차, 125cc 초과 2륜 자동차
> ㉢ 캠핑용 자동차(캠핑용 트레일러 포함)

(5) 기업업무추진비 및 이와 유사한 비용의 지출과 관련된 매입세액

기업업무추진비 및 이와 유사한 비용의 지출에 관련된 매입세액은 공제되지 않는다.

(6) 면세사업 등에 관련된 매입세액

부가가치세 면세사업 등에 관련된 매입세액은 공제되지 않는다.

(7) 토지의 자본적 지출 관련 매입세액

토지 조성 등을 위한 자본적 지출에 관련된 매입세액으로서 다음 중 어느 하나에 해당하는 것은 공제되지 않는다.

① 토지의 취득 및 형질변경, 공장부지 및 택지의 조성 등에 관련된 매입세액
② 건축물이 있는 토지를 취득하여 그 건축물을 철거하고 토지만 사용하는 경우에는 철거한 건축물의 취득 및 철거비용에 관련된 매입세액
③ 토지의 가치를 현실적으로 증가시켜 토지의 취득원가를 구성하는 비용에 관련된 매입세액

(8) 사업자등록을 신청하기 전의 매입세액

사업자등록을 신청하기 전의 매입세액은 공제되지 않는다. 다만, 공급시기가 속하는 과세기간이 끝난 후 20일 이내에 등록을 신청한 경우 등록신청일부터 공급시기가 속하는 과세기간 기산일(1.1. 또는 7.1.)까지 역산한 기간 내의 것은 제외한다.

- 사업개시일(3.1.), 등록신청일(5.10.)인 경우 : 1.1. ~ 5.10. 매입세액 공제가능
- 사업개시일(3.1.), 등록신청일(7.10.)인 경우 : 1.1. ~ 7.10. 매입세액 공제가능
- 사업개시일(3.1.), 등록신청일(9.10.)인 경우 : 7.1. ~ 9.10. 매입세액 공제가능(6.30. 이전의 매입세액은 공제불가)

(9) 금·구리스크랩 거래계좌 미사용 관련 매입세액

금·구리스크랩 관련 제품을 공급받은 금사업자가 금·구리스크랩 거래계좌를 통하여 부가가치세액을 입금하지 아니한 경우에는 금·구리스크랩 관련 제품을 공급한 금·구리스크랩 사업자에게서 발급받은 세금계산서에 적힌 세액은 공제되는 매입세액으로 보지 아니한다.

2. 공통매입세액의 안분계산

(1) 매입세액 안분계산

과세사업과 면세사업을 겸영하는 경우에는 면세사업에 관련된 매입세액의 계산은 실지귀속에 따라 하되, 과세사업과 면세사업에 공통으로 사용되어 실지 귀속을 구분할 수 없는 공통매입세액은 다음 산식에 의하여 계산한다. 다만, 예정신고를 하는 때에는 예정신고기간에 있어서 총공급가액에 대한 면세공급가액의 비율에 의하여 안분계산하고, 확정신고를 하는 때에 정산한다.

> 면세사업 관련 매입세액 = 공통매입세액 × (면세공급가액/총공급가액)

[참고] 예외적인 안분계산방법
해당 과세기간 중 과세사업과 면세사업의 공급가액이 없거나 그 어느 한 사업의 공급가액이 없는 경우 해당 과세기간에 있어서의 안분계산은 다음 각 호의 순에 의한다.
① 총매입가액(공통매입가액을 제외)에 대한 면세사업에 관련된 매입가액의 비율
② 총예정공급가액에 대한 면세사업에 관련된 예정공급가액의 비율
③ 총예정사용면적에 대한 면세사업에 관련된 예정사용면적의 비율
다만, 건물을 신축 또는 취득하여 과세사업과 면세사업에 제공할 예정면적을 구분할 수 있는 경우에는 ③의 방법을 ①·②의 방법에 우선하여 적용한다.

(2) 안분계산의 배제

다음의 경우에는 이러한 안분계산을 배제하고 해당 재화의 매입세액 전액을 공제한다.
① 해당 과세기간의 총공급가액 중 면세공급가액이 5% 미만인 경우. 다만, 공통매입세액이 5백만원 이상인 경우는 제외한다.
② 해당 과세기간 중의 공통매입세액이 5만원 미만인 경우
③ 해당 과세기간에 신규로 사업을 개시한 사업자가 해당 과세기간에 공급한 공통사용재화인 경우

한마디 … 과세사업과 면세사업에 공통으로 사용하는 재화를 공급하는 경우에는 해당 재화의 공급가액을 직전 과세기간의 총공급가액 중 과세공급가액의 비율 만큼을 과세표준으로 한다. 다만, 재화를 공급하는 날이 속하는 과세기간에 신규로 사업을 개시하여 직전 과세기간이 없는 경우에는 과세표준을 안분하지 않고 모두 과세표준으로 한다. 따라서 이러한 공통사용재화는 공급시 전액 과세표준으로 보기 때문에 매입시 안분계산을 하지 않고 매입세액 전액을 공제하는 것이다.

(3) 공통매입세액의 정산

사업자가 공통매입세액을 안분계산한 경우에는 해당 재화의 취득으로 과세사업과 면세사업의 공급가액(또는 사용면적)이 확정되는 과세기간에 대한 납부세액을 확정신고하는 때에 아래 산식에 의하여 정산한다.

$$\text{면세사업 관련 매입세액} = \text{총공통매입세액} \times \frac{\text{면세공급가액}}{\text{총공급가액}} - \text{기불공제 매입세액}$$
(면세사업과 과세사업의 공급가액이 확정되는 과세기간의)

다만, 당초에 예정사용면적의 비율로 공통매입세액을 안분계산한 경우에는 아래 산식에 의하여 정산한다.

$$\text{면세사업 관련 매입세액} = \text{총공통매입세액} \times \frac{\text{면세사용면적}}{\text{총사용면적}} - \text{기불공제 매입세액}$$
(면세사업과 과세사업의 사용면적이 확정되는 과세기간의)

예제1 다음 자료에 의하여 제1기 예정 신고시 매입세액불공제분을 계산하고, 제1기 확정 신고시 매입세액불공제분을 계산하시오. 과세사업과 면세사업을 겸영하고 있는 사업자의 공통매입세액은 공급가액 10,000,000원 세액 1,000,000원이다.

	예정 신고기간	확정 신고기간	합 계
총 공급가액	100,000,000원	100,000,000원	200,000,000원
면세공급가액	40,000,000원	50,000,000원	90,000,000원

해설 ① 예정신고기간 매입세액불공제분
   1,000,000 × (40,000,000/100,000,000) = 400,000원
② 확정신고기간 매입세액불공제분
   {1,000,000 × (90,000,000/200,000,000)} − 400,000 = 50,000원

3. 납부(환급)세액의 재계산

공통매입세액 안분계산에 의하여 매입세액을 공제한 후에 면세사업의 비중이 증가 또는 감소하는 경우에는 당초 안분계산 대상이 되었던 매입세액을 다시 계산하여 납부세액에 가산(또는 공제)하거나 환급세액에 가산(또는 공제)하여야 하는데 이를 납부세액(또는 환급세액)의 재계산이라고 한다.

(1) 재계산의 요건
다음의 요건을 모두 갖춘 경우에 한하여 납부(환급)세액을 재계산 한다.
① 감가상각 자산 : 재계산 대상이 되는 자산은 과세사업과 면세사업에 공통으로 사용하고 있는 감가상각 자산이어야 한다.
② 매입세액이 공제된 경우 : 당초에 매입세액이 공제되었거나, 그 실지귀속이 불분명하여 안분계산방식에 의하여 매입세액이 공제된 경우이어야 한다.

③ **면세비율이 증감된 경우** : 해당 과세기간의 총공급가액에 대한 면세공급가액의 비율(또는 총사용면적에 대한 면세사용면적의 비율)과 취득일이 속하는 과세기간(그 후의 과세기간에 재계산한 때에는 그 재계산한 과세기간)에 적용했던 비율간의 차이가 5% 이상인 경우이어야 한다.

(2) 재계산의 방법

다음의 금액을 납부세액에 가산(또는 공제)하거나 환급세액에 가산(또는 공제)한다.

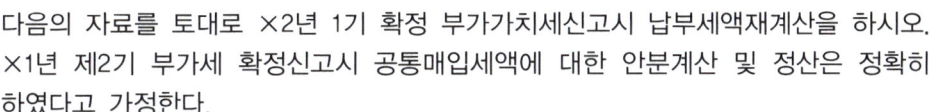

* 체감률 : 건물 및 구축물 5%, 기타의 감가상각자산 25%
* 경과된 과세기간 수 : 과세기간 개시일 후에 취득한 경우에는 그 과세기간의 개시일에 취득한 것으로 봄
* 면세공급가액 비율 = (면세공급가액/총공급가액)

예제2 다음의 자료를 토대로 ×2년 1기 확정 부가가치세신고시 납부세액재계산을 하시오. ×1년 제2기 부가세 확정신고시 공통매입세액에 대한 안분계산 및 정산은 정확히 하였다고 가정한다.

[자료1] 공통으로 사용되는 자산의 구입내역

계정과목	취득일자	공급가액	부가가치세
공장건물	×1. 8. 10.	100,000,000원	10,000,000원
기계장치	×1. 7. 1.	10,000,000원	1,000,000원

[자료2] 공급가액 내역

구 분	×1년 제2기	×2년 제1기
과세사업	100,000,000원	80,000,000원
면세사업	100,000,000원	120,000,000원
합 계	200,000,000원	200,000,000원

해설 ① 공장건물 : 10,000,000 × {1 − (5%×1)} × (60% − 50%) = 950,000원
　　* 120,000,000/200,000,000 = 60%
　　* 100,000,000/200,000,000 = 50%
　② 기계장치 : 1,000,000 × {1 − (25%×1)} × (60% − 50%) = 75,000원

 **KcLep 길라잡이**

- [부가가치]>[신고서/부속명세]>[부속명세서Ⅰ]>[공제받지 못할 매입세액명세서]를 선택하고 [조회기간]란에 신고기간(1월 ~ 3월)을 입력하면 다음과 같은 화면이 나타난다.

❶ 『공제받지 못할 매입세액내역』 탭

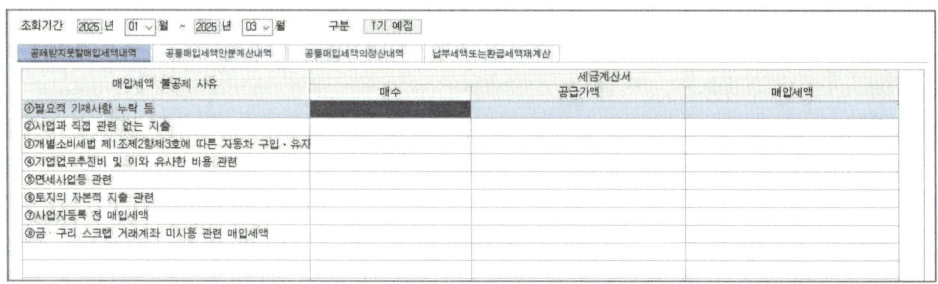

• [공제받지 못할 매입세액내역] 화면 •

▶ 조회기간

신고기간을 입력한다.

▶ 매입세액 불공제 사유

매입세액 불공제 사유의 해당란에 매수와 공급가액 및 매입세액을 입력한다.

매입세액 불공제사유	입력할 내용
① 필요적 기재사항 누락 등	발급받은 세금계산서에 필요적 기재사항의 전부 또는 일부가 기재되지 아니하였거나 사실과 다르게 적힌 매입세액 등
② 사업과 직접 관련 없는 지출	사업과 직접 관련이 없는 지출에 대한 매입세액
③ 비영업용 소형 승용 자동차 구입·유지 및 임차	비영업용 소형승용자동차의 구입과 임차 및 유지에 관한 매입세액
④ 기업업무추진비 및 이와 유사한 비용 관련	기업업무추진비 및 이와 유사한 비용의 지출에 관련된 매입세액
⑤ 면세사업 등 관련	부가가치세 면세사업 등에 관련된 매입세액
⑥ 토지의 자본적 지출 관련	토지 조성 등을 위한 자본적 지출에 관련된 매입세액
⑦ 사업자등록 전 매입세액	사업자등록을 신청하기 전의 매입세액
⑧ 금·구리스크랩 거래계좌 미사용 매입세액	금·구리스크랩 거래계좌를 통하여 부가가치세액을 입금하지 아니한 경우로서 금·구리스크랩 관련 제품을 공급한 금·구리스크랩사업자에게서 발급받은 세금계산서에 적힌 매입세액

❷ 『공통매입세액 안분계산내역』 탭 - **예정신고시 작성**

• [공통매입세액 안분계산내역] 화면 •

이하의 설명은 교재 396페이지 예제1을 입력하는 방법으로 설명한다.

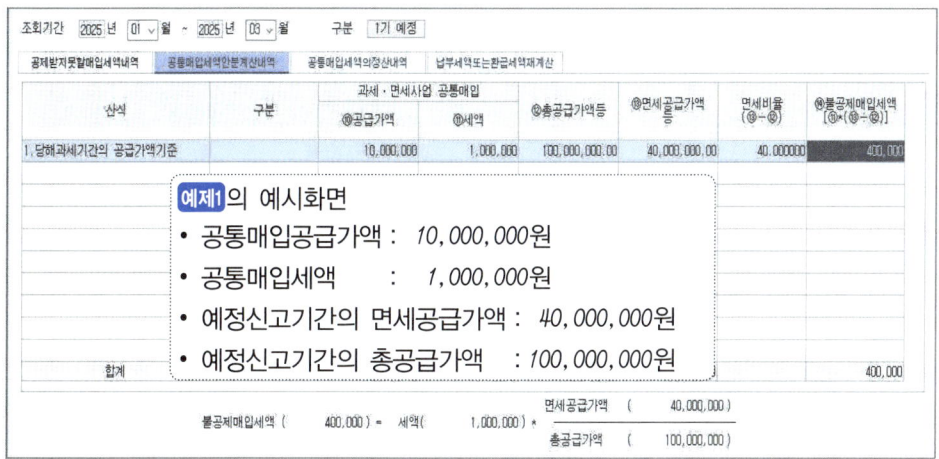

예제1의 예시화면
- 공통매입공급가액 : 10,000,000원
- 공통매입세액 : 1,000,000원
- 예정신고기간의 면세공급가액 : 40,000,000원
- 예정신고기간의 총공급가액 : 100,000,000원

① 조회기간(1월 ~ 3월)을 입력하고 『공통매입세액 안분계산내역』 탭을 선택한다.
② 해당 과세기간 중 과세사업과 면세사업의 공급가액이 있는 경우에는 1번을 선택하고, 해당 과세기간 중 과세사업과 면세사업의 공급가액이 없거나 그 어느 한 사업의 공급가액이 없는 경우에는 2번 ➡ 3번 ➡ 4번 순으로 선택한다.
③ 예제1의 경우에는 보조창에서 "1"번을 선택한다. "전표데이타를 불러오시겠습니까?" 대화창에서 아니오(N)를 클릭한다.

▶ **과세·면세사업 공통매입**

예정신고기간의 공통매입 공급가액을 입력한다. 세액은 공급가액의 10%가 자동 반영된다.

⑫ **총공급가액 등** / ⑬ **면세공급가액 등**

예정신고기간의 총공급가액과 면세공급가액을 입력한다.

▶ **면세비율** / ⑭ **불공제매입세액**

입력된 자료에 따라 자동 계산된다. [⑭ 불공제매입세액]란은 공통매입세액 면세사업분으로 예정신고기간에 공제받지 못할 매입세액이다. [부가가치세신고서] 메뉴의 [공통매입세액면세등사업분]란에 자동 반영된다.

❸ 『**공통매입세액의 정산내역**』 **탭 - 확정신고시 작성**

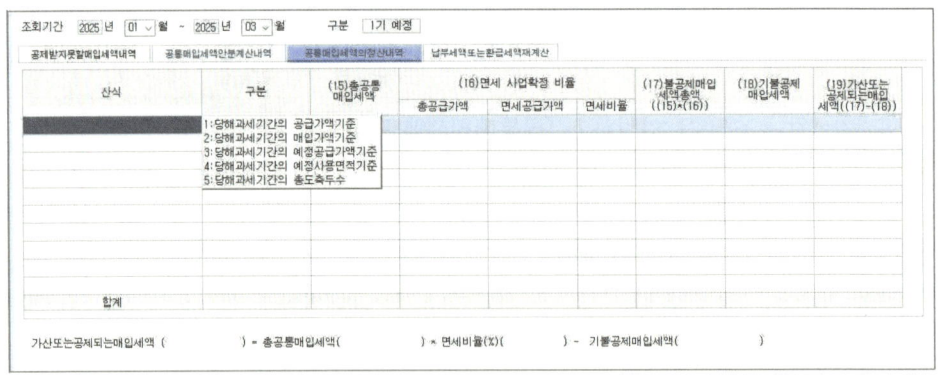

• [공통매입세액의 정산내역] 화면 •

이하의 설명은 교재 396페이지 예제1을 입력하는 방법으로 설명한다.

① 조회기간(4월 ~ 6월)을 입력하고 『공통매입세액의 정산내역』 탭을 선택한다.
② 산식은 예정신고시 공통매입세액의 안분계산을 선택한 방법과 동일한 방법을 선택한다. "전표데이타를 불러오시겠습니까?" 대화창에서 아니오(N) 를 클릭한다.
③ 예제1 의 경우에는 보조창에서 "1"번을 선택한다.

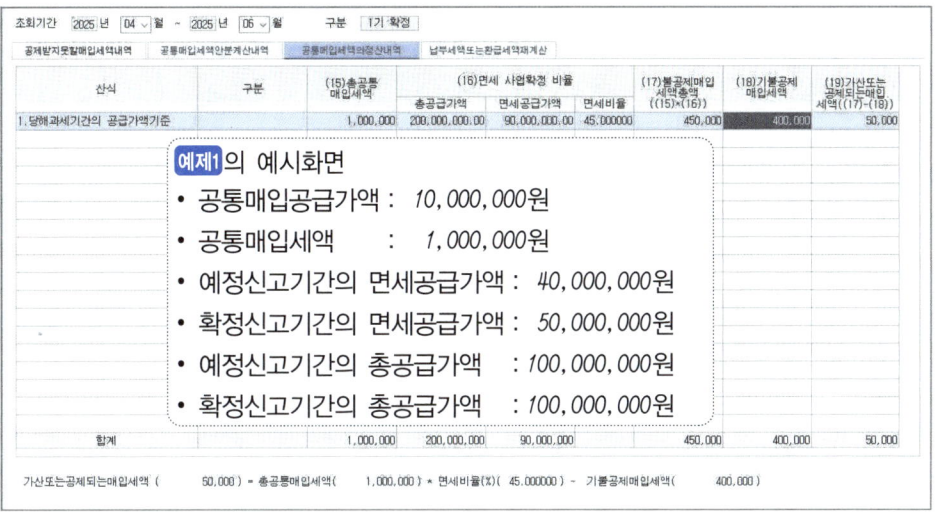

(15) 총공통매입세액

과세기간의 총공통매입세액을 입력한다.

▶ **총공급가액 / 면세공급가액**

총공급가액과 면세공급가액을 입력한다.

▶ **면세비율 / (17) 불공제매입세액총액**

산식에 따라 자동 계산된다.

(18) 기 불공제 매입세액

예정신고시 불공제된 매입세액을 입력한다.

(19) 가산 또는 공제되는 매입세액

[(17)불공제매입세액총액]란에서 [(18)기불공제매입세액]란을 차감한 금액이 자동반영 된다. 해당 금액이 양수(+)인 경우에는 공통매입세액 면세사업분으로 확정신고기간에 공제받지 못할 매입세액을 의미하며, [부가가치세신고서] 메뉴의 [공통매입세액면세등사업분]란에 다음과 같

이 양수(+)로 자동 반영된다. 해당 금액이 음수(-)인 경우에는 동일한 위치에 음수(-)로 반영된다.

❹ 『납부세액 또는 환급세액 재계산』 탭 - 그 후 확정신고시 작성

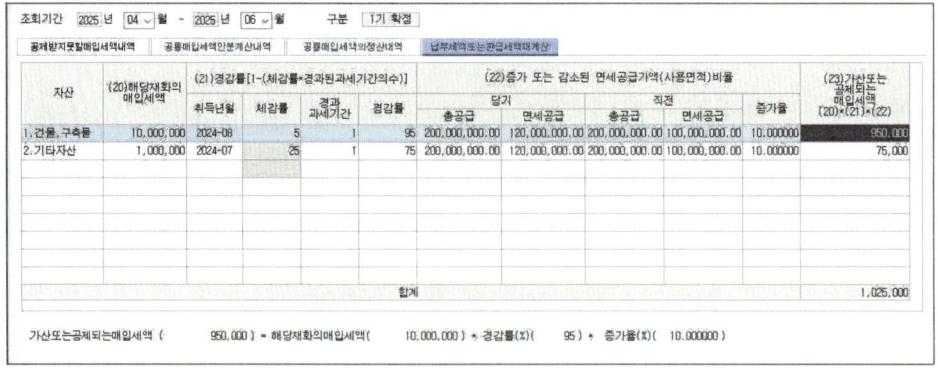

• [납부세액 또는 환급세액재계산] 화면 •

• 397페이지 예제2의 예시 화면 •

▶ **자산** (1:건물,구축물, 2:기타자산)

재계산 대상이 되는 감가상각 자산이 건물 및 구축물인 경우에는 "1:건물,구축물"을 선택하고, 기타의 감가상각자산인 경우에는 "2:기타자산"을 선택한다.

(20) 해당 재화의 매입세액

재계산 대상이 되는 감가상각 자산의 매입세액을 입력한다.

▶ **취득년월 / 체감률**

자산의 취득년과 월을 입력하면 [자산]란에서 선택한 유형에 따라 체감률이 자동 계산된다.

▶ **경과 과세기간**

[취득년월]란에 입력된 취득년과 월에 따라 경과된 과세기간 수가 자동 계산된다.

▶ **경감률**

(1 - 체감률 × 경과된 과세기간 수)에 따라 자동 표시된다.

(22) 증가 또는 감소된 면세 공급가액(사용면적)비율

당기와 직전기의 총공급가액과 면세공급가액을 입력한다. 입력된 자료에 따라 증가율이 자동 계산된다. 단 차이가 5% 미만인 경우에는 재계산 대상이 아니므로 입력하지 않는다.

(23) 가산 또는 공제되는 매입세액

산식에 따라 자동 표시된다. 해당 금액이 양수(+)인 경우에는 공통매입세액 면세사업분으로 확정신고기간에 공제받지 못할 매입세액을 의미하며, [부가가치세신고서] 메뉴의 [공통매입세액면세등사업분]란에 다음과 같이 양수(+)로 자동 반영된다. 해당 금액이 음수(-)인 경우에는 동일한 위치에 음수(-)로 반영된다.

기/출/문/제 [실기]

다음에 제시된 문제를 ㈜부가가치(회사코드 : 2003)를 선택하여 입력하시오.

01 다음 자료는 과세사업과 면세사업을 겸영하는 ㈜부가가치의 2025년 제1기 예정신고기간의 거래내용이다. 아래의 거래내용을 보고 제1기 예정신고기간의 공제받지 못할 매입세액명세서를 작성하시오. 전표 데이터는 불러오지 말고 직접 입력해서 작성하시오.

〈거래내역〉
모든 거래는 세금계산서 수취거래로서 부가가치세 별도의 금액임.
① 한성전자에서 휴대폰 10대(단가 400,000원)를 구입하여 전량 거래처에 무상으로 제공하였다.
② 대표자의 업무용 승용차(1,600cc)의 고장으로 인해 이의 수리비 100,000원을 오토자동차에 지출하였다.
③ 면세사업에만 사용할 목적으로 난방기를 온방산업에서 250,000원에 구입하고 당기 소모품비로 처리하였다.
④ 기린상사로부터의 상품매입액 2,000,000원이 세금계산서합계표상에 공급받는 자의 등록번호가 착오로 일부 오류기재 되었다(세금계산서는 정확히 기재됨).

02 ㈜부가가치는 과세사업과 면세사업을 겸영하고 있는 사업자로서 2025년 2기 예정 부가가치세 신고시 공통매입세액을 안분계산 하고자 한다. 기존의 입력된 자료는 무시하고 2025년 2기 예정분 자료가 다음과 같다고 가정하여 공제받지못할매입세액명세서를 작성하시오. 2025년 2기 예정신고시 주어진 자료 이외에 매입세액 불공제내역은 없다고 가정한다. 전표 데이터는 불러오지 말고 직접 입력해서 작성하시오.

- 과세매입가액 : 1,440,000,000원
- 과세공급가액 : 1,785,000,000원
- 과세사업 예정사용면적 : 600㎡
- 공통매입가액 : 240,000,000원
- 면세매입가액 : 160,000,000원
- 면세공급가액 : 315,000,000원
- 면세사업예정사용면적 : 200㎡
- 공통매입세액 : 24,000,000원

03 다음은 2025년 2기 부가가치세 확정신고 자료 중 과세사업과 면세사업에 공통으로 사용되는 원재료 매입액에 관한 공통매입세액 내역이다. 아래자료를 이용하여 공제받지 못할 매입세액명세서를 작성하시오. 전표 데이터는 불러오지 말고 직접 입력해서 작성하시오.

(1) 과세기간의 매출(공급가액)내역

구분	과세, 면세	금 액
7. 1. ~ 9. 30.	과세매출	2,000,000,000원
	면세매출	500,000,000원
10. 1. ~ 12. 31.	과세매출	1,200,000,000원
	면세매출	300,000,000원

(2) 예정신고시 공통매입세액불공제내역
   ① 공통매입세액   : 30,000,000원
   ② 기 불공제매입세액 : 6,000,000원
(3) 과세기간 최종 3월(10.1. ~ 12.31.)의 내역
   ① 공통매입세액   : 50,000,000원

04 다음의 내용을 토대로 2025년 1기 확정 부가가치세신고시 납부세액재계산을 하여 공제받지 못할 매입세액명세서를 작성하시오. 전표 데이터는 불러오지 말고 직접 입력해서 작성하시오.

[2024년 과세사업과 면세사업에 공통으로 사용되는 자산의 구입내역]

계정과목	취득일자	공급가액	부가가치세	비고
기계장치	2024. 07. 01.	10,000,000원	1,000,000원	
공장건물	2024. 08. 10.	100,000,000원	10,000,000원	
상 품	2024. 10. 20.	1,000,000원	100,000원	

※ 2024년 제2기 부가세 확정신고시 공통매입세액에 대한 안분계산 및 정산은 정확히 신고서에 반영되었다.

[2024년 및 2025년의 공급가액 내역]

구 분	2024년 제2기	2025년 제1기
과세사업	100,000,000원	80,000,000원
면세사업	100,000,000원	120,000,000원

KcLep 도우미

해설 1

- [부가가치]>[신고서/부속명세]>[부속명세서Ⅰ]>[공제받지 못할 매입세액명세서]에서 조회기간(1월 ~ 3월)을 입력하고 『공제받지 못할 매입세액내역』 탭을 선택한다.

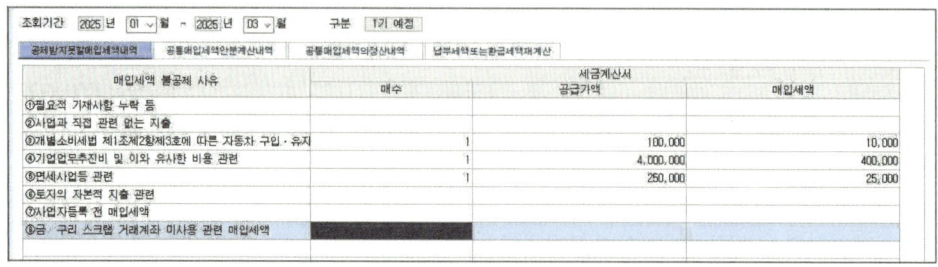

① 매수와 공급가액 및 매입세액을 입력한다.
② 매입처별세금계산서합계표의 거래처별 등록번호 또는 공급가액이 착오로 사실과 다르게 기재된 경우로서 발급받은 세금계산서에 따라 거래사실이 확인되는 경우에는 매입세액공제가 허용된다.

[부가가치세신고서] 메뉴 (조회기간 : 1월 1일 ~ 3월 31일)

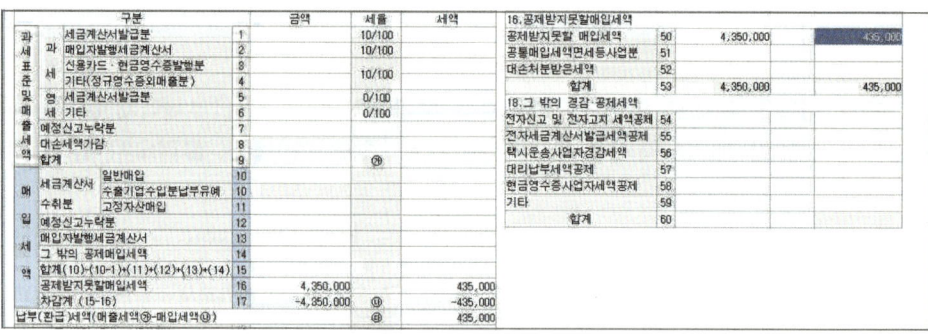

③ 입력된 내용은 [부가가치세신고서] 메뉴의 [공제받지못할 매입세액]란에 자동 반영되는 것을 확인할 수 있다.

해설 2

- [부속명세서Ⅰ]>[공제받지 못할 매입세액명세서]에서 조회기간(7월 ~ 9월)을 입력하고 『공통매입세액 안분계산내역』 탭을 선택한다.

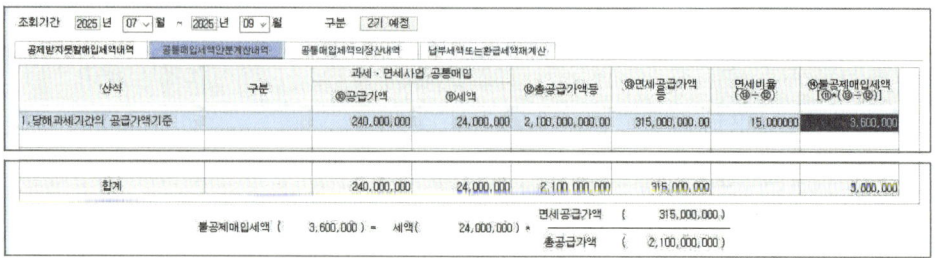

① [산식]란에서 "1.당해과세기간의 공급가액기준"을 선택하고 제시된 자료를 입력한다.
  * 총공급가액 : (1,785,000,000 + 315,000,000) = 2,100,000,000원

해설 3

- [부속명세서Ⅰ]>[공제받지 못할 매입세액명세서]에서 조회기간(10월 ~ 12월)을 입력하고 『공통매입세액의 정산내역』 탭을 선택한다.

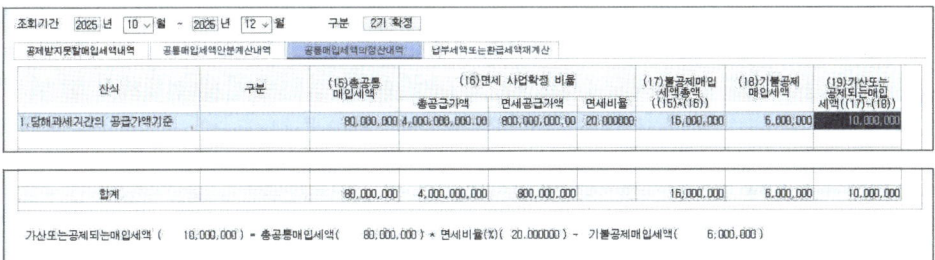

해설 4

- [부속명세서Ⅰ]>[공제받지 못할 매입세액명세서]에서 조회기간(4월 ~ 6월)을 입력하고 『납부세액 또는 환급세액 재계산』 탭을 선택한다.

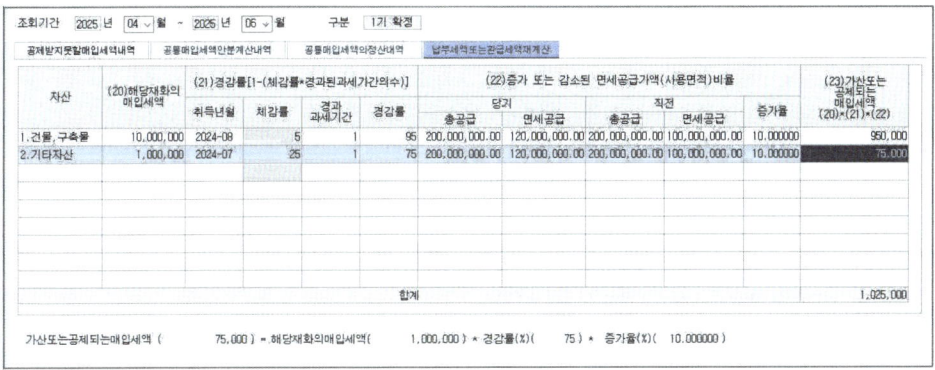

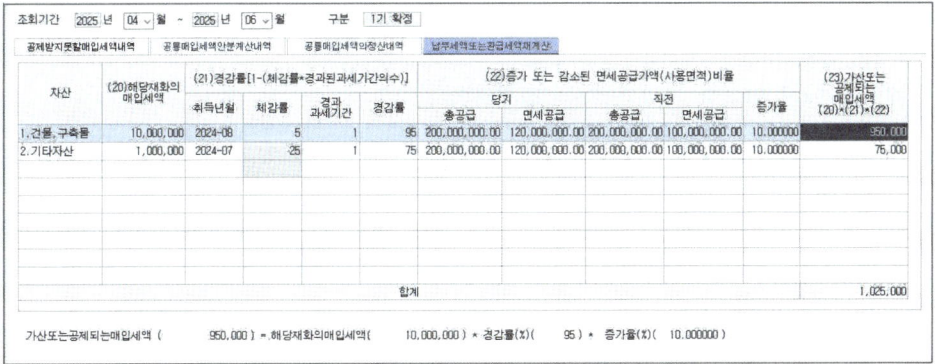

* 이 문제의 풀이 방법은 397페이지 예제2에서 설명하고 있다.

제9절 수출실적명세서

이 명세서는 외국으로 재화를 직접 반출(수출)하여 영세율을 적용 받는 사업자가 작성한다.

KcLep 길라잡이

- [부가가치]>[신고서/부속명세]>[부속명세서Ⅰ]>[수출실적명세서]를 선택하고 [조회기간] 란에 신고기간(1월 ~ 3월)을 입력하면 다음과 같은 화면이 나타난다.

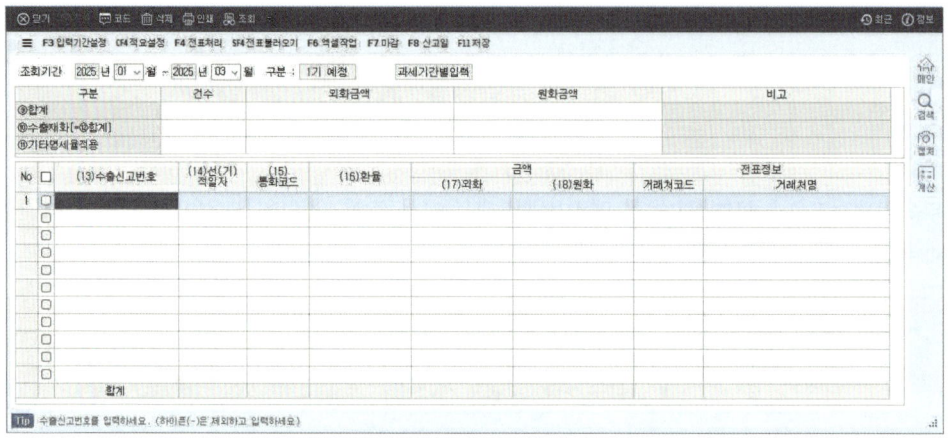

• [수출실적명세서] 화면 •

▶ 조회기간

신고기간을 입력한다.

⑩ 수출재화

관세청에 수출신고 후 외국으로 직접 반출(수출)하는 재화의 총 건수, 외화금액 합계, 원화금액 합계로 하단에 입력한 자료가 자동 집계된다.

⑪ 기타영세율적용

관세청에 수출신고 후 외국으로 직접 반출(수출)하는 재화 이외의 영세율 적용분(국외제공용역 등)으로 세금계산서를 발급하지 아니하는 분의 총 건수, 외화금액 합계, 원화금액 합계를 입력한다(첨부서류는 별도 제출).

(13) 수출신고번호

수출신고서의 신고번호를 입력한다.

(14) 선(기)적일자

수출재화(물품)을 실질적으로 선(기)적한 일자를 입력한다.

(15) 통화코드

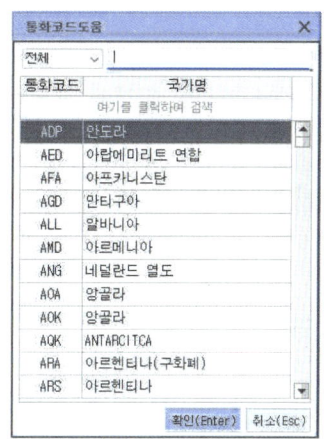

수출대금을 결제 받기로 한 외국통화의 코드를 F2 키를 이용하여 「통화코드도움」 보조창의 [전체]란에 커서를 놓고 검색하여 입력한다.

(16) 환율

수출재화의 선(기)적 일자에 해당하는 외국환거래법에 의한 기준환율 또는 재정환율을 입력한다. 다만, 선적일 전에 환가를 한 경우에는 실무상 환가한 날의 환율을 입력하도록 하고 있다.

(17) 외화

수출물품의 인도조건에 따라 지급 받기로 한 전체 수출금액을 입력한다. 수출신고서 ㉞번 항목의 금액이며 소수점 미만 2자리까지 입력한다.

(18) 원화

[⒃환율]란에 [⒄외화]란의 금액을 곱한 환산금액 또는 선(기)적일 전에 수출대금(수출선수금, 사전송금방식수출 등)을 원화로 환가한 경우에는 그 금액을 원단위 미만은 절사하고 입력한다.

▶ 전표정보

거래처를 입력한다. [회계관리]>[재무회계]>[기초정보관리]>[거래처등록]에 입력된 거래처라면 키보드의 F2 키를 누르고, 「거래처도움」 보조창의 [전체]란에 거래처명 두 글자 또는 그 이상을 입력하고 해당 거래처를 선택하고 확인(Enter)을 클릭한다.

기/출/문/제 [실기]

다음에 제시된 문제를 ㈜부가가치(회사코드 : 2003)를 선택하여 입력하시오.

01 다음의 자료를 토대로 2025년 1기 예정신고시 수출실적명세서를 작성하시오.

(1) 수출신고필증

수 출 신 고 필 증

제출번호 99999-99-9999999 ①신 고 자 강남 관세사	⑤신고번호 13041-20-044589X	⑥신고일자 2025/01/20	⑦신고구분 H	⑧C/S구분
②수 출 자 ㈜부가가치 부호 99999999 수출자구분 (B) 위 탁 자 (주소) (대표자) (통관고유부호) ㈜부가가치 1-97-1-01-9 (사업자등록번호) 104-81-11114	⑨거래구분 11	⑩종류 A	⑪결제방법 TT	
	⑫목적국 JP JAPAN		⑬적재항 ICN 인천공항	
	⑭운송형태 40 ETC		⑮검사방법선택 A 검사희망일 2025/01/20	
	⑯물품소재지			
③제 조 자 (통관고유부호) 제조장소 산업단지부호	⑰L/C번호		⑱물품상태	
	⑲사전임시개청통보여부		⑳반송 사유	
④구 매 자 (구매자부호)	㉑환급신청인(1 : 수출/위탁자, 2 : 제조자) 간이환급 ㉒환급기관			

· 품명 · 규격 (란번호/총란수 : 999/999)

㉓품 명 ㉔거래품명		㉕상표명		
㉖모델 · 규격	㉗성분	㉘수량	㉙단가(USD)	㉚금액(USD)
		1(EA)	10,000	10,000

㉛세번부호	9999.99-9999	㉜순중량		㉝수량		㉞신고가격(FOB)	$ 10,000 ₩10,000,000
㉟송품장부호		㊱수입신고번호		㊲원산지		㊳포장갯수(종류)	
㊴총중량		㊵총포장갯수		㊶총신고가격(FOB)		$ 10,000 ₩10,000,000	
㊷운임(₩)		㊸보험료(₩)		㊹결제금액		FOB – $ 10,000	
㊺수입화물 관리번호				㊻컨테이너번호			
㊼수출요건확인 (발급서류명)							

※신고인기재란	㊽세관기재란			
㊾운송(신고)인 (50)기간 YYYY/MM/DD 부터 YYYY/MM/DD 까지	(51)신고 수리일자	2025/01/20	(52)적재 의무기한	2025/02/20

(2) 추가자료

① B/L(선하증권) 상의 선적일자는 2025년 1월 25일이다.

② 수출대금으로 미화(통화코드 USD) $10,000를 결제받기로 계약하였다.

③ 1월 25일의 기준환율은 $1당 1,000원이다.

02 다음 자료를 보고 2025년 2기 부가가치세 예정신고(7.1. ~ 9.30.)시 수출실적명세서를 작성하라. 단, 수출대금은 모두 해당국가의 통화로 직접 받았다.

상대국	수출신고번호	선적일	환전일	수출액	적용환율	
					선적시 기준환율	환전시 적용환율
미국	13055-10-011460X	2025.08.20	2025.08.13	$30,000	1,100/$	1,000/$
일본	13064-25-147041X	2025.09.01	2025.09.05	¥100,000	950/¥100	1,000/¥100
미국	13042-10-044689X	2025.09.20	-	$15,000	1,300/$	-

※ 수출신고필증상의 수출액과 실지수출액은 일치하며, 환전일은 해당 수출액을 원화로 실제 환전한 날을 말하며, 환전시 적용환율은 실제 원화 환전시 적용된 환율을 의미한다.

03 다음 자료를 보고 2025년 1기 부가가치세 확정신고(4.1. ~ 6.30.)시 수출실적명세서를 작성하라. 단, 아래의 모든 거래는 영세율 적용대상거래(세금계산서 교부대상이 아님)로서, 거래대금은 모두 선적일 이전에 미국 달러화로 송금받았다.

상대국	수출신고번호	선적일	환전일	수출액	적용환율	
					선적시 기준환율	환전시 적용환율
미국	14055-10-011460X	2025.04.07	2025.04.01	$10,000	1,130/$	1,160/$
일본	14056-10-011470X	2025.05.06	2025.05.10	$20,000	1,150/$	1,180/$
독일	-	2025.05.22	2025.06.22	$1,000	1,250/$	1,240/$
미국	14057-10-011480X	2025.06.03	2025.06.26	$2,000	1,330/$	1,380/$

※ 수출신고번호가 없는 거래는 국외제공용역 등의 거래에 해당한다. 환전일은 수출대금을 원화로 환전한 날을 말한다.

KcLep 도우미

해설 1

- [부가가치]>[신고서/부속명세]>[부속명세서Ⅰ]>[수출실적명세서]에서 조회기간(1월 ~ 3월)을 입력한다.

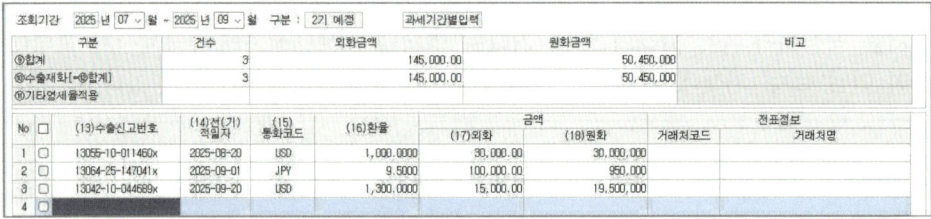

해설 2

- [부속명세서Ⅰ]>[수출실적명세서]에서 조회기간(7월 ~ 9월)을 입력한다.

① 공급시기(선적일) 도래전에 원화로 환가한 경우에는 그 환가한 금액을 과세표준으로 하며, 그 외의 경우는 공급시기(선적일) 현재의 기준환율에 의한다. 따라서 수출신고번호 13055-10-011460X의 경우 선적일(8.20) 이전에 환전(8.13)을 했으므로 [⒃환율]란은 환전시 적용환율을 사용한다.
② 수출신고번호 13064-25-147041X의 경우 ¥100당 950원이므로 [⒃환율]란은 9.5원으로 입력한다.

해설 3

- [부속명세서Ⅰ]>[수출실적명세서]에서 조회기간(4월 ~ 6월)을 입력한다.

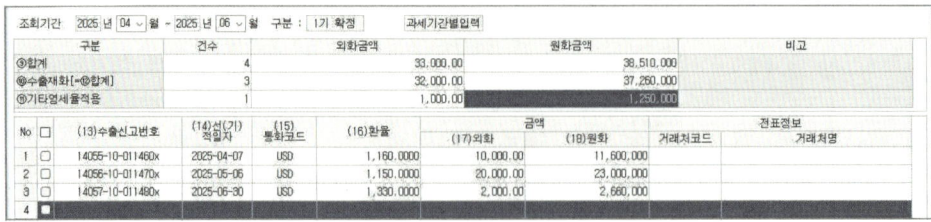

① 수출신고번호가 없는 거래는 메뉴 상단의 [⑪기타영세율적용]란에 직접 입력한다.
   * $1,000 × 1,250원/$ = 1,250,000원

기/출/문/제 (필기)

– 재화의 공급의제 – ☆☆

01 다음 중 부가가치세법상 직매장반출에 대한 설명으로 옳지 않은 것은?

① 직매장반출에 대해서는 재화의 공급으로 보더라도 세금계산서의 발급의무가 면제된다.
② 직매장은 사업장에 해당되나, 하치장은 사업장에 해당되지 않는다.
③ 자기의 다른 사업장에서 원료 등으로 사용하기 위하여 반출하는 경우에는 이를 재화의 공급으로 보지 않는다.
④ 총괄납부사업자가 자기의 타사업장으로 재화를 반출하는 경우에는 이를 재화의 공급으로 보지 않는다.

[풀이] 직매장반출에 대해서 공급의제 되는 경우는 세금계산서 발급대상이다.

02 다음 중 부가가치세법상 간주공급에 해당하지 않는 것은? 단, 아래의 보기에서는 모두 구입시에 정상적으로 매입세액공제를 받았다고 가정한다.

① 직원의 작업복을 지급한 경우
② 과세사업자가 사업을 폐지할 때 잔존하는 재화
③ 특정거래처에 선물로 직접 제조한 과세재화를 제공하는 경우
④ 자기의 과세사업을 위하여 구입한 재화를 자기의 면세사업에 사용하는 경우

[풀이] 사업을 위해 착용하는 작업복, 작업모 및 작업화를 제공하는 경우는 개인적 공급에 해당하지 않는다.

03 부가가치세법상 재화의 간주공급에 해당하지 않는 것은? 단, 아래의 모든 재화는 매입시 매입세액 공제를 받은 것으로 한다.

① 주유소를 운영하는 사업자가 배달용 운반 트럭에 주유소의 경유를 무상으로 주유하는 경우
② 주유소를 운영하는 사업자가 사업주의 승용차에 휘발유를 무상으로 주유하는 경우
③ 가구점을 운영하는 사업자가 사업을 폐지하는 경우에 잔존하는 판매용 가구가 있는 경우
④ 가구점을 운영하는 사업자가 자기의 고객에게 판매용인 가구를 무상으로 공급하는 경우

[풀이] 배달용 운반 트럭(비영업용 소형승용자동차에 해당하지 않음)에 경유를 무상으로 공급하는 것은 간주공급에 해당하지 않는다.

04 다음 중 부가가치세법상 재화의 공급에 해당하는 것은?

① 자기의 다른 사업장에서 원료로 사용하기 위해 반출하는 경우
② 판매용 휘발유를 대표자의 개인용 차량에 사용하는 경우
③ 수선비로 대체하여 사용하는 경우
④ 광고선전을 위해 자기의 다른 사업장으로 반출하는 경우

[풀이] 판매용 휘발유를 대표자의 개인용 차량(비영업용 소형승용자동차)에 사용하는 경우는 개인적 공급에 해당한다.

05 다음 중 부가가치세법상 재화의 간주공급에 해당하지 않는 경우는? (단, 사업자가 자기 생산, 취득시 매입세액을 공제 받았다)

① 면세사업을 위하여 직접 사용 또는 소비하는 경우
② 고객에게 무상으로 공급하는 경우(광고선전 목적이 아닌 경우)
③ 개인적 목적으로 사용 또는 소비하는 경우
④ 사업을 위하여 대가를 받지 아니하고 다른 사업자에게 인도하거나 양도하는 견본품

[풀이] 사업을 위하여 대가를 받지 아니하고 다른 사업자에게 인도하거나 양도하는 견본품은 사업상 증여로 보지 않는다.

06 다음 중 부가가치세법상 재화의 간주공급에 해당하지 않은 것은? (단, 아래의 모든 재화, 용역은 매입시에 매입세액 공제를 받은 것으로 가정한다)

① 제조업을 운영하던 사업자가 폐업하는 경우 창고에 보관되어 있는 판매용 재화
② 직원의 결혼 선물로 시가 50만원 상당액의 판매용 재화를 공급한 경우
③ 자기의 과세사업을 위하여 구입한 재화를 자기의 면세사업에 사용한 경우
④ 주유소를 운영하는 사업자가 사업 관련 트럭에 연료를 무상으로 공급하는 경우

[풀이] 사업 관련 트럭(비영업용 소형승용자동차에 해당하지 않음)에 연료를 무상으로 공급하는 것은 간주공급에 해당하지 않는다.

07 다음 중 부가가치세법상 과세대상인 재화의 공급으로 보는 것은?

① 공장건물, 기계장치가 국세징수법에 따라 공매된 경우
② 택시운수업을 운영하는 사업자가 구입시 매입세액공제를 받은 개별소비세 과세대상 소형승용차를 업무목적인 회사 출퇴근용으로 사용하는 경우
③ 컴퓨터를 제조하는 사업자가 원재료로 사용하기 위해 취득한 부품을 동 회사의 기계장치 수리에 대체하여 사용하는 경우
④ 회사가 종업원에게 사업을 위해 착용하는 작업복을 제공하는 경우

[풀이] 운수업을 경영하는 사업자가 자기생산·취득재화 중 비영업용 소형승용자동차를 해당 업종에 직접 영업으로 사용하지 아니하고 다른 용도로 사용하는 것은 간주공급에 해당한다.

08 다음 중 부가가치세법상 재화 공급의 특례에 해당하지 않는 것은? (단, 아래의 보기에서는 모두 구입시 정상적으로 매입세액공제를 받았다고 가정한다)

① 자기의 과세사업을 위하여 구입한 재화를 자기의 면세사업에 사용하는 경우
② 직접 제조한 과세재화(1인당 연간 10만원 이내)를 직원 생일선물로 제공하는 경우
③ 과세사업자가 사업을 폐업할 때 잔존하는 재화
④ 특정거래처에 선물로 직접 제조한 과세재화를 제공하는 경우

[풀이] 1인당 연간 10만원 이내의 명절·기념일 등과 관련된 재화를 제공하는 경우는 개인적 공급으로 보지 않는다.

― 의제매입세액공제 ― ☆☆☆☆☆

09 다음 중 부가가치세법상 의제매입세액공제와 관련된 설명 중 틀린 것은?

① 음식점에서 양념하지 않은 돼지고기를 구입해 계산서를 받은 경우 의제매입세액공제 대상이다.
② 의제매입세액공제는 법인사업자에게도 적용된다.
③ 의제매입세액의 공제시기는 면세농산물 등을 구입하여 과세사업에 사용하는 시점이다.
④ 예정신고시에도 의제매입세액공제를 적용한다.

[풀이] 의제매입세액은 면세농산물 등을 공급받거나 수입한 날이 속하는 과세기간의 매출세액에서 공제한다.

10 다음 중 부가가치세법상 의제매입세액공제에 대한 내용으로 틀린 것은?

① 사업자가 공급받은 면세농산물 등을 원재료로 하여 가공한 재화나 용역의 공급이 과세되는 경우에 적용한다.
② 일반적으로 의제매입세액은 면세농산물 등을 사용하는 날이 속하는 과세기간에 공제한다.
③ 의제매입세액공제를 받은 면세농산물 등을 그대로 양도하는 경우, 그 공제액은 납부세액에 가산하거나 환급세액에서 공제한다.
④ 음식점업의 경우에는 개인사업자와 법인사업자의 의제매입세액 공제율은 다르다.

― 신용카드매출전표 등에 의한 매입세액공제 ― ☆☆

11 다음 중 부가가치세법의 내용으로 틀린 것은?

① 부가가치세의 면제를 받아 공급받은 농산물 등을 원재료로 하여 과세재화를 생산하는 경우 의제매입세액으로 공제한다.
② 음식점업 사업자의 신용카드매출전표 등 발행세액공제액은 공급가액의 1.3%이다.
③ 법인이 부가가치세가 과세되는 재화를 공급하고 신용카드매출전표를 발행한 경우 신용카드매출전표 등 발행세액공제를 받을 수 없다.
④ 예정신고 미환급세액은 확정신고시 납부(환급)할 세액에서 공제(가산)한다.

[풀이] 음식점업 사업자는 발행금액 또는 결제금액의 1.3%를 공제한다.

― 영수증을 발급하는 사업자 ― ☆☆

12 다음 중 부가가치세법상 세금계산서를 발행할 수 있는 거래는?

① 간주공급 중 판매목적 타사업장 반출
② 입장권을 발행하여 영위하는 사업
③ 전세버스 운송업을 제외한 여객운송업
④ 상가 임대시 간주임대료

[풀이] 판매목적 타사업장 반출로서 공급의제 되는 재화는 세금계산서를 발급해야 한다.

13 다음 중 부가가치세법에서 정한 재화 또는 용역의 공급시기에 공급받는 자가 사업자등록증을 제시하고 세금계산서 발급을 요구하는 경우에도 세금계산서를 발급할 수 없는 사업자는?

① 소매업   ② 음식점업
③ 전세버스운송사업   ④ 항공여객운송사업

[풀이] 여객운송업(전세버스운송업은 제외)은 세금계산서를 발급하지 않는다. 단, 사업자가 감가상각자산 또는 영수증 발급대상 역무 외의 역무를 공급하는 경우에 공급받는 자가 사업자등록증을 제시하고 세금계산서의 발급을 요구하는 때에는 세금계산서를 발급하여야 한다.

14 부가가치세법에 따른 세금계산서 발급의무의 면제에 해당하지 않는 것은?

① 재화를 직접수출
② 미용업을 경영하는 자가 공급하는 재화나 용역
③ 구매확인서에 의해 수출업자에게 재화를 공급
④ 공급의제에 해당하는 사업상 증여

[풀이] 영세율 적용대상이 되는 일정한 재화 또는 용역 중 내국신용장 또는 구매확인서에 의하여 공급하는 재화는 세금계산서 발급의무가 면제되지 않는다.

― 매입세액 불공제 ― ☆☆☆☆☆

15 다음 중 부가가치세법상 일반과세사업자가 당해 과세기간분 부가가치세 확정신고시 공제받을 수 있는 매입세액은?

① 기업업무추진비 관련 매입세액
② 직전 과세기간 부가가치세 확정신고시 누락된 세금계산서상의 매입세액
③ 세금계산서 대신에 교부받은 거래명세표상의 매입세액
④ 당해 과세기간 부가가치세 예정신고시 누락된 상품매입 세금계산서상의 매입세액

[풀이] 당해 과세기간 부가가치세 예정신고시 누락된 상품매입 세금계산서상의 매입세액은 확정신고시 공제받을 수 있다.

16 다음 설명 중 맞는 것은?

① 부가가치세 예정신고기간에 대손요건을 갖춘 경우 예정신고시 반드시 대손세액공제 신고를 하여야 한다.
② 비영업용 소형승용차의 구입비용은 매입세액공제가 안되지만, 사업에 직접 사용이 입증된 임차와 유지비용은 매입세액공제대상이다.
③ 사업에 직접 사용이 입증된 기업업무추진비는 매입세액공제 대상이다.
④ 토지의 조성 등을 위한 자본적 지출과 관련된 매입세액은 매입세액을 공제받지 못한다.

[풀이] ① 대손세액공제를 받으려는 사업자는 부가가치세 확정신고서에 대손세액공제신고서와 대손 사실을 증명하는 서류를 첨부하여 제출하여야 한다(예정신고시 공제 불가).
② 비영업용 소형승용차의 구입과 임차 및 유지에 관한 매입세액은 공제하지 않는다(사업에 직접 사용 여부에 관계없이 공제 불가).
③ 기업업무추진비 및 이와 유사한 비용의 지출에 관련된 매입세액은 공제하지 않는다(사업에 직접 사용 여부에 관계없이 공제 불가).

17 다음 중 부가가치세법상 공제되는 매입세액이 아닌 것은?

① 전자세금계산서 의무발급 사업자로부터 발급받은 전자세금계산서로서 국세청장에게 전송되지 아니하였으나 발급한 사실이 확인되는 경우 당해 매입세액
② 매입처별세금계산서합계표를 경정청구나 경정시에 제출하는 경우 당해 매입세액
③ 예정신고시 매입처별세금계산서합계표를 제출하지 못하여 해당 예정신고기간이 속하는 과세기간의 확정신고시에 제출하는 경우 당해 매입세액
④ 공급시기 이후에 발급받은 세금계산서로서 해당 공급시기가 속하는 과세기간에 대한 확정신고기한이 지난 후 발급받은 경우 당해 매입세액

[풀이] 재화 또는 용역의 공급시기 이후에 발급받은 세금계산서로서 해당 공급시기가 속하는 과세기간에 대한 확정신고기한까지 발급받은 경우 당해 매입세액은 공제가능하다.

– 공통매입세액 안분계산 – ☆

18 다음 중 과세사업과 면세사업에 공통으로 사용되는 매입세액을 안분계산하지 않고 전액 공제하는 사유가 아닌 것은?

① 해당 과세기간의 면세공급가액 비율이 직전과세기간에 비해 5% 이상 증감한 경우
② 해당 과세기간 중의 공통매입세액이 5만원 미만인 경우
③ 해당 과세기간에 신규로 사업을 개시한 사업자가 해당 과세기간에 공급한 공통사용재화인 경우
④ 해당 과세기간의 총공급가액 중 면세공급가액이 5% 미만이면서 공통매입세액이 5백만원 미만인 경우

[풀이] 해당 과세기간의 총공급가액에 대한 면세공급가액의 비율과 취득일이 속하는 과세기간(그 후의 과세기간에 재계산한 때에는 그 재계산한 과세기간)에 적용했던 비율간의 차이가 5% 이상인 경우에 납부(환급)세액을 재계산 한다.

19 다음 중 부가가치세법상 매입세액을 안분계산 해야 되는 경우는?

① 상가를 임대하고 있는 부동산임대업자의 건물 전기료 매입세액
② 약국을 운영하면서 일반의약품매출과 조제매출이 있는 경우의 건물 임차료 매입세액
③ 세무사업만 영위하는 세무사사무실에서 구입한 컴퓨터의 매입세액
④ 쌀을 판매하는 사업자의 건물 임차료 매입세액

[풀이] 조제매출은 면세이나, 일반의약품매출은 과세이므로 매입세액을 안분계산 함.

20 다음 중 부가가치세법에 따른 공통매입세액 안분계산의 배제사유에 해당하지 않는 것은?

① 해당 과세기간의 공통매입세액이 500만원이면서 면세공급가액 비율이 3%인 경우
② 해당 과세기간 중의 공통매입세액이 5만원 미만인 경우
③ 해당 과세기간에 신규로 사업을 시작한 사업자가 해당 과세기간에 공급한 공통사용재화인 경우
④ 해당 과세기간의 공통매입세액이 500만원 미만이면서 면세공급가액 비율이 5% 미만인 경우

[풀이] 해당 과세기간의 공통매입세액이 5백만원 이상인 경우는 안분계산 한다.

– 납부세액의 재계산 –

21 다음 중 부가가치세법상 납부세액 또는 환급세액의 재계산에 대한 설명으로서 틀린 것은?

① 감가상각자산에 대해서만 납부세액 재계산을 한다.
② 취득일 또는 그 후 재계산한 과세기간의 면세비율이 당해과세기간의 면세비율과 5% 이상 차이가 나는 경우에 한해서 납부세액 재계산을 한다.
③ 예정신고때도 면세비율의 증감이 있으면 납부세액을 재계산하고, 확정신고시 다시 정산한다.
④ 취득 후 2년이 지난 기계장치의 경우 면세비율이 5% 이상 증감하였다 하더라도 납부세액의 재계산을 할 필요가 없다.

[풀이] 확정신고시만 납부세액을 재계산을 한다.

정답

1. ①   2. ①   3. ①   4. ②   5. ④   6. ④   7. ②   8. ②   9. ③   10. ②
11. ②   12. ①   13. ④   14. ③   15. ④   16. ④   17. ④   18. ①   19. ②   20. ①
21. ③

제5장 수정신고 및 가산세

제1절 수정신고

1. 수정신고의 의의

수정신고란 납세의무자가 과세표준과 세액을 신고한 후 그 기재사항에 누락·오류가 있어 세액의 증가사유가 발생한 경우 납세의무자가 이를 정정하는 신고를 말한다. 따라서 당초에 신고를 하지 않은 사업자는 수정신고를 할 수 없으며, 잘못 신고 된 내용에 대해 세무서에서 결정 또는 경정하여 통지하기 전까지 관할세무서장에게 신고하면 된다. 부가가치세 수정신고서를 제출하는 경우에는 가산세가 부과된다.

> 참고 경정청구
> 경정청구란 이미 신고·결정된 과세표준 및 세액 등이 정당한 과세표준 및 세액 등에 비하여 과다한 경우 이를 정정하여 결정 또는 경정하여 줄 것을 촉구하는 납세의무자의 청구를 말한다. 경정청구는 법정신고기한이 지난 후 5년 이내에 관할세무서장에게 하면 된다.

2. 수정신고 방법

(1) 원칙적인 방법

당초 신고내용을 부가가치세신고서 각 란의 상단에 적색으로 기재하고 수정신고 할 내용을 하단에 흑색으로 기재한다. 즉, 부가가치세신고서에 당초의 신고내용과 수정신고내용을 함께 병기함으로써 수정신고서를 작성한다. 실무적으로는 수정된 신고서를 출력하여 각란의 상단에 적색으로 기재함으로써 신고서를 작성한다. 자격시험에서 "적서기입은 생략한다."라는 문구는 이러한 작업을 할 수 없으므로 하지 말라는 의미이다.

(2) 예정신고 누락분의 경우

예정신고 누락분을 그 예정신고기간이 속하는 확정신고시 부가가치세 확정신고서에 수정신고 하는 뜻을 부기하여 신고하는 경우에는 그 예정신고 누락분에 대하여 수정신고 하는 것으로 본다. 따라서 부가가치세신고서상 표제에 "예정신고 누락분 수정신고 포함"이라고 기재하여 확정신고서상의 예정신고 누락분란에 기재하면 된다.

KcLep 길라잡이

- [부가가치]>[신고서/부속명세]>[부가가치세]>[부가세가치세신고서]의 『일반과세』 탭에서 [조회기간]란에 신고기간(4월 1일 ~ 6월 30일)을 입력한다.

1. 매출(예정신고누락분)

예정신고 매출 누락분을 확정신고시 신고하고자 하는 경우에 각각의 해당란에 입력한다.

▶ 과세(세금계산서)

예정신고를 하면서 누락한 세금계산서 발급분을 입력한다(매입자발행세금계산서를 포함).

▶ 과세(기타)

예정신고를 하면서 누락한 신용카드전표발행분·전자화폐수취분·현금영수증발급분·영수증발급분·세금계산서 발급의무가 없는 재화와 용역의 공급분을 입력한다.

▶ 영세율(세금계산서)

예정신고를 하면서 누락한 영세율이 적용되는 사업실적 중 세금계산서 발급분을 입력한다.

▶ 영세율(기타)

예정신고를 하면서 누락한 영세율이 적용되는 사업실적 중 세금계산서 발급의무 면제분을 입력한다.

2. 매입(예정신고누락분)

예정신고 매입 누락분을 확정신고시 신고하고자 하는 경우에 각각의 해당란에 입력한다.

▶ 세금계산서

예정신고를 하면서 누락한 매입세금계산서의 공급가액 합계 및 세액 합계를 입력한다.

▶ 그 밖의 공제매입세액

예정신고를 하면서 누락한 그 밖의 공제매입세액을 확정신고시 신고하고자 하는 경우에 입력한다. 하단에 입력된 금액이 자동 반영된다. 각란의 입력 방법은 이미 설명한 [그 밖의 공제매입세액(14)]란의 내용과 동일하다.

① 신용카드매출수령금액합계표 : 사업과 관련한 재화나 용역을 공급받고 발급받은 신용카드매출전표 등에 대한 명세서를 제출하여 매입세액을 공제하는 경우에 입력한다.

② 의제매입세액 : 면세농산물 등을 원재료로 제조·창출한 재화 또는 용역이 국내에서 과세되어 의제매입세액을 공제받는 사업자가 입력한다.

③ 재활용폐자원 등 매입세액 : 재활용폐자원 등에 대한 매입세액을 공제받는 사업자가 입력한다.

④ 과세사업전환매입세액 : 면세사업에 사용하는 감가상각자산을 과세사업에 사용하거나 소비하는 경우 취득시 불공제한 매입세액을 공제받는 경우에 입력한다.

⑤ 재고매입세액 : 간이과세자에서 일반과세자로 변경된 사업자가 그 변경되는 날 현재의 재고품 및 감가상각자산에 대하여 매입세액을 공제받는 경우에 입력한다.

⑥ 변제대손세액 : 공급받은 재화나 용역에 대한 외상매입금, 기타 매입채무가 대손확정되어 매입세액을 불공제 받은 후 대손금액의 전부 또는 일부를 변제한 경우, 변제한 대손금액에 관련된 대손세액을 입력한다.

⑦ 외국인 관광객에 대한 환급세액 : 특례적용관광호텔 사업자는 외국인관광객 등이 숙박용역을 공급받은 날부터 3개월 이내에 부가가치세액을 환급받은 사실이 확인되는 경우 해당 부가가치세액을 입력한다.

제2절 가산세

가산세란 세법에 규정하는 의무의 성실한 이행을 확보하기 위하여 의무태만에 대하여 본세에 가산하여 부과하는 금액을 말한다.

1. 매출처별세금계산서합계표 제출불성실가산세

(1) 미제출가산세

매출처별세금계산서합계표를 제출하지 아니한 경우에는 제출하지 아니한 부분의 공급가액에 0.5%를 곱한 금액을 납부세액에 더하거나 환급세액에서 뺀다.

> 미제출가산세 = 미제출분 공급가액 × 0.5%

* 제출기한이 지난 후 1개월 이내에 세금계산서합계표를 제출하는 경우 해당 가산세의 50%를 감면

(2) 부실기재가산세

제출한 매출처별세금계산서합계표의 기재사항 중 거래처별 등록번호 또는 공급가액의 전부 또는 일부가 적혀 있지 아니하거나 사실과 다르게 적혀 있는 경우에는 매출처별세금계산서합계표의 기재사항이 적혀 있지 아니하거나 사실과 다르게 적혀 있는 부분의 공급가액에 0.5%를 곱한 금액을 납부세액에 더하거나 환급세액에서 뺀다. 다만 제출한 매출처별세금계산서합계표의 기재사항이 착오로 적힌 경우로서 사업자가 발급한 세금계산서에 따라 거래사실이 확인되는 부분의 공급가액에 대하여는 그러하지 아니하다.

> 부실기재가산세 = 미기재·부실기재분 공급가액 × 0.5%

(3) 지연제출가산세

예정신고를 할 때 제출하지 못하여 해당 예정신고기간이 속하는 과세기간에 확정신고를 할 때 매출처별세금계산서합계표를 제출하는 경우(부실기재에 해당하는 경우는 제외)에는 그 공급가액에 0.3%를 곱한 금액을 납부세액에 더하거나 환급세액에서 뺀다.

> 지연제출가산세 = 지연제출분 공급가액 × 0.3%

> **탄마디** ··· 매출처별세금계산서합계표 불성실가산세는 세금계산서가 발행되는 거래에 대하여 적용되는 가산세이다. 그러므로 영수증발급대상거래나 세금계산서 및 영수증발급의무가 면제되는 거래는 동 가산세가 적용되지 않음에 주의하여야 한다.

> 참고 **매입처별세금계산서합계표 제출불성실가산세**
> 매입처별세금계산서합계표를 제출하지 아니한 경우에는 매입세액을 공제받지 못하므로 가산세를 부과하지 않는 것이 원칙이다. 다만 다음의 경우에는 매입처별세금계산서합계표 제출불성실가산세를 부과한다.
> ① 매입처별세금계산서합계표를 제출하지 아니한 경우 또는 제출한 매입처별세금계산서합계표의 기재사항 중 거래처별 등록번호 또는 공급가액의 전부 또는 일부가 기재되지 아니하거나 사실과 다르게 기재된 경우로 인하여, 예정신고 또는 확정신고시 공제받지 못한 매입세액을 추후 경정시에 세금계산서를 경정기관의 확인을 거쳐 해당 경정기관에 제출하여 매입세액공제를 받는 경우
> 다만, 다음의 경우에는 동 가산세를 부과하지 아니한다.
> ㉠ 매입처별세금계산서합계표를 수정신고·경정청구·기한후과세표준신고서와 함께 제출한 경우
> ㉡ 매입처별세금계산서합계표의 거래처별 등록번호 또는 공급가액이 착오로 사실과 다르게 기재된 경우로서 발급받은 세금계산서에 의하여 거래사실이 확인되는 경우
> ② 매입처별세금계산서합계표의 기재사항 중 공급가액을 사실과 다르게 과다하게 적어 신고한 경우
>
> 매입처별세금계산서합계표 제출불성실가산세 = 공급가액 × 0.5%

2. 신고불성실가산세

(1) 무신고가산세

사업자가 법정신고기한까지 예정신고 또는 확정신고를 하지 아니한 경우에는 다음의 금액을 납부세액에 더하거나 환급세액에서 뺀다.

> ① 부정행위로 인한 무신고 : (무신고한 납부세액 × 40%) + (영세율 과세표준 × 0.5%)
> ② 일반 무신고 : (무신고한 납부세액 × 20%) + (영세율 과세표준 × 0.5%)

> 참고 **기한후신고에 대한 가산세 감면**
> 과세표준신고서를 법정신고기한까지 제출하지 아니한 자가 법정신고기한이 지난 후 기한후신고를 한 경우에는 무신고가산세액에서 다음의 금액을 감면한다. 다만, 과세표준과 세액을 결정할 것을 미리 알고(즉, 세무공무원이 조사에 착수한 것을 알고) 기한후과세표준신고서를 제출한 경우에는 감면대상에서 제외한다.
>
> | 구 분 | 감면율 |
> |---|---|
> | ㉠ 법정신고기한이 지난 후 1개월 이내 기한후신고를 한 경우 | 50% |
> | ㉡ 법정신고기한이 지난 후 1개월 초과 3개월 이내에 기한후신고를 한 경우 | 30% |
> | ㉢ 법정신고기한이 지난 후 3개월 초과 6개월 이내에 기한후신고를 한 경우 | 20% |
>
> ※ 위 규정에 불구하고 세법에 따른 예정신고기한까지 예정신고를 하지 않았으나 확정신고기한까지 과세표준신고를 한 경우 해당 기간에 부과되는 무신고가산세의 50%를 감면한다. 다만, 과세표준과 세액을 경정할 것을 미리 알고(즉, 세무공무원이 조사에 착수한 것을 알거나 과세자료 해명통지서를 받고) 과세표준신고를 하는 경우는 제외한다.

> 참고 **부정행위**
> 부정행위란 조세의 부과와 징수를 불가능하게 하거나 현저히 곤란하게 하는 적극적 행위를 말한다.
> ① 이중장부의 작성 등 장부의 거짓 기장, 거짓 증빙 또는 거짓 문서의 작성 및 수취
> ② 장부와 기록의 파기

③ 자산의 은닉이나 소득·수익·행위·거래의 조작 또는 은폐
④ 고의적으로 장부를 작성하지 않거나 비치하지 않은 행위 또는 계산서, 세금계산서 또는 계산서합계표, 세금계산서합계표의 조작
⑤ 전사적 기업자원관리설비(ERP)의 조작 또는 전자세금계산서의 조작
⑥ 그 밖에 위계(僞計)에 의한 행위 또는 부정한 행위

(2) 과소신고 · 초과환급신고가산세

사업자가 법정신고기한까지 예정신고 또는 확정신고를 한 경우로서 납부할 세액을 ①신고하여야 할 세액 보다 적게 신고하거나(과소신고) ②환급받을 세액을 신고하여야 할 금액 보다 많이 신고(초과신고)한 경우에는 다음의 금액을 납부세액에 더하거나 환급세액에서 뺀다.

> 과소신고 · 초과환급신고가산세 = ① + ②
> ① (부정과소신고 납부세액 + 부정초과신고 환급세액) × 40%
> + (일반과소신고 납부세액 + 일반초과신고 환급세액) × 10%
> ② 과소신고된 영세율 과세표준 × 0.5%

[참고] 수정신고에 대한 가산세 감면

과세표준신고서를 법정신고기한까지 제출한 자가 법정신고기한이 지난 후 수정신고한 경우에는 해당 가산세액에서 다음의 금액을 감면한다. 다만, 과세표준과 세액을 경정할 것을 미리 알고 과세표준수정신고서를 제출한 경우는 감면대상에서 제외한다.

구 분	감면율
㉠ 법정신고기한이 지난 후 1개월 이내 수정신고한 경우	90%
㉡ 법정신고기한이 지난 후 1개월 초과 3개월 이내에 수정신고한 경우	75%
㉢ 법정신고기한이 지난 후 3개월 초과 6개월 이내에 수정신고한 경우	50%
㉣ 법정신고기한이 지난 후 6개월 초과 1년 이내에 수정신고한 경우	30%
㉤ 법정신고기한이 지난 후 1년 초과 1년 6개월 이내에 수정신고한 경우	20%
㉥ 법정신고기한이 지난 후 1년 6개월 초과 2년 이내에 수정신고한 경우	10%

3. 납부지연가산세 = 납부(환급)불성실가산세

사업자가 납부기한까지 부가가치세를 ①납부하지 않거나(미납부) ②납부해야 할 세액 보다 적게 납부하거나(과소납부) ③환급받아야 할 세액 보다 많이 환급(초과환급)받은 경우에는 다음의 금액을 납부세액에 가산하거나 환급세액에서 공제한다.

> 납부지연가산세 = ① + ②
> ① 지연일수분 : 미납부 세액(또는 과소납부 세액) × 2.2/10,000 × 미납일수*
> ② 초과환급일수분 : 초과환급받은 세액 × 2.2/10,000 × 미납일수*

* 미납일수 : 납부기한(환급받은 날)의 다음 날부터 자진납부일까지의 기간

참고 누락신고에 따른 가산세 필수암기 사항

(1) 매출누락분 수정신고시 적용되는 가산세
　① 매출처별세금계산서합계표 미제출가산세 : 공급가액 × 0.5% (제출기한이 지난 후 1개월 이내에 제출하는 경우 50% 감면)
　② 신고불성실가산세 : 납부세액의 10% (수정신고일에 따라 90%, 75%, 50%, 30%, 20%, 10% 감면)
　③ 납부지연가산세 : 납부세액 × 2.2/10,000 × 미납일수

(2) 예정신고 매출누락분 확정신고시 적용되는 가산세
　① 매출처별세금계산서합계표 지연제출가산세 : 공급가액 × 0.3%
　② 신고불성실가산세 : 납부세액의 10% (1개월 초과 3개월 이내 수정신고시 75% 감면)
　③ 납부지연가산세 : 납부세액 × 2.2/10,000 × 미납일수

제1기 확정신고기간에 다음과 같은 세금계산서 1매를 누락하여 수정신고 하였다. 가산세를 계산하시오(수정신고일 : 11월 2일).

- 매출 세금계산서 : 공급가액 1,000,000원, 부가가치세 100,000원

해설 ① 매출처별세금계산서합계표 미제출가산세 : 1,000,000 × 0.5% = 5,000원
　② 신고불성실가산세 : 100,000 × 10% × 50%(감면율 50%) = 5,000원
　③ 납부지연가산세 : 100,000 × 2.2/10,000 × 100일 = 2,200원
　　* 일수는 7월 26일부터 11월 2일까지 100일이다.

제1기 예정신고기간에 다음과 같은 세금계산서 1매를 누락하여 제1기 확정신고기간에 수정신고 하였다(신고일 : 7월 25일). 가산세를 계산하시오(미납일수 91일).

- 매출 세금계산서 : 공급가액 1,000,000원, 부가가치세 100,000원

해설 ① 매출처별세금계산서합계표 지연제출가산세 : 1,000,000 × 0.3% = 3,000원
　② 신고불성실가산세 : 100,000 × 10% × 25%(감면율 75%) = 2,500원
　③ 납부지연가산세 : 100,000 × 2.2/10,000 × 91일 = 2,002원

제1기 예정신고기간에 다음과 같은 세금계산서 2매를 누락하여 제1기 확정신고기간에 수정신고 하였다(신고일 : 7월 25일). 가산세를 계산하시오(미납일수 91일).

- 매출 세금계산서 : 공급가액 1,000,000원, 부가가치세 100,000원
- 매입 세금계산서 : 공급가액 　500,000원, 부가가치세 　50,000원

해설 ① 매출처별세금계산서합계표 지연제출가산세 : 1,000,000 × 0.3% = 3,000원
　② 신고불성실가산세 : (100,000 − 50,000) × 10% × 25%(감면율 75%) = 1,250원
　③ 납부지연가산세 : (100,000 − 50,000) × 2.2/10,000 × 91일 = 1,001원

제1기 예정신고기간에 세금계산서 3매를 누락하여 제1기 확정신고기간에 수정신고 하였다(신고일 : 7월 25일). 가산세를 계산하시오(미납일수 91일).

- 매출 세금계산서 : 공급가액 1,000,000원, 부가가치세 100,000원
- 매입 세금계산서 : 공급가액 500,000원, 부가가치세 50,000원
- 영세율 매출 세금계산서 : 공급가액 1,000,000원

[해설] ① 매출처별세금계산서합계표 지연제출가산세 : 2,000,000 × 0.3% = 6,000원
② 신고불성실가산세 : (100,000 − 50,000) × 10% × 25%(감면율 75%) = 1,250원
③ 영세율과세표준 신고불성실가산세 : 1,000,000 × 0.5% × 25%(감면율 75%) = 1,250원
④ 납부지연가산세 : (100,000 − 50,000) × 2.2/10,000 × 91일 = 1,001원

제1기 예정신고기간에 세금계산서 2매와 직수출 1건을 누락하여 제1기 확정신고기간에 수정신고 하였다(신고일 : 7월 25일). 가산세를 계산하시오(미납일수 91일).

- 매출 세금계산서 : 공급가액 1,000,000원, 부가가치세 100,000원
- 매입 세금계산서 : 공급가액 500,000원, 부가가치세 50,000원
- 직수출(영세율) : 공급가액 1,000,000원

[해설] ① 매출처별세금계산서합계표 지연제출가산세 : 1,000,000 × 0.3% = 3,000원
② 신고불성실가산세 : (100,000 − 50,000) × 10% × 25%(감면율 75%) = 1,250원
③ 영세율과세표준 신고불성실가산세 : 1,000,000 × 0.5% × 25%(감면율 75%) = 1,250원
④ 납부지연가산세 : (100,000 − 50,000) × 2.2/10,000 × 91일 = 1,001원

예제

다음 거래내역에 대한 회계처리를 하시오.

(1) ×1년 4월 1일 : 창제상회로부터 원재료 5,000,000원(부가가치세 별도)을 현금으로 매입하고 세금계산서를 발급받았다.
(2) ×1년 5월 1일 : 제품 20,000,000원(부가가치세 별도)을 수철상회에 현금으로 매출하고 세금계산서를 발급하였다.
(3) ×1년 6월 1일 : 3월 1일 제품 1,000,000원(부가가치세 별도)을 수철상회에 현금으로 매출한 세금계산서의 전표처리가 누락되어 동 일자로 회계처리 하였다(부가가치세신고서 및 세금계산서합계표에도 누락됨).
(4) ×1년 6월 30일 : 부가세예수금과 부가세대급금을 서로 상계하고 잔액은 미지급금으로 처리하였다.
(5) ×1년 7월 25일 : 제1기 확정 부가가치세신고시에 예정신고 누락분을 포함하여 신고하고 부가가치세 1,607,502원을 현금으로 납부하였다.

① 매출처별세금계산서합계표 지연제출가산세 : 1,000,000 × 0.3% = 3,000원
② 신고불성실가산세 : 100,000 × 10% × 25%(감면율 75%) = 2,500원
③ 납부지연가산세 : 100,000 × 2.2/10,000 × 91일 = 2,002원

해설

(1) (차) 원재료	5,000,000	/ (대) 현금		5,500,000
부가세대급금	500,000			
(2) (차) 현금	22,000,000	/ (대) 제품매출		20,000,000
		부가세예수금		2,000,000
(3) (차) 현금	1,100,000	/ (대) 제품매출		1,000,000
		부가세예수금		100,000
(4) (차) 부가세예수금	2,100,000	/ (대) 부가세대급금		500,000
		미지급금		1,600,000
(5) (차) 미지급금	1,600,000	/ (대) 현금		1,607,502
세금과공과금	7,502			

한대디 … 가산세의 계산 구조를 순차적으로 암기하기 위해서 본서의 위 까지의 내용 및 예제는 전자세금계산서 제도가 없다는 가정 하에서 설명하고 있다는 점에 오해 없으시기 바랍니다.

[참고] 부가가치세법 제60조 가산세 요약 정리

1항 사업자등록 불성실가산세 : 사업자가 다음 각 호의 어느 하나에 해당하면 각 호에 따른 금액을 납부세액에 더하거나 환급세액에서 뺀다.
① **미등록가산세** : 사업자가 법정기한(사업개시일부터 20일 이내)까지 사업자등록을 신청하지 아니한 경우에는 사업개시일로부터 등록을 신청한 날의 직전일까지의 **공급가액 합계액의 1%**(사업자등록 신청기한이 지난 후 1개월 이내에 신청하는 경우에는 해당 가산세의 50%를 감면)
② **허위등록가산세** : 사업자가 타인(자기의 계산과 책임으로 사업을 하지 않는 자를 말하며, 배우자는 제외)의 명의로 사업자등록을 하거나 그 타인 명의의 사업자등록을 이용하여 사업을 하는 것으로 확인되는 경우 그 타인 명의의 사업개시일로부터 실제 사업을 하는 것으로 확인되는 날의 직전일까지의 **공급가액 합계액의 2%**

2항 세금계산서 지연발급 · 미발급 · 부실기재 및 발급명세 가산세 : 사업자가 다음 각 호의 어느 하나에 해당하면 각 호에 따른 금액을 납부세액에 더하거나 환급세액에서 뺀다. 이 경우 ①호 또는 ②호가 적용되는 부분은 ③호부터 ⑤호까지를 적용하지 아니하고, ⑤호가 적용되는 부분은 ③호 및 ④호를 적용하지 아니한다.
① **지연발급** : 세금계산서의 발급시기가 지난 후 해당 재화 또는 용역의 공급시기가 속하는 과세기간에 대한 확정신고기한까지 세금계산서를 발급하는 경우 **그 공급가액의 1%**
② **미발급** : 세금계산서의 발급시기가 지난 후 해당 재화 또는 용역의 공급시기가 속하는 과세기간에 대한 확정신고기한까지 세금계산서를 발급하지 아니한 경우 **그 공급가액의 2%**. 다만, 다음 중 어느 하나에 해당하는 경우에는 **그 공급가액의 1%**
㉠ 전자세금계산서를 발급하여야 할 의무가 있는 자가 전자세금계산서를 발급하지 아니하고 세금

계산서의 발급시기에 전자세금계산서 외의 세금계산서를 발급한 경우
ⓒ 둘 이상의 사업장을 가진 사업자가 재화 또는 용역을 공급한 사업장 명의로 세금계산서를 발급하지 아니하고 세금계산서의 발급시기에 자신의 다른 사업장 명의로 세금계산서를 발급한 경우
③ 발급명세 지연전송 : 전자세금계산서 의무발급 사업자가 전자세금계산서 발급명세 전송기한(발급일의 다음날)이 지난 후 재화 또는 용역의 공급시기가 속하는 과세기간에 대한 확정신고기한까지 국세청장에게 전자세금계산서 발급명세를 전송하는 경우 **그 공급가액의 0.3%**
④ 발급명세 미전송 : 전자세금계산서 의무발급 사업자가 전자세금계산서 발급명세 전송기한(발급일의 다음날)이 지난 후 재화 또는 용역의 공급시기가 속하는 과세기간에 대한 확정신고기한까지 국세청장에게 전자세금계산서 발급명세를 전송하지 아니한 경우 **그 공급가액의 0.5%**
⑤ 부실기재 : 세금계산서의 필요적 기재사항의 전부 또는 일부가 착오 또는 과실로 적혀있지 아니하거나 사실과 다른 경우 **그 공급가액의 1%**

3항 세금계산서 발급불성실 가산세 : 사업자가 다음 각 호의 어느 하나에 해당하면 각 호에 따른 금액을 납부세액에 더하거나 환급세액에서 뺀다.
① 가공발급 : 재화 또는 용역을 공급하지 아니하고 세금계산서 또는 신용카드매출전표 등(이하 "세금계산서등"이라 한다)을 발급한 경우 **그 세금계산서등에 적힌 공급가액의 3%**
② 가공수취 : 재화 또는 용역을 공급받지 아니하고 세금계산서등을 발급받은 경우 **그 세금계산서등에 적힌 공급가액의 3%**
③ 허위발급 : 재화 또는 용역을 공급하고 실제로 재화 또는 용역을 공급하는 자가 아닌 자 또는 실제로 재화 또는 용역을 공급받는 자가 아닌 자의 명의로 세금계산서등을 발급한 경우 **그 공급가액의 2%**
④ 허위수취 : 재화 또는 용역을 공급받고 실제로 재화 또는 용역을 공급하는 자가 아닌 자의 명의로 세금계산서등을 발급받은 경우 **그 공급가액의 2%**
⑤ 과다발급 : 재화 또는 용역을 공급하고 세금계산서등의 공급가액을 과다하게 기재한 경우 **실제 보다 과다하게 기재한 부분에 대한 공급가액의 2%**
⑥ 과다수취 : 위 ⑤가 적용되는 세금계산서등을 발급받은 경우 **실제 보다 과다하게 기재된 부분에 대한 공급가액의 2%**

6항 매출처별세금계산서합계표 불성실 가산세 : 사업자가 다음 각 호의 어느 하나에 해당하면 각 호에 따른 금액을 납부세액에 더하거나 환급세액에서 뺀다.
① 미제출 : 매출처별세금계산서합계표를 제출하지 아니한 경우에는 매출처별세금계산서합계표를 제출하지 아니한 부분에 대한 **공급가액 0.5%**
② 부실기재 : 제출한 매출처별세금계산서합계표의 기재사항 중 거래처별 등록번호 또는 공급가액의 전부 또는 일부가 적혀있지 아니하거나 사실과 다르게 적혀 있는 경우에는 매출처별세금계산서합계표의 기재사항이 적혀 있지 아니하거나 사실과 다르게 적혀 있는 부분에 대한 **공급가액의 0.5%**
③ 지연제출 : 예정신고를 할 때 제출하지 못하여 해당 예정신고기간이 속하는 과세기간에 확정신고를 할 때 매출처별세금계산서합계표를 제출하는 경우에는 **그 공급가액의 0.3%**

※ **가산세의 중복적용 배제 요약**
(1) 1항이 적용되는 부분은 2항(②호는 제외) 및 6항을 적용하지 아니한다.
(2) 2항(②호는 제외)이 적용되는 부분은 6항을 적용하지 아니한다.
(3) 2항 ②호 또는 3항이 적용되는 부분은 1항 및 6항을 적용하지 아니한다.
(4) 3항 ③호가 적용되는 부분은 2항 ②호 본문을 적용하지 아니한다.
(5) 3항 ⑤호가 적용되는 부분은 2항 ⑤호 본문을 적용하지 아니한다.

@@@ … 시험에 출제 가능한 가산세의 중복적용 배제를 정리하면 다음과 같다.

① 세금계산서 지연발급 · 미발급 가산세 적용 ⇒ 발급명세 지연전송 · 미전송 가산세 적용배제
　　　　　　　　　　　　　　　　　　　　⇒ 매출처별세금계산서합계표 가산세 적용배제
② 세금계산서 발급명세 지연전송 · 미전송 가산세 적용 ⇒ 매출처별세금계산서합계표 가산세 적용배제

다음은 ㈜최대리의 제1기 예정신고시 누락된 자료이다. 제1기 확정 부가가치세신고기간에 수정신고(신고일 : 7월 25일)하였다. 각 상황별로 가산세를 계산하시오(미납일수 91일).

- 매출(1월 1일) 세금계산서 : 공급가액 1,000,000원,　부가가치세 100,000원
- 매입(1월 2일) 세금계산서 : 공급가액　400,000원,　부가가치세　40,000원

[상황1] 매출 세금계산서는 공급시기(1월 1일)에 전자세금계산서를 발급하고 국세청에 발급명세를 전송(발급일의 다음날 전송함)하였다. 예정신고시 매출처별세금계산서합계표에 누락되었다.

[상황2] 매출 세금계산서는 공급시기(1월 1일)에 전자세금계산서를 발급하고 국세청에 발급명세를 지연전송(전송기한이 지난 후 공급시기가 속하는 과세기간에 대한 확정신고기한까지 전송함)하였다. 예정신고시 매출처별세금계산서합계표에 누락되었다.

[상황3] 매출 세금계산서는 공급시기(1월 1일)에 전자세금계산서를 발급하고 국세청에 발급명세를 미전송(전송기한이 지난 후 공급시기가 속하는 과세기간에 대한 확정신고기한까지 전송하지 않음)하였다. 예정신고시 매출처별세금계산서합계표에 누락되었다.

[상황4] 매출 세금계산서는 공급시기(1월 1일)에 전자세금계산서를 발급하지 못하고 2월 25일(발급시기가 지난 후 공급시기가 속하는 과세기간에 대한 확정신고기한까지 발급)에 발급하였다(지연발급). 예정신고시 매출처별세금계산서합계표에 누락되었다.

[상황5] 매출 세금계산서는 공급시기(1월 1일)에 종이세금계산서를 발급하였다(미발급). 예정신고시 매출처별세금계산서합계표에 누락되었다.

[해설] [상황1] 발급명세 전송
① 매출처별세금계산서합계표 불성실(지연제출)가산세 : 없음
※ 전자세금계산서를 발급하고 전자세금계산서 발급명세를 해당 재화 또는 용역의 공급시기가 속하는 과세기간에 대한 확정신고기간까지 국세청장에게 전송한 경우에는 예정신고 또는 확정신고시 매출처별세금계산서합계표를 제출하지 아니할 수 있다. 따라서 이 경우 매출처별세금계산서합계표 불성실(지연제출)가산세는 적용되지 아니한다.
② 신고불성실가산세 : (100,000 − 40,000) × 10% × 25%(감면율 75%) = 1,500원
③ 납부지연가산세 : (100,000 − 40,000) × 2.2/10,000 × 91일 = 1,201원

[상황2] 발급명세 지연전송
① 전자세금계산서 발급명세 지연전송가산세 : 1,000,000 × 0.3% = 3,000원
② 매출처별세금계산서합계표 불성실(지연제출)가산세 : 없음
※ 발급명세 지연전송가산세가 적용되는 부분은 매출처별세금계산서합계표 가산세를 적용하지 않는다.
③ 신고불성실가산세 : (100,000 − 40,000) × 10% × 25%(감면율 75%) = 1,500원
④ 납부지연가산세 : (100,000 − 40,000) × 2.2/10,000 × 91일 = 1,201원

[상황3] 발급명세 미전송
① 전자세금계산서 발급명세 미전송가산세 : 1,000,000 × 0.5% = 5,000원
② 매출처별세금계산서합계표 불성실(지연제출)가산세 : 없음
※ 발급명세 미전송가산세가 적용되는 부분은 매출처별세금계산서합계표 가산세를 적용하지 않는다.
③ 신고불성실가산세 : (100,000 − 40,000) × 10% × 25%(감면율 75%) = 1,500원
④ 납부지연가산세 : (100,000 − 40,000) × 2.2/10,000 × 91일 = 1,201원

[상황4] 세금계산서 지연발급
① 세금계산서 지연발급가산세 : 1,000,000 × 1% = 10,000원
② 전자세금계산서 발급명세 전송가산세 : 없음
※ 세금계산서 지연발급가산세가 적용되는 부분은 전자세금계산서 발급명세 전송가산세를 적용하지 않는다.
③ 매출처별세금계산서합계표 불성실(지연제출)가산세 : 없음
※ 세금계산서 지연발급가산세가 적용되는 부분은 매출처별세금계산서합계표 불성실가산세를 적용하지 않는다.
④ 신고불성실가산세 : (100,000 − 40,000) × 10% × 25%(감면율 75%) = 1,500원
⑤ 납부지연가산세 : (100,000 − 40,000) × 2.2/10,000 × 91일 = 1,201원

[상황5] 세금계산서 미발급
① 세금계산서 미발급가산세 : 1,000,000 × 1% = 10,000원
※ 전자세금계산서를 발급하여야 할 의무가 있는 자가 전자세금계산서를 발급하지 아니하고 세금계산서의 발급시기에 전자세금계산서 외의 세금계산서를 발급한 경우에는 그 공급가액의 1%를 곱한 금액을 납부세액에 더하거나 환급세액에서 뺀다.
② 전자세금계산서 발급명세 전송가산세 : 없음
※ 세금계산서 미발급가산세가 적용되는 부분은 전자세금계산서 발급명세 전송가산세를 적용하지 않는다.
③ 매출처별세금계산서합계표 불성실(지연제출)가산세 : 없음
※ 세금계산서 미발급가산세가 적용되는 부분은 매출처별세금계산서합계표 불성실가산세를 적용하지 않는다.
④ 신고불성실가산세 : (100,000 − 40,000) × 10% × 25%(감면율 75%) = 1,500원
⑤ 납부지연가산세 : (100,000 − 40,000) × 2.2/10,000 × 91일 = 1,201원

KcLep 길라잡이

- [부가가치]>[신고서/부속명세]>[부가가치세]>[부가가치세신고서]의 『일반과세』 탭에서 [조회기간]란에 신고기간을 입력하고 [가산세액계]란에 커서를 위치한다.

▶ **사업자미등록 등**

① 사업개시일부터 20일 이내에 사업자등록을 신청하지 아니한 경우 사업개시일로부터 등록을 신청한 날의 직전일까지의 공급가액의 합계액을 입력한다.

② 타인의 명의로 사업자등록을 하거나, 그 타인 명의의 사업자등록증을 이용하여 사업을 하는 것으로 확인되는 경우 그 타인 명의의 사업개시일로부터 실제 사업을 하는 것으로 확인되는 날의 직전일까지의 공급가액의 합계액을 입력한다.

▶ **세금계산서(지연발급 등)**

① 세금계산서의 발급시기가 지난 후 해당 재화 또는 용역의 공급시기가 속하는 과세기간에 대한 확정신고기한까지 발급하는 경우 그 공급가액을 입력한다.

② 세금계산서의 필요적 기재사항의 전부 또는 일부가 착오 또는 과실로 적혀있지 아니하거나 사실과 다른 경우 그 공급가액을 입력한다.

▶ 세금계산서(지연수취)

① 재화 또는 용역의 공급시기 이후에 발급받은 세금계산서로서 그 공급시기가 속하는 과세기간에 대한 확정신고기한까지 발급받아 매입세액공제를 받은 경우 그 공급가액을 입력한다.
② 재화 또는 용역의 공급시기가 속하는 과세기간에 대한 확정신고기한이 지난 후 세금계산서를 발급받았더라도 그 세금계산서의 발급일이 확정신고기한 다음 날부터 1년 이내이고 다음 중 어느 하나에 해당하는 경우 그 공급가액을 입력한다.
   ㉠ 과세표준수정신고서와 경정청구서를 세금계산서와 함께 제출하는 경우
   ㉡ 해당 거래사실이 확인되어 관할세무서장 등이 결정 또는 경정하는 경우

▶ 세금계산서(미발급 등)

세금계산서를 미발급, 가공발급·가공수취, 허위발급·허위수취, 과다발급·과다수취한 경우에 그 공급가액(또는 그 세금계산서 등에 적힌 금액)을 입력한다.

▶ 전자세금발급명세(지연전송)

전자세금계산서 발급명세를 지연전송한 경우 그 공급가액을 입력한다.

▶ 전자세금발급명세(미전송)

전자세금계산서 발급명세를 전송하지 않은 경우 그 공급가액을 입력한다.

▶ 세금계산서합계표(제출불성실)

① 매출처별세금계산서합계표를 제출하지 아니한 경우 미제출분 공급가액을 입력한다.
② 제출한 매출처별세금계산서합계표의 기재사항 중 거래처별 등록번호 또는 공급가액의 전부 또는 일부가 적혀 있지 아니하거나 사실과 다르게 적혀있는 경우 미기재·부실기재분 공급가액을 입력한다.

▶ 세금계산서합계표(지연제출)

예정신고를 할 때 매출처별세금계산서합계표를 제출하지 못하여 해당 예정신고기간이 속하는 과세기간에 확정신고를 할 때 매출처별세금계산서합계표를 제출하는 경우에 지연제출분 공급가액을 입력한다.

▶ 신고불성실

① 무신고(일반) : 법정신고기한까지 예정신고 또는 확정신고를 하지 아니한 경우 무신고한 납부세액을 입력한다.
② 무신고(부당) : 부정행위로 법정신고기한까지 예정신고 또는 확정신고를 하지 아니한 경우 무신고한 납부세액을 입력한다.
③ 과소·초과환급(일반) : 법정신고기한까지 예정신고 또는 확정신고를 한 경우로서 납부세액을 신고하여야 할 금액 보다 적게 신고한 경우 과소신고납부세액을 입력하고, 환급세액을 신고하여야 할 금액 보다 많이 신고한 경우 초과신고환급세액을 입력한다.
④ 과소·초과환급(부당) : 법정신고기한까지 예정신고 또는 확정신고를 한 경우로서 부정행위로 납부세액을 신고하여야 할 금액 보다 적게 신고한 경우 부정과소신고납부세액을 입력하고, 환급세액을 신고하여야 할 금액 보다 많이 신고한 경우 부정초과신고환급세액을 입력한다.

▶ 납부지연

미납부·과소납부세액(또는 초과환급세액)을 입력한다.

▶ 영세율과세표준 신고불성실

무신고 또는 과소신고한 영세율과세표준을 입력한다.

▶ 신용카드매출전표등수령명세서 미제출·과다기재

신용카드매출전표등 수령명세서를 제출하지 않았거나 금액을 과다하게 기재한 경우 그 공급가액과 세액을 입력한다.
① 미제출 : 신용카드매출전표등 수령명세서를 예정신고·확정신고를 할 때에 제출하여 매입세액을 공제받지 아니하고 경정시 경정기관 확인을 거쳐 해당 경정기관에 제출하여 매입세액을 공제받는 경우 그 공급가액을 입력한다.
② 과다기재 : 매입세액을 공제받기 위하여 제출한 신용카드매출전표등 수령명세서에 공급가액을 과다하게 적은 경우해당 과다기재한 공급가액을 입력한다.

한마디 … 현금매출명세서불성실 가산세, 부동산임대공급가액명세서 가산세, 매입자납부특례 가산세는 자격시험과 무관하므로 설명을 생략한다.

기/출/문/제 [실기]

01 다음의 내용에 따라 ㈜재무회계(회사코드 : 2002)의 제1기 부가가치세 예정신고기간의 부가가치세신고서를 작성하시오. 단, 부가가치세신고서 이외의 부속서류 및 과세표준명세 입력은 생략하기로 한다(부가가치세신고서를 불러올 때 자동으로 반영되는 자료는 삭제할 것).

구분	내역	금액	비 고
매출	전자세금계산서 발급	400,000,000원 (VAT 별도)	공급가액 10,000,000원 1건(공급시기 2월 25일)은 발급시기를 경과하여 3월 20일에 전자세금계산서를 발급 하였다.
	신용카드매출 전표 발행	33,000,000원 (VAT 포함)	
	현금매출	1,100,000원 (VAT 포함)	전액 현금영수증 미발행(현금영수증 의무발행 업종이 아닌, 소비자와의 거래분임)
매입	세금계산서 수취	300,000,000원 (VAT 별도)	기계장치 구입분 공급가액 10,000,000원(VAT 별도)과 업무용 승용차(1,500cc) 구입분 공급가액 50,000,000원(VAT 별도)이 포함된 금액이다.

02 ㈜재무회계(회사코드 : 2002)의 제1기 부가가치세 확정신고를 하려고 한다(신고일 : 7월 25일). 다음의 사항과 가산세(부당과소신고는 아님)를 반영하여 부가가치세신고서를 작성하시오. 과소납부경과일수는 91일로 한다. 주어진 자료 이외에는 부가가치세신고서를 불러올 때 자동으로 반영되는 자료는 삭제하고, 부가가치세신고서 이외에 부속서류의 작성은 생략한다.

(1) 예정신고 누락내용

① 신용카드 매출(공급대가 55,000,000원)
② 제품을 직수출하고 받은 외화입금증명서(공급가액 20,000,000원)
③ 영업부서의 2,000cc 승용차(공급가액 20,000,000원, 부가가치세 2,000,000원) 세금계산서 매입

(2) 제1기 확정신고시 기타사항

① 전기 확정신고시 대손세액공제를 받았던 외상매출금 3,300,000원을 회수하였다.
② 제1기 예정신고시 미환급세액 400,000원이 있다.
③ 부가가치세 전자신고를 직접 이행함에 따른 세액공제 적용여부를 판단하여 적용한다.

03 ㈜재무회계(회사코드 : 2002)의 제2기 확정신고에 대한 부가가치세신고서를 작성하시오. 단, 제2기 확정 과세기간의 거래는 주어진 자료 뿐이라고 가정하고, 부가가치세신고서 이외의 부속서류 작성 및 매입매출전표의 수정·입력은 생략한다.

> (1) 예정신고시 누락분
> - 직수출 30,000,000원(부정행위 아님)
> - 매입세액공제 가능한 사업용신용카드 일반매입분 5,500,000원(공급대가) 누락
>
> (2) 확정신고기간분에 대한 사항
> - 세금계산서 매출액 15,000,000원(공급가액)
>   → 세금계산서 매출분 중 종이세금계산서 발급분 10,000,000원(공급가액)이 포함되어 있다.
> - 세금계산서 매입액 10,000,000원(공급가액) : 고정자산매입분 없음
>   → 매입세금계산서 중 기업업무추진비 해당분 3,000,000원(공급가액)이 포함되어 있다.

04 다음의 자료를 이용하여 ㈜부가가치(회사코드 : 2003)의 제1기 확정 부가가치세신고서를 작성하시오. 부가가치세신고서 이외에 과세표준명세 등 기타 부속서류는 작성 및 전표입력을 생략한다. 제시된 자료 이외의 거래는 없는 것으로 가정한다.

(1) 매출관련 자료

구분	공급가액	부가가치세액
세금계산서 발행 매출액 (4월 ~ 6월)	100,000,000원	10,000,000원
신용카드 과세 매출액 (4월 ~ 6월)	5,000,000원	500,000원
국외에서 제공한 용역에 대한 매출액 (4월 ~ 6월)	1,000,000원	-
매출거래처 담당자에게 무상으로 제공한 제품의 시가	500,000원	50,000원
예정신고시 현금영수증 매출 누락분	3,000,000원	300,000원

※ 세금계산서를 발행한 매출액은 모두 전자세금계산서로 발급, 전송하였다.

(2) 매입관련 자료

구분	과세표준	부가가치세
세금계산서 수령한 상품 구입액	10,000,000원	1,000,000원
세금계산서 수령한 사무실 인테리어(고정자산) 대금	12,000,000원	1,200,000원
세금계산서 수령한 접대용 물품 구입액(위의 상품구입액과 별도)	1,000,000원	100,000원
매입세액공제가능한 법인카드 사용액(내역 : 직원회식비)	2,000,000원	200,000원

(3) 기타
- 제1기 예정신고 미환급세액은 350,000원이다.
- 예정신고 누락과 관련된 가산세 계산시 미납일수는 91일이다.
- 전자신고세액공제는 고려하지 않는다.

05 ㈜부가가치(회사코드 : 2003)의 제2기 예정 부가가치세 신고시 다음의 내용이 누락되었다. 제2기 확정 부가가치세 신고시 예정신고누락분을 모두 반영하여 신고서를 작성하시오. 단, 부당과소신고가 아니며, 예정신고누락과 관련된 가산세 계산시 미납일수는 90일이고, 전자신고세액공제는 적용하지 않기로 한다(부가가치세신고서를 불러올 때 자동으로 반영되는 자료는 삭제할 것).

(1) 매출자료
- 제품을 ㈜태흥무역에 매출하고 구매확인서를 정상적으로 발급받아 영세율전자세금계산서 1건(공급가액 6,000,000원, 부가가치세 0원)을 정상적으로 발급하고 전송하였다.
- 사용하던 트럭을 ㈜한우에게 매각하고 전자세금계산서 1건(공급가액 10,000,000원, 부가가치세 1,000,000원)을 정상적으로 발급하고 전송하였다.
- 제품 4,400,000원(부가가치세 포함)을 비사업자에게 신용카드매출전표를 발행하고 매출하였다.

(2) 매입자료
- ㈜정상에서 7월에 원재료를 공급받았으나 전자세금계산서 1건(공급가액 8,000,000원, 세액 800,000원)을 8월 20일에 지연수취 하였다.

06 ㈜원천징수(회사코드 : 2004)는 제2기 확정신고를 한 후 다음과 같은 오류를 발견하였다. 2026년 2월 28일에 수정신고하는 경우 부가가치세 수정신고서(1차)를 작성하시오. 본 문제에서 과소신고한 것은 부당과소신고가 아니며, 기존 신고내용을 적색으로 기입하는 것은 생략한다.

(1) 가정
① 발견된 오류는 아직 신고서에 반영되지 않았으며, 오류 내용에 대한 전표입력은 생략한다.
② 가산세 계산시 일수는 34일로 한다.
③ 아래 오류사항 이외에 추가적으로 반영할 사항은 없으며, 각종 세액공제는 모두 생략한다.

(2) 오류사항
① 10월 1일 ㈜영동상사에 제품을 5,000,000원(부가가치세 별도)에 판매하고, 즉시 전자세금계산서를 발급한 1건에 대한 국세청 전송을 누락하여 2026년 2월 20일 국세청에 전송하였는데 부가가치세 신고서에 반영되지 않았다.
② ㈜대박상사로부터 원재료를 1,000,000원(부가가치세 별도)에 매입하고 세금계산서 수취 1건을 누락하였다.
③ 원재료를 소매로 3,000,000원(부가가치세 별도)에 매입하고 카드로 결제한 내역 1건을 누락하였다(원재료 판매처는 일반과세자이다).

KcLep 도우미

해설 1   2002. (주)재무회계

- [부가가치]>[신고서/부속명세]>[부가가치세]>[부가가치세신고서]의 『일반과세』 탭에서 조회기간(1월 1일 ~ 3월 31일)을 입력한다.

… 이하 본서에서는 답안을 위와 같은 화면 대신에 아래와 같이 표시하기로 한다.

- [부가가치세신고서]의 『일반과세』 탭에서 조회기간(1월 1일 ~ 3월 31일)을 입력한다.

  ① 과세표준 및 매출세액
  ▸ 과세/ 세금계산서발급분 : [금액 400,000,000] [세액 40,000,000]
  ▸ 과세/ 신용카드·현금영수증발행분 : [금액 30,000,000] [세액 3,000,000]
  ▸ 과세/ 기타(정규영수증외 매출분) : [금액 1,000,000] [세액 100,000]

  ② 매입세액
  ▸ 세금계산서수취분/ 일반매입 : [금액 240,000,000] [세액 24,000,000]
  ▸ 세금계산서수취분/ 고정자산매입 : [금액 60,000,000] [세액 6,000,000]

③ 16.공제받지 못할 매입세액
- ▶ 공제받지못할매입세액 : [금액 50,000,000] [세액 5,000,000]

④ 신용카드매출전표등 발행공제등 : [금액 33,000,000]

⑤ 25.가산세명세
- ▶ 세금계산서/ 지연발급 등 : [금액 10,000,000] [세액 100,000]

[해설] 세금계산서 지연발급가산세 : 10,000,000 × 1% = 100,000원

※ 공급시기(2월 25일)가 속하는 과세기간의 확정신고기한(7월 25일)까지 세금계산서를 발급하는 경우에는 세금계산서 지연발급가산세가 적용된다. 세금계산서 지연발급가산세가 적용되는 부분은 발급명세 전송가산세 및 매출처별세금계산서합계표 불성실가산세를 적용하지 않는다.

해설 2 2002. (주)재무회계

- [부가가치세신고서]의 『일반과세』 탭에서 조회기간(4월 1일 ~ 6월 30일)을 입력한다.

① 7.매출(예정신고누락분)
- ▶ 과세/ 기타 : [금액 50,000,000] [세액 5,000,000]
- ▶ 영세율/ 기타 : [금액 20,000,000]

② 8.대손세액가감 : [세액 300,000]

③ 12.매입(예정신고누락분)
- ▶ 세금계산서 : [금액 20,000,000] [세액 2,000,000]

④ 16.공제받지못할매입세액
- ▶ 공제받지못할매입세액 : [금액 20,000,000] [세액 2,000,000]

⑤ 18.그 밖의 경감 · 공제세액
- ▶ 전자신고세액공제 : [세액 10,000]

⑥ 예정신고미환급세액 : [세액 400,000]

⑦ 25.가산세명세
- ▶ 신고불성실/ 과소 · 초과환급(일반) : [금액 5,000,000] [세액 125,000]
- ▶ 납부지연 : [금액 5,000,000] [세액 100,100]
- ▶ 영세율과세표준 신고불성실 : [금액 20,000,000] [세액 25,000]

[해설] 신고불성실가산세 : 5,000,000 × 10% × 25%(감면율 75%) = 125,000원

납부지연가산세 : 5,000,000 × 2.2/10,000 × 91일 = 100,100원

영세율과세표준 신고불성실가산세 : 20,000,000 × 0.5% × 25%(감면율 75%) = 25,000원

※ 매입세액이 불공제되는 세금계산서(공급가액 20,000,000원, 부가가치세 2,000,000원)를 정상적으로 신고한 경우에도 매입세액은 공제되지 않으므로 납부세액은 누락한 경우와 동일해 진다. 따라서 이를 누락해서 수정신고 하는 경우 신고불성실가산세 및 납부지연가산세 계산시 고려하지 않는다.

해설 3   2002. (주)재무회계

- [부가가치세신고서]의 『일반과세』 탭에서 조회기간(10월 1일 ～ 12월 31일)을 입력한다.

  ① 과세표준 및 매출세액
  - 과세/ 세금계산서발급분 : [금액 15,000,000] [세액 1,500,000]

  ② 7.매출(예정신고누락분)
  - 영세/ 기타 : [금액 30,000,000]

  ③ 매입세액
  - 세금계산서수취분/ 일반매입 : [금액 10,000,000] [세액 1,000,000]

  ④ 12.매입(예정신고누락분)
  - 신용카드매출수령금액합계/ 일반매입 : [금액 5,000,000] [세액 500,000]

  ⑤ 16.공제받지못할매입세액
  - 공제받지못할매입세액 : [금액 3,000,000] [세액 300,000]

  ⑥ 25.가산세명세
  - 세금계산서/ 미발급 등 : [금액 10,000,000] [세액 100,000]
  - 영세율과세표준 신고불성실 : [금액 30,000,000] [세액 37,500]

  [해설] 세금계산서 미발급가산세 : 10,000,000 × 1% = 100,000원

         영세율과세표준 신고불성실가산세 : 30,000,000 × 0.5% × 25%(감면율 75%) = 37,500원

  ※ 전자세금계산서를 발행해야 하는 사업자가 전자세금계산서를 발행하지 않고 종이세금계산서를 발행한 경우 세금계산서 미발급가산세(1%)가 적용된다. 세금계산서 미발급가산세가 적용되는 부분은 발급명세 전송가산세 및 매출처별세금계산서합계표 불성실가산세를 적용하지 않는다.

  ※ 예정신고시 누락한 매출세액 보다 매입세액이 더 큰 경우 납부세액이 음수(-) 이므로 신고불성실가산세 및 납부지연가산세는 적용하지 않는다.

해설 4   2003. (주)부가가치

- [부가가치세신고서]의 『일반과세』 탭에서 조회기간(4월 1일 ～ 6월 30일)을 입력한다.

  ① 과세표준 및 매출세액
  - 과세/ 세금계산서발급분 : [금액 100,000,000] [세액 10,000,000]
  - 과세/ 신용카드·현금영수증발행분 : [금액 5,000,000] [세액 500,000]
  - 과세/ 기타 : [금액 500,000] [세액 50,000]
  - 영세/ 기타 : [금액 1,000,000]

  ② 7.매출(예정신고누락분)
  - 과세/ 기타 : [금액 3,000,000] [세액 300,000]

  ③ 매입세액
  - 세금계산서수취분/ 일반매입 : [금액 11,000,000] [세액 1,100,000]

  [해설] 상품 구입액(10,000,000) + 접대용 물품 구입액(1,000,000) = 11,000,000원

  - 세금계산서수취분/ 고정자산매입 : [금액 12,000,000] [세액 1,200,000]

④ 14.그 밖의 공제매입세액
- ▶ 신용카드매출수령금액합계표/ 일반매입 : [금액 2,000,000] [세액 200,000]

⑤ 16.공제받지못할매입세액
- ▶ 공제받지못할매입세액 : [금액 1,000,000] [세액 100,000]

⑥ 신용카드매출전표등발행공제등 : [금액 5,500,000]

⑦ 예정신고미환급세액 : [세액 350,000]

⑧ 25.가산세명세
- ▶ 신고불성실/ 과소·초과환급(일반) : [금액 300,000] [세액 7,500]
- ▶ 납부지연 : [금액 300,000] [세액 6,006]

[해설] 신고불성실가산세 : 300,000 × 10% × 25%(감면율 75%) = 7,500원
납부지연가산세 : 300,000 × 2.2/10,000 × 91일 = 6,006원

해설 5   2003. (주)부가가치

- [부가가치세신고서]의 『일반과세』 탭에서 조회기간(10월 1일 ~ 12월 31일)을 입력한다.

① 7.매출(예정신고누락분)
- ▶ 과세/ 세금계산서 : [금액 10,000,000] [세액 1,000,000]
- ▶ 과세/ 기타 : [금액 4,000,000] [세액 400,000]
- ▶ 영세/ 세금계산서 : [금액 6,000,000]

② 12.매입(예정신고누락분)
- ▶ 세금계산서 : [금액 8,000,000] [세액 800,000]

③ 25.가산세명세
- ▶ 세금계산서/ 지연수취 : [금액 8,000,000] [세액 40,000]
- ▶ 신고불성실/ 과소·초과환급(일반) : [금액 600,000] [세액 15,000]
- ▶ 납부지연 : [금액 600,000] [세액 11,880]
- ▶ 영세율과세표준 신고불성실 : [금액 6,000,000] [세액 7,500]

[해설] 세금계산서 지연수취가산세 : 8,000,000 × 0.5% = 40,000원
신고불성실가산세 : (1,000,000 + 400,000 - 800,000) × 10% × 25%(감면율 75%) = 15,000원
납부지연가산세 : 600,000 × 2.2/10,000 × 90일 = 11,880원
영세율과세표준 신고불성실가산세 : 6,000,000 × 0.5% × 25%(감면율 75%) = 7,500원

※ 재화 또는 용역의 공급시기(7월) 이후에 발급받은 세금계산서로서 그 공급시기가 속하는 과세기간에 대한 확정신고기한(내년 1월 25일)까지 발급받은 경우에는 지연수취가산세가 적용된다.

※ 전자세금계산서를 발급하고 전자세금계산서 발급명세를 해당 재화 또는 용역의 공급시기가 속하는 과세기간에 대한 확정신고기한까지 국세청장에게 전송한 경우에는 예정신고 또는 확정신고시 매출처별세금계산서합계표를 제출하지 아니할 수 있다. 따라서 이 경우 매출처별세금계산서합계표 지연제출가산세는 적용하지 않는다.

해설 6   2004. (주)원천징수

- [부가가치세신고서]의 『일반과세』 탭에서 조회기간(10월 1일 ~ 12월 31일) / 신고구분(2.수정신고) / 신고차수(1)를 입력하고 화면 우측 『수정신고금액』 란에 다음과 같이 입력한다.

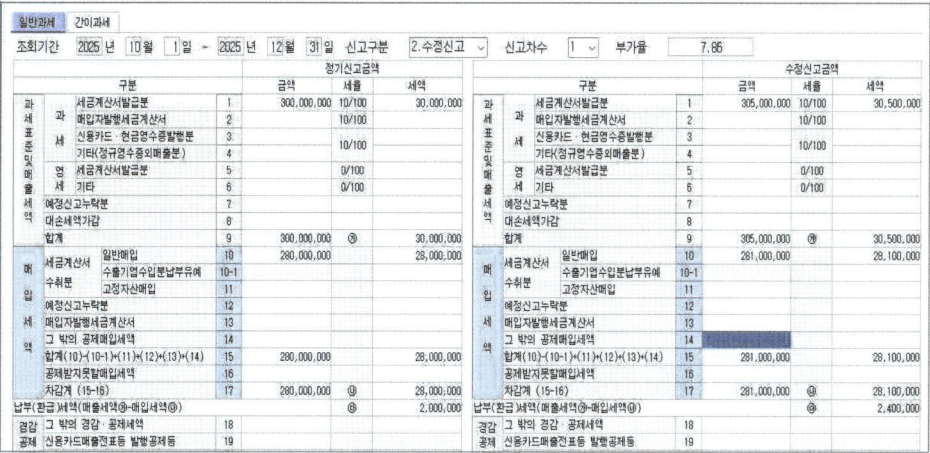

① 과세표준 및 매출세액
- ▶ 과세/ 세금계산서발급분 : [금액 305,000,000] [세액 30,500,000]

② 매입세액
- ▶ 세금계산서수취분/ 일반매입 : [금액 281,000,000] [세액 28,100,000]

[해설] 화면 우측 [수정신고금액]란에 오류사항을 포함한 합계 금액을 입력한다.

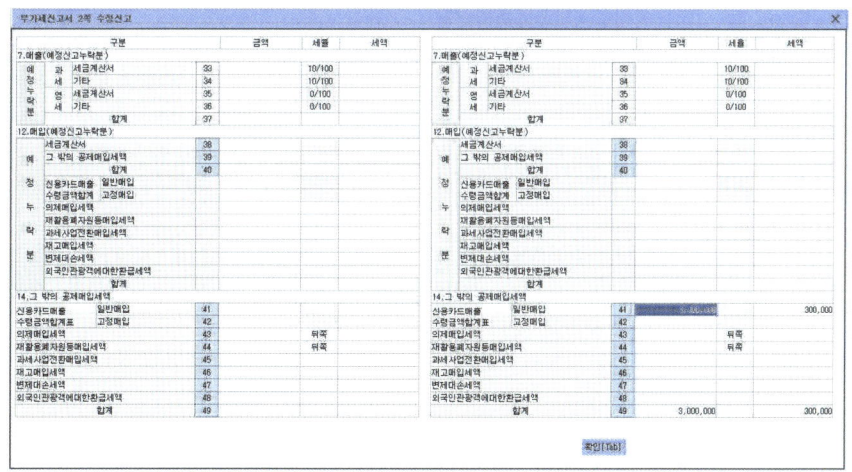

③ 14.그 밖의 공제매입세액 ☞ "Tab" 키를 누른 후 입력한다.
- ▶ 신용카드매출수령금액합계표/ 일반매입 : [금액 3,000,000] [세액 300,000]

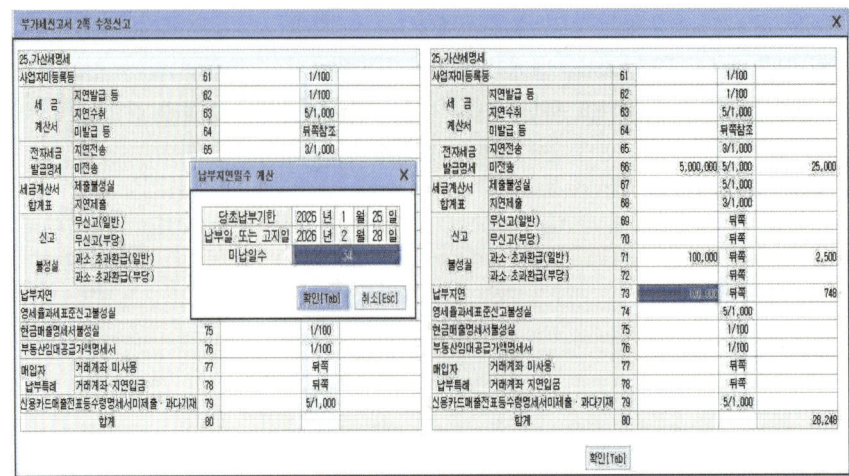

④ 25.가산세명세 ☞ "Tab" 키를 누른 후 입력한다.
- 전자세금발급명세/ 미전송 : [금액 5,000,000] [세액 25,000]
- 신고불성실/ 과소·초과환급(일반) : [금액 100,000] [세액 2,500]
- 납부지연 : [금액 100,000] [세액 748]

[해설] 발급명세 미전송가산세 : 5,000,000 × 0.5% = 25,000원

신고불성실가산세 : (500,000 − 300,000 − 100,000) × 10% × 25%(감면율 75%) = 2,500원

납부지연가산세 : 100,000 × 2.2/10,000 × 34일 = 748원

※ 전자세금계산서를 발급하고 전자세금계산서 발급명세를 해당 재화 또는 용역의 공급시기가 속하는 과세기간에 대한 확정신고기한(내년 1월 25일)까지 국세청장에게 전송하지 않은 경우에는 발급명세 미전송가산세가 적용된다. 발급명세 미전송가산세가 적용되는 부분은 매출처별세금계산서합계표 미제출가산세를 적용하지 않는다.

한마디… 2022년부터 출제범위에 포함되는 부가가치세 전자신고방법은 교재 P.695의 [보론 2]에서 별도의 회사를 통해서 학습하기로 하겠습니다.

제4부

결산 및 재무제표

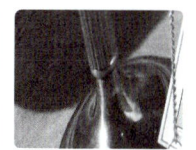

↘ 제1장 결산의 의의 및 절차
↘ 제2장 결산의 예비절차
↘ 제3장 결산의 본절차
↘ 제4장 재무제표 작성
↘ 제5장 마감후 이월

제1장 결산의 의의 및 절차

제1절 결산의 의의

기업은 일정기간을 정하여 회계기간을 설정하고 이 기간 중에 매일매일 발생하는 모든 거래를 분개하고 이를 총계정 원장에 전기한다. 그러나 이것만으로는 기업의 정확한 재무상태와 경영성과를 파악할 수 없기 때문에 회계기간 말에 기업의 재무상태를 실제로 조사하여 장부를 수정 정리하고 마감한 후 정확한 재무상태와 경영성과를 파악하여 재무제표를 작성한다. 이와 같이 회계기간이 종료된 후 일정시점에 있어서 기업의 재무상태, 일정기간에 있어서 기업의 경영성과를 명확히 하기 위하여 장부를 정리·마감하는 일련의 절차를 결산(Closing)이라 한다.

[참고] 회계순환과정
회계순환과정이란 회계가 그 목적을 달성하기 위하여 매 회계기간마다 반복적으로 수행하는 과정을 말한다.
① 사건의 발생 → ② 분개 → ③ 전기 → ④ 결산예비절차 → ⑤ 결산본절차 → ⑥ 재무제표의 작성

제2절 결산의 절차

결산의 절차는 구체적으로 ① 결산의 예비절차, ② 결산의 본절차, ③ 재무제표의 작성으로 구분한다.

1. 결산의 예비절차

① **시산표의 작성**: 분개장에서 원장으로의 전기를 검증한다.
② **재고조사표의 작성**: 부정확한 계정의 잔액을 실제액에 일치시키기 위하여 장부의 수정에 필요한 결산정리사항만을 기재한 일람표이다.
③ **결산정리분개**
④ **수정후시산표의 작성**
⑤ **정산표의 작성**(임의선택사항): 잔액시산표를 기초로 하여 손익계산서와 재무상태표의 내용을 하나의 표에 모아서 작성하는 일람표이다.

2. 결산의 본절차

① (집합)손익 계정의 설정
② 수익·비용 계정의 마감 : 손익 계정으로 대체하고 손익 계정에서 계산된 당기순손익을 자본 계정으로 대체한다.
③ 자산·부채·자본 계정의 마감

3. 재무제표의 작성

① 재무상태표
② 손익계산서
③ 현금흐름표
④ 자본변동표
⑤ 주석 – 이익잉여금처분계산서(또는 결손금처리계산서)

※ 상법 등 관련 법규에서 이익잉여금처분계산서(또는 결손금처리계산서)의 작성을 요구하는 경우에는 재무상태표의 이익잉여금(또는 결손금)에 대한 보충정보로서 이익잉여금처분계산서(또는 결손금처리계산서)를 주석으로 공시한다(일반기업회계기준 2.89).

제2장 결산의 예비절차

제1절 시산표의 작성

1. 시산표의 정의

복식부기에서는 거래가 발생하면 분개장에 기입한 후 원장의 각 계정 계좌에 전기한다. 이 때에 분개와 전기가 바르게 이루어지면 대차평균의 원리에 의하여 모든 계정의 차변합계액과 대변합계액은 반드시 일치하게 된다. 이와 같은 원리에서 원장의 전기가 정확한지를 검증하기 위하여 원장의 각 계정금액을 모아 작성하는 표를 시산표라 한다.

본 프로그램을 이용한 경우에는 [회계관리]>[재무회계]>[전표입력]>[일반전표입력] 및 [매입매출전표입력] 메뉴에서 입력한 자료에 의하여 자동으로 작성된다.

2. 시산표의 종류

시산표는 작성방법에 따라 합계시산표, 잔액시산표, 합계잔액시산표로 구분할 수 있다. 전산세무회계 프로그램에서는 합계잔액시산표만 작성된다.

> 시산표 등식 : 기말자산 + 총비용 = 기말부채 + 기초자본 + 총수익

3. 시산표 오류의 발견

시산표에서 발견할 수 있는 오류	시산표에서 발견할 수 없는 오류
① 원장에 전기할 때 차변금액을 잘못 기록한 경우 ② 원장에 전기할 때 대변금액을 잘못 기록한 경우 ③ 원장에 전기할 때 한쪽만을 잘못 기록한 경우	① 원장에 전기할 때 대차금액을 똑같이 잘못 기록한 경우 ② 차변과 대변 계정과목을 반대로 전기한 경우 ③ 분개가 누락되거나, 이중으로 전기한 경우 ④ 두 개의 오류가 우연히 상계된 경우 ⑤ 계정과목을 잘못 전기한 경우

제2절 재고조사표

결산정리사항들을 정확하고 신속하게 기장하기 위해서는 모든 결산정리사항을 하나로 모아 일람표를 작성하면 편리하다. 이와 같이 원장 마감에 앞서 부정확한 계정의 잔액을 실제 금액에 일치시키기 위하여 장부의 수정에 필요한 결산정리사항만을 기재한 일람표를 재고조사표라 한다. 재고조사표에 기재될 결산정리사항은 다음과 같다.

1. 자산계정에 대한 결산정리

① 기말재고자산 재고액
② 유형자산의 감가상각 및 무형자산의 상각
③ 매출채권 및 기타채권에 대한 대손충당금 설정
④ 유가증권의 평가
⑤ 외화자산 및 외화부채의 평가
⑥ 퇴직급여충당부채의 설정

2. 손익계정에 대한 결산정리

① 수익의 이연(선수수익)
② 비용의 이연(선급비용)
③ 수익의 발생(미수수익)
④ 비용의 발생(미지급비용)

3. 기타의 결산정리

① 현금과부족 계정의 정리
② 소모품의 정리
③ 가지급금 · 가수금 계정의 정리
④ 법인세비용의 추산

제3절 결산정리분개

1. 제품매출원가의 대체분개 (자동분개)

제품매출액에 대응되는 원가로서 일정기간 중에 판매된 제품에 대하여 배분된 제조원가를 제품매출원가라 하며, 제품매출원가는 기초제품재고액과 당기제품제조원가의 합계액에서 기말제품재고액을 차감하여 계산한다.

> 제품매출원가 = 기초제품재고액 + 당기제품제조원가 − 기말제품재고액

본 프로그램에서는 기말제품재고액·기말원재료재고액·기말재공품재고액을 [재무회계]>[결산/재무제표]>[결산자료입력]의 해당란에 입력하고 상단 툴바의 F3전표추가 를 클릭하면 아래에서 예시하는 ④부터 ⑨까지의 제품매출원가 대체분개가 결산일자에 자동으로 발생한다. 따라서 아래에서 예시하는 분개는 자격시험에는 출제되지 않지만 실무상 결산을 이해하기 위하여 그 흐름은 파악하고 있어야 한다.

내 용	차 변		대 변	
① 원재료 구입시	153. 원 재 료	×××	101. 현 금	×××
② 노무비 지급시	504. 임 금	×××	101. 현 금	×××
③ 제조경비 발생시	<500번대 제조경비> 511. 복리후생비 512. 여비교통비 등	××× ×××	101. 현 금	×××
④ 원재료 사용분 원재료비 계정 대체	501. 원 재 료 비	×××	153. 원 재 료	×××
⑤ 원재료비 계정 재공품 대체	169. 재 공 품	×××	501. 원 재 료 비	×××
⑥ 노무비 계정 재공품 대체			504. 임 금	×××
⑦ 제조경비 계정 재공품 대체			<500번대 제조경비> 511. 복리후생비 512. 여비교통비 등	××× ×××
⑧ 완성품제조원가 제품대체	150. 제 품	×××	169. 재 공 품	×××
⑨ 당기 판매분 제품매출원가 대체	455. 제품매출원가	×××	150. 제 품	×××

잠깐만요 … 본서의 **(자동분개)** 란 [재무회계]>[결산/재무제표]>[결산자료입력]의 해당란에 해당 금액을 입력하고 상단 툴바의 F3전표추가 를 클릭하면 자동으로 분개가 발생한다는 의미이다.

2. 유형자산의 감가상각(자동분개)

유형자산은 사용에 의한 소모, 시간의 경과와 기술의 변화에 따른 진부화 등에 의해 경제적 효익이 감소하는데, 이러한 현상을 측정하여 기업의 재무상태와 경영성과에 반영시키는 절차를 감가상각이라 한다.

　　(차) 감가상각비　　　　　　×××　/　(대) 감가상각누계액　　　×××

3. 무형자산의 상각(자동분개)

무형자산의 미래경제적효익은 시간의 경과에 따라 소비되기 때문에 상각을 통하여 장부금액을 감소시킨다. 무형자산의 상각은 유형자산의 경우와 같이 감가상각누계액 계정을 설정하지 않고 무형자산 계정에서 직접 상각하는 것이 일반적이다.

　　(차) 무형자산상각비　　　　×××　/　(대) 무형자산　　　　　　×××

4. 매출채권 등에 대한 대손충당금 설정(자동분개)

결산시에 매출채권 등은 차기 이후에 회수하기 위하여 이월한다. 그러나 매출채권 등의 잔액이 모두 차기 이후에 회수될 금액을 정확히 나타낸다고 볼 수 없다. 왜냐하면 그 중에는 거래처의 경영악화, 부도 등의 사유로 회수할 수 없는 채권액이 포함되어 있기 때문이다. 따라서 결산에 있어서 충당금설정법에 따라 대손 예상액을 장부상에 계상해 줄 필요가 있다. 기말에 외상매출금 등의 채권잔액에 대하여 회수가 불가능하게 될 금액을 추정하여 실제 대손에 대비한다. 이 때 새로이 예상한 금액과 대손충당금 잔액을 서로 비교하여 다음과 같이 분개한다.

거래내역	차 변		대 변	
① 대손충당금 잔액이 없을 경우	대손상각비	×××	대손충당금	×××
② 대손예상액 > 대손충당금 잔액	대손상각비	×××	대손충당금	×××
③ 대손예상액 < 대손충당금 잔액	대손충당금	×××	대손충당금환입	×××

* 대손충당금환입에 대한 분개는 [재무회계]>[전표입력]>[일반전표입력]에서 결산일자에 수동으로 분개해야 한다.

5. 단기매매증권평가

단기매매증권을 취득하여 결산일 현재 보유하고 있는 경우에는 이를 공정가치로 평가하며, 공정가치의 변동분은 단기매매증권평가손익(영업외손익)으로 처리한다.

거래내역	차 변	대 변
① 공정가치＞장부금액	단기매매증권　　×××	단기매매증권평가이익　×××
② 공정가치＜장부금액	단기매매증권평가손실　×××	단기매매증권　　×××

6. 외화자산·부채의 평가

과거에 발생한 외화거래로 기말 현재 외화로 표시된 채권·채무가 있는 경우에는 이를 보고기간 종료일 현재의 환율로 환산하고, 장부상에 표시된 금액과의 차액을 외화환산손익(영업외손익)으로 처리한다.

　　① (차) 외화자산　　　　　　×××　/　(대) 외화환산이익　　　×××
　　　　　외화부채　　　　　　×××
　　② (차) 외화환산손실　　　　×××　/　(대) 외화자산　　　　　×××
　　　　　　　　　　　　　　　　　　　　　　외화부채　　　　　×××

7. 퇴직급여충당부채 설정 (자동분개)

종업원의 퇴직시 회사의 규정에 의하여 지급하여야 할 퇴직금 중 당해연도 부담분에 속하는 금액을 기말에 계상한다.

　　(차) 퇴직급여　　　　　　　×××　/　(대) 퇴직급여충당부채　×××

8. 수익·비용의 발생

(1) 수익의 발생

당기에 속하는 수익 중 미수된 부분이 있는 경우에는 이를 당기의 수익에 가산하고, 동시에 미수금의 성질을 가진 자산(미수수익)으로 대체시켜 차기로 이월시킨다.

　　(차) 미수수익　　　　　　　×××　/　(대) 이자수익　　　　　×××

(2) 비용의 발생

당기에 속하는 비용 중 미지급된 부분이 있는 경우에는 이를 당기의 비용에 가산하고, 동시에 미지급금의 성질을 가진 부채(미지급비용)로 대체시켜 차기로 이월시킨다.

　　(차) 이자비용　　　　　　　×××　/　(대) 미지급비용　　　　×××

9. 수익·비용의 이연

(1) 수익의 이연

당기에 속하는 수익 중 차기에 속하는 수익은 당기의 수익에서 차감하고, 동시에 선수금의 성질을 가진 부채(선수수익)로 대체시켜 차기로 이월시킨다.

　　(차) 이자수익　　　　　×××　/　(대) 선수수익　　　　　×××

(2) 비용의 이연

당기에 지출된 비용 중 차기에 속하는 비용은 당기의 비용에서 차감하고, 동시에 선급금의 성질을 가진 자산(선급비용)으로 대체시켜 차기로 이월시킨다.

　　(차) 선급비용　　　　　×××　/　(대) 이자비용　　　　　×××

10. 현금과부족 계정의 정리

(1) 현금시재가 부족한 경우

장부상 현금잔액 보다 실제 보유하고 있는 현금이 부족하여 현금과부족 계정을 설정하였으나 결산시까지 원인이 밝혀지지 않는 경우에는 잡손실로 처리한다.

　　(차) 잡손실　　　　　×××　/　(대) 현금과부족　　　　　×××

(2) 현금시재가 많은 경우

실제 보유하고 있는 현금잔액이 장부상 현금잔액 보다 많아 현금과부족 계정을 설정하였으나 결산시까지 원인이 밝혀지지 않는 경우에는 잡이익으로 처리한다.

　　(차) 현금과부족　　　　　×××　/　(대) 잡이익　　　　　×××

11. 소모품의 정리

(1) 구입시 비용(소모품비) 처리한 경우

결산일 현재 미사용분이 있는 경우에는 미사용 금액을 소모품비 계정에서 차감하고 동 금액을 자산 계정인 소모품 계정으로 대체하여야 한다.

　　(차) 소모품　　　　　×××　/　(대) 소모품비　　　　　×××

(2) 구입시 자산(소모품) 처리한 경우

결산일에 당기의 소모품 사용액 만큼을 소모품계정에서 차감하고 동 금액을 소모품비 계정으로 대체하여야 한다.

　　(차) 소모품비　　　　　×××　/　(대) 소모품　　　　　×××

12. 가지급금·가수금 계정의 정리

가지급금 또는 가수금 등의 미결산항목은 그 내용을 나타내는 적절한 과목으로 표시하여야 한다.

    ① (차) 해당계정과목 　　　　×××　/　(대) 가지급금 　　　　×××

    ② (차) 가수금 　　　　×××　/　(대) 해당계정과목 　　　　×××

13. 법인세비용 추산 (자동분개)

법인세법 등의 법령에 의하여 각 회계연도에 부담할 법인세 및 법인세에 부가되는 세액의 합계액을 법인세비용으로 처리한다. 기말 결산시 법인세추산액이 선납세금 보다 큰 경우에는 선납세금 계정을 법인세비용 계정으로 대체하고 나머지는 미지급세금 계정으로 처리한다.

    ① (차) 법인세비용 　　　　×××　/　(대) 선납세금 　　　　×××

    ② (차) 법인세비용 　　　　×××　/　(대) 미지급세금 　　　　×××

    딴마디 … 프로그램에서는 법인세추산액이 선납세금 잔액 보다 더 큰 경우 [재무회계]>[결산/재무제표]>[결산자료입력]의 "1)선납세금"의 [결산전금액]란에 표시된 금액을 [결산반영금액]란에 입력한다. 그리고 추가로 계상해야 할 금액은 "2)추가계상액"의 [결산반영금액]란에 입력하고 상단 툴바의 [F3 전표추가]를 클릭하면 위 ①과 ②의 분개가 자동으로 발생한다.

제4절 결산자료입력

[결산자료입력] 메뉴는 결산정리사항의 금액을 각각의 해당란에 입력하고 상단 툴바의 를 클릭하면, 결산정리분개를 결산일자에 자동으로 발생시켜 결산작업을 쉽게 할 수 있도록 도와주는 기능을 한다. 다만, 본 메뉴 작업이전에 본 메뉴에서 자동으로 결산정리분개를 해 주지 못하는 사항, 즉 입력할 수 없는 결산정리사항을 확인하여 [재무회계]>[전표입력]>[일반전표입력]에서 결산일자로 분개를 추가하는 작업이 선행되어야 한다.

먼저 수동분개 해야 할 사항

① 대손예상액 보다 대손충당금 잔액이 큰 경우 대손충당금 환입
② 유가증권의 평가 및 외화자산·부채의 평가
③ 수익·비용의 발생 및 이연
④ 소모품의 정리
⑤ 현금과부족 계정의 정리
⑥ 가지급금 및 가수금 계정의 정리

KcLep 길라잡이

- [회계관리]>[재무회계]>[결산/재무제표]>[결산자료입력]을 선택하고 기간(1월 ~ 12월)을 입력하면 다음과 같은 화면이 나타난다.

• ㈜최대리 [결산자료입력] 화면1 •

▶ 기간

결산기간을 입력한다. 반기 결산의 경우에는 1월 ~ 6월을 입력하고, 기말 결산인 경우에는 1월 ~ 12월을 입력한다. 자격시험에서는 기말 결산만이 출제된다.

> [참고] 「매출원가 및 경비선택」 보조창이 나타나는 경우
> [재무회계]>[전기분 재무제표]>[전기분 원가명세서]를 작업한 Data가 있는 경우에는 해당 메뉴에서 입력한 내용을 자동으로 반영시키므로 「매출원가 및 경비선택」 보조창이 나타나지 않는다. [전기분 원가명세서] 메뉴를 작업하지 않은 경우에는 「매출원가 및 경비선택」 보조창에 [전기분 원가명세서] 메뉴에서 작업하는 방식과 동일하게 입력한다. 작업 방법을 다시 설명하면 다음과 같다.
> ① 「매출원가 및 경비선택」 보조창에서 제조업의 매출원가코드 "455.제품매출원가"를 선택하고 편집(Tab) 을 클릭한다.
> ② [사용여부]란에서 "1.여"를 선택하고 선택(Tab) 을 클릭하고 확인(Enter) 을 클릭한다.

• ㈜최대리 [결산자료입력] 화면2 •

한대디 … [결산자료입력] 메뉴 화면에 자동으로 보여지는 내용들은 [재무회계] 메뉴에 해당 내용과 관련된 자료가 입력된 경우에만 표시되도록 구성되어 있다. 이하에서 설명하는 메뉴의 내용은 일반적으로 나타날 수 있는 모든 메뉴를 설명하고 있으며, 이들 중 ㈜최대리의 [재무회계] 메뉴에 해당 자료가 없어 표시되지 않는 내용이 있을 수 있다는 것을 이해하기 바란다.

❋ 결산반영금액 입력

키보드의 Enter↵ 키를 치면서 진행하다가 입력해야 할 내용이 있으면 [결산반영금액]란에 해당 금액을 직접 입력하는 방식으로 진행한다.

▶ 매출액

[재무회계]>[전표입력]>[일반전표입력] 및 [매입매출전표입력]에서 입력한 자료가 자동 반영되므로 입력이 불가하다.

▶ 제품매출원가

- **기말원재료재고액** : 기말원재료 미사용액을 입력한다. 입력하지 않으면 기본적으로 "0"으로 인식한다(이하 모두 동일).
- **퇴직급여(전입액)** : 제품매출원가를 구성하는 생산직 사원에 대한 당기 설정 퇴직급여를 입력한다.
- **일반감가상각비** : 제품매출원가를 구성하는 감가상각비로서, 유형자산별로 감가상각비를 각각 입력한다.
- **기말재공품재고액** : 기말재공품재고액을 입력한다.
- **기말제품재고액** : 기말제품재고액을 입력한다.

▶ 매출총이익

매출액 − 매출원가 = 매출총이익

▶ 판매비와 일반관리비

- **퇴직급여(전입액)** : 판매비와관리비에 해당하는 사무직 사원에 대한 당기 설정 퇴직급여를 입력한다.
- **감가상각비** : 판매비와관리비를 구성하는 감가상각비로서, 유형자산별로 감가상각비를 각각 입력한다.
- **대손상각** : 기말 매출채권 등에 대한 대손충당금 추가설정액을 각 채권별로 입력한다.
- **무형자산상각** : 무형자산상각비를 각 무형자산별로 입력한다.

▶ 영업이익

매출총이익 − 판매비와관리비 = 영업이익

▶ 영업외수익

[재무회계]>[전표입력]>[일반전표입력] 및 [매입매출전표입력]에서 입력한 자료가 자동 반영되므로 입력이 불가하다.

▶ 영업외비용

[재무회계]>[전표입력]>[일반전표입력] 및 [매입매출전표입력]에서 입력한 자료가 자동 반영되므로 입력이 불가하다.

▶ 법인세차감전이익

영업이익 + 영업외수익 − 영업외비용 = 법인세차감전이익

▶ 법인세등

- **선납세금** : 선납세금 계정의 금액이 [결산전금액]란에 자동 반영되는데, 해당 금액을 [결산반영금액]란에 입력한다.
- **추가계상액** : 법인세추산액에서 선납세금을 차감한 금액을 입력한다.

▶ F3 전표추가

작업이 완료되면 상단 툴바의 F3전표추가를 클릭하여 대화창에서 예(Y)를 클릭한다. 이는 입력된 결산정리사항을 [일반전표입력] 메뉴에 추가하여 자동분개를 발생시켜 주는 기능으로, 이 작업이 이루어져야 비로소 결산의 예비절차 작업이 완료되는 것이다.

제3장 결산의 본절차

제1절 손익 계정의 설정

손익(또는 집합손익) 계정은 순손익을 산출하기 위하여 결산시에 설정하는 경과계정이다. 손익계정의 차변에는 비용계정의 잔액이 집계되고, 대변에는 수익계정의 잔액이 집계된다. 손익계정의 잔액이 대변인 경우 순이익을 나타내며, 잔액이 차변인 경우 순손실을 나타낸다.

손 익			손 익		
매출원가 ×××	매출액 ×××		매출원가 ×××	매출액 ×××
판매비와관리비 ×××			판매비와관리비 ×××	영업외수익 ×××
영업외비용 ×××	영업외수익 ×××		영업외비용 ×××	
순이익을 나타냄				순손실을 나타냄

제2절 수익 · 비용 계정의 마감

1. 수익 계정의 마감 (자동분개)

모든 수익 계정은 그 잔액이 대변에 발생하며, 이러한 계정 잔액을 손익 계정 대변에 대체하여 마감한다.

  (차) 매출액   ××× / (대) 손익   ×××
    영업외수익   ×××

> **한마디** … **자동분개**란 [재무회계]>[결산/재무제표]>[이익잉여금처분계산서]에 이익잉여금처분내역을 입력하고 상단 툴바의 F6전표추가 를 클릭하면 해당 분개가 자동으로 발생한다는 의미이다.

2. 비용 계정의 마감 (자동분개)

모든 비용 계정은 그 잔액이 차변에 발생하며, 이러한 계정잔액을 손익 계정 차변에 대체하여 마감한다.

  (차) 손익   ××× / (대) 매출원가   ×××
                  판매비와관리비 ×××
                  영업외비용   ×××

비 용		손 익			수 익	
매출원가	손익	매출원가	매출액		손익	매출액
판매관리비		판매관리비				
영업외비용		영업외비용	영업외수익			영업외수익
		순이익				

제3절 순손익의 자본 계정 대체

수익과 비용 계정의 잔액을 손익 계정에 대체하면, 손익 계정의 차변합계는 비용총액이 되고, 대변합계는 수익총액이 된다. 따라서 손익 계정의 대변합계가 차변합계 보다 크면 순이익이 되고, 대변합계가 차변합계 보다 적으면 순손실이 된다. 이러한 순손익은 자본의 증감사항이므로 손익 계정의 잔액은 다음과 같이 분개하여 자본 계정으로 대체되고 손익 계정은 마감된다.

1. 잔액이 대변인 경우 회계처리

(차) 손익　　　　　　　　　×××　/　(대) 미처분이익잉여금　　×××

한대리 … 프로그램에서는 위 분개를 다음과 같이 자동 발생시킨다.
(차) 400.손익　　　　　×××　/　(대) 377.미처분이익잉여금　×××
(차) 377.미처분이익잉여금　×××　/　(대) 375.이월이익잉여금　×××

2. 잔액이 차변인 경우 회계처리

(차) 미처리결손금　　　　　×××　/　(대) 손익　　　　　　　×××

한대리 … 프로그램에서는 위 분개를 다음과 같이 자동 발생시킨다.
(차) 378.미처리결손금　　×××　/　(대) 400.손익　　　　　×××
(차) 376.이월결손금　　　×××　/　(대) 378.미처리결손금　×××

손 익				손 익			
매출원가	×××	매출액	×××	매출원가	×××	매출액	×××
판매비와관리비	×××			판매비와관리비	×××	영업외수익	×××
영업외비용	×××			영업외비용	×××	미처리결손금	
미처분이익잉여금		영업외수익	×××				

제4절 재무상태표 계정의 마감

1. 자산 계정의 마감

자산에 속하는 계정은 차변에 잔액이 남게 되므로 대변에 차변잔액 만큼을 차기이월이라 기입하여 차변과 대변을 일치시켜 마감시킨 뒤에 그 잔액만큼을 다음 회계연도에 차변에 기입하여 이월시킨다.

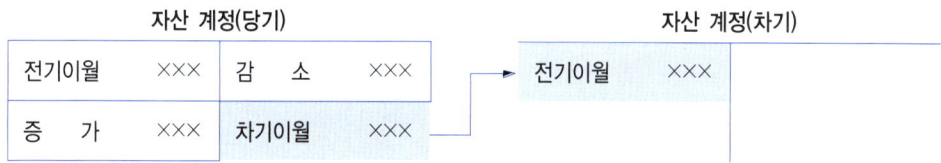

2. 부채·자본 계정의 마감

부채와 자본에 속하는 계정은 대변에 잔액이 남게 되므로 차변에 대변잔액 만큼을 차기이월이라 기입하여 차변과 대변을 일치시켜 마감시킨 뒤에 그 잔액만큼을 다음 회계연도에 대변에 기입하여 이월시킨다.

제 4 장 재무제표 작성

기업은 일정한 시점의 재무상태와 일정기간 동안의 경영성과 등의 회계자료를 기업의 이해관계자인 주주, 채권자, 투자자, 정부 등에게 전달하여야 한다. 이러한 기업의 재무상태와 경영성과 등의 회계정보를 보고하기 위한 각종의 보고서를 결산보고서 또는 재무제표라 한다. 일반기업회계기준에서 규정하고 있는 재무제표는 다음과 같다.
① 재무상태표
② 손익계산서
③ 현금흐름표
④ 자본변동표
⑤ 주석 – 이익잉여금처분계산서(또는 결손금처리계산서)

손익계산서와 재무상태표는 수정 후 잔액시산표를 기초로 하여 작성하게 된다. 잔액시산표의 수익·비용 계정의 잔액을 기초로 손익계산서를 작성하고, 잔액시산표의 자산·부채·자본계정을 기초로 재무상태표를 작성한다.

잔액시산표		손익계산서		재무상태표	
자산	부채	비용	수익	자산	부채
	자본	당기순이익			자본
					(당기순이익)
비용	수익				

본서에서는 전산세무 2급의 출제 범위인 법인기업의 재무상태표와 손익계산서에 대하여 프로그램에 의한 작성방법에 대하여 설명하기로 한다.

법인기업의 재무제표 확정 작업순서

결산정리사항을 [일반전표입력] 메뉴에 결산일자로 입력하고, [결산자료입력] 메뉴에 해당 내용을 입력하고 F3 전표추가 를 클릭하여 결산을 완료했다면 다음과 같은 순서로 재무제표를 확정한다.
① [제조원가명세서] : 원가확정(생략가능)
② [손익계산서] : 당기순손익 확정(생략가능)
③ [이익잉여금처분계산서] : 미처분이익잉여금 확정 ☞ F6 전표추가 (순손익의 자본계정 대체분개)
④ [재무상태표] : 미처분이익잉여금 반영

제1절 제조원가명세서

원가명세서는 손익계산서의 매출원가가 어떻게 산출된 것인지 그 내역을 기록한 재무제표 부속명세서로서 제조업인 경우에는 제조원가명세서를 작성한다.

 **KcLep 길라잡이**

- [재무회계]>[결산/재무제표]>[제조원가명세서]를 선택하고 기간(12월)을 입력하면 다음과 같은 화면이 나타난다.
- [일반전표입력] 및 [매입매출전표입력] 메뉴에서 입력된 "500.번대 : 제조경비"의 자료와 [재무회계]>[결산/재무제표]>[결산자료입력]에서 입력된 결산정리사항의 자동분개에 의하여 제조원가명세서가 자동 작성된다.

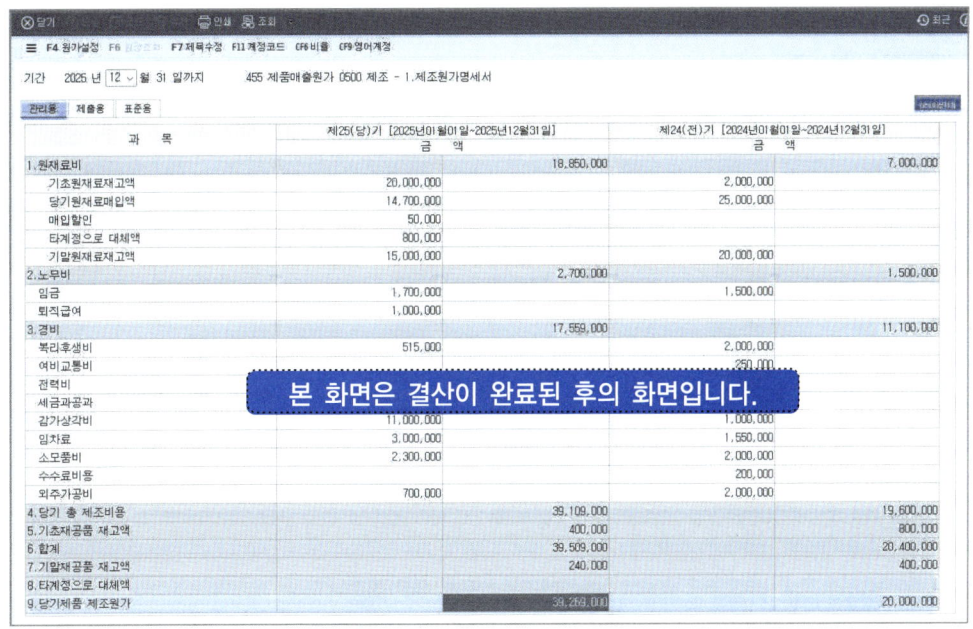

• ㈜최대리 [제조원가명세서] 화면 •

제2절 손익계산서

일정기간 동안의 기업의 경영성과를 나타낸 일람표를 손익계산서라 한다.

 **KcLep 길라잡이**

- [재무회계]>[결산/재무제표]>[손익계산서]를 선택하고 기간(12월)을 입력하면 다음과 같은 화면이 나타난다.
- [일반전표입력] 및 [매입매출전표입력] 메뉴에서 입력된 "800.번대 : 판매비와관리비"의 자료와 [재무회계]>[결산/재무제표]>[결산자료입력]에서 입력된 결산정리사항의 자동분개에 의하여 손익계산서가 자동 작성된다.

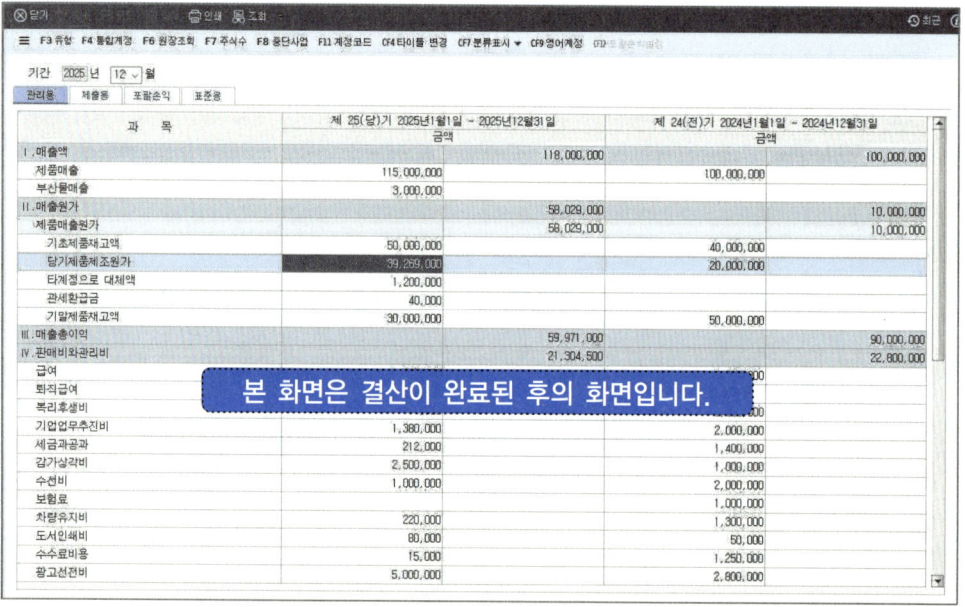

• ㈜최대리 [손익계산서] 화면 •

제3절 이익잉여금처분계산서

이익잉여금처분계산서는 이익잉여금의 처분내용을 표시한 서식이다.

 **KcLep 길라잡이**

- [결산/재무제표]>[이익잉여금처분계산서]를 선택하면 다음과 같은 화면이 나타난다.

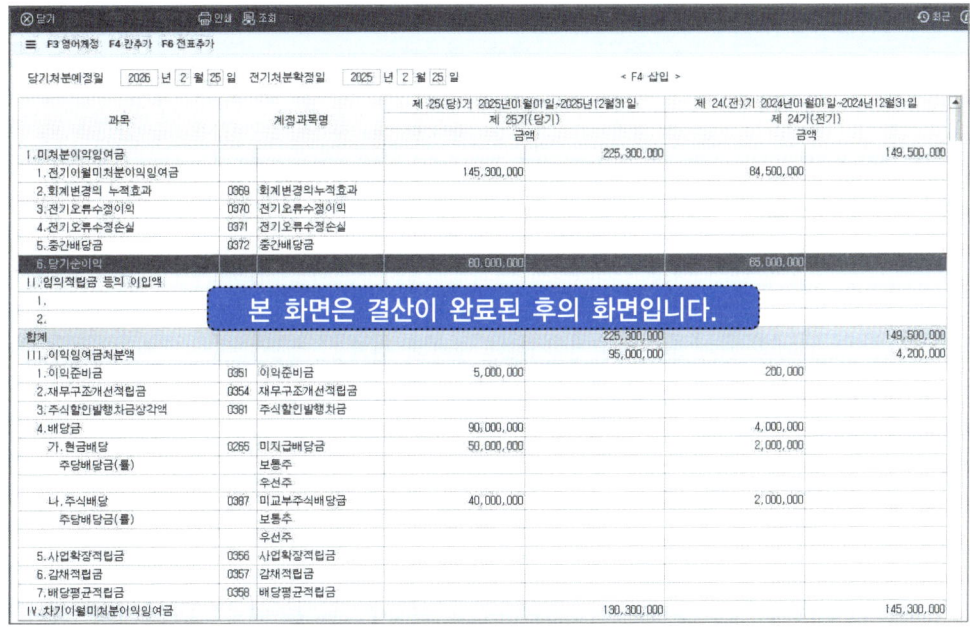

- ㈜최대리 [이익잉여금처분계산서] 화면 •

▶ 당기처분예정일 / 전기처분확정일

이익잉여금처분계산서 당기분 처분예정일을 입력한다. [전기처분확정일]란은 [재무회계]>[전기분 재무제표]>[전기분 잉여금처분계산서]의 [처분확정일자]란에 입력한 내용이 자동 반영된다.

▶ 1.전기이월미처분이익잉여금

[재무회계]>[전기분 재무제표]>[전기분 잉여금처분계산서]의 [Ⅳ.차기이월미처분이익잉여금]란의 금액이 자동 반영된다.

▶ 6.당기순이익(당기순손실)

[재무회계]>[결산/재무제표]>[손익계산서]의 [X.당기순이익]란의 금액이 자동 반영된다. 그러므로 본 작업 이전에 반드시 [손익계산서]를 먼저 작업하여 당기순손익을 프로그램에 인식시켜 주어야 한다(생략 가능).

▶ II.임의적립금 등의 이입액

임의적립금 등을 이입한 내역과 금액을 입력한다.

▶ III.이익잉여금처분액

이익잉여금 처분내역을 입력한다.

▶ F6 전표추가

F6 전표추가의 세부적인 내용은 다음과 같다.
① 수익 계정을 손익 계정에 대체
② 비용 계정을 손익 계정에 대체
③ 당기순이익을 "377.미처분이익잉여금" 계정에 대체
④ 375.(전기)이월이익잉여금을 "377.미처분이익잉여금" 계정에 대체
⑤ 미처분이익잉여금의 처분내역은 재무상태표에 표시하지 않는다. 즉, 재무상태표에는 이익잉여금 처분 전의 재무상태를 표시한다. 따라서 미처분이익잉여금의 처분내역에 대한 분개는 하지 않는다.
⑥ 377.미처분이익잉여금을 "375.(차기)이월이익잉여금" 계정으로 대체. 이런 프로그램의 특성 때문에 [전기분 재무상태표] 작업시 미처분이익잉여금을 "375.이월이익잉여금"으로 입력한 것이다.

제4절 재무상태표

기업의 재무상태를 명확히 보고하기 위하여 일정 시점의 모든 자산, 부채, 자본의 상태를 나타내는 일람표를 재무상태표라고 한다.

 **KcLep 길라잡이**

- [재무회계]>[결산/재무제표]>[재무상태표]를 선택하고 기간(12월)을 입력하면 다음과 같은 화면이 나타난다.

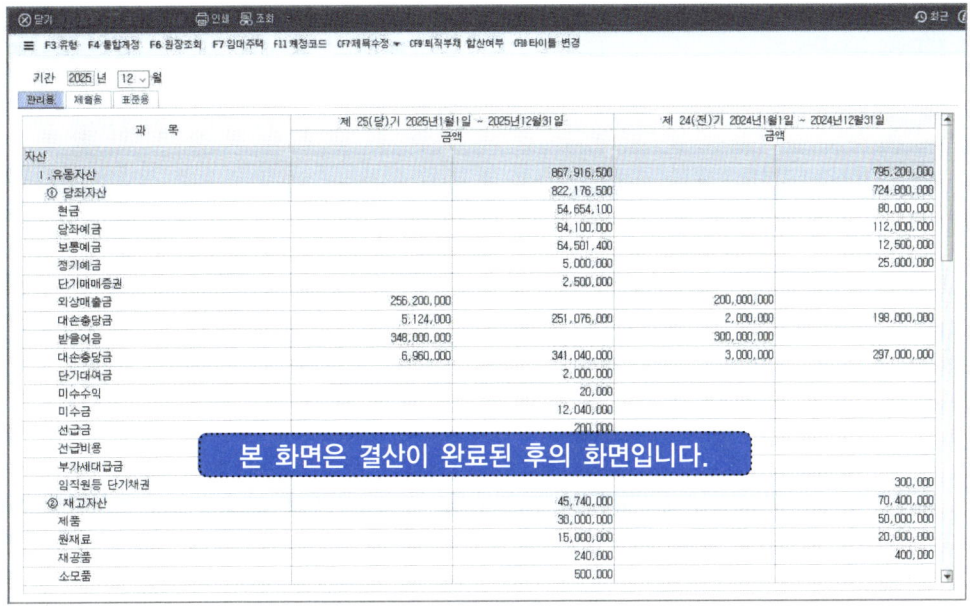

• ㈜최대리 [재무상태표] 화면 •

제 5 장 마감후 이월

본 메뉴는 실무에서 기중 모든 거래 자료 입력이 완료되고 결산이 종료된 이후에 실행하는 메뉴이다. 결산의 모든 절차가 완료되면 다음연도로 자료 및 거래처를 이월시켜야 하고 작업이 종료된 데이터는 더 이상 타인이 수정하지 못하도록 안전조치를 취해야 할 것이다. 이러한 기능을 수행하는 것이 [마감후 이월] 메뉴이다. 그러므로 기중에 실수로 마감을 하게 되면 자료의 입력 및 수정이 불가능하게 되므로 기중에는 마감을 하지 않도록 해야 한다. 만약 실수로 마감을 했다면 메뉴의 상단 툴바의 F11마감취소 를 클릭한다. 동 메뉴는 자격시험과 무관하므로 이러한 절차를 자격시험 중에는 진행하지 않아야 한다.

KcLep 길라잡이

- [재무회계]>[전기분 재무제표]>[마감후 이월]을 선택하면 다음과 같은 화면이 나타난다.
- 상단 툴바의  을 클릭하면 장부가 마감되어 다음연도의 초기이월로 자동 반영된다.

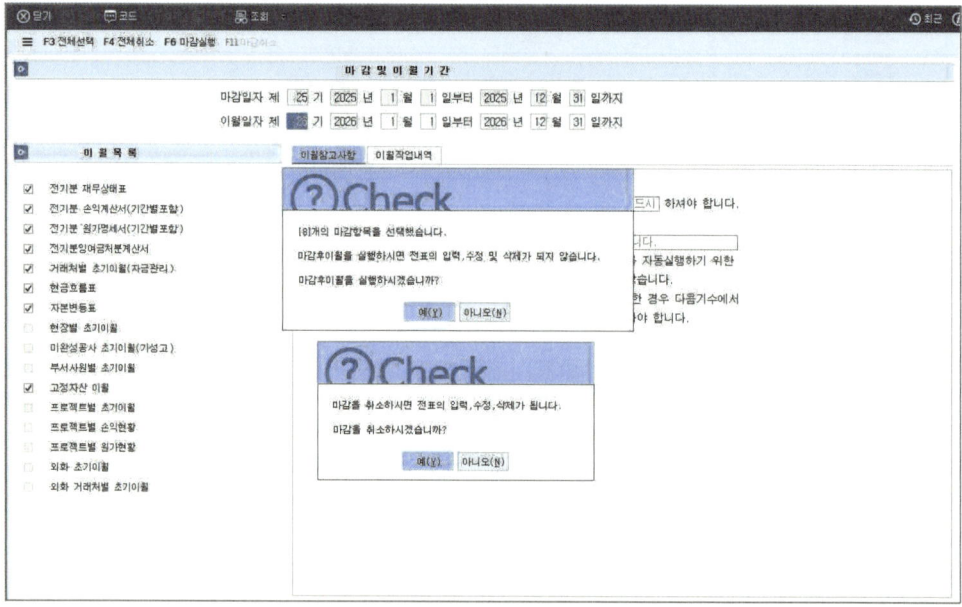

• ㈜최대리 [마감후이월] 화면 •

기/출/문/제 [실기]

다음의 결산정리사항을 ㈜최대리(회사코드 : 2001)에 입력하여 결산을 완료하시오.

01 기말현재 보유중인 단기매매증권의 평가액은 다음과 같다.

종 류	수 량	장부가	평가액
㈜대성물산	1,000주	2,070,000원	2,500,000원

02 외상매출금 20,000,000원(미화 $20,000)에 대하여 기말평가를 하시오(보고기간 종료일 현재 환율 : 미화 $1당 1,200원).

03 이자수익으로 계상한 금액 중에는 차기에 속하는 금액이 30,000원 포함되어 있다.

04 수수료비용(판매비와관리비) 중에는 차기에 속하는 금액이 5,000원 포함되어 있다.

05 기말 현재 단기대여금에 대한 당기 발생분 이자 미수액 20,000원을 계상한다.

06 장기차입금에 대한 당기 발생분 이자 미지급액 40,000원을 계상한다.

07 기말 현재 소모품 800,000원 중 당기 중 사용액은 300,000원이다(제조경비로 처리).

08 재고자산의 기말재고액은 다음과 같다.

재고자산명	금 액
원재료	15,000,000원
재공품	240,000원
제 품	30,000,000원

09 퇴직급여충당부채를 다음과 같이 설정한다.

구 분	금 액
생산직사원에 대한 설정액	1,000,000원
사무직사원에 대한 설정액	2,000,000원

10 감가상각비는 다음과 같다.

계정과목	용 도	금 액
기계장치	공장용	6,000,000원
차량운반구	공장용	5,000,000원
건 물	본 사	500,000원
비 품	본 사	2,000,000원

11 대손충당금의 기말 매출채권(외상매출금과 받을어음) 잔액의 2%를 설정한다(보충법으로 처리할 것).

12 당기분 법인세비용은 1,706,500원을 계상한다(선납세금 계정에 법인세 원천징수세액 600,000원 있음).

13 당기 이익잉여금 처분명세는 다음과 같다.

① 당기 처분예정일 : 2026년 2월 25일(전기 처분확정일 : 2025년 2월 25일)
② 이익준비금 : 현금 배당액의 10%
③ 현금배당액 : 50,000,000원
④ 주식배당액 : 40,000,000원

KcLep 도우미

(1) 일반전표입력

먼저 [회계관리]>[재무회계]>[결산/재무제표]>[결산자료입력]에서 입력받지 않는 항목에 대한 분개를 [재무회계]>[전표입력]>[일반전표입력]에서 결산일자인 12월 31일자로 입력한다.

① 유가증권의 평가

일	번호	구분	계정과목	거래처	적요	차변	대변
31	00001	차변	0107 단기매매증권			430,000	
31	00001	대변	0905 단기매매증권평가이익				430,000

② 외화채권·채무의 평가

일	번호	구분	계정과목	거래처	적요	차변	대변
31	00002	차변	0108 외상매출금			4,000,000	
31	00002	대변	0910 외화환산이익				4,000,000

③ 수익의 이연

일	번호	구분	계정과목	거래처	적요	차변	대변
31	00003	차변	0901 이자수익			30,000	
31	00003	대변	0263 선수수익				30,000

④ 비용의 이연

일	번호	구분	계정과목	거래처	적요	차변	대변
31	00004	대변	0831 수수료비용				5,000
31	00004	차변	0133 선급비용			5,000	

⑤ 수익의 발생

일	번호	구분	계정과목	거래처	적요	차변	대변
31	00005	대변	0901 이자수익				20,000
31	00005	차변	0116 미수수익			20,000	

⑥ 비용의 발생

일	번호	구분	계정과목	거래처	적요	차변	대변
31	00006	차변	0951 이자비용			40,000	
31	00006	대변	0262 미지급비용				40,000

⑦ 소모품의 정리

일	번호	구분	계정과목	거래처	적요	차변	대변
31	00007	대변	0173 소모품				300,000
31	00007	차변	0530 소모품비			300,000	

(2) 결산자료입력

[재무회계]>[결산/재무제표]>[결산자료입력]에서 기간(1월 ~ 12월)을 입력하고 제시된 금액을 해당란에 입력한다.

① 재고자산의 기말재고액 입력
② 퇴직급여충당부채 입력 : 제조경비와 판매비와관리비를 구분하여 입력한다.
③ 감가상각비 입력 : 제조경비와 판매비와관리비를 구분하여 입력한다.
④ 매출채권에 대한 대손충당금 설정 : [재무회계]>[결산/재무제표]>[합계잔액시산표]에서 12월을 조회하여 매출채권(외상매출금과 받을어음) 계정의 차변잔액과 동 대손충당금 대변잔액을 확인한다.

256,200,000	264,700,000	외 상 매 출 금	8,500,000	
	1,500,000	대 손 충 당 금	4,200,000	2,700,000
348,000,000	359,000,000	받 을 어 음	11,000,000	
		대 손 충 당 금	3,000,000	3,000,000

당기 대손충당금 설정액은 매출채권잔액의 2%이므로 당기설정액 2%에서 기 설정된 충당금잔액을 차감한 금액을 추가로 입력한다.

※ 계산식 : (256,200,000 × 2%) − 2,700,000 = 2,424,000원
(348,000,000 × 2%) − 3,000,000 = 3,960,000원

[참고] F8 대손상각 기능키 이용하기

상단 툴바의 F8 대손상각 을 클릭하면 「대손상각」 보조창에 대손충당금 설정대상 채권의 잔액과 대손충당금 설정전 충당금 잔액이 표시되며, [추가설정액]란이 대손율(%)에 맞게 자동 표시된다. 대손율(%)이 다른 경우 수정하고 설정대상이 아닌 채권의 [추가설정액]란은 삭제한 후 결산반영 을 클릭하여 입력할 수도 있다.

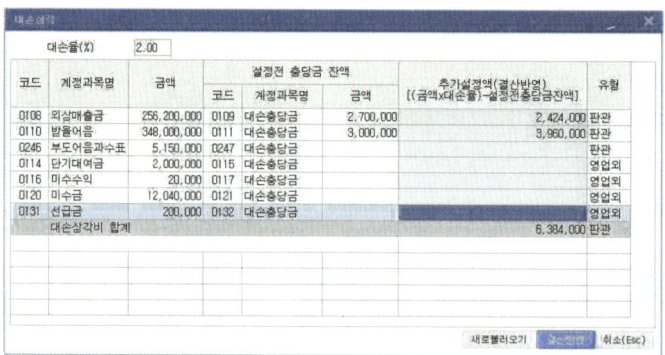

⑤ 법인세등 입력 : 1)선납세금의 [결산전금액]란에 표시된 금액 600,000원을 [결산반영금액]란에 입력한다. 그리고 법인세비용 1,706,500원에서 선납세금 600,000원을 차감한 잔액 1,106,500원을 2)추가계상액의 [결산반영금액]란에 입력한다.

기 간 2025년 01월 ~ 2025년 12월					
코드	과 목	결산분개금액	결산전금액	결산반영금액	결산후금액
	1. 매출액		118,000,000		118,000,000
0404	제품매출		115,000,000		115,000,000
0420	부산물매출		3,000,000		3,000,000
	2. 매출원가	91,269,000			58,029,000
0455	제품매출원가				58,029,000
	1) 원재료비	33,850,000			18,850,000
0501	원재료비	33,850,000			18,850,000
0153	① 기초 원재료 재고액		20,000,000		20,000,000
0153	② 당기 원재료 매입액		14,700,000		14,700,000
0155	④ 매 입 할 인		50,000		50,000
0153	⑤ 타계정으로 대체액		800,000		800,000
0153	⑩ 기말 원재료 재고액			15,000,000	15,000,000
	3) 노 무 비	1,700,000		1,000,000	2,700,000
	1). 임금 외	1,700,000			1,700,000
0504	임금	1,700,000			1,700,000
0508	2). 퇴직급여(전입액)			1,000,000	1,000,000
0550	3). 퇴직연금충당금전입액				
	7) 경 비	6,559,000		11,000,000	17,559,000
	1). 복리후생비 외	6,559,000			6,559,000
0511	복리후생비		515,000		515,000
0517	세금과공과		44,000		44,000
0519	임차료		3,000,000		3,000,000
0530	소모품비		2,300,000		2,300,000
0533	외주가공비		700,000		700,000
0518	2). 일반감가상각비			11,000,000	11,000,000
0202	건물				
0206	기계장치			6,000,000	6,000,000
0208	차량운반구			5,000,000	5,000,000
0212	비품				
0455	8) 당기 총제조비용	42,109,000			39,109,000
0169	① 기초 재공품 재고액		400,000		400,000
0169	⑩ 기말 재공품 재고액			240,000	240,000
0150	9) 당기완성품제조원가	42,509,000			39,269,000
0150	① 기초 제품 재고액		50,000,000		50,000,000
0150	⑤ 타계정으로 대체액		1,200,000		1,200,000
0151	⑦ 관 세 환 급 금		40,000		40,000
0150	⑩ 기말 제품 재고액			30,000,000	30,000,000
	3. 매출총이익	26,731,000		33,240,000	59,971,000
	4. 판매비와 일반관리비	10,420,500		10,884,000	21,304,500
	1). 급여 외	1,300,000			1,300,000
0801	급여	1,300,000			1,300,000
0806	2). 퇴직급여(전입액)			2,000,000	2,000,000
0850	3). 퇴직연금충당금전입액				
0818	4). 감가상각비			2,500,000	2,500,000
0202	건물			500,000	500,000
0206	기계장치				
0208	차량운반구				
0212	비품			2,000,000	2,000,000
0835	5). 대손상각			6,384,000	6,384,000
0108	외상매출금			2,424,000	2,424,000
0110	받을어음			3,960,000	3,960,000
0246	부도어음과수표				
	7). 기타비용	9,120,500			9,120,500
0811	복리후생비		13,500		13,500
0813	기업업무추진비		1,380,000		1,380,000
0817	세금과공과		212,000		212,000
0820	수선비		1,000,000		1,000,000
0822	차량유지비		220,000		220,000
0826	도서인쇄비		80,000		80,000
0831	수수료비용		15,000		15,000
0833	광고선전비		5,000,000		5,000,000
0842	견본비		1,200,000		1,200,000
	5. 영업이익	16,310,500		22,356,000	38,666,500
	6. 영업외 수익	43,430,000			43,430,000
	1). 이자수익	2,990,000			2,990,000
0901	이자수익		2,990,000		2,990,000
0924	2). 준비금 환입				
	3). 기타영업외수익	40,440,000			40,440,000
0905	단기매매증권평가이익		430,000		430,000
0906	단기매매증권처분이익		10,000		10,000
0907	외환차익		2,000,000		2,000,000
0910	외화환산이익		4,000,000		4,000,000
0914	유형자산처분이익		2,000,000		2,000,000
0917	자산수증이익		30,000,000		30,000,000
0918	채무면제이익		2,000,000		2,000,000

		7. 영업외 비용		390,000		390,000
		1). 이자비용		340,000		340,000
	0951	이자비용		340,000		340,000
	0954	2). 기타의대손상각				
	0114	단기대여금				
	0116	미수수익				
	0120	미수금				
	0131	선급금				
	0972	3). 준비금 전입				
	0977	4). 조특법상 특별상각				
		5). 기타영업외비용		50,000		50,000
	0956	매출채권처분손실		50,000		50,000
		8. 법인세차감전이익		59,350,500	22,356,000	81,706,500
	0998	9. 법인세등			1,706,500	1,706,500
	0136	1). 선납세금		600,000	600,000	600,000
	0998	2). 추가계상액			1,106,500	1,106,500
		10. 당기순이익		59,350,500	20,649,500	80,000,000
		11. 주당이익				
		주식수				

매출액:[118,000,000] 당기순이익:[80,000,000] 소득평률:67.80%

⑥ [일반전표입력] 메뉴에 전표추가 : 입력이 완료되면 상단 툴바의 F3전표추가 를 클릭하여 [일반전표입력] 메뉴에 추가한다.

(3) 이익잉여금처분계산서

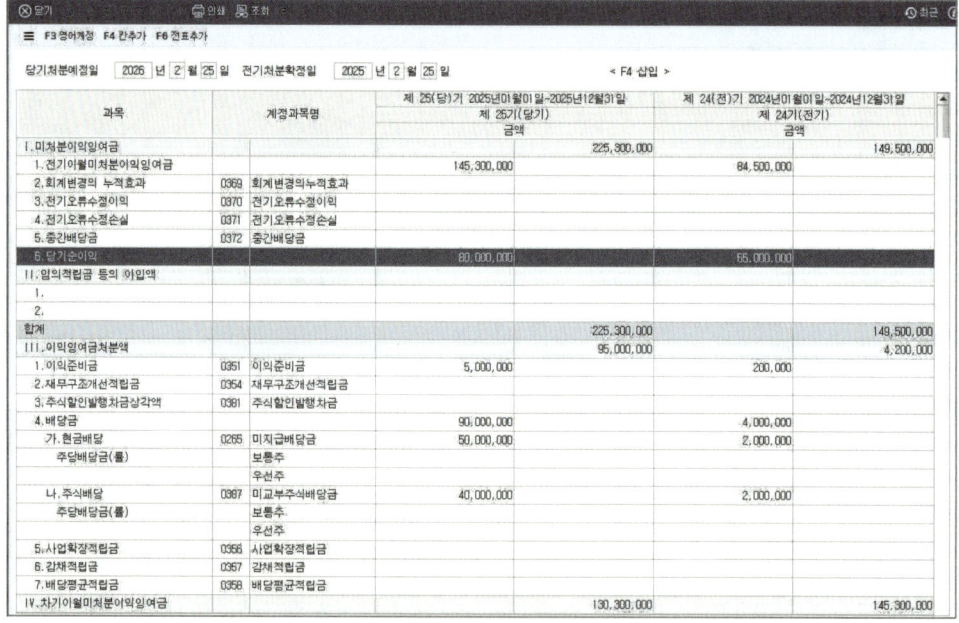

① 당기처분예정일과 전기처분확정일을 입력하고 당기순이익 "80,000,000"을 확인한다.
② 이익잉여금처분내역을 입력하고 상단 툴바의 F6전표추가 를 클릭하고 대화창에서 확인 을 클릭한다.

한대대 … 저장된 데이터가 있습니다. 저장된 데이터를 불러오시겠습니까? 대화창이 나타나면 아니오(N) 선택한다.

제 2 편  원천징수

제1장 사원등록

제2장 급여자료 입력

제3장 원천징수이행상황신고서

제4장 연말정산

memo

제 1 장 사원등록

[사원등록] 메뉴는 각 사원의 인적사항과 급여 지급시 필요한 기초자료 및 소득세법상 인적공제가 적용되는 부양가족을 입력한다. 입력된 자료는 매월 간이세액표에 의한 근로소득세 산출시 공제대상 인원수를 자동 산출하는 근거가 된다. 그리고 급여대장 등 각종 출력물에 반영되는 항목을 입력한다.

 KcLep 길라잡이

- [원천징수]>[근로/퇴직/사업]>[근로소득관리]>[사원등록]을 선택하면 다음과 같은 화면이 나타난다.

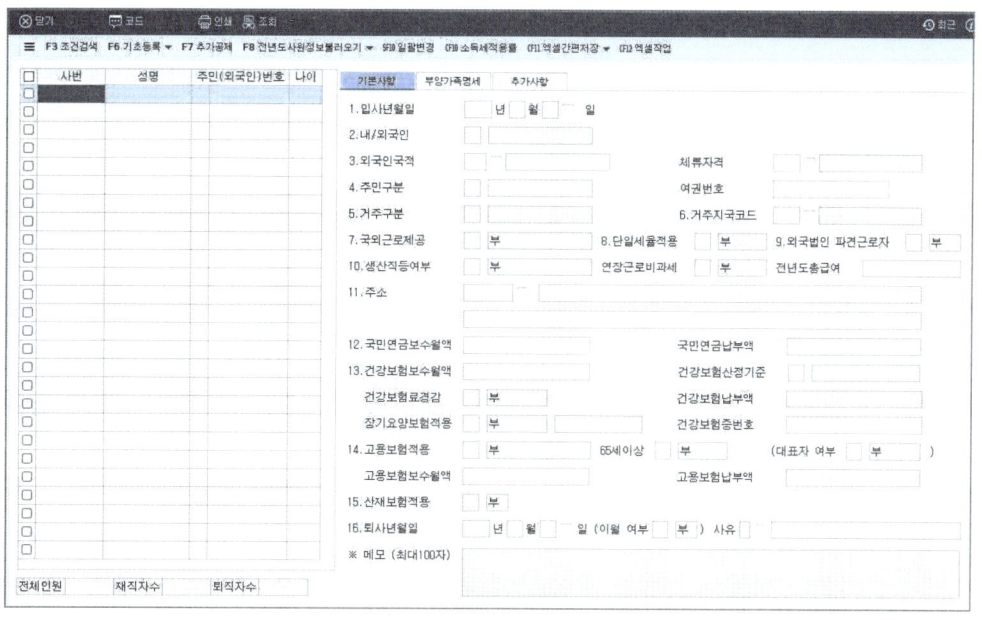

· [사원등록] 화면 ·

▶ 사번

숫자를 이용하여 10자 이내로 사번을 입력한다.

▶ 성명

사원명을 입력한다.

▶ **주민(외국인)번호**(1:주민등록번호, 2:외국인등록번호, 3:여권번호)

내국인은 "1:주민등록번호"를 선택하고 주민등록번호를 입력한다. 외국인은 "2:외국인등록번호" 또는 "3:여권번호"를 선택하고 외국인등록번호 또는 여권번호를 입력한다. 입력한 내용은 화면 우측 [2.내/외국인]란과 [4.주민구분]란에 자동 반영된다.

❶ 『기본사항』 탭

1.입사년월일	년 월 일
2.내/외국인	
3.외국인국적		체류자격	
4.주민구분		여권번호	
5.거주구분		6.거주지국코드	

1.입사년월일

해당 사원의 입사 년, 월, 일을 입력한다.

2.내/외국인(1.내국인, 2.외국인)

화면 좌측 [주민(외국인)번호]란에 입력한 내용에 따라 자동 반영된다.

3.외국인국적 / 체류자격

외국인인 경우 [3.외국인국적]란에서 키보드의 F2 키를 누르면 나타나는 「국가코드도움」 보조창의 [전체]란에 국적을 입력하고 해당 국가명을 선택하고 확인(Enter)을 클릭한다. [체류자격]란에서 키보드의 F2 키를 누르면 나타나는 「체류자격코드도움」 보조창에서 체류자격을 선택하고 확인(Enter)을 클릭한다.

4.주민구분(1.주민등록번호, 2.외국인등록번호, 3.여권번호)

화면 좌측 [주민(외국인)번호]란에 입력한 내용에 따라 자동 반영된다.

5.거주구분(1.거주자, 2.비거주자) / 6.거주지국코드

거주자이면 "1.거주자"를 선택한다. 비거주자이면 "2.비거주자"를 선택하고 [6.거주지국코드]란에서 키보드의 F2 키를 누르면 나타나는 「국가코드도움」 보조창의 [전체]란에 국적을 입력하고 해당 국가명을 선택하고 확인(Enter)을 클릭한다.

> [참고] 거주자와 비거주자의 구분
> (1) 거주자 : 국내에 주소를 두거나 183일 이상의 거소를 둔 개인을 말한다. 다음 중 어느 하나에 해당하는 경우에는 국내에 주소를 가진 것으로 본다.
> ① 계속하여 183일 이상 국내에 거주할 것을 통상 필요로 하는 직업을 가진 때
> ② 국내에 생계를 같이하는 가족이 있고, 그 직업 및 자산상태에 비추어 계속하여 183일 이상 국내에 거주할 것으로 인정되는 때
> (2) 비거주자 : 거주자가 아닌 개인을 말한다.

7.국외근로제공	부	8.단일세율적용	부	9.외국법인 파견근로자	부
10.생산직등여부	부	연장근로비과세	부	전년도총급여	
11.주소					

7.국외근로제공

비과세되는 국외근로소득이 있는 경우에는 해당 금액을 선택한다.

> [참고] 국외근로자의 비과세급여의 범위(소령 제16조)
> ① 국외 또는 북한지역에서 근로를 제공(원양어업 선박 또는 국외 등을 항행하는 선박이나 항공기에서 근로를 제공하는 것을 포함한다)하고 받는 보수 중 월 100만원(원양어업 선박, 국외 등을 항행하는 선박 또는 국외 등의 건설현장 등에서 근로를 제공하고 받는 보수의 경우에는 월 500만원) 이내의 금액
> ② 공무원, 대한무역투자진흥공사, 한국관광공사, 한국국제협력단의 종사자가 국외 등에서 근무하고 받는 수당 중 해당 근로자가 국내에서 근무할 경우에 지급받을 금액상당액을 초과하여 받는 금액 중 실비변상적 성격의 급여로서 외교부장관이 기획재정부장관과 협의하여 고시하는 금액

8.단일세율적용(0.부, 1.여)

[2.내/외국인]란이 "2.외국인"인 경우에는 단일세율적용 여부를 선택한다. 단일세율 적용여부를 "1.여"로 선택한 외국인근로자는 국내에서 근무함으로써 지급받는 근로소득에 대한 소득세를 소득세법의 규정에 불구하고 해당 근로소득에 19%를 곱한 금액을 그 세액으로 할 수 있다(조특법 18의2 ②).

9.외국법인 파견근로자(0.부, 1.여)

내국법인과 체결한 근로자파견계약에 따라 근로자를 파견하는 국외에 있는 외국법인(파견외국법인)의 소속 근로자(파견근로자) 여부를 선택한다. 파견근로자가 국내에서 제공한 근로의 대가를 파견외국법인에 지급하는 때 그 지급하는 금액의 19%에 해당하는 금액을 소득세로 원천징수하여 그 원천징수하는 날이 속하는 달의 다음 달 10일까지 원천징수 관할세무서, 한국은행 또는 체신관서에 납부하여야 한다(소법 156의7 ①).

10.생산직등여부(0.부, 1.여) / 연장근로비과세(0.부, 1.여)

사무직근로자인 경우에는 "0.부"를 선택하고, 생산직근로자인 경우에는 "1.여"를 선택한다. 생산직근로자로서 연장근로수당 등이 비과세가 적용되는 사원은 [연장근로비과세]란에서 "1.여"를 선택한다.

> [참고] 생산직근로자의 요건(소령 제17조 ①,②)
> ① ㉠ 공장 또는 광산에서 근로를 제공하는 자, ㉡ 어업을 영위하는 자에게 고용되어 근로를 제공하는 자, ㉢ 운전 및 운송 관련직 종사자, 돌봄·미용·여가 및 관광·숙박시설·조리 및 음식 관련 서비스직 종사자, 매장 판매종사자, 상품 대여 종사자, 통신 관련 판매직 종사자, 온송·청소·경비·가사·음식·판매·농림·어업·계기·자판기·주차관리 및 기타 서비스 관련 단순 노무직 종사자
> ② 월정액급여 210만원 이하로서 직전 과세기간의 총급여액이 3천만원 이하인 근로자
>
> 월정액급여 = 매월 직급별로 받는 봉급·급료·보수·임금·수당, 그 밖에 이와 유사한 성질의 급여 - 상여 등 부정기적인 급여 - 실비변상적인 성질의 급여 및 복리후생적 성질의 급여
>
> ※ 월정액급여 계산 = 월정액급여 - 연장근로·야간근로 또는 휴일근로를 하여 통상임금에 더하여 받는 급여 및 「선원법」에 따른 생산수당

11.주소

주소를 입력한다. 우편번호와 함께 입력하고자 하는 경우에는 [   ]란에 커서가 위치할 때 키보드의 F2 키를 누르면 나타나는 「우편번호 검색」 보조창에 도로명 등을 입력하고 키보드의 Enter↵ 키를 친다. 보조창에서 해당 주소를 찾아 클릭하고 나머지 주소를 입력한다.

```
12.국민연금보수월액 [        ]          국민연금납부액 [        ]
13.건강보험보수월액 [        ]          건강보험산정기준   [ ][        ]
   건강보험료경감  [부]                 건강보험납부액 [        ]
   장기요양보험적용 [부] [        ]     건강보험증번호 [        ]
14.고용보험적용  [부]    65세이상 [부]  (대표자 여부 [부] )
   고용보험보수월액 [        ]          고용보험납부액 [        ]
15.산재보험적용  [부]
16.퇴사년월일    [  ]년 [  ]월 [  ]일 (이월 여부 [부] ) 사유 [ ][        ]
```

12.국민연금보수월액

공단에 신고된 기준소득월액(연금보험료 산정을 위한 근로자에게 근로의 대가로 지급되는 금품 중 비과세소득을 제외한 소득월액)을 입력한다. 입력한 금액에 따라 [국민연금납부액]란이 자동 표시된다.

13.건강보험보수월액 / 장기요양보험적용(0.부, 1.여, 2.30%경감)

공단에 신고된 건강보험 보수월액을 입력하고 장기요양보험 적용 여부를 선택한다. 입력한 금액에 따라 [건강보험납부액]란과 [장기요양보험적용]란이 자동 표시된다.

14. 고용보험적용(0.부, 1.여) / 고용보험보수월액

고용보험적용 여부와 대표자 여부를 선택하고, 고용보험보수월액을 입력한다. 입력한 금액에 따라 [고용보험납부액]란이 자동 표시된다.

> 딴따데 … 국민연금보수월액, 건강보험보수월액, 고용보험보수월액 입력시 산출되는 금액의 산정방법은 상단 툴바의 F6기초등록 의 ▼에서 확인할 수 있다.

15. 산재보험적용(0.부, 1.여)

산재보험 적용 여부를 선택한다.

16. 퇴사년월일

사원이 퇴사한 경우 해당 년, 월, 일을 입력한다.

❷ 『부양가족명세』 탭

연말관계	성명	내/외국인	주민(외국인,여권)번호	나이	기본공제	부녀자	한부모	경로우대	장애인	자녀	출산입양	위탁관계

▶ 연말관계 / 성명

화면 좌측에 입력한 사원은 "0"으로 자동 표시된다. 추가로 등록할 배우자 및 부양가족이 있는 경우 해당란에 커서를 놓고 키보드의 F2 키를 누르면 나타나는 「공통코드도움」 보조창에서 "연말관계명"을 선택하고 성명을 입력한다.

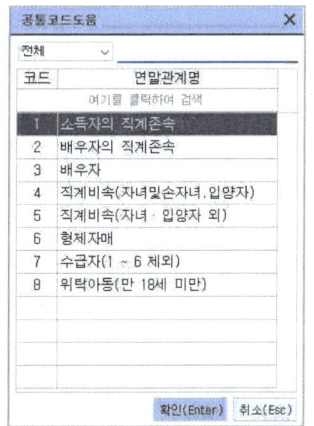

▶ 내/외국인 / 주민(외국인,여권)번호 / 나이

[연말관계]란에 입력한 자가 내국인이면 "1:내국인"을 선택하고 주민등록번호를 입력한다. 외국인이면 "2:외국인"을 선택하고 외국인등록번호 또는 여권번호를 입력한다. [주민(외국인,여권)번호]란에 입력한 자료에 따라 과세기간종료일 현재의 만 나이가 [나이]란에 자동 반영된다.

> 딴따데 … 화면 좌측 [나이]란에는 현재 시스템일자를 기준으로 만 나이가 표시된다.

▶ **기본공제**

보조창(0:부/ 1:본인/ 2 : 배우자/ 3:20세이하/ 4:60세이상/ 5:장애인/ 6:기초생활대상등/ 7:자녀장려금대상)에서 배우자 및 부양가족의 기본공제 내역을 선택한다. 나이제한 또는 소득금액제한으로 기본공제대상자에 해당하지 않는 경우에는 "0:부"를 선택한다. 나이제한 또는 소득금액제한으로 기본공제대상자에는 해당하지 않는 경우에도 연말정산시 의료비 등의 공제는 적용받을 수 있기 때문에 입력을 해야 하는 것이다.

▶ **부녀자**(0:부, 1:여)

[연말관계]란에 입력된 자가 "0.본인"이어야 한다. 그리고 해당 과세기간에 종합소득과세표준을 계산할 때 합산하는 종합소득금액이 3천만원 이하인 거주자로서 ① 배우자 없는 여성으로서 기본공제대상 부양가족이 있는 세대주이거나, ② 배우자가 있는 여성인 경우에 "1:여"를 선택한다.

▶ **한부모**(0:부, 1:여)

[연말관계]란에 입력된 자가 "0.본인"이어야 한다. 그리고 배우자가 없는 사람으로서 기본공제대상자인 직계비속 또는 입양자가 있는 경우에 "1:여"를 선택한다. 단, 해당 거주자가 한부모공제와 부녀자공제 모두에 해당하는 경우에는 한부모공제를 적용한다.

▶ **경로우대**(0:부, 1:여)

[연말관계]란에 입력된 자([기본공제]란이 "0:부"인 자는 제외)가 70세 이상인 사람인 경우에 "1:여"를 선택한다.

▶ **장애인**(0:부, 1:장애인복지법, 2:국가유공자등, 3:중증환자등)

[연말관계]란에 입력된 자([기본공제]란이 "0:부"인 자는 제외)가 장애인인 경우에 해당 내역을 선택한다. 또는 [기본공제]란에서 "5:장애인"을 선택하고 해당 내역으로 수정한다.

▶ **자녀**(0:부, 1:여)

[연말관계]란에 입력된 자([기본공제]란이 "0:부"인 자는 제외)가 자녀 및 손자녀(입양자 및 위탁아동을 포함)로서 8세 이상의 사람인 경우에는 "1:여"를 선택한다.

▶ **출산입양**(0:부, 1:첫째, 2:둘째, 3:셋째)

[연말관계]란에 입력된 자([기본공제]란이 "0:부"인 자는 제외)가 해당 과세기간에 출산하거나 입양신고한 공제대상자녀인 경우에는 해당 번호를 선택한다.

▶ 위탁관계

근로자 본인과 [연말관계]란에 입력된 자와의 관계를 키보드의 F2 키를 누르면 나타나는 「위탁관계」 보조창에서 선택한다.

한마디 … 입력된 자료를 삭제하고자 하는 경우에는 해당 라인에 커서를 놓고 키보드의 F5 키를 누르고 [Enter↵] 키를 치거나 예(Y) 를 클릭한다.

❸ 『추가사항』 탭

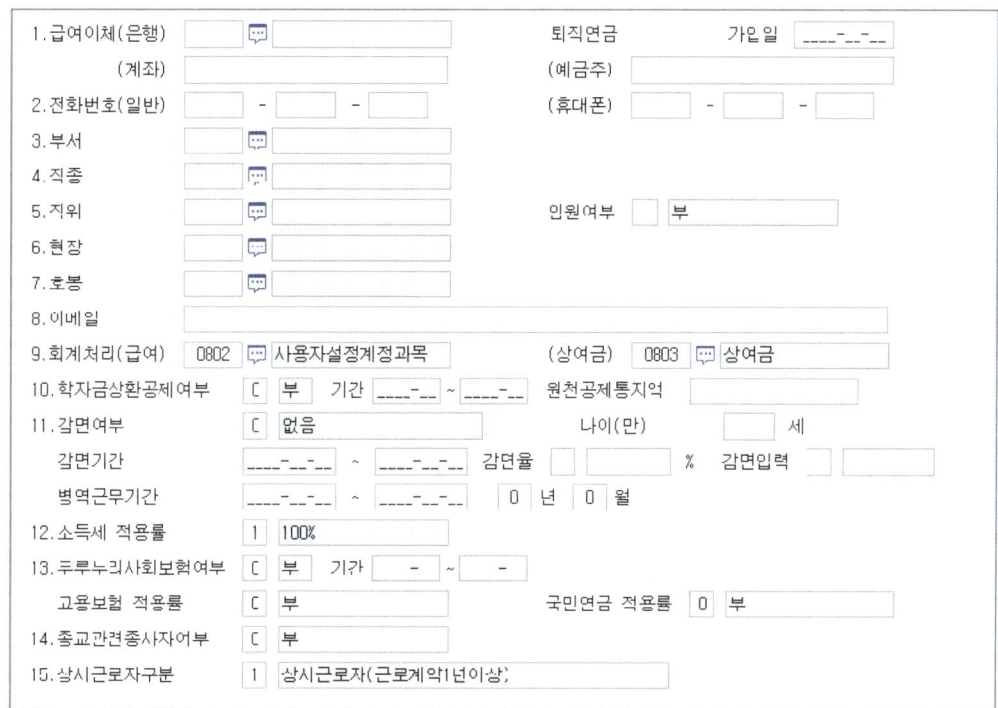

한마디 … 『추가사항』 탭의 대부분은 상단 툴바의 F6 기초등록 에서 등록된 내용을 선택하는 방식으로 입력되므로, 먼저 F6 기초등록 을 클릭하여 『추가사항』 등록에서 필요한 항목(부서등록, 직종등록, 직위등록 등)을 등록하여야 한다. 『추가사항』 탭은 자격시험의 출제대상 메뉴가 아니므로 설명을 생략한다.

기초다지기

- 연간급여액 − 비과세소득 = 총급여액
- 총급여액 − 근로소득공제 = 근로소득금액
- 근로소득금액 − (인적공제, 연금보험료공제, 특별소득공제, 그 밖의 소득공제) = 과세표준
- 과세표준 × 세율 = 산출세액
- 산출세액 − 근로소득세액공제 − 자녀세액공제 − 연금계좌세액공제
  − 특별세액공제(보험료, 의료비, 교육비, 기부금) − 월세액세액공제 = 결정세액

Ⅰ. 근로소득공제

근로소득에 대한 필요경비적 금액을 공제하기 위하여 근로자의 당해연도 총급여액에서 다음의 산식에 따라 계산한 금액을 공제한다. 다만, 공제액이 2천만원을 초과하는 경우에는 2천만원을 공제한다.

총 급여액	근로소득공제 금액
500만원 이하	총 급여액의 70%
500만원 초과 ~ 1,500만원 이하	350만원 + 500만원 초과금액의 40%
1,500만원 초과 ~ 4,500만원 이하	750만원 + 1,500만원 초과금액의 15%
4,500만원 초과 ~ 1억원 이하	1,200만원 + 4,500만원 초과금액의 5%
1억원 초과	1,475만원 + 1억원 초과금액의 2%

* 총 급여액에는 비과세소득은 포함되지 않는다.
* 근로기간이 1년 미만인 경우에도 월할 계산하지 않는다.

예제

월 급여 2,000,000원, 상여 8,000,000원, 비과세소득 2,000,000원(월 급여에 포함되어 있음)을 지급받은 경우 근로소득공제액을 계산하시오(12개월 근무자).

해설

(1) 총급여액 계산
  (2,000,000×12월) + 8,000,000 − 2,000,000 = 30,000,000원
(2) 근로소득공제액 계산 : ① + ② + ③ = 9,750,000원
  ① 500만원 이하 : 5,000,000×70% = 3,500,000
  ② 500만원 초과 ~ 1,500만원 이하 : (15,000,000−5,000,000)×40% = 4,000,000
  ③ 1,500만원 초과 ~ 4,500만원 이하 : (30,000,000−15,000,000)×15% = 2,250,000

II. 인적공제

근로자 본인 및 근로자가 부양하고 있는 가족 중 일정요건에 해당하는 인원에 대하여는 근로자의 생계유지비용 등을 감안하여 소득세법상 기본공제 및 추가공제 항목을 규정하고 있다.

1. 기본공제

종합소득이 있는 거주자에 대하여는 다음 중 어느 하나에 해당하는 사람의 수에 1명당 연 150만원을 곱하여 계산한 금액을 그 거주자의 해당 과세기간의 종합소득금액에서 공제한다.

(1) 본인공제
해당 거주자(=근로자 본인)는 기본적으로 150만원을 공제한다.

(2) 배우자공제
배우자가 있는 경우에는 150만원을 공제한다. 다만, 배우자는 "연간 소득금액의 합계액"이 100만원 이하 이어야 한다(총급여액 500만원 이하의 근로소득만 있는 배우자를 포함한다). 여기서 연간 소득금액의 합계란 종합소득금액(비과세소득·분리과세소득은 제외)과 퇴직소득금액 및 양도소득금액의 합계를 말한다.

(3) 부양가족공제

① 공제대상 : 거주자(그 배우자 포함)와 생계를 같이 하는 다음의 부양가족으로서 연간 소득금액의 합계액이 100만원 이하인 사람(총급여액 500만원 이하의 근로소득만 있는 부양가족을 포함한다) 중 공제대상 요건을 갖춘 부양가족은 1명당 150만원을 공제한다.

부양가족	공제대상 요건
직계존속	만 60세 이상
직계비속, 입양자	만 20세 이하
형제자매	만 20세 이하 또는 만 60세 이상(형제자매 본인만 공제대상임)

* 장애인의 경우에는 나이의 제한을 받지 않는다(소득금액은 제한받음).
* 직계존속에는 배우자의 직계존속(장인, 장모, 시부, 시모)과, 직계존속이 재혼한 경우에는 직계존속의 배우자로서 혼인 중임이 증명되는 자(계부, 계모)를 포함한다.
* 직계비속에는 거주자의 배우자가 재혼한 경우로서 당해 배우자가 종전의 배우자와 혼인 중에 출산한 자를 포함한다.
* 직계비속·입양자와 형제자매의 배우자(며느리, 형수, 제수 등)는 부양가족공제 대상이 아니다. 단, 직계비속·입양자와 그 배우자가 모두 장애인에 해당하는 경우에는 그 직계비속·입양자의 배우자를 포함한다.

한마디 … 부양가족 공제대상자 중 자격시험에 출제되지 않는 「국민기초생활 보장법」에 따른 수급권자와 「아동복지법」에 따른 가정위탁을 받아 양육하는 아동에 대한 설명은 생략합니다.

② **생계를 같이 하는 부양가족의 범위**: 기본공제대상자가 되려면 주민등록표상 동거가족으로 거주자의 주소 또는 거소에서 현실적으로 생계를 같이 하여야 한다. 다만, 다음의 경우에는 생계를 같이 하는 것으로 본다.
  ㉠ 배우자와 직계비속·입양자는 항상 생계를 같이 하는 것으로 본다.
  ㉡ 거주자(그 배우자 포함)의 직계존속이 주거의 형편에 따라 별거하고 있는 경우
  ㉢ 동거가족으로서 취학·질병의 요양·근무상 또는 사업상의 형편 등으로 본래의 주소 또는 거소를 일시 퇴거한 경우로서 그 사실을 증명하는 경우

2. 추가공제

기본공제대상자(본인·배우자·부양가족)가 다음 중 어느 하나에 해당하는 경우에는 기본공제 외에 추가로 해당하는 금액을 공제한다.

(1) 경로우대자공제(1명당 연 100만원 공제)

기본공제대상자가 70세 이상인 사람인 경우

(2) 장애인공제(1명당 연 200만원 공제)

기본공제대상자가 장애인인 경우
  * 장애인이란 ① 장애인복지법에 의한 장애인, ② 국가유공자 등 예우 및 지원에 관한 법률에 의한 상이자 및 이와 유사한 자로서 근로능력이 없는 자, ③ 기타 항시 치료를 요하는 중증환자를 말한다.

(3) 부녀자공제(연 50만원 공제)

해당 거주자가(해당 과세기간에 종합소득과세표준을 계산할 때 합산하는 종합소득금액이 3천만원 이하인 거주자로 한정한다) 다음 중 하나에 해당하는 경우
  ① 배우자가 없는 여성으로서 기본공제대상 부양가족이 있는 세대주인 경우
  ② 배우자가 있는 여성인 경우(배우자의 소득유무에 불구하고 부녀자공제 가능)

(4) 한부모공제(연 100만원 공제)

해당 거주자가 배우자가 없는 사람으로서 기본공제대상자인 직계비속 또는 입양자가 있는 경우. 단, 해당 거주자가 한부모공제와 부녀자공제 모두에 해당하는 경우에는 중복적용을 배제하고 한부모공제를 적용한다.

3. 자녀세액공제

(1) 자녀

종합소득이 있는 거주자의 기본공제대상자에 해당하는 자녀(입양자 및 위탁아동을 포함하며, 이하 "공제대상자녀"라 한다) 및 손자녀로서 8세 이상의 사람에 대해서는 다음의 구분에 따른 금액을

종합소득산출세액에서 공제한다.
① 1명인 경우 : 연 25만원
② 2명인 경우 : 연 55만원
③ 3명 이상인 경우 : 연 55만원과 2명을 초과하는 1명당 연 40만원을 합한 금액

(2) 출산 · 입양

해당 과세기간에 출산하거나 입양 신고한 공제대상자녀가 ① 첫째인 경우 연 30만원, ② 둘째인 경우 연 50만원, ③ 셋째 이상인 경우 연 70만원을 종합소득산출세액에서 공제한다.

III. 인적공제대상자의 판정시기 및 공제 한도

인적공제대상자 해당 여부는 과세기간종료일인 12월 31일 현재의 상황에 의하여 판정한다. 다만, 과세기간 종료일 전에 사망 또는 장애가 치유된 자에 대하여는 사망일 전일 또는 치유일 전일의 상황에 의하여 판정한다. 또한 적용대상 나이가 정해진 경우 위 본문에 불구하고 당해연도의 과세기간 중에 해당 나이가 해당되는 날이 있는 경우에는 공제대상자로 한다. 인적공제의 합계액이 종합소득금액을 초과하는 경우 그 초과하는 공제액은 이를 없는 것으로 한다.

[참고] 소득금액의 계산구조

• 이자소득	(−)비과세소득 (−)분리과세소득	= 총수입금액		= 이자소득금액
• 배당소득	(−)비과세소득 (−)분리과세소득	= 총수입금액	(+)귀속법인세	= 배당소득금액
• 사업소득	(−)비과세소득	= 총수입금액	(−)필요경비	= 사업소득금액
• 근로소득	(−)비과세소득 (−)분리과세소득	= 총수입금액	(−)근로소득공제	= 근로소득금액
• 연금소득	(−)비과세소득 (−)분리과세소득	= 총수입금액	(−)연금소득공제	= 연금소득금액
• 기타소득	(−)비과세소득 (−)분리과세소득	= 총수입금액	(−)필요경비	= 기타소득금액
• 퇴직소득	(−)비과세소득	= 총수입금액		= 퇴직소득금액
• 양도소득	(−)비과세소득	= 총수입금액	(−)필요경비 (−)장기보유특별공제	= 양도소득금액

종/합/문/제

다음 자료에 의하여 ㈜최대리(회사코드 : 2001)의 사원등록을 하시오. 제시된 자료외의 내용은 기본값을 적용하거나 입력을 생략한다(제시된 주민번호는 맞는 것으로 가정하며, 우편번호 및 위탁관계 입력은 생략).

[자료1] 사원등록 기본사항

사 번	101	102	103
이 름	안정환	홍명보	소현영
입사일	2001. 01. 01.	2001. 01. 01.	2001. 01. 01.
구 분	대한민국, 내국인	대한민국, 내국인	대한민국, 내국인
주민등록번호	811212-1234567	851212-1234566	791212-2345679
주 소	서울 마포 대흥로 14	서울 마포 굴레방로 1	서울 마포 독막로3길 13
거주구분	거주자	거주자	거주자
직종구분	사무직	사무직	사무직

[자료2] 가족사항
당해 근로자와 생계를 같이 하는 부양가족이며 당해 근로자의 소득공제대상이라고 가정함.

안정환 (세대주)

관 계	주민번호	성명	참고사항
부	5860101-1234567	안병진	시각장애인(장애인복지법)
모	610101-2345678	최미라	무소득
처	810101-2345678	김미숙	사업소득금액 5,000,000원
자	090101-3456789	안진우	고등학생
자	110101-3456789	안진수	중학생
제	050101-3456789	안정길	대학생

홍명보 (세대주)

관 계	주민번호	성명	참고사항
부	590202-1234567	홍길동	사업소득금액 12,000,000원
모	680202-2345678	최진실	무소득
처	850212-2345678	김영자	총급여액 3,000,000원
자	090202-3456789	홍진구	고등학생
자	110202-3456789	홍진수	중학생
제	030202-3456789	홍명구	대학생, 장애인(장애인복지법)

소현영 (세대주)

관 계	주민번호	성명	참고사항
부	550303-1234567	소지섭	무소득
모	600303-2345678	최정희	무소득
남편	760303-1234567	최남규	총급여액 30,000,000원
자	090303-4567890	최세연	고등학생
자	200303-3456789	최세돌	미취학
자	220303-4567890	최세희	미취학

※ 소현영씨의 당해연도 근로소득금액은 3천만원 이하이고 다른 종합소득금액은 없다.

 KcLep 도우미

해설 1   101.안정환

- [원천징수]>[근로/퇴직/사업]>[근로소득관리]>[사원등록]을 선택하고 제시된 내용에 따라 입력한다.

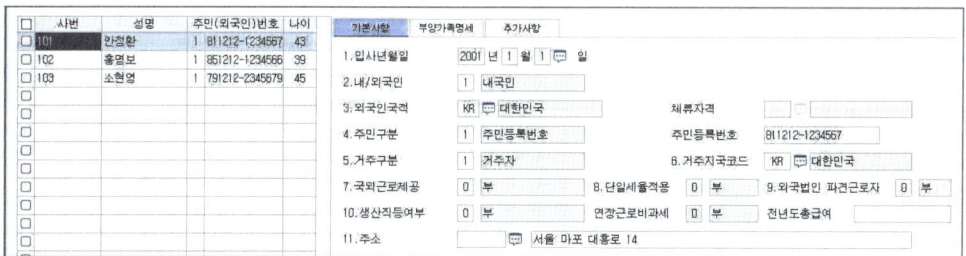

한/대/디 … [12.국민연금보수월액]란부터 [16.퇴사년월일]란은 키보드의 [Enter↲] 키를 치면서 기본값을 적용하면 되는 것이므로 화면 표시를 생략한다.

① 처(김미숙)는 사업소득금액이 100만원을 초과하여 기본공제 대상이 아니므로 [기본공제]란에서 "0:부"를 선택한다. 이 경우 자격시험에서는 입력을 하지 않는 것으로 답안을 발표하는 경우가 있는데 이는 결과적으로 동일하기 때문에 신경 쓸 필요 없다.
② 장애인(안병진)의 경우 [기본공제]란에 "5:장애인"을 입력하는 경우도 결과는 동일하므로 상관없다.

해설 2 102. 홍명보

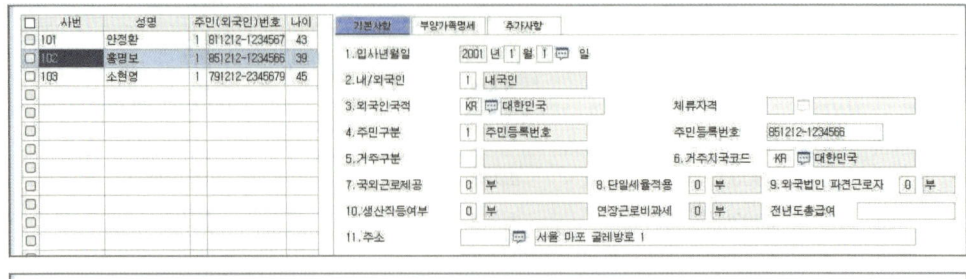

① 부(홍길동)는 사업소득금액이 100만원을 초과하므로 부양가족공제 불가
② 모(최진실)는 나이제한으로 부양가족공제 불가
③ 처(김영자)는 총급여액이 5,000,000원 이하이므로 배우자공제 가능
④ 장애인은 나이제한이 없으므로 제(홍명구)는 부양가족공제 및 장애인공제 가능

해설 3 103. 소현영

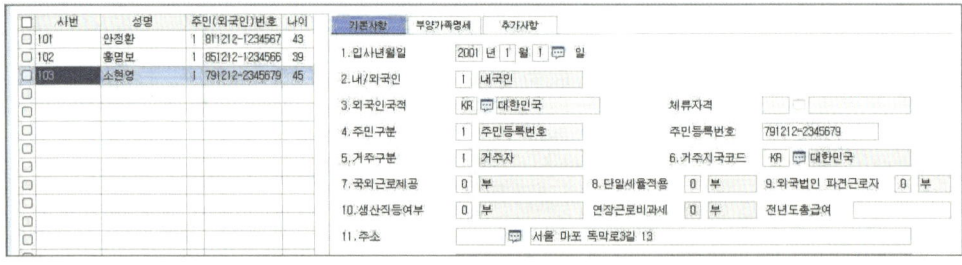

① 종합소득금액이 3천만원 이하이고 배우자가 있는 여성이므로 부녀자공제 가능
② 남편(최남규)은 총급여액이 5,000,000원을 초과하므로 배우자공제 불가
③ 자(최세돌, 최세희)는 8세 미만의 사람이므로 자녀세액공제 불가

기/출/문/제 [실기]

다음에 제시된 문제를 ㈜원천징수(회사코드 : 2004)를 선택하여 [사원등록] 메뉴에 근로소득원천징수 및 연말정산에 필요한 부양가족명세를 입력하시오. 근로자 본인은 모두 세대주이다(위탁관계란의 표시는 생략할 것).

01 송천식(사번 : 101)이 부양하고 있는 가족사항은 다음과 같다.

가족사항		참 고 사 항
송천식(본인)	만 44세	입사일 : 2016. 01. 01.
송상연(부)	만 68세	이자소득금액 12,000,000원(종합과세대상)
최미연(모)	만 63세	무소득
이미자(처)	만 41세	연간급여총액 3,000,000원
송대광(자)	만 18세	고등학생, 장애인복지법 장애인(당해연도 10월 치유)
송천광(자)	만 15세	중학생
이미숙(처제)	만 22세	대학생

02 채소연(사번 : 102)이 부양하고 있는 가족사항은 다음과 같다.

가족사항		참 고 사 항
채소연(본인)	만 44세(여성)	입사일 : 2016. 01. 01. (종합소득금액 3천만원 이하)
채지성(부)	만 67세	근로소득금액 10,000,000원
이소라(모)	만 64세	장애인복지법 시각장애인
박수근(남편)	만 46세	무직
박보배(자)	만 4세	미취학

03 정중부(사번 : 103)가 부양하고 있는 가족사항은 다음과 같다.

가족사항		참 고 사 항
정중부(본인)	만 33세	입사일 : 2016. 01. 01.
정상철(부)	만 65세	소득없음
박순이(모)	만 56세	소득없음
김하나(처)	만 30세	기타소득(문예창작소득) 500,000원
정일도(자)	만 10세	소득없음, 초등학생
정이도(자)	만 8세	소득없음, 초등학생
정부미(제)	만 22세	시각장애인, 이자소득금액 1,200,000원(종합과세대상)

04 서절세(사번 : 104)가 부양하고 있는 가족사항은 다음과 같다.

가족사항		참 고 사 항
서절세(본인)	만 42세	총급여액 50,000,000원
서승만(부)	만 69세	소득없음
조선희(모)	만 67세	이자소득금액 2,000,000원(종합과세대상)
이진실(처)	만 41세	부동산임대업의 소득금액 3,000,000원
서수진(자)	만 22세	소득없음, 대학생

05 김세윤(사번 : 105)이 부양하고 있는 가족사항은 다음과 같다.

가족사항		참 고 사 항
김세윤(본인)	만 48세	입사일 : 2016. 01. 01.
김대식(부)	만 72세	부동산임대업의 소득 연간 900,000원
최수정(모)	만 68세	소득없음
안수정(처)	만 41세	당해연도 양도소득금액 2,500,000원
김장식(자)	만 21세	대학생(소득없음)
김차식(자)	만 18세	고등학생(소득없음)
안미정(처제)	만 22세	소득없음

06 이승주(사번 : 106)가 부양하고 있는 가족사항은 다음과 같다.

가족사항		참 고 사 항
이승주(본인)	만 50세	입사일 : 2016. 01. 01.
이백수(부)	만 76세	부동산임대업의 소득금액 5,000,000원 있음
조국애(모)	만 75세	소득없음
최미란(처)	만 51세	사업소득금액 연간 2,500,000원 있음
이만수(자)	만 21세	대학생(소득없음)
이천수(자)	만 16세	고등학생(소득없음)
최미숙(처제)	만 22세	장애인복지법 장애인(소득없음)

07 김상진(사번 : 107)이 부양하고 있는 가족사항은 다음과 같다.

가족사항	참 고 사 항	
김상진(본인)	만 41세	입사일 : 2016. 01. 01.
김부천(부)	만 68세. 2022년부터 사망시(사망일자 : 당해연도 12월 28일)까지 매월 이자수입(소득세 분리과세대상)이 900,000원이었음	
한소리(모)	만 64세. 소득 없음. 주거형편상 부득이하게 별거하고 있으나, 외아들로서 실질적으로 모친을 봉양하고 있음.	

소서노(처)	만 41세. 소득 없음. 별거(사유 : 이혼소송 진행 중임).	
김대망(자)	만 22세(장애인). 연간 사업소득금액 6,000,000원 있으며 생계를 같이 함.	
김소망(자)	만 20세. 소득 없음. 별거(사유 : 현역군입대)	
한별(외삼촌)	만 61세. 연간 부동산임대업의 소득금액 900,000원 있으며 생계를 같이 함.	

08 김세무(사번 : 108)가 부양하고 있는 가족사항은 다음과 같다.

가족사항		참 고 사 항
김세무(본인)	만 47세	입사일 : 2016. 01. 01.
김부친(부)	만 74세	소득이 없으며 장애인복지법 장애인에 해당함.
박미숙(모)	만 69세	소득 없음.
옥소리(처)	만 45세	복권당첨소득 20,000,000원(당해연도 10월 2일)이 있음.
김래원(자)	만 22세	대학생, 소득은 없음.
김여원(자)	만 18세	고등학생, 소득은 없음.
김세진(자)	만 15세	중학생, 소득은 없음.
옥다미(처제)	만 42세	소득 없음.

09 남대문(사번 : 109)이 부양하고 있는 가족사항은 다음과 같다.

가족사항		참 고 사 항
남대문(본인)	만 46세	장애인복지법 장애인(연간급여총액 : 50,000,000원)
남수한(부)	만 71세	장애인복지법 장애인(사업소득금액 5,000,000원)
이희영(모)	만 65세	소득없음
김하늘(처)	만 44세	양도소득금액 500,000원
남현우(자)	만 20세	대학생, 소득없음
남허수(자)	만 16세	고등학생, 소득없음
남기운(자)	만 14세	중학생, 소득없음

도우미

해설 1   101. 송천식

- [근로/퇴직/사업]>[근로소득관리]>[사원등록]을 선택하고 제시된 내용을 입력한다.

연말 관계	성명	내/외 국인	주민(외국인)번호	나이	기본공제	부녀자	한부모	경로 우대	장애인	자녀	출산 입양	위탁 관계
0	송천식	내	1 811111-1111115	44	본인							
1	송상연	내			부							
1	최미연	내			60세이상							
3	이미자	내			배우자							
4	송대광	내			20세이하				1	○		
4	송천광	내			20세이하					○		
6	이미숙	내			부							

① 부(송상연)는 종합과세대상인 이자소득금액이 1,000,000원을 초과하므로 부양가족공제 불가
② 배우자(이미자)는 총급여액이 5,000,000원 이하이므로 배우자공제 가능
③ 과세기간 종료일 전에 장애가 치유된 자에 대하여는 치유일 전일의 상황에 의하여 판정하므로 자(송대광)는 장애인공제 가능. 이 경우 [기본공제]란에 "5:장애인"을 입력하는 경우도 결과는 동일하므로 상관없다.
④ 처제(이미숙)는 나이제한으로 부양가족공제 불가

해설 2   102. 채소연

연말 관계	성명	내/외 국인	주민(외국인)번호	나이	기본공제	부녀자	한부모	경로 우대	장애인	자녀	출산 입양	위탁 관계
0	채소연	내	1 811111-2111118	44	본인	○						
1	채지성	내			부							
1	이소라	내			60세이상				1			
3	박수근	내			배우자							
4	박보배	내			20세이하							

① 종합소득금액이 3천만원 이하이고 배우자가 있는 여성이므로 부녀자공제 가능
② 총급여액 5,000,000원은 근로소득금액으로는 1,500,000원에 해당한다. 따라서 부(채지성)는 근로소득금액이 1,500,000원을 초과하므로 부양가족공제 불가
  * 총급여액(5,000,000) - 근로소득공제(5,000,000×70%) = 근로소득금액(1,500,000)
③ 자(박보배)는 8세 미만의 사람이므로 자녀세액공제 불가

해설 3   103. 정중부

연말관계	성명	내/외국인	주민(외국인)번호		나이	기본공제	부녀자	한부모	경로우대	장애인	자녀	출산입양	위탁관계
0	정중부	내	1	921111-1111111	33	본인							
1	정상철	내				60세이상							
1	박순이	내				부							
3	김하나	내				배우자							
4	정일도	내				20세이하					○		
4	정이도	내				20세이하					○		
6	정부미	내				부							

① 모(박순이)는 나이제한으로 부양가족공제 불가
② 처(김하나)는 기타소득금액이 1,000,000원 이하이므로 배우자공제 가능
③ 종합과세 되는 이자소득금액이 1,000,000원을 초과하는 제(정부미)는 기본공제 대상자가 아니며, 기본공제 대상자가 아닌 경우에는 장애인공제 불가

해설 4 *104. 서절세*

연말관계	성명	내/외국인	주민(외국인)번호		나이	기본공제	부녀자	한부모	경로우대	장애인	자녀	출산입양	위탁관계
0	서절세	내	1	831111-1111110	42	본인							
1	서승만	내				60세이상							
1	조선희	내				부							
3	이진실	내				부							
4	서수진	내				부							

① 모(조선희)는 종합과세 되는 이자소득금액이 1,000,000원을 초과하므로 부양가족공제 불가
② 처(이진실)는 부동산임대업의 소득금액이 1,000,000원을 초과하므로 배우자공제 불가
③ 자(서수진)는 나이제한으로 부양가족공제 불가

해설 5 *105. 김세윤*

연말관계	성명	내/외국인	주민(외국인)번호		나이	기본공제	부녀자	한부모	경로우대	장애인	자녀	출산입양	위탁관계
0	김세윤	내	1	771111-1111111	48	본인							
1	김대식	내				60세이상			○				
1	최수정	내				60세이상							
3	안수정	내				부							
4	김장식	내				부							
4	김차식	내				20세이하				○			
6	안미정	내				부							

① 부(김대식)는 부동산임대업의 소득금액이 1,000,000원 이하이므로 부양가족공제 및 경로우대자공제 가능

② 처(안수정)는 양도소득금액이 1,000,000만원을 초과하므로 배우자공제 불가
③ 자(김장식)는 나이제한으로 부양가족공제 불가
④ 처제(안미정)는 나이제한으로 부양가족공제 불가

해설 6   106. 이승주

연말관계	성명	내/외국인		주민(외국인)번호	나이	기본공제	부녀자	한부모	경로우대	장애인	자녀	출산입양	위탁관계
0	이승주	내	1	751111-1111116	50	본인							
1	이백수	내				부							
1	조국애	내				60세이상			○				
3	최미란	내				부							
4	이만수	내				부							
4	이천수	내				20세이하					○		
6	최미숙	내				장애인				1			

① 부(이백수)는 부동산임대업의 소득금액이 1,000,000원을 초과하므로 부양가족공제 및 경로우대자공제 불가
② 모(조국애)는 나이가 70세 이상이므로 부양가족공제 및 경로우대자공제 가능
③ 처(최미란)는 사업소득금액이 1,000,000원을 초과하므로 배우자공제 불가
④ 자(이만수)는 나이제한으로 부양가족공제 불가
⑤ 장애인은 나이제한을 받지 않으므로 처제(최미숙)는 부양가족공제 및 장애인공제 가능

해설 7   107. 김상진

연말관계	성명	내/외국인		주민(외국인)번호	나이	기본공제	부녀자	한부모	경로우대	장애인	자녀	출산입양	위탁관계
0	김상진	내	1	841111-1111117	41	본인							
1	김부천	내				60세이상							
1	한소리	내				60세이상							
3	소서노	내				배우자							
4	김대망	내				부							
4	김소망	내				20세이하					○		

① 과세기간 종료일 전에 사망한 자에 대하여는 사망일 전일의 상황에 의하여 판정하며, 분리과세대상 소득은 연간소득금액에서 제외하므로 부(김부천)는 부양가족공제 가능
② 거주자(그 배우자 포함)의 직계존속이 주거의 형편에 따라 별거하고 있는 경우에는 생계를 같이하는 부양가족으로 보므로 모(한소리)는 부양가족공제 가능
③ 이혼소송 진행 중인 처(소서노)는 배우자공제 가능
④ 장애인은 나이제한은 없지만 소득금액제한은 있으므로 자(김대망)는 부양가족공제 및 장애인공제 불가
⑤ 직계비속은 항상 생계를 같이 하는 것으로 보므로 자(김소망)는 부양가족공제 가능
⑥ 외삼촌은 부양가족에 해당하지 않으며, 연말정산시에도 의료비 등의 공제를 적용받을 수 없기 때문에 입력하지 않는다.

해설 8 108.김세무

연말관계	성명	내/외국인	주민(외국인)번호	나이	기본공제	부녀자	한부모	경로우대	장애인	자녀	출산입양	위탁관계
0	김세무	내	1 781111-1111118	47	본인							
1	김부친	내			60세이상			○	1			
1	박미숙	내			60세이상							
3	옥소리	내			배우자							
4	김래원	내			부							
4	김여원	내			20세이하					○		
4	김세진	내			20세이하					○		
6	옥다미	내			부							

① 부(김부친)는 경로우대자공제 및 장애인공제 가능. 이 경우 [기본공제]란에 "5:장애인"을 입력하는 경우도 결과는 동일하므로 상관없다.
② 기타소득 중 복권당첨소득은 무조건 분리과세 한다. 따라서 처(옥소리)는 연간소득금액이 없으므로 배우자공제 가능
③ 자(김래원)와 처제(옥다미)는 나이제한으로 부양가족공제 불가

해설 9 109.남대문

연말관계	성명	내/외국인	주민(외국인)번호	나이	기본공제	부녀자	한부모	경로우대	장애인	자녀	출산입양	위탁관계
0	남대문	내	1 791111-1111115	46	본인				1			
1	남수한	내			부							
1	이희영	내			60세이상							
3	김하늘	내			배우자							
4	남현우	내			20세이하					○		
4	남허수	내			20세이하					○		
4	남기운	내			20세이하					○		

① 본인(남대문)이 장애인이므로 장애인공제 가능
② 장애인은 나이제한은 없지만 소득금액제한은 있으므로 부(남수한)는 부양가족공제와 장애인공제 및 경로우대자공제 불가
③ 처(김하늘)는 양도소득금액이 1,000,000원 이하이므로 배우자공제 가능

제 2 장 급여자료 입력

[급여자료입력] 메뉴는 상용직 근로자의 매월 급여 및 상여금을 입력하는 메뉴이다. 입력된 근로소득에 간이세액표를 적용하여 근로소득세를 원천징수하고, 급여대장 및 급여명세서를 출력할 수 있다. 또한 [급여자료입력] 메뉴에서 입력된 자료는 [원천징수이행상황신고서] 및 [연말정산추가자료입력] 메뉴 등에 자동 반영된다.

제1절 수당등록

본 프로그램으로 급여자료를 입력하기 위해서는 먼저 당해 회사에서 사용하고 있는 각종 수당등록 및 공제등록 작업을 해야 한다. 수당은 기본급 이외에 여러 가지 명목으로 제공되는 급여항목이다. 수당등록은 최초 급여 및 상여지급 전에 한번만 등록하면 매월 동일하게 적용된다. 따라서 추후에 수당항목에 변동사항이 발생된 경우는 다시 수정하여야 한다.

KcLep 길라잡이

- [원천징수]>[근로/퇴직/사업]>[근로소득관리]>[급여자료입력]에서 상단 툴바의  를 클릭하면 아래와 같은 화면이 나타난다.
- [수당명]란에 입력된 내용은 [급여자료입력] 메뉴의 [급여항목]란에 자동으로 표시된다.

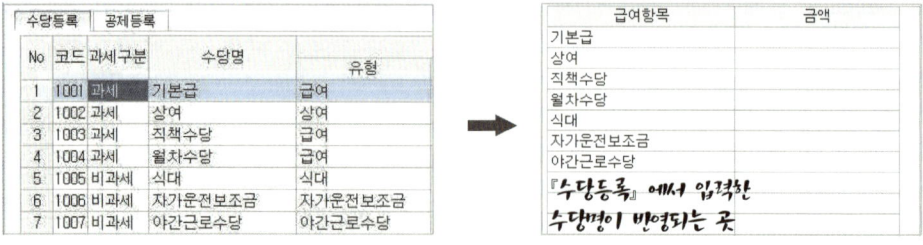

· [수당등록] 화면 ·   · [급여자료입력] 화면 ·

▶ **과세구분**(1:과세, 2:비과세)

등록할 수당이 소득세법상 근로소득에 해당하면 "1:과세"를 선택하고, 비과세되는 근로소득이면 "2:비과세"를 선택한다.

▶ **수당명**

회사에서 지급되는 각종 수당들의 항목을 입력한다(⑩ 자격수당, 가족수당, 김장수당 등).

▶ **유형**

① [과세구분]란에서 "1:과세"를 선택한 경우에는 키보드의 F2 키를 누르고 「공통코드도움」 보조창에서 과세유형명을 선택한다. 자격시험에서 "3.인정상여 ~ 6.임원퇴직소득금액한도초과액"은 사용하지 않는다.

참고 「공통코드도움」 보조창 설명
① 인정상여 : 법인세법에 따라 상여로 처분된 금액이 있는 경우에 사용
② 주식매수선택권행사이익 : 법인의 임원 또는 종업원이 당해 법인 등으로부터 부여받은 주식매수선택권(스톡옵션)을 당해 법인 등에서 근무하는 기간 중 행사함으로써 얻은 이익이 있는 경우에 사용
③ 우리사주조합인출금 : 우리사주조합원이 우리사주조합으로부터 배정받은 자사주를 인출(매도)하는 경우로서 과세되는 인출주식이 있는 경우에 사용
④ 임원퇴직소득금액한도초과액 : 임원이 지급받는 퇴직소득으로서 법인세법에 따라 손금불산입된 임원 퇴직급여한도초과액이 있는 경우에 사용

② [과세구분]란에서 "2:비과세"를 선택한 경우에는 키보드의 F2 키를 누르고 「비과세코드도움」 보조창에서 비과세명을 선택한다. 선택된 비과세명의 유형에 따라 프로그램에서는 다음과 같이 비과세 한도를 [급여자료입력] 메뉴에 자동으로 적용한다. 자격시험과 관련된 몇 가지를 살펴보면 다음과 같다.
- H02.일(숙)직료 및 여비 : 전액 비과세 처리함
- H03.자가운전보조금 : 월 20만원 한도로 비과세 처리함
- O01.야간근로수당 : 연 240만원을 한도로 비과세 처리함
- P01.식대 : 월 20만원을 한도로 비과세 처리함
- Q01.출산,보육수당(육아수당) : 월 20만원 한도로 비과세 처리함

▶ **월정액**(0:부정기, 1:정기)

[수당명]란에 입력된 항목이 프로그램에서 자동 계산하는 월정액급여 계산시 포함되는 경우에는 "1:정기"를 선택하고, 포함되지 않는 경우에는 "0:부정기"를 선택한다. 상여 등 부정기적인 급여, 실비변상적인 성질의 급여(일·숙직료 및 여비, 자가운전보조금), 복리후생적 성질의 급여 및 야간근로수당은 월정액급여 계산에 포함되지 않는 것이므로 "0:부정기"를 선택한다.

▶ **사용여부**(0:부, 1:여)

[수당명]란에 입력된 항목을 [급여자료입력] 메뉴에서 [급여항목]란에 표시할지 여부를 선택한다.

제2절 공제등록

급여 및 상여금 지급시 차감되어지는 항목들을 입력하는 메뉴이다. 기본값으로 설정되어 있는 국민연금·건강보험·장기요양보험·고용보험·학자금상환과 근로소득세원천징수액 및 동 지방소득세를 제외한 나머지 공제항목을 등록한다.

KcLep 길라잡이

- [근로소득관리]>[급여자료입력]에서 상단 툴바의 F4 수당공제 를 클릭하면 아래와 같은 화면이 나타난다.
- [공제항목명]란에 입력된 내용은 [급여자료입력] 메뉴의 [공제항목]란에 자동으로 표시된다.

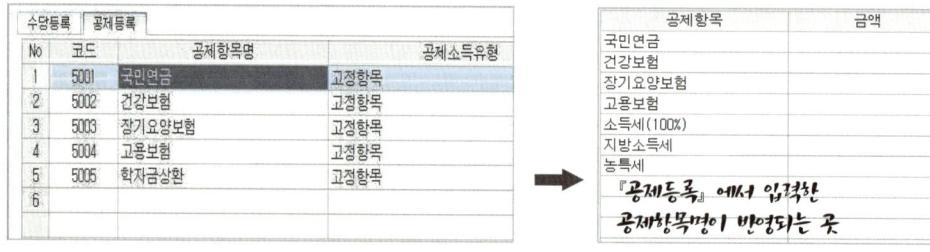

- [공제등록] 화면 -   - [급여자료입력] 화면 -

▶ **공제항목명**

등록할 공제항목명을 입력한다(예 상조회비, 불교회비, 가불금 등).

▶ **공제소득유형**

키보드의 F2 키를 누르고 「공통코드도움」 보조창에서 과세유형명을 선택한다.

▶ **사용여부**(0:부, 1:여)

[공제항목명]란에 입력된 항목을 [급여자료입력] 메뉴에서 [공제항목]란에 표시할지 여부를 선택한다.

> 한마디 … [수당등록] 탭의 통상임금 여부는 자격시험과 무관하므로 설명을 생략합니다.

제3절 급여자료입력

급여자료입력은 상용직 근로자의 매월 급여 및 상여금 지급시에 해당 금액을 입력하여 급여대장 및 급여명세서 등을 출력할 수 있다.

KcLep 길라잡이

- [원천징수]>[근로/퇴직/사업]>[근로소득관리]>[급여자료입력]을 선택하고 귀속년월(1월) / 지급년월일(2025년 1월 25일)을 입력하면 다음과 같은 화면이 나타난다.

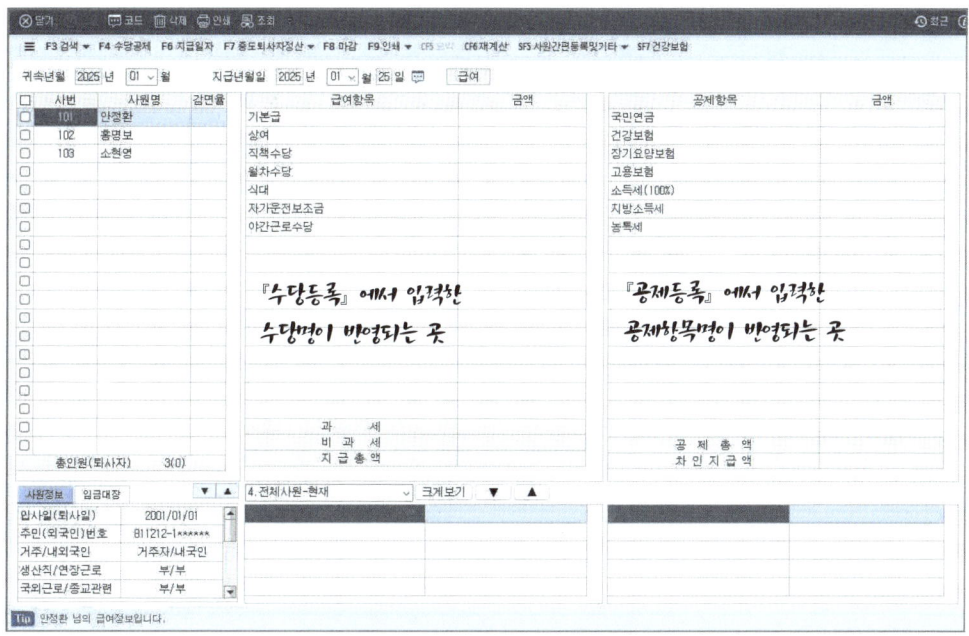

• ㈜최대리 [급여자료입력] 화면 •

▶ **귀속년월**

지급하는 급여 및 상여의 귀속 월을 입력한다.

▶ **지급년월일**

지급하는 급여 및 상여의 지급 년, 월, 일을 입력한다.

▶ **사번 / 사원명**

[근로/퇴직/사업]>[근로소득관리]>[사원등록]에서 입력된 내용이 자동 반영된다.

▶ **급여항목 / 공제항목**

「수당공제등록」 보조창에 입력된 내용이 자동 반영된다.

▶ **금액**

해당란에 회사의 급여자료를 입력한다. 입력된 자료에 의하여 소득세 등이 자동 산출된다.

[참고] F6 **지급일자**
입력된 급여자료의 지급일자를 수정, 복사 또는 이동, 삭제하고자 하는 경우에 상단 툴바의 F6 지급일자 를 클릭하여 보조창에서 지급일자 수정, 복사, 이동, 삭제작업을 한다.

기초다지기

I. 근로소득의 범위

근로소득은 해당 과세기간에 발생한 다음의 소득으로 한다.
① 근로를 제공함으로써 받는 봉급·급료·보수·세비·임금·상여·수당과 이와 유사한 성질의 급여
② 법인의 주주총회·사원총회 또는 이와 유사한 의결기관의 결의에 따라 상여로 받는 소득(잉여금처분에 의한 상여)
③ 법인세법에 따라 상여로 처분된 금액(인정상여)
④ 퇴직함으로써 받는 소득으로서 퇴직소득에 속하지 아니하는 소득

II. 비과세하는 근로소득

(1) 실비변상적인 성질의 급여
① 일직·숙직료 또는 여비로서 실비변상 정도의 금액
② 종업원이 소유하거나 본인 명의로 임차한 차량을 종업원이 직접 운전하여 사용자의 업무수행에 이용하고 시내출장 등에 소요된 실제여비를 지급 받는 대신에 그 소요경비를 당해 사업체의 규칙 등에 의하여 정하여진 지급기준에 따라 지급 받는 금액 중 월 20만원 이내의 금액(자가운전보조금)
③ 일정한 학교의 교원이나 연구활동에 직접 종사하는 자 등이 받는 연구보조비 또는 연구활동비 중 월 20만원 이내의 금액
④ 방송·뉴스통신·신문사 등의 기자 등이 받는 취재수당 중 월 20만원 이내의 금액
⑤ 법령에서 규정한 벽지에 근무함으로 인하여 받는 월 20만원 이내의 벽지수당
⑥ 법령·조례에 의하여 제복을 착용하여야 하는 자가 받는 제복·제모 및 제화
⑦ 병원·실험실·금융기관·공장·광산에서 근무하는 자 또는 특수한 작업이나 역무에 종사하는 자가 받는 작업복이나 그 직장에서만 착용하는 피복

- 이하 생략 -

(2) 국외근로소득
① 국외 또는 북한지역에서 근로를 제공(원양어업 선박 또는 국외 등을 항행하는 선박이나 항공기에서 근로를 제공하는 것을 포함)하고 받는 보수 중 월 100만원(원양어업 선박, 국외 등을 항행하는 선박 또는 국외 등의 건설현장 등에서 근로를 제공하고 받는 보수의 경우에는 월 500만원) 이내의 금액
② 공무원, 대한무역투자진흥공사, 한국관광공사, 한국국제협력단·한국국제보건의료재단의 종사자가 국외에서 근무하고 받는 수당 중 해당 근로자가 국내에서 근무할 경우에 지급받을 금액 상당액을 초과하여 받는 금액

(3) 식사 또는 월 20만원 이하의 식사대

근로자가 사내급식이나 이와 유사한 방법으로 제공받는 식사 기타 음식물 또는 근로자(식사 기타 음식물을 제공받지 아니하는 자에 한정한다)가 받는 월 20만원 이하의 식사대는 비과세한다.

(4) 월정액급여 210만원 이하로서 직전 과세기간의 총급여액이 3,000만원 이하인 근로자가 받는 초과근로수당

구 분	비과세 대상소득	한도금액
① ㉠ 공장에서 근로를 제공하는 생산 및 관련 종사자, ㉡ 운전 및 운송 관련직 종사자, 돌봄·미용·여가 및 관광·숙박시설·조리 및 음식 관련 서비스직 종사자, 매장 판매종사자, 상품 대여 종사자, 통신 관련 판매직 종사자, 운송·청소·경비·가사·음식·판매·농림·어업·계기·자판기·주차관리 및 기타 서비스 관련 단순 노무직 종사자	연장시간근로·야간근로 또는 휴일근로로 인하여 통상임금에 가산하여 지급받는 급여	연 240만원
② 광산근로자 및 일용근로자		해당 급여총액
③ 어선에서 승무하는 선원인 근로자	선원법에 의하여 받는 생산수당	연 240만원

(5) 월 20만원 이내의 출산·보육비

근로자 또는 그 배우자의 출산이나 6세 이하 자녀의 보육과 관련하여 사용자로부터 지급받는 급여로서 월 20만원 이내의 금액은 비과세한다.

(6) 출산지원금

근로자 또는 그 배우자의 출산과 관련하여 자녀의 출생일 이후 2년 이내에 사용자로부터 최대 두 차례에 걸쳐 지급받는 급여는 전액 비과세한다.

(7) 기타 비과세 근로소득

① 초·중등교육법 및 고등교육법에 의한 학교와 근로자직업능력개발법에 의한 직업훈련시설의 입학금·수업료·수강료·기타 공납금 중 일정한 요건을 갖춘 학자금
② 고용보험법에 의하여 받는 실업급여·육아휴직급여·산전후휴가급여
③ 국민건강보험법, 고용보험법, 국민연금법, 공무원연금법 등에 의하여 국가·지방자치단체 또는 사용자가 부담하는 부담금
④ 산업재해보상보험법에 따른 요양급여·휴업급여·장해급여·유족급여 등

- 이하 생략 -

한마디 … 본 비과세하는 근로소득의 내용은 자격시험과 관련된 일반적인 내용만을 나열하였으므로 이외에 보다 자세한 내용은 소득세법 12조 및 소득세법시행령 12,16,17조 등을 참조할 것

종/합/문/제

㈜최대리(회사코드 : 2001)의 다음 자료를 [급여자료입력] 메뉴에 입력하시오(급여 지급일은 매월 25일).

[급여자료(1월 ~ 6월)]

	수당항목				공제항목			
	기본급	직책수당	식대	야간근로수당	국민연금	장기요양보험	상조회비	소득세
	상여	월차수당	자가운전보조금	가족수당	건강보험	고용보험	-	지방소득세
안정환	3,000,000	300,000	80,000	200,000	50,000	6,000	30,000	25,000
	-	50,000	300,000	30,000	50,000	30,000		2,500
홍명보	4,000,000	200,000	80,000	100,000	40,000	4,000	20,000	90,000
	-	50,000	200,000	30,000	40,000	20,000		9,000
소현영	3,000,000	-	80,000	100,000	30,000	3,000	10,000	15,000
	-	50,000	-	30,000	30,000	15,000		1,500

① 자가운전보조금은 본인 소유차량을 직접 운전하여 업무상 이용하고 매월 고정비로 지급받는 것이다.
② 식대보조금은 매월 고정적으로 지급받는 금액으로 별도의 식사 및 기타 음식물은 제공받지 않는다.
③ 국민연금, 건강보험, 장기요양보험, 고용보험, 소득세, 지방소득세는 자동 반영된 금액을 무시하고 지문에서 제시한 금액으로 수정한다.
④ 통상임금 여부는 선택하지 않고 기본값을 적용하기로 한다.

도우미

- [원천징수]>[근로/퇴직/사업]>[근로소득관리]>[급여자료입력]에서 상단 툴바의 F4 수당공제 를 클릭하고 수당등록과 공제등록을 한다.

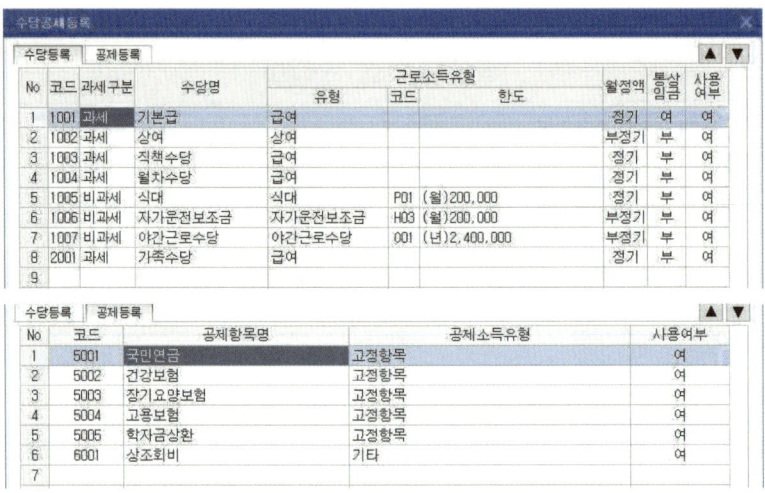

- [급여자료입력] 메뉴에서 귀속년월(1월) / 지급년월일(1월 25일)을 입력하고 주어진 자료에 따라 급여자료를 입력한다.

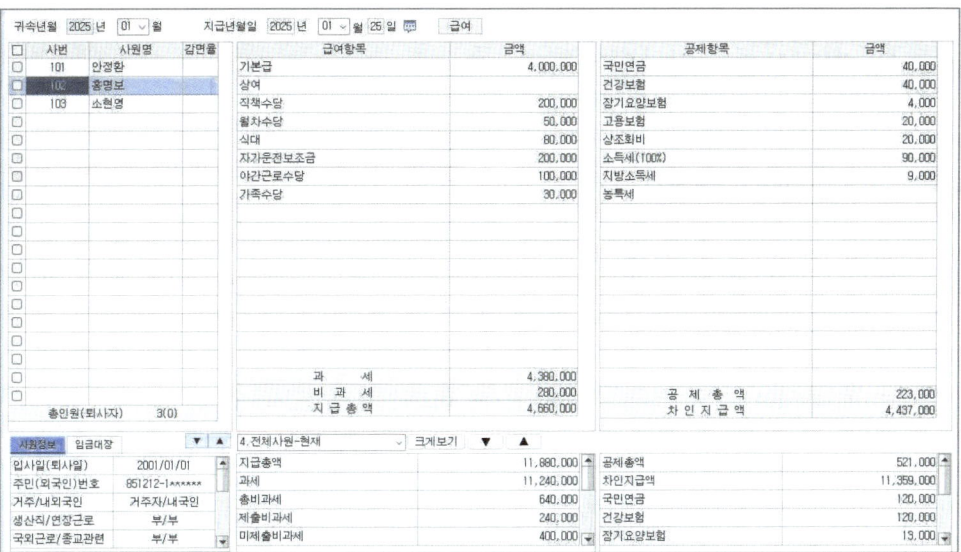

- 2월분 급여자료 입력시 귀속년월(2월) / 지급년월일(2월 25일)을 입력하면 「전월 급여대장을 복사 합니다.」 라는 대화창이 나타난다. 예(Y)를 클릭하면 전월과 동일한 급여자료가 자동으로 입력되며, 아니오(N)를 클릭하면 전체를 다시 입력해야 한다.
- 3월부터 6월까지의 급여자료입력은 2월과 동일하게 전월 급여대장을 복사한다.

기/출/문/제 [실기]

01 다음은 ㈜재무회계(회사코드 : 2002)의 사무직 최세연(사원코드 : 101)의 급여 관련 자료이다. 이를 참조하여 아래의 내용대로 수당 및 공제항목을 추가 등록하고, 5월분 급여자료를 입력하시오.

(1) 최세연의 급여지급일은 매월 25일이다.

(2) 5월의 급여 지급내역은 다음과 같으며 비과세로 인정받을 수 있는 항목은 최대한 반영하기로 한다.

- 기본급 : 2,800,000원
- 식대 : 100,000원(중식으로 별도의 현물식사를 제공하지 않음)
- 자가운전보조금 : 200,000원(본인 명의의 배기량 2,000cc의 비영업용 소형승용차를 업무에 사용)
- 야간근로수당 : 100,000원
- 육아수당 : 100,000원(만 6세 이하의 자녀가 있음)
- 체력단련수당 : 90,000원
- 출근수당 : 80,000원(원거리 출·퇴근자에게 지급함)

(3) 5월 급여에서 공제할 항목은 다음과 같다.

- 국민연금 : 130,000원
- 건강보험료 : 100,000원
- 장기요양보험료 : 12,000원
- 고용보험료 : 27,000원
- 주차비 : 100,000원 (공제소득유형 : 기타)
- 소득세 : 70,000원 (지방소득세 : 7,000원)

(4) 사용하는 수당 및 공제 이외의 항목은 사용여부를 "부"로 체크한다.

02 다음은 ㈜부가가치(회사코드 : 2003)의 생산직 근로자인 김아름(사번 : 101)과 김가연(사번 : 102)의 3월분 급여내역이다. 아래의 자료를 이용하여 [수당공제등록] 및 [급여자료입력]을 작성하시오(단, [수당공제등록]의 불러온 자료는 무시하고 아래 자료에 따라 입력하되, 사용하는 수당 외의 항목은 "부"로 체크하고, 월정액은 그대로 둘 것).

〈김아름 3월 급여내역〉

이름	김아름	지급일	3월 31일
기본급	2,200,000원	국민연금	80,000원
식대	100,000원	건강보험	60,000원
자가운전보조금	200,000원	장기요양보험	7,000원
야간근로수당	200,000원	고용보험	20,000원
자격수당	150,000원	사내대출금원리금상환액	350,000원
		소득세	45,000원
급여 합계	2,850,000원	지방소득세	4,500원

〈김가연 3월 급여내역〉

이름	김가연	지급일	3월 31일
기본급	1,900,000원	국민연금	80,000원
식대	100,000원	건강보험	60,000원
자가운전보조금	200,000원	장기요양보험	7,000원
야간근로수당	200,000원	고용보험	15,000원
		소득세	17,000원
급여 합계	2,400,000원	지방소득세	1,700원

① 식대 : 당사는 현물 식사를 별도로 제공하지 않는다.
② 자가운전보조금 : 본인 명의의 차량을 업무 목적으로 사용한 직원에게 자가운전보조금을 지급하고 있으며, 실제 발생한 교통비를 별도로 지급하지 않는다.
③ 야간근로수당 : 정규 업무시간 외에 추가 근무를 하는 경우 매월 20만원까지 야간근로수당을 지급하며, 생산직 근로자가 받는 연장근로수당 등은 세법상 요건을 갖춘 경우 비과세로 처리한다(직전 과세기간 총급여액 : 김아름 2,400만원, 김가연 2,800만원).
④ 자격수당 : 회사가 요구하는 자격증을 취득하는 경우 자격수당을 지급한다.
⑤ 사내대출금원리금상환액 : 당사는 직원을 대상으로 최저 금리로 사내대출을 해주고 그에 해당하는 원리금을 매달 급여에서 공제한다(공제소득유형 : 대출).

KcLep 도우미

해설 1 _2002. (주)재무회계_

- [원천징수]>[근로/퇴직/사업]>[근로소득관리]>[급여자료입력]에서 상단 툴바의 F4 수당공제 를 클릭하고 수당등록과 공제등록을 한다.

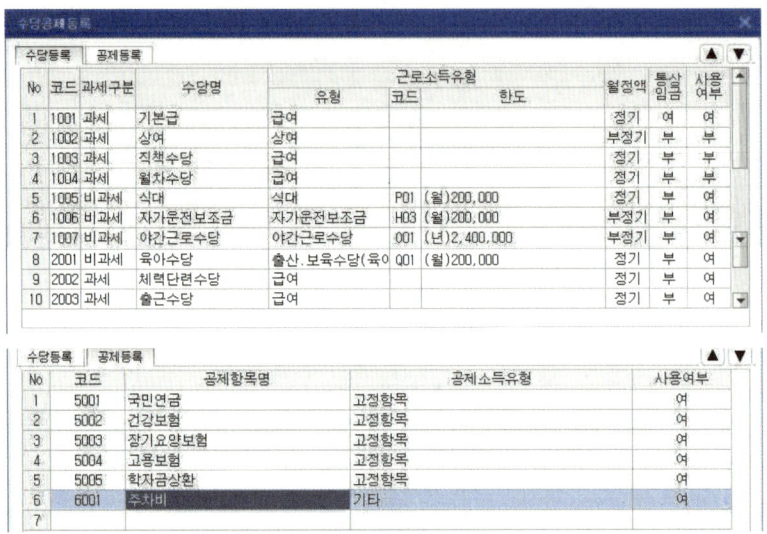

- [급여자료입력]에서 귀속년월(5월) / 지급년월일(5월 25일)을 입력하고 급여자료를 입력한다.

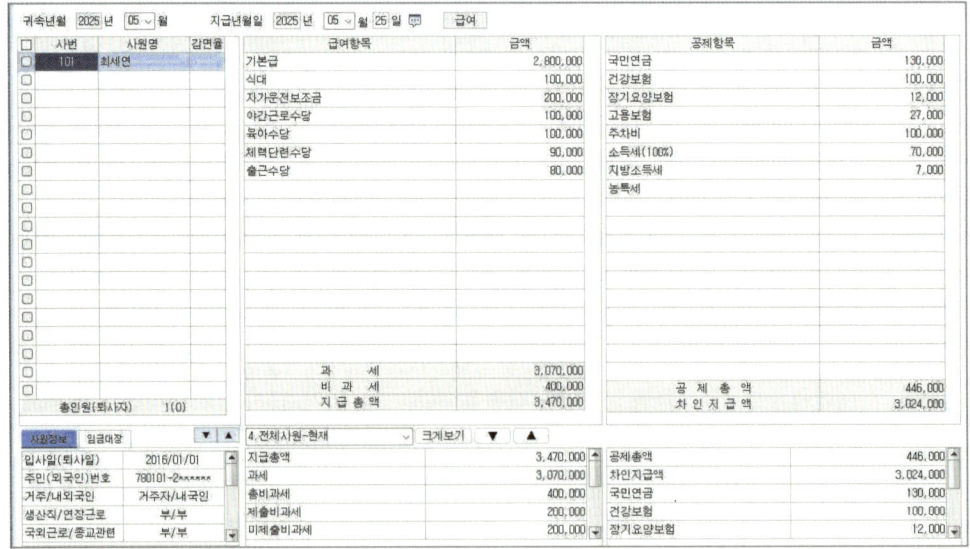

해설 2   2003. (주)부가가치

- [원천징수]>[근로/퇴직/사업]>[근로소득관리]>[급여자료입력]에서 상단 툴바의 F4 수당공제 를 클릭하고 수당등록과 공제등록을 한다.

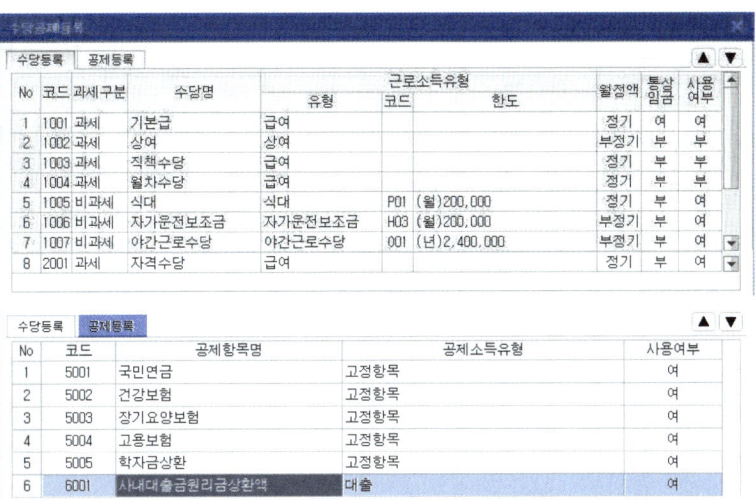

- [급여자료입력]에서 귀속년월(3월) / 지급년월일(3월 31일)을 입력하고 급여자료를 입력한다.

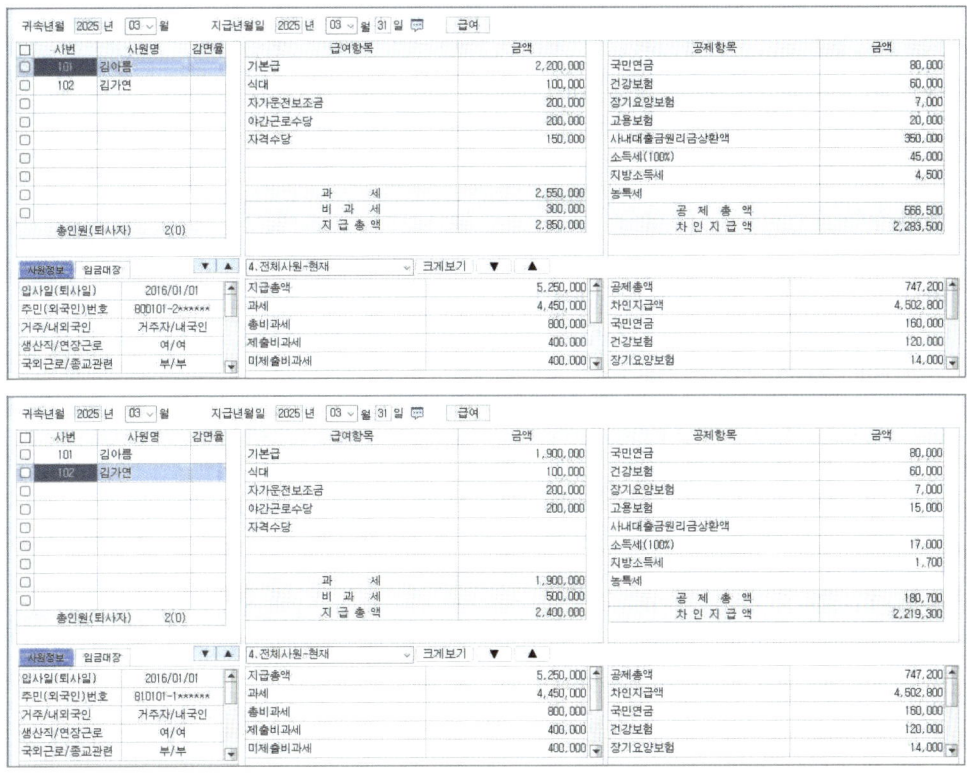

제 3 장 원천징수이행상황신고서

소득세법의 규정에 의한 원천징수대상소득을 지급하는 거주자 또는 법인세법의 규정에 의하여 법인세를 원천징수하는 법인은 원천징수납부(환급)세액 유무와 관계없이 "원천징수이행상황신고서"를 원천징수 월이 속하는 달의 다음달 10일, 공휴일(법정공휴일로서 근로자의 날 포함)인 경우 그 다음날까지 제출한다.

 KcLep 길라잡이

- [근로/퇴직/사업]>[근로소득관리]>[원천징수이행상황신고서]를 선택하고 귀속기간(1월 ~ 1월)/ 지급기간(1월 ~ 1월)/ 신고구분(1.정기신고)을 입력하면 [근로소득관리]>[급여자료입력]에서 입력된 자료가 해당란에 자동 반영된다.

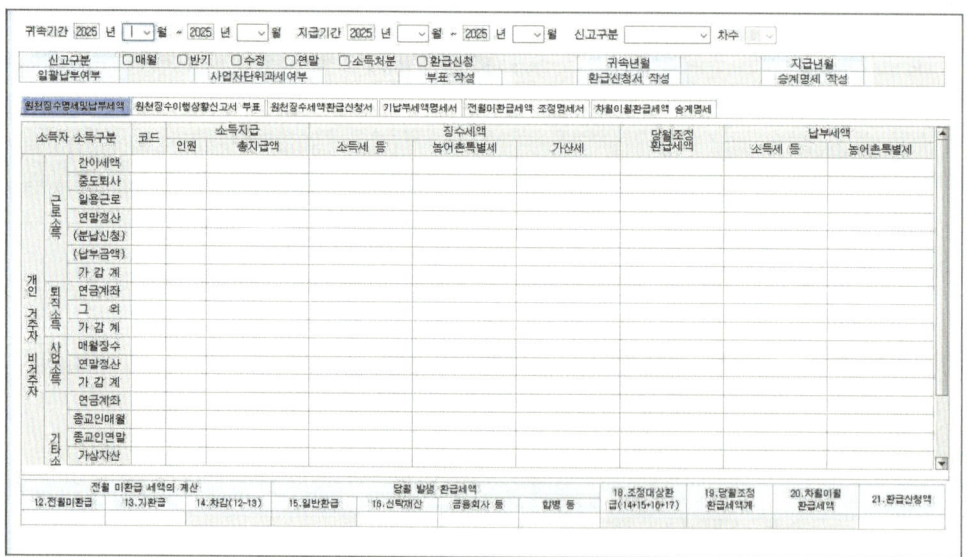

· [원천징수이행상황신고서] 화면 ·

▶ 귀속기간

원천징수대상소득의 귀속월을 입력하는 곳으로 [근로소득관리]>[급여자료입력]에서 급여자료 입력시의 [귀속년월]란의 월을 입력한다.

▶ **지급기간**

원천징수대상소득의 지급월을 입력하는 곳으로 [근로소득관리]>[급여자료입력]에서 급여자료 입력시의 [지급년월일]란의 지급월을 입력한다.

▶ **소득지급**(인원 / 총지급액)

비과세 및 과세미달을 포함한 총인원과 총지급액을 입력한다.

▶ **징수세액**(소득세등 / 농어촌특별세 / 가산세)

당월 중 원천징수의무자가 소득자로부터 원천징수한 세액이 자동 반영되며 환급세액의 경우 해당란에 음수(-)로 표시된다.

▶ **당월조정환급세액**

당월 징수한 세액에서 차감할 세액으로 납부세액의 [소득세 등]란의 금액과 메뉴 하단의 전월 미환급세액의 계산 [14.차감(12-13)]란의 금액 중 작은 금액이 자동 반영된다.

▶ **납부세액**(소득세 등 / 농어촌특별세)

당월 징수한 세액에서 [당월조정환급세액]란을 차감한 금액이 자동 반영된다.

✱ 항목별 작성요령(근로소득)

소득자	소득구분	코드	소득지급		징수세액			당월조정환급세액	납부세액	
			인원	총지급액	소득세 등	농어촌특별세	가산세		소득세 등	농어촌특별세
근로소득	간이세액									
	중도퇴사									
	일용근로									
	연말정산									
	(분납신청)									
	(납부금액)									
	가 감 계									

▶ **간이세액(A01)**

매월 지급하는 근로자별 급여지급액에 대하여 간이세액표에 의한 근로소득세 원천징수내역의 합계액이 자동 반영된다. 다만, 근로소득의 경우 소득세법 시행령 제214조 제1항 2의2, 2의3호에 해당하는 금액은 제외한다(자동 반영됨).

> [참고] **지급명세서 제출의 면제**(소법령 214조)
> ① 복무 중인 병이 받는 급여
> ② 법률에 따라 동원된 사람이 그 동원 직장에서 받는 급여
> ③ 산업재해보상보험법에 따라 수급권자가 받는 요양급여, 휴업급여, 장해급여, 간병급여 등
> ④ 근로기준법 또는 선원법에 따라 근로자·선원 및 그 유족이 받는 요양보상금, 휴업보상금 등
> ⑤ 고용보험법에 따라 받는 실업급여, 육아휴직급여, 산전후휴가급여 등
> ⑥ 공무원연금법 등에 따라 받는 요양비, 요양일시금, 장해보상금 등
> ⑦ 국가유공자 등 예우 및 지원에 관한 법률에 따라 받는 보훈급여금 및 학습보조비
> ⑧ 종군한 군인·군무원이 전사한 경우 그 전사한 날이 속하는 과세기간의 급여
> ⑨ 국민건강보험법·고용보험법·국민연금법 등에 따라 사용자가 부담하는 부담금
> ⑩ 자가운전보조금 중 월 20만원 이내의 금액
> ⑪ 일직료·숙직료 또는 여비로서 실비변상정도의 금액
>
>   - 이하 생략 -

▶ 중도퇴사(A02)

당월 중 퇴직한 직원이 있는 경우 퇴사시점에서 당해연도 중 지급한 총급여액에 대하여 연말정산 한 결과가 자동 반영된다.

▶ 일용근로(A03)

일용근로자에 대한 원천징수내용을 기재한다.

> [참고] **일용근로자에 대한 과세방법**
> 일용근로자의 급여액은 종합소득과세표준에 합산하지 않고 원천징수로서 과세를 종결한다(완납적 원천징수).
> 원천징수할 세액은 다음과 같이 계산한다.
> {일급여액 - 근로소득공제(일 150,000원)} × 세율(6%) = 산출세액
> 산출세액 - 근로소득세액공제(산출세액의 55%) = 원천징수할 세액
> ⓔ 일용근로자 홍길동에게 일당 200,000원을 지급한 경우 원천징수할 세액은 1,350원이며 입력된 화면의 예시는 다음과 같다.
> 계산식 : (200,000 - 150,000) × 6% = 3,000원, 3,000 - (3,000×55%) = 1,350원

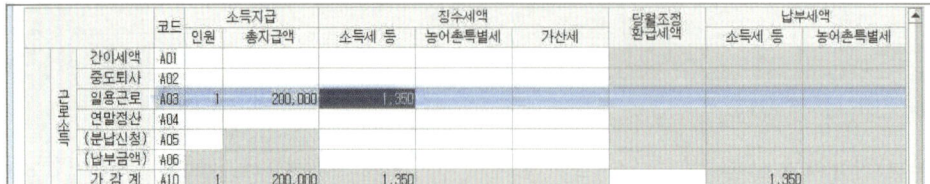

▶ 연말정산(A04)

원천징수의무자가 당해연도에 계속 근무하는 근로자에게 근로 제공의 대가로 지급한 총 급여액에 대하여 각 근로자별로 연말정산한 내용의 합계액이 자동 반영된다.

▶ 분납금액(A05) / 납부금액(A06)

연말정산 분납할 인원과 [징수세액]란은 A04 = A05+A06이 되도록 입력한다.

전월 미환급 세액의 계산			당월 발생 환급세액				18.조정대상환급(14+15+16+17)	19.당월조정환급세액계	20.차월이월환급세액	21.환급신청액
12.전월미환급	13.기환급	14.차감(12-13)	15.일반환급	16.신탁재산	금융회사 등	합병 등				

▶ 전월 미환급 세액의 계산

    12.전월미환급 : 직전 월의 [20.차월이월환급세액]란의 금액을 입력한다.

    13.기환급 : 원천징수 환급세액이 발생한 경우 다음 달 이후에 납부할 세액에서 조정환급하는 것인데, 다음 달 이후에도 원천징수할 세액이 없거나 원천징수하여 납부할 소득세가 환급할 금액에 미달하여 세무서에 직접 환급 신청한 금액을 기재한다.

    14.차감(12-13) : [12.전월미환급]란 중 [13.기환급]란을 차감한 잔액이 자동 반영된다.

▶ 당월 발생 환급세액

    15.일반환급 : 메뉴 상단 『원천징수명세 및 납부내역』 탭의 납부세액의 [소득세 등]란의 금액이 음수(-)인 경우에 자동 반영된다.

18.조정대상환급

[14.차감]란과 [15.일반환급]란의 합계가 자동 반영된다.

19.당월조정환급액계

메뉴 상단 『원천징수명세 및 납부내역』 탭의 [당월조정환급세액]란의 [총합계(A99)]란의 금액이 자동 반영된다.

20.차월이월환급세액

[18.조정대상환급]란에서 [19.당월조정환급세액계]란을 차감한 금액이 자동 반영된다. 동 금액은 다음 달 동 신고서의 [12.전월미환급]란에 입력한다.

21.환급신청액

[20.차월이월환급세액]란의 금액 중 당월에 환급받으려는 금액을 입력한다.

    한마디 … 나머지 메뉴는 자격시험과 무관하므로 설명을 생략한다.

종/합/문/제

01 ㈜최대리(회사코드 : 2001)의 다음 자료를 [급여자료입력] 메뉴에 입력하시오(급여 지급일은 매월 25일).

[급여자료(7월 ~ 12월)]

	수당항목				공제항목			
	기본급	직책수당	식대	야간근로수당	국민연금	장기요양보험	상조회비	소득세
	상여	월차수당	자가운전보조금	가족수당	건강보험	고용보험		지방소득세
안정환	3,000,000	300,000	80,000	200,000	50,000	6,000	30,000	25,000
	-	50,000	300,000	30,000	50,000	30,000		2,500
홍명보	4,000,000	200,000	80,000	100,000	40,000	4,000	20,000	90,000
	-	50,000	200,000	30,000	40,000	20,000		9,000
소현영	3,000,000	-	80,000	100,000	30,000	3,000	10,000	15,000
	-	50,000	-	30,000	30,000	15,000		1,500

① 자가운전보조금은 본인 소유차량을 직접 운전하여 업무상 이용하고 매월 고정비로 지급받는 것이다.
② 식대보조금은 매월 고정적으로 지급받는 금액으로 별도의 식사 및 기타 음식물은 제공받지 않는다.
③ 국민연금, 건강보험, 장기요양보험, 고용보험, 소득세, 지방소득세는 자동 반영된 금액을 무시하고 지문에서 제시한 금액으로 수정한다.
④ 통상임금 여부는 선택하지 않고 기본값을 적용하기로 한다.

02 ㈜최대리(회사코드 : 2001)의 7월의 급여자료 입력 후 전월미환급세액이 200,000원 있다는 가정하에 원천징수이행상황신고서를 작성하시오.

KcLep 도우미

- [급여자료입력]에서 귀속년월(7월) / 지급년월일(7월 25일)을 입력하고 급여자료를 입력한다.

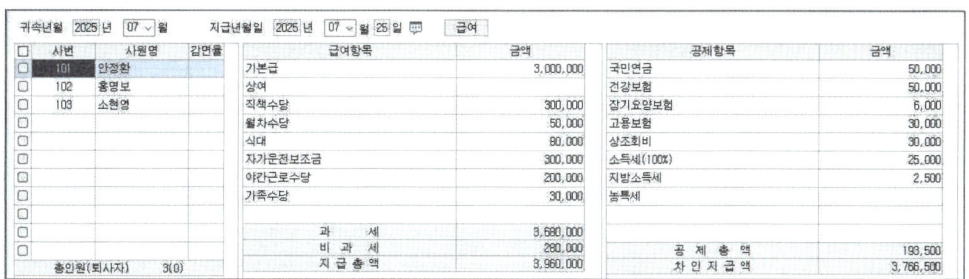

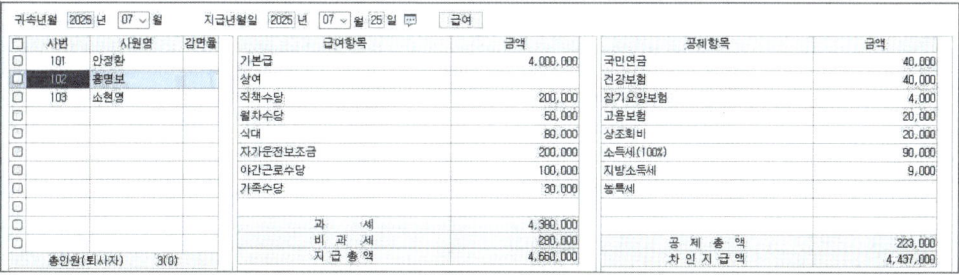

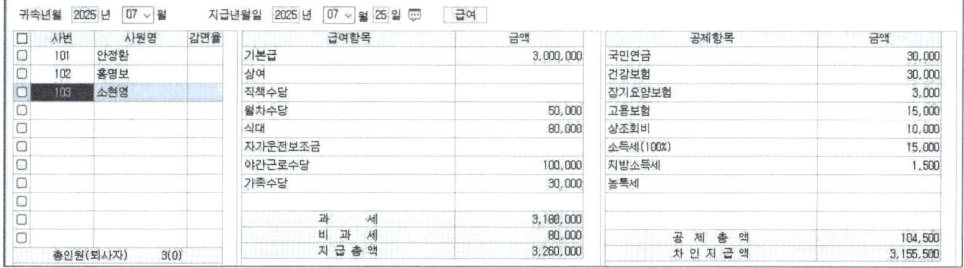

- [근로소득관리]>[원천징수이행상황신고서]를 선택하고 귀속기간(7월 ~ 7월) / 지급기간(7월 ~ 7월) / 신고구분(1.정기신고)을 입력하고, [12.전월미환급]란에 200,000원을 입력한다.

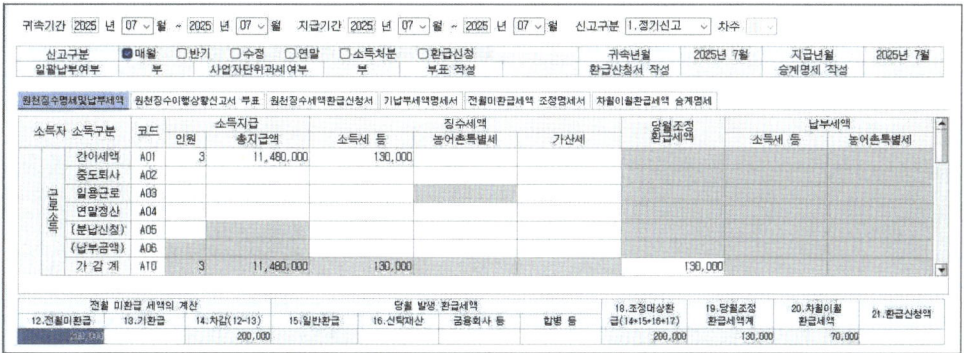

- [근로소득관리]>[급여자료입력]에서 귀속년월(8월) / 지급년월일(8월 25일)을 입력하고 「전월 급여대장을 복사합니다.」 대화창에서 예(Y)를 클릭한다.

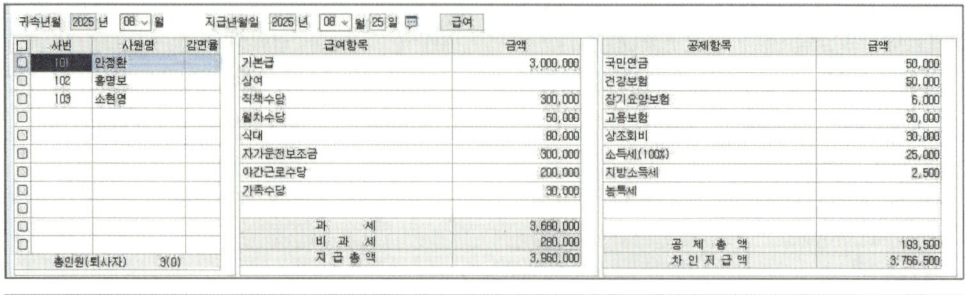

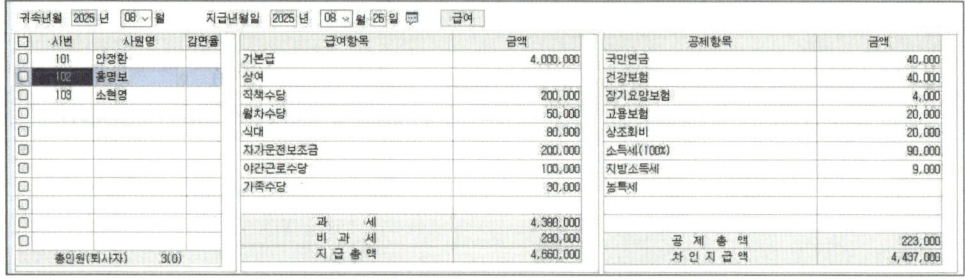

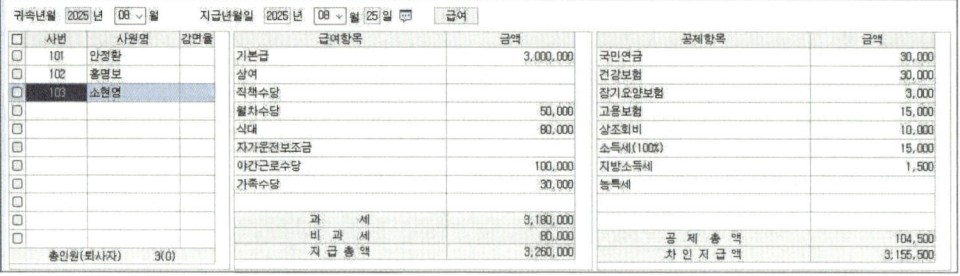

- 9월부터 12월까지의 급여자료입력은 8월과 동일하게 전월 급여대장을 복사한다.

기/출/문/제 [실기]

01 다음은 ㈜원천징수(회사코드 : 2004)의 영업부 소속인 송천식(사원코드 : 101)의 급여 관련 자료이다. 필요한 [수당공제등록]을 하고 5월분 [급여자료입력]과 [원천징수이행상황신고서]를 작성하시오.

(1) 5월의 급여 지급내역은 다음과 같다.

이름 : 송천식		지급일 : 2025년 5월 25일	
기본급	3,000,000원	국민연금	130,000원
직책수당	400,000원	건강보험	120,000원
(비과세) 식대	100,000원	장기요양보험	14,000원
(비과세) 자가운전보조금	200,000원	고용보험	30,000원
(비과세) 육아수당	100,000원	소득세	24,000원
급여 합계	3,800,000원	지방소득세	2,400원

(2) 수당공제 등록시 다음에 주의하여 입력한다.
　① 수당등록시 사용하는 수당 이외의 항목은 사용 여부를 "부"체크한다.
　　(단, 월정액 여부와 통상임금 여부는 무시할 것)
　② 공제등록은 그대로 둔다.
(3) 급여자료 입력시 다음에 주의하여 입력한다.
　① 비과세에 해당하는 항목은 모두 요건을 충족하며, 최대한 반영하기로 한다.
　② 공제항목은 불러온 데이터는 무시하고 직접 입력하여 작성한다.
(4) 원천징수는 매월하고 있으며, 전월 미환급세액은 200,000원이다.

한마디 … 2022년부터 출제범위에 포함되는 원천징수신고 전자신고방법은 교재 P.695의 [보론 2]에서 별도의 회사를 통해서 학습하기로 하겠습니다.

도우미

- [원천징수]>[근로/퇴직/사업]>[근로소득관리]>[급여자료입력]에서 상단 툴바의 F4 수당공제 를 클릭하고 수당등록과 공제등록을 한다.

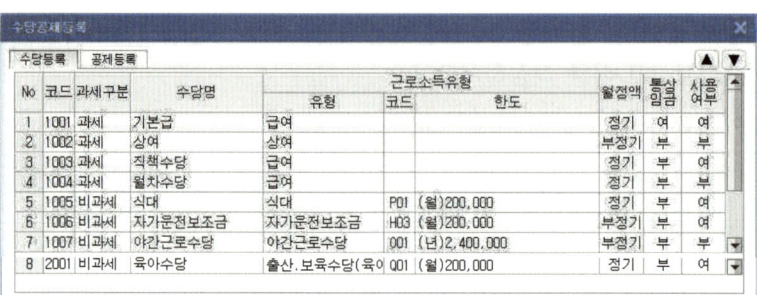

- [급여자료입력] 메뉴에서 귀속년월(5월) / 지급년월일(5월 25일)을 입력하고 주어진 자료에 따라 급여자료를 입력한다.

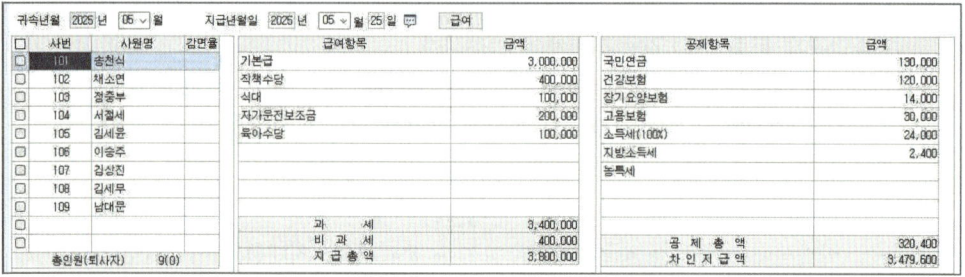

- [근로소득관리]>[원천징수이행상황신고서]를 선택하고 귀속기간(5월 ~ 5월) / 지급기간(5월 ~ 5월) / 신고구분(1.정기신고)을 입력하고, [12.전월미환급]란에 200,000원을 입력한다.

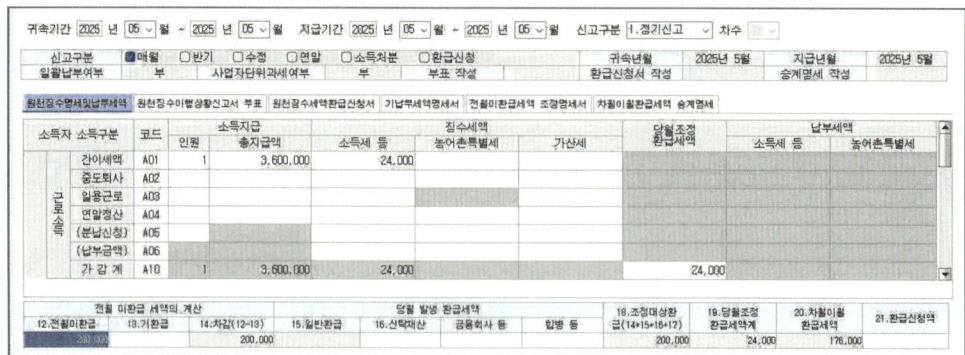

제4장 연말정산

제1절 연말정산의 개요

일반적으로 근로소득을 포함한 종합소득이 있는 거주자는 매년 1.1. ~ 12.31.까지 발생한 소득을 다음연도 5월 1일부터 5월 31일까지 개인별로 종합소득세 확정신고를 하여야 하는 것이나, 근로소득만 있는 거주자(근로자)에 대하여는 근로소득을 지급하는 자(원천징수의무자)가 근로소득세 연말정산을 하는 경우에 한하여 근로자 각 개인별로 종합소득세 확정신고를 하는 번거로움을 생략할 수 있도록 하고 있다.

이처럼 연말정산이란 근로소득을 지급하는 자(원천징수의무자)가 다음해 2월분 급여를 지급하는 때에 당해연도 1년간 지급한 연간급여액에서 세법에서 인정하는 비과세 소득을 차감하고 근로자가 제출한 소득공제신고서에 의하여 각종 소득공제액 및 세액공제액을 계산하여 근로자별로 부담하여야 할 연간 소득세액을 확정하는 것으로, 원천징수의무자는 근로자별로 연말정산에 의하여 확정된 연간 부담할 세액과 매월 급여 지급시 간이세액표에 의하여 이미 원천징수 납부한 세액을 비교하여 많이 징수한 세액은 돌려주고 덜 징수한 경우에는 더 징수하여 납부하여야 하는 것이다.

[참고] 연말정산 시기
- 계속근무자의 경우 : 다음연도(2026년) 2월분 급여 지급시 2025년도에 지급한 연간급여액에 대해 연말정산을 한다.
- 중도퇴사자의 경우 : 퇴직한 달의 급여를 지급하는 때 연말정산 한다.

제2절 연말정산 추가자료입력

[연말정산 추가자료입력] 메뉴는 근로자가 작성하여 제출한 근로소득자 소득공제신고서 및 증빙자료에 의해 연말정산에 필요한 소득공제 및 세액공제 사항을 입력한다.

 **KcLep 길라잡이**

- [원천징수]>[근로/퇴직/사업]>[근로소득관리]>[연말정산 추가자료입력]을 선택하고 사원을 불러오면 다음과 같은 화면이 나타난다.

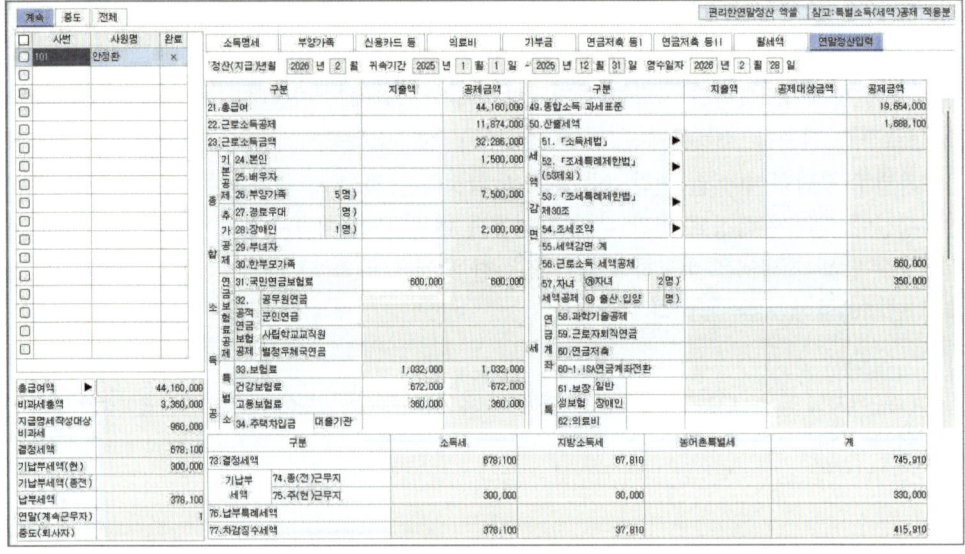

• ㈜최대리 [연말정산 추가자료입력] 화면 •

[참고] 사원 불러오기
- [사번]란에 커서를 놓고 상단 툴바의 [F2 코드]을 클릭하고 「사원코드도움」 보조창에서 연말정산 대상 사원을 선택하고 [확인(Enter)]을 클릭한다. 자격시험에서는 이 방법으로 한다.
- [사번]란에 커서를 놓고 상단 툴바의 [F3 전체사원]을 클릭하고 대화창에서 [예(Y)]를 클릭한다.

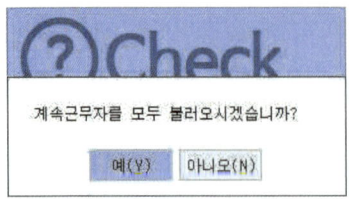

『연말정산입력』 탭

▶ 정산(지급)년월

계속근무자의 경우 2026년 2월분 급여를 지급하는 때 연말정산을 해야 하므로 2026년 2월로 자동 반영된다. 중도퇴사자의 경우에는 퇴직한 달의 급여를 지급한 월이 표시된다.

▶ 귀속기간

[근로소득관리]>[사원등록]에서 입력한 입사년월 및 퇴사년월에 따라 자동 반영된다. 계속근무자의 경우에는 2025년 1월 1일 ~ 2025년 12월 31일로 표시된다.

▶ 영수일자

다음연도 2월분 급여를 지급하는 일자를 입력한다.

▶ 21.총급여

[근로소득관리]>[급여자료입력]에서 입력한 내용에 따라 자동 반영된다.

▶ 22.근로소득공제

[21.총급여]란의 금액에 따라 근로소득공제 금액이 자동 반영된다.

▶ 23.근로소득금액

[21.총급여]란에서 [22.근로소득공제]란을 차감한 금액이 자동 반영된다.

▶ 기본공제 / 추가공제 / 57.자녀세액공제

[근로소득관리]>[사원등록]의 『부양가족명세』 탭에 입력한 내용에 따라 자동 반영된다.

▶ 31.국민연금보험료

[근로소득관리]>[급여자료입력]의 공제항목 중 [국민연금]란에 입력한 금액이 자동 반영된다.

※ 국민연금 지역가입자 등으로 납부한 국민연금보험료가 있는 경우 『부양가족』 탭의 해당 보험료의 [정산]란에 입력한다.

"더블클릭"

보험료			
구분		지출액	공제금액
국민연금보험료		600,000	600,000
국민연금보험료(지역)			
건강보험료		600,000	672,000
건강보험료-소득월액(지역)			
장기요양보험료		72,000	
장기요양보험료-소득월액(지역)			

▶국민연금, 건강보험(장기요양)의 지역 납입액은 [부양가족소득공제]탭의 해당 보험료 정산란에 입력합니다.

[참고] **연금보험료공제**

종합소득이 있는 거주자가 공적연금 관련법(국민연금법, 공무원연금법, 군인연금법, 사립학교교직원연금법, 별정우체국법 등)에 따른 기여금 또는 개인부담금(이하 "연금보험료"라 한다)을 납입한 경우에는 해당 과세기간의 종합소득금액에서 그 과세기간에 납입한 연금보험료 전액을 공제한다.

▶ **33. 보험료**

[근로소득관리]>[급여자료입력]의 공제항목 중 [건강보험]란과 [장기요양보험]란 및 [고용보험]란에 입력한 금액이 자동 반영된다.

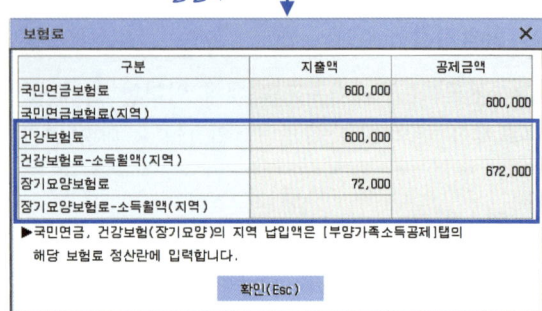

[참고] **보험료공제(특별소득공제)**

근로소득이 있는 거주자(일용근로자는 제외한다)가 해당 과세기간에 「국민건강보험법」, 「고용보험법」 또는 「노인장기요양보험법」에 따라 근로자가 부담하는 보험료를 지급한 경우 그 금액을 해당 과세기간의 근로소득금액에서 공제한다.

 … 이하에서는 『연말정산입력』 탭의 내용 중 자격시험에 출제되는 내용만을 설명하기로 한다. 그리고 그 순서는 학습에 효과적인 방식으로 나열하기로 한다.

보장성보험료 세액공제

1. 공제대상 보험료의 범위

근로소득이 있는 거주자(일용근로자는 제외한다)가 해당 과세기간에 만기에 환급되는 금액이 납입보험료를 초과하지 아니하는 보험의 보험계약에 따라 다음의 보험료를 지급한 경우, 그 금액의 12%(장애인전용보장성보험 15%)에 해당하는 금액을 해당 과세기간의 종합소득산출세액에서 공제한다.

① 일반 보장성보험료(연 100만원 한도) : 기본공제대상자를 피보험자로 하는 보험 중 만기에 환급되는 금액이 납입보험료를 초과하지 않는 것(보장성보험)으로서 근로자가 실제로 납입한 금액

② 장애인전용 보장성보험료(연 100만원 한도) : 기본공제대상자 중 장애인을 피보험자 또는 수익자로 하는 보험료로서 근로자가 실제로 납입한 금액

※ 보장성보험료란 생명보험, 상해보험, 손해보험(자동차보험 등) 등이 보험계약 또는 보험료납입영수증에 보험료 공제대상임이 표시된 것을 말한다. 장애인보장성보험료란 이러한 보장성보험료에 해당하는 보험으로서 보험계약 또는 보험료납입영수증에 장애인전용보험으로 표시된 것을 말한다.

2. 공제대상에서 제외되는 보험료

① 기본공제대상자가 아닌 부양가족을 피보험자로 보험계약을 체결하고 납입한 보험료
② 기본공제대상자가 아닌 가족 명의로 계약한 보험료

3. 세부사항

① 소득이 없는 근로자의 기본공제대상자가 보험계약자일지라도 근로자가 실질적으로 보험료를 부담하는 경우에는 공제 가능하다. 공제 가능한 계약유형은 다음과 같다.

계약유형		비 고
계약자	피보험자	
㉠ 근로자 본인	근로자 본인	• 배우자는 소득금액 제한을 적용받음 • 부양가족은 나이 및 소득금액 제한을 적용받음
	배우자 또는 부양가족	
㉡ 배우자 또는 부양가족	근로자 본인	
	배우자 또는 부양가족	

㉮ 기본공제대상자인 배우자가 계약자인 자동차종합보험(피보험자는 근로자)의 보험료는 공제 가능
㉮ 보험계약자가 부모이고 피보험자가 근로자 본인인 경우, 부모가 나이 미달로 기본공제대상이 되지 않는 경우에는 보험료공제 불가

② 근로소득자가 해당 과세기간에 실제로 지급한 보험료를 해당 과세기간에 공제한다. 따라서 연도 중에 보장성보험을 해약하더라도 당해 연도 중에 납입한 금액은 공제 가능하고, 미납한 보험료는 납부한 연도에 공제한다.

③ 하나의 보험상품에 장애인전용 보장성보험과 일반보장성 보험이 동시에 적용될 경우 그 중 하나만을 선택하여 적용하는 것이며, 장애인전용 보장성보험은 일반보장성 보험과 구분하여 보험료 공제한도를 적용한다.

61. 보장성보험 - 프로그램 입력방법

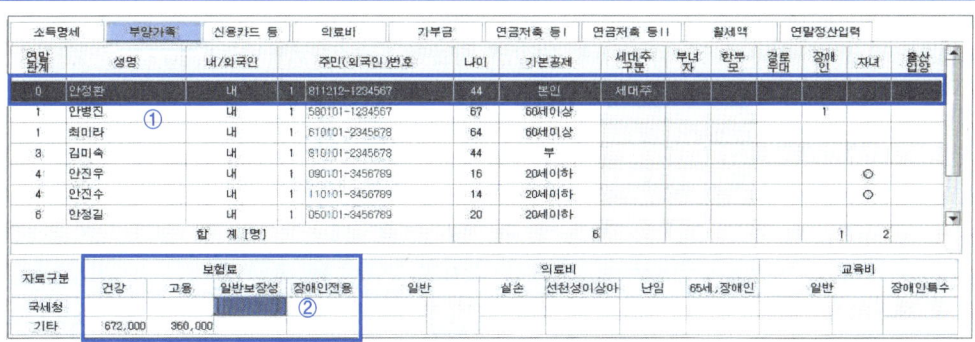

① 『부양가족』탭에서 보험료를 입력할 부양가족을 선택한다.
② 하단 [보험료]란을 더블클릭한다.

보험료 등 공제대상금액				
자료구분	국세청간소화	급여/기타	정산	공제대상금액
국민연금_직장		600,000		600,000
국민연금_지역				
합 계		600,000		600,000
건강보험료-보수월액		600,000		600,000
장기요양보험료-보수월액		72,000		72,000
건강보험료-소득월액(납부)				
기요양보험료-소득월액(납부)				
합 계		672,000		672,000
고용보험료		360,000		360,000
보장성보험-일반	1,800,000			1,800,000
보장성보험-장애인				
합 계	1,800,000			1,800,000

③ 「보험료 등 공제대상금액」 보조창에 보험료의 구분에 따라 입력한다.

④ 『연말정산입력』 탭에서 상단 툴바의 [F8 부양가족탭불러오기]를 클릭하여 [61.보장성보험]란에 반영한다. 이 과정은 보험료, 교육비, 의료비, 신용카드, 기부금을 모두 작업한 후 마지막에 한꺼번에 실행하면 된다(이하 동일).

> **한마디** ··· 본 메뉴에 금액을 입력할 때는 특별세액공제에 해당하는지의 여부를 판단하여 해당되는 금액의 한도액이 아닌 총액을 입력한다. 입력된 금액은 프로그램에서 한도액을 자동 계산하여 [공제금액]란에 표시된다. 이하 모두 동일하다.

Note 교육비 세액공제

근로소득이 있는 거주자가 그 거주자와 기본공제대상자(나이 제한은 없으나 소득금액 제한은 있음)를 위하여 해당 과세기간에 교육비를 지급한 경우에는 그 금액의 15%에 해당하는 금액을 종합소득 산출세액에서 공제한다.

1. 일반교육비의 범위

(1) 직계비속 등 교육비

기본공제대상자(나이 제한은 없으나 소득금액 제한은 있음)인 배우자·직계비속·형제자매·입양자 및 위탁아동(이하 "직계비속 등"이라 한다)을 위하여 지급한 다음의 교육비를 합산한 금액. 다만, 대학원에 지급하거나 직계비속 등이 학자금 대출을 받아 지급하는 교육비는 제외하며, 대학생인 경우에는 1명당 연 900만원, 초등학교 취학 전 아동과 초·중·고등학생인 경우에는 1명당 연 300만원을 한도로 한다.

① 유치원, 초·중·고등학교, 대학(대학원 제외), 특별법에 따른 학교에 지급한 수업료·입학금·보육비용·수강료 및 그 밖의 공납금

② 초·중·고등학교, 어린이집·유치원, 학원 및 체육시설(초등학교 취학 전 아동의 경우에만 해당)에 지급한 급식비

③ 초·중·고등학생의 학교에서 구입한 교과서대금

④ 중·고등학생 교복구입비용(학생 1명당 연 50만원 한도)
⑤ 초·중·고등학교, 어린이집·유치원, 학원 및 체육시설(초등학교 취학 전 아동의 경우에만 해당)에서 실시하는 방과 후 학교나 방과 후 과정 등의 수업료 및 특별활동비(학교 등에서 구입한 도서의 구입비와 학교 외에서 구입한 초·중·고등학교의 방과 후 학교 수업용 도서의 구입비를 포함)
⑥ 초·중·고등학교에서 교육과정으로 실시하는 현장체험학습에 지출한 비용(학생 1명당 연 30만원 한도)
⑦ 대학수학능력시험 응시수수료 및 대학 입학전형료
⑧ 평생교육법에 따라 고등학교졸업 이하의 학력이 인정되는 학교형태의 평생교육시설에 지급한 교육비
⑨ 전공대학 및 원격대학, 학위취득과정을 위하여 지급한 교육비
⑩ 국외교육기관(국외에 소재하는 교육기관으로서 우리나라의 유치원, 초·중등교육법 또는 고등교육법에 따른 학교에 해당 하는 것)에 지급한 교육비
⑪ 초등학교 취학 전 아동을 위하여 어린이집에 지급한 교육비
⑫ 초등학교 취학 전 아동을 위하여 학원 또는 체육시설에 지급한 교육비(월단위로 1주 1회 이상 실시하는 교습과정만 해당한다)

(2) 본인 교육비

해당 거주자를 위하여 지급한 다음의 교육비를 합산한 금액
① 위의 ① ~ ⑩에 해당하는 교육비
② 대학(전공대학, 원격대학 및 학위취득과정 포함) 또는 대학원의 1학기 이상에 해당하는 교육과정과 시간제 과정에 지급하는 교육비
③ 직업능력개발훈련을 위하여 지급한 수강료(근로자 직업능력 향상 지원금은 차감)
④ 학자금 대출의 원리금 상환에 지출한 교육비

[항목별 교육비 공제가능 여부]

공제대상 학생		취학전 아동	초등학생	중학생	고등학생
급식비(학교 등에 지급)		O	O	O	O
교과서대금(학교 구입)		X	O	O	O
현장체험 학습비(1명당 연 30만원 한도)		X	O	O	O
교복구입비(1명당 연 50만원 한도)		X	X	O	O
방과 후 학교 방과 후 과정	수업료 및 특별활동비	O	O	O	O
	도서구입비(학교 등 구입)	O	O	O	O
	도서구입비(학교 외 구입)	X	O	O	O

2. 장애인 특수교육비의 범위

기본공제대상자인 장애인(나이 및 소득금액 제한 없음)의 재활교육을 위하여 다음의 어느 하나에 해당하는 자에게 지급하는 특수교육비

① 일정한 사회복지시설 및 비영리법인 및 이와 유사한 외국에 있는 시설 또는 법인
② 장애인의 기능향상과 행동발달을 위한 발달재활서비스를 제공하는 기관(장애인발달재활 기관에 지출한 교육비의 경우 18세 미만의 장애아동만 해당)

3. 공제대상에서 제외되는 교육비

① 직계존속을 위하여 지출한 교육비(장애인특수교육비는 직계존속도 가능)
② 초·중·고등학생의 학원비(취학 전 아동이 아닌 자의 학원비는 공제대상이 아님)
③ 근로자가 직업능력개발훈련을 위하여 지급하는 수강료 중 고용보험법에 의해 지급 받는 근로자수강지원금
④ 수업료와는 별도로 정규수업시간 이외 실기지도에 따른 외부강사의 실기지도비
⑤ 학습지를 이용하고 지출한 교육비
⑥ 학생회비, 학교버스이용료, 기숙사비(육성회비와 기성회비는 공제대상임)

63. 교육비 - 프로그램 입력방법

①『부양가족』탭에서 교육비를 입력할 부양가족을 선택한다.
② 하단 [교육비]란에 금액을 입력하고 구분(1.취학전/ 2.초중고/ 3.대학생)을 선택한다. 연말 관계에 따라 일부는 자동반영 된다.
③『연말정산입력』탭에서 상단 툴바의 [F8 부양가족탭불러오기]를 클릭하여 [63.교육 비]란에 반영한다.

의료비 세액공제

1. 공제대상 의료비의 범위

근로소득이 있는 거주자가 기본공제대상자(나이 및 소득금액의 제한을 받지 아니함)를 위하여 해당 과세기간에 근로자가 직접 부담하는 다음 중 어느 하나에 해당하는 의료비(보험회사 등으로부터 지급받은 실손의료보험금은 제외)를 지급한 경우 그 금액의 15%(미숙아 등 의료비의 경우에는 20%, 난임 시술비의 경우에는 30%)에 해당하는 금액을 해당 과세기간의 종합소득산출세액에서 공제한다.

① 진찰·진료·질병예방을 위하여 「의료법」에 따른 의료기관(의원급 의료기관, 조산원, 병원급 의료기관)에 지급한 비용
② 치료·요양을 위하여 「약사법」에 따른 의약품(한약 포함)을 구입하고 지급하는 비용
③ 장애인 보장구(의수족, 휠체어, 보청기 등) 및 의사·치과의사·한의사 등의 처방에 따라 「의료기기법」에 따른 의료기기를 직접 구입하거나 임차하기 위하여 지출한 비용
④ 시력보정용 안경 또는 콘택트렌즈를 구입하기 위하여 지출한 비용으로서 기본공제대상자 1명당 연 50만원 이내의 금액
⑤ 보청기를 구입하기 위하여 지출한 비용
⑥ 「노인장기요양보험법」에 따른 장기요양급여에 대한 비용으로서 실제 지출한 본인일부부담금
⑦ 「모자보건법」에 따른 산후조리원에 산후조리 및 요양의 대가로 지급하는 비용으로서 출산 1회당 200만원 이내의 금액

2. 의료비의 구분

구 분	내 용
(1) 일반의료비	기본공제대상자를 위하여 지급한 의료비(아래의 (2) ~ (4)의 의료비는 제외)로서 총급여액에 3%를 곱하여 계산한 금액을 초과하는 금액. 다만, 그 금액이 연 700만원을 초과하는 경우에는 연 700만원으로 한다.
(2) 본인 등 의료비	다음 중 어느 하나에 해당하는 사람을 위하여 지급한 의료비 ① 해당 거주자 ② 과세기간 개시일 현재 6세 이하인 사람 ③ 과세기간 종료일 현재 65세 이상인 사람 ④ 장애인 ⑤ 중증질환자, 희귀난치성질환자 또는 결핵환자 다만, 의료비가 총급여액에 3%를 곱하여 계산한 금액에 미달하는 경우에는 그 미달하는 금액을 뺀다.

(3) 미숙아 등 의료비	미숙아 및 선천성이상아를 위하여 지급한 의료비 다만, (1)과 (2) 의료비 합계액이 총급여액에 3%를 곱하여 계산한 금액에 미달하는 경우에는 그 미달하는 금액을 뺀다.
(4) 난임시술비	난임시술을 위하여 지출한 비용(난임시술과 관련하여 처방받은 의약품 구입비용을 포함). 다만 위 (1) ~ (3) 의료비 합계액이 총급여액에 3%를 곱하여 계산한 금액에 미달하는 경우에는 그 미달하는 금액을 뺀다.

3. 세부사항

① 배우자와 생계를 같이하는 부양가족은 나이 및 소득금액의 제한이 없으므로 나이 및 소득금액 제한으로 기본공제대상자가 아니더라도 의료비 공제는 가능하다.
② 임신 중 초음파·양수검사비, 출산관련 분만비용, 불임으로 인한 인공수정시술을 받은 경우에는 그에 따른 검사료·시술비, 임신을 위하여 지출하는 난임시술비(보조생식술)는 공제대상 의료비에 해당한다.
③ 건강진단비, LASIK(레이저각막절삭술) 수술비용, 질병 예방을 위한 근시 교정시술비는 공제대상 의료비에 해당한다.
④ 의안, 스케일링비, 질병을 원인으로 유방을 절제한 후 재건비용은 공제대상 의료비에 해당한다.
⑤ 맞벌이 부부의 경우 자녀의 의료비는 자녀에 대한 기본공제를 받은 자가 지출한 것만 공제 가능하다.

4. 공제대상에서 제외되는 의료비

① 미용·성형수술을 위한 비용 및 건강증진을 위한 의약품 구입비용
② 건강기능식품을 구입하고 지출하는 비용 (약사법에서 정하는 의약품이 아님)
③ 외국의 의료기관에 지출하는 비용 (의료법에서 규정하는 의료기관에 해당되지 아니함)
④ 실제로 부양하지 않는 별거 직계존속의 의료비, 생계를 같이하지 않는 형제자매의 의료비
⑤ 근로자가 직접 부담하지 않은 의료비, 당해 연도에 지출되지 아니한 미지급된 의료비
⑥ 제대혈보관비용, 의료기관의 진단서발급비용, 의료기관이 아닌 응급환자이송업체 소속 구급차이용료
⑦ 근로자가 보험회사로부터 수령한 보험금으로 지급한 의료비
⑧ 근로자가 가입한 상해보험 등에 의하여 보험회사에서 수령한 보험금으로 지급한 의료비

62. 의료비 - 프로그램 입력방법

① 『의료비』탭의 [성명]란에서 키보드의 F2 키를 누르고 「부양가족코드도움」보조창에서 의료비를 입력할 부양가족을 선택한다.

② [6.본인등 해당여부]란은 1.본인[○], 2.6세 이하자 · 65세 이상자 · 장애인 · 건강보험산정특례자[○], 3.그 밖의 기본공제대상자[×]로 자동 표시된다.

※ 『부양가족명세』탭 입력시 장애인 또는 65세이상 자가 소득금액 제한으로 인하여 기본공제[부]를 적용한 부양가족이 있는 경우에는 해당란이 [3]으로 표시되어 [일반의료비(그 외)]란으로 집계되므로 [6.본인등 해당여부]란을 [2]로 수정해야 한다.

- 지급처 : 증빙코드를 선택하고 의료비 지급처의 상호와 사업자등록번호를 입력한다.

- 지급명세
  - 금액 : 실손의료보험 수령금액을 차감하지 않은 의료비 지출 금액을 입력한다.
  - 실손보험수령액 : 당해연도에 수령한 실손의료보험금 중 당해연도에 지출한 의료비에 해당하는 실손의료보험금만 입력한다.
  - 미숙아, 선천성이상아/ 난임여부 : 해당 의료비가 각 항목에 해당하는지 여부를 선택한다.

- 산후조리원 해당여부 : 해당 의료비가 산후조리원에 산후조리 및 요양의 대가로 지급하는 비용인지 여부를 선택한다.

③ 『연말정산입력』탭에서 상단 툴바의 [F8 부양가족탭불러오기]를 클릭하여 [62.의료비]란에 반영한다.

기부금 세액공제

거주자(사업소득만 있는 자는 제외한다)와 기본공제대상자인 배우자 및 부양가족(나이 제한은 없으나 소득금액 제한은 있음)이 지급한 기부금이 있는 경우에는 한도금액 내의 기부금액을 공제한다. 단, 정치자금기부금과 고향사랑기부금은 본인 지출분에 한하여 공제한다.

1. 공제대상 기부금의 종류 및 범위

(1) 특례기부금(법정기부금)

① 국가나 지방자치단체에 무상으로 기증하는 금품의 가액
② 국방헌금과 국군장병 위문금품의 가액
③ 천재지변으로 생기는 이재민을 위한 구호금품의 가액
④ 일정한 기관(병원은 제외)에 시설비·교육비·장학금 또는 연구비로 지출하는 기부금
(예 「사립학교법」에 따른 사립학교, 기능대학, 산학협력단 등)
⑤ 일정한 병원에 시설비·교육비 또는 연구비로 지출하는 기부금 (예 「국립대학병원 설치법」에 따른 국립대학병원, 서울대학교병원, 사립학교가 운영하는 병원 등)
⑥ 사회복지사업, 그 밖의 사회복지활동의 지원에 필요한 재원을 모집·배분하는 것을 주된 목적으로 하는 일정한 비영리법인 (예 「사회복지공동모금회법」에 따른 사회복지공동모금회)
⑦ 일정한 요건을 갖춘 공공기관에 지출하는 기부금 (예 「대한적십자사 조직법」에 따른 대한적십자사 등)
⑧ 특별재난지역을 복구하기 위하여 자원봉사한 경우 그 용역의 가액
⑨ 정치자금법에 따라 정당(후원회 및 선거관리위원회 포함)에 기부한 정치자금으로서 10만원을 초과하는 경우 그 초과금액
⑩ 고향사랑기부금을 지방자치단체에 기부한 경우 고향사랑기부금이 10만원을 초과하는 경우 그 초과금액

(2) 우리사주조합기부금

우리사주조합에 지출하는 기부금(우리사주조합원이 지출하는 기부금은 제외)

(3) 일반기부금(지정기부금)

① 다음의 공익법인 등의 고유목적사업비(해당 비영리법인 또는 단체에 관한 또는 정관에 규정된 설립목적을 수행하는 사업으로서 수익사업 외의 사업에 사용하기 위한 금액)로 지출하는 기부금
  ㉠ 「사회복지사업법」에 의한 사회복지법인
  ㉡ 「영유아보육법」에 따른 어린이집
  ㉢ 종교의 보급, 그 밖에 교화를 목적으로 주무관청에 허가를 받아 설립한 비영리법인
  ㉣ 「의료법」에 따른 의료법인 등
② 일정한 학교의 장이 추천하는 개인에게 교육비·연구비 또는 장학금으로 지출하는 기부금 (예 「고등교육법」에 의한 학교의 장 등)

③ 사회복지·문화·예술·교육·종교·자선·학술 등 공익목적으로 지출하는 기부금으로서 기획재정부령이 정하는 기부금 (예 불우이웃을 돕기 위하여 지출하는 기부금 등)
④ 일정한 사회복지시설 또는 기관 중 무료 또는 실비로 이용할 수 있는 시설 또는 기관에 기부하는 금액의 가액 (예 「아동복지법」에 따른 아동복지시설 등)
⑤ 기획재정부장관이 지정하여 고시하는 국제기구에 지출하는 기부금 (예 유엔난민기구 등)

2. 정치자금 등 세액공제

거주자가 정치자금법에 따라 정당(후원회 및 선거관리위원회 포함)에 기부한 정치자금과 고향사랑 기부금은 이를 지출한 해당 과세연도에 다음과 같이 처리한다.

구 분	내 용
(1) 정치자금 등 중 10만원까지	기부정치자금 등 × $\frac{100}{110}$ = 기부정치자금 등 세액공제
(2) 정치자금 등 중 10만원 초과금액	특례기부금과 동일하게 취급하여 기부금 세액공제 적용

한마디 … 기부금의 한도액 및 세액공제액에 관한 내용은 자격시험과 무관하므로 그 설명은 생략하도록 합니다.

64. 기부금 - 프로그램 입력방법

① 『기부금』 탭의 『기부금 입력』 탭에서 키보드의 F2키를 누르고 「부양가족」 보조창에서 기부금을 입력할 부양가족을 선택한다.

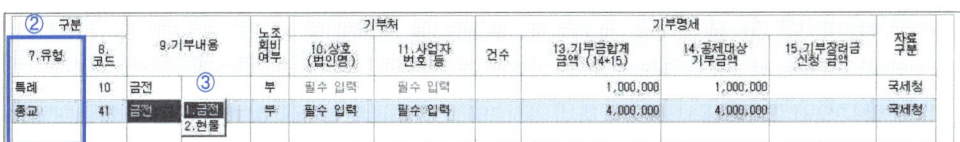

② [7.유형]란에서 키보드의 F2키를 누르고 「기부유형」 보조창에서 기부금명[(10.특례기부금/ 20.정치자금기부금/ 40.일반기부금(종교단체 외)/ 41.일반기부금(종교단체)/ 43.고향사랑기부금]을 선택한다.
③ [9.기부내용]란에서 기부내용(1.금전/ 2.현물)을 선택하고 기부처, 기부명세를 입력하고, 자료구분을 선택한다.

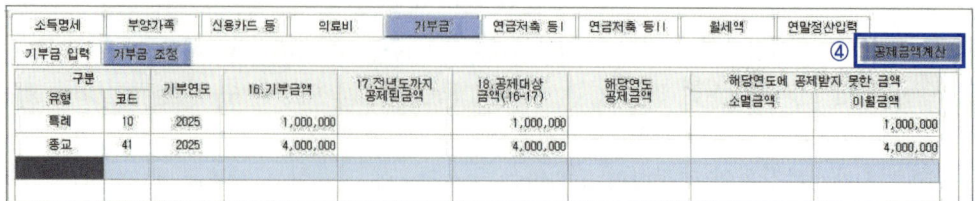

④ 『기부금 조정』 탭에서 기부금의 한도초과로 공제받지 못한 기부금이 있는 경우에는 해당 내용을 추가로 입력하고, [공제금액계산]을 클릭한다.

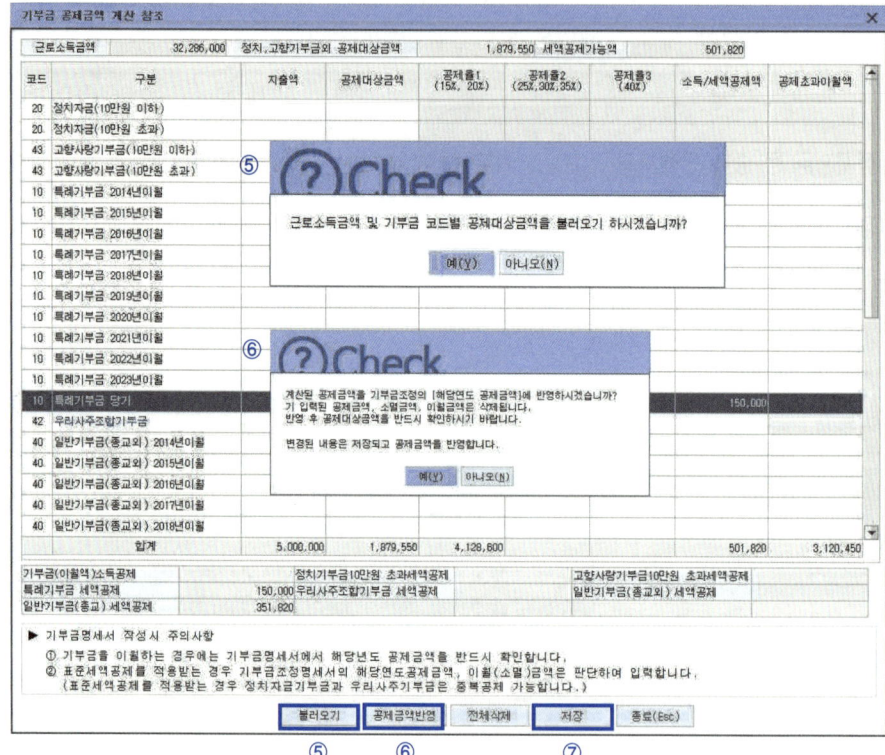

⑤ [불러오기]를 클릭하고 대화창에서 예(Y)를 클릭한다.
⑥ [공제금액반영]을 클릭하고 대화창에서 예(Y)를 클릭한다.
⑦ [저장]을 클릭하고 [종료(Esc)]를 클릭한다.
⑧ 『연말정산입력』 탭에서 상단 툴바의 [F8 부양가족탭불러오기]를 클릭하여 [64.기부금]란에 반영한다.

> 참고 기부장려금 제도
>
> 소득세법에 따라 기부금 세액공제를 신청할 수 있는 거주자(이하 "기부자"라 한다)는 본인이 기부금 세액공제를 받는 대신 그 기부금에 대한 세액공제 상당액(이하 "기부장려금"이라 한다)을 당초 기부금을 받은 자가 지급받을 수 있도록 기부장려금을 신청할 수 있다.

신용카드 등 사용금액에 대한 소득공제

1. 개요

근로소득이 있는 거주자(일용근로자는 제외한다)가 법인 또는 사업자로부터 재화나 용역을 제공받고 신용카드 등 사용금액의 연간합계액(국외에서 사용한 금액은 제외한다)이 해당 과세연도의 총급여액의 25%(이하 "최저사용금액"이라 한다)를 초과하는 경우 신용카드 등 소득공제금액(일정한 산식에 따라 계산한 금액)을 해당 과세연도의 근로소득금액에서 공제한다.

※ 여기서 "신용카드 등 사용금액"이란 신용카드를 사용하여 그 대가를 지급하는 금액, 현금영수증에 기재된 금액, 직불카드·기명식선불카드 등을 사용하여 그 대가를 지급하는 금액을 말한다.

2. 공제대상 카드사용자의 범위

다음 중 어느 하나에 해당하는 자의 신용카드 등 사용금액은 그 거주자의 신용카드 등 사용금액에 포함시킬 수 있다.

① 거주자의 배우자로서 연간소득금액의 합계액이 100만원 이하인 자(총급여액 500만원 이하의 근로소득만 있는 배우자를 포함한다)

② 거주자와 생계를 같이하는 직계존비속(배우자의 직계존속 및 동거입양자를 포함하되, 다른 거주자의 기본공제를 적용받는 자는 제외한다)으로서 연간소득금액의 합계액이 100만원 이하인 자(총급여액 500만원 이하의 근로소득만 있는 직계존비속을 포함한다). 이 경우 나이는 불문한다.

3. 신용카드 등 사용금액에 포함하지 않는 것

신용카드 등 사용금액이 다음 중 어느 하나에 해당하는 경우에는 신용카드 등 사용금액에 포함하지 아니한다.

① 사업소득과 관련된 비용 또는 법인의 비용에 해당하는 경우

② 물품의 판매 또는 용역의 제공을 가장하는 등 신용카드 등의 비정상적인 사용행위에 해당하는 경우

③ 자동차를 신용카드 등으로 구입하는 경우. 다만, 중고자동차를 신용카드 등으로 구입하는 경우에는 그 중고자동차 구입금액의 10%의 금액을 신용카드 등 사용금액에 포함한다.

4. 소득공제 배제금액

신용카드 등 사용금액에 대한 소득공제를 적용할 때 신용카드 등 사용금액은 해당 과세기간의 신용카드 등 사용금액(국외사용금액은 제외)을 합계하되 다음 중 어느 하나에 해당하는 금액은 포함하지 아니하는 것으로 한다.

① 「국민건강보험법」, 「노인장기요양보험법」 또는 「고용보험법」에 따라 부담하는 보험료, 「국민연금법」에 의한 연금보험료, 각종 보험계약(생명보험, 손해보험 등)의 보험료 또는 공제료

② 「유아교육법」, 「초·중등교육법」, 「고등교육법」 또는 특별법에 의한 학교(대학원 포함) 및 「영유아보육법」에 의한 어린이집에 납부하는 수업료·입학금·보육비용 기타 공납금
   ※ 단, 취학전 아동의 학원·체육시설 등의 수강료를 신용카드 등으로 납부하는 경우 신용카드 소득공제 가능함
③ 「정치자금법」에 따라 정당에 기부하는 정치자금(정치자금기부금 세액공제를 적용받은 경우에 한함)
④ 고향사랑기부금(고향사랑기부금 세액공제를 적용받은 경우에 한함)
⑤ 「조세특례제한법」에 따라 세액공제를 적용받은 월세액
⑥ 정부 또는 지방자치단체에 납부하는 국세·지방세, 전기료·수도료·가스료·전화료(정보사용료·인터넷이용료 등을 포함)·아파트관리비·텔레비전시청료(「종합유선방송법」에 의한 종합유선방송의 이용료를 포함) 및 도로통행료
⑦ 「지방세법」에 의하여 취득세 또는 등록에 대한 등록면허세가 부과되는 재산(중고자동차는 제외)의 구입비용
⑧ 국가·지방자치단체 또는 지방자치단체조합(의료법에 따른 의료기관, 지역보건법에 따른 보건소 및 간행물 구입·공연 관람, 박물관·미술관 입장 관련 문화체육관광부장관이 지정하는 법인 또는 사업자는 제외)에 지급하는 사용료·수수료 등의 대가
⑨ 차입금 이자상환액, 증권거래수수료 등 금융·보험용역과 관련한 지급액, 수수료, 보증료 및 이와 비슷한 대가
⑩ 상품권 등 유가증권 구입비
⑪ 리스료(자동차대여사업의 자동차대여료 포함)
⑫ 「관세법」에 따른 보세판매장, 「조세특례제한법」에 따른 지정면세점, 선박 및 항공기에서 판매하는 면세물품의 구입비용

5. 신용카드 등 사용금액의 구분

구 분	내 용
(1) 신용카드 사용분	신용카드 등 사용금액의 연간합계액에서 직불·선불카드 사용분, 현금영수증 사용분, 도서등 사용분, 전통시장 사용분, 대중교통 이용분을 차감한 금액
(2) 직불·선불 카드 사용분	직불·선불카드를 사용하여 그 대가로 지급하는 금액(전통시장·대중교통·도서등 사용분 제외)
(3) 현금영수증 사용분	현금영수증을 사용하여 그 대가로 지급하는 금액(전통시장·대중교통·도서등 사용분 제외)

(4) 문화체육 사용분 (도서 등 사용분)	해당 과세연도의 총급여액이 7천만원 이하인 경우로서 다음 중 어느 하나에 해당하는 것의 신용카드, 직불·선불카드, 현금영수증 사용한 금액 ① 간행물을 구입하거나 신문을 구독하거나 공연을 관람하기 위하여 지급한 금액 ② 박물관 및 미술관이나 영화상영관에 입장하기 위하여 지급한 금액 ③ 체육시설을 이용하기 위하여 지급한 금액(2025.7.1. 이후 지급한 금액부터 적용)	
(5) 전통시장 사용분	전통시장과 전통시장 구역 안의 법인 또는 사업자로부터 재화 또는 용역을 제공받은 대가에 해당하는 금액으로서 신용카드, 직불·선불카드, 현금영수증 사용한 금액	
(6) 대중교통 이용분	대중교통수단을 이용한 대가에 해당하는 금액으로서 신용카드, 직불·선불카드, 현금영수증 사용한 금액	

[신용카드 등 사용금액 소득공제와 특별세액공제 중복 적용 여부]

신용카드 등 사용금액	특별세액공제	신용카드 소득공제
① 질병치료 의료비	의료비 (O)	(O)
② 미용·성형수술 의료비	의료비 (X)	(O)
③ 사설학원비(아래 취학 전 아동 제외)	교육비 (X)	(O)
④ 취학 전 아동의 학원비 및 체육시설 수강료	교육비 (O)	(O)
⑤ 중·고등학생 교복 구입비	교육비 (O)	(O)
⑥ 보장성보험료	보험료 (O)	(X)
⑦ 저축성보험료	보험료 (X)	(X)

한마디 … 신용카드 등 사용금액 소득공제 계산에 관한 내용은 자격시험과 무관하므로 그 설명은 생략하도록 합니다.

42. 신용카드 등 사용액 - 프로그램 입력방법

① 『신용카드 등』 탭에서 신용카드 등 사용액을 입력할 부양가족을 선택하고 영수증 구분(국세청/ 기타)에 따라 금액을 입력한다.

② 『연말정산입력』 탭에서 상단 툴바의 [F8 부양가족탭불러오기]를 클릭한다.

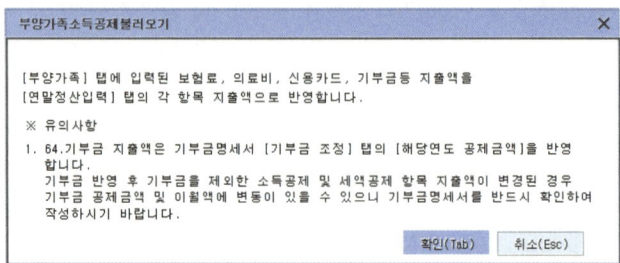

③ 대화창에서 [확인(Tab)]을 클릭하여 [42.신용카드 등 사용액]란에 반영한다.

필수암기 사항

항 목	기본공제대상자		해당사항	비 고
	소득요건	나이요건		
보험료	○	○	본인이 기본공제대상자를 위해 지출	–
교육비	○	×	본인이 기본공제대상자를 위해 지출	직계존속 제외
기부금	○	×	본인과 기본공제대상자의 지출	–
의료비	×	×	본인이 기본공제대상자를 위해 지출	–
신용카드	○	×	본인과 기본공제대상자의 지출	형제자매 제외

 … 자격시험을 대비해서 반드시 암기되어야 할 가장 기본적인 사항입니다. 세부적인 내용은 해당 페이지를 참조하세요.

주택자금 소득공제 및 월세액 세액공제

1. 주택자금 소득공제

(1) 주택마련저축 (그 밖의 소득공제)

근로소득이 있는 거주자(일용근로자는 제외한다)로서 해당 과세기간의 총급여액이 7천만원 이하이며, 해당 과세기간 중 주택을 소유하지 않은 세대의 세대주가 해당 과세기간에 「주택법」에 따른 청약저축·주택청약종합저축에 납입한 금액의 40%에 상당하는 금액을 해당 과세기간의 근로소득금액에서 공제한다.

※ 근로자 본인 명의로 가입해야 하며 배우자 또는 부양가족 명의로 가입한 저축은 공제대상이 아님.

(2) 주택임차차입금 원리금상환액 (특별소득공제)

과세기간 종료일 현재 주택을 소유하지 아니한 세대의 세대주(세대주가 주택관련 공제를 받지 않은 경우 세대의 구성원을 말한다)로서 근로소득이 있는 거주자가 국민주택규모의 주택(오피스텔 포함)을 임차하기 위하여 차입한 주택임차자금 차입금의 원리금 상환액을 지급하는 경우에는 그 금액의 40%에 해당하는 금액을 해당 과세기간의 근로소득금액에서 공제한다. 여기서 "주택임차자금 차입금"이란 다음의 차입금을 말한다.
① 대출기관으로부터 차입한 자금
② 해당 과세기간의 총급여액이 5천만원 이하인 사람이 대부업 등을 경영하지 않는 거주자로부터 차입한 자금

(3) 장기주택저당차입금 이자상환액 (특별소득공제)

근로소득이 있는 거주자로서 주택을 소유하지 아니하거나 1주택을 보유한 세대의 세대주(세대주가 주택관련 공제를 받지 않은 경우 세대의 구성원을 말한다)가 취득 당시 주택의 기준시가 6억원 이하인 주택을 취득하기 위하여 그 주택에 저당권을 설정하고 금융회사 등 또는 주택도시기금으로부터 차입한 장기주택저당차입금의 이자를 지급하였을 때에는 해당 과세기간에 지급한 이자 상환액을 그 과세기간의 근로소득금액에서 공제한다.

> 단대디 ⋯ 주택자금 소득공제는 각각 개별한도가 존재하고, (1)과 (2)의 통합한도가 존재하고, 전체 통합한도가 존재하는데 자격시험과 무관하므로 그 설명은 생략하도록 합니다.

2. 월세액 세액공제

(1) 개요

과세기간 종료일 현재 주택을 소유하지 아니한 세대의 세대주(세대주가 주택관련 공제를 받지 않은 경우에는 세대의 구성원을 말한다)로서 해당 과세기간의 총급여액이 8천만원 이하인 근로소득이 있는 근로자(해당 과세기간에 종합소득과세표준을 계산할 때 합산하는 종합소득금액이 7천만원을 초과하는 사람은 제외)가 주택을 임차하기 위하여 월세액을 지급하는 경우 그 금액의 15%(총급여액이 5천500만원 이하인 근로소득이 있는 근로자 17%)에 해당하는 금액을 해당 과세기간의 종합소득산출세액에서 공제한다. 다만, 해당 월세액이 1천만원을 초과하는 경우 그 초과하는 금액은 없는 것으로 한다.

(2) 월세액의 요건

주택을 임차하기 위하여 지급한 월세액이란 다음의 요건을 모두 충족하는 주택(오피스텔 및 고시원업의 시설 포함)을 임차하기 위하여 지급하는 월세액(사글세액 포함)을 말한다.
① 주택법에 따른 국민주택규모이거나 기준시가 4억원 이하의 주택일 것
② 주택 및 오피스텔에 딸린 토지가 도시지역의 토지는 5배(그 밖의 토지는 10배)를 초과하지 않을 것

③ 임대차계약증서의 주소지와 주민등록표 등본의 주소지가 같을 것
④ 해당 거주자 또는 해당 거주자의 기본공제대상자가 임대차계약을 체결할 것

$$※ \ 월세액 = \frac{임대차계약증서상 \ 주택임차 \ 기간 \ 중}{지급하여야 \ 할 \ 월세액의 \ 합계액} \times \frac{해당 \ 과세기간의 \ 임차일수}{주택임대차 \ 계약기간에 \ 해당하는 \ 일수}$$

[주택자금 소득공제 및 월세액 세액공제 대상자 요약]

구 분	요 건
(1) 주택마련저축	• 무주택 세대주 • 총급여액이 7,000만원 이하
(2) 주택임차차입금 원리금상환액	• 무주택 세대주 • 국민주택규모의 주택을 임차 (단, 거주자로부터의 차입금인 경우 총급여액이 5,000만원 이하인 자)
(3) 장기주택저당차입금 이자상환액	• 무주택(또는 1주택) 세대주 • 취득당시 기준시가 6억원 이하인 주택을 취득
(4) 월세액 세액공제	• 무주택 세대주 • 총급여액이 8,000만원 이하 • 국민주택규모 이거나 기준시가 4억원 이하의 주택을 임차

40. 주택마련저축소득공제 - 프로그램 입력방법

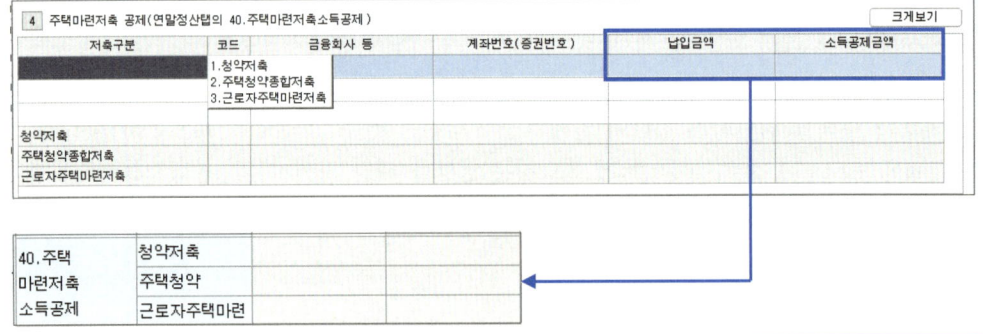

『연금저축 등Ⅰ』탭의 "④ 주택마련저축 공제"에서 저축구분을 선택하고 해당 내용과 납입금액을 입력한다. 입력된 금액은 『연말정산입력』탭의 [40.주택마련저축소득공제]란에 자동 반영된다.

34. 주택차입금원리금상환액 - 프로그램 입력방법

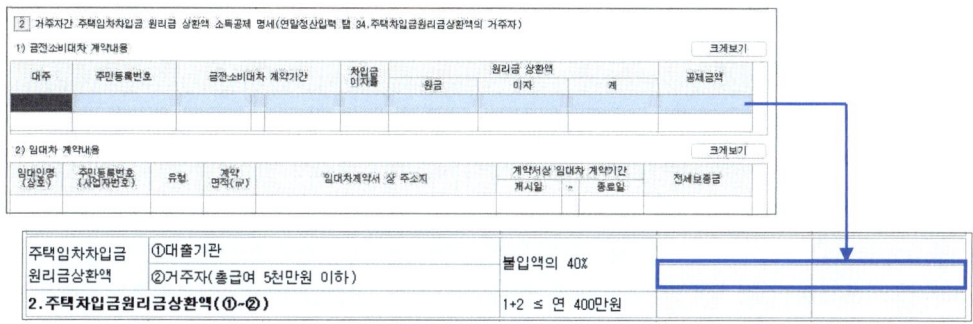

① 대출기관 : 대출기관으로부터 차입한 자금인 경우에는 『연말정산입력』 탭의 [대출기관]란에서 더블클릭하고 「주택자금」 보조창에 원금과 이자상환액을 입력한다.

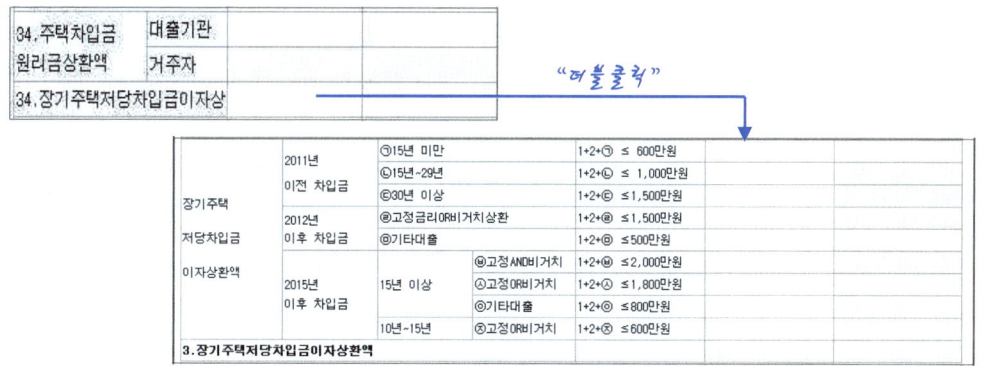

② 거주자 : 총급여액이 5천만원 이하인 사람이 대부업 등을 경영하지 아니하는 거주자로부터 차입한 자금인 경우에는 『월세액』 탭의 "② 거주자간 주택임차차입금 원리금 상환액 소득공제 명세"에서 원금과 이자상환액 등을 입력한다. 입력된 금액은 「주택자금」 보조창의 [②거주자]란과 『연말정산입력』 탭의 [34.주택차입금원리금상환액]란에 자동 반영된다.

34. 장기주택저당차입금이자상환액 - 프로그램 입력방법

『연말정산입력』 탭의 [34.장기주택저당차입금이자상환액]란에서 더블클릭하고 「주택자금」 보조창에서 차입연도와 상환기간 및 상환방식에 맞는 칸에 이자상환액을 입력한다.

70. 월세액 - 프로그램 입력방법

| 소득명세 | 부양가족 | 신용카드 등 | 의료비 | 기부금 | 연금저축 등 I | 연금저축 등 II | **월세액** | 연말정산입력 |

| 1 월세액 세액공제 명세(연말정산입력 탭의 70.월세액) | | | | | | | | 크게보기 |

임대인명 (상호)	주민등록번호 (사업자번호)	유형	계약 면적(㎡)	임대차계약서 상 주소지	계약서상 임대차 계약기간		연간 월세액	공제대상금액	세액공제금액
					개시일	종료일			

『월세액』 탭의 "1 월세액 세액공제 명세"에 임대차계약서상의 내용을 입력한다. 입력된 금액은 『연말정산입력』 탭의 [70.월세액]란에 자동 반영된다.

📝 연금계좌 세액공제

종합소득이 있는 거주자가 연금계좌(연금저축계좌와 퇴직연금계좌)에 납입한 금액이 있는 경우 연금계좌 납입액의 12%(종합소득을 계산할 때 합산하는 종합소득금액이 4,500만원 이하(근로소득만 있는 경우에는 총급여액이 5,500만원 이하)인 거주자는 15%)에 해당하는 금액을 해당 과세기간의 종합소득산출세액에서 공제한다. 다만, 연금계좌 중 연금저축계좌에 납입한 금액이 연 600만원을 초과하는 경우에는 그 초과하는 금액은 없는 것으로 하고, 연금저축계좌에 납입한 금액 중 600만원 이내의 금액과 퇴직연금계좌에 납입한 금액을 합한 금액이 연 900만원을 초과하는 경우에는 그 초과하는 금액은 없는 것으로 한다.

※ 연금저축계좌 : 금융회사 등과 체결한 신탁계약·집합투자증권 중개계약 및 보험계약에 따라 연금저축이라는 명칭으로 설정하는 계좌를 말한다.
※ 퇴직연금계좌 : 퇴직연금을 지급받기 위하여 가입하여 설정하는 「근로자퇴직급여보장법」의 확정기여형 퇴직연금제도·개인형 퇴직연금제도에 따라 설정하는 계좌와 「과학기술인공제회법」에 따른 퇴직연금급여를 지급받기 위하여 설정하는 계좌를 말한다.

---

59. 근로자퇴직연금 - 프로그램 입력방법

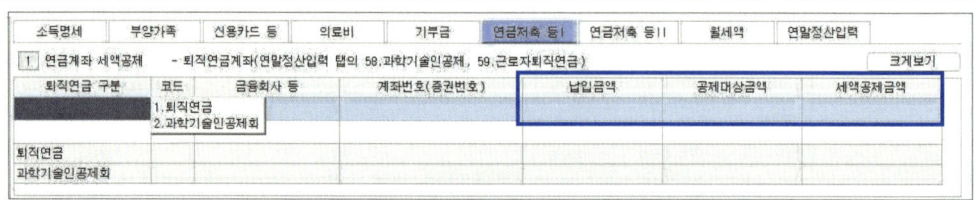

『연금저축 등 I』 탭의 "1 연금계좌 세액공제 - 퇴직연금계좌"에서 [1.퇴직연금]을 선택하고 해당 내용과 납입금액을 입력한다. 입력된 금액은 『연말정산입력』 탭의 [59.근로자퇴직연금]란에 자동 반영된다.

60.연금저축 - 프로그램 입력방법

2 연금계좌 세액공제		- 연금저축계좌(연말정산입력 탭의 38.개인연금저축, 60.연금저축)				크게보기
연금저축구분	코드	금융회사 등	계좌번호(증권번호)	납입금액	공제대상금액	소득/세액공제액
	1.개인연금저축 2.연금저축					
개인연금저축						
연금저축						

『연금저축 등Ⅰ』 탭의 "② 연금계좌 세액공제 - 연금저축계좌"에서 [2.연금저축]을 선택하고 해당 내용과 납입금액을 입력한다. 입력된 금액은 『연말정산입력』 탭의 [60.연금저축]란에 자동 반영된다.

 개인연금저축 소득공제

거주자가 본인 명의로 저축불입계약기간 만료 후 연금의 형태로 지급을 받는 개인연금저축에 2000년 12월 31일까지 가입한 경우에는 당해연도의 저축불입액의 40%(연 72만원 공제한도)에 상당하는 금액을 당해 연도의 종합소득금액에서 공제한다.

38.개인연금저축 - 프로그램 입력방법

2 연금계좌 세액공제		- 연금저축계좌(연말정산입력 탭의 38.개인연금저축, 60.연금저축)				크게보기
연금저축구분	코드	금융회사 등	계좌번호(증권번호)	납입금액	공제대상금액	소득/세액공제액
	1.개인연금저축 2.연금저축					
개인연금저축						
연금저축						

『연금저축 등Ⅰ』 탭의 "② 연금계좌 세액공제 - 연금저축계좌"에서 [1.개인연금저축]을 선택하고 해당 내용과 납입금액을 입력한다. 입력된 금액은 『연말정산입력』 탭의 [38.개인연금저축]란에 자동 반영된다.

한대대 … 자격시험에 거의 출제되지 않는 39.소기업.소상공인 공제부금, 41.투자조합출자 등 소득공제, 43.우리사주조합 등의 메뉴 및 자세한 설명을 생략한다.

『소득명세』 탭

현 근무지의 소득명세, 비과세항목, 공제보험료명세 등이 [급여자료입력] 메뉴에서 입력된 자료에 따라 자동 반영된다. 전 근무지가 있는 중도 입사자 또는 이중근로자의 경우 종(전)근무지의 근로소득원천징수영수증을 참조하여 [종(전) [1/1]]란에 해당 내용을 입력한다.

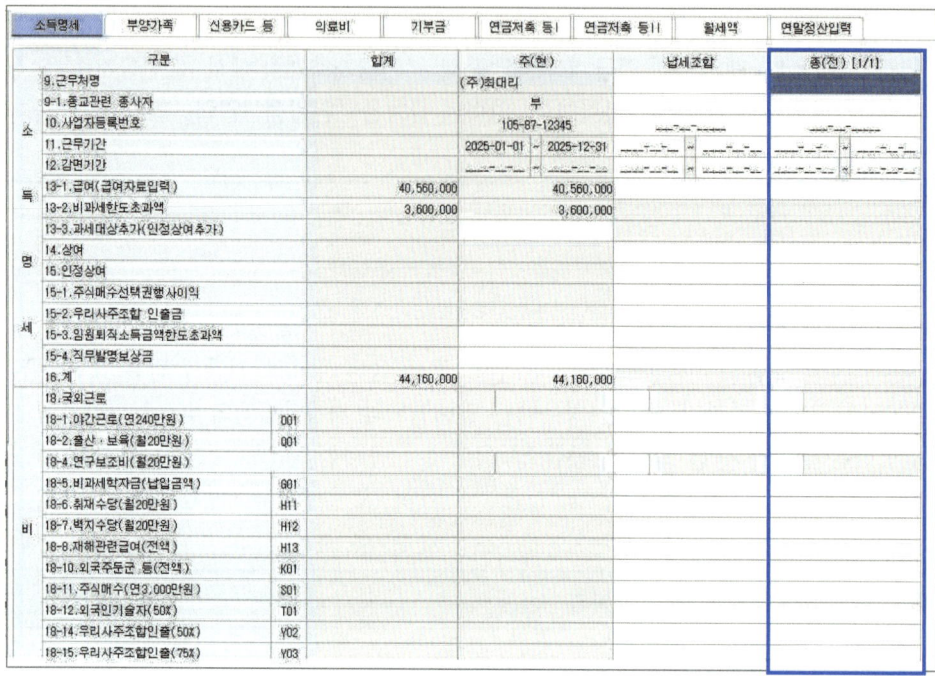

한마디 … 종(전) 근무지가 있는 경우에는 [연말정산 추가자료입력] 메뉴 중 『소득명세』 탭을 가장 먼저 작업해야 한다.

memo 2025년 개정사항

[신설] 혼인에 대한 세액공제(조특법 제92조)

거주자가 2026년 12월 31일 이전에 혼인신고를 한 경우에는 1회에 한정하여 혼인신고를 한 날이 속하는 과세기간의 종합소득산출세액에서 50만원을 공제한다.

http://cafe.naver.com/choidairi

종/합/문/제

다음 자료를 이용하여 ㈜최대리(회사코드 : 2001)의 2025년 귀속 연말정산을 하시오. 단, 배우자 및 부양가족의 인적사항은 사원등록에 입력된 자료를 무시하고 본 지문에 제시된 자료를 이용한다. 자료 입력시 금융회사 및 계좌번호는 304.㈜우리은행/ 계좌번호(1111)로 입력하고, 모든 증빙은 국세청 자료라고 가정한다(직전연도 카드등 사용액 입력생략).

[안정환의 소득공제신고서 및 증빙]

구 분	명 세	금 액
보험료	근로자 본인의 생명보험료(보장성)	1,200,000
	근로자 본인의 생명보험료(저축성)	2,000,000
	근로자 본인의 자동차종합보험료	600,000
교육비	본인 대학원 수업료	3,000,000
	안진우(자)의 고등학교 수업료	800,000
	안진수(자)의 중학교 수업료	400,000
	김미숙 처(사업소득금액 500만원)의 어학원 수강료	2,000,000
신용카드 등 사용액	최미라 모(만 64세)의 생활용품 구입시 사용액(신용카드)	10,000,000
	근로자 본인의 의류구입비(직불카드)	6,000,000
	김미숙 처(사업소득금액 500만원)의 가정용품 구입 사용액	8,000,000
	본인 대학원 수업료	3,000,000
	안정길 제(20세)의 신용카드 사용액	540,000
의료비	안병진 부(만 67세 시각장애인)의 위염치료비	500,000
	최미라 모(만 64세)의 영양보약제(의약품)	85,000
	안진우 자(만 16세)의 다리염증수술비	2,000,000
	김미숙 처(사업소득금액 500만원)의 미용성형수술비	600,000
기부금	국방헌금	1,000,000
	동창회 후원금	1,000,000
	교회건축헌금	4,000,000
퇴직연금	확정기여형 퇴직연금계좌 본인 부담금	1,000,000

[안정환의 종 근무지 근로소득원천징수영수증]

근무처명	국일산업㈜	사업자등록번호	215-81-40563	
급여총액	50,000,000		소득세	지방소득세
기타비과세	0	결정세액	1,500,000	150,000
특별공제(보험료)	0	기납부세액	2,400,000	240,000
연금보험료공제	0	차감징수세액	-900,000	-90,000

[홍명보의 소득공제신고서 및 증빙]

구 분	명 세	금 액
보험료	근로자 본인의 생명보험료 근로자 본인의 자동차종합보험료	2,200,000 800,000
교육비	홍진구(자)의 고등학교 수업료 홍진수(자)의 중학교 수업료	1,000,000 900,000

신용카드
사용액
	근로자 본인의 신용카드 사용내역
	  ① 자동차종합보험료
	  ② 자의 고등학교 수업료
	  ③ 아파트관리비
	  ④ 현금서비스
	  ⑤ 생활용품 구입
		
		800,000
		1,000,000
		2,000,000
		540,000
		10,000,000

의료비	본인의 건강검진비 홍길동 부(만 66세, 사업소득금액 1,200만원)의 신경통치료비	2,000,000 1,500,000
주택자금	주택청약종합저축(2019년 가입) 연간불입액	1,000,000

[소현영의 소득공제신고서 및 증빙]

구 분	명 세	금 액
교육비	최세연(자)의 고등학교 수업료 최세돌 자(만 5세)의 유치원 교육비	800,000 1,200,000

신용카드
사용액
	근로자 본인의 신용카드 사용금액
	  ① 법인의 일반관리비로 처리한 금액
	  ② 생활용품 구입으로 지출한 금액
	최정희 모(만 65세)의 백화점 신용카드 사용(가정용품 구입)
		
		1,250,000
		8,000,000
		4,000,000

의료비	본인의 쌍꺼풀수술비(미용) 본인의 건강증진을 위한 보약구입비	560,000 150,000
기부금	천재지변으로 생긴 이재민돕기 성금 본인의 정치자금기부금	300,000 250,000
주택자금	대출기관으로부터 주택임차를 위한 차입금의 원리금상환액 연상환액 : 원금 : 이자	 2,000,000 200,000

KcLep 도우미

- [근로소득관리]>[연말정산추가자료입력]에서 상단 툴바의 F3전체사원 을 클릭하고 대화창에서 예(Y) 를 클릭한다.

해설 1   101.안정환

『소득명세』 탭

구분	종(전) [1/1]	구분	종(전) [1/1]
9.근무처명	국일산업㈜	– 중간 생략 –	
10.사업자등록번호	215-81-40563	기납부세액/ 소득세	1,500,000
13-1.급여(급여자료입력)	50,000,000	기납부세액/ 지방소득세	150,000

『부양가족』 탭 – 보험료

연말관계	성명	내/외국인	주민(외국인)번호	나이	기본공제	세대주구분	부녀자	한부모	경로우대	장애인	자녀	출산입양
0	안정환	내	1 811212-1234567	44	본인	세대주						
1	안병진	내	1 580101-1234567	67	60세이상							
1	최미라	내	1 510101-2345678	64	60세이상							
3	김미숙	내	1 810101-2345678									
4	안진우	내	1 090101-3456789									
4	안진수	내	1 110101-3456789									
6	안정길	내	1 050101-3456789									

자료구분	보험료			
	건강	고용	일반보장성	장애인전용
국세청			1,800,000	
기타	672,000	360,000		

보험료 등 공제대상금액

자료구분	국세청간소화	급여/기타	정산	공제대상금액
국민연금-직장		600,000		600,000
국민연금-지역				
합 계		600,000		600,000
건강보험료-보수월액		600,000		600,000
장기요양보험료-보수월액		72,000		72,000
건강보험료-소득월액(납부)				
기요양보험료-소득월액(납부)				
합 계		672,000		672,000
고용보험료		360,000		360,000
보장성보험-일반	1,800,000			1,800,000
보장성보험-장애인				
합 계	1,800,000			1,800,000

[해설] 저축성보험은 공제대상 보험료가 아니다.

『부양가족』 탭 – 교육비
① 안정환 선택

연말관계	성명	내/외국인	주민(외국인)번호	나이	기본공제	세대주구분	부녀자	한부모	경로우대	장애인	자녀	출산입양
0	안정환	내	1 811212-1234567	44	본인	세대주						
1	안병진	내	1 580101-1234567	67	60세이상					1		
1	최미라	내	1 510101-2345678	64	60세이상							
3	김미숙	내	1 810101-2345678	44	부							
4	안진우	내	1 090101-3456789	16	20세이하					○		
4	안진수	내	1 110101-3456789	14	20세이하					○		
6	안정길	내	1 050101-3456789	20	20세이하							
	합 계 [명]				6					1	2	

자료구분	보험료				의료비				교육비	
	건강	고용	일반보장성	장애인전용	일반	실손	선천성이상아	난임	65세,장애인	일반	장애인특수
국세청			1,800,000							3,000,000 4.본인	
기타	672,000	360,000									

② 안진우 선택

자료구분	보험료				의료비					교육비	
	건강	고용	일반보장성	장애인전용	일반	실손	선천성이상아	난임	65세,장애인	일반	장애인특수
국세청										800,000 2.초중고	
기타											

③ 안진수 선택

자료구분	보험료				의료비					교육비	
	건강	고용	일반보장성	장애인전용	일반	실손	선천성이상아	난임	65세,장애인	일반	장애인특수
국세청										400,000 2.초중고	
기타											

[해설] 처의 어학원 수강료는 교육비공제 대상이 아니다.

『신용카드 등』탭

	성명 생년월일	자료 구분	신용카드	직불,선불	현금영수증	도서등 신용	도서등 직불	도서등 현금	전통시장	대중교통	소비증가분	
											2024년	2025년
□	안정환 1981-12-12	국세청 기타	6,000,000									6,000,000
□	안병진 1958-01-01	국세청 기타									2025년에는 해당사항 없음	
□	최미라 1961-01-01	국세청 기타	10,000,000									10,000,000
□	김미숙 1981-01-01	국세청 기타										

[해설] 처(소득금액 제한)의 가정용품 구입, 대학원 수업료, 제의 신용카드 사용액은 공제대상이 아니다.

『의료비』탭

	성명	내/외	5.주민등록번호	6.본인등 해당여부	9.증빙 코드	8.상호	7.사업자 등록번호	10. 건수	11.금액	11-1.실손 보험수령액	12.미숙아 선천성이상아	13.난임 여부	14.산후 조리원
□	안병진	내	580101-1234567	2	0	1			500,000		X	X	X
□	안천우	내	090101-3456789	3	X	1			2,000,000		X	X	X

[해설] 모(최미라)의 영양보약제, 처의 미용성형수술비는 공제대상 의료비가 아니다.

『기부금』탭 – 기부금 입력

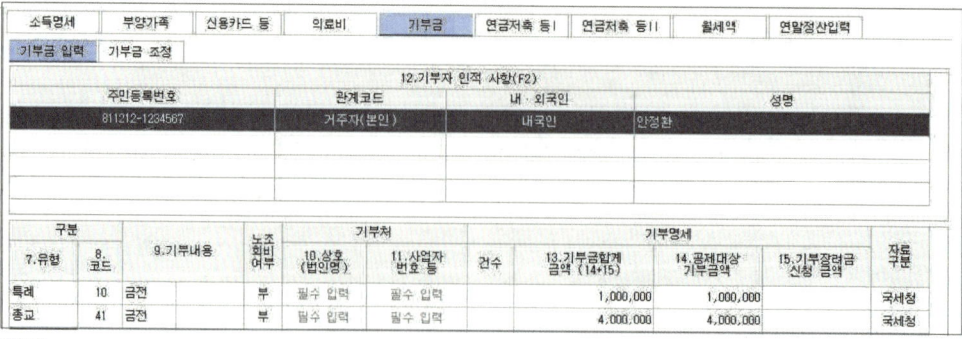

[해설] 동창회 후원금은 공제대상 기부금이 아니다

『기부금』 탭 - 기부금 조정

㉠ [공제금액계산] 클릭

㉡ [불러오기] 클릭 ⇨ ㉢ [공제금액반영] 클릭 ⇨ ㉣ [저장] 및 [종료] 클릭

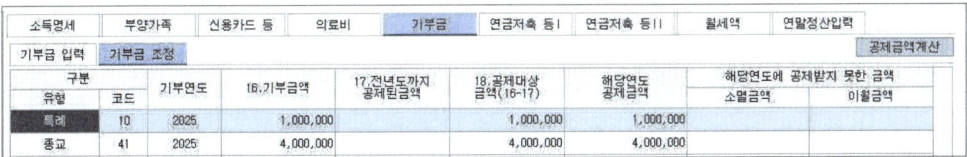

『연금저축 등 I』 탭

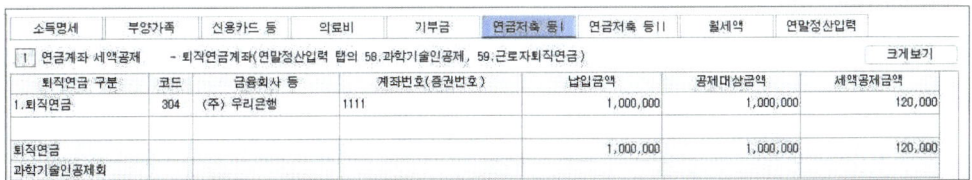

『연말정산입력』 탭

㉮ 상단 툴바의 [F8 부양가족탭불러오기]를 클릭한다.

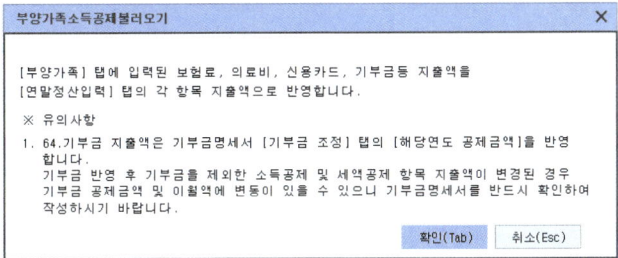

㉯ 대화창에서 [확인(Tab)]을 클릭하여 보험료, 교육비, 신용카드 등, 의료비, 기부금을 반영한다.

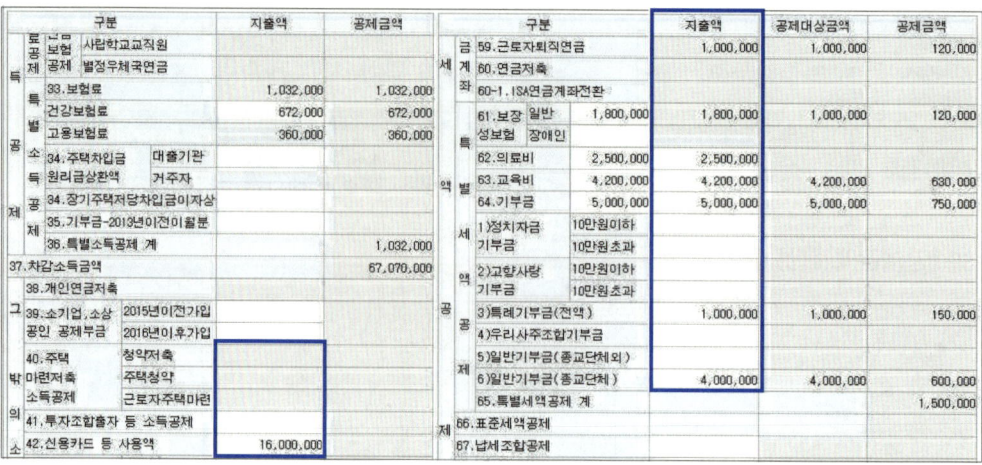

한마디 … 위 화면에서 [지출액]란의 금액이 정확한지를 확인하면 됩니다. [공제대상금액]란 및 [공제금액]란은 프로그램에서 자동 계산되며, 이해 대한 자세한 내용은 전산세무1급에서 학습하시게 됩니다.

해설 2   102. 홍명보

『부양가족』 탭 – 보험료

『부양가족』 탭 – 교육비
① 홍진구 선택

② 홍진수 선택

『신용카드 등』 탭

	성명 생년월일	자료 구분	신용카드	직불,선불	현금영수증	도서등 신용	도서등 직불	도서등 현금	전통시장	대중교통	소비증가분 2025년에는
☐	홍명보 1985-12-12	국세청 기타	10,000,000								10,000,000 해당사항
☐	홍길동 1959-02-02	국세청 기타									없음

[해설] 보험료·수업료·아파트관리비 및 현금서비스 받은 금액은 신용카드 등 사용금액에서 제외된다.

『의료비』 탭

					2025년 의료비 지급명세서						
	의료비 공제대상자				지급처			지급명세			14.산후 조리원
	성명	내/외	5.주민등록번호	6.본인등 해당여부	9.증빙 코드	8.상호	7.사업자 등록번호	10. 건수	11.금액	11-1.실손 보험수령액	12.미숙아 선천성이상아	13.난임 여부
☐	홍명보	내	851212-1234566	1	0	1			2,000,000		X	X	X
☐	홍길동	내	590202-1234567	2	0	1			1,500,000		X	X	X

[해설] 의료비는 나이 제한 및 소득금액 제한이 없으므로 부의 신경통치료비는 공제 가능하다.

『연금저축 등 I』 탭

4	주택마련저축 공제(연말정산탭의 40.주택마련저축소득공제)					크게보기
	저축구분	코드	금융회사 등	계좌번호(증권번호)	납입금액	소득공제금액
	2.주택청약종합저축	304	(주) 우리은행	1111	1,000,000	400,000
	청약저축					
	주택청약종합저축				1,000,000	400,000
	근로자주택마련저축					

『연말정산입력』 탭

상단 툴바의 [F8 부양가족탭불러오기]를 클릭하고 대화창에서 [확인(Tab)]을 클릭하여 보험료, 교육비, 신용카드 등, 의료비, 기부금을 반영한다.

구분			지출액	공제금액	구분		지출액	공제대상금액	공제금액
특 별 공 제	건 강 보 험	사립학교교직원			금 세 좌	59.근로자퇴직연금			
		별정우체국연금				60.연금저축			
	33.보험료		768,000	768,000		60-1.ISA연금계좌전환			
	건강보험료		528,000	528,000	특 별 세 액 공 제	61.보장 일반	3,000,000	3,000,000	1,000,000	120,000
	고용보험료		240,000	240,000		성보험 장애인				
	34.주택차입금	대출기관				62.의료비	3,500,000	3,500,000	1,923,200	288,480
	원리금상환액	거주자				63.교육비	1,900,000	1,900,000	1,900,000	285,000
	34.장기주택저당차입금이자상					64.기부금				
	35.기부금-2013년이전이월분				세 액 공 제	1)정치자금 10만원이하				
	36.특별소득공제 계			768,000		기부금 10만원초과				
37.차감소득금액				29,434,000		2)고향사랑 10만원이하				
38.개인연금저축						기부금 10만원초과				
그 밖 의 소	39.소기업,소상 공인 공제부금	2015년이전가입				3)특례기부금(전액)				
		2016년이후가입				4)우리사주조합기부금				
	40.주택 마련저축 소득공제	청약저축				5)일반기부금(종교단체외)				
		주택청약	1,000,000	400,000		6)일반기부금(종교단체)				
		근로자주택마련				65.특별세액공제 계				693,480
	41.투자조합출자 등 소득공제					66.표준세액공제				
	42.신용카드 등 사용액		10,000,000			67.납세조합공제				

해설 3 103. 소현영

『부양가족』탭 - 교육비

① 최세연 선택

② 최세돌 선택

『신용카드 등』탭 & 『의료비』탭

[해설]
- 법인의 일반관리비로 처리한 금액은 신용카드 등 사용금액이 아니다.
- 미용·성형수술을 위한 비용 및 건강증진을 위한 의약품구입 비용은 공제 의료비가 아니다.

『기부금』탭 - 기부금 입력

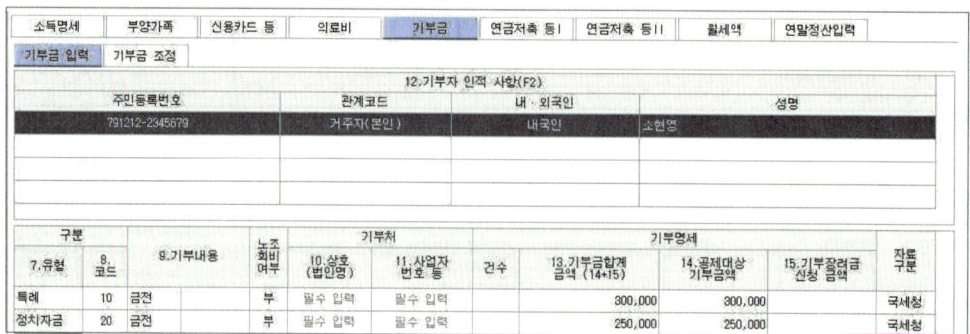

[해설] 천재지변으로 생긴 이재민돕기 성금은 특례기부금에 해당한다.

『기부금』 탭 – 기부금 조정

구분		기부연도	16.기부금액	17.전년도까지 공제된금액	18.공제대상 금액(16-17)	해당연도 공제금액	해당연도에 공제받지 못한 금액	
유형	코드						소멸금액	이월금액
특례	10	2025	300,000		300,000	300,000		
정치자금	20	2025	250,000		250,000	250,000		

㉠ [공제금액계산] 클릭 ➪ ㉡ [불러오기] 클릭 ➪ ㉢ [공제금액반영] 클릭 ➪ ㉣ [저장] 및 [종료] 클릭

『연말정산입력』 탭

㉮ 상단 툴바의 [F8 부양가족탭불러오기]를 클릭하고 대화창에서 [확인(Tab)]을 클릭하여 보험료, 교육비, 신용카드 등, 의료비, 기부금을 반영한다.

㉯ [34.주택차입금원리금상환액/대출기관]란에서 더블클릭하고 원리금상환액을 입력한다.

주택자금

구분	공제한도	납입/상환액	공제금액
①청약저축_연납입액 300만원 한도			
②주택청약저축(무주택자)_연납입액 300만원 한도	납입액의 40%		
③근로자주택마련저축_월 납입 15만원, 연 납입 180만원			
1.주택마련저축공제계(①~③)	연 400만원 한도		
주택임차차입금 원리금상환 ①대출기관	납입액의 40%	2,200,000	880,000
②거주자(총급여 5천만원 이하)			
2.주택차입금원리금상환액(①+②)	1+2 ≤ 연 400만원	2,200,000	880,000

구분		지출액	공제금액		구분	지출액	공제대상금액	공제금액
34.주택차입금 원리금상환액	대출기관	2,200,000	880,000		62.의료비			
	거주자				63.교육비	2,000,000	2,000,000	2,000,000	209,127
34.장기주택저당차입금이자상					64.기부금	550,000	550,000	250,000
35.기부금-2013년이전이월분					1)정치자금 10만원이하		100,000	100,000
36.특별소득공제 계			1,456,000		기부금 10만원초과		150,000	150,000
37.차감소득금액			14,870,000		2)고향사랑 10만원이하			
38.개인연금저축					기부금 10만원초과			
39.소기업,소상 공인 공제부금	2015년이전가입				3)특례기부금(전액)		300,000	
	2016년이후가입				4)우리사주조합기부금			
40.주택 마련저축 소득공제	청약저축				5)일반기부금(종교단체외)			
	주택청약				6)일반기부금(종교단체)			
	근로자주택마련				65.특별세액공제 계			209,127
41.투자조합출자 등 소득공제					66.표준세액공제			
42.신용카드 등 사용액		12,000,000	1,569,000		67.납세조합공제			

기/출/문/제 [실기]

㈜연말정산(회사코드 : 2005)에 다음 자료를 이용하여 해당사원의 2025년 귀속 연말정산을 하시오. 모든 증빙은 국세청 자료라고 가정한다(직전연도 카드등 사용액 입력생략).

01 다음 자료를 이용하여 사원코드 102번 이대리(여자)의 [연말정산 추가자료입력] 메뉴에 입력하시오. 이대리가 공제받을 수 있는 공제는 모두 공제받도록 한다.

(1) 부양가족사항

이름	관계	연령(만)	비고
이대리	본인	41세	소득자 본인(2025년 총급여 6,000만원), 세대주
이호영	아버지	73세	장애인복지법에 따른 장애인 2025년 양도소득금액 1,000,000원
차민수	배우자	46세	2025년 총급여 3,000,000원
차태영	아들	15세	중학생, 소득 없음
차태희	딸	6세	취학 전 아동, 소득 없음
차민영	시누이	42세	배우자의 여동생, 소득 없음

(2) 연말정산 관련 자료

항목	내용
보험료	• 본인 생명보험료 : 1,200,000원 • 본인 저축성 변액보험료 : 7,200,000원 • 아버지(이호영) 장애인 전용 보장성 보험료 : 1,500,000원
교육비	• 아들(차태영) 중학교 등록금 : 700,000원, 현장체험학습비 : 500,000원, 교복구입비 : 500,000원 • 딸(차태희) 미술학원(월단위 실시, 1주 2일 수업) 수강료 : 300,000원 • 아버지(이호영) 방송통신대학 수업료 : 2,000,000원
신용카드 등	• 본인 신용카드사용액 : 20,000,000원(자동차리스료 3,000,000원 포함) • 배우자(차민수) 직불카드사용액 : 15,000,000원(전통시장 사용액 5,000,000원 포함) • 시누이(차민영) 현금영수증사용액 : 1,500,000원
의료비	• 본인 건강검진비 : 500,000원 • 본인 시력보정용 컨택트렌즈 구입비 : 600,000원 • 아들(차태영) 질병치료 목적의 병원 진료비 : 2,000,000원 • 아버지(이호영) 질병치료 목적의 병원 입원비 : 6,500,000원 ※ 의료비는 전액 본인(이대리)이 결제하였다.
기부금	• 본인 정치자금으로 정당에 기부 : 300,000원 • 아버지(이호영) 교회 헌금(일반기부금) : 2,000,000원

02 다음의 연말정산 관련 자료를 보고 정과장(코드 103, 세대주, 총급여액 54,000,000원, 만 40세로 가정한다)의 세부담 최소화를 위한 [연말정산 추가자료입력] 메뉴에 입력하시오.

(1) 부양가족 자료

관계	이름	주민등록번호	비고
부	정국환	561129-1125411	소득 없음
배우자	나모현	900506-2245148	총급여 5,000,000원
자	정부천	110511-3148747	소득 없음, 중학생
자	정여천	200820-3154841	소득 없음, 미취학 아동

(2) 연말정산 관련 자료

	지출내역	지출액	대상자	비고
보험료	자동차보험료	600,000원	나모현	직불카드로 결제
	상해보험료	200,000원	정과장	
	저축성보험료	300,000원	정부천	
교육비	대학교 등록금	5,000,000원	정국환	
	영어학원비	1,200,000원	정부천	
	교복구입비	700,000원	정부천	
	태권도학원비	600,000원	정여천	
신용카드등 사용액	신용카드	22,000,000원	정과장	라식수술비 800,000원 포함
	직불카드	6,000,000원	나모현	자동차보험료 600,000원 포함
	현금영수증	550,000원	정부천	전통시장사용분 300,000원 포함
의료비	위암수술비	4,000,000원	정국환	
	한약구입비	500,000원	정부천	치료 목적용
	라식수술비	800,000원	정과장	신용카드로 결제
	치아미백수술비	300,000원	나모현	
기부금	사찰 기부금	200,000원	정국환	
	정치자금기부금	250,000원	정과장	
연금 저축	㈜우리은행 연금저축	3,000,000원	정과장	계좌번호 123-4567-89000
	㈜국민은행 연금저축	2,000,000원	나모현	계좌번호 123-1234-56789

03 다음 연말정산과 관련 자료를 서부장(사번 104)의 [연말정산 추가자료입력] 메뉴에 입력하시오.

(1) 부양가족 현황

성명	관계	연령(만)	비고
서부장	본인	39세	세대주, 총급여 6,000만원
서종손	아버지	69세	양도소득금액 500만원
이예지	어머니	59세	장애인, 일용근로소득 900만원
신한나	배우자	32세	소득 없음
서가연	자녀	14세	소득 없음
서나연	자녀	6세	소득 없음, 취학전 아동
신한슬	처제	22세	소득 없음

(2) 연말정산 관련 자료

항목	내용
보험료	• 아버지(서종손) : 보장성보험료(피보험자 : 서종손, 계약자 : 서부장) 60만원 • 자녀(서가연) : 보장성보험료(피보험자 : 서가연, 계약자 : 서부장) 100만원
교육비	• 처제(신한슬) : 대학교 교육비 500만원(서부장이 납입) • 자녀(서가연) : 현장체험학습비 50만원, 방과후 학교 수업비 30만원 • 자녀(서나연) : 유치원수업료 240만원(방과후 과정의 특별활동비 20만원 포함), 태권도장 수업료(월단위 실시, 1주 5일 수업) 60만원
신용카드등 사용액	• 신용카드 : 2,000만원(전통시장사용분 50만원, 회사경비 사용금액 200만원 포함) • 현금영수증 : 중고자동차 구입비 800만원, 태권도장 수업료 60만원(위 자녀 서나연 교육비 지출액임) • 위 신용카드등사용액은 모두 본인이 지출한 것임
의료비	• 어머니(이예지) : 백내장 수술비 80만원, 질병 치료 목적 한약구입비 30만원 • 배우자(신한나) : 건강진단비 100만원
기부금	• 본인 : 정치자금기부금 20만원 • 처제(신한슬) : 이재민 구호금품 50만원
월세, 주택임차 차입	• 임대인 : 임세(560105-1234567) • 임차인 : 서부장 • 주택유형 : 단독주택 • 주택계약면적 : 80.00㎡ • 임대차계약서상 주소지(주민등록표 등본의 주소지) : 서울시 서초구 효령로 309 • 임대차 계약기간 : 2024.06.01. ~ 2026.05.31. • 매월 월세액 : 60만원(2025년 총 지급액 720만원)

http : //cafe.naver.com/**choidairi**

 KcLep 도우미

해설 1   102. 이대리

- [원천징수]>[근로/퇴직/사업]>[근로소득관리]>[연말정산추가자료입력]을 클릭한다.

『부양가족』 탭 - 보험료

① 이대리 선택

자료구분	보험료				의료비					교육비	
	건강	고용	일반보장성	장애인전용	일반	실손	선천성이상아	난임	65세,장애인	일반	장애인특수
국세청			1,200,000								
기타		480,000									

② 이호영 선택

자료구분	보험료				의료비					교육비	
	건강	고용	일반보장성	장애인전용	일반	실손	선천성이상아	난임	65세,장애인	일반	장애인특수
국세청				1,500,000							
기타											

[해설] 본인의 저축성 변액보험료는 보험료 공제 불가

『부양가족』 탭 - 교육비

① 차태영 선택

자료구분	보험료				의료비					교육비	
	건강	고용	일반보장성	장애인전용	일반	실손	선천성이상아	난임	65세,장애인	일반	장애인특수
국세청										1,500,000 2.초중고	
기타											

② 차태희 선택

자료구분	보험료				의료비					교육비	
	건강	고용	일반보장성	장애인전용	일반	실손	선천성이상아	난임	65세,장애인	일반	장애인특수
국세청										300,000 1.취학전	
기타											

[해설]
- 현장체험학습에 지출한 비용은 학생 1명당 연 30만원, 교복구입비는 1명당 연 50만원 한도 내에서 교육비 해당금액이 된다.
- 취학전 아동의 월단위로 1주 1회 이상 실시하는 미술학원은 교육비 공제 가능
- 직계존속(아버지)의 방송통신대학 수업료는 교육비 공제 불가

『신용카드 등』 탭

	소득명세	부양가족	신용카드 등	의료비	기부금	연금저축 등I	연금저축 등II	월세액	연말정산입력
	성명 생년월일	자료 구분	신용카드	직불,선불	현금영수증	도서등 신용	도서등 직불	도서등 현금	전통시장	대중교통	소비증가분	
											2024년	2025년
☐	이대리 1984-01-01	국세청 기타	17,000,000								2025년에는 해당사항 없음	
☐	이호영 1952-01-01	국세청 기타										
☐	차민수 1979-01-01	국세청 기타	10,000,000						5,000,000			15,000,000

[해설]
- 본인의 신용카드사용액 중 자동차리스료는 신용카드 등 사용금액 공제 불가
- 시누이(차민영)의 현금영수증사용액은 신용카드 등 사용금액 공제 불가

『의료비』 탭

	성명	내/외	5.주민등록번호	6.본인등해당여부	9.증빙코드	8.상호	7.사업자등록번호	10.건수	11.금액	11-1.실손보험수령액	12.미숙아선천성이상아	13.난임여부	14.산후조리원
□	이대리	내	840101-2345678	1	0	1			1,000,000		X	X	X
□	차태영	내	100101-3456789	3	X	1			2,000,000		X	X	X
□	이호영	내	520101-1234567	2	0	1			6,500,000		X	X	X

[해설] 시력보정용 안경 또는 컨택트렌즈 구입을 위하여 지출한 비용은 1명당 연 50만원 한도 내에서 의료비 해당금액이 된다.

『기부금』 탭 - 기부금 입력

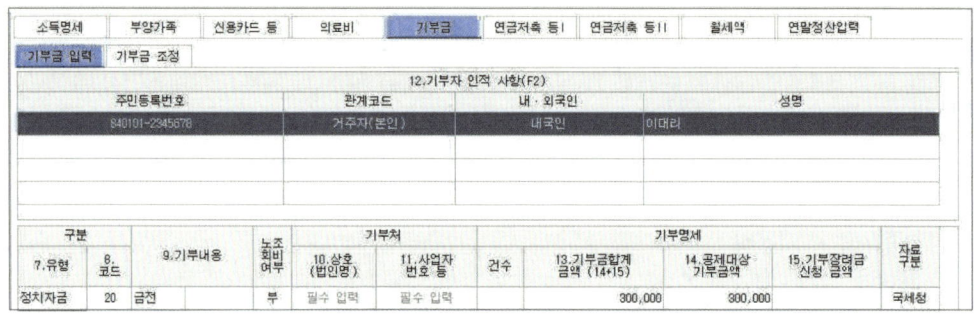

『기부금』 탭 - 기부금 조정

구분		기부연도	16.기부금액	17.전년도까지 공제된금액	18.공제대상금액(16-17)	해당연도 공제금액	해당연도에 공제받지 못한 금액	
유형	코드						소멸금액	이월금액
정치자금	20	2025	300,000		300,000	300,000		
종교	41	2025	2,000,000		2,000,000	2,000,000		

㉠ [공제금액계산] 클릭 ⇨ ㉡ [불러오기] 클릭 ⇨ ㉢ [공제금액반영] 클릭 ⇨ ㉣ [저장] 및 [종료] 클릭

『연말정산입력』 탭

상단 툴바의 [F8 부양가족탭불러오기]를 클릭하고 대화창에서 [확인(Tab)]을 클릭하여 보험료, 교육비, 신용카드 등, 의료비, 기부금을 반영한다.

구분		지출액	공제금액		구분		지출액	공제대상금액	공제금액
특별소득공제	건강보험료			특별세액공제	61.보장성보험	일반	1,200,000	1,200,000	1,000,000	120,000
	고용보험료	480,000	480,000			장애인	1,500,000	1,500,000	1,000,000	150,000
	34.주택차입금 대출기관 원리금상환액 거주자				62.의료비		9,500,000	9,500,000	7,700,000	1,155,000
	34.장기주택저당차입금이자상				63.교육비		1,800,000	1,800,000	1,800,000	270,000
	35.기부금-2013년이전이월분				64.기부금		2,300,000	2,300,000	2,300,000	420,909
	36.특별소득공제 계		480,000		1)정치자금기부금	10만원이하	100,000	100,000	90,909
37.차감소득금액			36,270,000			10만원초과	200,000	200,000	30,000
38.개인연금저축					2)고향사랑기부금	10만원이하			
그 밖의 소득공제	39.소기업,소상공인 공제부금	2015년이전가입				10만원초과			
		2016년이후가입			3)특례기부금(전액)				
	40.주택마련저축 소득공제	청약저축			4)우리사주조합기부금				
		주택청약			5)일반기부금(종교단체외)				
		근로자주택마련			6)일반기부금(종교단체)		2,000,000	2,000,000	300,000
	41.투자조합출자 등 소득공제				65.특별세액공제 계					2,115,909
	42.신용카드 등 사용액		32,000,000	6,000,000	66.표준세액공제				
					67.납세조합공제				

해설 2   103. 정과장

『부양가족』 탭 - 보험료
① 나모현 선택

자료구분	보험료				의료비					교육비	
	건강	고용	일반보장성	장애인전용	일반	실손	선천성이상아	난임	65세,장애인	일반	장애인특수
국세청			600,000								
기타											

② 정과장 선택

자료구분	보험료				의료비					교육비	
	건강	고용	일반보장성	장애인전용	일반	실손	선천성이상아	난임	65세,장애인	일반	장애인특수
국세청			200,000								
기타			432,000								

[해설] 저축성보험료는 보험료 공제 불가

『부양가족』 탭 - 교육비
① 정부천 선택

자료구분	보험료				의료비					교육비	
	건강	고용	일반보장성	장애인전용	일반	실손	선천성이상아	난임	65세,장애인	일반	장애인특수
국세청										500,000 2.초중고	
기타											

② 정여천 선택

자료구분	보험료				의료비					교육비	
	건강	고용	일반보장성	장애인전용	일반	실손	선천성이상아	난임	65세,장애인	일반	장애인특수
국세청										600,000 1.취학전	
기타											

[해설] • 직계존속(정국환)의 대학교 등록금과 자(정부천)의 영어학원비는 교육비 공제 불가
• 교복구입비는 1명당 연 50만원 한도 내에서 교육비 해당금액이 된다.
• 취학전 아동의 태권도학원비는 교육비 공제 가능

「신용카드 등」 탭

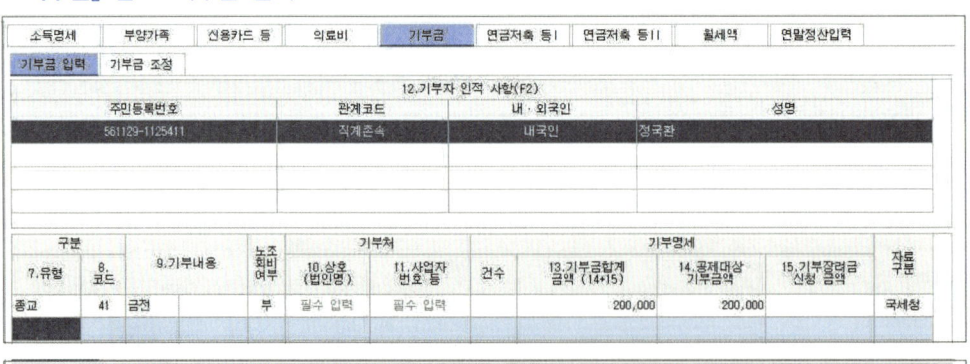

[해설] • 본인(정과장)의 신용카드 등 사용금액과 의료비는 중복공제 가능
• 배우자(나모현)의 직불카드사용액과 자동차보험료는 중복공제 불가

「의료비」 탭

의료비 공제대상자					지급처			지급명세				14.산후조리원
성명	내/외	5.주민등록번호	6.본인등해당여부	9.증빙코드	8.상호	7.사업자등록번호	10.건수	11.금액	11-1.실손보험수령액	12.미숙아선천성이상아	13.난임여부	
정국환	내	561129-1125411	2	0	1			4,000,000		X	X	X
정부천	내	110511-3148747	3	X	1			500,000		X	X	X
정과장	내	850101-1234567	1	0	1			800,000		X	X	X

[해설] 치아미백수술비는 의료비 공제 불가

「기부금」 탭 – 기부금 입력

주민등록번호	관계코드	내·외국인	성명
561129-1125411	직계존속	내국인	정국환

구분		9.기부내용	노조회비여부	기부처		건수	기부명세			자료구분
7.유형	8.코드			10.상호(법인명)	11.사업자번호 등		13.기부금합계금액(14+15)	14.공제대상기부금액	15.기부장려금신청금액	
종교	41	금전	부	필수 입력	필수 입력		200,000	200,000		국세청

주민등록번호	관계코드	내·외국인	성명
561129-1125411	직계존속	내국인	정국환
850101-1234567	거주자(본인)	내국인	정과장

구분		9.기부내용	노조회비여부	기부처		건수	기부명세			자료구분
7.유형	8.코드			10.상호(법인명)	11.사업자번호 등		13.기부금합계금액(14+15)	14.공제대상기부금액	15.기부장려금신청금액	
정치자금	20	금전	부	필수 입력	필수 입력		250,000	250,000		국세청

『기부금』 탭 - 기부금 조정

구분		기부연도	16.기부금액	17.전년도까지 공제된금액	18.공제대상 금액(16-17)	해당연도 공제금액	해당연도에 공제받지 못한 금액	
유형	코드						소멸금액	이월금액
정치자금	20	2025	250,000		250,000	250,000		
종교	41	2025	200,000		200,000	200,000		

㉠ [공제금액계산] 클릭 ⇨ ㉡ [불러오기] 클릭 ⇨ ㉢ [공제금액반영] 클릭 ⇨ ㉣ [저장] 및 [종료] 클릭

『연금저축 등 I』 탭

1 연금계좌 세액공제 - 퇴직연금계좌(연말정산입력 탭의 58.과학기술인공제, 59.근로자퇴직연금)

퇴직연금 구분	코드	금융회사 등	계좌번호(증권번호)	납입금액	공제대상금액	세액공제금액
퇴직연금						
과학기술인공제회						

2 연금계좌 세액공제 - 연금저축계좌(연말정산입력 탭의 38.개인연금저축, 60.연금저축)

연금저축구분	코드	금융회사 등	계좌번호(증권번호)	납입금액	공제대상금액	소득/세액공제액
2.연금저축	304	(주)우리은행	123-4567-89000	3,000,000	3,000,000	450,000
개인연금저축						
연금저축				3,000,000	3,000,000	450,000

[해설] 본인 명의가 아닌 연금저축은 연금계좌세액공제 불가

『연말정산입력』 탭

상단 툴바의 [F8 부양가족탭불러오기]를 클릭하고 대화창에서 [확인(Tab)]을 클릭하여 보험료, 교육비, 신용카드 등, 의료비, 기부금을 반영한다.

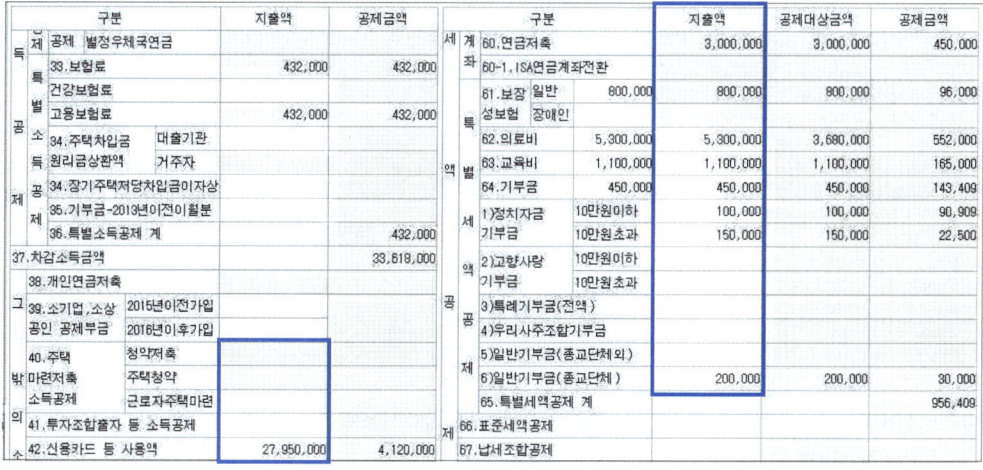

해설 3 104.서부장

『부양가족』탭 - 보험료
① 서가연 선택

자료구분	보험료				의료비					교육비	
	건강	고용	일반보장성	장애인전용	일반	실손	선천성이상아	난임	65세,장애인	일반	장애인특수
국세청			1,000,000								
기타											

[해설] 소득금액 제한으로 기본공제대상자가 아닌 아버지(서종손)를 피보험자로 하는 보장성보험료는 보험료 공제 불가

『부양가족』탭 - 교육비
① 신한슬 선택

자료구분	보험료				의료비					교육비	
	건강	고용	일반보장성	장애인전용	일반	실손	선천성이상아	난임	65세,장애인	일반	장애인특수
국세청										5,000,000 3.대학생	
기타											

② 서가연 선택

자료구분	보험료				의료비					교육비	
	건강	고용	일반보장성	장애인전용	일반	실손	선천성이상아	난임	65세,장애인	일반	장애인특수
국세청			1,000,000							600,000 2.초중고	
기타											

③ 서나연 선택

자료구분	보험료				의료비					교육비	
	건강	고용	일반보장성	장애인전용	일반	실손	선천성이상아	난임	65세,장애인	일반	장애인특수
국세청										3,000,000 1.취학전	
기타											

[해설]
- 교육비는 나이제한이 없으므로 처제(신한슬)의 대학교 교육비는 교육비 공제 가능
- 현장체험학습에 지출한 비용은 학생 1명당 연 30만원 한도 내에서 교육비 해당금액이 된다.
- 취학전 아동의 월단위로 1주 1회 이상 실시하는 태권도장 수업료는 교육비 공제 가능

『신용카드 등』탭

	소득명세	부양가족	신용카드 등	의료비	기부금	연금저축 등I	연금저축 등II	월세액	연말정산입력	
	성명 생년월일	자료구분	신용카드	직불,선불	현금영수증	도서등신용	도서등직불	도서등현금	전통시장	대중교통	소비증가분 2024년 / 2025년
□	서부장 1986-01-01	국세청 기타	17,500,000		1,400,000				500,000		19,400,000
□	서종손 1956-01-01	국세청 기타									2025년에는 해당사항 없음
□	이예지 1966-01-01	국세청 기타									
□	신한나 1993-01-01	국세청 기타									

[해설]
- 신용카드 사용액 중 회사경비 사용금액은 신용카드 등 사용금액 공제 불가
- 중고자동차를 현금영수증으로 구입한 경우에는 중고자동차 구입금액의 10%를 신용카드 등 사용금액에 포함한다.
- 현금영수증 사용금액과 취학전 아동의 태권도장 수업료는 중복공제 가능

『의료비』탭

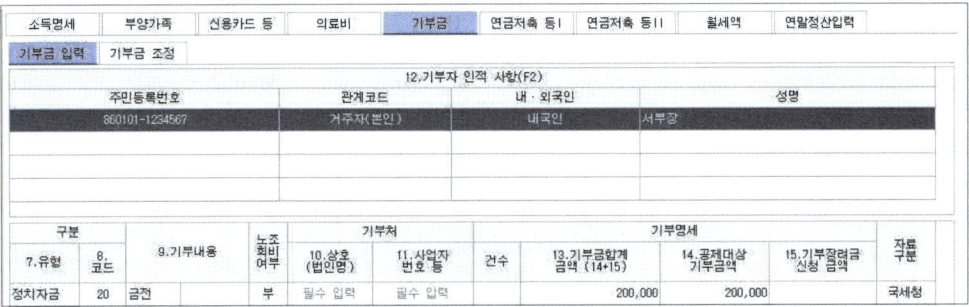

『기부금』탭 - 기부금 입력

『기부금』탭 - 기부금 조정

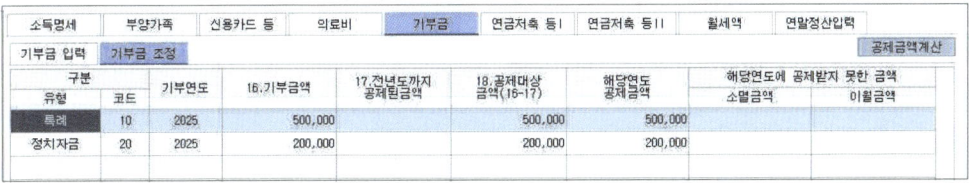

㉠ [공제금액계산] 클릭 ⇨ ㉡ [불러오기] 클릭 ⇨ ㉢ [공제금액반영] 클릭 ⇨ ㉣ [저장] 및 [종료] 클릭

『월세액』탭

『연말정산입력』 탭

상단 툴바의 [F8 부양가족탭불러오기]를 클릭하고 대화창에서 [확인(Tab)]을 클릭하여 보험료, 교육비, 신용카드 등, 의료비, 기부금을 반영한다.

구분			지출액	공제금액	구분		지출액	공제대상금액	공제금액
특별소득공제	건강보험료				61.보장 일반	1,000,000	1,000,000	1,000,000	120,000
	고용보험료		480,000	480,000	성보험 장애인				
	34.주택차입금	대출기관			62.의료비	2,100,000	2,100,000	300,000	45,000
	원리금상환액	거주자			63.교육비	8,600,000	8,600,000	8,600,000	1,290,000
	34.장기주택저당차입금이자상				64.기부금	700,000	700,000	700,000	180,909
	35.기부금-2013년이전이월분				1)정치자금 10만원이하	100,000	100,000	90,909
	36.특별소득공제 계			480,000	기부금 10만원초과	100,000	100,000	15,000
37.차감소득금액				35,770,000	2)고향사랑 10만원이하				
38.개인연금저축					기부금 10만원초과				
그밖의소득공제	39.소기업,소상	2015년이전가입			3)특례기부금(전액)	500,000	500,000	75,000
	공인 공제부금	2016년이후가입			4)우리사주조합기부금				
	40.주택	청약저축			5)일반기부금(종교단체외)				
	마련저축 소득공제	주택청약			6)일반기부금(종교단체)				
		근로자주택마련			65.특별세액공제 계			1,635,909
	41.투자조합출자 등 소득공제				66.표준세액공제				
	42.신용카드 등 사용액		19,400,000	2,935,000	67.납세조합공제				
	43.우리사주조합	일반 등			68.주택차입금				
	출연금	벤처 등			69.외국납부 ▶				
	44.고용유지중소기업근로자				70.월세액	7,200,000	7,200,000	1,080,000

제3편

제1장 원가계산의 기초

제2장 요소별 원가계산

제3장 부문별 원가계산

제4장 제품별 원가계산

memo

제 1 장 원가계산의 기초

제1절 회계의 의의와 분류

1. 회계의 의의

회계란 정보이용자들이 기업에 관해 합리적 의사결정을 할 수 있도록 기업의 경제적 활동을 화폐액으로 측정·기록·분류하여 정보이용자에게 전달하는 정보시스템이다.

2. 회계의 분류

회계는 정보이용자의 유형에 따라 재무회계와 관리회계로 분류할 수 있다.

(1) 재무회계

재무회계란 기업외부의 정보이용자(주주, 채권자, 정부기관 등)에게 기업의 재무상태, 경영성과 및 미래현금흐름의 변동에 관한 유용한 정보를 제공하는 분야이다. 이러한 재무회계의 목적은 회계보고서를 통해서 기업외부 정보이용자의 합리적 의사결정에 유용한 정보를 제공하는 것이다.

(2) 관리회계

관리회계란 기업내부의 정보이용자(경영자)에게 경제적 의사결정에 유용한 정보를 제공하는 분야이다. 이러한 관리회계의 목적은 특수목적의 보고서를 통해서 기업내부 정보이용자의 의사결정에 유용한 정보를 제공하는 것이다.

[참고] 재무회계와 관리회계의 비교

구 분	재 무 회 계	관 리 회 계
정 보 이 용 자	외부정보이용자	내부정보이용자
목 적	외부정보이용자의 경제적 의사결정에 유용한 정보의 제공	내부정보이용자의 경제적 의사결정에 유용한 정보의 제공
보 고 수 단	재무제표	특수목적의 보고서
정 보 의 특 성	과거지향적인 재무적(화폐적) 정보	미래지향적인 재무적·비재무적 정보
보 고 주 기	정기적	비정기적

제2절 원가회계의 의의와 목적

1. 원가회계의 의의

상기업의 경영활동은 구매과정과 판매과정으로 이루어지는 반면, 제조기업의 경영활동은 구매과정, 제조과정, 판매과정으로 이루어진다. 상기업의 경우 구매과정에서 지불한 금액이 상품의 원가이며 이 중 판매분에 대한 금액은 매출원가가 되고 미판매분에 대한 금액은 재고자산이 된다. 한편 제조기업의 경우에는 원재료를 구매하여 제조기술과 결합시켜 제품을 직접 생산하기 때문에 판매한 제품의 원가 또는 현재 보유하고 있는 제품의 원가를 알기 위해서는 이들 제품을 제조하는데 소비된 원가를 집계하여야 한다. 이와 같이, 제조기업에서 원가정보를 획득하기 위하여 제품의 생산에 소비된 원가를 기록·계산·집계하는 회계분야를 "원가회계"라 한다.

현대에는 원가회계와 관리회계의 영역구분이 모호하여 혼용해서 사용하는 경향이 많으며, 차이점이 있다면 원가회계는 제품의 생산에 소비된 원가를 기록·계산·집계하는 분야를 강조하는 반면, 관리회계는 집계된 원가자료를 계획수립이나 통제 및 특수의사결정에 이용하는 것을 강조한다는 것이다.

2. 원가회계의 목적

원가회계는 재무제표를 작성하는데 필요한 원가자료를 제공하고, 경영자의 다양한 의사결정에 필요한 원가정보를 제공하는 것 등을 목적으로 하고 있다.

① 재무제표의 작성에 필요한 원가정보의 제공 : 기업의 경영성과와 재무상태를 파악하는데 필요한 원가정보를 제공한다.
② 원가통제에 필요한 원가정보의 제공 : 원가가 과대 또는 과소하게 발생하거나 또는 불필요하게 낭비되는 것을 통제, 관리하는데 필요한 정보를 제공한다.
③ 경영의사결정에 필요한 원가정보의 제공 : 경영자의 가격결정, 예산편성 등 다양한 경영의사결정을 하는데 필요한 정보를 제공한다.

[참고] 원가회계 정보의 용도

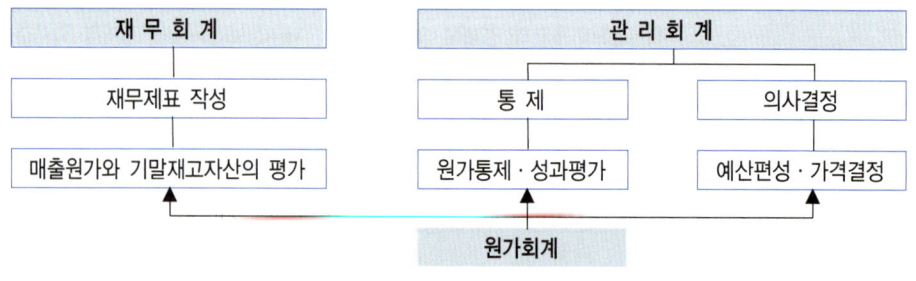

기/출/문/제 (필기)

— 회계의 의의와 분류 — ☆

01 원가회계의 의의와 거리가 먼 것은?

① 대차대조표에 표시되는 재공품과 제품 등 재고자산의 가액을 결정한다.
② 수익을 창출하기 위하여 사용된 모든 순자산의 유출을 나타내기 위한 회계이다.
③ 매출원가를 결정하기 위하여 제품 또는 용역의 생산에 소비된 원가를 집계한다.
④ 제조기업이 판매한 제품의 원가 또는 보유하고 있는 제품의 원가를 알기 위함이다.

[풀이] 수익을 창출하기 위하여 사용된 모든 순자산의 유출을 나타내기 위한 회계는 재무회계이다.

02 다음 중 관리회계의 성격과 거리가 먼 것은?

① 관리회계의 목적은 경영자의 의사결정에 도움을 주기 위한 것이다.
② 정보는 미래지향적, 주관적 특성을 갖는다.
③ 보고서의 형식은 목적에 적합한 특수보고서를 작성한다.
④ 기업회계기준 및 원가계산준칙 등 일반적으로 인정된 회계원칙을 준거하여 작성한다.

[풀이] 관리회계는 기업내부 정보이용자의 목적에 적합한 특수목적의 보고서를 작성한다. 이러한 특수목적의 보고서는 일정한 양식 및 회계원칙의 지배를 받지 않으므로 매우 주관적인 특성을 갖는다.

— 원가회계의 의의와 목적 —

03 다음 중 원가회계의 성격과 다른 것은?

① 경영통제를 위한 원가자료의 제공
② 제품원가계산을 위한 원가자료의 제공
③ 특수의사결정을 위한 원가자료의 제공
④ 기업의 외부정보이용자에게 정보제공

[풀이] 기업의 외부정보이용자에게 정보를 제공하는 것은 재무회계이다.

04 다음 중 원가회계의 목적과 거래가 먼 것은?

① 내부경영의사결정에 필요한 원가정보 제공
② 원가통제에 필요한 원가정보 제공
③ 손익계산서상 제품원가에 대한 원가정보 제공
④ 이익잉여금처분계산서상 이익처분정보 제공

[풀이] 이익잉여금처분계산서상 이익처분정보 제공하는 것은 재무회계이다.

 정답

1. ② 2. ④ 3. ④ 4. ④

제3절 원가의 개념과 분류

1. 원가의 개념

원가(cost)란 재화나 용역을 생산하는 과정에서 소비되는 모든 경제적 가치를 말한다. 즉, 원가는 제조기업이 재화나 용역을 생산하는데 사용한 모든 원재료, 노동력, 생산설비 등의 소비액을 말한다.

(1) 원가와 비용의 관계

원가와 비용은 다 같이 기업의 경영활동을 위하여 소비되는 경제적 가치이기는 하지만, 원가는 재화나 용역의 생산을 위하여 소비되는 경제적 가치인데 비해, 비용은 일정기간의 수익을 얻기 위하여 소비되는 경제적 가치라는 점에서 차이가 있다. 예를 들면, 완성된 제품 중에서 판매된 것의 원가는 수익을 창출하는 데 기여하였으므로 매출원가로서 비용이 되고, 판매되지 않고 남아 있는 기말제품 또는 재공품의 원가는 재무상태표에 자산으로 기록된다.

(2) 원가항목과 비원가항목

원가는 정상적인 제조과정에서 발생하는 것만 포함된다. 비록, 기업의 경영활동을 위하여 소비되는 경제적 가치라 할지라도 비원가항목은 전액을 발생기간의 비용 또는 손실로 계상해야 한다. 비원가항목의 예를 들면 다음과 같다.

① 제조활동과 관련없는 가치의 감소 : 판매활동에서 발생하는 광고선전비와 관리활동에서 발생하는 기획실 직원의 급여와 같은 항목은 원가에 포함되지 않는다.
② 제조활동과 관계가 있으나 비정상적인 상태에서 발생하는 경제적 가치의 감소 : 기계고장이나 파업기간의 임금, 갑작스런 정전시에 발생하는 불량품의 제조원가 등은 원가에 포함되지 않는다.
③ 기업 목적과 무관한 가치의 감소 : 화재나 도난 등에 의한 원재료나 제품의 감소액은 원가에 포함되지 않는다.

2. 원가의 분류

원가는 분류기준에 따라 다음과 같이 여러 가지로 분류할 수 있다.

(1) 재료비 · 노무비 · 제조경비 ← 발생형태에 따른 분류(원가의 3요소)

① 재료비 : 제품의 제조를 위한 재료의 소비액을 말한다. 따라서 재료의 매입액 전체 금액이 재료비가 되는 것이 아니고, 제품의 제조를 위하여 소비된 재료의 원가만이 재료비가 되며, 소비되지 않은 재료는 자산으로서 차기로 이월된다.

② 노무비 : 제품의 제조를 위해 투입된 인간 노동력의 소비로 인하여 발생하는 원가를 말하며 임금, 급여 등이 이에 속한다.
③ 제조경비 : 재료비와 노무비를 제외한 기타의 모든 제조원가요소를 말하는 것으로 공장의 감가상각비, 가스수도료, 전력비, 수선유지비, 보험료 등이 이에 속한다.

(2) 직접비·간접비 ← 제품 및 부문에의 추적가능성에 따른 분류

① 직접비 : 특정 제품의 제조를 위해서만 소비되어 직접 그 특정 제품에 부과할 수 있는 원가요소로서 직접재료비, 직접노무비, 직접제조경비가 이에 해당한다. 예를 들면, 자동차 제조업에서 자동차 타이어의 원가는 각 자동차별로 추적 가능한 원가이므로 직접비가 된다.
② 간접비 : 여러 제품의 제조를 위하여 공통적으로 소비된 것이기 때문에 특정 제품에 직접 부과할 수 없는 원가요소로서 간접재료비, 간접노무비, 간접제조경비가 이에 해당한다. 예를 들면, 한 공장 안에서 여러 종류의 제품을 제조하는 경우에 발생하는 전기사용료, 수도사용료, 경비원급료 등은 특정 제품에 직접적으로 추적하기가 어렵기 때문에 간접비로 분류된다.

(3) 직접재료비·직접노무비·제조간접비 ← 발생형태 + 추적가능성에 따른 분류

원가는 발생형태와 추적가능성이라는 2개의 복합적 기준에 따라 직접재료비·직접노무비·직접제조경비·간접재료비·간접노무비·간접제조경비로 분류된다. 이론상으로는 재료비·노무비·제조경비는 각각 직접비와 간접비로 분류되나, 실제로 재료비와 노무비의 대부분은 직접비에 해당하고, 제조경비의 대부분은 간접비에 해당하므로 현실적으로는 직접재료비·직접노무비·제조간접비(간접재료비+간접노무비+제조경비)로 분류한다.

① 직접재료비 : 특정 제품에 직접 추적가능한 재료비를 말한다.
② 직접노무비 : 특정 제품에 직접 추적가능한 노무비를 말한다.
③ 제조간접비 : 직접재료비와 직접노무비를 제외한 모든 제조원가를 말한다.

[참고] 제조간접비와 판매관리비의 비교

제조간접비	판매비와관리비
① 공장 관리자 및 사원의 급여	① 본사 사무실 관리자 및 사원의 급여
② 공장 사무실의 운영비	② 본사 사무실의 운영비
③ 공장 사무실의 소모품비	③ 본사 사무실의 소모품비
④ 공장의 전력비, 가스수도료	④ 본사 사무실의 전력비, 가스수도료
⑤ 공장 기계장치의 감가상각비	⑤ 사무실 차량운반구의 감가상각비
⑥ 공장 건물의 보험료 및 감가상각비	⑥ 사무실 건물의 보험료 및 감가상각비

(4) 변동비 · 고정비 ← 원가행태에 따른 분류

원가는 조업도의 변화에 대하여 어떤 반응을 보이느냐에 따라 고정비와 변동비로 분류된다. 여기서 조업도란 생산활동의 활발한 정도를 나타내는 지표로서 생산량 · 직접노동시간 · 기계운전시간 등으로 표시된다.

① **변동비** : 조업도 수준이 변동함에 따라 직접적으로 비례하여 변동하는 원가로서 조업이 중단되었을 경우에는 전혀 발생하지 않는 원가를 말한다. 변동비에는 직접재료비, 직접노무비 등이 있다.

② **고정비** : 조업도 수준의 변동에 관계없이 관련범위 내에서는 항상 원가총액이 일정하게 발생하는 원가를 말한다. 그러므로 제품단위당 고정비 부담액은 생산량이 증가하면 할수록 감소하게 된다. 고정비에는 감가상각비, 재산세, 임차료 등이 있다.

③ **준변동비**(혼합원가) : 고정비와 변동비의 성격을 동시에 갖고 있는 원가를 말한다. 준변동비에는 전력비, 통신비 등이 있다.

④ **준고정비**(계단원가) : 일정한 수준의 조업도(관련범위) 범위 내에서는 원가총액이 일정하지만 그 범위를 벗어나면 총원가가 변동하는 형태의 원가를 말한다. 준고정비에는 공장의 임대면적 증가에 따른 임차료 등이 있다.

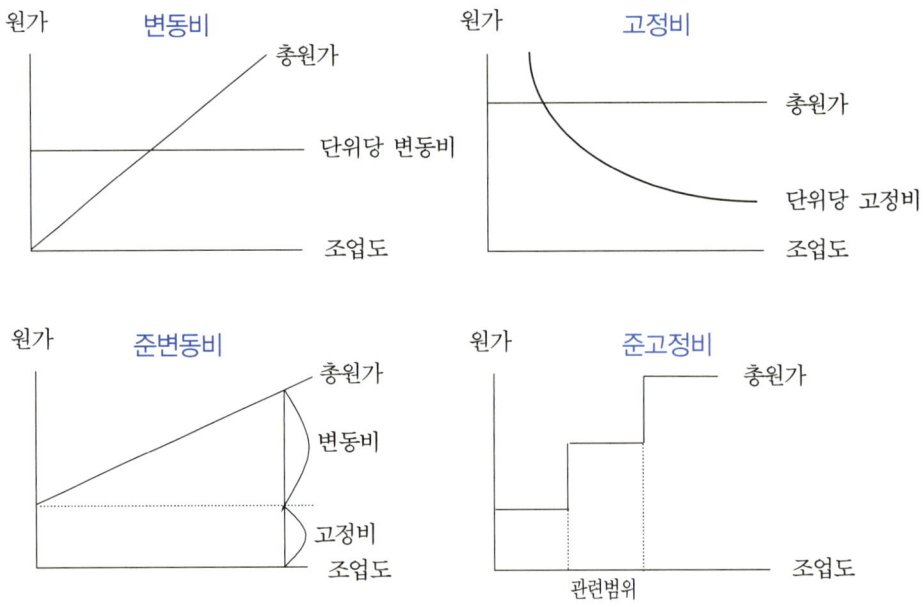

(5) 기초원가 · 가공비

① **기초원가** : 직접재료비와 직접노무비를 합한 금액을 말하며 기본원가라고도 한다. 기초원가라는 용어를 사용하는 이유는 특정 제품을 제조하는데 기본적으로 발생되는 원가이기 때문이다.

② 가공비 : 제품을 제조하는 과정에서 발생하는 직접노무비와 제조간접비를 합한 금액을 말한다. 직접재료를 가공하여 완제품을 생산하는 과정에서 소요되는 원가라는 의미에서 가공비라고 하며, 직접재료를 완제품으로 전환시키는데 소비된 원가라는 의미에서 전환원가라고도 한다.

기초원가	직접재료비	
	직접노무비	가공비
	제조간접비	

(6) 의사결정과의 관련성에 따른 분류

① 매몰원가 : 매몰원가(sunk cost)란 과거의 의사결정으로부터 이미 발생한 원가로서 현재 또는 미래에 어떤 의사결정을 하더라도 회수할 수 없는 원가를 말한다. 매몰원가는 의사결정에 고려할 필요가 없다.

② 기회비용(기회원가) : 기회비용이란 자원을 현재 용도 이외에 다른 용도로 사용했을 경우에 얻을 수 있는 최대금액을 말한다. 즉, 여러 대체안 중에서 어느 하나를 선택함으로 인하여 상실하게 되는 최대의 경제적 효익을 말한다. 기회비용은 의사결정에 고려해야 한다.

③ 관련원가와 비관련원가 : 관련원가란 경영자의 의사결정과 직접적으로 관련이 있는 원가를 말하는 것으로, 고려중인 대체안 간의 차이가 있는 미래의 원가(예 대부분의 변동비)를 말한다. 반면 매몰원가는 과거의 의사결정 결과로 이미 발생된 원가로 미래의 의사결정에 의해서 변경될 수 없는 원가이므로 비관련원가가 된다.

④ 회피가능원가와 회피불가능원가 : 회피가능원가란 의사결정에 따라 발생하지 않을 수도 있는 원가(예 조업도 수준이 감소한다면 절감될 수 있는 원가로 변동원가에 해당)를 말하며, 회피불가능원가란 어떤 의사결정을 하던지 계속해서 발생하는 원가(예 과거, 현재, 미래에도 계속 발생할 수 있는 원가로 고정원가에 해당)를 말한다.

⑤ 통제가능원가와 통제불능원가 : 통제가능원가란 경영자의 의사 결정과 행동에 영향을 받는 원가(예 재료비, 노무비, 광고비 등)를 말한다. 이는 통제가능성에 따른 분류에 해당한다.

⑥ 제품원가와 기간원가 : 제품원가는 특정한 생산물에 집계되어 자산으로 남아 있다가 제품이 판매되는 시점에서 비용으로 처리되는 원가를 말하며, 기간원가는 발생 즉시 비용으로 처리되는 원가를 말한다. 이는 자산화 여부에 따른 분류에 해당한다.

⑦ 미소멸원가와 소멸원가 : 기업에 미래의 경제적 효익을 가져다 줄 수 있는 자산의 취득원가는 미소멸원가에 해당하며, 이 자산의 감가상각비는 미래의 경제적 효익을 가져다 줄 수 없는 소멸원가에 해당한다. 이는 경제적 효익에 따른 분류에 해당한다.

기/출/문/제 (필기)

― 원가의 개념 ― ☆☆

01 다음 중 원가계산 항목이 아닌 것은?

① 생산시설 감가상각비　　　② 생산직 근로자 인건비
③ 생산시설 전기요금　　　　④ 영업용 차량유지비

[풀이] 영업용 차량유지비는 비원가항목이다.

― 추적가능성에 따른 분류 ― ☆☆☆☆

02 다음 중 원가의 추적가능성에 따른 분류로 가장 맞는 것은?

① 직접원가와 간접원가　　　② 고정원가와 변동원가
③ 실제원가와 표준원가　　　④ 제조원가와 비제조원가

― 발생형태 + 추적가능성에 따른 분류 ― ☆

03 다음 자료에 의한 제조간접비는 얼마인가?

• 직접재료비	300,000원	• 직접재료비	300,000원
• 기계 감가상각비	25,000원	• 공장 임차료	450,000원
• 영업부 사무실 임차료	300,000원	• 공장 전력비	180,000원
• 판매수수료	80,000원		

① 1,215,000원　② 1,165,000원　③ 655,000원　④ 435,000원

[풀이] 기계 감가상각비 + 공장 임차료 + 공장 전력비 = 제조간접비
　　└ 25,000 + 450,000 + 180,000 = 655,000원

― 원가행태에 따른 분류 ― ☆

04 다음 중 원가행태에 따른 분류로 볼 수 없는 것은?

① 고정비　　　　　　　② 직접비
③ 변동비　　　　　　　④ 준고정원가

[풀이] 직접비는 추적가능성에 따른 분류에 해당한다.

05 다음 내용에서 설명하고 있는 원가의 행태는 무엇인가?

• 조업도가 증가하거나 감소하더라도 단위당 원가는 일정하다.
• 조업도가 0이면 총원가도 0이다.

① 고정비　　② 변동비　　③ 준고정비　　④ 준변동비

— 변동비 — ☆☆☆

06 다음은 변동비에 관한 설명 및 도표이다. 잘못된 것은?

① 조업도의 변동에 비례하여 총원가가 변동하는 원가를 말한다.
② 단위당 원가는 조업도의 변동에 관계없이 일정하다.
③ 변동비의 총원가는 조업도에 따라서 다음과 같이 발생한다.

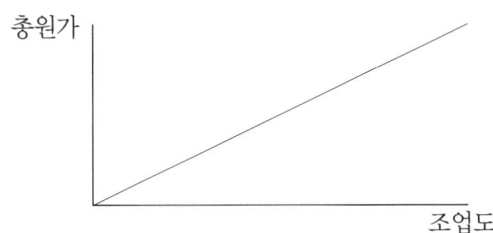

④ 단위당 원가는 조업도가 증가할수록 감소한다.

[풀이] 변동비 단위당 원가는 일정하다.

07 다음 내용에서 설명하고 있는 원가의 행태는 무엇인가?

• 조업도가 증가하거나 감소하더라도 단위당 원가는 일정하다.
• 조업도가 0이면 총원가도 0이다.

① 고정비　　　② 변동비　　　③ 준고정비　　　④ 준변동비

08 다음의 그래프는 조업도에 따른 원가의 변화를 나타낸 것이다. 변동원가에 해당하는 그래프만 짝지은 것은?

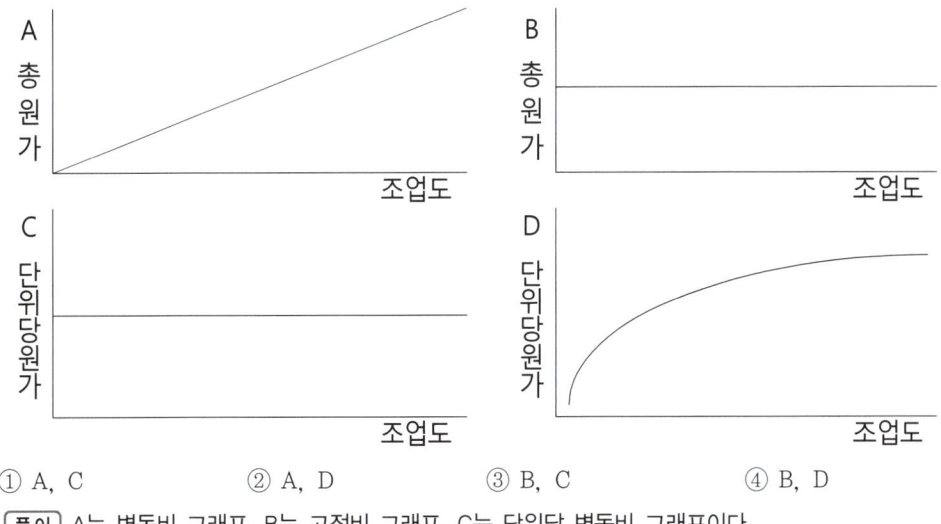

① A, C　　　② A, D　　　③ B, C　　　④ B, D

[풀이] A는 변동비 그래프, B는 고정비 그래프, C는 단위당 변동비 그래프이다.

— 고정비 — ★☆

09 다음 중 고정비에 대한 내용이 아닌 것은?

① 조업도가 0이라도 일정한 비용이 발생한다.
② 조업도가 증가하거나 감소하더라도 총비용이 증가하거나 감소하지 않는다.
③ 조업도가 증가하면 조업도 단위당 비용은 감소한다.
④ 조업도가 감소하면 조업도 단위당 비용은 감소한다.

[풀이] 조업도가 감소하면 조업도 단위당 비용은 증가한다.

10 다음은 관련범위 내의 조업도에 따른 원가이다. 원가행태에 따른 분류로 알맞은 것은?

생산량	300개	600개	900개
총원가	900,000원	900,000원	900,000원
단위당 원가	3,000원	1,500원	1,000원

① 변동비   ② 준변동비   ③ 고정비   ④ 준고정비

11 원가행태에 따른 다음의 설명에 해당되는 것은 무엇인가?

- 관련범위 내에서 인형 1,000개를 생산할 때와 2,000개 생산할 때의 총원가는 동일하다.
- 관련범위 내에서 조업도가 증가하는 경우, 단위당 원가는 감소한다.

① 준고정비   ② 고정비   ③ 변동비   ④ 준변동비

12 다음 중 조업도의 증감에 관계없이 관련범위 내에서 총액이 항상 일정하게 발생하는 원가요소는?

① 수도광열비   ② 직접노무비
③ 동력비   ④ 임차료

— 변동비와 고정비의 비교 — ☆☆☆

13 원가에 대한 설명 중 가장 옳지 않은 것은?

① 직접재료비는 조업도에 비례하여 총원가가 증가한다.
② 조업도가 무한히 증가할 때 단위당 고정비는 1에 가까워진다.
③ 관련 범위내 변동비는 조업도의 증감에 불구하고 단위당 원가가 일정하다.
④ 제품원가는 조업도가 증가하면 고정비요소로 인하여 단위당 원가는 감소하나 단위당 변동비 이하로는 감소할 수 없다.

[풀이] 조업도가 무한히 증가할 때 단위당 고정비는 0에 가까워진다.

14 다음 중 원가 행태에 대한 설명으로 옳지 않은 것은?

① 조업도가 증가하면 변동원가 총액은 증가한다.
② 조업도가 증가하면 단위당 고정원가는 감소한다.
③ 조업도가 감소하면 단위당 변동원가는 증가한다.
④ 조업도와 관계없이 고정비 총액은 항상 일정하다.

[풀이] 조업도의 증감에 불구하고 단위당 변동원가는 일정하다.

– 준변동비 – ☆☆☆☆

15 다음에서 설명하는 원가행태로 맞는 것은?

> 정부는 중·장기대책으로 이동통신음성데이터를 이용할 수 있는 보편요금제를 출시하도록 하는 방안을 추진키로 했다. 보편요금제는 월 요금 2만원에 기본 음성 200분, 데이터 1GB, 문자무제한 등을 이용할 수 있다. 음성·데이터 초과분에 대한 분당 요금은 이동통신사가 정하기로 했다.

① 변동비   ② 고정비   ③ 준변동비   ④ 준고정비

16 조업도가 "0(영)" 일지라도 일정한 원가가 발생하고, 조업도가 증가할수록 비례적으로 원가가 발생하는 형태를 지닌 원가는?

① 준고정비   ② 고정비
③ 변동비   ④ 준변동비

[풀이] 준변동비(혼합원가)에 대한 설명이다.

17 다음의 원가특성에 대한 설명으로 틀린 것은?

> 전기료, 수도료 등은 사용하지 않는 경우에도 기본요금을 부담해야 하고 또한 사용량에 비례하여 종량요금은 증가한다.

① 조업도의 변동과 관계없이 일정하게 발생하는 고정비와 조업도의 변동에 따라 비례하여 발생하는 변동비의 두 요소를 모두 가지고 있다.
② 계단원가(step costs)라고도 한다.
③ 준변동비의 특성에 대한 설명이다.
④ 혼합원가(mixed costs)라고도 한다.

[풀이] 준고정비를 계단원가라고도 한다.

— 준고정비 — ☆☆☆

18 다음은 ㈜반도에서 사용하고 있는 기계장치에 관한 내용이다. 내년 예상 물량을 생산하기 위해 기계장치 1대를 추가로 구입하기로 하였다. 이와 관련된 원가행태를 나타내고 있는 것은?

- 현재 보유하고 있는 기계장치 수 : 2대
- 기계장치 1대당 원가 : 20,000,000원
- 기계장치 1대당 최대생산량 : 10,000개
- 내년 예상 생산량 : 24,000개

①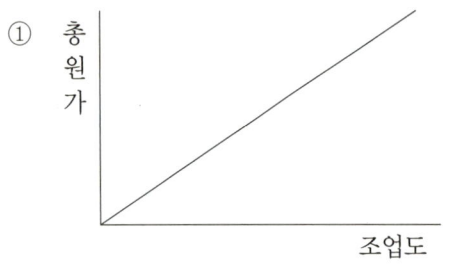

②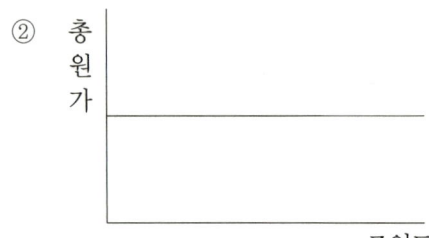

③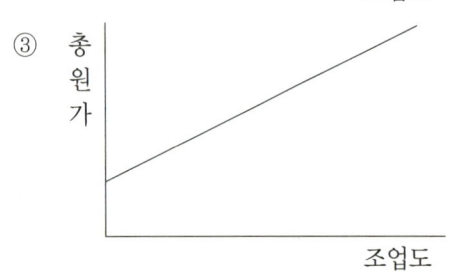

④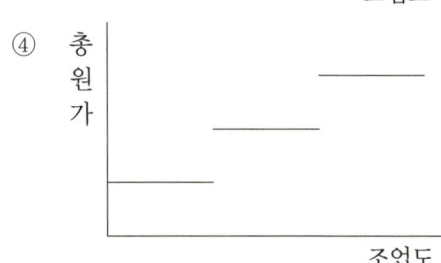

— 기초원가 · 가공비 — ★★☆☆

19 다음 중 원가에 대한 설명으로 틀린 것은?

① 직접재료비와 직접노무비는 기초원가에 해당한다.
② 특정제품 또는 특정부문에 직접적으로 추적가능한 원가를 직접비라 하고 추적불가능한 원가를 간접비라 한다.
③ 변동비 총액은 조업도에 비례하여 증가한다.
④ 가공비란 직접재료비와 직접노무비를 합계한 원가를 말한다.

[풀이] 가공비란 직접노무비와 제조간접비를 합계한 원가를 말한다.

20 다음 제조원가에 대한 설명 중 틀린 것은?

① 직접재료비와 직접노무비의 합은 기초원가(기본원가)이다.
② 직접노무비와 제조간접비의 합은 가공원가(전환원가)이다.
③ 제조원가는 직접재료비, 직접노무비, 제조간접비로 구분된다.
④ 생산근로자의 식대와 판매근로자의 식대는 모두 제조원가이다.

[풀이] 판매근로자의 식대는 제조원가가 아니다.

21 다음 중 원가에 대한 설명으로 가장 옳지 않은 것은?

① 직접재료비는 조업도에 비례하여 총원가가 증가한다.
② 당기총제조원가는 당기에 발생한 기본원가와 제조간접원가의 합이다.
③ 관련 범위 내에서 변동비는 조업도의 증감에 불구하고 단위당 원가가 일정하다.
④ 제품생산량이 증가함에 따라 관련범위 내에서 제품 단위당 고정원가는 일정하다.

[풀이] 제품생산량이 증가함에 따라 관련범위 내에서 제품 단위당 고정원가는 감소한다.

― 기초원가·가공비 계산문제 ― ☆

22 다음 자료를 이용하여 가공원가를 계산하면 얼마인가?

- 직접재료원가 : 500,000원
- 고정제조간접원가 : 700,000원
- 직접노무원가 : 1,000,000원
- 변동제조간접원가는 직접노무원가의 80%이다.

① 1,500,000원 ② 2,200,000원 ③ 2,500,000원 ④ 3,000,000원

[풀이] 직접노무원가 + 고정제조간접비 + 변동제조간접원가 = 가공비
  └ 1,000,000 + 700,000 + (1,000,000 × 80%) = 2,500,000원

23 ㈜동양의 원가 자료는 다음과 같다. 가공원가는 얼마인가?

- 직접재료원가 구입액 : 500,000원
- 직접재료원가 사용액 : 400,000원
- 직접노무원가 발생액 : 300,000원
- 변동제조간접원가 발생액 : 800,000원
- 변동제조간접원가는 총제조간접원가의 50%이다.

① 1,100,000원 ② 1,300,000원 ③ 1,800,000원 ④ 1,900,000원

[풀이] 직접노무원가 발생액 + 총제조간접비 = 가공비
  └ 300,000 + (800,000 ÷ 50%) = 1,900,000원

― 매몰원가 ― ☆

24 공장에 설치하여 사용하던 기계가 고장이 나서 처분하려고 한다. 취득원가는 2,000,000원, 고장시점까지의 감가상각누계액은 1,500,000원이다. 동 기계를 바로 처분하는 경우 600,000원에 처분 가능하며 100,000원의 수리비를 들여 수리하는 경우 800,000원에 처분할 수 있다. 이 때 매몰원가는 얼마인가?

① 100,000원 ② 500,000원 ③ 600,000원 ④ 800,000원

[풀이] 매몰원가는 과거의 의사결정으로부터 이미 발생한 원가(즉, 취득원가 - 감가상각누계액 = 장부가액 500,000원)로서 현재 또는 미래에 어떤 의사결정을 하더라도 회수할 수 없는 원가로서 의사결정에 고려할 필요가 없다.

- 기회비용 - ☆☆
25 다음 중 원가에 대한 설명으로 옳은 것은?
① 특정 원가대상에 명확하게 추적이 가능한 원가를 직접원가라 한다.
② 기회비용은 특정 의사결정에 고려할 필요가 없는 원가이다.
③ 총원가가 조업도의 변동에 비례하여 변하는 원가를 고정원가라 한다.
④ 가공원가에는 직접재료비와 직접노무비가 있다.

[풀이] ② 기회비용은 의사결정에 고려해야 한다.
③ 총원가가 조업도의 변동에 비례하여 변하는 원가를 변동원가라 한다.
④ 가공원가에는 직접노무비와 제조간접비가 있다.

- 관련원가 -
26 다음 중 원가의 개념설명이 옳지 않은 것은?
① 통제가능원가 : 특정한 경영자가 원가 발생액에 대하여 영향을 미칠 수 있는 원가
② 매몰원가 : 과거의 의사결정으로 이미 발생한 원가로 의사결정에 고려되어서는 안 되는 원가
③ 기회원가 : 재화·용역 또는 생산설비를 특정용도 이외의 다른 대체적인 용도로 사용한 경우에 얻을 수 있는 최대 금액
④ 관련원가 : 여러 대안 사이에 차이가 나는 원가로서 의사결정에 간접적으로 관련되는 원가

[풀이] 관련원가란 특정의 의사결정과 직접 관련이 있는 원가를 말하는 것으로, 고려중인 대체안 간의 차이가 있는 미래의 원가를 말한다.

- 회피불능원가 - ☆
27 다음 중 원가의 개념에 대한 설명으로 옳지 않은 것은?
① 기본원가에는 직접재료비와 직접노무비가 있다.
② 기회비용은 과거의 의사결정으로 이미 발생한 원가로써 특정 의사결정에 고려할 필요가 없는 원가이다.
③ 회피불능원가란 어떤 의사결정을 하더라도 절약할 수 없는 원가를 말한다.
④ 변동비의 총액은 조업도에 비례하여 증가한다.

- 통제가능원가 - ☆
28 다음 중 원가의 개념이 가장 잘못 연결된 것은?
① 기회원가 : 과거에 발생한 원가로서 의사결정에 고려되어서는 안되는 원가
② 가공원가 : 직접노무비와 제조간접비를 합한 금액
③ 통제가능원가 : 특정부문의 경영자가 원가의 발생을 관리할 수 있으며, 부문경영자의 성과평가의 기준이 되는 원가
④ 변동원가 : 조업도의 변동에 관계없이 단위당 원가는 일정하고, 총원가는 조업도의 변동에 비례하여 변하는 원가

— 제품원가와 기간원가 —

29 원가의 개념에 대한 다음 설명 중 틀린 것은?

① 매몰원가란 특정의사결정과 직접적으로 관련있는 원가를 말한다.
② 고정원가란 관련범위 내에서 조업도 수준과 관계없이 총원가가 일정한 원가형태를 말한다.
③ 직접원가란 특정 원가 집적대상에 추적이 가능하거나 식별 가능한 원가이다.
④ 기간원가란 제품생산과 관련없이 발생된 원가로써 발생된 기간에 비용으로 처리되는 원가를 말한다.

— 미소멸원가와 소멸원가 —

30 다음 중 원가의 사용 목적에 따른 분류로서 가장 적합하지 않은 것은?

① 원가계산 시점 : 실제원가, 예정원가
② 제품과의 관련성 : 직접원가, 간접원가
③ 조업도 변화에 의한 원가형태 : 순수변동비, 준변동비, 준고정비
④ 경제적 효익 : 제품원가, 기간원가

[풀이] 제품원가와 기간원가는 자산화 여부에 따른 분류에 해당한다. 경제적 효익에 따른 분류는 미소멸원가와 소멸원가이다.

정답

1. ④	2. ①	3. ③	4. ②	5. ②	6. ④	7. ②	8. ①	9. ④	10. ③
11. ②	12. ④	13. ②	14. ③	15. ③	16. ④	17. ②	18. ④	19. ④	20. ④
21. ④	22. ③	23. ④	24. ②	25. ①	26. ④	27. ②	28. ①	29. ①	30. ④

제4절 원가의 구성

1. 직접원가

직접원가란 직접비로만 구성된 것으로서, 특정 제품의 제조를 위하여 소비된 직접재료비, 직접노무비, 직접제조경비의 합계액이다.

> 직접원가 = 직접재료비 + 직접노무비 + 직접제조경비

2. 제조원가

제조원가란 직접원가에다 간접원가(간접재료비, 간접노무비, 간접제조경비)를 가산한 것으로서, 제조과정에서 발생하는 모든 원가를 말한다.

> 제조원가 = 직접원가 + 간접원가

3. 총원가

총원가란 제조원가에다 판매비와관리비를 합한 금액으로써, 제품의 제조 및 판매를 위하여 발생한 모든 원가요소를 포함하는 것이다. 총원가는 제품의 판매가격을 결정하는 기초가 되므로 이것을 판매원가라고도 한다.

> 총원가 = 제조원가 + 판매비와관리비

4. 판매가격

판매가격이란 총원가에 판매이익을 가산한 것으로서 제품이 매출되는 가격이다.

> 판매가격 = 총원가 + 판매이익

[원가구성도]

			판매이익	
		판매비와관리비		
	간접원가		총원가	판매가격
직접재료비		제조원가	(판매원가)	
직접노무비	직접원가			
직접제조경비				

기/출/문/제 [필기]

— 제조원가 — ★★☆☆☆

01 다음 중 제품의 제조원가를 구성하지 않는 것은?

① 공장직원의 특별상여금
② 원재료를 공급하는 거래처에 대한 기업업무추진비
③ 제품의 광고선전비
④ 공장건물의 재산세

02 다음 중 제품의 제조원가를 구성하지 않는 것은?

① 공장직원의 식사대 ② 제품 홍보책자 인쇄비
③ 원재료 매입거래처에 대한 기업업무추진비 ④ 공장건물의 화재보험료

03 다음 중 제조원가 항목이 아닌 것은?

① 생산시설 전기요금 ② 공장건물에 대한 감가상각비
③ 판매직 사원의 특별상여금 ④ 생산직 근로자의 연말상여금

04 원가구성요소의 분류상 해당 항목에 포함되는 내용 중 틀린 것은?

	기본원가	가공비	제조원가
①	직접노무비	제조간접비	직접재료비
②	직접재료비	제조간접비	직접노무비
③	직접노무비	직접재료비	간접노무비
④	직접노무비	간접재료비	간접노무비

[풀이] 가공비는 직접노무비와 제조간접비로 구성된다.

05 다음 자료에 의하여 제조원가에 포함될 금액은 얼마인가?

• 간접재료비	250,000원	• 제조 공장 화재보험료	50,000원
• 제조 공장장 급여	85,000원	• 영업부 건물 화재보험료	80,000원
• 제조 기계 감가상각비	75,000원	• 영업부 여비교통비	20,000원
• 제조 공장 임차료	120,000원	• 영업부 사무실 임차료	100,000원

① 495,000원 ② 580,000원 ③ 600,000원 ④ 660,000원

[풀이] 간접재료비 + 공장 화재보험료 + 공장장 급여 + 기계 감가상각비 + 공장 임차료 = 제조원가
└ 250,000 + 50,000 + 85,000 + 75,000 + 120,000 = 580,000원

– 총원가 – ☆

06 다음은 세무㈜의 당월 원가자료이다. 세무㈜는 당기총제조원가(비용)에 당월 판매비와관리비를 가산하여 판매원가를 계산하고 있다. 자료에 의하여 판매원가에 포함된 판매비와관리비를 계산하면 얼마인가?

| • 직접재료비 | 3,000,000원 | • 제조간접비 | 3,000,000원 |
| • 직접노무비 | 2,000,000원 | • 판매원가 | 11,000,000원 |

① 1,700,000원 ② 3,000,000원 ③ 3,700,000원 ④ 4,700,000원

[풀이] 제조원가(직접재료비, 직접노무비, 제조간접비) + 판매비와관리비 = 총원가(판매원가)
└ (3,000,000 + 2,000,000 + 3,000,000) + 판매비와관리비 = 11,000,000원
∴ 판매비와관리비 3,000,000원

07 다음은 제조원가에 관련한 내용이다. 가장 옳지 않은 것은 무엇인가?

① 제조원가는 직접재료비와 직접노무비에 제조관련한 간접비를 가산하여 계산한다.
② 직접노무비와 제조간접비는 변동비에 해당한다.
③ 제품의 가격을 결정시에는 제조원가만을 고려하지 않고 판매비와관리비도 고려하는 것이 보다 합리적이다.
④ 고정비는 관련 조업도범위 내에서 제품생산량에 무관하게 발생하는 비용이다.

[풀이] 직접재료비와 직접노무비는 변동비에 해당하며, 제조간접비는 변동비와 고정비가 동시에 발생하는 것이 일반적이다.

 정답

1. ③   2. ②   3. ③   4. ③   5. ②   6. ②   7. ②

제5절 원가의 흐름

제조기업의 경영활동은 각종 원재료, 노동력 및 생산설비 등을 구입하는 구매활동, 구입된 각종 원재료 등을 이용하여 제품을 제조하는 제조활동 및 제조가 완료된 제품을 판매하는 판매활동이라는 일련의 과정을 거치게 된다. 따라서 제조기업은 이러한 일련의 과정을 회계처리하게 되는데 이를 원가의 흐름이라고 한다.

[원가의 흐름]

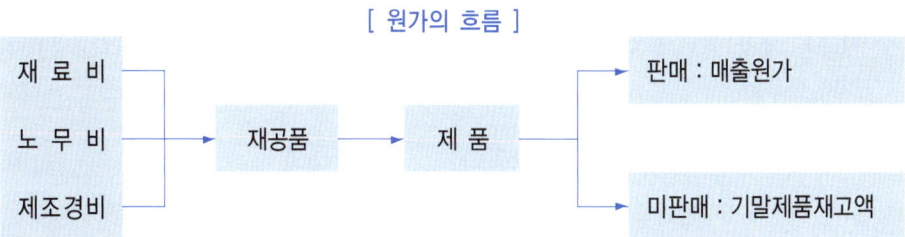

1. 원가요소 계정

(1) 재료비 계정

재료비 계정은 재료의 소비액을 기록하는 계정이다.
① 재료 구입시 : 재료를 구입하면 재료 계정의 차변에 기록한다.
　　(차) 재료　　　　　　　　100,000　／　(대) 현금　　　　　　　　100,000
② 재료 소비시 : 재료가 제품의 제조를 위하여 소비되면 재료 계정의 대변에 기록하고 재료비 계정의 차변에 기록한다. 재료비 계정 차변에 기입된 당월 소비액 중 직접재료비는 재공품 계정 차변에 대체하고, 간접재료비는 제조간접비 계정 차변에 대체한다.
　　(차) 재료비　　　　　　　　60,000　／　(대) 재료　　　　　　　　60,000

　　(차) 재공품A　　　　　　　50,000　／　(대) 재료비　　　　　　　60,000
　　(차) 제조간접비　　　　　　10,000

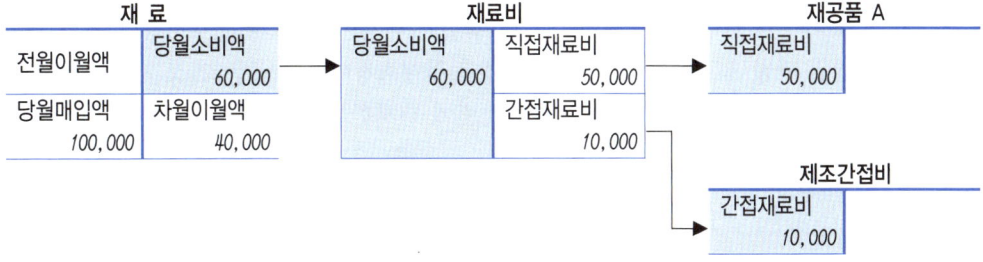

(2) 노무비 계정

노무비 계정은 노무비의 발생액을 기록하는 계정이다.

① 노무비 지급시 : 임금·상여·수당 등 노무비 지급시에는 임금 계정을 설정하여 그 차변에 당월 지급액을 기록한다.

  (차) 임금   100,000   / (대) 현금   100,000

② 노무비 집계 : 노무비의 당월 발생액을 계산하여 임금 계정의 대변과 노무비 계정 차변에 기록한다. 노무비 계정 차변에 기입된 당월 노무비 발생액 중에서 직접노무비는 재공품 계정 차변에 대체하고, 간접노무비는 제조간접비 계정 차변에 대체한다.

  (차) 노무비   100,000   / (대) 임금   100,000

  (차) 재공품A   80,000   / (대) 노무비   100,000
  (차) 제조간접비   20,000

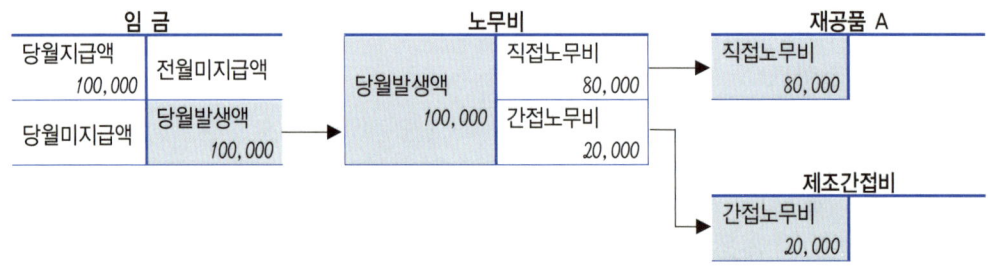

(3) 제조경비 계정

제조경비 계정은 생산설비에 대한 감가상각비, 화재보험료, 임차료, 수선비, 전력비, 가스수도료, 운임, 교통비 등과 같이 제조과정에서 발생한 경비의 소비액을 기록하는 계정이다.

① 제조경비 발생시 : 제조경비가 발생하면 경비 항목의 내용에 따라 보험료 계정, 임차료 계정 등의 차변에 기록한다.

  (차) 보험료   20,000   / (대) 현금   100,000
  (차) 임차료   80,000

② 제조경비 집계 : 당월의 제조경비 총 발생액을 집계하기 위하여 제조와 관련된 당해 원가 요소의 발생액을 제조경비 계정의 차변에 대체한다. 그리고 제조경비 계정 차변에 기입된 당월 제조경비 발생액 중에서 직접제조경비는 재공품 계정 차변에 대체하고, 간접제조경비는 제조간접비 계정 차변에 대체한다.

  (차) 제조경비   100,000   / (대) 보험료   20,000
                                    (대) 임차료   80,000

  (차) 재공품A   40,000   / (대) 제조경비   100,000
  (차) 제조간접비   60,000

2. 원가계산 계정

(1) 제조간접비 계정

기업이 여러 종류의 제품을 제조하는 경우에는 각 제품의 종류별로 재공품 계정을 설정한다. 이때 추적이 가능한 직접재료비, 직접노무비, 직접제조경비는 각각의 재공품 계정의 차변에 기록하고 간접재료비·간접노무비·간접제조경비는 각 제품에 추적이 되지 않기 때문에 제조간접비 계정을 설정하여 집계한다. 그리고 원가계산 기말에 그 합계액을 일정한 기준에 따라 각 제품의 재공품 계정에 나누어 주어야 하는데 이를 배부라고 한다.

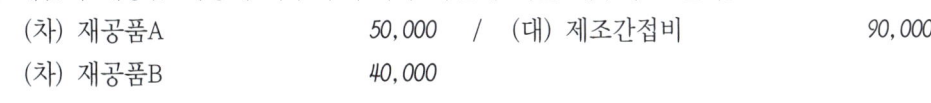

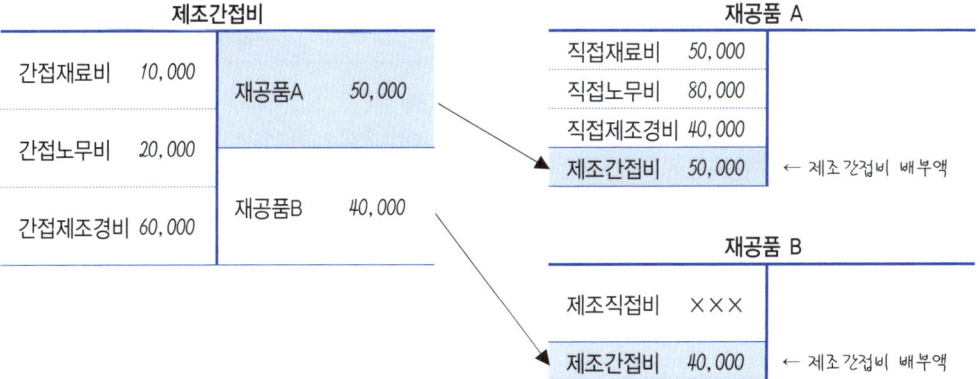

(2) 재공품 계정

재공품 계정은 특정 제품을 제조하는 과정에서 소비된 모든 원가를 기록하는 계정이다. 재공품 계정의 차변에는 직접재료비·직접노무비·직접제조경비와 제조간접비 배부액을 기록한다. 그 후 제품이 완성되면 완성품의 제조원가를 재공품 계정 대변에 기록하여 재공품을 감소시키고 이를 제품 계정의 차변에 대체한다.

(차) 재공품A   220,000   /   (대) 직접재료비   50,000
                                      (대) 직접노무비   80,000
                                      (대) 직접제조경비   40,000
                                      (대) 제조간접비   50,000

(차) 제품   220,000   /   (대) 재공품A   220,000

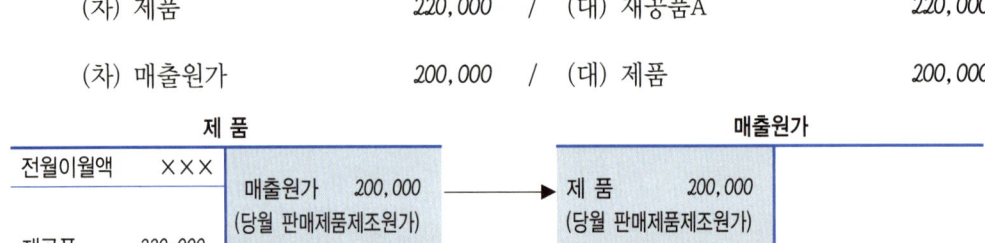

(3) 제품 계정

제품 계정은 제조공정을 완전히 마친 완성품의 증가와 감소를 기록하는 계정이다. 제품 계정의 차변에는 재공품에서 대체된 완성된 제품의 제조원가를 기록한다. 이후에 제품이 판매되면 판매된 제품의 제조원가를 제품 계정의 대변에 기록하여 제품을 감소시키고 이를 매출원가 계정 차변에 대체한다.

(차) 제품   220,000   /   (대) 재공품A   220,000

(차) 매출원가   200,000   /   (대) 제품   200,000

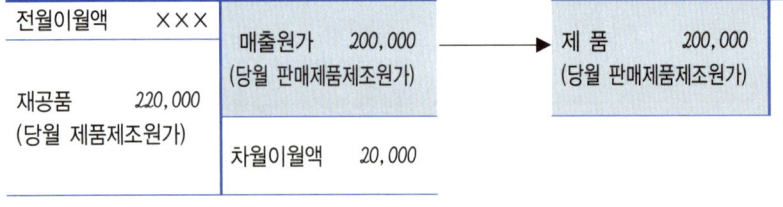

3. 원가의 계산

(1) 직접재료비의 계산

> 직접재료비 = 기초재료재고액 + 당기재료매입액 − 기말재료재고액

(2) 당기총제조원가의 계산

> 당기총제조원가 = 직접재료비 + 직접노무비 + 제조간접비

(3) 당기제품제조원가의 계산

> 당기제품제조원가 = 기초재공품재고액 + 당기총제조원가 − 기말재공품재고액

(4) 매출원가의 계산

> 매출원가 = 기초제품재고액 + 당기제품제조원가 − 기말제품재고액

4. 제조원가명세서와 재무제표의 관계

제조원가명세서는 완성된 제품의 제조원가를 상세히 나타내기 위한 보고서로서, 재무상태표와 손익계산서의 작성에 필요한 원가정보를 제공한다. 즉, 제조원가명세서는 재무상태표에 표시되는 원재료, 재공품, 제품 등의 재고자산가액과 손익계산서에 표시되는 매출원가를 결정하기 위한 정보를 제공한다.

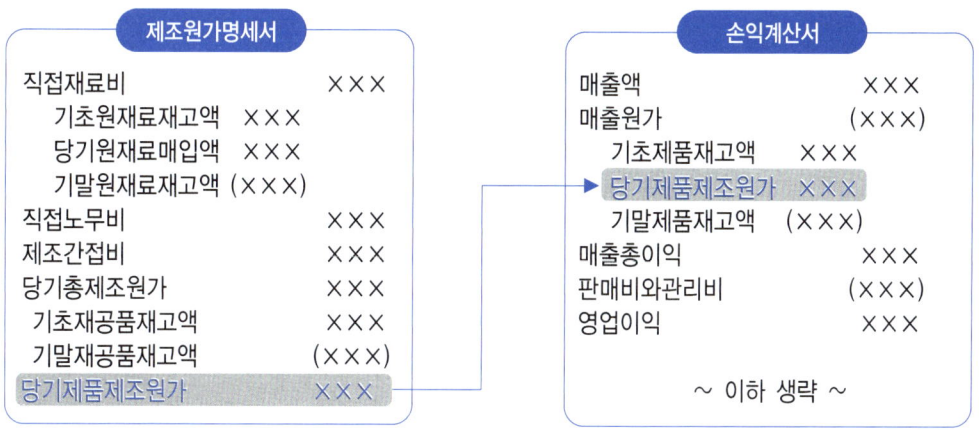

기/출/문/제 (필기)

— 원가요소 계정 — ☆☆☆

01 다음 중 당월에 발생한 재료비 중 간접재료비 100,000원을 대체하는 분개로 맞는 것은? 다만, 당사는 재료비 계정을 설정하여 회계처리를 하고 있다.

① (차변) 재료비　　　　　100,000원　／　(대변) 원재료　　　　100,000원
② (차변) 제조간접비　　　100,000원　／　(대변) 재공품　　　　100,000원
③ (차변) 원재료　　　　　100,000원　／　(대변) 제조간접비　　100,000원
④ (차변) 제조간접비　　　100,000원　／　(대변) 재료비　　　　100,000원

[풀이] 재료비 계정 차변에 기입된 당월소비액 중 직접재료비는 재공품 계정 차변에 대체하고, 간접재료비는 제조간접비 계정 차변에 대체한다.

— 원가계산 계정 — ☆

02 다음 중 재공품 계정의 차변에 기입되는 사항은?

① 재공품 차기이월액　　　　② 당기제품제조원가
③ 당기 제조간접비배부액　　④ 당기제품매출원가

[풀이] 재공품 계정의 차변에는 전기이월액, 직접재료비, 직접노무비, 직접제조경비와 제조간접비 배부액을 기록한다.

03 다음 중 재공품 계정의 대변에 기입되는 사항은?

① 재공품 전기이월액　　　　② 당기제품제조원가
③ 원재료비 사용액　　　　　④ 제조간접비 배부액

04 다음 중 재공품 및 제품에 관한 설명으로 틀린 것은?

① 당기제품제조원가는 재공품 계정의 대변에 기입한다.
② 매출원가는 제품 계정의 대변에 기입한다.
③ 기말재공품은 손익계산서에 반영된다.
④ 직접재료비, 직접노무비, 제조간접비의 합계를 당기총제조원가라고 한다.

[풀이]

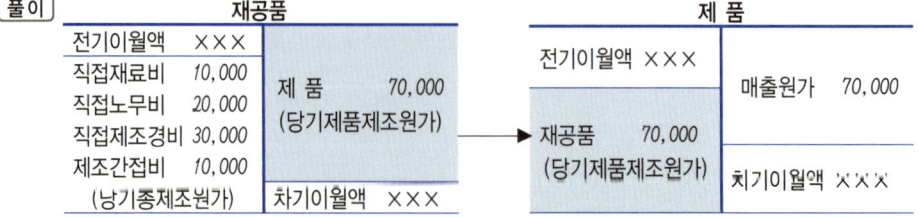

③ 기말재공품은 재무상태표에 반영된다.

05 다음 원가 집계과정에 대한 설명 중 틀린 것은?

① 당기총제조원가는 재공품 계정의 차변으로 대체된다.
② 당기제품제조원가(당기완성품원가)는 재공품 계정의 대변으로 대체된다.
③ 당기제품제조원가(당기완성품원가)는 제품 계정의 차변으로 대체된다.
④ 제품매출원가는 매출원가 계정의 대변으로 대체된다.

[풀이] 제품매출원가는 매출원가 계정의 차변으로 대체된다.

— 직접재료비의 계산 — ☆☆☆

06 ×1년 기간에 사용한 원재료는 3,000,000원이다. ×1년 12월 31일 기말원재료재고액은 ×1년 1월 1일 기초원재료재고액 보다 200,000원이 더 많다. ×1년 기간의 원재료 매입액은 얼마인가?

① 2,800,000원 ② 3,100,000원 ③ 3,200,000원 ④ 3,400,000원

[풀이] 기초원재료재고액(x) + 당기원재료매입액 − 기말원재료재고액(x + 200,000) = 원재료비
  └ x + 당기원재료매입액 − (x + 200,000) = 3,000,000원
  └ 당기원재료매입액 − 200,000 = 3,000,000원
  ∴ 당기원재료매입액 3,200,000원

— 당기총제조원가의 계산 — ☆☆☆☆

07 다음 중 당기총제조원가를 구성하는 요소가 아닌 것은?

① 당기제품제조원가 ② 직접재료비
③ 제조간접비 ④ 직접노무비

08 다음의 자료를 이용하여 당기총제조원가를 구하면 얼마인가?

• 기초재공품재고액	30,000원	• 기초제품재고액	50,000원
• 기말재공품재고액	10,000원	• 기말제품재고액	40,000원
• 매출원가	550,000원		

① 500,000원 ② 520,000원 ③ 540,000원 ④ 560,000원

[풀이] 당기제품제조원가 + 기초제품재고액 − 기말제품재고액 = 매출원가
  └ 당기제품제조원가 + 50,000 − 40,000 = 550,000원
  ∴ 당기제품제조원가 540,000원
  당기총제조원가 + 기초재공품재고액 − 기말재공품재고액 = 당기제품제조원가
  └ 당기총제조원가 + 30,000 − 10,000 = 540,000원
  ∴ 당기총제조원가 520,000원

09 원가자료가 다음과 같을 때 당기의 직접재료비를 계산하면 얼마인가?

> - 당기총제조원가는 2,300,000원이다.
> - 제조간접비는 당기총제조원가의 20%이다.
> - 제조간접비는 직접노무비의 80%이다.

① 0원　　　② 1,035,000원　　　③ 1,265,000원　　　④ 1,472,000원

[풀이] 당기총제조원가(2,300,000) × 0.2 = 제조간접비 460,000원
　　　제조간접비(460,000) ÷ 0.8 = 직접노무비 575,000원
　　　직접재료비 + 직접노무비 + 제조간접비 = 당기총제조원가
　　　└ 직접재료비 + 575,000 + 460,000 = 2,300,000원
　　　∴ 직접재료비 1,265,000원

― 당기제품제조원가 ― ★★☆☆☆

10 당기의 기말재공품이 기초재공품 보다 더 큰 경우에 대한 상황을 가장 적절하게 설명한 것은?

① 당기총제조비용이 당기제품제조원가 보다 클 것이다
② 당기총제조비용이 당기제품제조원가 보다 작을 것이다.
③ 당기제품제조원가가 매출원가 보다 클 것이다.
④ 당기제품제조원가가 매출원가 보다 작을 것이다.

[풀이] 당기총제조비용(大) + 기초재공품액(10) - 기말재공품액(20) = 당기제품제조원가(小)

11 다음 자료를 이용하여 당기 원재료매입액을 계산하면 얼마인가?

> - 기초 원재료 재고액 : 4,000,000원　　　• 기말 원재료 재고액 : 5,000,000원
> - 당기 노무비 발생액 : 10,000,000원　　　• 당기 제조경비 발생액 : 5,000,000원
> - 당기총제조원가는 가공원가의 200%이다.

① 13,000,000원　　　② 14,000,000원　　　③ 15,000,000원　　　④ 16,000,000원

[풀이] (직접노무비 + 제조간접비) × 200% = 당기총제조원가
　　　└ (10,000,000 + 5,000,000) × 2 = 30,000,000원
　　　직접재료비 + 직접노무비 + 제조간접비 = 당기총제조원가
　　　└ 직접재료비 + 10,000,000 + 5,000,000 = 30,000,000원
　　　∴ 직접재료비 15,000,000원
　　　기초원재료재고액 + 당기원재료매입액 - 기말원재료재고액 = 직접재료비
　　　└ 4,000,000 + 당기원재료매입액 - 5,000,000 = 15,000,000원
　　　∴ 당기원재료매입액 16,000,000원

12 ㈜세무의 당기 발생한 제조원가와 관련된 자료는 다음과 같다. 당기의 제조간접원가와 기말재공품 재고액은 얼마인가?

- 직접재료원가 : 5,000원
- 직접노무원가 : 3,000원
- 당기총제조원가 : 10,000원
- 제조간접원가 : ?
- 기초재공품 : 1,500원
- 당기제품제조원가 : 9,000원

① 2,000원, 2,500원 ② 2,000원, 1,500원 ③ 1,000원, 1,500원 ④ 1,000원, 2,500원

[풀이] 직접재료원가 + 직접노무원가 + 제조간접원가 = 당기총제조원가
 └ 5,000 + 3,000 + 제조간접원가 = 10,000원 ∴ 제조간접원가 2,000원
 당기총제조원가 + 기초재공품 − 기말재공품 = 당기제품제조원가
 └ 10,000 + 1,500 − 기말재공품 = 9,000원 ∴ 기말재공품 2,500원

13 다음은 제조원가와 관련된 자료이다. 당기제품제조원가는 얼마인가?

- 기초원재료 500,000원
- 기말원재료 50,000원
- 당기원재료 매입 1,200,000원
- 직접노무비 1,500,000원
- 제조간접비 2,000,000원
- 기초재공품재고 400,000원
- 기말재공품재고 500,000원
- 기초제품재고 150,000원
- 당기매출원가 450,000원

① 5,000,000원 ② 5,050,000원 ③ 5,150,000원 ④ 5,500,000원

[풀이] 기초원재료 + 당기원재료매입 − 기말원재료 = 직접재료비
 └ 500,000 + 1,200,000 − 50,000 = 1,650,000원
 직접재료비 + 직접노무비 + 제조간접비 = 당기총제조원가
 └ 1,650,000 + 1,500,000 + 2,000,000 = 5,150,000원
 당기총제조원가 + 기초재공품재고 − 기말재공품재고 = 당기제품제조원가
 └ 5,150,000 + 400,000 − 500,000 = 5,050,000원

14 다음 자료에 의한 직접재료비는 얼마인가?

- 기초재공품 : 1,000,000원
- 당기제품제조원가 : 5,500,000원
- 제조간접비 : 당기제품제조원가의 40%
- 직접노무비 : 제조간접비의 1.2배
- 기말재공품 : 2,000,000원

① 1,200,000원 ② 1,550,000원 ③ 1,660,000원 ④ 1,860,000원

[풀이] 당기제품제조원가(5,500,000) × 40% = 제조간접비 2,200,000원
 제조간접비(2,200,000) × 1.2 = 직접노무비 2,640,000원
 당기총제조원가 + 기초재공품 − 기말재공품 = 당기제품제조원가
 └ 당기총제조원가 + 1,000,000 − 2,000,000 = 5,500,000원
 ∴ 당기총제조원가 6,500,000원
 직접재료비 + 직접노무비 + 제조간접비 = 당기총제조원가
 └ 직접재료비 + 2,640,000 + 2,200,000 = 6,500,000원
 ∴ 직접재료비 1,660,000원

− 매출원가의 계산 − ★★☆☆☆

15 3월의 원가자료가 다음과 같을 때 잘못된 것을 고르시오.

> • 원재료의 기초재고는 3만원이며 기말재고는 5만원이다.
> • 재공품의 기초재고는 2만원이며 기말재고는 3만원이다.
> • 제품의 기초재고는 4만원이며 기말재고는 3만원이다.
> • 3월에 구입한 원재료 매입액은 8만원이며, 직접노무원가 6만원, 제조간접원가 8만원이 발생하였다.

① 3월의 직접재료원가는 6만원이다. ② 3월의 당기총제조원가는 22만원이다.
③ 3월의 당기제품제조원가는 19만원이다. ④ 3월의 매출원가는 20만원이다.

[풀이] 기초재고 + 매입액 − 기말재고 = 직접재료원가
└ 30,000 + 80,000 − 50,000 = 60,000원

직접재료원가 + 직접노무원가 + 제조간접원가 = 당기총제조원가
└ 60,000 + 60,000 + 80,000 = 200,000원

당기총제조원가 + 기초재공품 − 기말재공품 = 당기제품제조원가
└ 200,000 + 20,000 − 30,000 = 190,000원

당기제품제조원가 + 기초제품 − 기말제품 = 매출원가
└ 190,000 + 40,000 − 30,000 = 200,000원

16 아래의 자료만을 참고하여 기말제품재고액을 구하면 얼마인가?

1. 재무상태표의 자료

구 분	기 초	기 말
재공품	100,000원	150,000원
제 품	210,000원	(?)

※ 기초 및 기말원재료재고액은 없음

2. 제조원가명세서와 손익계산서의 자료

> • 직접재료비   190,000원   • 제조간접비   150,000원
> • 직접노무비   100,000원   • 제품매출원가   200,000원

① 400,000원   ② 360,000원   ③ 280,000원   ④ 220,000원

[풀이] 직접재료비 + 직접노무비 + 제조간접비 = 당기총제조원가
└ 190,000 + 100,000 + 150,000 = 440,000원

기초재공품재고액 + 당기총제조원가 − 기말재공품재고액 = 당기제품제조원가
└ 100,000 + 440,000 − 150,000 = 390,000원

기초제품재고액 + 당기제품제조원가 − 기말제품재고액 = 제품매출원가
└ 210,000 + 390,000 − 기말제품재고액 = 200,000원

∴ 기말제품재고액 400,000원

17 다음 자료를 이용하여 매출원가를 계산하면 얼마인가?

• 기초재공품재고액	500,000원	• 기말재공품재고액	1,000,000원
• 당기총제조원가	2,000,000원	• 기초제품재고액	400,000원
• 기말제품재고액	450,000원		

① 1,450,000원 ② 1,500,000원 ③ 1,550,000원 ④ 1,600,000원

[풀이] 기초재공품재고액 + 당기총제조원가 - 기말재공품재고액 = 당기제품제조원가
└ 500,000 + 2,000,000 - 1,000,000 = 1,500,000원

당기제품제조원가 + 기초제품재고액 - 기말제품재고액 = 매출원가
└ 1,500,000 + 400,000 - 450,000 = 1,450,000원

18 아래의 자료에 따라 당월의 기말제품재고액을 구하면 얼마인가?

- 당월 기초 대비 기말재공품재고액 감소액 : 380,000원
- 전월 기말제품재고액 : 620,000원
- 당월 발생한 총제조원가 : 3,124,000원
- 당월 제품매출원가 : 3,624,000원

① 120,000원 ② 260,000원 ③ 500,000원 ④ 740,000원

[풀이] 당기총제조원가 + 기초재공품재고액 - 기말재공품재고액 = 당기제품제조원가
≒ 당월 발생한 총제조원가 + 당월 기초 대비 기말재공품재고액 감소액 = 당월제품제조원가
└ 3,124,000 + 380,000 = 3,504,000원

기초제품재고액 + 당기제품제조원가 - 기말제품재고액 = 제품매출원가
≒ 전월 기말제품재고액 + 당월제품제조원가 - 당월 기말제품재고액 = 당월 제품매출원가
└ 620,000 + 3,504,000 - 당월 기말제품재고액 = 3,624,000원

∴ 당월 기말제품재고액 500,000원

– 제조원가명세서와 재무제표의 관계 – ★★★

19 다음 중 제조원가명세서상의 당기총제조원가에 영향을 미치지 않는 것은?

① 생산직 사원의 퇴직급여충당부채를 추가로 설정하였다.
② 생산공장의 건물신축을 위하여 토지를 구입하였다.
③ 제품으로 사용될 페인트를 공장내부의 수선(수익적 지출)을 위하여 사용하였다.
④ 공장건물에 대한 재산세를 납부하였다.

[풀이] 건물신축을 위하여 토지를 구입한 것은 재무상태표에 영향을 미친다.

20 다음 중 제조원가명세서상 당기제품제조원가에 영향을 미치지 않는 회계상의 오류는 무엇인가?

① 생산직 근로자의 인건비를 과대계상 하였다.
② 당기에 투입된 원재료를 과소계상 하였다.
③ 기말제품원가를 과소계상 하였다.
④ 기초원재료를 과대계상 하였다.

[풀이] 기말제품원가 계상 오류는 손익계산서의 매출원가에 영향을 미친다.

21 다음 중 제조원가명세서에서 제공하고 있는 정보가 아닌 것은?

① 매출원가   ② 당기제품제조원가
③ 당기총제조원가   ④ 기말재공품재고액

[풀이] 매출원가는 손익계산서에서 제공하는 정보이다.

22 다음 중 제조원가명세서에 표시될 수 없는 것은?

① 기말원재료재고액   ② 기말제품재고액
③ 제조공정의 노무비 발생액   ④ 기말재공품재고액

[풀이] 기말제품재고액은 손익계산서에 표시된다.

23 제조원가명세서와 손익계산서 및 재무상태표와의 관계에 대한 설명이다. 다음 중 설명이 틀린 것은?

① 제조원가명세서의 기말원재료재고액은 재무상태표의 원재료 계정에 계상된다.
② 제조원가명세서의 기말재공품의 원가는 재무상태표의 재공품 계정으로 계상된다.
③ 제조원가명세서의 당기제품제조원가는 손익계산서의 매출원가에 계상된다.
④ 손익계산서의 기말제품재고액은 재무상태표의 제품 계정 금액과 같다.

[풀이] 제조원가명세서의 당기제품제조원가는 손익계산서의 당기제품제조원가에 계상된다.

정답

1. ④ 2. ③ 3. ② 4. ③ 5. ④ 6. ③ 7. ① 8. ② 9. ③ 10. ①
11. ④ 12. ① 13. ② 14. ③ 15. ② 16. ① 17. ① 18. ③ 19. ② 20. ③
21. ① 22. ② 23. ③

제6절 원가계산

1. 원가계산의 절차

원가계산이란, 제품 또는 용역의 생산에 소비된 원가를 집계하는 원가회계의 분야이다. 제품의 단위당 원가는 원칙적으로 다음과 같은 세 단계를 거쳐서 계산된다.

| 요소별 원가계산 ⇨ 부문별 원가계산 ⇨ 제품별 원가계산 |

(1) 요소별 원가계산

요소별 원가계산은 제품의 원가를 계산하기 위한 첫 단계로, 원가를 발생 형태에 따라 재료비, 노무비, 제조경비의 세 가지 원가요소로 분류하여 집계하는 것이다. 요소별 원가계산 단계에서는 원가의 요소별 집계 외에도 각 원가요소를 추적가능성에 따라 직접비와 간접비로 구분하여 파악하지만 재료비와 노무비의 대부분은 직접비에 해당하고, 제조경비의 대부분은 간접비에 해당하므로 현실적으로는 원가를 직접재료비·직접노무비·제조간접비로 분류하여 집계한다.

(2) 부문별 원가계산

부문별 원가계산은 요소별 원가계산에서 집계된 원가 중에서 제조간접비를 그 발생 장소인 원가 부문별로 구분하여 집계하는 절차이다. 요소별 원가계산에서 집계된 원가 중에서 직접재료비·직접노무비는 해당 제품에 직접 부과하여 제품의 원가를 집계할 수 있다. 그러나 제조간접비는 여러 제품의 제조를 위하여 공통적으로 발생한 것이기 때문에 특정 제품에 직접 부과할 수 없다. 그러므로 제조간접비는 일단 그것이 발생한 장소(부문)별로 구분하여 집계해 두었다가, 다음에 일정한 기준에 따라 해당 제품에 배부하는 절차를 밟도록 해야 한다..

> [참고] 부과와 배부
> 직접재료비와 직접노무비를 특정 제품에 집계하는 것을 부과라 하고, 제조간접비를 일정한 기준에 따라 각 제품에 인위적으로 할당하는 것을 배부라 한다.

(3) 제품별 원가계산

요소별 원가계산에서 집계한 직접재료비, 직접노무비를 해당 제품에 직접 부과하는 동시에, 부문별 원가계산에서 집계한 제조간접비를 일정한 기준에 따라 각 제품별로 배부하고, 마지막으로 이 두 가지 원가를 합계함으로써 각 제품의 원가를 계산하는 것을 제품별 원가계산이라 한다.

2. 원가계산 방법의 분류

(1) 원가의 집계방법(또는 생산형태)에 따른 분류

원가의 집계방법(또는 생산형태)에 따라 원가계산 방법을 분류하면 개별원가계산과 종합원가계산으로 분류할 수 있다.

① 개별원가계산 : 개별원가계산이란 "개별생산형태"의 기업에서 채용하는 원가계산 방식으로, 원가를 개별작업별로 구분하여 집계하는 방법이다. 이 경우 개별생산형태란 종류·모양·크기 등이 서로 다른 제품을 주문 등에 의하여 개별적으로 생산하는 형태를 말하며, 개별원가계산은 기계제작업·조선업·건설업·항공기제조업 등에서 주로 채택되는 방법이다.

② 종합원가계산 : 종합원가계산이란 "연속생산형태"의 기업에서 채용하는 원가계산 방식으로, 일정한 원가계산 기간별로 발생된 원가를 제조공정별로 구분하여 집계하는 방법이다. 이 경우 연속생산형태란 규격이 통일된 제품을 연속적으로 반복 생산하는 대량생산형태를 말하며, 종합원가계산은 화학공업·제지업·제당업 등에서 주로 채택되는 방법이다.

(2) 원가의 측정방법에 따른 분류

원가의 측정방법에 따라 원가계산 방법을 분류하면 실제원가계산, 정상원가계산, 표준원가계산으로 분류할 수 있다.

① 실제원가계산 : 모든 원가요소(직접재료비·직접노무비·제조간접비)를 제조과정에서 실제로 발생한 원가를 집계하여 제품원가를 측정하는 방법이다. 재무제표를 작성할 때에는 실제원가계산을 이용하여 계산한 금액으로 제품과 재공품의 가액 및 매출원가를 기록해야 한다.

② 정상(평준화)원가계산 : 직접재료비와 직접노무비는 실제 발생한 원가로, 제조간접비는 미리 정해놓은 제조간접비예정배부율에 의하여 결정된 원가로 제품의 원가를 측정하는 방법이다.

③ 표준원가계산 : 모든 원가요소를 미리 정해놓은 표준원가로 제품의 원가를 측정하는 방법이다.

원가요소	실제원가계산	정상원가계산	표준원가계산
직접재료비	실제원가	실제원가	표준원가
직접노무비	실제원가	실제원가	표준원가
제조간접비	실제원가	예정원가	표준원가

(3) 원가계산 범위에 따른 분류

원가계산 방법은 고정제조간접비를 제품원가로 처리하느냐 아니면 기간비용으로 처리하느냐에 따라 전부원가계산과 변동원가계산으로 구분할 수 있다.

① 전부원가계산 : 직접재료비, 직접노무비, 변동제조간접비 및 고정제조간접비 모두를 제품의 원가에 포함시키는 원가계산 방법이다. 기업 외부에 공표하는 재무제표를 작성할 때에는 전부원가계산을 사용하여 계산한 원가자료를 이용하여야 하며, 일반적으로 원가계산이라 하면 전부원가계산을 뜻한다.

② 변동원가계산 : 직접재료비, 직접노무비 및 변동제조간접비를 제품원가에 포함시키고, 고정제조간접비는 기간비용으로 처리하는 원가계산 방법이다.

기/출/문/제 (필기)

― 원가계산의 절차 ―

01 다음 중 제조기업의 원가계산의 흐름으로 맞는 것은?

① 요소별원가계산 → 부문별원가계산 → 제품별원가계산
② 부문별원가계산 → 제품별원가계산 → 요소별원가계산
③ 제품별원가계산 → 요소별원가계산 → 부문별원가계산
④ 부문별원가계산 → 요소별원가계산 → 제품별원가계산

― 원가의 집계방법에 따른 분류 ― ★☆☆☆

02 다음 중 개별원가계산에 가장 적합한 업종은?

① 건설업　　　　　　　② 휴대폰
③ 필기류　　　　　　　④ 냉장고

03 종합원가계산방식으로 원가를 계산하면 가장 적절한 업종은 무엇인가?

① 조선업　　　　　　　② 건설업
③ 정유업　　　　　　　④ 항공기 제조업

― 원가의 측정방법에 따른 분류 ―

04 다음 중 원가회계에 대한 설명으로 틀린 것은?

① 표준원가회계는 사전에 설정된 표준가격, 표준사용량을 이용하여 제품원가를 계산하는 방법으로서 주로 대외적인 보고목적으로 사용되는 원가회계방법이다.
② 전부원가회계에서는 변동비 뿐만 아니라 고정비까지도 포함하여 원가계산을 하는 방법이다.
③ 개별원가회계는 건설업, 조선업 등 다품종소량생산 업종에서 주로 사용되는 원가계산방법이다.
④ 예정원가회계는 과거의 실제원가를 토대로 예측된 미래원가에 의하여 원가계산을 하므로 사전원가회계라고 할 수 있다.

[풀이] 표준원가회계는 대외적인 보고목적으로는 사용할 수 없는 원가회계방법이다.

정답

1. ①　　2. ①　　3. ③　　4. ①

제2장 요소별 원가계산

제1절 재료비

1. 재료비의 뜻

기업이 제품의 제조에 사용할 목적으로 외부로부터 매입한 물품을 재료라 하고, 재료비는 제품의 제조과정에서 소비된 재료의 가치로서 원가요소 중의 하나이다.

2. 재료비의 계산

재료비는 재료의 소비량에 소비단가를 곱하여 다음과 같이 계산한다.

> 재료비 = 재료의 소비량 × 재료의 소비단가

(1) 재료의 소비량 결정

재료 소비량을 파악하는 방법에는 계속기록법과 실지재고조사법이 있다.

① **계속기록법** : 재료의 입고와 출고가 이루어질 때마다 장부에 계속적으로 그 사실을 기록함으로써, 장부기록에 의해 당월의 재료소비량을 파악하는 방법이다.

> 당월소비량 = 장부상 출고란에 기록된 수량의 합계

또한 원가계산시에 실지재고조사법과 병행하여 사용하면, 장부상재고량과 실제재고량을 모두 알 수 있기 때문에 보관 중에 발생한 재고감모량을 쉽게 계산할 수 있다.

> 재고감모량 = 장부상의 재고량 − 실제재고량

② **실지재고조사법** : 재료의 입고시에는 장부에 기록하고 출고시에는 장부에 기록하지 않고 원가계산시에 창고에 들어가 재고조사를 실시하여 소비량을 결정하는 방법으로 재고감모량을 파악할 수 없는 것이 단점이다.

> 당월소비량 = (월초재고량+당월매입량) − 월말실제재고량

(2) 재료의 소비단가 결정

재료의 소비단가를 결정하는 방법에는 개별법, 선입선출법, 후입선출법, 총평균법, 이동평균법 등이 있다.

① 선입선출법(first-in, first-out method : FIFO method) : 먼저 매입한 재료가 먼저 출고되는 것으로 가정하여 소비단가를 결정하는 방법이다.

② 후입선출법(last-in, first-out method : LIFO method) : 가장 최근에 매입한 재료부터 출고되는 것으로 가정하여 소비단가를 결정하는 방법이다.

③ 총평균법(total average method) : 당월에 소비된 재료는 모두 동일한 단가라는 가정하에 재료의 소비단가를 결정하는 방법이다. 총평균법을 사용할 때에는 매월말에 재료의 월초재고액과 당월매입액의 합계액을 월초재고 수량과 당월매입수량의 합계로 나누어 총평균단가를 계산하고, 이 총평균 단가를 당월재료 소비량에 곱하여 재료 소비액을 계산한다.

$$총평균단가 = \frac{월초재고액 + 당월매입액}{월초재고수량 + 당월매입수량}$$

$$재료소비액 = 재료소비량 \times 총평균단가$$

④ 이동평균법(moving average method) : 재료가 출고되는 시점에서의 평균단가로 재료의 소비단가를 결정하는 방법이다. 이동평균법을 사용할 때에는 재료를 매입할 때마다 직전 재고액과 금번 매입액의 합계액을 매입 직전 재고 수량과 금번 매입 수량의 합계로 나누어 평균 단가를 계산해 두었다가, 이후에 출고되는 재료의 소비단가로 사용한다.

$$이동평균단가 = \frac{매입 직전의 재고액 + 금번의 매입액}{매입 직전의 재고수량 + 금번의 매입수량}$$

$$재료소비액 = 재료소비량 \times 이동평균단가$$

제2절 노무비

1. 노무비의 뜻

노무비란 제품의 제조를 위하여 인간의 노동력을 소비함으로써 발생하는 원가요소를 말한다.

따라서, 제품의 제조와 관계없는 본사의 임·직원이나 영업소의 판매사원 등에 대한 보수는 노무비로 분류하지 않고 판매비와관리비로 분류한다.

2. 노무비의 계산

(1) 시간급제에 의한 노무비의 계산

시간급제는 작업시간에 비례하여 기본임금을 결정하는 제도이다. 시간급제에서는 1시간을 단위로 하여 임률을 정하고, 이를 종업원의 작업시간에 곱하여 기본임금을 계산한다.

$$\text{기본임금} = \text{작업시간수} \times \text{작업 1시간당 임률}$$

(2) 성과급에 의한 노무비의 계산

성과급제는 작업량에 따라 기본임금을 결정하는 제도로서 능률급제라고도 하며, 생산량에 제품 1단위당 임률을 곱하여 기본임금을 계산한다.

$$\text{기본임금} = \text{생산량} \times \text{제품 1단위당 임률}$$

제3절 제조경비

1. 제조경비의 뜻

제조경비란, 제품의 제조를 위하여 소비되는 원가 중에서 재료비와 노무비를 제외한 기타의 모든 원가요소를 말한다.

2. 제조경비의 계산

제조경비는 제조원가에 산입하는 방법에 따라 월할제조경비, 측정제조경비, 지급제조경비, 발생제조경비로 분류된다.

(1) 월할제조경비

월할제조경비란, 1년 또는 일정 기간분을 총괄하여 일시에 지급하는 제조경비를 말한다(예 보험료, 임차료, 감가상각비 등).

$$\text{당월소비액} = \text{발생금액} \div \text{해당 개월수}$$

(2) 측정제조경비

측정제조경비란, 계량기에 의해 소비액을 측정할 수 있는 제조경비를 말한다(⑩ 전기사용료, 가스·수도사용료 등).

> 당월소비액 = 당월 사용량 × 단위당 가격

(3) 지급제조경비

지급제조경비란, 매월의 소비액을 그 달에 지급하는 제조경비를 말한다. 그러나 때로는 전월 선급액이나 당월 미지급액이 있을 수 있는데, 이 때에는 다음의 식을 이용하여 계산한 금액을 당월의 소비액으로 계상해야 한다(⑩ 수선비, 운반비, 잡비 등).

> 당월소비액 = 당월지급액 - 당월선급액 - 전월미지급액 + 전월선급액 + 당월미지급액

 다음은 2월말 경비에 대한 자료이다. 제조비용에 포함될 2월의 경비소비액을 구하시오.

- 당월 지급액   500,000원
- 당월 선급액   50,000원
- 당월 미지급액   20,000원
- 전월 선급액   30,000원
- 전월 미지급액   60,000원

해설 당월소비액 = 500,000 - 50,000 - 60,000 + 30,000 + 20,000 = 440,000원

(4) 발생제조경비

발생제조경비란, 재료감모손실 등과 같이 현금의 지출이 없이 발생하는 제조경비를 말한다. 재료감모손실은 재료의 장부상재고액과 실제재고액과의 차이로서, 정상적인 재료감모손실은 제조원가에 산입시키고, 비정상적인 재료감모손실은 영업외비용으로 처리한다.

기/출/문/제 [필기]

- 재료비의 계산 -

01 다음은 원재료의 소비단가를 결정하는 방법이다. 이 중 수익비용의 대응에 있어서 가장 정확한 방법은 무엇인가?

① 후입선출법　　② 개별법　　③ 이동평균법　　④ 선입선출법

02 재료의 소비량은 계속기록법 또는 실지재고조사법에 의해 파악할 수 있다. 다음 중 실지재고조사법 하에서는 사용할 수 없는 원가흐름의 가정은?

① 선입선출법　　② 후입선출법　　③ 총평균법　　④ 이동평균법

[풀이] 이동평균법은 계속기록법 하에서만 사용할 수 있는 원가흐름의 가정이다.

- 제조경비의 계산 - ☆

03 다음은 4월말 경비에 대한 자료이다. 제조비용에 포함될 4월의 경비소비액은 얼마인가?

- 당월 지급액 : 270,000원　　• 전월 선급액 : 30,000원　　• 당월 선급액 : 50,000원

① 320,000원　　② 300,000원　　③ 290,000원　　④ 250,000원

[풀이] 당월 지급액 + 전월 선급액 − 당월 선급액 = 당월 발생액
└ 270,000 + 30,000 − 50,000 = 250,000원

04 다음 자료를 보고 원가계산시 당월의 전력비 소비액을 계산하면?

- 전월말 전력사용 검침량 : 1,500Kwh　　• 전월 중 전력비 납부액 : 18,000원
- 당월말 전력사용 검침량 : 2,000Kwh　　• 당월 중 전력비 납부액 : 23,000원
- 1Kwh당 전력비 : 50원

① 5,000원　　② 18,000원　　③ 23,000원　　④ 25,000원

[풀이] (당월말 검침량 2,000Kwh − 전월말 검침량 1,500Kwh) × 50원 = 25,000원

정답

1. ②　2. ④　3. ④　4. ④

제4절 제조간접비의 배부

제조간접비는 두 종류이상의 제품을 제조하기 위하여 공통적으로 발생하는 원가요소를 말한다. 제조간접비는 각 제품별로 추적하여 부과할 수 없기 때문에 일정한 배부기준에 따라 집계된 제조간접비를 여러 제품에 배부하게 된다. 제조간접비의 배부 방법에는 실제배부법과 예정배부법이 있다.

1. 실제배부법

실제배부법이란 원가계산 기말에 실제로 발생한 제조간접비를 각 제품에 배부하는 방법을 말한다.

(1) 가액법

가액법이란, 각 제품의 제조에 소비된 직접비를 기준으로 제조간접비를 배부하는 방법으로, 직접재료비법, 직접노무비법, 직접원가법 세 가지가 있다.

① **직접재료비법**: 직접재료비법이란 총 제조간접비를 배부할 때 각 제품의 제조에 소비된 직접재료비를 배부기준으로 삼는 방법이다. 일정기간의 제조간접비 총액을 같은 기간의 직접재료비 총액으로 나누어 직접재료비 1원당 제조간접비 배부율을 산정하고, 이것을 각 제품의 직접재료비에 곱하여 각 제품별 제조간접비 배부액을 계산한다.

$$\text{제조간접비 배부율} = \frac{\text{1개월 간의 제조간접비 총액}}{\text{동 기간의 직접재료비 총액}}$$

$$\text{제조간접비 배부액} = \text{특정 제품의 직접재료비} \times \text{배부율}$$

② **직접노무비법**: 직접노무비법이란 총 제조간접비를 배부할 때 각 제품의 제조에 소비된 직접노무비를 배부기준으로 삼는 방법이다. 일정기간의 제조간접비 총액을 같은 기간의 직접노무비 총액으로 나누어 직접노무비 1원당 제조간접비 배부율을 산정하고, 이것을 각 제품의 직접노무비에 곱하여 각 제품별 제조간접비 배부액을 계산한다.

$$\text{제조간접비 배부율} = \frac{\text{1개월 간의 제조간접비 총액}}{\text{동 기간의 직접노무비 총액}}$$

$$\text{제조간접비 배부액} = \text{특정 제품의 직접노무비} \times \text{배부율}$$

③ **직접원가법** : 직접원가법이란 총 제조간접비를 배부할 때 각 제품의 제조에 소비된 직접비(직접재료비+직접노무비)를 배부기준으로 삼는 방법이다. 일정기간의 제조간접비 총액을 같은 기간의 직접비 총액으로 나누어 직접비 1원당 제조간접비 배부율을 산정하고, 이것을 각 제품의 직접비에 곱하여 각 제품별 제조간접비 배부액을 계산한다.

$$\text{제조간접비 배부율} = \frac{\text{1개월 간의 제조간접비 총액}}{\text{동 기간의 직접 원가총액}}$$

$$\text{제조간접비 배부액} = \text{특정 제품의 직접비(직접원가)} \times \text{배부율}$$

예제1

㈜세연의 1월달에 발생한 제조간접비총액은 900,000원이며, 동기간의 직접재료비총액은 1,000,000원, 직접노무비총액은 2,000,000원이다. 당월에 생산된 제품의 직접재료비와 직접노무비는 다음과 같다. 제조간접비를 (1)직접재료비법, (2)직접노무비법, (3)직접원가법에 따라 각 제품에 배부한다고 할 때 각 제품별 제조간접비 배부액을 계산하시오.

제 품	직접재료비	직접노무비
A제품	600,000원	800,000원
B제품	400,000원	1,200,000원
계	1,000,000원	2,000,000원

해설

(1) 직접재료비법
  ① 제조간접비 배부율 : 900,000÷1,000,000 = 0.9(직접재료비 1원당 제조간접비배부율)
  ② 각 제품의 제조간접비 배부액
    • A제품 : 600,000×0.9 = 540,000원
    • B제품 : 400,000×0.9 = 360,000원

(2) 직접노무비법
  ① 제조간접비 배부율 : 900,000÷2,000,000 = 0.45(직접노무비 1원당 제조간접비배부율)
  ② 각 제품의 제조간접비 배부액
    • A제품 :   800,000×0.45 = 360,000원
    • B제품 : 1,200,000×0.45 = 540,000원

(3) 직접원가법
① 제조간접비 배부율 : 900,000÷3,000,000 = 0.3(직접원가 1원당 제조간접비배부율)
② 각 제품의 제조간접비 배부액
  • A제품 : 1,400,000×0.3 = 420,000원
  • B제품 : 1,600,000×0.3 = 480,000원

(2) 시간법

시간법이란 각 제품의 제조에 소비된 시간을 기준으로 제조간접비를 배부하는 방법이다. 감가상각비, 보험료 등과 같은 제조간접비의 상당 부분은 시간 또는 기간을 기초로 하여 발생하므로 제조간접비 배부 방법으로는 시간법이 가액법에 비하여 더 합리적일 수 있다.

① **직접노동시간법** : 직접노동시간법이란 총 제조간접비를 각 제품의 제조에 투입된 직접노동시간을 배부기준으로 삼는 방법이다. 직접노동시간법을 이용하는 경우에는, 일정기간의 제조간접비 총액을 같은 기간의 직접노동 총시간수로 나누어 직접노동 1시간당 제조간접비 배부율을 산정하고, 이것을 각 제품의 직접노동시간에 곱하여 제품별 제조간접비 배부액을 계산한다.

$$제조간접비\ 배부율 = \frac{1개월\ 간의\ 제조간접비\ 총액}{동\ 기간의\ 직접노동\ 총시간수}$$

$$제조간접비\ 배부액 = 특정\ 제품의\ 직접노동시간\ 수 \times 배부율$$

② **기계작업시간법** : 기계작업시간법이란 총 제조간접비를 배부할 때 각 제품의 제조를 위하여 사용된 기계의 운전시간을 배부기준으로 삼는 방법이다. 기계작업시간법은 일정기간의 제조간접비 총액을 같은 기간의 기계작업총시간수로 나누어 기계작업 1시간당 제조간접비 배부율을 산정하고, 이것을 각 제품의 기계작업시간 수에 곱하여 제품별 제조간접비 배부액을 계산한다.

$$제조간접비\ 배부율 = \frac{1개월\ 간의\ 제조간접비\ 총액}{동\ 기간의\ 기계작업\ 총시간수}$$

$$제조간접비\ 배부액 = 특정\ 제품의\ 기계작업\ 시간\ 수 \times 배부율$$

예제2

㈜세연의 1월달에 발생한 제조간접비총액은 900,000원이며, 동기간의 총 직접노동시간은 5,000시간이며, 총 기계작업시간은 10,000시간이다. 각 제품별 직접노동시간과 기계작업시간은 다음과 같다. 제조간접비를 (1)직접노동시간, (2)기계작업시간에 따라 각 제품에 배부한다고 할 때 각 제품별 제조간접비 배부액을 계산하시오.

제 품	직접노동시간	기계작업시간
A제품	2,000시간	6,000시간
B제품	3,000시간	4,000시간
계	5,000시간	10,000시간

> **해설**
>
> (1) 직접노동시간법
>   ① 제조간접비 배부율 : 900,000÷5,000시간 = *180*(직접노동 1시간당 제조간접비배부율)
>   ② 각 제품의 제조간접비 배부액
>   • A제품 : 2,000시간×*180* = *360,000*원
>   • B제품 : 3,000시간×*180* = *540,000*원
> (2) 기계작업시간법
>   ① 제조간접비 배부율 : 900,000÷10,000시간 = *90*(기계작업 1시간당 제조간접비배부율)
>   ② 각 제품의 제조간접비 배부액
>   • A제품 : 6,000시간×*90* = *540,000*원
>   • B제품 : 4,000시간×*90* = *360,000*원

> **실제배부법의 문제점**
> 첫째, 제조간접비의 실제 발생 총액은 월말에야 집계되므로, 제조간접비 실제 발생액을 이용하여 제조간접비를 배부하면, 월말이 지나야만 원가계산을 할 수 있다. 따라서 월중에 제품이 완성되더라도 월말까지 기다려야만 그 제품의 제조원가를 계산할 수 있어 원가계산 시점이 지연된다.
> 둘째, 제조간접비는 조업도에 상관없이 일정하게 발생하는 고정비가 많다. 즉, 보험료, 임차료 등처럼 생산량의 크기에 상관없이 매기간 또는 매월 일정한 금액으로 발생하는 것이 많다. 따라서 월별 또는 계절별로 제품의 생산량에 큰 차이가 있는 경우에는, 동일한 제품임에도 불구하고 제조간접비의 제품당 배부액이 달라져서, 제품의 단위당 원가가 매월 또는 계절마다 다르게 계산된다.

2. 예정배부법

예정배부법이란 실제배부율 대신에 제조간접비 예정배부율을 연초에 미리 산정해 두었다가, 제품이 완성되면 이 예정배부율을 사용하여 제품에 배부할 제조간접비 배부액을 결정하는 방법이다. 제조간접비를 예정배부하는 경우의 계산 방법은 실제배부법을 적용하는 방법과 같다. 예정배부법에서는 1년 동안 사용할 예정배부율을 다음과 같이 계산한다.

$$\text{제조간접비 예정배부율} = \frac{\text{제조간접비 연간예상액}}{\text{배부기준의 연간예상액}}$$

제조간접비 예정배부액 = 제품별 배부기준의 실제발생액 × 예정배부율

여기서 분모인 "배부기준의 연간 예상액"이란 제조간접비 배부방법으로 직접재료비법을 사용할 때에는 직접재료비의 연간 예상액이 되고, 직접노동시간법을 사용하는 경우에는 직접노동의 연간 예상시간이 된다.

예제3

다음 자료로 A, B 두 종류의 제품이 부담할 제조간접비를 계산하시오.

① 1년 동안의 제조간접비 예정총액 : 12,000,000원
② 1년 동안의 직접노무비 예정총액 : 24,000,000원
③ 1월 중 각 제품에 실제 소비된 직접노무비
  A제품 : 800,000원   B제품 : 1,200,000원
④ 제조간접비 배부기준은 직접노무비법을 사용한다.

해설

(1) 제조간접비 예정배부율 : 12,000,000÷24,000,000 = 0.5(직접노무비 1원당 제조간접비예정배부율)
(2) 각 제품의 제조간접비 예정배부액
  • A제품 :   800,000×0.5 = 400,000원
  • B제품 : 1,200,000×0.5 = 600,000원

3. 제조간접비 배부차이의 조정

제조간접비를 예정배부하게 되면 한 회계기간 동안에 배부된 제조간접비가 그 기간 동안에 실제 발생한 제조간접비와 일치하지 않는데 이 차이를 "제조간접비 배부차이"라 한다. 제조간접비 예정배부액이 실제발생액 보다 작은 경우를 과소배부라 하고, 예정배부액이 실제발생액 보다 큰 경우를 과대배부라 한다.

제조간접비 실제발생액 > 제조간접비 예정배부액 ⇨ 과소배부
제조간접비 실제발생액 < 제조간접비 예정배부액 ⇨ 과대배부

외부보고 목적의 재무회계에서는 실제원가계산을 적용한 제품원가를 계산할 것을 요구하고 있으므로 제조간접비를 예정배부한 경우에는 예정배부액과 실제발생액과의 차액인 제조간접비 배부차이를 조정해야 한다.

즉, 제조간접비 배부차이가 발생하면 제조간접비 배부차이 계정을 설정하여 대체해 두었다가 회계연도 말에 비례배분법, 매출원가조정법, 영업외손익법으로 배부차이를 조정하여 실제원가로 표시되도록 한다.

(1) 비례배분법

비례배분법은 제조간접비 배부차이를 기말재공품, 기말제품, 연간매출원가의 상대적 비율에 비례하여 배분하는 방법이다. 이 방법은 제조간접비 배부차이가 금액적으로 크고 중요한 경우에 사용된다.

(2) 매출원가조정법

매출원가조정법은 제조간접비 배부차이를 매출원가에 가감하는 방법으로 과소배부액은 매출원가에 가산하고 과대배부액은 매출원가에서 차감한다. 이 방법은 제조간접비 배부차이가 적고 중요하지 않은 경우이거나, 매출원가에 비하여 기말 재고자산의 금액이 적을 경우에 사용된다.

(3) 영업외손익법

영업외손익법은 제조간접비 배부차이를 영업외손익으로 처리하는 방법으로 과소배부액은 영업외비용으로 처리하고 과대배부액은 영업외수익으로 처리한다. 이 방법은 제조간접비 배부차이가 비정상적인 사건으로 인하여 발생한 경우에 사용된다.

기/출/문/제 (필기)

– 실제배부법 – ★☆☆

01 다음의 자료는 ㈜하나의 제품인 비행기 제조와 관련하여 발생한 원가 자료이다. ㈜하나의 실제 당기 제조간접비는 1,200,000원이며, 회사는 직접재료비를 기준으로 제조간접비를 배부하고 있다. 비행기A의 당기총제조원가는 얼마인가?

구 분	비행기A	비행기B	합 계
직접재료비	600,000원	900,000원	1,500,000원
직접노무비	400,000원	600,000원	1,000,000원

① 1,480,000원　② 1,500,000원　③ 2,500,000원　④ 2,220,000원

[풀이] 실제 당기 제조간접비 ÷ 직접재료비 = 직접재료비 1원당 제조간접비 배부율
　└ 1,200,000 ÷ 1,500,000 = 0.8원
　비행기A의 직접재료비 × 제조간접비 배부율 = 비행기A에 배부될 제조간접비
　└ 600,000 × 0.8원 = 480,000원
　직접재료비 + 직접노무비 + 제조간접비 배부액 = 비행기A의 당기총제조원가
　└ 600,000 + 400,000 + 480,000 = 1,480,000원

02 다음의 자료는 ㈜블루오션의 선박제조와 관련하여 발생한 원가자료이다. 유람선B의 당기총제조원가는 얼마인가? (당기 제조간접비 발생액은 250,000원이며, 회사는 직접노무비를 기준으로 제조간접비를 배부하고 있다)

구 분	유람선A	유람선B	합 계
직접재료비	400,000원	600,000원	1,000,000원
직접노무비	300,000원	200,000원	500,000원

① 900,000원　② 950,000원　③ 1,000,000원　④ 1,050,000원

[풀이] 당기 제조간접비 발생액 ÷ 직접노무비 = 제조간접비 배부율
　└ 250,000 ÷ 500,000 = 0.5원
　유람선B의 직접노무비 × 제조간접비 배부율 = 유람선B에 배부될 제조간접비
　└ 200,000 × 0.5원 = 100,000원
　직접재료비 + 직접노무비 + 제조간접비배부액 = 유람선B의 당기총제조원가
　└ 600,000 + 200,000 + 100,000 = 900,000원

03 기초원가를 기준으로 제조간접비를 배부한다고 할 때 다음 자료에 의하여 작업지시서 NO.1에 배부할 제조간접비는 얼마인가? (단, 기초 및 기말재고는 없다)

	공장전체 발생	작업지시서 NO.1
직접재료비	1,000,000원	500,000원
직접노무비	4,000,000원	1,500,000원
당기총제조비용	12,000,000원	-

① 2,000,000원 ② 2,800,000원 ③ 3,000,000원 ④ 4,800,000원

[풀이] 당기총제조비용 − 직접재료비 − 직접노무비 = 제조간접비
  └ 12,000,000 − 1,000,000 − 4,000,000 = 7,000,000원

제조간접비 ÷ 기초원가(직접재료비+직접노무비) = 제조간접비 배부율
  └ 7,000,000 ÷ (1,000,000 + 4,000,000) = 1.4원

작업지시서 No.1의 기초원가 × 제조간접비 배부율 = 작업지시서 No.1에 배부될 제조간접비
  └ (500,000 + 1,500,000) × 1.4원 = 2,800,000원

− 예정배부법 − ★☆☆

04 개별원가계산시 배부율 및 배부액을 산정하는 산식 중 올바르지 않는 것은?

① 실제제조간접비 배부율 = 실제제조간접비 합계액 ÷ 실제조업도(실제배부기준)
② 예정제조간접비 배부율 = 예정제조간접비 합계액 ÷ 예정조업도(예정배부기준)
③ 실제제조간접비 배부액 = 개별제품 등의 실제조업도(실제배분기준) × 제조간접비 실제배부율
④ 예정제조간접비 배부액 = 개별제품 등의 예정조업도(예정배분기준) × 제조간접비 예정배부율

[풀이] 예정제조간접비 배부액 = 개별 제품 등의 실제조업도(실제배부기준) × 제조간접비 예정배부율

05 당사는 정상개별원가계산제도를 사용하고 있다. 제조간접비 배부기준은 직접노무시간이다. 예상 직접노무시간은 40시간이고 실제 직접노무시간은 50시간이다. 제조간접비 예정배부액은 400,000원이고 실제 제조간접비 발생액이 500,000원이라면 제조간접비 예정배부율은 얼마인가?

① 직접노무시간당 12,500원 ② 직접노무시간당 8,000원
③ 직접노무시간당 10,000원 ④ 직접노무시간당 9,000원

[풀이] 실제 직접노무시간(50시간) × 예정배부율 = 예정배부액 400,000원
  ∴ 예정배부율은 8,000원

06 ㈜세금은 제조간접비를 직접노무시간으로 예정배부하고 있다. 당초 제조간접비 예산금액은 1,500,000원이고, 예산 직접노무시간은 500시간이다. 당기말 현재 실제 제조간접비는 1,650,000원이 발생하였고, 제조간접비의 배부차이가 발생하지 않을 경우 실제 직접노무시간은 얼마인가?

① 450시간　　② 500시간　　③ 550시간　　④ 600시간

[풀이] 제조간접비 예산금액 ÷ 배부기준의 연간예상액 = 제조간접비 예정배부율
　└ 1,500,000 ÷ 500시간 = 3,000원
　실제 제조간접비(1,650,000) ± 제조간접비 배부차이(0) = 제조간접비 예정배부액
　실제 직접노무시간 × 예정배부율(3,000) = 제조간접비 예정배부액 1,650,000원
　∴ 실제 직접노무시간 550시간

07 다음 자료에 의하여 제조간접비 배부액과 제조원가를 구하시오. 단, 제조간접비는 기계작업시간을 기준으로 예정배부한다.

• 제조간접비 총액(예정)	3,000,000원	• 실제 기계작업시간	8,000시간
• 직접노무비	4,000,000원	• 예정 기계작업시간	10,000시간
• 직접재료비	1,500,000원		

	제조간접비 배부액	제조원가		제조간접비 배부액	제조원가
①	2,400,000원	7,900,000원	②	2,400,000원	8,500,000원
③	3,000,000원	7,900,000원	④	3,000,000원	8,500,000원

[풀이] 제조간접비 총액(예정) ÷ 배부기준의 연간예상액 = 제조간접비 예정배부율
　└ 3,000,000 ÷ 10,000시간 = 300원
　실제 기계작업시간 × 예정배부율 = 제조간접비 예정배부액
　└ 8,000시간 × 300원 = 2,400,000원
　직접재료비 + 직접노무비 + 제조간접비 예정배부액 = 제조원가
　└ 1,500,000 + 4,000,000 + 2,400,000 = 7,900,000원

— 배부차이(예정배부액) — ☆☆

08 당해연도에 제조간접비의 예정배부에 따른 제조간접비가 2,500원이 과대배부된 경우 다음 조건하에서 제조간접비 예정배부액은 얼마인가? (직접재료비 12,000원, 간접재료비 2,000원, 직접노무비 20,000원, 간접노무비 4,000원, 간접경비 4,000원이 실제로 발생하였다)

① 10,000원　　② 10,500원　　③ 11,500원　　④ 12,500원

[풀이] 실제발생액(간접재료비, 간접노무비, 간접경비) + 과대배부 = 예정배부액
　└ (2,000 + 4,000 + 4,000) + 2,500 = 12,500원

— 배부차이(실제발생액) — ★☆

09 ㈜한국의 제조간접비 예정배부율은 작업시간당 5,000원이다. 실제 작업시간이 1,000시간이고, 제조간접비 배부차이가 2,000,000원 과소배부인 경우 실제 발생한 제조간접비는 얼마인가?

① 7,000,000원　　② 8,000,000원　　③ 9,000,000원　　④ 10,000,000원

[풀이] 배부기준의 실제발생액 × 예정배부율 = 제조간접비 예정배부액
　　└ 1,000시간 × 5,000원 = 5,000,000원
　　제조간접비 예정배부액 + 과소배부액 = 제조간접비 실제발생액
　　└ 5,000,000 + 2,000,000 = 7,000,000원

10 제조간접비 예정배부율은 직접노동시간당 1,000원이다. 실제 직접노동시간이 1,000시간 발생했을 때 제조간접비 배부차이가 100,000원 과대배부인 경우 제조간접비 실제 발생액은 얼마인가?

① 900,000원　　② 1,000,000원　　③ 1,100,000원　　④ 1,200,000원

[풀이] 배부기준의 실제발생액 × 예정배부율 = 제조간접비 예정배부액
　　└ 1,000시간 × 1,000원 = 1,000,000원
　　제조간접비 예정배부액 − 과대배부액 = 제조간접비 실제발생액
　　└ 1,000,000 − 100,000 = 900,000원

— 배부차이(예정배부율) — ☆☆

11 ㈜한국은 제조간접비를 기계사용시간으로 배부하고 있다. ×1년도 제조간접비 배부차이는 5,000원 과소배부 되었다. ×1년도 실제 기계사용시간이 100시간이고, 실제 제조간접비 발생액은 35,000원일 경우 다음 설명 중 틀린 것은?

① 재공품에 배부된 제조간접비는 실제 제조간접비 발생액 보다 적다.
② 제조간접비 예정배부율이 낮아 실제발생액 보다 과소배부 되었다.
③ 제조간접비 예정배부율은 기계사용시간당 350원이다.
④ 제조간접비 예정배부액은 30,000원이다.

[풀이] 실제 제조간접비 발생액 − 과소배부 = 제조간접비 예정배부액
　　└ 35,000 − 5,000 = 30,000원
　　배부기준의 실제발생액 × 예정배부율 = 제조간접비 예정배부액
　　└ 100시간 × 예정배부율 = 30,000원
　　∴ 예정배부율 300원/기계사용시간

12 다음 자료에 의한 기계작업시간당 제조간접비 예정배부율은 얼마인가?

- 제조간접비 실제발생액 : 25,000,000원
- 제조지시서의 실제 기계작업시간 : 500시간
- 제조간접비 실제배부율 : 기계작업시간당 50,000원
- 제조간접비 과소배부액 : 1,000,000원

① 기계작업시간당 47,000원 ② 기계작업시간당 48,000원
③ 기계작업시간당 50,000원 ④ 기계작업시간당 52,000원

[풀이] 실제 제조간접비 발생액 − 과소배부 = 제조간접비 예정배부액
  └ 25,000,000 − 1,000,000 = 24,000,000원

배부기준의 실제발생액 × 예정배부율 = 제조간접비 예정배부액
  └ 500시간 × 예정배부율 = 24,000,000원

∴ 예정배부율 48,000원/기계작업시간

13 ㈜한국은 제조간접비를 직접노무시간을 기준으로 배부하고 있으며, 제조간접비 배부차이는 400,000원(과대)이다. 당기의 실제 직접노무시간은 35,000시간이고, 당기 말 현재 실제 제조간접비 발생액은 1,000,000원이다. 직접노무시간당 제조간접비 예정배부율은 얼마인가?

① 30원   ② 35원   ③ 40원   ④ 60원

[풀이] 실제 제조간접비 발생액 + 과대배부 = 제조간접비 예정배부액
  └ 1,000,000 + 400,000 = 1,400,000원

배부기준의 실제발생액 × 예정배부율 = 제조간접비 예정배부액
  └ 35,000시간 × 예정배부율 = 1,400,000원

∴ 예정배부율 40원/직접노무시간

− 배부차이(과대/과소) − ☆☆☆☆☆

14 ㈜학동은 제조간접비를 직접노무시간을 기준으로 배부하고 있다. 아래 자료를 토대로 구한 제조간접비 배부차이는 얼마인가?

- 실제 직접노무시간 : 1,100시간
- 예상 직접노무시간 : 1,000시간
- 실제 제조간접비 발생액 : 20,000,000원
- 제조간접비 예정배부율 : 직접노무시간당 20,000원

① 2,000,000원 과대배부   ② 2,000,000원 과소배부
③ 1,000,000원 과대배부   ④ 1,000,000원 과소배부

[풀이] 배부기준의 실제조업도 × 예정배부율 = 제조간접비 예정배부액
  └ 1,100시간 × 20,000 = 22,000,000원

예정배부액(22,000,000) − 실제발생액(20,000,000) = 2,000,000원(과대배부)

15 ㈜서림은 제조간접비를 직접노동시간을 기준으로 배부한다. 당기 제조간접비 예상액은 6,000,000원, 예상 직접노동시간은 40,000시간이다. 기말 실제로 발생한 제조간접비는 5,860,000원, 실제 발생 직접노동시간은 39,000시간이라고 할 때, 제조간접비 배부차이는 얼마인가?

① 10,000원 과대배부
② 10,000원 과소배부
③ 140,000원 과대배부
④ 140,000원 과소배부

[풀이] 제조간접비 예상액 ÷ 예상 직접노동시간 = 제조간접비 예정배부율
  └ 6,000,000 ÷ 40,000시간 = 150원
배부기준의 실제조업도 × 예정배부율 = 제조간접비 예정배부액
  └ 39,000시간 × 150원 = 5,850,000원
실제발생액(5,860,000) − 예정배부액(5,850,000) = 10,000원(과소배부)

16 정상개별원가계산제도를 사용하고 있다. 제조간접비 예정배부율은 직접노무시간당 10,000원, 예상 직접노무시간은 110시간, 실제 직접노무시간은 100시간이다. 실제 제조간접비발생액은 1,400,000원인 경우 제조간접비 배부차이는 얼마인가?

① 300,000원 과소배부
② 300,000원 과대배부
③ 400,000원 과소배부
④ 400,000원 과대배부

[풀이] 배부기준의 실제조업도 × 예정배부율 = 제조간접비 예정배부액
  └ 100시간 × 10,000원 = 1,000,000원
실제발생액(1,400,000) − 예정배부액(1,000,000) = 400,000원(과소배부)

− 제조간접비 배부차이의 조정 − ☆☆☆☆

17 개별원가계산의 제조간접비와 관련한 설명이다. 가장 옳지 않은 것은?

① 제조간접비 배부방법 중 실제배부법은 제조간접비 실제발생 총액이 집계되어야 하므로 원가계산시점이 지연되는 단점이 있다.
② 재료비는 직접 추적 가능한 원가이므로 제조간접비 배부대상이 되지 아니한다.
③ 제조간접비 배부차이는 처리방법에 따라 영업외손익으로도 반영이 가능하다.
④ 제조간접비의 예정배부액이 실제발생액 보다 큰 경우에는 제조간접비가 과대배부된 상황이다.

[풀이] 재료비 중에서 간접재료비는 제조간접비를 구성하므로 제조간접비 배부대상이 될 수 있다.

18 다음 자료에 있는 사항으로 미루어 보아 가장 잘못된 설명은?

> A제조기업의 원가계산에 있어 제조간접비 실제배부액은 920만원이었으며, 이는 제조간접비가 100만원 과소배부된 것이다.

① A제조기업은 개별원가계산방식을 사용하였다.
② A제조기업의 제조간접비 예정배부액은 820만원이었다.
③ 제조간접비 배부차이에 해당하는 금액은 재공품, 기말재고, 매출원가 등에 영향을 미친다.
④ A제조기업의 경우, 제조간접비 배부차이에 해당하는 금액만큼 제조원가에서 차감하게 된다.

[풀이] *제조간접비가 과소배부된 금액은 제조원가에서 가산하게 된다.

19 정상원가계산제도 하에서 제조간접비의 배부차이를 총원가기준법(비례배부법)으로 조정하고 있으나 만약 배부차이 전액을 매출원가에서 조정한다면, 매출총이익의 변화에 대한 설명으로 올바른 것은?

| • 과소배부액 | 1,000,000원 | • 기말재공품 | 1,000,000원 |
| • 기말제품 | 1,000,000원 | • 매출원가 | 3,000,000원 |

① 400,000원 감소   ② 1,000,000원 감소   ③ 600,000원 감소   ④ 400,000원 증가

[풀이] 과소배부액(1,000,000) 가산   비례배부법   매출원가조정법
      → 기말재공품   200,000원(1,000,000÷5,000,000)   0원
      → 기말제품   200,000원(1,000,000÷5,000,000)   0원
      → 매출원가   600,000원(3,000,000÷5,000,000)   1,000,000원

배부차이 전액을 매출원가에서 조정한다면 매출원가가 400,000원 더 증가하게 되어 매출총이익이 400,000원 감소한다.

20 다음 중 제조간접비 배부차이 조정방법에 해당하지 않는 것은?

① 비례배부법   ② 직접배분법
③ 매출원가조정법   ④ 영업외손익법

정답

1. ① 2. ① 3. ② 4. ④ 5. ② 6. ③ 7. ① 8. ④ 9. ① 10. ①
11. ③ 12. ② 13. ③ 14. ① 15. ② 16. ③ 17. ② 18. ④ 19. ① 20. ②

제3장 부문별 원가계산

제1절 부문별 원가계산의 기초

1. 부문별 원가계산의 뜻

제품의 원가를 계산하기 위해서는 제조과정에서 소비된 원가요소 중 직접재료비와 직접노무비는 개별제품에 직접 부과하고, 제조간접비는 그의 발생과 밀접한 관련을 가지고 있는 배부기준에 따라 각 제품에 배부하는 절차가 필요하다. 즉, 부문별 원가계산은 **제조간접비의 배부를 보다 엄격하게 하기 위하여 제조간접비를 그 발생 장소별로 분류·집계하는 절차**이다. 이 때 발생 장소별로 분류·집계된 원가를 부문비라 하며, 이것이 발생한 장소를 "원가부문"이라 한다.

2. 원가부문의 설정

원가가 발생하는 장소를 원가부문이라 한다. 원가부문은 기업의 규모나 제품의 특성에 따라 다르게 설정될 수 있으나, 일반적으로 제조활동에 직접 참여하는 제조부문과, 이들 제조부문에 전력, 공업용수 등의 용역을 제공할 뿐 제조활동에는 직접 참여하지 않는 보조부문으로 구성되는 것이 보통인데, 원가부문도 이에 맞추어 제조부문과 보조부문으로 나누어 설정되고 있다.

(1) 제조부문

제조부문은 제품의 제조 활동을 직접 담당하는 부문으로, 예를 들면 제조 단계에 따라 존재하는 절단부문, 조립부문 등이 있다.

(2) 보조부문

보조부문은 제품의 제조에는 직접 참여하지 않고, 다만 제조부문의 제조 활동을 돕기 위해 여러 가지 용역을 제공하는 부문으로, 예를 들면 동력부문, 수선부문 등이 있다.

3. 원가의 배분

(1) 원가배분의 개요

원가배분이란 공통적으로 발생한 원가 또는 간접원가를 집계하여 합리적인 배부기준에 따라 제품 또는 부문 등의 원가대상에 대응시키는 과정을 말한다.

(2) 원가배분 기준

원가배분기준은 원가배분을 수행하는 주된 목적과 부합하도록 설정되어야 하는데 공정성과 공평성이 전제되어야 원가배분의 목적이 달성가능하다고 볼 수 있다.

① **인과관계기준** : 배분하려는 원가와 원가대상 사이에 추적 가능한 명확한 인과관계가 존재하는 경우에 그 인과관계를 배분기준으로 하여 원가를 배분하는 방법으로 가장 이상적인 원가배분기준이다. 그러나 인과관계를 파악하기 어려운 경우에는 다른 원가배분기준을 사용할 수 밖에 없다.

② **수혜기준** : 배분하려는 원가로부터 원가대상에 제공한 경제적 효익을 측정할 수 있는 경우 이러한 경제적 효익의 크기에 비례하여 원가를 배분하는 기준이다.

③ **부담능력기준** : 원가부담능력이 큰 원가대상에 더 많은 원가를 배분하는 것이다. 즉, 이익이 많은 제품이 적은 제품 보다 더 많은 원가를 배분받는 것이다.

제2절 부문별 원가계산의 절차

제조부문과 보조부문이 있는 제조기업에서 부문별 원가계산을 하는 절차는 다음과 같이 4단계로 나누어진다.

> 제1단계 : 부문직접비를 각 부문에 부과
> 제2단계 : 부문간접비를 각 부문에 배분
> 제3단계 : 보조부문비를 제조부문에 배분 (직접배분법, 단계배분법, 상호배분법)
> 제4단계 : 제조부문비를 각 제품에 배부

1. 부문직접비의 부과

부문직접비란 특정 부문에서 개별적으로 발생하는 원가로서 비록 개별 제품에는 추적이 어려운 제조간접비이지만 특정 부문에는 추적 가능한 원가를 말한다. 부문직접비는 부문개별비라고도 한다. 부문 직접비의 예로는 특정 부문 책임자의 급료나 특정 부문에서만 사용하는 기계의 감가상각비 등을 들 수 있다.

2. 부문간접비의 배분

부문직접비를 부과한 다음에는 부문간접비를 제조부문과 보조부문에 배분하여야 하는데, 부문간접비는 각 부문에 직접 추적할 수 없는 제조간접비로서 부문공통비라고도 한다. 예를 들면, 공장장의 급료, 여러 부문이 공동으로 사용하는 기계의 감가상각비 등이 이에 속한다. 이러한 원가들은 개별 제품에도 추적할 수 없고, 특정 부문에도 추적할 수 없는 간접비로서, 일정한 기준에 따라 인위적으로 제조부문과 보조부문에 배분하여야 한다. 부문간접비를 각 제조부문과 보조부문에 배분할 때 적용하는 배분기준에는 여러 가지가 있는데, 항목별로 예를 들면 다음과 같다.

부문간접비	배분기준
① 감가상각비	• 기계의 경우 : 각 부문의 기계사용시간 • 건물의 경우 : 각 부문이 차지하는 면적
② 전기사용료	각 부문의 전기소비량 　또는 각 부문의 기계마력수 × 운전시간
③ 수선비	각 부문의 수선횟수
④ 가스수도사용료	각 부문의 수도 가스 사용량
⑤ 운반비	각 부문의 운반물품의 무게, 운반거리, 운반 횟수 등
⑥ 복리후생비	각 부문의 종업원수
⑦ 임차료, 재산세, 화재보험료	각 부문이 차지하는 면적 또는 기계의 가격

3. 보조부문비의 배분

부문직접비를 부과하고 부문간접비를 배분하면, 보조부문의 부문비 발생액을 알 수 있다. 그러나 보조부문에는 제품이 직접 통과하지 않으므로, 보조부문비를 각 제품에 직접 배부할 수가 없다. 따라서 보조부문비를 제조부문에 배분하는 절차가 필요하다. 보조부문의 원가를 제조부문에 배분하는 방법에는 직접배분법, 단계배분법, 상호배분법 세 가지가 있으며, 이때 보조부문원가를 제조부문에 배분하기 위한 배분기준은 보조부문이 제공한 용역을 정확하게 반영할 수 있는 것으로서 항목별로 예를 들면 다음과 같다.

보조부문원가	배분기준
① 건물관리부문	면적(㎡)
② 공장인사관리부문	종업원 인원수
③ 동력부문	전력사용량(kwh)
④ 수선유지부문	작업시간
⑤ 식당부문	종업원 인원수
⑥ 구매부문	주문횟수와 주문내용
⑦ 종업원후생부문	종업원 인원수
⑧ 창고부문	재료의 사용량

(1) 직접배분법

직접배분법은 보조부문 상호간에 용역을 주고받는 관계를 완전히 무시하고, 모든 보조부문비를 제조부문에 제공하는 용역비율에 따라 제조부문에만 직접배분하는 방법이다. 직접배분법을 이용하면 배분절차는 매우 간단하나, 보조부문 상호간의 용역 수수관계가 많은 경우에는 부정확한 원가 배부가 될 수 있다.

(2) 단계배분법

단계배분법은 보조부문들 간에 일정한 배분 순서를 정한 다음 그 배분 순서에 따라 보조부문비를 단계적으로 다른 보조부문과 제조부문에 배분하는 방법이다. 단계배분법에서는 일단 특정 보조부문비가 다른 보조부문에 배분된 다음에는 다른 보조부문의 부문비가 역으로 그 특정 보조부문에 재 배분되지는 않는다. 따라서, 단계배분법은 보조부문 상호간의 용역 수수관계를 일부만 반영하는 방법이라고 할 수 있다.

(3) 상호배분법

상호배분법은 보조부문 상호간의 용역 수수관계를 완전하게 고려하는 방법으로, 보조부문비를 제조부문뿐만 아니라, 보조부문 상호간에 배분하는 방법이다.

예제

㈜세연의 공장에는 두 개의 제조부문과 두 개의 보조부문이 있다. 각 부분의 용역 수수관계와 제조간접비 발생원가는 다음과 같다.

적 요	제조부문		보조부문		합 계
	절단부문	조립부문	동력부문	수선부문	
자기부문 발생액	350,000원	400,000원	100,000원	50,000원	900,000원
[제공한 용역]					
(1) 동력부문	80kw/h	20kw/h	-	300kw/h	400kw/h
(2) 수선부문	10회	10회	20회	-	40회

(1) 보조부문비를 직접배분법을 이용하여 제조부문에 배분하시오.

(2) 보조부문비를 단계배분법(동력부문의 원가를 우선배분)을 이용하여 제조부문에 배분하시오.

(3) 보조부문비를 상호배분법을 이용하여 제조부문에 배분하시오.

해설

(1) 직접배분법
  ① 동력부문(100,000)
   • 절단부문(80kw/h/100kw/h) = 80,000
   • 조립부문(20kw/h/100kw/h) = 20,000
  ② 수선부문(50,000)
   • 절단부문(10회/20회) = 25,000
   • 조립부문(10회/20회) = 25,000

(2) 단계배분법
  ① 동력부문(100,000)
   • 절단부문(80kw/h/400kw/h) = 20,000
   • 조립부문(20kw/h/400kw/h) = 5,000
   • 수선부문(300kw/h/400kw/h) = 75,000
  ② 수선부문(50,000+75,000 = 125,000)
   • 절단부문(10회/20회) = 62,500
   • 조립부문(10회/20회) = 62,500

(3) 상호배분법
  동력부문(X), 수선부문(Y)라 하고 연립방정식을 수립하면 다음과 같다.
  ㉠ X=100,000+0.5Y   ㉡ Y=50,000+0.75X
  연립방정식 풀이
  X=100,000+0.5(50,000+0.75X)   X=100,000+25,000+0.375X
  X−0.375X=125,000   0.625X=125,000
  ∴ 동력부문(X)=200,000   수선부문(Y)=200,000
  ① 동력부문(200,000)
   • 절단부문(80kw/h/400kw/h) = 40,000
   • 조립부문(20kw/h/400kw/h) = 10,000
  ② 수선부문(200,000)
   • 절단부문(10회/40회) = 50,000
   • 조립부문(10회/40회) = 50,000

4. 제조부문비의 배부

보조부문비를 제조부문에 배분하면 제조부문비 계정에는 자기부문 발생액과 보조부문으로부터 배분받은 금액이 함께 기록되며, 이 합계액을 각 제품에 배부하여 제품원가를 계산하게 된다. 즉, 각 제조부문에 집계된 제조부문비는 적절한 배부기준에 따라 당해 제조부문을 통과한 각 제품에 적절히 배부하여야 한다. 제조부문비를 제품에 배부하는 기준으로는 가액법(직접재료법, 직접노무비법 등)이나 시간법(직접노동시간법, 기계작업시간법)을 사용한다.

기/출/문/제 (필기)

— 부문별 원가계산의 기초 — ☆

01 다음 중 제조간접비의 배부기준을 설정할 때 고려해야 하는 요소 중 가장 합리적이고 우선으로 적용되어야 하는 요소는 무엇인가?

① 원가절감 ② 인과관계
③ 예측가능성 ④ 부담능력

> [풀이] 배분하려는 원가와 원가대상 사이에 추적 가능한 명확한 인과관계가 존재하는 경우에 그 인과관계를 배분기준으로 하여 원가를 배분하는 방법으로 가장 이상적인 원가배분기준이다.

— 부문별 원가계산의 절차 —

02 다음 자료를 보고 부문별원가계산 절차를 순서대로 나열한 것은?

> ⓐ 보조부문비를 제조부문에 배부한다.
> ⓑ 부문공통비를 각 부문에 배부한다.
> ⓒ 제조부문비를 각 제품에 배부한다.
> ⓓ 부문개별비를 각 부문에 부과한다.

① ⓐ-ⓑ-ⓒ-ⓓ ② ⓑ-ⓐ-ⓒ-ⓓ ③ ⓒ-ⓓ-ⓐ-ⓑ ④ ⓓ-ⓑ-ⓐ-ⓒ

— 부문간접비의 배분기준 — ★☆☆☆

03 ㈜반천개발은 많은 기업들이 입주해 있는 사무실 건물을 관리하고 있다. 청소담당 직원들은 모든 입주기업들의 사무실과 복도 등 건물 전체를 청소한다. 건물 전체의 청소비를 각 기업에 배부하기 위한 기준으로 가장 적합한 것은?

① 각 입주기업의 직원 수 ② 각 입주기업의 주차 차량 수
③ 각 입주기업의 임대면적 ④ 각 입주기업의 전기 사용량

04 공통부문원가를 각 부문에 배부하는 기준으로 가장 적합하지 않은 것은?

① 건물 감가상각비 : 건물 점유면적
② 종업원 복리후생부문 : 각 부문의 종업원 수
③ 기계 감가상각비 : 기계 점유면적
④ 전력부문 : 전력사용량

> [풀이] 기계 감가상각비의 경우 각 부문의 기계사용시간으로 배분하는 것이 가장 적당하다.

— 보조부문비의 배분기준 — ☆☆☆☆

05 보조부문원가를 제조부문에 배부하는 기준으로 가장 적합한 것은?

① 건물관리부문 : 종업원 수
② 종업원 복리후생부문 : 종업원 수
③ 식당부문 : 전력사용량
④ 구매부문 : 기계시간

[풀이] ① 건물관리부문 : 면적, ③ 식당부문 : 종업원 인원수, ④ 구매부문 : 주문횟수로 배분하는 것이 가장 적합하다.

06 다음 중 보조부문원가를 제조부문에 배부하는 기준으로 가장 적합한 것은?

① 건물관리부문 : 종업원 수
② 종업원복리후생부문 : 종업원의 연령
③ 식당부문 : 사용면적
④ 전력부문 : 전력사용량

[풀이] ① 건물관리부문 : 면적, ② 종업원복리후생부문 : 종업원 인원수, ③ 식당부문 : 종업원 인원수로 배분하는 것이 가장 적합하다.

— 보조부문비의 배분방법 — ★☆☆☆

07 보조부문에 대한 원가를 제조부문에 배부하는 방법 중 상호배부법에 대한 설명으로서 가장 옳은 것은?

① 보조부문의 배부순서를 고려할 필요가 없다.
② 보조부문 상호간에 용역수수관계를 불완전하게 인식하게 된다.
③ 배부절차가 다른 방법에 비해 비교적 간단하다.
④ 보조부문 상호간의 용역수수관계가 중요하지 않을 경우에 적용한다.

[풀이] 배부절차가 다른 방법에 비해 비교적 간단하고, 상호간의 용역수수관계가 중요하지 않을 경우에는 직접배부법을 적용한다.
② 보조부문 상호간에 용역수수관계를 불완전하게 인식하는 것은 단계배부법이다.

08 보조부문 상호간의 용역수수를 고려하여 배분하는 방법만 모두 고른 것은?

| A. 단계배부법 | B. 상호배부법 | C. 직접배부법 |

① A, C
② B, C
③ A, B
④ A, B, C

[풀이] 보조부문 상호간에 용역 수수관계를 단계배부법은 일부만 고려하고, 상호배부법은 완전히 고려하는 방법이다.

09 다음은 원가배부에 관한 내용이다. 무엇에 대한 설명인가?

> 보조부문들 간에 배분 순서를 정한 다음 그 배분 순서에 따라 보조부문원가를 배분하는 방법을 말한다. 우선순위로 특정 보조부문원가가 다른 보조부문에 배분된 후에는 다시 역으로 배분을 고려하지는 않는다.

① 상호배분법 ② 직접배분법 ③ 비례조정법 ④ 단계배분법

— 배분방법들 간의 상호비교 — ★☆☆☆☆

10 보조부문비의 배부방법 중 정확도가 높은 방법부터 올바르게 배열한 것은?

① 직접배부법 > 상호배부법 > 단계배부법
② 직접배부법 > 단계배부법 > 상호배부법
③ 상호배부법 > 단계배부법 > 직접배부법
④ 단계배부법 > 상호배부법 > 직접배부법

11 보조부문의 원가를 제조부문에 배분하는 방법에 대한 설명으로 틀린 것은? 4

① 직접배분법은 보조부문 상호간에 행해지는 용역의 수수를 무시하고 보조부문원가를 각 제조부문에만 배분하는 방법이다.
② 단계배분법은 보조부문 원가의 배분순서를 정하여 그 순서에 따라 보조부문원가를 다른 보조부문과 제조부문에 단계적으로 배분하는 방법이다.
③ 상호배분법은 보조부문간의 용역수수관계를 완전히 고려하는 방법이다.
④ 상호배분법은 이론적으로 가장 타당하고 계산이 간단하여 효율적이다.

[풀이] 상호배분법은 이론적으로 가장 타당하지만 계산이 복잡하여 효율적이지 않다.

12 보조부문 원가를 제조부문에 배부하는 방법에 대한 설명으로 틀린 것은? 2

① 직접배부법을 사용하는 경우에는 특정 보조부문 원가가 다른 보조부문에 배부되지 않는다.
② 단계배부법을 사용하는 경우에는 가장 먼저 배부되는 보조부문 원가는 다른 보조부문에 배부되지 않는다.
③ 상호배부법을 사용하는 경우에는 배부순서에 따라 특정 제조부문에 대한 배부액이 달라지지 않는다.
④ 상호배부법은 보조부문 상호간의 용역 수수 관계를 완전히 고려하는 방법이다.

[풀이] 단계배부법을 사용하는 경우에는 가장 먼저 배부되는 보조부문 원가는 다른 보조부문에 배부된다.

13 다음 중 보조부문 원가의 배분방법에 대한 설명으로 가장 옳지 않은 것은?

① 보조부문 원가의 배분방법 중 보조부문간의 용역수수관계를 완벽하게 고려하여 정확하게 계산하는 방법은 상호배분법이다.
② 단계배분법은 우선순위가 높은 보조부문의 원가를 우선순위가 낮은 보조부문에 먼저 배부하고, 배부를 끝낸 보조부문에는 다른 보조부문원가를 재배부하지 않는 방법이다.
③ 직접배분법은 보조부문 간에 일정한 배분순서를 결정한 다음 그 배분순서에 따라 보조부문 원가를 단계적으로 배분하는 방법이다.
④ 단계배분법은 보조부문 상호 간의 용역수수관계를 일부만 반영하는 방법이다.

[풀이] 직접배분법은 보조부문 상호간에 용역을 주고받는 관계를 완전히 무시하는 방법이다.

— 직접배분법 계산문제 — ☆☆☆☆☆

14 ㈜한라는 직접배부법으로 보조부문의 제조간접비를 제조부문에 배부하고자 한다. 보조부문의 제조간접비를 배분한 후 절단부문의 총원가는 얼마인가?

구 분	보조부문		제조부문	
	설비부문	동력부문	조립부문	절단부문
설비부문 공급(시간)	–	500	400	600
동력부문 공급(Kw)	1,100	–	300	200
배분 전 원가	300,000원	250,000원	750,000원	900,000원

① 151,250원　　② 280,000원　　③ 1,051,250원　　④ 1,180,000원

[풀이] 설비부문 → 절단부문 배부액 : 300,000 × {600 ÷ (400 + 600)} = 180,000원
　　　동력부문 → 절단부문 배부액 : 250,000 × {200 ÷ (300 + 200)} = 100,000원
　　　└ 배분전 원가(900,000) + 보조부문 배부액(280,000) = 절단부문의 총원가 1,1800,000원

15 수선부문과 동력부문에 각각 800,000원, 760,000원의 보조부문 원가가 집계되어 있을 경우, 아래의 자료를 바탕으로 조립부문에 배분될 보조부문 원가 총액은 얼마인가? (단, 직접배분법을 사용하는 것으로 가정한다)

구 분	제조부문		보조부문		합 계
	성형	조립	수선	동력	
수선부문	300시간	200시간	–	500시간	1,000시간
동력부문	4,500kW	3,500kW	12,000kW	–	20,000kW

① 293,000원　　② 453,000원　　③ 587,500원　　④ 652,500원

[풀이] 수선부문 → 조립부문 배분액 : 800,000 × {200시간 ÷ (300시간+200시간)} = 320,000원
　　　동력부문 → 조립부문 배분액 : 760,000 × {3,500kW ÷ (4,500kW+3,500kW)} = 332,500원
　　　└ 조립부문에 배분되는 보조부문 원가 총액 : 320,000 + 332,500 = 652,500원

― 단계배분법 계산문제 ― ☆☆☆

16 다음 자료를 이용하여 제조부문 A에 배분해야 하는 보조부문 총변동원가?

- ㈜동일제조는 두 개의 보조부문 S1, S2와 두 개의 제조부문 A, B를 두고 있다.
- 당년도 6월 중에 각 보조부문에서 생산한 보조용역의 사용원가율은 다음과 같았다.

사용 제공	보조부문		제조부문	
	S1	S2	A	B
S1	0	0.2	0.4	0.4
S2	0.4	0	0.2	0.4

- S1부문과 S2부문에서 당월에 발생한 변동원가는 각각 400,000원과 200,000원이었다.
- ㈜동일제조는 보조부문원가의 배분에 단계배분법을 사용하며 S2부문부터 배분한다.

① 310,000원　　② 140,000원　　③ 200,000원　　④ 280,000원

[풀이] S2부문 → S1부문 배분액 : 200,000 × {(0.4 ÷ (0.4+0.2+0.4)} = 80,000원
S2부문 → A부문 배분액 : 200,000 × {(0.2 ÷ (0.4+0.2+0.4)} = 40,000원
S1부문 → A부문 배분액 : (400,000 + 80,000) × {(0.4 ÷ (0.4+0.4)} = 240,000원
└ A부문에 배분되는 보조부문 총변동원가 : 40,000 + 240,000 = 280,000원

17 ㈜정원은 각각 두 개의 제조부문 A1, A2와 보조부문 Z1, Z2를 운영하고 있다. 보조부문의 제조부문에 대한 용역제공비율은 다음과 같다. Z1의 원가는 830,000원, Z2의 원가는 680,000원일 때 단계배부법에 따른 Z2의 배분대상 원가는 얼마인가? 단, Z1의 원가를 먼저 배부하는 것으로 가정한다.

사용부문 제공부문	제조부문		보조부문	
	A1	A2	Z1	Z2
Z1	50%	40%	0%	10%
Z2	30%	20%	50%	0%

① 228,900원　　② 381,500원　　③ 763,000원　　④ 898,000원

[풀이] Z1부문 → Z2부문 배부액 : 830,000 × {(0.1 ÷ (0.5+0.4+0.1)} = 83,000원
└ Z2의 배분전 원가(680,000) + Z1의 배부액(83,000) = Z2의 배분대상 원가 763,000원

― 상호배분법 계산문제 ―

18 ㈜한세실업의 보조부문은 수선부문과 동력부문으로 구성되어 있으며, 서로 용역을 주고받고 있다. 어떤 특정 기간동안 각 부문이 다른 부문에 제공한 용역의 비율은 아래와 같다. 이 기간동안 수선부문과 동력부문의 발생원가는 각각 20,000원과 30,000원이다. 상호배분법에 의하여 보조부문원가를 배부할 경우 연립방정식으로 올바른 것은? (단, 수선부문의 총원가를 "X", 동력부문의 총원가를 "Y"라 한다)

구 분	수선부문의 용역 제공비율	동력부문의 용역 제공비율
수선부문	–	20%
동력부문	30%	–
제조부문	70%	80%
합 계	100%	100%

① X = 30,000 + 0.3Y   &   Y = 20,000 + 0.2X
② X = 30,000 + 0.2Y   &   Y = 20,000 + 0.3X
③ X = 20,000 + 0.3Y   &   Y = 30,000 + 0.2X
④ X = 20,000 + 0.2Y   &   Y = 30,000 + 0.3X

– 이중배분율법 – ☆

19 보조부문에서 발생한 원가도 생산과정에서 반드시 필요한 원가이므로 제품원가에 포함시키기 위하여 제조부문에 배분되어야 한다. 이때 보조부문 원가 행태에 따른 배분방법으로는 단일배분율법과 이중배분율법이 있다. 다음 중에서 이중배분율법의 장점만 짝지은 것은?

> A. 원가 배분절차가 복잡하지 않아 비용과 시간이 절약된다.
> B. 원가부문 활동에 대한 계획과 통제에 더 유용한 정보를 제공할 수 있다.
> C. 원가발생액과 원가대상 사이의 인과관계가 더 밀접해질 수 있다.
> D. 배분과정에서 발생할 수 있는 불공정성이 감소하기 때문에 더 공정한 성과평가가 이루어질 수 있다.

① A, B, C   ② A, C, D   ③ B, C, D   ④ A, B, C, D

[풀이] 이중배분율법은 보조부문원가를 변동비와 고정비로 구분하여 각각 별개의 배분기준을 사용하여 배분하는 방법으로서 변동비는 실제사용량을 기준으로, 고정비는 최대사용가능량을 기준으로 배분한다. 이중배분율법은 원가 배분절차가 복잡하여 비용과 시간이 절약되지는 않는 단점이 있다.

 정답

| 1. ② | 2. ④ | 3. ③ | 4. ③ | 5. ② | 6. ④ | 7. ① | 8. ③ | 9. ④ | 10. ③ |
| 11. ④ | 12. ② | 13. ③ | 14. ④ | 15. ④ | 16. ④ | 17. ③ | 18. ④ | 19. ③ | |

제 4 장 제품별 원가계산

제1절 개별원가계산

1. 개별원가계산의 의의 및 절차

(1) 의의

개별원가계산이란 각 개별 작업별로 원가를 집계하여 제품별 원가계산을 하는 방법이다. 이 방법은 성능, 규격, 품질 등이 서로 다른 여러 종류의 제품을 주로 고객의 주문에 의하여 소량씩 개별적으로 생산하는 건설업, 조선업, 항공기 제조업, 주문에 의한 가구 및 기계 제조업 등에서 사용한다.

(2) 제조지시서

제조지시서란 고객이 주문한 특정 제품의 제조를 작업현장에 명령하는 문서를 말한다. 고객으로부터 제품의 주문을 받은 영업부서는 고객이 요구한 제품의 규격, 수량, 인도기일 등을 제조부서에 통보한다. 제조부서는 이에 따라 구체적인 작업명세를 문서로 작성하여 작업현장에 보냄으로써 제품의 제조를 지시하게 되는데, 바로 이 문서가 제조지시서이다.

```
                        제 조 지 시 서
No.
다음과 같이 제품을 제조하여 주십시오.
                                              제조지시인_____(인)
주문처 :
납기일 :                                       완성요구일 ○월○일
                                              제조착수일 ○월○일
                                              제조완성일 ○월○일

   제 품 명    |    규  격    |    수  량    |    적  요
```

(3) 원가계산표(작업원가표)

원가계산 부서는 제조부서로부터 제조지시서 사본을 받으면 당해 작업의 원가를 집계하기 위하여 원가계산표를 준비한다. 원가계산표는 각 제품의 제조과정에서 발생하는 제조원가를 집계하기 위한 명세서로서 기본적으로 세 가지 유형의 원가가 있는 데 여기에는 직접재료비, 직접노무비, 제조간접비가 상세히 기록된다.

원 가 계 산 표			
비 목	제조지시서#1	제조지시서#2	합 계
직접 재료비	×××	×××	×××
직접 노무비	×××	×××	×××
제조 간접비	×××	×××	×××
제 조 원 가	×××	×××	×××

(4) 개별원가계산의 절차

① 제1단계 : 원가를 직접재료비, 직접노무비, 제조간접비로 분류하여 집계한다.
② 제2단계 : 직접재료비와 직접노무비는 각 제품에 부과하고 제조간접비는 각 부문에 부과 또는 배분한다. 보조부문의 제조간접비를 제조부문으로 배분하고 제조부문의 제조간접비를 각 지시서별 원가계산표에 기입한다.
③ 제3단계 : 각 제품의 생산이 완료되면 원가계산표(작업원가표)를 마감한다.
④ 제4단계 : 원가계산표에 집계된 금액을 재공품 계정에 대체하고 이 중 완성된 것은 제품계정에 대체한다. 미완성된 것은 이월하여 차월의 월초재공품으로 분류한다.
⑤ 제5단계 : 판매된 제품의 원가를 매출원가계정으로 대체한다.

2. 개별원가계산의 종류 및 특징

(1) 개별원가계산의 종류

① 실제개별원가계산 : 실제개별원가계산은 실제 발생한 직접재료비, 직접노무비, 제조간접비를 사용하여 제품의 원가를 계산하는 방법이다.
② 정상개별원가계산 : 정상개별원가계산은 직접재료비와 직접노무비는 실제 발생한 원가를 사용하고 제조간접비는 예정배부액을 사용하여 제품의 원가를 계산하는 방법이다. 정상원가계산은 평준화원가계산 이라고도 한다.

(2) 개별원가계산의 특징

① 이질적인 제품을 주문생산하는 경우에 적합하다.
② 핵심과제가 제조간접비의 배부에 있다.
③ 원가계산시 개별원가표에 의해 제조간접비를 부과한다.
④ 개별작업에 대한 원가계산표(작업원가표)가 기초가 된다.
⑤ 주문에 따라 제품을 생산하는 주문생산 업종에 적합하다.
⑥ 원가계산이 용이하다.
⑦ 제품별로 손익분석 및 계산이 용이하다.

기/출/문/제 [필기]

– 개별원가계산의 의의 및 절차 – ☆☆☆

01 개별원가 계산제도에 있어 각 작업별 직접재료원가, 직접노무원가, 제조간접원가 등이 집계, 기록되는 장소는?

① 송장
② 거래명세표
③ 매입주문서
④ 작업원가표

02 개별원가계산의 설명으로 타당하지 않은 것은?

① 이질적인 제품을 주문생산하는 경우에 적합하다.
② 핵심과제가 제조간접비의 배부에 있다.
③ 공정별원가 통제가 용이하므로 책임회계에 적합하다.
④ 원가계산시 개별원가표에 의해 제조간접비를 직접부과, 간접부과 한다.

– 개별원가계산의 종류 – ☆☆☆

03 예정원가계산에 대한 설명이다. 빈칸에 들어갈 용어로 옳지 않은 것은?

> 직접재료비와 직접노무비 등 직접비는 (①)(을)를 집계하고 (②)(은)는 예정소비액에 대한 예정조업도를 반영한 (③)에 의해 원가를 생산 완료와 동시에 결정하고, 원가계산 기말에 (④)(을)를 계산하여 이를 다시 조정하는 방법에 의하여 제품의 원가를 계산하는 것이다.

① 실제발생원가
② 제조원가
③ 예정배부율
④ 배부차이

[풀이] 직접재료비와 직접노무비 등 직접비는 (① 실제발생원가)를 집계하고 (② 제조간접비)는 예정소비액에 대한 예정조업도를 반영한 (③ 예정배부율)에 의해 원가를 생산완료와 동시에 결정하고 원가계산 기말에 (④ 배부차이)를 계산하여 이를 다시 조정하는 방법에 의하여 제품의 원가를 계산하는 것이다.

04 실제개별원가계산과 정상개별원가계산에 대한 설명이다. 틀린 것은?

① 실제개별원가계산과 정상개별원가계산 모두 직접재료비와 직접노무비는 실제발생액을 개별작업에 직접 부과한다.
② 실제개별원가계산은 일정기간 동안 실제 발생한 제조간접비를 동일기간의 실제 배부기준 총수로 나눈 실제배부율에 의하여 개별제품에 배부한다.
③ 정상개별원가계산은 개별작업에 직접 부과할 수 없는 제조간접비를 예정배부율을 이용하여 배부한다.
④ 원가계산이 기말까지 지연되는 문제를 해결하고자 실제개별원가계산이 도입되었다.

[풀이] 원가계산이 기말까지 지연되는 문제를 해결하고자 정상개별원가계산이 도입되었다.

— 개별원가계산의 특징 — ☆☆☆☆☆

05 다음 중 개별원가계산에 대한 설명으로 틀린 것은?

① 제품을 비반복적으로 생산하는 업종에 적합한 원가계산제도이다.
② 조선업, 건설업 등 주문생산에 유리하다.
③ 공장전체 제조간접비 배분율을 적용하는 것이 제조부문별 제조간접비 배분율을 적용하는 것 보다 더 정확한 원가배분방법이다.
④ 제조간접비는 일정한 배분기준에 따라 배부하게 된다.

[풀이] 제조부문별 제조간접비 배분율을 적용하는 것이 공장전체 제조간접비 배분율을 적용하는 것이 보다 더 정확한 원가배분방법이다.

06 다음 중 개별원가계산에 대한 설명이 아닌 것은?

① 기말재공품의 평가문제가 발생하지 않는다.
② 제조간접비의 배분이 중요한 의미를 갖는다.
③ 동종 대량생산형태 보다는 다품종 소량주문생산형태에 적합하다.
④ 공정별로 원가 집계를 하기 때문에 개별작업별로 작업지시서를 작성할 필요는 없다.

[풀이] 개별원가계산이란 각 개별 작업별로 원가를 집계하여 제품별 원가계산을 하는 방법이다.

07 개별원가계산은 개별제품 또는 작업별로 원가를 집계하여 제품원가를 계산하는 방법을 말한다. 다음 중 개별원가계산과 관련된 설명으로 가장 틀린 것은?

① 일반적으로 제품 생산 단위당 원가가 낮다.
② 다품종 소량생산방식이나 주문제작하는 경우에 적합하다.
③ 개별제품별로 원가를 계산하기 때문에 개별제품별 원가계산과 손익분석이 용이하다.
④ 다른 원가계산에 비해 상대적으로 정확한 원가계산이 가능하다.

[풀이] 개별원가계산에서는 총원가에 비하여 생산량이 적기 때문에 단위당 원가가 일반적으로 크게 나타난다.

정답

1. ④   2. ③   3. ②   4. ④   5. ③   6. ④   7. ①

제2절 종합원가계산

1. 종합원가계산의 의의 및 절차

(1) 의의

서로 다른 여러 종류의 제품을 생산하는 경우에는 개별 제품 또는 개별작업별로 원가를 구분하여 계산하는 개별원가계산방법을 사용한다. 그러나 한 종류의 제품만을 대량으로 생산하는 경우에는 원가계산의 대상이 되는 제품이 한 종류밖에 없기 때문에 제품별로 원가를 계산한다는 것이 무의미하다. 따라서 이 경우에는 일정한 원가계산기간에 발생한 제조원가총액을 집계한 다음, 이 제조원가 총액을 같은 기간의 완성품 수량으로 나누어 단위당 제조원가를 계산하는 것이 보다 간편하고 능률적이다. 이와 같이, 일정 원가계산기간(통상 1개월)에 발생한 제조원가 총액을 집계한 다음, 이를 같은 기간 완성품 수량으로 나누어 제품의 단위당 원가를 계산하는 방법을 종합원가계산이라 한다.

(2) 제조원가보고서

종합원가계산에서는 제조원가보고서를 작성하여 공정별 원가자료 및 생산량을 파악하여 이를 토대로 당월 완성품원가와 월말 재공품원가를 계산한다.

제조원가보고서(평균법)			
	물량단위	재료비	가공비
월초 재공품 (완성도25%)	100 단위		
당월 착수량	400 단위		
합 계	500 단위		
당월 완성량	300 단위	300 단위	300 단위
월말 재공품 (완성도50%)	200 단위	200 단위	100 단위
합 계	500 단위	500 단위	400 단위
월초 재공품원가		5,000 원	1,000 원
당월 총 제조비용		16,000 원	30,000 원
당월 총 제조원가		21,000 원	31,000 원
완성품환산량		500 단위	400 단위
완성품환산량단위당원가		@42 원	@77.5 원
완성품원가	(300 단위 × @42 원) + (300 단위 × @77.5 원) = 35,850 원		
월말 재공품원가	(200 단위 × @42 원) + (100 단위 × @77.5 원) = 16,150 원		

(3) 종합원가계산의 절차

① 제1단계 : 일정 기간에 발생한 총 제조원가를 집계한다.
② 제2단계 : 당월 총 제조원가에 월초 재공품원가를 가산하고 월말 재공품원가를 차감하여 당월 제품제조원가를 산출한다.
③ 제3단계 : 당월 제품제조원가를 당월 완성품수량으로 나누어 제품의 단위당 원가를 계산한다.

2. 완성품 환산량 및 재공품의 평가방법

(1) 완성품 환산량

완성품 환산량이란 생산활동에 투입된 모든 노력을 제품을 완성하는 데에만 투입하였다면 완성되었을 완성품의 수량으로 환산한 것이다.

예를 들면, 재료비가 공정초기에 전량 투입되는 경우라면 당월에 착수되어 완성된 제품의 재료비에 대한 완성품 환산량은 1개이며, 당월에 착수되어 공정진척도가 50%인 월말 재공품의 경우에도 완성품의 환산량은 1개이다. 반면 가공비가 공정전반에 걸쳐 고르게 발생되는 경우라면 당월에 착수되어 완성된 제품의 가공비에 대한 완성품 환산량은 1개이며, 당월에 착수되어 공정진척도가 50%인 월말 재공품의 완성품의 환산량은 0.5개(1×50%)이다.

> 완성품환산량 = 물량(수량) × 완성도(진척도)

(2) 재공품의 평가방법

종합원가계산에서 월말 재공품의 원가 및 당월 완성된 제품의 원가를 계산하기 위해서 많이 사용하는 방법은 선입선출법과 평균법이다.

① 선입선출법 : 선입선출법은 먼저 제조에 착수된 것이 먼저 완성된다는 가정하에 월말 재공품의 원가와 당월 완성된 제품의 원가를 계산하는 방법이다. 즉, 월초 재공품이 모두 완성이 되고 나서 새로운 제조활동이 다시 착수된다고 본다. 따라서 월초 재공품의 원가는 모두 당월 완성된 제품에 부과하고, 당월 투입원가는 당월 완성된 제품과 월말 재공품에 배부한다.

② 평균법 : 평균법은 당월에 완성된 제품은 모두 당월에 착수되어 당월에 완성된다는 가정하에 월말 재공품의 원가와 당월 완성된 제품의 원가를 계산하는 방법이다. 즉, 월초 재공품도 당월에 착수되어 당월에 완성된 것으로 본다. 따라서 월초 재공품의 원가와 당월 투입원가 모두를 당월 완성된 제품과 월말 재공품에 배부한다.

예제

㈜세연은 단일 제품을 대량으로 생산하고 있다. 원재료는 공정 초기에 전량 투입되고, 가공비는 공정전반에 걸쳐 균등하게 발생한다. 2월의 원가계산에 대한 자료는 다음과 같다.

- 월초 재공품 100개 (완성도 25%)
- 당월 완성량 300개
- 월초재공품(재료비 5,000원 / 가공비 1,000원)
- 당월 발생원가(재료비 16,000원 / 가공비 30,000원)
- 당월착수량 400개
- 월말 재공품 200개 (완성도 50%)

(1) 선입선출법에 의한 완성품원가와 기말재공품원가를 구하시오.
(2) 평균법에 의한 완성품원가와 기말재공품원가를 구하시오.

해설 1   선입선출법

▶ 1단계 : 물량흐름 파악

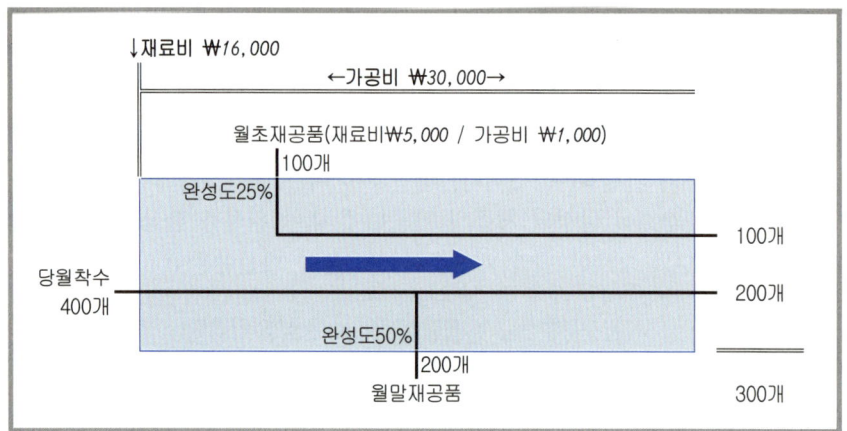

▶ 2단계 : 완성품환산량 계산
(1) 재료비 : ① 당 월 완성 : 200개{월초재공품 0개 + 당월착수 200개}
　　　　　　② 월말재공품 : 200개
　　　　　　　합　　계 : 400개
(2) 가공비 : ① 당 월 완성 : 275개{월초재공품 75개(100개×75%)+당월착수 200개}
　　　　　　② 월말재공품 : 100개(200개×50%)
　　　　　　　합　　계 : 375개

▶ 3단계 : 배분할 원가를 요약
(1) 재료비 : 16,000원 (당월발생원가 16,000원)
(2) 가공비 : 30,000원 (당월발생원가 30,000원)
　　　☞ 선입선출법에서는 월초재공품의 원가를 완성품에만 가산한다.

▶ 4단계 : 완성품환산량 단위당 원가
(1) 재료비 : 16,000원 ÷ 400개(완성품환산량) = @40
(2) 가공비 : 30,000원 ÷ 375개(완성품환산량) = @80

▶ 5단계 : 원가의 배분
(1) 당월완성품원가 : 월초재공품(5,000+1,000)
    + 재료비(200개×@40) + 가공비(275개×@80) = 36,000원
(2) 월말재공품원가 : 재료비(200개×@40) + 가공비(100개×@80) = 16,000원

해설 2 평균법

▶ 1단계 : 물량흐름 파악

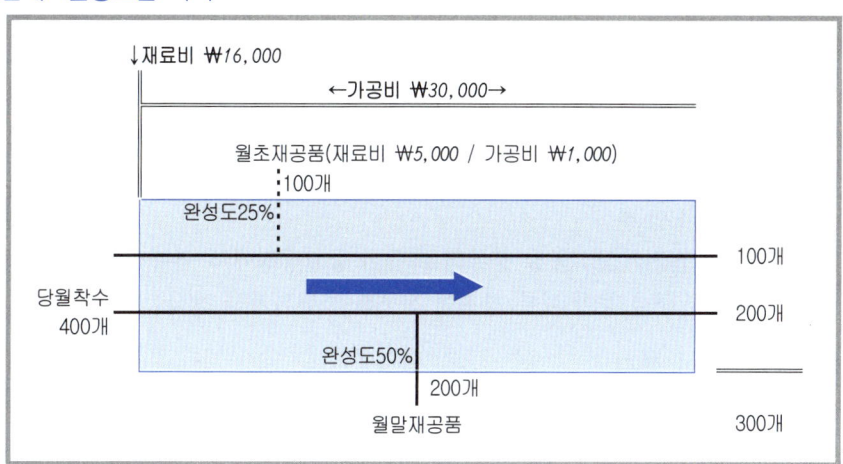

▶ 2단계 : 완성품환산량 계산
(1) 재료비 : ① 당 월 완 성 : 300개{월초재공품 100개 + 당월착수 200개}
            ② 월말재공품 : 200개
               합   계 : 500개
(2) 가공비 : ① 당 월 완 성 : 300개{월초재공품 100개 + 당월착수 200개}
            ② 월말재공품 : 100개(200개×50%)
               합   계 : 400개

▶ 3단계 : 배분할 원가요약
(1) 재료비 : 21,000원 (월초재공품원가 5,000원 + 당월발생원가 16,000원)
(2) 가공비 : 31,000원 (월초재공품원가 1,000원 + 당월발생원가 30,000원)

▶ 4단계 : 완성품환산량 단위당 원가
(1) 재료비 : 21,000원 ÷ 500개(완성품환산량) = @42
(2) 가공비 : 31,000원 ÷ 400개(완성품환산량) = @77.5

▶ 5단계 : 원가의 배분
(1) 당월완성품원가 : 재료비(300개×@42) + 가공비(300개×@77.5) = 35,850원
(2) 월말재공품원가 : 재료비(200개×@42) + 가공비(100개×@77.5) = 16,150원

3. 종합원가계산의 종류 및 특징

(1) 종합원가계산의 종류

① 단일 종합원가계산 : 단 하나의 공정만을 가지고 있는 단순한 제조형태의 기업에서 적용하는 원가계산 방식이다. ㉑ 제빙업, 제염업 등
② 공정별 종합원가계산 : 제조공정이 2 이상의 연속되는 공정으로 구분되고 각 공정별로 당해 공정제품의 제조원가를 계산할 경우에 적용하는 원가계산 방식이다. ㉑ 화학공업, 제지업, 제당업 등
③ 조별 종합원가계산 : 다른 종류의 제품을 조별(반별)로 연속하여 생산하는 생산형태에 적용하는 원가계산 방식이다. ㉑ 식료품제조업, 제과업, 직물업 등
④ 연산품 종합원가계산 : 동일한 재료로 동일공정에서 생산되는 다른 종류의 제품으로서 주산물과 부산물을 명확히 구분하기 곤란한 경우에 적용하는 원가계산 방식이다. ㉑ 정유업, 정육업 등
⑤ 등급별 종합원가계산 : 동일 종류의 제품이 동일공정에서 연속적으로 생산되나 그 제품의 품질과 규격 등이 다른 경우에 적용하는 원가계산 방식이다. ㉑ 제화업, 제분업 등

(2) 종합원가계산의 특징

① 동일공정의 제품은 동질적이라는 가정에 따라 단위당 제품원가는 평균화과정에 기초하여 균등하다.
② 연속적 대량생산의 형태이므로 기간개념이 중시된다.
③ 원가의 분류가 재료비와 가공비로 단순화 되어 있다.
④ 원가계산이 복잡하지 않아 보다 경제적이다.
⑤ 제조원가는 각 공정별로 집계되면 그 공정을 통과한 제품단위에 원가를 배분한다.
⑥ 공정별 원가 통제가 용이하므로 책임회계에 적합하다.

4. 공손품과 작업폐물

(1) 공손품

공손품(spoilage)이란 품질이나 규격이 회사에서 정한 일정수준에 미달하는 불합격품으로 재작업을 하여도 양품이 될 수 없는 것을 말한다. 반면, 불량품(defective units)은 재작업을 수행하면 양품이 될 수 있는 것을 말한다.

① 정상공손 : 정상공손이란 제조과정에서 불가피하게 발생하는 공손으로서, 제품을 생산하기 위하여 반드시 필요한 원가의 성질을 갖는 것이므로 재공품 및 제품의 원가에 포함시킨다.
② 비정상공손 : 비정상공손이란 효율적인 생산이 이루어질 경우 그 발생을 막을 수 있는 것이므로 공손이 발생한 기간의 영업외비용으로 처리한다.

(2) 작업폐물

작업폐물(scrap)이란 제품의 제조과정에서 발생하는 원재료의 부스러기를 말한다. 가구 제조업에서의 나무토막이나, 기계제작업에서의 철판조각이나 쇳가루 등이 이에 속한다. 작업폐물이 발생하면 작업폐물의 평가액 만큼 제조원가를 감소시켜야 하는데, 작업폐물이 특정 작업과 관련하여 발생한 경우에는 개별작업의 제조원가, 즉 직접재료비에서 작업폐물의 평가액을 차감하고 작업폐물이 여러 제품의 제조과정에서 발생하면 제조간접비에서 작업폐물의 평가액을 차감한다.

memo

한마디 ··· 제95회 자격시험 이의신청 A형 9번 문제 출제위원의 답변은 이렇습니다.

"연산품원가계산은 전산세무2급 평가범위가 아니므로 모두 정답으로 인정합니다." 라고 하고 있으므로 2023년부터 본서에서는 그 내용을 다루지 않겠습니다.

기/출/문/제 (필기)

— 종합원가계산의 의의 및 절차 — ☆☆

01 종합원가계산의 흐름을 바르게 나열한 것은?

> 가. 물량의 흐름을 파악한다.
> 나. 완성품과 기말재공품 원가를 계산한다.
> 다. 재료원가와 가공원가의 완성품환산량 단위당 원가를 구한다.
> 라. 재료원가와 가공원가의 기초재공품원가와 당기총제조원가를 집계한다.
> 마. 재료원가와 가공원가의 완성품환산량을 계산한다.

① 가 → 나 → 다 → 라 → 마
② 가 → 마 → 라 → 다 → 나
③ 가 → 라 → 마 → 다 → 나
④ 나 → 가 → 다 → 라 → 마

— 완성품 환산량 — ☆

02 다음 종합원가계산제도에 대한 설명으로 옳지 않은 것은?

① 공정에 투입되어 현재 생산 진행 중에 있는 가공 대상물이 어느 정도 진척되었는가를 나타내는 척도를 공손률이라 한다.
② 생산활동에 투입한 모든 노력을 제품을 완성하는데만 투입하였더라면 완성되었을 완성품 수량으로 환산한 것을 완성품환산량이라 한다.
③ 동종의 제품을 대량 생산하는 업종에 적합한 원가계산제도이다.
④ 종합원가계산제도에서는 직접노무비와 제조간접비를 가공비로 분류한다.

[풀이] 공정에 투입되어 현재 생산 진행 중에 있는 가공 대상물이 어느 정도 진척되었는가를 나타내는 척도를 완성도라 한다.

— 재공품의 평가방법 — ★★☆☆☆

03 종합원가계산 하에서 선입선출법과 평균법에 대한 설명 중 틀린 것은?

① 선입선출법은 평균법 보다 실제물량흐름을 반영하며 원가통제 등에 더 유용한 정보를 제공한다.
② 선입선출법은 완성품환산량 계산시 순수한 당기발생작업량만으로 계산한다.
③ 선입선출법은 기초재공품원가와 당기발생원가를 구분하지 않고, 모두 당기발생원가로 가정하여 완성품과 기말재공품에 배분한다.
④ 기초재공품이 없다면 선입선출법과 평균법의 결과는 차이를 보이지 않는다.

[풀이] 선입선출법은 당기발생원가 만을 완성품과 기말재공품에 배분하고, 기초재공품원가는 완성품 원가에 가산한다.

04 다음 중 종합원가계산에서 재료비와 가공비를 구분하는 의미가 없는 경우는?

① 재료비와 가공비의 제조과정에 투입시점이 같을 때
② 제조과정에 투입되는 재료비와 가공비의 금액이 같을 때
③ 제조과정에 투입되는 재료비와 가공비의 물량이 같을 때
④ 재료비와 가공비의 기말잔액이 같을 때

> [풀이] 종합원가계산에서 재료비와 가공비로 구분하는 이유는 재료비와 가공비의 투입시점이 다르기 때문이다. 따라서 재료비와 가공비의 투입시점이 같다면 굳이 재료비와 가공비를 구분하는 실익이 없다.

05 선입선출법에 의한 종합원가계산 과정에서 완성품환산량 단위당 원가를 다음과 같이 계산하는 경우 (㉠)에 해당하는 것은?

$$\text{선입선출법에 의한 완성품환산량 단위당 원가} = \frac{(㉠)}{\text{완성품 환산량}}$$

① 기초재공품원가　　　　　　　② 당기투입원가
③ 당기투입원가 − 기초재공품원가　④ 기초재공품원가 + 당기투입원가

> [풀이] 선입선출법 완성품환산량 단위당 원가 : 당기투입원가 ÷ 완성품 환산량
> 평균법 완성품환산량 단위당 원가 : (기초재공품원가 + 당기투입원가) ÷ 완성품 환산량

06 종합원가계산하에서 선입선출법과 평균법에 대한 설명 중 옳지 않은 것은?

① 선입선출법은 평균법 보다 실제물량흐름을 반영하며 원가통제 등에 더 유용한 정보를 제공한다.
② 평균법은 완성품환산량 계산시 순수한 당기발생작업량만으로 계산한다.
③ 기초재공품원가에 대하여 평균법은 기말재공품에 배부하지만, 선입선출법은 기말재공품에 배부하지 아니한다.
④ 기초재공품이 없다면 선입선출법과 평균법의 결과는 차이를 보이지 않는다.

> [풀이] 평균법은 완성품환산량 계산시 기초재공품도 당기에 착수하여 완성한 것으로 가정하여 계산한다.

07 다음 중 종합원가계산에 대한 설명으로 가장 옳지 않은 것은?

① 종합원가계산은 동종제품을 연속적으로 대량생산하는 업종에 적합하다.
② 선입선출법은 기초재공품부터 먼저 완성시키고 난 후에 당기착수분을 완성시킨다고 가정하는 방법이다.
③ 평균법은 전기에 이미 착수된 기초재공품의 기완성도를 무시하고 당기에 착수한 것처럼 가정하는 방법이다.
④ 기초재공품이 없는 경우 평균법과 선입선출법의 완성품환산량이 일치하지 않는다.

> [풀이] 기초재공품이 없는 경우 평균법과 선입선출법의 완성품환산량은 일치한다.

— 재공품의 평가방법 — ☆☆☆☆

08 원재료는 공정 초기에 전량 투입되고, 가공비는 전공정에 걸쳐 균등하게 투입된다. 종합원가계산에의한 재료비와 가공비의 완성품환산량은?

- 기초재공품 : 0개
- 당기투입량 : 600개
- 기말재공품 : 400개(완성도 60%)

① 재료비 : 600개, 가공비 : 440개　② 재료비 : 360개, 가공비 : 300개
③ 재료비 : 240개, 가공비 : 300개　④ 재료비 : 160개, 가공비 : 400개

[풀이] [1단계] 물량흐름 파악

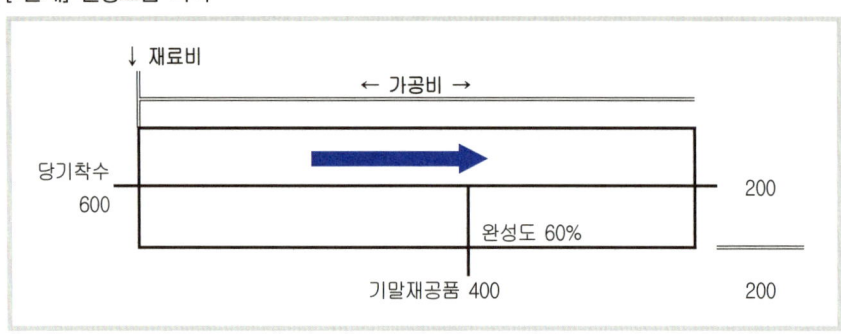

[2] 완성품환산량 계산
(1) 재료비 : 당 기 완성 : 200개 (당기착수 200개)
　　　　　　기말재공품 : 400개
　　　　　　합　　 계 : 600개
(2) 가공비 : 당 기 완성 : 200개 (당기착수 200개×100%)
　　　　　　기말재공품 : 240개 (400개×60%)
　　　　　　합　　 계 : 440개

09 완성품은 200개이며, 기초재공품은 없고, 기말재공품은 50개(완성도 60%)이다. 가공비는 460,000원 발생하였다. 가공비의 완성품 환산량 단위당 원가는 얼마인가? (재료는 공정초에 모두 투입되고, 가공비는 공정 전반에 걸쳐 균등하게 투입된다. 원단위 미만은 절사함)

① 1,000원　　② 1,840원　　③ 2,000원　　④ 2,300원

[풀이] [1단계] 물량흐름 파악 – P.653 참조 –
　　　[2단계] 완성품환산량 계산
　　　가공비 : 당 기 완성 : 200개 (당기착수 200개 × 100%)
　　　　　　　기말재공품 : 30개 (50개 × 60%)
　　　　　　　합　　 계 : 230개
　　　[3단계] 완성품환산량 단위당 원가
　　　가공비 : 460,000원 ÷ 230개(완성품환산량) = 2,000원

- 재공품의 평가방법(선입선출법) - ★★☆

10 다음 자료에 의하여 선입선출법에 의한 재료비 완성품환산량은 얼마인가?

- 당사는 종합원가계산시스템을 도입하여 원가계산을 하고 있다.
- 재료비는 공정의 초기에 전량 투입되고, 가공비는 공정의 진행에 따라서 균일하게 발생한다.
- 기초재공품 : 400개(가공비 완성도 40%)
- 당기착수분 : 5,000개
- 기말재공품 : 2,000개(가공비 완성도 50%)

① 3,000개 ② 4,000개 ③ 4,600개 ④ 5,000개

[풀이] [1] 물량흐름 파악(선입선출법)

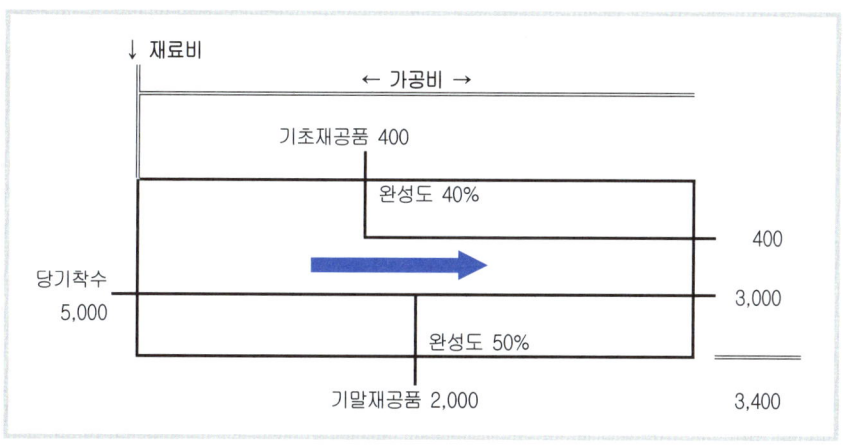

[2] 완성품환산량 계산
재료비 : 당 기 완성 : 3,000개 (기초재공품 0개 + 당기착수 3,000개)
　　　　기말재공품 : 2,000개
　　　　합　　계 : 5,000개

11 ㈜은아의 기초재공품은 150개(완성도 40%), 당기완성품은 400개이며, 기말재공품은 100개(완성도 20%)이다. 선입선출법에 따른 가공비의 완성품환산량은 얼마인가? 다만, 가공비는 공정 전반에 걸쳐 균등하게 투입된다.

① 360단위 ② 480단위 ③ 510단위 ④ 570단위

[풀이] [1] 물량흐름 파악(선입선출법) - P.654 참조 -
[2] 완성품환산량 계산
가공비 : 당 기 완성 : 340개 {(기초재공품 150개×60%) + (당기착수 250개×100%)}
　　　　기말재공품 : 20개 (100개×20%)
　　　　합　　계 : 360개

12 한결㈜는 종합원가계산을 채택하고 있다. 재료비는 공정초기에 전량 투입되며, 가공비는 공정기간 동안 균등하게 투입이 될 경우에 선입선출법에 의하여 완성품환산량을 구하면 얼마인가?

구 분	물 량	완성도	구 분	물 량	완성도
기초재공품	300개	70%	완성품	1,300개	–
당기투입	1,500개	–	기말재공품	500개	40%
계	1,800개	–	계	1,800개	–

	재료비	가공비		재료비	가공비
①	1,800개	1,290개	②	1,800개	1,410개
③	1,500개	1,290개	④	1,500개	1,410개

[풀이] [1단계] 물량흐름 파악(선입선출법) - P.654 참조 -
[2단계] 완성품환산량 계산
(1) 재료비 : 당 기 완성 : 1,000개 {(기초재공품 0개) + (당기착수 1,000개)}
기말재공품 :   500개
합   계 : 1,500개
(2) 가공비 : 당 기 완성 : 1,090개 {(기초재공품 300개×30%) + (당기착수 1,000개×100%)}
기말재공품 :   200개 (500개×40%)
합   계 : 1,290개

13 ㈜우연은 선입선출법에 의한 종합원가계산을 채택하고 있다. 당기 가공원가(전 공정에서 균등하게 발생함)에 대한 완성품환산량 단위당 원가가 12,000원인 경우 다음의 자료에 의하여 당기 가공원가 발생액을 계산하면 얼마인가?

- 기초재공품 : 400단위 (완성도 75%)
- 당기착수수량 : 3,500단위
- 기말재공품 : 700단위 (완성도 40%)
- 당기완성수량 : 3,200단위

① 38,160,000원   ② 41,760,000원   ③ 42,960,000원   ④ 45,360,000원

[풀이] [1] 물량흐름 파악(선입선출법) - P.654 참조 -
[2] 완성품환산량 계산
가공원가 : 당 기 완성 : 2,900단위 {(기초재공품 400단위×25%)+(당기착수 2,800단위×100%)}
기말재공품 :   280단위 (700단위×40%)
합   계 : 3,180단위
[3단계] 배분할 원가 및 완성품환산량 단위당 원가
가공원가 : 당기 가공원가 발생액(?) ÷ 완성품환산량(3,180단위) = 12,000원
∴ 당기 가공원가 발생액 38,160,000원

14 ㈜수정은 종합원가계산제도를 채택하고 있다. 다음 자료에 의한 당기 기말재공품의 원가는 얼마인가?

- 원가흐름의 가정은 선입선출법을 선택하고 있으며, 모든 원가는 전 공정에서 균등하게 발생한다.
- 기초재공품은 7,800단위이며 완성도는 50%이다.
- 당기 중 45,000단위를 추가로 투입하였다.
- 기말재공품은 5,500단위이며 완성도는 50%이다.
- 당기 총발생원가는 1,615,250원이다.

① 82,500원   ② 96,250원   ③ 165,000원   ④ 192,500원

[풀이] [1] 물량흐름 파악(선입선출법) - P.655 참조 -
[2] 완성품환산량 계산
모든 원가 : 당 기 완성 : 43,400단위 {(기초재공품 7,800개×50%) + (당기착수 39,500개×100%)}
기말재공품 : 2,750단위 (5,500개×50%)
합   계 : 46,150단위
[3] 배분할 원가 및 완성품환산량 단위당 원가
모든 원가 : 당기 총발생원가(1,615,250원) ÷ 완성품환산량(46,150개) = 35원
[4] 원가의 배분
기말재공품원가 : (2,750개 × 35원) = 96,250원

- 재공품의 평가방법(평균법) - ★★☆

15 다음 자료에 따른 평균법에 의한 재료비와 가공비의 완성품환산량은 얼마인가? 원재료는 공정 30% 시점에 전량 투입되며, 가공비는 공정기간동안 균등하게 투입된다고 가정한다.

- 기초재공품 : 3,000개(완성도 40%)
- 착수량 : 7,000개
- 기말재공품 : 2,500개(완성도 20%)
- 완성품 : 8,000개

	재료비	가공비		재료비	가공비
①	8,000개	10,000개	②	8,000개	8,400개
③	10,000개	8,400개	④	10,000개	10,000개

[풀이] [1] 물량흐름 파악(평균법) - P.655 참조 -
[2] 완성품환산량 계산
(1) 재료비 : 당 기 완성 : 8,000개 {(기초재공품 3,000개) + (당기착수 5,000개)}
기말재공품 :   0개
합   계 : 8,000개
(2) 가공비 : 당 기 완성 : 8,000개 {(기초재공품 3,000개) + (당기착수 5,000개)}
기말재공품 : 400개 (2,000개×20%)
합   계 : 8,400개

16 다음 자료에 따라 평균법에 의한 완성품 단위당 제조원가는 얼마인가? (단, 모든 제조원가는 공정 전반에 걸쳐 균등하게 투입된다)

- 기초재공품원가 : 직접재료비 300,000원, 노무비 700,000원, 경비 400,000원
- 당기제조원가 : 직접재료비 4,000,000원, 노무비 3,000,000원, 경비 1,000,000원
- 완성품수량 : 4,000개
- 기말재공품수량 : 1,250개(완성도 80%)

① 1,880원　　② 2,000원　　③ 2,350원　　④ 2,937원

[풀이] [1단계] 물량흐름파악(평균법) – P.655 참조 –
　　　[2단계] 완성품환산량 계산
　　　　모든원가 : 당 기 완 성 : 4,000개
　　　　　　　　　기말재공품 : 1,000개 (1,250개 × 80%)
　　　　　　　　　합　　　계 : 5,000개
　　　[3단계] 배분할 원가를 요약
　　　　모든원가 : 9,400,000원(기초재공품원가 1,400,000 + 당기제조원가 8,000,000)
　　　[4단계] 완성품환산량 단위당 원가
　　　　모든원가 : 9,400,000원 ÷ 5,000단위(완성품환산량) = 1,880원

17 다음 자료를 이용하여 평균법을 적용한 기말재공품원가를 구하시오. 당기완성품은 1,200개이며 기말재공품은 400개(완성도 : 50%)이다. 재료비는 공정초기에 모두 발생하며 가공비는 공정 전체에 균일하게 발생한다.

구분	수량	재료비	가공비
기초재공품원가	500개(주)	500,000원	300,000원
당기총제조원가	1,100개	700,000원	400,000원

(주)기초재공품의 완성도는 50%이다.

① 400,000원　　② 450,000원　　③ 500,000원　　④ 550,000원

[풀이] [1] 물량흐름 파악(평균법) – P.656 참조 –
　　　[2] 완성품환산량 계산
　　　　(1) 재료비 : 당 기 완 성 : 1,200개 (기초재공품 500개 + 당기착수 700개)
　　　　　　　　　　기말재공품 : 　400개
　　　　　　　　　　합　　　계 : 1,600개
　　　　(2) 가공비 : 당 기 완 성 : 1,200개 (기초재공품 500개 + 당기착수 700개)
　　　　　　　　　　기말재공품 : 　200개 (400개 × 50%)
　　　　　　　　　　합　　　계 : 1,400개

[3] 배분할 원가요약
(1) 재료비 : 1,200,000원 (기초재공품원가 500,000원 + 당기총제조원가 700,000원)
(2) 가공비 :   700,000원 (기초재공품원가 300,000원 + 당기총제조원가 400,000원)
[4] 완성품환산량 단위당 원가
(1) 재료비 : 1,200,000원 ÷ 1,600개(완성품환산량) = 750원
(2) 가공비 :   700,000원 ÷ 1,400개(완성품환산량) = 500원
[5] 원가의 배분원가
기말재공품원가 : 재료비(400개×750원) + 가공비(200개×500원) = 400,000원

— 완성품환산량 차이 — ☆☆☆☆

18 다음의 자료에 의하여 종합원가계산에 의한 가공비의 완성품환산량을 계산하시오. (단, 가공비는 가공 과정 동안 균등하게 발생한다고 가정한다)

- 기초재공품 : 200개 (완성도 30%)
- 당기완성량 : 500개
- 당기착수량 : 500개
- 기말재공품 : 200개 (완성도 50%)

	평균법	선입선출법		평균법	선입선출법
①	600개	540개	②	620개	540개
③	600개	600개	④	540개	540개

[풀이] [1] 물량흐름 파악(평균법 & 선입선출법) – P.656 참조 –
[2] 완성품환산량 계산
① 평균법
가공비 : 당 기 완성 : 500개 {(기초재공품 200개×100%) + (당기착수 300개×100%)}
         기말재공품 : 100개 (200개×50%)
         합   계 : 600개
② 선입선출법
가공비 : 당 기 완성 : 440개 {(기초재공품 200개×70%) + (당기착수 300개×100%)}
         기말재공품 : 100개 (200개×50%)
         합   계 : 540개

— 종합원가계산의 종류 — ☆☆

19 신발을 제조하는 제화업처럼 동일한 공정에서 동일한 재료를 사용하여 제품의 모양, 크기, 품질규격 등이 서로 다른 동종제품을 계속적으로 생산하는 경우에 가장 적합한 원가계산방법은?

① 공정별 종합원가계산   ② 등급별 종합원가계산
③ 결합원가계산   ④ 개별원가계산

— 종합원가계산의 특징 — ☆☆☆☆☆

20 다음은 종합원가계산에 대한 설명이다. 옳지 않은 것은?

① 원가계산을 하기 위해 완성품환산량의 개념이 필요하다.
② 공정별로 집계된 원가를 인위적인 기준으로 완성품과 기말재공품에 배분한다.
③ 제조직접비와 제조간접비로 구분하여 제조간접비의 배분을 핵심과제로 한다.
④ 종합원가계산이 적합한 업종의 예로 시멘트공업을 들 수 있다

[풀이] 제조간접비의 배분을 핵심과제로 하는 것은 개별원가계산이다.

21 종합원가계산에서 나타나는 특징이 아닌 것은?

① 개별작업별로 원가를 집계한다.
② 원가요소의 분류가 재료비와 가공비로 단순화된다.
③ 연속적으로 대량·반복 생산되는 형태이므로 기간개념이 중시된다.
④ 동일 공정에서 생산된 제품은 동질적이라는 가정에 따라 평균화 과정에 기초하여 제품원가가 계산된다.

[풀이] 개별작업별로 원가를 집계하는 것은 개별원가계산이다.

22 다음 중 종합원가계산에서 나타나는 특징이 아닌 것은?

① 고객의 주문에 따라 제품을 생산하는 주문생산형태에 적합한 원가계산이다.
② 원가요소의 분류가 재료비와 가공비로 단순화된다.
③ 연속적으로 대량·반복 생산되는 형태이므로 기간개념이 중시된다.
④ 동일 공정에서 생산된 제품은 동질적이라는 가정에 따라 평균화 과정에 기초하여 제품원가가 계산된다.

[풀이] 고객의 주문에 따라 제품을 생산하는 주문생산형태에 적합한 원가계산은 개별원가계산이다.

— 개별원가계산과 종합원가계산의 비교 — ★★☆☆☆

23 다음 중 개별원가계산과 종합원가계산에 대한 설명으로 틀린 것은?

① 개별원가는 작업원가계산표에 원가를 집계하나, 종합원가는 제조원가보고서에 원가를 집계한다.
② 개별원가는 공정별로 원가를 집계하나, 종합원가는 각 작업별로 원가를 집계한다.
③ 개별원가는 원가를 직접비와 간접비로 구분하나, 종합원가는 재료비와 가공비로 구분한다.
④ 개별원가는 다품종 소량생산에, 종합원가는 동종제품 대량생산업종에 적합하다.

[풀이] 개별원가는 각 작업별로 원가를 집계하나, 종합원가는 공정별로 원가를 집계한다.

24 다음 중 개별원가계산과 종합원가계산에 대한 설명으로 틀린 것은?

① 개별원가계산은 직접재료비, 직접노무비, 제조간접비로 구분하여 작업원가표에 집계한다.
② 개별원가계산 중 실제배부율과 예정배부율의 구분은 제조간접비와 관련된 문제이다.
③ 종합원가계산은 당기총제조원가를 당기 중에 생산된 완성품환산량으로 나누어 완성품환산량 단위당원가를 계산한다.
④ 종합원가계산은 소량으로 주문생산하는 기업의 원가계산에 적합하고, 개별원가계산에 비해서 제품별 원가계산이 보다 정확하다.

[풀이] 개별원가계산은 소량으로 주문생산하는 기업의 원가계산에 적합하고, 종합원가계산에 비해서 제품별 원가계산이 보다 정확하다.

25 개별원가계산과 종합원가계산에 대한 설명으로 가장 옳지 않은 것은?

① 개별원가계산은 다품종소량생산, 종합원가계산은 소품종대량생산에 적합하다.
② 개별원가계산은 종합원가계산에 비해 상대적으로 부정확하다.
③ 개별원가계산은 종합원가계산에 비해 과다한 노력과 비용이 발생한다.
④ 종합원가계산은 대상 기간의 총제품제조원가를 총생산량으로 나누어 단위당 제품제조원가를 계산한다.

[풀이] 개별원가계산은 종합원가계산에 비해 각 제품별 정확한 원가계산이 가능하다.

- 공손품 - ★★★★★☆☆☆

26 다음은 공손에 대한 설명이다. 옳지 않은 것은? 4

① 공손품이란 품질이나 규격이 일정수준에 미달하는 불합격품으로 작업폐물과는 다른 개념이다.
② 비정상공손품 수량은 전체 공손품 수량에서 정상공손품 수량을 제외한 나머지이다.
③ 공손품의 검사시점이 기말재공품의 완성도 이후인 경우에는 기말재공품에는 정상공손원가를 배분하지 않는다.
④ 비정상공손은 제조원가에 포함시키지 않고 매출원가에 가산한다.

[풀이] 비정상공손은 제조원가에 포함시키지 않고 영업외비용으로 처리한다.

27 다음 중 종합원가계산에서 공손품 회계에 대한 설명으로 틀린 것은? 2

① 공손품의 의미는 재작업이 불가능한 불합격품을 의미한다.
② 공손품의 검사시점이 기말재공품의 완성도 이전인 경우에 공손품원가를 모두 완성품에만 부담시킨다.
③ 비정상공손원가는 영업외비용으로 처리한다.
④ 정상공손은 생산과정에서 불가피하게 발생하는 공손이다.

[풀이] 공손품의 검사시점이 기말재공품의 완성도 이전인 경우에 공손품원가는 완성품과 기말재공품에 안분하여 부담시킨다.

28 다음 중 공손에 대한 설명으로 틀린 것은? 3

① 공손은 작업공정에서 발생한 불합격품을 의미한다.
② 공손은 정상공손과 비정상공손으로 구분할 수 있다.
③ 정상공손과 비정상공손은 제조원가에 포함시킨다.
④ 정상공손은 원가성이 있다.

[풀이] 정상공손원가는 제조원가에 포함시키고, 비정상공손원가는 영업외비용으로 처리한다.

29 당사의 제조활동과 관련된 물량흐름은 다음과 같다. 설명 중 옳은 것은? 2

- 기초재공품 : 1,500개
- 기말재공품 : 700개
- 당기착수량 : 8,500개
- 공손품 : 1,300개

① 완성품의 3%가 정상공손이면 완성품수량은 10,000개이다.
② 완성품의 3%가 정상공손이면 비정상공손수량은 1,060개이다.
③ 완성품의 3%가 정상공손이면 정상공손수량은 300개이다.
④ 완성품의 3%가 정상공손이면 비정상공손수량은 1,000개이다.

[풀이] (기초재공품 + 당기착수량 − 기말재공품) − 공손품 = 완성품수량
└ (1,500개 + 8,500개 − 700개) − 1,300개 = 8,000개
- 정상공손수량 : 완성품수량(8,000개) × 3% = 240개
- 비정상공손수량 : 공손품(1,300개) − 정상공손수량(240개) = 1,060개

30 ㈜에코의 제조활동과 관련된 물량흐름(평균법을 가정함)은 다음과 같다. 아래의 자료에 대한 설명으로 틀린 것은? 2

- 기초재공품 : 2,000개
- 기말재공품 : 500개
- 당기완성수량 : 9,000개
- 당기착수량 : 8,000개

① 공손품이란 폐기처분 또는 매각처분 이외에는 용도가 없는 불합격품을 말한다.
② 정상공손품의 기준을 완성품의 3%로 가정할 경우 정상공손수량은 200개이다.
③ 정상공손품의 기준을 완성품의 5%로 가정할 경우 비정상공손수량은 50개이다.
④ 선입선출법과 평균법의 공손수량은 동일하다.

[풀이] (기초재공품 + 당기착수량 − 기말재공품) − 공손품 = 완성품수량
└ (2,000개 + 8,000개 − 500개) − 500개 = 9,000개
- 정상공손수량 : 완성품수량(9,000개) × 3% = 270개
- 비정상공손수량 : 공손품(500개) − 정상공손수량(9,000개×5%) = 50개

31 다음 자료는 종합원가계산에 대한 내용이다. 비정상공손 수량은 얼마인가? ②

- 기초재공품 : 3,000개
- 당기착수량 : 2,300개
- 공손품 : 200개
- 기말재공품 : 1,100개
- 단, 정상공손은 완성품수량의 3%이다.

① 41개   ② 80개   ③ 120개   ④ 159개

[풀이] (기초재공품 + 당기착수량 − 기말재공품) − 공손품 = 완성품수량
└ (3,000개 + 2,300개 − 1,100개) − 200개 = 4,000개
- 정상공손수량 : 완성품수량(4,000개) × 3% = 120개
- 비정상공손수량 : 공손품(200개) − 정상공손수량(120개) = 80개

— 작업폐물 — ☆

32 제조공정에서 발생한 작업폐물의 처분금액에 대한 회계처리로 다음 중 가장 옳은 것은? ④

① 재공품 계정의 증가   ② 제품 계정의 증가
③ 제품 계정의 감소   ④ 제조간접비 계정의 감소

[풀이] 작업폐물이 특정 작업과 관련하여 발생한 경우에는 개별작업의 제조원가, 즉 직접재료비에서 작업폐물의 평가액을 차감하고 작업폐물이 여러 제품의 제조과정에서 발생하면 제조간접비에서 작업폐물의 평가액을 차감한다.

09 [1단계] 물량흐름 파악

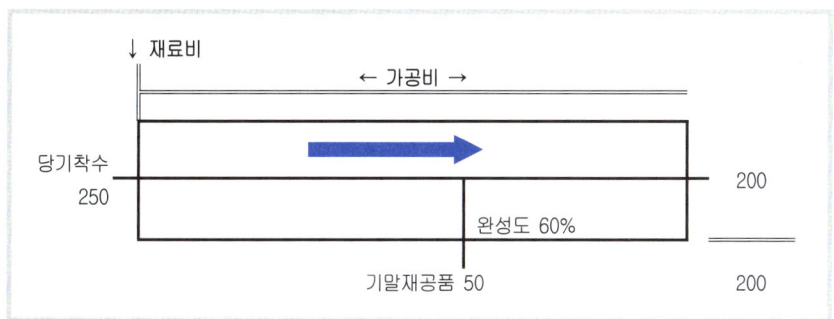

11 [1단계] 물량흐름 파악(선입선출법)

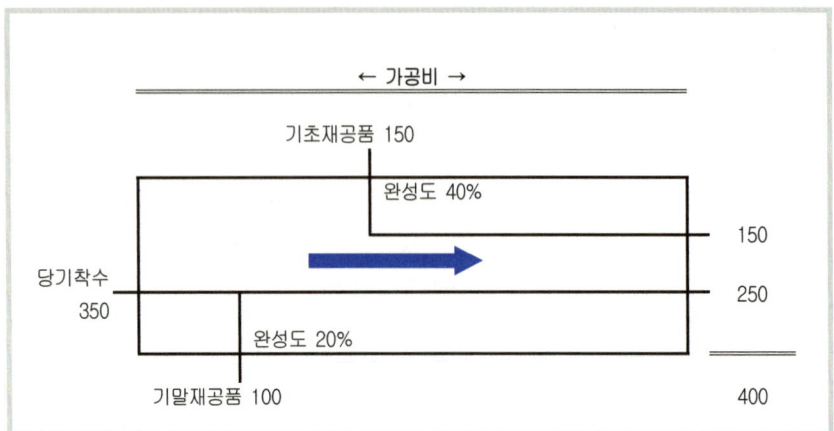

12 [1단계] 물량흐름 파악(선입선출법)

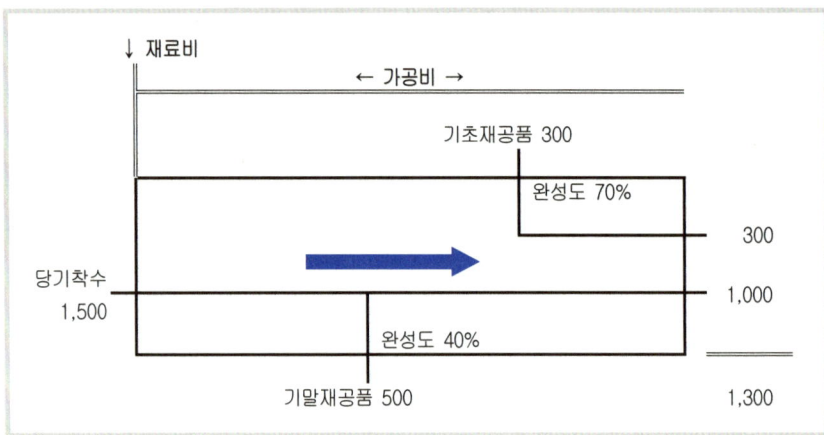

13 [1단계] 물량흐름 파악(선입선출법)

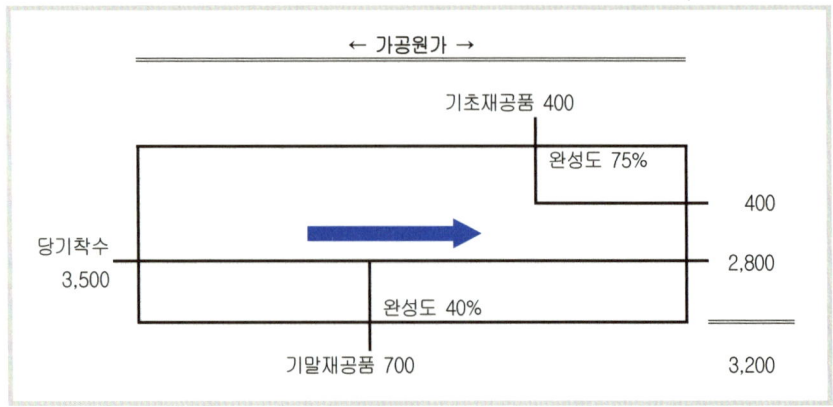

14 [1단계] 물량흐름 파악(선입선출법)

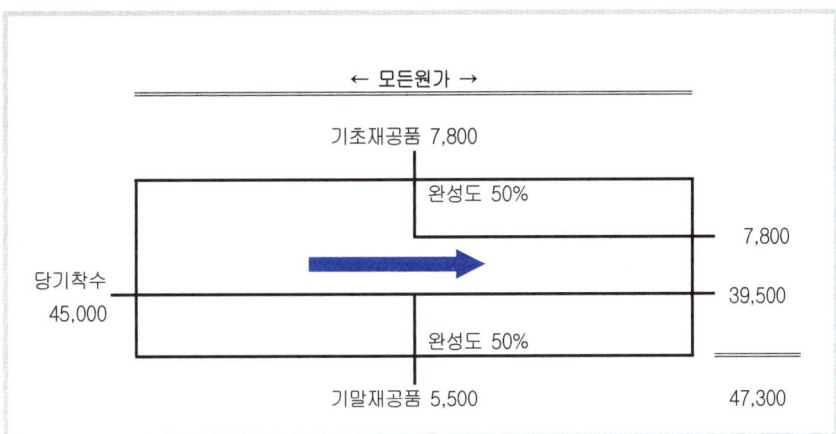

15 [1단계] 물량흐름 파악(평균법)

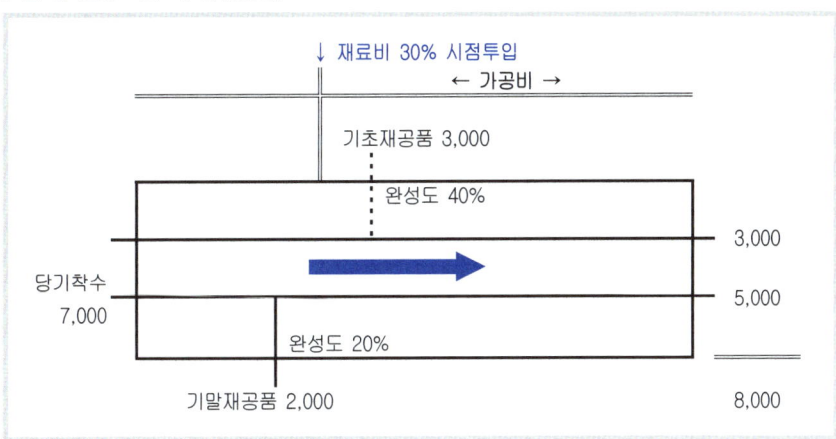

16 [1단계] 물량흐름 파악(평균법)

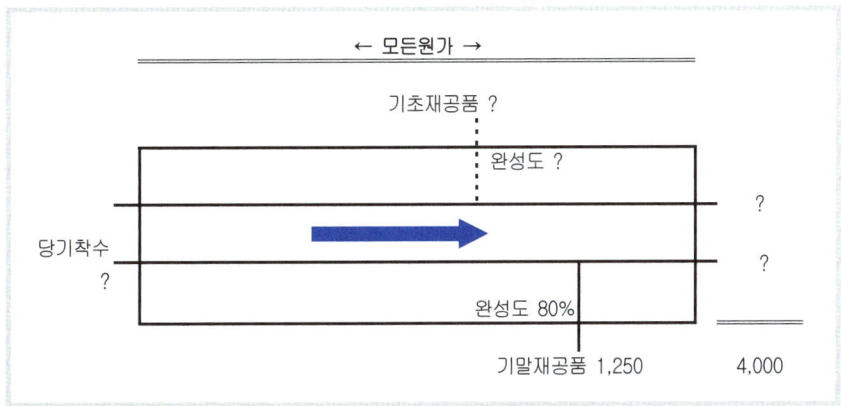

17 [1단계] 물량흐름 파악(평균법)

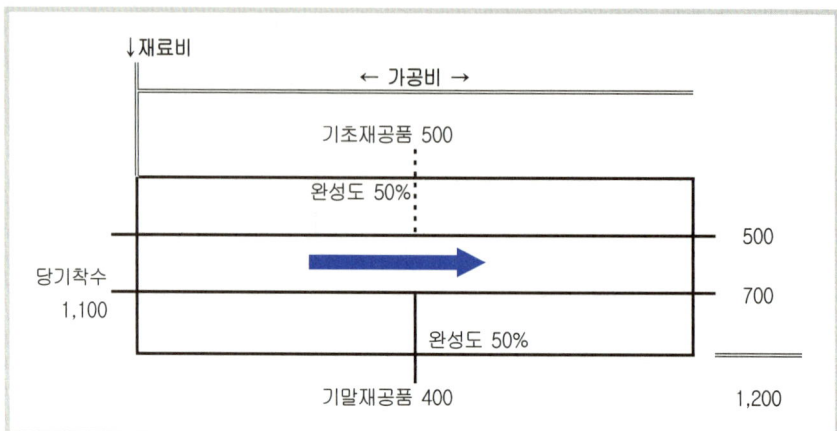

18 [1단계] 물량흐름 파악(평균법 & 선입선출법)

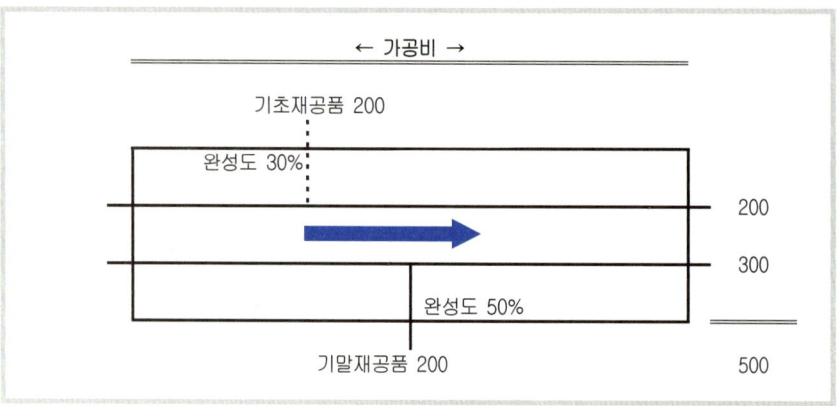

정답

1. ② 2. ① 3. ③ 4. ① 5. ② 6. ② 7. ④ 8. ① 9. ③ 10. ④
11. ① 12. ③ 13. ① 14. ② 15. ② 16. ① 17. ① 18. ① 19. ② 20. ③
21. ① 22. ① 23. ② 24. ④ 25. ② 26. ④ 27. ② 28. ③ 29. ② 30. ②
31. ② 32. ④

보론 1

소득세법

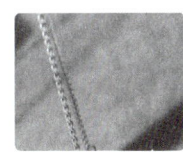

- 소득세의 과세방법
- 이자소득과 배당소득의 범위 & 금융소득에 대한 과세방법
- 사업소득
- 사업소득 총수입금액 & 사업소득 필요경비
- 부동산임대업의 범위 & 주택임대소득에 대한 과세여부
- 근로소득의 수입시기
- 연금소득
- 기타소득
- 결손금과 이월결손금의 공제
- 공제항목별 적용대상자 & 중간예납의무자
- 소득별 원천징수 세율 & 일용근로자에 대한 과세방법
- 과세표준확정신고의 예외 & 소액부징수

소득세의 과세방법

소득세란 자연인이 얻은 소득을 과세대상으로 하는 조세이다. 소득세법에서는 자연인의 소득을 8가지 소득으로 구분한 후, 이를 다시 종합소득·퇴직소득·양도소득 3가지로 분류하여 각 소득에 대한 소득세 계산구조를 별도로 가지고 있다. 즉, 소득세는 종합과세를 기본원칙으로 하고 있으며, 분류과세와 분리과세의 예외를 인정하고 있다.

(1) 종합과세
종합과세란 개인이 얻은 소득의 종류에 관계없이 일정한 기간을 단위로 합산하여 과세하는 방식을 말한다. 종합과세 되는 소득에는 ①이자소득 ②배당소득 ③사업소득 ④근로소득 ⑤연금소득 ⑥기타소득이 있으며 이를 종합소득이라 한다.

(2) 분류과세
퇴직소득과 양도소득은 다른 소득과 합산하지 않고 각 소득별로 별도의 계산구조 하에서 개별적으로 과세한다. 이처럼 소득을 그 종류별로 분류하여 각각 별도로 과세하는 방식을 분류과세라고 한다.

(3) 분리과세
종합소득 중 기간별로 합산하지 않고 그 소득이 지급될 때 소득세를 원천징수함으로써 과세를 종결(완납적 원천징수)하는데 이것을 분리과세라 한다. 분리과세 되는 소득에는 ①분리과세 이자소득 ②분리과세 배당소득 ③근로소득 중 일용근로자의 급여 ④분리과세 연금소득 ⑤분리과세 기타소득이 있다.

---

14 다음은 소득세에 관한 설명이다. 틀린 것은?   ④ (제37회)

① 종합과세와 분리과세를 병행하고 있다.
② 종합과세는 누진과세제도를 취하고 있다.
③ 법인격이 없는 단체의 소득은 법인으로 보지 않는 한 소득세법이 적용된다.
④ 소득세는 응익(應益)과세제도에 속한다.

[해설] ② 소득세는 8단계(6% ~ 45%) 초과누진세제도를 취하고 있다.
③ 법인격이 없는 단체를 법인으로 보는 경우(예 공익을 목적으로 출연된 기본재산이 있는 재단으로서 등기되지 않은 것)에는 법인세법을 적용하고, 법인으로 보지 않는 경우에는 소득세법을 적용한다.
④ 소득이나 능력의 크기에 따라 세금을 부담하는 것을 응능과세라 하고, 국가로부터 이익을 받은 만큼만 세금을 부담하는 것을 응익과세라 한다. 소득세는 응능과세제도에 속한다.

14 다음 중 소득세법상 분리과세소득이 없는 종합소득은?   ② (제59회)

① 근로소득   ② 사업소득
③ 기타소득   ④ 배당소득

[해설] ② 사업소득은 분리과세 되는 소득이 없다.

14 다음 중 소득세법에 대한 설명으로 옳지 않은 것은?   ④ (제60회)

① 소득세는 6가지의 종합소득과 퇴직소득 및 양도소득을 과세대상으로 하는 소세이다.
② 6가지의 종합소득은 원칙적으로 종합과세 되고 일부는 분리과세 되는 경우도 있다.

③ 열거주의 과세방식이나 이자소득이나 배당소득은 유형별 포괄주의를 채택하고 있다.
④ 퇴직소득과 양도소득은 분리과세 한다.

[해설] ③ 소득세법은 과세소득을 8가지고 열거하고 있으며, 열거되지 않은 것은 과세되지 않는다(소득원천설). 다만, 예외적으로 이자소득과 배당소득의 경우에는 열거되지 않은 것이라도 유사한 소득에 대해서는 과세대상으로 규정하고 있다(유형별 포괄주의).
④ 퇴직소득과 양도소득은 분류과세 한다.

14 다음 중 소득세의 특징으로 옳지 않은 것은? ④ (제66회)

① 소득세는 납세자와 담세자가 동일한 직접세에 해당한다.
② 소득세는 개인별 소득을 기준으로 과세하는 개인단위과세제도를 원칙으로 한다.
③ 소득세의 과세방법에는 종합과세, 분리과세, 분류과세가 있다.
④ 소득세는 소득금액과 관계없이 단일세율을 적용한다.

[해설] ② 소득세 과세의 인적단위, 즉, 종합과세에 있어서 소득을 종합하는 인적단위를 과세단위라고 한다. 이러한 과세단위는 크게 개인단위주의와 소비단위주의로 나뉜다. 우리나라 소득세는 개인단위주의를 취하고 있다. 다만, 가족구성원이 공동사업자에 포함되어 있는 경우로서 손익분배비율을 거짓으로 정하는 사유가 있으면 합산하여 과세함으로써(공동사업합산과세), 가족단위주의를 부분적으로 가미하고 있다.
④ 소득세는 종합소득과세표준에 따라 8단계(6% ~ 45%) 초과누진세율을 적용한다.

14 다음 중 소득세법상 거주자의 종합소득에 해당하지 않는 것은? ④ (제90회)

① 배당소득
② 사업소득
③ 기타소득
④ 퇴직소득

[해설] ④ 퇴직소득은 분류과세 한다.

14 다음 소득세법상 납세의무자에 대한 설명 중 옳지 않은 것은? ① (제67회)

① 소득세법상 거주자가 되려면 국내에 주소를 두거나 1년 이상 거소를 두어야 한다.
② 거주자는 국내외원천소득에 대한 납세의무가 있다.
③ 비거주자는 국내원천소득에 대한 납세의무가 있다.
④ 비거주자는 국외원천소득에 대한 납세의무가 없다.

[해설] ① 소득세법상 거주자란 국내에 주소를 두거나 183일 이상 거소를 둔 개인을 말하며, 비거주자란 거주자가 아닌 개인을 말한다.
② 거주자는 국내원천소득과 국외원천소득 모두에 대해서 소득세 납세의무를 진다.
③ 비거주자는 국내원천소득에 대해서만 소득세 납세의무를 진다.

13 다음 중 소득세법에 대한 설명으로 옳지 않은 것은? ④ (제77회 수정)

① 소득세 과세대상은 종합소득과 퇴직소득 및 양도소득이다.
② 소득세법상 납세의무자는 개인으로 거주자와 비거주자로 구분하여 납세의무의 범위를 정한다.

③ 소득세법은 열거주의 과세방식이나 이자소득, 배당소득은 유형별 포괄주의를 채택하고 있다.
④ 종합소득은 원칙적으로 종합과세하고 퇴직소득과 양도소득은 분리과세 한다.

[해설] ② 소득세의 납세의무자는 과세소득을 얻은 개인인데, 이는 거주자와 비거주자로 구분된다.
④ 퇴직소득과 양도소득은 분류과세 한다.

14 다음은 소득세법상 납세의무자에 관한 설명이다. 가장 틀린 것은? ④ (제92회 & 70회)

① 외국을 항행하는 선박 또는 항공기 승무원의 경우 생계를 같이하는 가족이 거주하는 장소 또는 승무원이 근무기간 외의 기간 중 통상 체재하는 장소가 국내에 있는 때에는 당해 승무원의 주소는 국내에 있는 것으로 본다.
② 국내에 거소를 둔 기간은 입국하는 날의 다음날부터 출국하는 날까지로 한다.
③ 거주자란 국내에 주소를 두거나 183일 이상의 거소를 둔 개인을 말한다.
④ 영국의 시민권자나 영주권자의 경우 무조건 비거주자로 본다.

[해설] ① 주소 및 거주자 판정의 특례 : 외항선박·항공기의 승무원의 경우 그 승무원과 생계를 같이하는 가족이 거주하는 장소 또는 그 승무원이 근무기간 외의 기간 중 통상 체재하는 장소가 국내에 있는 때에는 그 승무원의 주소는 국내에 있는 것으로 보고, 그 장소가 국외에 있는 때에는 그 승무원의 주소는 국외에 있는 것으로 본다.
② 국내에 거소를 둔 기간은 입국한 날의 다음 날부터 출국한 날까지로 한다.
④ 비거주자란 거주자가 아닌 개인을 말한다.

14 다음 중 소득세법상 과세기간에 대한 설명으로 틀린 것은? ③ (제76회)

① 일반적인 소득세의 과세기간은 1월 1일부터 12월 31일까지 1년으로 한다.
② 거주자가 사망한 경우의 과세기간은 1월 1일부터 사망한 날까지로 한다.
③ 신규사업자의 사업소득의 과세기간은 사업개시일부터 12월 31일까지로 한다.
④ 거주자가 주소 또는 거소를 국외로 이전하여 비거주자가 되는 경우의 과세기간은 1월 1일부터 출국한 날까지로 한다.

[해설] ① 소득세의 과세기간은 1월 1일부터 12월 31일을 원칙으로 한다. 단, 사망하거나 출국으로 비거주자가 되는 경우에는 1월 1일부터 사망한 날(또는 출국한 날)까지를 과세기간으로 한다.
③ 소득세의 과세기간은 사업개시나 폐업에 의하여 영향을 받지 않는다.

14 다음 중 소득세법상 과세기간에 대한 설명으로 틀린 것은? ③ (제87회)

① 일반적인 소득세의 과세기간은 1월 1일부터 12월 31일까지 1년으로 한다.
② 거주자가 사망한 경우의 과세기간은 1월 1일부터 사망한 날까지로 한다.
③ 폐업사업자의 사업소득의 과세기간은 1월 1일부터 폐업일까지로 한다.
④ 거주자가 주소 또는 거소를 국외로 이전하여 비거주자가 되는 경우의 과세기간은 1월 1일부터 출국한 날까지로 한다.

[해설] ③ 소득세의 과세기간은 사업개시나 폐업에 의하여 영향을 받지 않는다.

14 다음 중 소득세법에 관한 설명으로 옳지 않은 것은? ③ (제83회 & 48회 & 43회)

① 소득세의 과세기간은 1월 1일부터 12월 31일을 원칙으로 하며, 사업자의 선택에 의하여 이를 변경할 수 없다.
② 사업소득이 있는 거주자의 소득세 납세지는 주소지로 한다.
③ 소득세법은 종합과세제도이므로 거주자의 모든 소득을 합산하여 과세한다.
④ 소득세의 과세기간은 사업개시나 폐업의 영향을 받지 않는다.

[해설] ① 거주자의 소득세 납세지는 주소지(주소지가 없는 경우에는 거소지)로 하며, 비거주자의 소득세 납세지는 국내사업장의 소재지(국내사업장이 둘 이상인 경우에는 주된 국내사업장의 소재지로 하고, 국내사업장이 없는 경우에는 국내원천소득이 발생하는 장소)로 한다.
③ 소득세법은 종합과세를 기본원칙으로 하고 있으며, 분류과세와 분리과세의 예외를 인정하고 있다.

15 다음 중 종합소득세에 대한 설명으로 틀린 것은? ① (제90회 수정)

① 종합과세 제도이므로 거주자의 모든 소득을 합산하여 과세한다.
② 소득세의 과세기간은 사업개시나 폐업에 의하여 영향을 받지 않는다.
③ 이자소득 및 배당소득을 제외하고는 원칙적으로 열거주의 과세 방식을 적용한다.
④ 거주자의 소득세 납세지는 원칙적으로 주소지로 한다.

[해설] ① 소득세법은 종합과세를 기본원칙으로 하고 있으며, 분류과세와 분리과세의 예외를 인정하고 있다.

14 소득세법상 다음 자료에 의한 소득만 있는 거주자 김철수의 종합소득금액을 계산하면 얼마인가? ③ (제72회)

- 기타소득금액 : 30,000,000원
- 양도소득금액 : 10,000,000원
- 퇴직소득금액 : 25,000,000원
- 근로소득금액 : 15,000,000원

① 35,000,000원   ② 40,000,000원   ③ 45,000,000원   ④ 55,000,000원

[해설] 이자소득금액 + 배당소득금액 + 사업소득금액 + 근로소득금액(15,000,000) + 연금소득금액 + 기타소득금액(30,000,000) = 종합소득금액 45,000,000원

14 거주자 방탄남씨의 소득이 다음과 같을 경우 종합소득금액은 얼마인가? ② (제84회)

- 양도소득금액 : 20,000,000원
- 배당소득금액 : 22,000,000원
- 근로소득금액 : 30,000,000원
- 퇴직소득금액 : 2,700,000원

① 30,000,000원   ② 52,000,000원   ③ 54,700,000원   ④ 74,700,000원

[해설] 근로소득금액(30,000,000) + 배당소득금액(22,000,000) = 종합소득금액 52,000,000원

1. 이자소득의 범위

이자소득은 해당 과세기간에 발생한 다음의 소득으로 한다.
① 국가나 지방자치단체·내국법인·외국법인·외국법인의 국내지점 또는 국내영업소에서 발행한 채권 또는 증권의 이자와 할인액
② 국내 또는 국외에서 받는 예금(적금·부금·예탁금과 우편대체 포함)의 이자
③ 「상호저축은행법」에 의한 신용계(信用契) 또는 신용부금으로 인한 이익
④ 채권 또는 증권의 환매조건부 매매차익11)
⑤ 저축성보험의 보험차익12)
⑥ 직장공제회 초과반환금13)
⑦ 비영업대금의 이익14)
⑧ 위 ① ~ ⑦의 소득과 유사한 소득으로서 금전 사용에 따른 대가로서의 성격이 있는 것(유형별 포괄주의)
⑨ 위의 이자소득을 발생시키는 거래 또는 행위와 파생상품이 결합된 경우 해당 파생상품의 거래 또는 행위로부터의 이익

2. 배당소득의 범위

배당소득은 해당 과세기간에 발생한 다음의 소득으로 한다.
① 내국법인 또는 외국법인으로부터 받는 이익이나 잉여금의 배당 또는 분배금
② 법인으로 보는 단체로부터 받는 배당금 또는 분배금
③ 의제배당15)
④ 법인세법에 따라 배당으로 처분된 금액(인정배당)
⑤ 국내 또는 국외에서 받는 집합투자기구16)로 부터의 이익
⑥ 국내 또는 국외에서 받는 파생결합증권 또는 파생결합사채로부터의 이익
⑦ 「국제조세조정에 관한 법률」제17조에 따라 배당받은 것으로 간주된 금액
⑧ 공동사업에서 발생한 소득금액 중 출자공동사업자(경영에 참여하지 않고 출자만 하는 자)의 손익분배비율에 해당하는 금액
⑨ 위 ① ~ ⑧의 소득과 유사한 소득으로서 수익분배의 성격이 있는 것(유형별 포괄주의)
⑩ 위의 배당소득을 발생시키는 거래 또는 행위와 파생상품이 결합된 경우 해당 파생상품의 거래 또는 행위로부터의 이익
⑪ 동업기업과세특례에 따른 동업자의 배당소득

---

11) 환매조건부 매매차익이란 금융기관이 환매기간에 따른 사전약정이자율을 적용하여 다시 매수 또는 매도하는 조건으로 발행하는 채권·증권의 매매차익을 말한다.
12) 저축성보험의 보험차익 = 만기보험금(또는 공제금)·중도해약환급금 – 납입보험료(또는 납입공제료)
13) 직장공제회란 동일 직장이나 직종에 종사하는 근로자들의 생활안정, 복리증진 또는 상호부조 등을 목적으로 구성된 공제회·공제조합 및 이와 유사한 단체를 말한다.
   직장공제회초과반환금 = 퇴직·탈퇴로 인하여 받는 직장공제회로부터 받는 반환금 – 납입공제료
14) 비영업대금의 이익이란 대금업을 영업으로 하지 않는 자가 타인에게 일시적·우발적으로 금전을 빌려주고 그 대가로 받는 이자 또는 수수료 등을 말한다.
15) 잉여금의 자본전입으로 인한 의제배당과 감자·퇴사·탈퇴·해산·합병·분할로 인한 의제배당
16) 집합투자기구란 2인 이상에게 투자권유를 하여 모은 금전 등으로 투자대상자산을 취득·처분, 그 밖의 방법으로 운용하고 그 결과를 투자자에게 배분하는 기구를 말한다(신탁 형태의 투자신탁, 회사 형태의 투자회사 등).

14 다음 중 소득세법상 소득의 종류가 다른 하나는? ① (제47회)

① 내국법인으로부터 받은 이익이나 잉여금의 분배금
② 비영업대금의 이익
③ 저축성보험의 보험차익
④ 국가가 발행한 채권의 할인액

[해설] ① 내국법인으로부터 받은 이익이나 잉여금의 분배금은 배당소득이다. 나머지는 이자소득이다.

14 다음 중 소득세법상 이자소득으로 볼 수 없는 것은? ② (제73회)

① 사채이자
② 연금계좌에서 연금 외 수령한 소득 중 운용수익
③ 채권 또는 증권의 환매조건부 매매차익
④ 비영업대금의 이익

[해설] ② 연금계좌 가입자가 납입한 연금보험료로서 ㉠연금계좌세액공제를 받은 금액과 ㉡연금계좌의 운용실적에 따라 증가된 금액을 그 소득의 성격에도 불구하고 연금외수령한 소득은 기타소득이다.

14 다음 중 소득세법상 배당소득에 해당하지 않는 것은? ④ (제52회)

① 법인으로 보는 단체로부터 받는 분배금
② 공동사업에서 발생한 소득금액 중 출자공동사업자의 손익분배비율에 해당하는 금액
③ 법인세법에 따라 배당으로 처분된 금액
④ 저축성보험의 보험차익

[해설] ④ 저축성보험의 보험차익은 이자소득이다.

금융소득에 대한 과세방법

금융소득(이자소득과 배당소득)은 종합소득에 합산하여 기본세율(6% ~ 45%)로 과세하는데 이를 금융소득 종합과세라 한다.

구 분	범 위	원천징수세율
(1) 무조건 분리과세	① 분리과세를 신청한 장기채권(2017.12.31. 이전 발행분)의 이자와 할인액 ② 직장공제회 초과반환금 ③ 비실명 이자·배당소득	30% 기본세율 45%

(2) 조건부 종합과세	위 (1)외의 이자·배당소득의 합계액이
	  ㉠ 2천만원을 초과하는 경우 - 종합과세
	  ㉡ 2천만원 이하인 경우 - 분리과세
		14%
		(비영업대금의
		이익은 25%)

(3) 무조건 종합과세	① 원천징수되지 않은 이자·배당소득
	  ㉠ 국내에서 지급되는 이자·배당소득 중 원천징수되지 않은 소득
	  ㉡ 원천징수대상이 아닌 국외에서 받은 이자·배당소득
	② 출자공동사업자의 배당소득
		14%(25%)
		-
		25%

14 다음 중 소득세법상 분리과세 이자소득이 아닌 것은? ② (제55회)

① 직장공제회 초과반환금 ② 원천징수되지 않은 이자소득
③ 종합과세 기준금액 이하의 이자소득 ④ 비실명 이자소득

[해설] ② 원천징수되지 않은 이자소득은 무조건 종합과세 한다.

이자소득의 수입시기

구 분	수입시기
(1) 채권 등의 이자와 할인액	• 무기명의 경우 : 그 지급을 받은 날 • 기명의 경우 : 약정에 의한 지급일
(2) 보통예금·정기예금·적금 또는 부금의 이자	• 원칙 : 실제로 이자를 지급받는 날 • 원본전입 특약이 있는 이자 : 원본전입일
(3) 통지예금의 이자	• 인출일
(4) 저축성보험의 보험차익	• 보험금·환급금의 지급일 (기일 전에 해지시 : 해지일)
(5) 비영업대금의 이익	• 약정에 따른 이자지급일
(6) 그 밖에 금전 사용에 따른 대가로서의 성격이 있는 이자와 할인액	• 약정에 따른 상환일 (기일 전에 상환시 : 그 상환일)

15 다음 중 이자소득의 원칙적인 수입시기에 관한 설명으로 맞는 것은? ③ (제91회)

① 보통예금의 수입시기는 이자를 지급받기로 한 날이다.
② 통지예금의 이자는 통지한 날을 수입시기로 한다.
③ 정기적금의 이자는 실제로 이자를 지급받는 날을 수입시기로 한다.
④ 비영업대금의 이자는 실제로 이자를 지급받는 날을 수입시기로 한다.

[해설] ① 보통예금 : 실제로 이자를 지급받는 날, ② 통지예금 : 인출일, ④ 비영업대금의 이익 : 약정에 따른 이자지급일

14 다음 중 소득세법상 이자소득 총수입금액의 수입시기(귀속시기)에 대한 설명으로 가장 옳지 않은 것은? ② (제93회)

① 저축성보험의 보험차익은 보험금 또는 환급금의 지급일이며, 다만 기일 전에 해지하는 경우에는 그 해지일이다.
② 비영업대금의 이익은 약정일 이후 실제 이자지급일이 원칙이다.
③ 채권의 이자와 할인액은 무기명채권은 실제 지급받은 날, 기명채권의 이자와 할인액은 약정에 의한 지급일이다.
④ 금전의 사용에 따른 대가의 성격이 있는 이자와 할인액은 약정에 따른 상환일이다. 다만, 기일 전에 상환하는 때에는 그 상환일이다.

[해설] ② 비영업대금의 이익은 약정에 따른 이자지급일이 원칙이다.

사업소득

(1) 사업소득의 범위
사업소득은 해당 과세기간에 발생한 다음의 소득으로 한다(그 중 일부만 예시함).
① 농업(식량작물재배업 제외)·임업 및 어업에서 발생하는 소득
② 광업·제조업·건설업·정보통신업에서 발생하는 소득
③ 도매 및 소매업에서 발생하는 소득
④ 운수 및 창고업에서 발생하는 소득
⑤ 숙박 및 음식점업에서 발생하는 소득
⑥ 금융 및 보험업에서 발생하는 소득
⑦ 부동산업 및 임대업에서 발생하는 소득. 다만, 공익사업과 관련하여 지역권·지상권을 설정하거나 대여함으로써 발생하는 소득은 제외한다(이것은 기타소득에 해당한다).
⑧ 복식부기의무자가 사업용 유형자산(해당 사업에 직접 사용하는 ㉠차량 및 운반구, 공구, 기구 및 비품, ㉡선박 및 항공기, ㉢기계 및 장치, ㉣동물과 식물, ㉤앞의 ㉠~㉣과 유사한 유형자산에 해당하는 감가상각자산을 말한다)을 양도함으로써 발생하는 소득. 다만, 양도소득에 해당하는 경우는 제외한다.
⑨ 그 밖에 위의 소득과 유사한 소득으로서 영리를 목적으로 자기의 계산과 책임하에 계속적·반복적으로 행하는 활동을 통하여 얻는 소득

(2) 비과세 사업소득
① 논·밭 임대소득 : 논·밭을 작물 생산에 이용하게 함으로써 발생하는 소득을 말한다.
② 주택임대소득 : 1개의 주택(주택부수토지 포함)을 소유하는 자의 주택임대소득을 말한다. 다만, 고가주택(기준시가 12억원을 초과하는 주택) 및 국외에 소재하는 주택임대소득은 비과세대상에서 제외한다.
③ 농어가부업소득 : 농어가부업소득이란 농·어민이 부업으로 영위하는 축산·고공품 제조·민박·음식물 판매·특산물제조·전통차 제조·양어 및 그 밖에 이와 유사한 활동에서 발생하는 다음에 해당하는 소득을 말한다.
　㉠ 농어가부업규모의 축산(젖소 50마리, 돼지 700마리 등)에서 발생하는 소득
　㉡ ㉠의 규모를 초과하는 사육두수에서 발생하는 소득과 기타 부업의 소득이 있는 경우에는 이를 합산하여 연 3,000만원 이하의 소득
④ 전통주 제조소득 : 대통령령이 정하는 전통주를 농어촌지역(수도권지역 밖의 읍·면지역)에서 제조함으로써 발생하는 소득으로서 소득금액의 합계액이 연 1,200만원 이하인 것을 말한다.
⑤ 산림소득 : 조림기간이 5년 이상인 임지의 임목의 벌채 또는 양도로 인하여 발생하는 소득으로서 연 600만원 이하의 금액을 말한다(조림하지 않은 자연림과 조림기간이 5년 미만인 임목의 벌채·양도로 발생하는 소득은 과세).
⑥ 기타 작물재배업 소득 : 식량작물재배업(사람의 식량이 되는 쌀, 보리, 통, 옥수수 등) 외의 작물재배업(채소·화훼작물 및 종묘재배업 등)에서 발생하는 소득으로서 해당 과세기간의 수입금액의 합계액이 10억원 이하인 것을 말한다.
⑦ 어로어업(어업 중 연근해어업과 내수면어업을 말한다)에서 발생하는 소득으로서 해당 과세기간의 소득금액의 합계액이 5,000만원 이하인 소득을 말한다.

(3) 사업소득금액의 계산
사업소득금액은 당해연도의 총수입금액에서 이에 소요된 필요경비를 공제한 금액으로 한다.

$$\text{사업소득금액} = \text{총수입금액} - \text{필요경비}$$

13 다음 중 소득세가 과세되지 않는 경우는? ④ (제35회)

① 임대인이 임차인으로부터 건물임대차계약에 근거하여 받는 위약금
② 부동산임대업자가 건물을 임대해 주고 받는 임대료
③ 3개의 주택을 소유한 자가 그 중 2개의 주택을 임대해 주고 받는 임대료
④ 조림기간이 5년 이상인 임지의 임목의 벌채 또는 양도로 발생하는 소득으로서 연600만원 이하의 금액

[해설] ① 계약의 위약 또는 해약으로 인하여 받는 위약금과 배상금은 기타소득으로 과세한다.
② 부동산임대업자가 건물을 임대해 주고 받는 임대료는 사업소득으로 과세한다.
③ 2개 이상의 주택을 소유한 자의 주택임대소득은 사업소득으로 과세한다.
④ 조림기간이 5년 이상인 임지의 임목의 벌채 또는 양도로 발생하는 소득금액으로서 연 600만원 이하의 금액은 소득세를 과세하지 않는다.

사업소득 총수입금액

(1) 총수입금액 산입항목
① 매출액(매출환입·매출에누리·매출할인은 제외). 다만, 거래수량 또는 거래금액에 따라 상대편에게 지급하는 장려금과 그 밖에 이와 유사한 성질의 금액과 대손금은 총수입금액에서 차감하지 않으며, 필요경비에 산입한다.
② 거래상대방으로부터 받는 장려금 기타 이와 유사한 성질의 금액
③ 관세환급금 등 필요경비로서 지출된 세액이 환입되었거나 환입될 경우에 그 금액
④ 사업과 관련하여 무상으로 받은 자산의 가액(자산수증이익)과 채무의 면제 또는 소멸로 발생하는 부채의 감소액(채무면제이익)
⑤ 확정급여형퇴직연금제도의 보험차익과 신탁계약의 이익 또는 분배금
⑥ 사업과 관련하여 해당 사업용 자산의 손실로 취득하는 보험차익
⑦ 재고자산을 가사용으로 소비하거나 종업원 또는 타인에게 지급한 경우 이를 소비하거나 지급하였을 때의 가액에 해당하는 금액
⑧ 화폐성 외화자산·부채의 외환차익
⑨ 그 밖에 사업과 관련된 수입금액으로서 해당 사업자에게 귀속되었거나 귀속될 금액

(2) 총수입금액 불산입 항목
① 소득세 또는 개인지방소득세를 환급받았거나 환급받을 금액 중 다른 세액에 충당한 금액
② 자산수증이익(복식부기의무자가 받은 국고보조금 등은 제외)과 채무면제이익 중 이월결손금의 보전에 충당된 금액
③ 이전 과세기간으로부터 이월된 소득금액(각 과세기간의 소득으로 이미 과세된 소득을 다시 해당 과세기간의 소득에 산입한 금액을 말한다)
④ 자기가 생산한 제품 등을 자기가 생산하는 다른 제품의 원재료 등으로 사용한 금액
⑤ 자기의 총수입금액에 따라 납부하였거나 납부할 개별소비세, 주세 및 교통·에너지·환경세
⑥ 국세환급가산금, 지방세환급가산금 및 그 밖의 과오납금의 환급금에 대한 이자
⑦ 부가가치세의 매출세액

15 다음 중 소득세법상 사업소득금액 계산시 총수입금액에 산입되는 항목은? ④ (제48회)

① 사업무관자산의 자산수증이익
② 소득세의 환급액
③ 부가가치세 매출세액
④ 거래상대방으로부터 받은 판매장려금

[해설] ① 사업과 관련된 자산수증이익은 총수입금액에 산입하지만, 사업무관자산의 자산수증이익은 증여세를 과세하므로 총수입금액에 산입하지 않는다.
② 소득세의 환급액과 ③ 부가가치세 매출세액은 총수입금액 산입하지 않는다.
④ 거래상대방으로부터 받는 장려금 기타 이와 유사한 성질의 금액은 총수입금액에 산입한다.

15 개인사업자 이영희는 인터넷쇼핑몰을 경영한 결과 손익계산서상 당기순이익이 10,000,000원으로 확인되었다. 다음의 세무조정 사항을 반영하여 소득세법상 사업소득금액을 계산하면 얼마인가? ② (제73회)

- 총수입금액산입 세무조정항목 : 1,000,000원
- 필요경비불산입 세무조정항목 : 9,000,000원
- 필요경비산입 세무조정항목 : 8,000,000원
- 총수입금액불산입 세무조정항목 : 6,000,000원

① 5,000,000원 ② 6,000,000원 ③ 11,000,000원 ④ 16,000,000원

[해설] 당기순이익(10,000,000) + 총수입금액산입 및 필요경비불산입(10,000,000) = 사업소득금액
       – 총수입금액불산입 및 필요경비산입(14,000,000)   6,000,000원
       [결산서와 소득세법의 차이를 조정하는 세무조정]

사업소득 필요경비

(1) 필요경비 산입항목(그 중 일부만 예시함)
① 판매한 상품 또는 제품에 대한 원료의 매입가격(매입에누리 및 매입할인 금액은 제외)과 그 부대비용
② 판매한 상품 또는 제품의 보관료·포장비·운반비·판매장려금 및 판매수당 등 판매와 관련한 부대비용
③ 부동산의 양도 당시의 장부가액(건물건설업과 부동산 개발 및 공급업의 경우에만 해당한다)
④ 종업원의 급여(종업원에는 해당 사업자의 사업에 직접 종사하고 있는 그 사업자의 배우자 또는 부양가족을 포함한다)
⑤ 복식부기의무자가 사업용 유형고정자산의 양도가액을 총수입금액에 산입한 경우 해당 사업용 유형고정자산의 양도 당시 장부가액
⑥ 사업용 자산에 대한 비용(사업용 자산의 수선비·관리비와 유지비·임차료·손해보험료)
⑦ 사업과 관련이 있는 제세공과금
⑧ 국민건강보험법·고용보험법 및 노인장기요양보험법에 따라 사용자로서 부담하는 보험료 또는 부담금
⑨ 국민건강보험법 및 노인장기요양보험법에 따른 직장가입자로서 부담하는 사용자 본인의 보험료, 지역가입자로서 부담하는 보험료

⑩ 총수입금액을 얻기 위하여 직접 사용된 부채에 대한 지급이자
⑪ 사업용 유형자산 및 무형자산의 감가상각비
⑫ 거래수량 또는 거래금액에 따라 상대편에게 지급하는 장려금 기타 이와 유사한 성질의 금액
⑬ 광고·선전을 목적으로 견본품·달력·수첩·컵·부채 기타 이와 유사한 물품을 불특정다수인에게 기증하기 위하여 지출한 비용
⑭ 화폐성 외화자산·부채의 외환차손
⑮ 종업원의 사망 이후 유족에게 학자금 등 일시적으로 지급하는 금액으로서 종업원 사망 전에 결정되어 종업원에게 공통적으로 적용되는 지급기준에 따라 지급되는 것
⑯ 위의 경비와 유사한 성질의 것으로서 당해 총수입금액에 대응하는 경비

(2) 필요경비 불산입항목(그 중 일부만 예시함)
① 소득세와 개인지방소득세
② 벌금·과료와 과태료
③ 법률에 따른 가산금과 체납처분비
④ 조세에 관한 법률에 따른 징수의무의 불이행으로 인하여 납부하였거나 납부할 세액(가산세액 포함)
⑤ 가사(집안일)의 경비와 이에 관련되는 경비
⑥ 상각범위액을 초과하여 계상한 감가상각비
⑦ 재고자산 외의 자산의 평가차손
⑧ 부가가치세의 매입세액(면세사업 관련 매입세액은 제외), 개별소비세, 주세 및 교통·에너지·환경세
⑨ 채권자가 불분명한 차입금의 이자
⑩ 법령에 따라 의무적으로 납부하는 것이 아닌 공과금이나 법령에 따른 의무의 불이행 또는 금지·제한 등의 위반에 대한 제재로서 부과되는 공과금
⑪ 지출한 경비 중 직접 그 업무와 관련이 없다고 인정되는 금액
⑫ 선급비용
⑬ 업무와 관련하여 고의 또는 중대한 과실로 타인의 권리를 침해한 경우에 지급되는 손해배상금
⑭ 기부금 및 기업업무추진비의 필요경비 불산입액
⑮ 업무용승용차 관련비용 중 업무외 사용금액의 필요경비 불산입액

14 다음 중 소득세법상 사업소득금액 계산시 필요경비에 산입되는 항목은? ④ (제34회 수정)
① 대표자의 급여와 퇴직급여
② 가사관련경비
③ 부가가치세의 가산세
④ 거래수량에 따라 지급하는 판매장려금

[해설] ① 사업자 본인의 인건비(급여와 퇴직급여)는 필요경비에 산입하지 않는다.
② 가사관련경비와 ③ 가산세는 필요경비에 산입하지 않는다.

14 다음 중 소득세법상 사업소득의 필요경비에 산입되지 않은 것은? ③ (제38회)
① 종업원의 급여
② 사업용 고정자산의 감가상각비 중 범위한도내의 금액
③ 부가가치세 신고시 공제된 일반과세자의 부가가치세 매입세액
④ 부동산매매업자의 부동산의 양도당시 장부금액

[해설] ③ 공제되는 부가가치세 매입세액은 자산에 해당하므로 필요경비에 산입하지 아니한다.

12 다음 중 소득세법상 사업소득금액 계산시 필요경비에 산입되는 항목은?   ① (제62회)

① 면세사업자가 부담하는 부가가치세 매입세액
② 업무와 관련하여 고의 또는 중대한 과실로 타인의 권리를 침해한 경우에 지급되는 손해배상금
③ 초과인출금에 대한 지급이자
④ 선급비용

[해설] ① 부가가치세법상 매입세액이 불공제된 부가가치세 매입세액은 소득세법상 필요경비에 산입함을 원칙으로 한다.
③ 초과인출금이란 부채의 합계액이 사업용자산의 합계액을 초과하는 경우 그 초과하는 금액을 말하며, 초과인출금에 대한 지급이자(= 지급이자 × 초과인출금의 적수 ÷ 차입금의 적수)는 필요경비 불산입한다.

14 다음 중 소득세법상 사업소득에 대한 설명으로 가장 옳지 않은 것은?   ④ (제39회)

① 거주자가 재고자산을 가사용으로 소비하기 위하여 타인에게 지급한 경우에도 총수입금액에 산입한다.
② 국세환급가산금은 총수입금액에 산입하지 아니한다.
③ 선급비용은 필요경비에 산입하지 않는다.
④ 기업업무추진비 50,000원을 현금으로 지출하고 법정정규증빙이 아닌 간이영수증을 수취한 경우 기업업무추진비 한도초과액에 대해서만 필요경비불산입 한다.

[해설] ① 재고자산을 가사용으로 소비하거나 종업원 또는 타인에게 지급한 경우, 이를 소비하거나 지급하였을 때의 가액에 해당하는 금액은 총수입금액에 산입한다.
④ 건당 3만원을 초과하는 기업업무추진비 중 법정정규증빙 미수취 기업업무추진비는 한도계산 없이 직접 필요경비 불산입한다.

부동산임대업의 범위

부동산임대업에서 발생하는 소득도 사업소득에 해당한다. 부동산임대업의 범위는 다음과 같다.
① 부동산 또는 부동산상의 권리를 대여하는 사업. 여기서 부동산상의 권리란 전세권·지역권·지상권 등을 말한다.
② 공장재단[17] 또는 광업재단을 대여하는 사업
③ 광업권자·조광권자·덕대가 채굴 시설과 함께 광산을 대여하는 사업[18]

---

17) 공장재단 : 공장에 속하는 일정한 기업용 재산으로 구성되는 일단(一團 한덩어리)의 기업재산으로서 소유권과 저당권의 목적이 되는 것을 말한다.
18) 조광권 : 설정행위에 의하여 타인의 광구에서 채굴권의 목적이 되어 있는 광물을 채굴하고 취득하는 권리를 말한다. 덕대는 이러한 조광권을 가진 자와 같은 개념이다.

14 다음 중 소득세법상 소득의 구분이 다른 하나는? ② (제41회 수정)

① 영업권의 대여
② 공장재단의 대여
③ 점포임차권의 양도
④ 공익사업과 관련하여 지상권의 대여

[해설] ①③ 광업권, 어업권, 산업재산권, 영업권(점포임차권 등), 상표권 등을 양도하거나 대여하고 그 대가로 받은 금품은 기타소득에 해당한다.
④ 공익사업과 관련하여 지역권·지상권을 설정하거나 대여함으로써 발생하는 소득은 기타소득에 해당한다.

주택임대소득에 대한 과세여부

주택수	임대료	간주임대료
1주택	① 일반주택 : 비과세 ② 고가주택 : 소규모 임대소득자 - 분리과세 　　　　　　그 외의 임대소득자 - 종합과세	과세 안함
2주택	① 소규모 임대소득자 : 분리과세 ② 그 외의 임대소득자 : 종합과세	과세 안함
3주택 이상	① 소규모 임대소득자 : 분리과세 ② 그 외의 임대소득자 : 종합과세	㉠ 소규모 임대소득자 : 분리과세 ㉡ 그 외의 임대소득자 : 종합과세 단, 보증금의 합계액이 3억원을 초과하는 경우에 한함

※ 소규모 임대소득자란 해당 과세기간에 주거용 건물 임대업에서 발생한 총수입금액의 합계액이 2천만원 이하인 자를 말한다.

14 다음 중 소득세법상 주택의 임대소득에 대한 설명으로서 가장 틀린 것은? ① (제50회)

① 1개의 주택을 소유하는 자의 월세에 대한 임대소득에 대하여 소득세가 과세되는 경우는 없다.
② 2주택을 보유한 거주자가 주택을 임대하고 받은 보증금액에 대해서는 소득세를 과세하지 않는다.
③ 3주택 이상의 주택을 소유한 자라 하더라도 주택을 전세로만 임대하고 받은 전세금의 전체 합계액이 3억원 이하이면 소득세가 과세되지 않는다.
④ 본인과 배우자가 각각 주택을 소유하는 경우에는 이를 합산하여 주택수를 계산한다.

[해설] 1개의 주택을 소유하는 자의 주택임대소득은 소득세를 과세하지 아니한다. 다만, 고가주택 및 국외에 소재하는 주택의 임대소득은 주택 수에 상관없이 과세한다.

15 다음 중 소득세법상 종합과세 되는 소득이 아닌 것은? ① (제74회 수정)

① 주거용 아파트를 1년간 임대하고 받은 1,200만원의 주택임대 총수입금액

② 복식부기의무자인 개인사업자가 개별소비세 과세대상 업무용 차량을 매각하여 발생한 매각차익 300만원
③ 원천징수 되지 않은 국외에서 발생한 이자소득 1,200만원
④ 제조업자가 기계장치를 제조·판매하여 받은 매매차익 1,000만원

[해설] ① 일반주택(1주택)을 임대하고 받은 임대료는 비과세한다. 고가주택(1주택)을 임대하고 받은 수입금액의 합계액이 2천만원 이하인자(소규모 임대소득자)의 총수입금액은 분리과세 한다.
② 복식부기의무자가 사업용 유형자산을 양도함으로써 발생하는 소득은 사업소득으로 종합과세 한다.
③ 원천징수되지 않은 이자소득은 무조건 종합과세 한다.
④ 제조업자가 기계장치를 제조·판매하여 받은 매매차익은 사업소득으로 종합과세 한다.

14 소득세법상 사업소득의 수입시기 중 바르게 연결된 것은? ③ (제69회)

① 상품, 제품 또는 그 밖의 생산품의 판매 : 상대방이 구입의사를 표시한 날
② 무인 판매기에 의한 판매 : 그 상품을 수취한 날
③ 인적 용역의 제공 : 대가를 지급받기로 한 날 또는 용역의 제공을 완료한 날 중 빠른 날
④ 상품 등의 위탁판매 : 그 상품 등을 수탁자에게 인도한 날

[해설] ① 상품, 제품 또는 그 밖의 생산품의 판매 : 그 상품 등을 인도한 날
② 무인판매기에 의한 판매 : 사업자가 무인판매기에서 현금을 인출하는 때
④ 상품 등의 위탁판매 : 수탁자가 그 위탁품을 판매하는 날

15 다음 중 소득세법상 근로소득으로 보지 않는 금액은? ③ (제70회 수정)

① 법인세법에 의해 상여로 처분된 금액
② 종업원에게 지급하는 통근수당
③ 종업원이 사택을 제공받음으로써 얻는 이익
④ 종업원이 회사로부터 주택의 구입에 소요되는 자금을 무상으로 대여 받음으로써 얻는 이익(중소기업의 종업원이 아님)

[해설] ③ ㉠주주·출자자가 아닌 임원, ㉡소액주주인 임원, ㉢임원이 아닌 종업원이 사택을 제공받음으로써 얻은 이익은 비과세 한다.
④ 중소기업의 종업원이 주택(주택부수토지 포함)의 구입·임차에 소요되는 자금을 저리 또는 무상으로 대여 받음으로써 얻는 이익은 비과세 한다.

14 다음 중 소득세법상 근로소득의 범위에 해당하지 않는 것은? ④ (제75회 수정)

① 법인의 주주총회의 결의에 따라 상여로 받는 소득
② 법인세법에 따라 상여로 처분된 금액
③ 임원이 회사로부터 주택의 구입·임차에 소요되는 자금을 무상으로 대여 받는 이익
④ 법인의 임직원이 고용관계에 따라 부여받은 주식매수선택권을 퇴사 후에 행사함으로 얻은 이익

[해설] ④ 법인의 임직원이 해당 법인 등으로부터 부여받은 주식매수선택권을 해당 법인 등에서 근무하는 기간 중 행사함으로써 얻은 이익은 근로소득에 포함한다. 다만, 퇴직 전에 부여받은 주식매수선택권을 퇴직 후에 행사하거나, 고용관계 없이 주식매수선택권을 부여받아 이를 행사함으로써 얻는 이익은 기타소득에 해당한다.

14 다음 중 과세되는 근로소득으로 보지 않는 것은? ③ (제86회 수정)
① 여비의 명목으로 받은 연액 또는 월액의 급여
② 법인세법에 따라 상여로 처분된 금액
③ 사업자가 그 종업원에게 지급한 경조금 중 사회통념상 타당하다고 인정되는 범위 내의 금액
④ 임원이 주택(주택에 부수된 토지를 포함)의 구입·임차에 소요되는 자금을 저리 또는 무상으로 대여 받음으로써 얻는 이익

[해설] ③ 사업자가 그 종업원에게 지급한 경조사금 중 사회통념상 타당하다고 인정되는 범위 내의 금액은 이를 지급받은 자의 근로소득에 포함하지 않는다.

14 다음 중 소득세법상 근로소득 비과세 대상이 아닌 것은? ④ (제42회)
① 광산근로자가 받는 입갱수당 및 발파수당
② 근로자가 천재, 지변 기타 재해로 인하여 받는 급여
③ 공장직원에게 무상으로 지급되는 작업복
④ 출장여비 등의 실제비용을 별도로 받는 직원에 대한 자가운전보조금 월 20만원 금액

[해설] ④ 출장여비 등을 별도로 지급받는 경우에는 자가운전보조금은 과세대상이다.

14 다음 중 비과세 근로소득이 아닌 것은? ③ (제58회 수정)
① 근로자 또는 배우자의 출산과 관련하여 받는 월 10만원의 육아수당
② 일직료·숙직료 또는 여비로서 실비변상정도의 금액
③ 회사에서 식사를 제공하는 근로자에게 별도로 지급하는 월 10만원의 식대
④ 종업원의 소유차량을 종업원이 직접 운전하여 사용자의 업무수행에 이용하고, 시내출장 등에 소요된 실제여비를 받는 대신에 그 소요경비를 당해 사업체의 규칙 등에 의하여 정하여진 지급기준에 따라 받는 금액으로서 월 20만원의 자가운전보조금

[해설] ③ 식사 또는 기타 음식물을 제공받지 않는 근로자가 받는 월 20만원 이하의 식사대는 비과세한다.

14 다음의 근로소득 중 소득세법상 비과세 대상이 아닌 것은? ④ (제74회)
① 근로자가 제공받는 월 10만원 상당액의 현물식사
② 고용보험법에 따라 받는 실업급여, 육아휴직급여, 출산 전·후 휴가급여
③ 근로자가 6세 이하 자녀보육과 관련하여 받는 급여로서 월 10만원 이내의 금액
④ 본인차량을 소유하지 않은 임직원에게 지급된 자가운전보조금으로서 월 20만원 이내의 금액

[해설] 종업원이 소유하거나 본인 명의로 임차한 차량을 종업원이 직접 운전하여 사용자의 업무수행에 이용하고 시내출장 등에 소요된 실제여비를 받는 대신에 그 소요경비를 당해 사업체의 규칙 등에 의하여 정하여진 지급기준에 따라 받는 금액 중 월 20만원 이내의 금액은 비과세 한다.

15 다음 중 소득세법상 비과세 근로소득에 해당하지 않는 것은? ② (제67회)

① 고용보험법에 의한 육아휴직수당
② 근로기준법에 의한 연차수당
③ 국민연금법에 따라 받는 사망일시금
④ 국민건강보험법에 따라 사용자가 부담하는 건강보험료

[해설] ② 연차수당은 과세되는 근로소득에 해당한다.

근로소득의 수입시기

구 분	수입시기
① 급여	근로를 제공한 날
② 잉여금 처분에 의한 상여	해당 법인의 잉여금 처분결의일
③ 인정상여	해당 사업연도 중의 근로를 제공한 날
④ 주식매수선택권	주식매수선택권을 행사한 날
⑤ 임원의 퇴직소득 중 소득세법에 따른 퇴직소득 한도초과로 근로소득으로 보는 금액	지급받거나 지급받기로 한 날

14 다음 중 소득세법상 근로소득의 수입시기에 대한 설명으로 틀린 것은? ① (제64회)

① 잉여금처분에 의한 상여의 수입시기는 근로를 제공한 날이다.
② 법원의 판결에 의하여 부당해고기간의 급여를 일시에 지급받는 경우, 해고기간에 근로를 제공하고 지급받은 것으로 본다.
③ 급여를 소급인상하고 이미 지급된 금액과의 차액을 추가로 지급하는 경우, 근로제공일이 속하는 연월을 수입시기로 한다.
④ 해당 사업연도의 소득금액을 법인이 신고하거나, 세무서장이 결정·경정함에 따라 발생한 그 법인의 임원 또는 주주·사원, 그 밖의 출자자에 대한 상여는 해당 사업연도 중의 근로를 제공한 날을 수입시기로 한다.

[해설] ① 잉여금처분에 의한 상여의 수입시기는 해당 법인의 잉여금 처분결의일이다.
② 근로자가 법원의 판결·화해 등에 의하여 부당해고기간의 급여를 일시에 지급받는 경우에는 해고기간에 근로를 제공하고 지급받는 근로소득으로 본다(소기통 20-38-3).
④ 인정상여는 해당 사업연도 중의 근로를 제공한 날을 수입시기로 한다.

14 소득세법상 근로소득의 수입시기에 대한 설명으로 옳지 않은 것은? ① (제54회 수정)

① 잉여금 처분에 의한 상여 : 근로를 제공한 날
② 환율 인상에 따라 추가지급 되는 급여액 : 근로를 제공한 날
③ 급여를 소급인상하고 이미 지급된 금액과의 차액을 추가로 지급하는 경우 : 근로를 제공한 날
④ 근로소득으로 보는 임원퇴직소득 한도초과액 : 지급받거나 지급받기로 한 날

[해설] ① 잉여금처분에 의한 상여의 수입시기는 해당 법인의 잉여금 처분결의일이다.

연금소득

(1) 연금소득의 범위
연금소득은 해당 과세기간에 발생한 다음의 소득으로 한다.
① 공적연금관리법에 따라 받는 각종 연금(이하 "공적연금"이라 한다)
② 다음에 해당하는 금액을 그 소득의 성격에 불구하고 연금계좌에서 연금형태로 인출하는 경우의 그 연금(이하 "사적연금"이라 한다)
  ㉠ 과세이연된 퇴직소득 : 퇴직소득을 연금계좌에 입금시켜 과세되지 않은 퇴직소득(퇴직소득이 연금계좌로 지급되었거나 지급받은 날부터 60일 이내에 연금계좌에 입금되어, 퇴직 당시 퇴직소득세를 원천징수하지 않았던 퇴직소득)
  ㉡ 세액공제를 받은 금액 : 연금계좌에 납입한 연금보험료 중 연금계좌세액공제를 받은 금액
  ㉢ 운용수익 : 연금계좌의 운용실적에 따라 증가된 금액
  ㉣ 그 밖에 연금계좌에 이체 또는 입금되어 해당 금액에 대한 소득세가 이연된 소득

(2) 연금소득금액
연금소득금액은 총연금액에서 연금소득공제를 적용한 금액으로 한다.

> 연금소득금액 = 총연금액 − 연금소득공제

① 총연금액 : 해당 과세기간에 발생한 연금소득의 합계액에서 분리과세연금소득을 뺀 금액
② 연금소득공제 : 연금소득이 있는 거주자에 대해서는 해당 과세기간에 받은 총연금액에서 다음 표에 규정한 금액을 공제한다. 다만, 공제액이 900만원을 초과하는 경우에는 900만원을 공제

총연금액	공제액
350만원 이하	총연금액
350만원 초과 700만원 이하	350만원 + (총연금액 − 350만원) × 40%
700만원 초과 1,400만원 이하	490만원 + (총연금액 − 700만원) × 20%
1,400만원 초과	630만원 + (총연금액 − 1,400만원) × 10%

(3) 연금소득에 대한 과세방법
① 원천징수 : 국내에서 연금소득을 지급하는 자는 그에 대한 소득세를 원천징수하여 그 징수일이 속하는 달의 다음달 10일까지 정부에 납부하여야 한다.
  ㉠ 공적연금 : 연금소득 간이세액표에 따라 원천징수하고, 해당 과세기간의 다음연도 1월분 공적연금소득을 지급할 때 연말정산을 한다.
  ㉡ 사적연금 : 소득유형 또는 연금수령일 현재 소득자의 나이 등에 따라 차등 적용한다.
② 종합과세와 분리과세
  ㉠ 원칙(종합과세) : 연금소득은 원칙적으로 종합소득과세표준에 합산하여 과세한다.

ⓛ 예외(선택적 분리과세) : 사적연금소득의 합계액이 연 1,500만원 이하인 경우에는 납세의무자의 선택에 따라 그 연금소득을 종합소득과세표준에 합산하지 않고 분리과세를 적용받을 수 있다.

15 다음 중 소득세법상 연금소득과 관련된 설명 중 적절하지 않은 것은? ① (제51회 수정)

① 사적연금소득의 합계액이 연 1,600만원 이하인 경우에는 분리과세를 선택할 수 있다.
② 당해연도에 받은 총연금액이 350만원 이하인 경우 납부할 소득세는 없다.
③ 근로자퇴직급여보장법에 따라 지급받는 퇴직연금도 연금소득으로 과세된다.
④ 연금소득도 원칙적으로 종합과세 대상이다.

[해설] ① 사적연금소득의 합계액이 연 1,500만원 이하인 경우에는 납세의무자의 선택에 따라 분리과세를 적용받을 수 있다.
② 총연금액이 350만원 이하인 경우 연금소득공제액은 총연금액이므로 납부할 소득세는 없다.
③ 근로자퇴직급여보장법에 따라 지급받는 퇴직연금은 사적연금소득에 해당한다.

기타소득

(1) 기타소득의 범위
기타소득은 이자소득·배당소득·사업소득·근로소득·연금소득·퇴직소득 및 양도소득 외의 소득으로 다음에 규정하는 것으로 한다.
① 상금, 현상금, 포상금, 보로금(報勞金) 또는 이에 준하는 금품
② 복권, 경품권, 그 밖의 추첨권에 당첨되어 받는 금품
③ 「사행행위 등 규제 및 처벌특례법」에 규정하는 행위에 참가하여 얻은 재산상의 이익
④ 「한국마사회법」에 의한 승마투표권,「경륜·경정법」에 의한 승자투표권,「전통소싸움경기에 관한 법률」에 따른 소싸움경기투표권 및 「국민체육진흥법」에 따른 체육진흥투표권의 구매자가 받는 환급금
⑤ 저작자 또는 실연자·음반제작자·방송사업자 외의 자가 저작권 또는 저작인접권의 양도 또는 사용의 대가로 받는 금품(저작권 등 사용료가 저작자 자신에게 귀속되는 경우에는 사업소득)
⑥ 영화필름, 라디오·텔레비전 방송용 테이프 또는 필름 그 밖에 이와 유사한 자산 또는 권리의 양도·대여 또는 사용의 대가로 받는 금품
⑦ 광업권·어업권·산업재산권·산업정보, 산업상비밀, 상표권·영업권(점포임차권 포함), 토사석의 채취허가에 따른 권리, 지하수의 개발·이용권, 그 밖에 이와 유사한 자산이나 권리를 양도하거나 대여하고 그 대가로 받는 금품
⑧ 물품 또는 장소를 일시적으로 대여하고 사용료로서 받는 금품
⑧-2 통신판매중개를 하는 자를 통하여 물품 또는 장소를 대여하고 연간 수입금액 500만원 이하의 사용료로서 받은 금품
⑨ 공익사업과 관련하여 지역권·지상권(지하 또는 공중에 설정된 권리 포함)을 설정하거나 대여함으로써 발생하는 소득[19]
⑩ 계약의 위약 또는 해약으로 인하여 받는 소득으로서 ㉠위약금, ㉡배상금, ㉢부당이득 반환시 지급받는 이자

---
19) 지역권 : 자기의 토지의 이용가치를 증가시키기 위하여 타인의 토지를 일정한 방법으로 이용하는 권리
지상권 : 타인의 토지에 건물 기타 공작물이나 수목을 소유하기 위하여 그 토지를 사용할 수 있는 권리

⑪ 유실물의 습득 또는 매장물의 발견으로 인하여 보상금을 받거나 새로 소유권을 취득하는 경우 그 보상금 또는 자산
⑫ 소유자가 없는 물건의 점유로 소유권을 취득하는 자산
⑬ 거주자·비거주자 또는 법인의 특수관계인이 그 특수관계로 인하여 그 거주자·비거주자 또는 법인으로부터 받는 경제적 이익으로서 급여·배당 또는 증여로 보지 아니하는 금품
⑭ 슬러트머신(비디오게임 포함) 및 투전기, 그 밖에 이와 유사한 기구를 이용하는 행위에 참가하여 받는 당첨금품·배당금품 또는 이에 준하는 금품
⑮ 문예창작소득(문예·학술·미술·음악 또는 사진에 속하는 창작품에 대한 원작자로서 받는 원고료, 저작권사용료인 인세, 미술·음악 또는 사진에 속하는 창작품에 대하여 받는 대가)
⑯ 재산권에 관한 알선수수료
⑰ 사례금(사무처리 또는 역무의 제공 등과 관련하여 사례의 뜻으로 상대방으로부터 지급받는 금품)
⑱ 소기업·소상공인 공제부금의 해지일시금
⑲ 다음 중 어느 하나에 해당하는 인적용역(⑮~⑰에 해당하는 용역은 제외)을 일시적으로 제공하고 지급받는 대가
  ㉠ 고용관계 없이 다수인에게 강연을 하고 강연료 등의 대가를 받는 용역
  ㉡ 라디오·텔레비전방송 등을 통하여 해설·계몽 또는 연기의 심사 등을 하고 보수 또는 이와 유사한 성질의 대가를 받는 용역
  ㉢ 변호사, 공인회계사, 세무사, 건축사, 측량사, 변리사 그 밖에 전문적 지식 또는 특별한 기능을 가진 자가 당해 지식 또는 기능을 활용하여 보수 또는 기타 대가를 받고 제공하는 용역
  ㉣ 그 밖에 고용관계 없이 수당 또는 이와 유사한 성질의 대가를 받고 제공하는 용역
⑳ 법인세법에 따라 기타소득으로 처분된 소득
㉑ 연금계좌에서 연금보험료 중 연금계좌세액공제를 받은 금액과 연금계좌의 운용실적에 따라 증가된 금액을 연금 외의 형태로 수령한 소득
㉒ 퇴직 전에 부여받은 주식매수선택권을 퇴직 후에 행사하거나, 고용관계 없이 주식매수선택권을 부여받아 이를 행사함으로써 얻는 이익
㉒-2 종업원 등(종업원, 법인의 임원, 공무원) 또는 대학의 교직원이 퇴직한 후에 지급받는 직무발명보상금
㉓ 뇌물
㉔ 알선수재 및 배임수재에 의하여 받은 금품
㉕ 서화·골동품(개당·점당 또는 조당 6천만원 이상인 것을 말하며, 양도일 현재 생존해있는 국내원작자의 작품은 제외)의 양도로 발생하는 소득

> 단, 다음 중 어느 하나에 해당하는 경우에는 사업소득으로 구분한다.
>   ㉠ 서화·골동품의 거래를 위하여 사업장 등 물적시설을 갖춘 경우
>   ㉡ 서화·골동품을 거래하기 위한 목적으로 사업자등록을 한 경우

㉖ 종교관련 종사자가 종교의식을 집행하는 등 종교관련 종사자로서의 활동과 관련하여 종교단체로부터 받은 소득
㉗ 가상자산을 양도하거나 대여함으로써 발생하는 소득(2025.1.1. 이후 양도·대여하는 분부터 과세)

(2) 비과세 기타소득
기타소득 중 다음의 소득에 대해서는 소득세를 과세하지 아니한다(그 중 일부만 표시함).
  ① 국가보안법에 따라 받는 상금과 보로금
  ② 종업원 등(종업원, 법인의 임원, 공무원) 또는 대학의 교직원이 퇴직한 후에 지급받거나 대학의 학생이 소속 대학에 설치된 산학협력단으로부터 받는 직무발명보상금으로서 연 700만원 이하의 금액
  ③ 서화·골동품을 박물관 또는 미술관에 양도함으로써 발생하는 소득

(3) 기타소득금액의 계산
기타소득은 해당 과세기간의 총수입금액에서 이에 사용된 필요경비를 공제한 금액으로 한다.

$$\text{기타소득금액} = \text{총수입금액} - \text{필요경비}$$

필요경비에 산입할 금액은 실제로 지출된 비용이 원칙이지만, 다음과 같은 예외가 있다.

구 분	필요경비
① 승마투표권 등의 구매자가 받는 환급금	구매자가 구입한 적중된 투표권의 단위 투표금액
② 슬러트머신 등의 당첨금품 등	그 당첨금품 등의 당첨 당시에 슬러트머신 등에 투입한 금액
③ 공익법인이 주무관청의 승인을 얻어 시상하는 상금 및 부상과 다수가 순위 경쟁하는 대회에서 입상자가 받는 상금 및 부상 ④ 위약금과 배상금 중 주택입주 지체상금	수입금액의 80%에 상당하는 금액과 실제 사용된 필요경비 중 큰 금액
⑤ 광업권 등을 양도하거나 대여하고 그 대가로 받는 금품(위 ⑦) ⑥ 통신판매중개를 하는 자를 통하여 물품 또는 장소를 대여하고 연간 수입금액 500만원 이하의 사용료로서 받은 금품 ⑦ 공익사업과 관련하여 지상권·지역권을 설정 또는 대여함으로써 발생하는 소득 ⑧ 문예창작소득 ⑨ 일정한 인적용역을 일시적으로 제공하고 받는 대가(위 ⑲)	수입금액의 60%에 상당하는 금액과 실제 사용된 필요경비 중 큰 금액
⑩ 서화·골동품의 양도로 발생하는 소득	(수입금액×필요경비율※)과 실제 사용된 필요경비 중 큰 금액

※ ㉮ 수입금액이 1억원 이하인 경우 : 필요경비율 90%, ㉯ 수입금액이 1억원을 초과하는 경우 : 9천만원 + (수입금액 - 1억원) × 필요경비율 80%(보유기간이 10년 이상인 경우 90%)

(3) 기타소득에 대한 과세방법

구 분		내 용	원천징수세율
① 무조건 분리과세	㉠ 연금계좌에서 연금외수령한 기타소득		15%
	㉡ 서화·골동품의 양도로 발생하는 소득		20%
	㉢ 각종 복권당첨금품		20%(30%※)
② 무조건 종합과세	㉠ 뇌물		–
	㉡ 알선수재 및 배임수재에 따라 받은 금품		–
③ 선택적 분리과세	위 ①, ② 이외의 기타소득으로서 기타소득금액이 300만원 이하		20%

※ 복권당첨금품 등이 3억원을 초과하는 경우 당해 초과분에 대하여는 30%

15 다음 중 소득세법상 기타소득에 해당되지 않은 것은? ③ (제38회 수정)

① 물품 또는 장소를 일시적으로 대여하고 사용료로서 받는 금품
② 공익사업과 관련하여 지역권을 설정 또는 대여하고 받는 금품
③ 저작자가 자신의 저작권의 사용의 대가로 받는 금품
④ 상금, 현상금, 포상금, 보로금

[해설] ③ 저작자 이외의 자가 저작권의 사용대가로 받는 금품은 기타소득에 해당하지만, 저작자 자신에게 귀속되는 경우에는 사업소득에 해당한다.

14 다음 기타소득 중 소득세법상 총수입금액의 60%와 실제 소요된 필요경비 중 큰 금액을 필요경비로 의제하여 주는 것은? ④ (제35회 수정)

① 승마투표권 등의 구매자에게 지급하는 환급금
② 알선수재 및 배임수재에 의하여 받은 금품
③ 복권, 경품권 기타 추첨권에 의하여 받는 당첨금품
④ 고용관계 없이 다수인에게 강연을 하고 받는 강연료

[해설] ① 승마투표권 등의 구매자가 받는 환급금의 필요경비는 구매자가 구입한 적중된 투표권의 단위 투표금액이다. ②번과 ③번은 실제로 지출된 비용이 필요경비이다.

14 거주자 고우진이 교육청에서 주관한 퀴즈대회에서 우승하여 그 원천징수세액이 40만원인 경우(지방세 제외) 소득세법상 기타소득 총수입금액은 얼마인가? ① (제68회)

① 1,000만원 ② 200만원
③ 400만원   ④ 800만원

[해설] [기타소득(X) − {기타소득(X) × 80%}] × 원천징수율(20%) = 400,000원
(X − 0.8X) × 0.2 = 400,000원   0.2X × 0.2 = 400,000원
X = 10,000,000원   ∴ 기타소득 총수입금액은 10,000,000원

15 ㈜제조라는 제조기업이 외부강사를 초빙하여 임직원을 위한 특강을 하고 강사료 200만원을 지급하였다. 그 대가를 지급하면서 원천징수할 세액은 얼마인가? (단, 초빙강사의 강사료소득은 기타소득으로 보며, 지방소득세는 제외한다.) ③ (제83회)

① 400,000원   ② 80,000원   ③ 160,000원   ④ 20,000원

[해설] 총수입금액(2,000,000) − 필요경비 60%(1,200,000) = 기타소득금액 800,000원
원천징수세액 : 800,000원 × 20% = 160,000원

15 기타소득금액 중 원천징수 되지 않는 것은? ② (제57회 수정)

① 일시적으로 고용관계 없이 용역을 제공하고 받은 수당
② 계약금이 위약금으로 대체되는 경우 그 위약금
③ 공익사업과 관련하여 지역권을 대여하고 받는 금품
④ 복권 당첨금

[해설] ② 계약의 위약 또는 해약으로 받은 위약금과 배상금(계약금이 위약금과 배상금으로 대체되는 경우에만 해당)은 원천징수하지 않는다.

14 소득세법상 원천징수대상 기타소득에 해당하는 것은? ③ (제65회)

① 알선수재 및 배임수재에 의하여 받는 금품
② 뇌물
③ 법인세법에 따라 기타소득으로 처분된 소득

④ 계약의 위약으로 인하여 받는 위약금으로서 계약금이 위약금으로 대체된 경우

[해설] ③ 법인세법에 따라 기타소득으로 처분된 소득은 20%로 원천징수한다.

계약의 위약 또는 해약으로 받은 위약금과 배상금(계약금이 위약금과 배상금으로 대체되는 경우에만 해당), 뇌물, 알선수재 및 배임수재에 의하여 받는 금품은 원천징수하지 않는다.

결손금과 이월결손금의 공제

(1) 결손금의 공제

결손금이란 사업자가 비치·기록한 장부에 의하여 해당 과세기간의 사업소득금액을 계산할 때 발생한 해당 과세기간의 필요경비가 총수입금액을 초과한 금액을 말한다.

구 분	처 리 방 법
① 일반 사업소득의 결손금[주1]	㉠ 근로소득금액 ➡ ㉡ 연금소득금액 ➡ ㉢ 기타소득금액 ➡ ㉣ 이자소득금액 ➡ ㉤ 배당소득금액의 순서로 공제한다(결손금 공제순서). 공제하고 남은 결손금(이월결손금)은 그 이후 과세기간으로 이월시킨다.
② 부동산임대업에서 발생한 결손금	일반 부동산임대업의 결손금 : 다른 소득금액에서 공제하지 아니하고 그 이후 과세기간으로 이월시킨다. 주거용 건물임대업의 결손금[주2] : ㉠ 근로소득금액 ➡ ㉡ 연금소득금액 ➡ ㉢ 기타소득금액 ➡ ㉣ 이자소득금액 ➡ ㉤ 배당소득금액의 순서로 공제한다(결손금 공제순서). 공제하고 남은 결손금(이월결손금)은 그 이후 과세기간으로 이월시킨다.
③ 양도소득의 결손금	양도소득 자체 내에서 통산하며 다른 소득과는 통산하지 않는다(통산 후 남는 결손금은 이월되지 않고 소멸).

[주1] 해당 과세기간에 부동산임대업에서 발생한 소득금액이 있는 경우, 일반 사업에서 발생한 결손금을 먼저 부동산임대업의 소득금액에서 공제하고 남은 결손금을 말한다.

[주2] 해당 과세기간에 일반 사업에서 발생한 소득금액이 있는 경우, 주거용 건물임대업에서 발생한 결손금을 먼저 일반 사업에서 발생한 소득금액(일반 부동산임대업의 소득금액 포함)에서 공제하고 남은 결손금을 말한다.

[해설] 이자소득·배당소득·퇴직소득은 필요경비를 인정하지 않으므로 결손금이 발생하지 않으며, 근로소득과 연금소득은 근로소득공제와 연금소득공제를 차감하므로 결손금이 발생하지 않는다. 기타소득의 경우 필요경비를 차감하나 소득의 성격상 결손금이 발생할 가능성이 거의 없어 관련 규정이 없다.

(2) 이월결손금의 공제

이월결손금은 해당 이월결손금이 발생한 과세기간의 종료일부터 10년 이내(2020년 1월 1일 이후 개시한 과세기간에 발생한 결손금은 15년 이내)에 끝나는 과세기간의 소득금액을 계산할 때 먼저 발생한 과세기간의 이월결손금부터 순서대로 다음에 따라 공제한다.

구 분	처 리 방 법
① 일반 사업소득의 이월결손금	해당 과세기간의 사업소득금액에서 먼저 공제하고, 남은 이월결손금은 근로소득금액 ➡ ㉡ 연금소득금액 ➡ ㉢ 기타소득금액 ➡ ㉣ 이자소득금액 ➡ ㉤ 배당소득금액의 순서로 공제한다(결손금 공제순서).

② 부동산임대업에서 발생한 이월결손금	일반 부동산임대업의 이월결손금 : 해당 과세기간의 부동산임대업의 소득금액에서만 공제한다.
	주거용 건물임대업의 이월결손금 : 해당 과세기간의 사업소득금액에서 먼저 공제하고, 남은 이월결손금은 ㉠ 근로소득금액 ➡ ㉡ 연금소득금액 ➡ ㉢ 기타소득금액 ➡ ㉣ 이자소득금액 ➡ ㉤ 배당소득금액의 순서로 공제한다(결손금 공제순서).

[해설] 결손금 및 이월결손금을 공제할 때 해당 과세기간에 결손금이 발생하고 이월결손금이 있는 경우에는 그 과세기간의 결손금을 먼저 소득금액에서 공제한다.

15 소득세법상 종합소득금액을 계산함에 있어서 옳은 것은? ① (제40회)

① 사업소득에서 발생한 결손금에 대해서는 다른 종합소득금액에서 공제한다.
② 부동산임대업에서 발생한 결손금에 대해서는 다른 종합소득금액에서 공제한다.
③ 이자소득, 배당소득, 사업소득, 근로소득, 연금소득, 기타소득은 반드시 모두 합산하여 종합소득금액으로 신고해야 한다.
④ 아버지와 아들이 공동으로 사업을 하는 경우에는 당연히 합산하여 소득금액을 계산한다.

[해설] ② 부동산임대업에서 발생한 결손금은 다른 종합소득금액에서 공제하지 않는다.
　　　③ 분리과세 하는 경우도 있으므로 반드시 모두 합산하여 신고하지는 않는다.
　　　④ 소득세는 원칙적으로 개인을 단위로 하여 소득세를 과세하며, 부부 또는 가족의 소득을 합산하여 과세하지 않는다. 다만, 가족 구성원이 공동사업자에 포함되어 있는 경우로서 손익분배비율을 거짓으로 정하는 사유가 있으면 합산하여 과세한다(공동사업합산과세).

15 소득세법상 결손금과 이월결손금에 관한 내용이다. 옳지 않은 것은? ② (제42회)

① 소득금액의 추계시에는 원칙적으로 이월결손금의 공제를 할 수 없다.
② 사업소득의 결손금은 5년간만 이월공제 가능하다.
③ 결손금은 소득세법상 사업소득, 양도소득에 대하여 인정된다.
④ 중소기업의 경우에는 소급공제가 가능하다.

[해설] ① 해당 과세기간의 소득금액에 대해서 추계신고(비치·기록한 장부와 증명서류에 의하지 않은 신고)를 하거나 추계조사결정하는 경우에는 이월결손금 공제규정을 적용하지 않는다.
　　　② 사업소득의 결손금은 10년간(2020.1.1. 이후 개시한 과세기간에서 발생한 결손금은 15년) 이월하여 공제 할 수 있다.
　　　④ 중소기업을 경영하는 거주자가 그 중소기업의 사업소득금액을 계산할 때 해당 과세기간의 이월결손금이 발생한 경우에는 이를 소급공제하여 직전 과세기간의 그 중소기업의 사업소득에 대한 종합소득세액을 환급신청할 수 있다.

15 사업소득의 결손금 공제순서로 올바른 것은? ② (제58회)

① 이자소득금액 → 배당소득금액 → 기타소득금액 → 근로소득금액 → 연금소득금액
② 근로소득금액 → 연금소득금액 → 기타소득금액 → 이자소득금액 → 배당소득금액

③ 기타소득금액 → 이자소득금액 → 배당소득금액 → 근로소득금액 → 연금소득금액
④ 기타소득금액 → 근로소득금액 → 연금소득금액 → 이자소득금액 → 배당소득금액

[해설] ② 사업소득의 결손금은 "근로소득금액 → 연금소득금액 → 기타소득금액 → 이자소득금액 → 배당소득금액"의 순서로 공제한다.

15 다음은 소득세법상 결손금공제에 관한 설명이다. 틀린 것은?　　④ (제69회 수정)

① 사업소득(주택임대업이 아닌 부동산임대업 제외)의 결손금은 다른 소득금액과 통산하고 통산 후 남은 결손금은 다음연도로 이월시킨다.
② 주택임대업이 아닌 부동산임대업에서 발생한 결손금은 다른 소득금액과 통산하지 않고 다음 연도로 이월시킨다.
③ 2009년에 발생한 이월결손금은 발생연도 종료일로부터 10년 내에 종료하는 과세기간의 소득금액 계산시 먼저 발생한 것부터 순차로 공제한다.
④ 사업소득의 결손금 공제순서에는 특별한 제한이 없다.

[해설] ④ 사업소득(주거용 건물임대업이 아닌 부동산임대업 제외)에서 발생한 결손금은 근로소득금액 ➡ 연금소득금액 ➡ 기타소득금액 ➡ 이자소득금액 ➡ 배당소득금액 순으로 공제한다.

15 다음 중 소득세법상 결손금공제에 관한 설명 중 틀린 것은?　　② (제75회 수정)

① 2009년에 발생한 이월결손금은 발생연도 종료일로부터 10년간 소득금액에서 공제한다.
② 결손금과 이월결손금이 동시에 존재할 때에는 이월결손금을 우선적으로 공제한 후 결손금을 공제한다.
③ 사업소득(주택임대소득이 아닌 부동산임대소득은 제외)의 결손금은 다른 소득금액과 통산한다.
④ 결손금은 사업자가 비치·기록한 장부에 의하여 사업소득금액을 계산할 때 필요경비가 총수입금액을 초과하는 경우 그 초과하는 금액을 말한다.

[해설] ② 결손금 및 이월결손금을 공제할 때 해당 과세기간에 결손금이 발생하고 이월결손금이 있는 경우에는 그 과세기간의 결손금을 먼저 소득금액에서 공제한다.

15 다음 중 소득세법상 결손금과 이월결손금에 관한 내용으로 옳은 것은?　　③ (제81회 수정)

① 사업소득의 이월결손금은 해당 이월결손금이 발생한 과세기간의 종료일부터 10년 이내에 끝나는 과세기간의 소득금액을 계산할 때 최근에 발생한 과세기간의 이월결손금부터 순서대로 공제한다.
② 일반 사업소득의 이월결손금은 사업소득 → 근로소득 → 기타소득 → 연금소득 → 이자소득 → 배당소득의 순서로 공제한다.
③ 주거용 건물 임대 외의 부동산임대업에서 발생한 이월결손금은 타소득에서는 공제할 수 없다.
④ 결손금 및 이월결손금을 공제할 때 해당 과세기간에 결손금이 발생하고 이월결손금이 있는 경우에는 이월결손금을 먼저 소득금액에서 공제한다.

[해설] ① 과세기간의 소득금액을 계산할 때 먼저 발생한 과세기간의 이월결손금부터 순서대로 공제한다.
② 일반 사업소득의 이월결손금은 해당 과세기간의 사업소득금액을 계산할 때 먼저 공제하고, 남은 금액은 ➡ 근로소득금액 ➡ 연금소득금액 ➡ 기타소득금액 ➡ 이자소득금액 ➡ 배당소득금액 순으로 공제한다.
④ 결손금 및 이월결손금을 공제할 때 해당 과세기간에 결손금이 발생하고 이월결손금이 있는 경우에는 그 과세기간의 결손금을 먼저 소득금액에서 공제한다.

15 다음은 소득세법상 결손금과 이월결손금에 관한 설명이다. 가장 틀린 것은? ① (제92회)

① 해당 과세기간의 소득금액에 대하여 추계신고를 하거나 추계조사 결정하는 경우에는 예외없이 이월결손금공제규정을 적용하지 아니한다.
② 사업소득의 이월결손금은 사업소득, 근로소득, 연금소득, 기타소득, 이자소득, 배당소득의 순서로 공제한다.
③ 주거용 건물 임대 외의 부동산임대업에서 발생한 이월결손금은 타 소득에서는 공제할 수 없다.
④ 결손금 및 이월결손금을 공제할 때 해당 과세기간에 결손금이 발생하고 이월결손금이 있는 경우에는 그 과세기간의 결손금을 먼저 소득금액에서 공제한다.

[해설] ① 해당 과세기간의 소득금액에 대해서 추계신고(비치·기록한 장부와 증명서류에 의하지 않은 신고)를 하거나 추계조사결정하는 경우에는 이월결손금 공제규정을 적용하지 않는다. 다만, 천재지변이나 그 밖의 불가항력으로 장부나 그 밖의 증명서류가 멸실되어 추계신고하거나 추계조사 결정을 하는 경우에는 그러하지 아니한다.

15 거주자 이세원씨의 각 소득별 소득금액은 다음과 같다. 과세되는 종합소득금액은 얼마인가? ③ (제64회)

- 사업소득금액(음식점업) : △10,000,000원
- 사업소득금액(무역업) : 40,000,000원
- 사업소득금액(비주거용 부동산임대) : △20,000,000원
- 근로소득금액 : 25,000,000원

① 30,000,000원 ② 35,000,000원 ③ 55,000,000원 ④ 65,000,000원

[해설] 무역업(40,000,000) - 음식점업(10,000,000) + 근로소득금액(25,000,000) = 55,000,000원
주거용이 아닌 일반 부동산임대업에서 발생한 결손금은 다른 소득금액에서 공제하지 아니하고 그 이후 과세기간으로 이월시킨다.

15 소득세법상 다음 자료에 의한 소득만 있는 거주자 김영민의 종합소득금액을 계산하면 얼마인가? (단, 이월결손금은 전기에 부동산임대업을 제외한 사업소득금액에서 이월된 금액이다.) ① (제88회)

- 부동산임대 이외의 사업소득금액 : 25,000,000원
- 근로소득금액 : 10,000,000원
- 부동산임대 사업소득금액 : 15,000,000원
- 이월결손금 : 40,000,000원

① 10,000,000원 ② 15,000,000원 ③ 20,000,000원 ④ 25,000,000원

[해설] 부동산임대 이외의 사업소득금액(25,000,000) + 근로소득금액(10,000,000) + 부동산임대 사업소득(15,000,000) − 이월결손금(40,000,000) = 10,000,000원

부동산임대업을 제외한 사업소득에서 발생한 이월결손금은 모든 종합소득에서 공제한다.

공제항목별 적용대상자

구 분	적용대상자
① 인적공제 : 기본공제 및 추가공제(경로우대자 · 장애인 · 한부모 · 부녀자공제)	종합소득자
② 연금보험료공제(국민연금보험료)	종합소득자
③ 특별소득공제 : 보험료 소득공제(건강 · 고용 · 장기요양보험료) 및 주택자금 소득공제	근로소득자
④ 그 밖의 소득공제(신용카드 등 사용금액에 대한 소득공제 · 주택마련저축 소득공제)	근로소득자
⑤ 세액공제 : 근로소득 세액공제	근로소득자
자녀 세액공제, 연금계좌 세액공제	종합소득자
⑥ 특별세액공제 : 보험료 · 의료비 · 교육비 세액공제	근로소득자
기부금 세액공제	종합소득자※
⑦ 조세특례제한법에 따른 세액공제 : 월세액 세액공제	근로소득자

※ 사업소득만 있는 자는 필요경비산입방법, 사업소득 외의 종합소득이 있는 자는 기부금 세액공제방법, 사업소득과 다른 종합소득이 있는 자는 필요경비산입방법과 기부금 세액공제방법을 모두 적용받을 수 있다.

15 인적공제대상 여부의 판정에 대한 내용으로 옳지 않은 것은? ① (제56회 수정)

① 부녀자공제와 한부모공제에 모두 해당되는 경우에는 부녀자공제를 적용한다.
② 과세기간 종료일 전에 사망한 사람에 대해서는 사망일 전날의 상황에 따른다.
③ 거주자의 부양가족 중 거주자의 직계존속이 주거 형편에 따라 별거하고 있는 경우에는 생계를 같이 하는 자로 본다.
④ 직계비속은 항상 생계를 같이하는 부양가족으로 본다.

[해설] ① 부녀자공제와 한부모공제에 모두 해당되는 경우에는 한부모공제를 적용한다.

15 다음 중 소득세법상 사업소득자(다른 종합소득이 함께 있는 자)와 근로소득자에게 모두 적용되는 공제 항목이 아닌 것은? ① (제45회 수정)

① 본인이 부담하는 본인 자동차보험의 보험료
② 본인의 명의로 납부한 교회헌금
③ 자녀 세액공제
④ 본인이 납부한 국민연금보험료

[해설] ① (보장성)보험료 세액공제는 근로소득이 있는 자만 적용된다.

14 소득세법상 근로소득자와 사업소득자(다른 종합소득이 없는 자)에게 공통으로 적용될 수 있는 공제 항목을 모두 나열한 것은? ④ (제46회 수정)

> 가. 부녀자공제 나. 자녀 세액공제 다. 보험료 세액공제
> 라. 주택자금 소득공제 마. 연금계좌 세액공제 바. 기부금 세액공제

① 가-다-마 ② 나-라-바 ③ 가-나-라-마 ④ 가-나-마

[해설] 보험료 세액공제와 주택자금 소득공제는 근로소득자만 적용한다. 사업소득만 있는 자는 기부금 세액공제 방법을 적용할 수 없고 필요경비산입방법을 적용한다.

15 소득세법상 근로소득자와 사업소득자(다른 종합소득이 없는 자)에게 공통으로 적용될 수 있는 공제항목을 나열한 것은? ④ (제65회)

> 가. 부녀자공제 나. 자녀 세액공제 다. 연금계좌 세액공제
> 라. 기부금 세액공제 마. 신용카드 소득공제

① 가, 나, 마 ② 가, 라, 마 ③ 나, 다, 마 ④ 가, 나, 다

[해설] 사업소득만 있는 자는 기부금 세액공제방법을 적용할 수 없고 필요경비산입방법을 적용한다. 신용카드 소득공제는 근로소득자만 적용한다.

15 다음 중 금융소득 종합과세대상인 배당소득만이 있는 거주자로서, 종합소득세 확정 신고시 적용받을 수 있는 세액공제는? ② (제37회)

① 기장세액공제 ② 배당세액공제
③ 재해손실세액공제 ④ 근로소득세액공제

[해설] ① 기장세액공제는 간편장부대상자가 종합소득과세표준 확정신고를 할 때 간편장부 또는 복식부기에 따라 기장하여 소득금액을 계산하고 신고한 경우에 적용한다.
② 배당세액공제는 배당소득에 대한 이중과세의 조정을 위하여 거주자의 종합소득금액에 조정대상 배당소득금액이 합산되어 있는 경우에 적용한다.
③ 재해손실세액공제는 사업자가 천재지변 그 밖의 재해로 자산총액의 20% 이상에 상당하는 자산을 상실하여 납세가 곤란하다고 인정되는 경우에 적용한다.
④ 근로소득세액공제는 근로소득이 있는 경우에 적용한다.

15 다음 중 소득세법상 특별세액공제에 대한 설명으로 가장 틀린 것은? ① (제87회 수정)

① 의료비는 총급여액의 3%를 초과하지 않는 경우에도 의료비세액공제를 적용받을 수 있다.
② 일반보장성보험료 납입액과 장애인전용보장성보험료 납입액의 공제한도는 각각 100만원이다.
③ 직계존속의 대학교등록금은 교육비세액공제 대상이 아니다.
④ 근로소득이 있는 거주자가 항목별 특별소득공제, 항목별 특별세액공제, 월세세액공제를 신청하지 않은 경우 연 13만원의 표준세액공제를 적용한다.

[해설] ① 의료비가 총급여액의 3%를 초과하지 않으면 의료비세액공제를 적용받을 수 없다.
④ 근로소득이 있는 거주자로서 항목별 세액공제, 특별소득공제 및 월세 세액공제를 신청하지 않은 경우에는 연 13만원(표준세액공제)을 종합소득산출세액에서 공제한다.

중간예납의무자

납세지 관할세무서장은 종합소득이 있는 거주자에 대하여 1월 1일부터 6월 30일까지의 기간(중간예납기간)에 대한 중간예납세액을 결정하여 징수하여야 하는데, 이것을 중간예납이라 한다. 종합소득이 있는 거주자만이 중간예납의무를 지며, 퇴직소득·양도소득에 대해서는 중간예납을 하지 않는다. 그러나 종합소득이 있는 거주자라 하더라도 중간예납의무를 지지 않는 경우가 있는데, 그 범위는 다음과 같다.

(1) 일정한 소득만 있는 자
다음의 소득만이 있는 자는 중간예납의무를 지지 않는다.
  ① 이자소득·배당소득·근로소득·연금소득 또는 기타소득
  ② 사업소득 중 다음의 사업에서 발생하는 소득
      ㉠ 속기·타자 등 한국표준산업분류상 사무지원 서비스업
      ㉡ 사회 및 개인서비스업 중 자영예술가(저술가·배우·가수 등)와 자영경기업(직업선수·코치·심판 등)
      ㉢ 보험모집인, 방문판매원(원천징수의무자가 직전 과세기간에 대한 사업소득세액의 연말정산을 한 것에 한정)
      ㉣ 조세특례제한법에 따라 소득세법이 적용되는 전환정비사업조합의 조합원이 영위하는 공동사업
      ㉤ 소득세법이 적용되는 주택법의 주택조합의 조합원이 영위하는 공동사업
  ③ 사업소득 중 수시부과하는 소득
  ④ 분리과세 주택임대소득

(2) 신규사업개시자
해당 과세기간의 개시일 현재 사업자가 아닌 자로서 그 과세기간 중 신규로 사업을 시작한 자는 중간예납의무를 지지 않는다.

15 다음 중 소득세법상 중간예납세액 및 분납에 대한 설명으로 가장 올바르지 않은 것은? ② (제52회 수정)

① 신규사업자, 보험모집인과 방문판매원, 주택조합의 조합원이 영위하는 공동사업에서 발생하는 소득만 있는 자는 중간예납의무가 없다.
② 고지서에 의하여 발급할 중간예납세액이 60만원 미만인 경우에는 징수하지 않는다.

③ 납부할 세액이 2천만원을 초과하는 때에는 그 세액의 50%이하의 금액을 납부기한이 지난 후 2개월 이내에 분납할 수 있다
④ 분납에 관한 규정은 종합소득 및 퇴직소득에 대하여도 적용된다.

[해설] ② 중간예납세액이 50만원 미만인 경우에는 징수하지 아니한다.
③ 중간예납세액이 1천만원을 초과하는 경우에는 정기분 납부와 같은 방법으로 다음 연도 1월 31일까지 분할납부할 수 있다. 즉, 중간예납세액이 1천만원 초과 2천만원 이하인 경우에는 1천만원을 초과하는 금액을, 중간예납세액이 2천만원을 초과하는 경우에는 해당 세액의 50% 이하의 금액을 납부기한(11월 30일)이 지난 후 2개월 이내(다음 연도 1월 31일)에 분할납부 할 수 있다.
④ 분납에 관한 규정은 종합소득세액 또는 퇴직소득세액을 확정신고하는 경우에 적용한다.

15 다음 중 소득세법상 중간예납에 대한 설명으로 옳지 않은 것은? ④ (제80회)

① 과세기간 중 신규로 사업을 시작한 자는 중간예납 대상자가 아니다.
② 중간예납에 대한 고지를 받은 자는 11월 30일까지 고지된 세액을 납부하여야 한다.
③ 중간예납은 관할 세무서장의 고지에 따라 납부하는 것이 원칙이다.
④ 중간예납추계액이 중간예납기준액의 50%에 미달하는 경우 중간예납추계액을 중간예납세액으로 한다.

[해설] ④ 중간예납을 해야 할 거주자의 중간예납추계액(가결산 방법으로 계산한 금액)이 중간예납기준액(직전 과세기간의 실적을 기준으로 계산한 금액)의 30%에 미달하는 경우에는 11월 1일부터 11월 30일까지의 기간에 중간예납추계액을 중간예납세액으로 하여 납세지 관할세무서장에게 신고(임의규정)하고 그 중간예납세액을 11월 30일까지 납부해야 한다.

소득별 원천징수 세율

원천징수대상	원 천 징 수 세 율
(1) 이자소득	① 일반적인 이자소득 : 14% ② 비영업대금의 이익 : 25% ③ 2017.12.31. 이전 발행된 장기채권의 이자로서 분리과세 신청한 것 : 30% ④ 비실명 이자소득 : 45%(또는 90%)(주1) ⑤ 직장공제회 초과반환금 : 기본세율
(2) 배당소득	① 일반적인 배당소득 : 14% ② 출자공동사업자의 배당소득 : 25% ③ 비실명 배당소득 : 45%(또는 90%)(주1)
(3) 특정사업소득(주2)	지급금액의 3%
(4) 근로소득	근로소득 간이세액표 적용 (단, 일용근로자는 6%)
(5) 연금소득	① 공적연금 : 연금소득 간이세액표 적용 ② 사적연금 : 소득유형 또는 연금수령일 현재 소득자의 나이 등에 따라 차등적용
(6) 기타소득	기타소득금액의 20%(복권당첨소득 등이 3억원을 초과하는 경우 그 초과분은 30%, 연금계좌에서 연금외수령한 기타소득은 15%)

(7) 봉사료	지급금액의 5%
(8) 퇴직소득	기본세율

(주1) 금융실명거래 및 비밀보장에 관한 법률에서 정하고 있는 비실명금융소득에 대하여는 90%
(주2) 부가가치 면세대상인 의료보건용역과 저술가·작곡가 등 일정한 자가 직업상 제공하는 인적용역을 말한다.

14 다음 중 소득세법상 원천징수 대상소득이 아닌 것은? ② (제43회)

① 연금소득
② 부동산임대용역
③ 면세인적용역
④ 퇴직소득

[해설] ② 부동산임대용역은 원천징수대상 소득이 아니다.

15 다음 소득 중 원천징수 세율이 가장 높은 것부터 순서대로 나열한 것은? ③ (제46회)

> 가. 분리과세를 신청한 장기채권의 이자와 할인액   나. 비실명 이자소득
> 다. 봉사료 수입금액   라. 3억원 이하의 복권 당첨소득

① 가-나-라-다 ② 가-다-라-나 ③ 나-가-라-다 ④ 나-라-가-다

[해설] 분리과세 신청한 장기채권이자(30%), 비실명 이자소득(45%), 봉사료 수입금액(5%), 복권 당첨소득(20%, 3억원 초과분은 30%)

15 다음 중 소득세법상 원천징수대상 소득인 것은? ④ (제47회)

① 뇌물
② 알선수재 및 배임수재에 의하여 받는 금품
③ 부동산임대업자가 임차인(간이과세자)으로부터 받는 임대료
④ 일용근로자의 일급여

[해설] ④ 일용근로자의 일급여는 원천징수대상 소득이다.

15 다음의 소득세법상 원천징수세율 중 옳은 것은? ④ (제54회)

① 일용근로자의 근로소득 : 8%
② 모든 원천징수대상 사업소득 : 3%
③ 주택복권의 당첨소득 중 2억 초과분 : 30%
④ 이자소득 중 비영업대금의 이익(사채이자) : 25%

[해설] ① 일용근로자의 근로소득(6%), ② 사업소득 중 대통령령으로 정하는 봉사료(5%), ③ 복권 당첨소득(20%, 3억원 초과분은 30%), ④ 비영업대금의 이익(25%)

15 다음 중 소득세법상 소득에 대해 적용되는 원천징수세율이 가장 낮은 것부터 순서대로 나열한 것은? ③ (제59회)

> 가. 비영업대금의 이익
> 나. 3억원 이하의 복권당첨소득
> 다. 분리과세를 신청한 장기채권의 이자와 할인액
> 라. 일당 20만원의 일용근로소득

① 가-나-다-라   ② 나-다-라-가   ③ 라-나-가-다   ④ 나-가-다-라

[해설] 비영업대금의 이익(25%), 3억원 이하의 복권당첨소득(20%), 분리과세를 신청한 장기채권의 이자와 할인액(30%), 일용근로소득(6%)

14 다음 중 소득세법상 원천징수대상 소득인 것은? ③ (제63회 수정)

① 알선수재 및 배임수재에 의하여 지급받는 300만원 상당의 금품
② 부동산임대업자가 임차인(간이과세자)으로부터 받는 월 200만원의 임대료
③ 일용근로자가 지급받는 20만원 상당의 일급여
④ 3억원 상당의 뇌물

[해설] ③ 일용근로자의 일급여는 원천징수대상 소득이다.

15 다음 중 소득세법상 원천징수대상 소득이 아닌 것은? ④ (제76회)

① 프리랜서 저술가 등이 제공하는 500,000원의 인적용역소득
② 일용근로자가 지급받은 200,000원의 일급여
③ 은행으로부터 지급받은 1,000,000원의 보통예금 이자소득
④ 공무원이 사업자로부터 받은 10,000,000원의 뇌물로서 국세청에 적발된 경우의 기타소득

[해설] ④ 기타소득 중 뇌물 또는 알선수재 및 배임수재에 의하여 받는 금품은 원천징수소득에서 제외한다.

15 다음 소득 중 원천징수 세액(지방소득세액을 제외함)이 가장 낮은 것부터 순서대로 나열한 것은? ④ (제79회)

> 가. 비영업대금의 이익 : 1,000,000원
> 나. 상장법인의 대주주로서 받은 배당 : 2,500,000원
> 다. 원천징수대상 사업소득에 해당하는 봉사료 수입금액 : 6,000,000원
> 라. 복권 당첨소득 : 1,000,000원

① 가-라-나-다   ② 나-가-라-다   ③ 다-라-가-나   ④ 라-가-다-나

[해설] 가. 비영업대금의 이익 : 1,000,000원 × 25% = 250,000원
나. 상장법인의 대주주로서 받은 배당소득 : 2,500,000원 × 14% = 350,000원
다. 사업소득에 해당하는 봉사료 수입금액 : 6,000,000원 × 5% = 300,000원
라. 복권 당첨소득 : 1,000,000원 × 20% = 200,000원

14 소득세법상 원천징수대상소득과 원천징수세율이 잘못 짝지어진 것은? ① (제80회)

① 비영업대금의 이익 : 14%
② 일용근로자 : 6%
③ 복권당첨소득 중 3억 초과분 : 30%
④ 퇴직소득 : 기본세율

[해설] ① 비영업대금의 이익 : 25%

15 다음 중 소득세법상 원천징수에 대한 설명으로 틀린 것은? ② (제86회)

① 원천징수의무자는 원칙적으로는 원천징수대상 소득을 지급하는 자이다.
② 모든 이자소득의 원천징수세율은 14%이다.
③ 신고기한 내에 원천징수이행상황신고를 못했더라도 신고불성실가산세는 없다.
④ 원천징수세액은 원천징수의무자가 납부한다.

[해설] ② 비영업대금이익의 원천징수세율은 25%이다.
③ 원천징수이행상황신고는 신고불성실 가산세가 없다. 다만, 원천징수세액이 있을 때에는 납부불성실 가산세는 있다.

15 다음 중 소득세법상 원천징수대상소득이 아닌 것은? ④ (제93회)

① 기타소득
② 퇴직소득
③ 근로소득
④ 양도소득

[해설] ④ 양도소득은 원천징수대상 소득이 아니다.

일용근로자에 대한 과세방법

일용근로자의 급여액은 종합소득과세표준에 합산하지 않고 원천징수로서 과세를 종결한다(완납적 원천징수). 원천징수할 세액은 다음과 같이 계산한다.
{일급여액 − 근로소득공제(일 150,000원)} × 세율(6%) = 산출세액
산출세액 − 근로소득세액공제(산출세액의 55%) = 원천징수할 세액

예 일용근로자 홍길동에게 일당 200,000원을 지급한 경우 원천징수할 세액은 1,350원이다.
계산식 : (200,000 − 150,000) × 6% = 3,000원, 3,000 − (3,000 × 55%) = 1,350원

---

15 소득세법상 일용근로자에 대한 설명이다. 틀린 것은? ② (제60회 수정)

① 일용근로자의 근로소득이 일당 15만원 이하인 경우에는 부담할 소득세는 없다.
② 일용근로자의 산출세액은 근로소득금액에 기본세율이 적용된다.
③ 일용근로자의 근로소득세액공제는 산출세액의 55%를 공제한다.
④ 일용근로자의 근로소득은 항상 분리과세 한다.

[해설] 일용근로자는 6% 단일세율을 적용한다.

과세표준확정신고의 예외

해당 과세기간의 종합소득금액 또는 퇴직소득금액이 있는 거주자는 그 과세표준을 그 과세기간의 다음연도 5월 1일부터 5월 31일까지 납세지 관할세무서장에게 신고하여야 한다. 다만, 다음 중 어느 하나에 해당하는 거주자는 과세표준확정신고를 하지 아니할 수 있다.

(1) 수시부과 후 추가 발생소득이 없는 자
수시부과 사유(사업부진 그 밖의 사유로 장기간 휴업 또는 폐업상태로 있는 때로서 소득세를 포탈할 우려가 있다고 인정되는 경우 등)가 있어 수시부과 후 추가로 발생한 소득이 없을 경우에는 과세표준확정신고를 하지 아니할 수 있다.

(2) 근로소득 등 만이 있는 거주자

과세표준확정신고 예외	비 고
① 근로소득만 있는 자 ② 공적연금소득만 있는 자 ③ 연말정산되는 사업소득(보험모집인 및 방문판매업자)만 있는 자 ④ 원천징수되는 기타소득으로서 종교인소득만 있는 자 ⑤ 퇴직소득만 있는 자	①·②·③ 및 ④의 소득 중 두가지 이상의 소득이 있는 자는 과세표준확정신고를 해야 한다(누진세부담을 져야하기 때문에).
⑥ 근로소득 및 퇴직소득만 있는 자 ⑦ 공적연금소득 및 퇴직소득만 있는 자 ⑧ 연말정산되는 사업소득 및 퇴직소득만 있는 자 ⑨ 원천징수되는 기타소득으로서 종교인소득 및 퇴직소득만 있는 자	퇴직소득은 분류과세 되므로 ①·②·③ 및 ④의 소득과 조합가능
⑩ 분리과세이자소득·분리과세배당소득·분리과세연금소득 및 분리과세기타소득만 있는 자	원천징수함으로써 과세를 종결
⑪ ①~⑨에 해당하는 사람으로서 ⑩의 소득이 있는 자	

14 다음 중 소득세법상 과세표준 확정신고를 반드시 해야만 하는 경우는?   ③ (제40회)

① 기타소득금액이 2,000,000원 있는 경우
② 퇴직소득이 50,000,000원 발생한 경우
③ 한 과세기간에 근로소득이 두 군데 사업장에서 발생했는데 연말정산시 합산해서 신고하지 않은 경우
④ 분리과세되는 이자소득만 있는 경우

[해설] ① 기타소득금액이 300만원 이하인 경우에는 분리과세를 선택할 수 있으며, 분리과세 기타소득만 있는 경우에는 과세표준 확정신고를 하지 않아도 된다.
② 퇴직소득만 있는 자는 과세표준 확정신고를 하지 않아도 된다.
③ 이중 근로소득이 있는데 연말정산시 합산신고하지 않은 경우에는 종합소득세 확정신고를 하여야 한다.
④ 분리과세 이자소득만 있는 자는 과세표준 확정신고를 하지 않아도 된다.

15 다음의 거주자 중 종합소득세 확정신고를 하지 않아도 되는 거주자는 누구인가? (단, 제시된 소득 이외의 다른 소득은 없다.) ① (제49회)

① 복권에 당첨되어 세금을 공제하고 10억원을 수령한 이재민씨
② 과세기간 중 다니던 회사를 퇴사하고 음식점을 개업하여 소득이 발생한 오유미씨
③ 소유 중인 상가에서 임대소득이 발생한 서영춘씨
④ 개인사업을 영위하여 사업소득이 발생한 송태승씨

[해설] ① 복권 당첨금은 무조건 분리과세 하는 기타소득이다.

15 다음 중 소득세법상 반드시 종합소득 과세표준 확정신고를 하여야 하는 자는 누구인가? ② (제55회)

① 연봉 4,500만원인 근로소득만 있는 자
② 고용관계 없이 기업체에서 일시적으로 강연을 하고 강연료로 받은 1,600만원만 있는 자
③ 국내 금융기관의 정기예금에서 발생한 이자소득 1,800만원만 있는 자
④ 총수입금액 7,000만원인 보험모집인

[해설] ② 기타소득(일시적인 강연료) 1,600만원 − 필요경비 60% = 기타소득금액은 640만원. 기타소득금액이 300만원을 초과하는 경우에는 분리과세를 선택할 수 없으므로 과세표준 확정신고를 해야 한다.
①근로소득만 있는자, ③분리과세 이자소득만 있는자, ④연말정산 되는 사업소득(보험모집인 및 방문판매업자)만 있는 자는 과세표준 확정신고를 하지 않아도 된다.

12 다음 중 소득세법상 다음연도 5월 31일까지 반드시 종합소득 과세표준 확정신고를 해야 하는 자는 누구인가? ③ (제78회)

① 근로소득금액 7,000만원과 복권당첨소득 1억원이 있는 자
② 퇴직소득금액 5,000만원과 양도소득금액 8,000만원이 있는 자
③ 국내 정기예금 이자소득금액 2,400만원과 일시적인 강연료 기타소득금액 330만원이 있는 자
④ 일용근로소득 1,500만원과 공적연금소득 1,000만원이 있는 자

[해설] ① 근로소득 및 분리과세기타소득만 있는 자는 과세표준 확정신고를 하지 않아도 된다.
② 퇴직소득과 양도소득은 종합과세하지 않고, 분류과세 한다.
③ 국내 정기예금 이자소득은 2천만원 초과인 경우 종합과세하고, 일시적인 강연료 기타소득금액은 300만원 초과인 경우 종합과세 한다.
④ 일용근로소득은 무조건 분리과세하고, 공적연금소득은 다음해 1월분 연금소득을 지급하는 때에 연말정산 한다.

13 다음 중 소득세법상 과세표준 확정신고를 하여야 하는 경우는? ④ (제82회)

① 퇴직소득만 있는 경우
② 근로소득과 퇴직소득이 있는 경우

③ 근로소득과 보통예금이자 150만원(14% 원천징수세율 적용대상)이 있는 경우
④ 근로소득과 사업소득이 있는 경우

[해설] ④ 근로소득과 사업소득이 있는 경우에는 과세표준 확정신고를 해야 한다.

소액부징수(소득세법 제86조)

다음 각 호의 어느 하나에 해당하는 경우에는 해당 소득세를 징수하지 아니한다.
① 원천징수세액(이자소득에 대한 원천징수세액은 제외)이 1천원 미만인 경우
② 납세조합의 징수세액이 1천원 미만인 경우
③ 중간예납세액이 50만원 미만인 경우

14 다음 중 당해 소득세를 징수하는 것은? ③ (제45회 수정)

① 납세조합의 징수세액이 1천원 미만인 경우
② 근로소득에 따른 원천징수세액이 1천원 미만인 경우
③ 이자소득에 따른 원천징수세액이 1천원 미만인 경우
④ 중간예납세액이 50만원 미만인 경우

[해설] ③ 이자소득에 대한 원천징수세액은 소액부징수 규정이 적용되지 않는다.

14 다음 중 소득세법상 신고 및 납부에 대한 설명으로 가장 옳지 않은 것은? ③ (제77회)

① 소득세법상 중간예납은 원칙적으로 직전 과세기간의 실적을 기준으로 관할 세무서장이 납세고지서를 발급하여 징수한다.
② 소득세법상 분할납부는 납부할 세액이 1천만원을 초과하는 경우 중간예납과 확정신고시 모두 적용된다.
③ 모든 사업자는 과세표준확정신고시 재무상태표, 손익계산서와 그 부속서류, 합계잔액시산표 및 조정계산서를 첨부하지 아니하면 무신고로 본다.
④ 원천징수세액(이자소득 제외)이 1천원 미만인 경우와 중간예납시 중간예납세액이 50만원 미만인 경우에는 해당 소득세를 징수하지 아니한다.

[해설] ③ 소득세법상 사업자는 사업소득이 있는 거주자로서 업종·규모 등을 기준으로 간편장부대상자와 복식부기의무자로 구분하며, 사업자 중에 복식부기의무자가 과세표준확정신고시 재무상태표, 손익계산서와 그 부속서류, 합계잔액시산표 및 조정계산서를 첨부하지 아니하면 무신고로 본다. 따라서 간편장부대상자의 경우에는 간편장부소득금액 계산서를 제출하면 된다.

- 이하의 문제는 소득세법 전반에 걸쳐 출제된 형태 -

14 다음 중 소득세법상 소득의 구분으로 옳은 것은? ③ (제36회 수정)

① 장소를 일시적으로 대여하고 사용료로서 받는 금품 : 사업소득
② 일시적인 금전대여로 인한 비영업대금의 이익 : 기타소득
③ 공동사업 중 출자공동사업자(경영에 참여하지 않고 출자만 하는 자)로써 얻는 이익 : 배당소득
④ 복식부기의무자가 사업용 유형고정자산을 양도함으로써 발생하는 소득 : 기타소득

[해설] ① 장소를 일시적으로 대여하고 사용료로서 받는 금품 : 기타소득
② 일시적인 금전대여로 인한 비영업대금의 이익 : 이자소득
④ 복식부기의무자가 사업용 유형고정자산을 양도함으로써 발생하는 소득 : 사업소득

14 다음 중 소득세법상 소득의 구분이 잘못된 것은? ④ (제53회 수정)

① 법인세법상 상여로 소득처분된 금액 : 근로소득
② 비영업대금의 이익 : 이자소득
③ 공익사업과 관련하여 지역권을 설정하고 받는 금품 : 기타소득
④ 복식부기의무자가 사업용 유형고정자산을 양도함으로써 발생하는 소득 : 기타소득

[해설] 복식부기의무자가 사업용 유형고정자산을 양도함으로써 발생하는 소득 : 사업소득

14 다음 중 소득세법상 소득의 분류에 대한 설명으로서 잘못된 것은? ② (제56회)

① 사업용고정자산을 제외하고 양도하는 영업권은 기타소득에 해당한다.
② 퇴직함으로써 받는 소득으로서 퇴직소득에 속하지 아니하는 퇴직위로금은 기타소득이다.
③ 근로자퇴직급여보장법에 따라 받는 연금은 연금소득이다.
④ 법인의 주주총회·사원총회 또는 이에 준하는 의결기관의 결의에 따라 상여로 받는 소득은 근로소득이다.

[해설] ① 영업권을 사업용고정자산과 함께 양도하는 경우에는 양도소득으로 보며, 그 외의 영업권을 양도·대여하는 것은 기타소득으로 본다.
② 퇴직함으로써 받는 소득으로서 퇴직소득에 속하지 아니하는 퇴직위로금은 근로소득이다.
③ 근로자퇴직급여보장법에 따라 지급받는 퇴직연금은 사적연금소득에 해당한다.

15 다음 중 소득세법상 소득의 구분이 다른 하나는? ② (제62회 수정)

① 영업권의 대여
② 공장재단의 대여
③ 점포임차권의 양도
④ 공익사업과 관련하여 지상권의 대여

[해설] 영업권의 대여, 점포임차권의 양도, 공익사업과 관련하여 지상권의 대여는 기타소득에 해당하며, 공장재단의 대여는 사업소득(부동산임대업)에 해당한다.

13 다음 중 소득세법상의 소득구분으로 틀린 것은? ③ (제79회)

① 공익사업관련 지역권 이외의 지역권을 설정하고 받는 금품 또는 소득 - 사업소득
② 일용근로자가 근로를 제공하고 받는 대가 - 근로소득
③ 주식출자임원(소액주주인 임원제외)이 사택을 제공받음으로써 얻는 이익 - 배당소득
④ 계약위반·해약등으로 인한 손해배상금 - 기타소득

[해설] 출자임원이 주택을 제공받음으로써 얻는 이익은 근로소득에 해당한다. 지역권·지상권의 설정·대여 소득은 사업소득으로 과세

12 다음 중 소득세법상 소득의 구분이 다른 하나는 무엇인가? ④ (제85회)

① 공장재단의 대여 ② 사무실용 오피스텔의 임대
③ 상가의 임대 ④ 산업재산권의 대여

[해설] 산업재산권의 대여, 점포임차권의 양도, 영업권의 대여 등은 기타소득에 해당한다. 공장재단의 대여, 상가의 임대, 사무실용 오피스텔의 임대는 부동산임대의 사업소득에 해당한다.

14 다음 중 소득세가 과세되지 않는 경우는? ③ (제44회 수정)

① 학원사업으로 인하여 발생되는 순수익 1억원
② 회사에 근로를 제공한 대가로 받는 급여 1억원
③ 전통주를 농어촌지역에서 제조함으로써 발생한 연 1,200만원의 소득
④ 복권 당첨으로 받는 5,000만원

[해설] 대통령령이 정하는 전통주를 농어촌지역에서 제조함으로써 발생하는 소득으로서 소득금액의 합계액이 연 1,200만원 이하의 소득은 비과세 사업소득이다. ①은 사업소득, ②는 근로소득, ④는 기타소득으로 과세한다.

14 다음 중 소득세법상 과세대상이 아닌 경우는? ① (제51회 수정)

① 농가부업규모의 축산에서 발생하는 소득
② 회사에 근로를 제공한 대가로 받는 급여 1억원
③ 학원사업으로 인하여 발생되는 순수익 1억원
④ 복권 당첨으로 받는 1억원

[해설] ①은 비과세 사업소득이다. ②는 근로소득, ③은 사업소득, ④는 기타소득으로 과세한다.

15 다음 중 소득세가 과세되지 않는 경우는? ② (제61회 수정)

① 뇌물, 알선수재 및 배임수재에 의하여 받는 금품
② 논·밭을 작물 생산에 이용하게 함으로써 발생하는 소득
③ 부가가치세 면세사업인 학원 사업으로 인하여 발생되는 소득
④ 계약의 위약 또는 해약으로 인하여 받는 위약금과 배상금

[해설] ②는 비과세 사업소득이다. ①과 ④는 기타소득으로 ③은 사업소득으로 과세한다.

13 다음 중 소득세법상 소득세가 과세되는 것은? ③ (제85회)

① 논·밭을 작물 생산에 이용하게 함으로써 발생하는 소득
② 고용보험법에 따라 받는 육아휴직급여
③ 연 1천만원의 금융소득(국내에서 받는 보통예금이자)
④ 고용보험법에 따라 받는 실업급여

[해설] 금융소득이 2천만원이하인 경우에는 분리과세 된다.

15 다음 중 소득세법상 종합소득금액과 관련한 설명 중 가장 옳은 것은? ④ (제39회)

① 종합소득금액은 이자소득, 배당소득, 사업소득, 근로소득, 퇴직소득, 기타소득, 연금소득을 모두 합산한 것을 말한다.
② 원천징수된 소득은 종합소득금액에 포함될 수 없다.
③ 부가가치세법상 영세율적용대상에서 발생하는 소득은 소득세법상 소득금액에서 제외한다.
④ 당해연도 사업소득에서 발생한 결손금은 당해연도 다른 종합소득금액에서 공제한다.

[해설] ① 종합소득은 이자소득, 배당소득, 사업소득, 근로소득, 연금소득, 기타소득을 모두 합산한 것을 말한다.
② 예납적 원천징수된 소득은 종합소득금액에 포함된다.
③ 영세율 적용대상에서 발생하는 소득도 소득세법상 소득금액에 포함된다.

15 소득세법상 사업소득과 관련된 다음 설명 중 적절하지 않은 것은? ④ (제41회 수정)

① 복식부기의무자가 사업용 유형고정자산을 양도함으로써 발생하는 소득은 사업소득에 해당한다.
② 사업소득에 대해서도 원천징수하는 경우가 있다.
③ 사업소득의 이월결손금은 당해 연도의 다른 종합소득에서 공제될 수 있다.
④ 사업소득에서 발생한 은행예금에 대한 이자수익은 영업외수익으로 총수입금액에 산입된다.

[해설] ② 특정사업소득(부가가치 면세대상인 의료보건용역과 저술가·작곡가 등 일정한 자가 직업상 제공하는 인적용역)은 원천징수 한다.
③ 사업소득의 이월결손금은 당해연도의 다른 종합소득금액에서 공제한다.
④ 은행예금에 대한 이자는 이자소득으로 과세된다.

15 다음 중 소득세법상 설명으로 틀린 것은? ④ (제44회)

① 사업자가 사업용고정자산 없이 영업권만을 양도함으로써 받는 금품은 기타소득으로 과세한다.
② 뇌물을 받은 경우에도 기타소득으로 과세한다.
③ 소득세법상 기타소득의 경우에도 부당행위계산부인 규정이 적용된다.
④ 근로소득은 갑종근로소득과 을종근로소득으로 분류한다.

[해설] ① 영업권을 사업용고정자산과 함께 양도하는 경우에는 양도소득으로 보며, 그 외의 영업권을 양도·대

여하는 것은 기타소득으로 본다.

③ 부당행위계산의 부인 : 납세지 관할세무서장 또는 지방국세청장은 배당소득(출자공동사업자의 배당소득만 해당함), 사업소득 또는 기타소득이 있는 거주자의 행위 또는 계산이 그 거주자와 특수관계에 있는 자와의 거래로 인하여 그 소득에 대한 조세 부담을 부당하게 감소시킨 것으로 인정되는 경우에는 그 거주자의 행위 계산과 관계없이 해당 과세기간의 소득금액을 계산할 수 있다. 이것을 부당행위계산의 부인이라고 한다.

④ 근로소득은 국내에서 지급되는 국내 근로소득과 국외에서 지급되는 국외근로소득으로 구분한다. 갑종과 을종으로 분류하는 것은 폐지되었다.

15 다음 중 소득세법상 종합과세대상이 아닌 소득은? ② (제66회 수정)

① 국외에서 받은 이자소득(원천징수대상이 아님)이 1,200만원 있는 경우
② 로또에 당첨되어 받은 3억원의 복권당첨금
③ 복식부기의무자가 업무용 차량을 매각하고 200만원의 매각차익이 발생한 경우
④ 회사에 근로를 제공한 대가로 받은 급여 2,000만원

[해설] 복권당첨소득은 무조건 분리과세 한다.

14 소득금액 계산시 실제 지출된 필요경비를 인정받을 수 있는 소득은? ④ (제49회)

① 이자소득 ② 배당소득
③ 근로소득 ④ 기타소득

[해설] 이자소득과 배당소득은 소득금액 계산시 필요경비를 인정하지 않는다. 근로소득의 필요경비는 실제 지출된 금액이 아닌 근로소득공제이다.

14 다음 중 소득세법상 각종의 소득금액을 계산하는 경우에 필요경비로 인정받을 수 있는 경우는? ④ (제61회)

① 이자소득금액을 계산하는 경우에 발생한 차입금에 대한 지급이자
② 연금소득금액을 계산하는 경우에 발생한 은행에 지급한 수수료
③ 근로소득금액을 계산하는 경우에 발생한 업무상 출장비용
④ 사업소득금액을 계산하는 경우에 발생한 사업자 본인의 건강보험료

[해설] ① 이자소득은 소득금액 계산시 필요경비를 공제하지 않는다.
② 연금소득과 ③ 근로소득은 필요경비의 성격으로 연금소득공제 및 근로소득공제를 적용한다.
④ 국민건강보험법 및 노인장기요양보험법에 따른 직장가입자로서 부담하는 사용자 본인의 보험료, 지역가입자로서 부담하는 보험료는 사업소득금액을 계산하는 경우에 필요경비가 인정된다.

15 다음 중 소득세법상 총수입금액과 소득금액이 동일한 것은? ④ (제68회)

① 사업소득 ② 기타소득
③ 근로소득 ④ 이자소득

[해설] 소득세법상 총수입금액과 소득금액이 동일한 것은 필요경비를 인정하지 않는 이자소득이다.

12 소득세법상의 소득으로서 총수입금액과 소득금액이 같은 것은?   ① (제81회)

① 이자소득 ② 연금소득
③ 근로소득 ④ 사업소득

[해설] ① 이자소득은 필요경비를 인정하지 않기 때문에 이자소득 총수입금액은 이자소득금액과 같다.

15 소득세법과 관련한 다음 설명 중 잘못된 것은?   ② (제50회)

① 중간예납세액이 150,000원에 불과하다면 징수되지 아니한다.
② 근로소득과 퇴직소득이 있는 자는 종합소득세 확정신고 의무 대상자이다.
③ 부당한 방법으로 과세표준 또는 세액신고를 위반하는 경우 가산세가 중과된다.
④ 거주자는 국내원천소득과 국외원천소득 모두에 대하여 소득세 납세의무가 있다.

[해설] ① 중간예납세액이 50만원 미만인 경우에는 징수하지 아니한다.
② 근로소득과 퇴직소득만 있는 자는 과세표준확정신고를 하지 않아도 된다.

14 다음 중 소득세법에 대한 설명 중 올바른 것은?   ④ (제62회)

① 거주자의 종합소득에 대한 소득세는 해당 연도의 종합소득과세표준에 6~35%의 세율을 적용하여 계산한 금액을 그 세액으로 한다.
② 기타소득금액의 연간합계액이 400만원 이하인 경우에는 종합과세와 분리과세를 선택할 수 있다.
③ 소득세법은 종합과세제도이므로 퇴직소득과 양도소득을 제외한 거주자의 그 밖의 모든 소득을 합산하여 과세한다.
④ 사업소득이 있는 자가 11월 30일에 폐업을 하여 그 이후 다른 소득이 없는 경우에도 소득세의 과세기간은 1월 1일부터 12월 31일까지로 한다.

[해설] ① 소득세는 해당 연도의 종합소득과세표준에 6% ~ 45%의 세율을 적용한다.
② 기타소득금액의 연간합계액이 300만원 이하인 경우에 종합과세와 분리과세를 선택할 수 있다.
③ 종합소득 중 분리과세 되는 소득은 원천징수로 과세를 종결하므로, 모든 소득을 합산하여 과세하지는 않는다.

14 종합소득공제 중 기본공제에 대한 설명으로 가장 옳지 않은 것은?   ① (제91회)

① 종합소득이 있는 거주자(자연인만 해당)에 대해서는 기본공제대상자 1명당 연 100만원을 곱하여 계산한 금액을 그 거주자의 해당 과세기간의 종합소득금액에서 공제한다.
② 거주자의 배우자로서 해당 과세기간의 소득금액 합계액이 100만원 이하인 사람은 기본공제대상자에 해당한다.
③ 거주자의 배우자로서 해당 과세기간에 총급여액 500만원 이하의 근로소득만 있는 배우자는 기본공제대상자에 해당한다.
④ 거주자의 형제자매(장애인 아님)가 기본공제대상자에 해당하기 위해서는 형제자매의 나이가 20세 이하이거나 60세 이상이어야 한다.

해설 ① 기본공제대상자 1명당 연 150만원이다.

11 다음 중 소득세법상 일반적인 지급명세서 제출시기가 다른 소득은? ② (제78회)

① 근로소득(일용근로소득 제외)   ② 이자소득
③ 원천징수 대상 사업소득   ④ 퇴직소득

해설 이자소득은 다음연도 2월 말일이며, 나머지 소득은 다음연도 3월 10일이다. 일용근로자의 근로소득의 경우에는 그 지급일이 속하는 달의 다음달 말일까지 지급명세서를 제출해야 한다.

보론 2

전자신고

↘ 부가가치세 전자신고방법

↘ 원천징수신고 전자신고방법

1. 부가가치세 전자신고방법 : [2006] (주)전자신고

(1) 전자신고 파일생성

[부가가치]>[신고서/부속명세]>[부가가치세]>[부가가치세신고서]의 『일반과세』 탭에서 조회기간(4월 1일 ~ 6월 30일)을 입력한다.

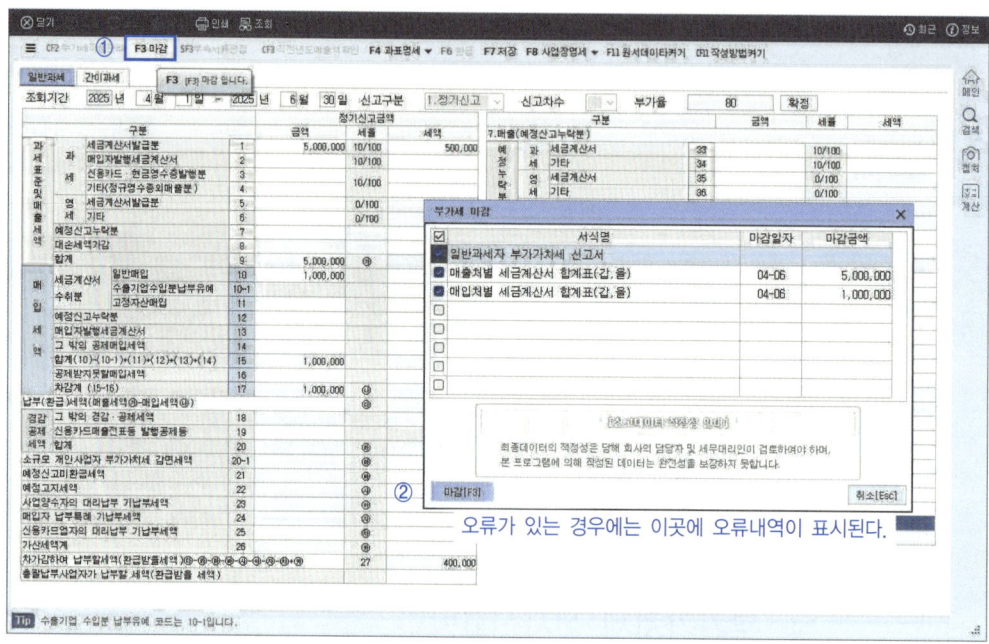

① [부가가치세신고서]를 작성하고 상단 툴바의 F3 마감 버튼을 클릭한다.
② 「부가세 마감」 보조창에서 마감[F3] 을 클릭한다. 오류가 있는 경우에는 「부가세 마감」 보조창에 오류내역이 표시된다.

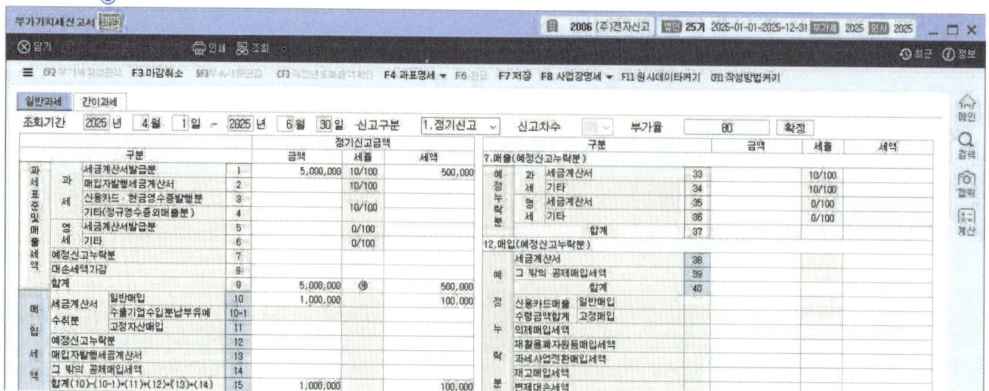

③ 오류가 없는 경우에는 「부가세 마감」 보조창이 닫히며 [부가가치세신고서] 상단에 ● 마감 표시가 나타난다.

[신고서/부속명세] > [전자신고] > [전자신고]를 클릭한다.

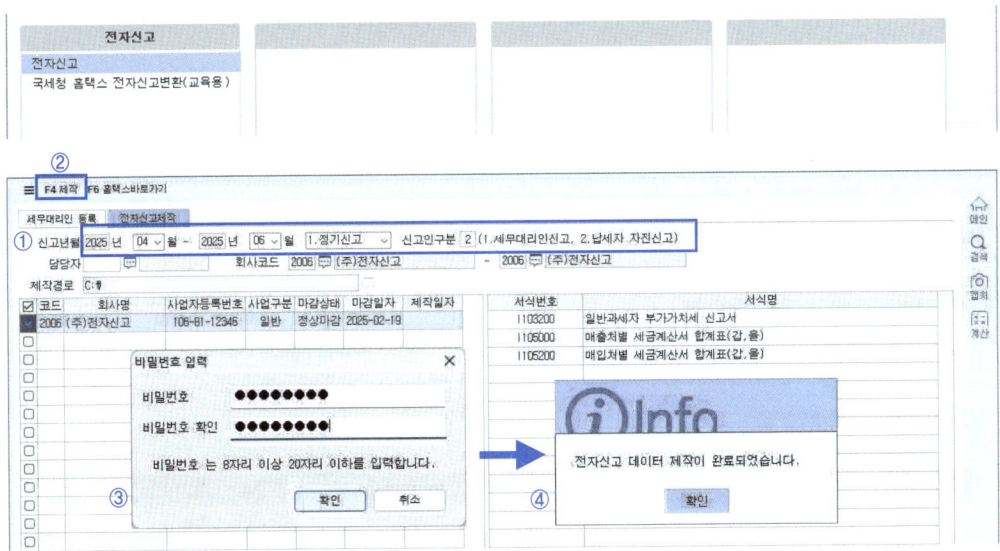

① 『전자신고제작』 탭에서 신고년월(4월 ~ 6월) / 1.정기신고 / 신고인구분(2.납세자 자진신고)을 입력한다. [마감일자]란은 작업일 현재의 날짜가 자동으로 표시된다.
② 상단 툴바의 F4제작 버튼을 클릭한다.
③ 「비밀번호 입력」 보조창에서 비밀번호(12345678) / 비밀번호 확인(12345678)을 입력하고 확인 을 클릭한다.
④ "전자신고 데이터 제작이 완료되었습니다." 대화창에서 확인 을 클릭한다.

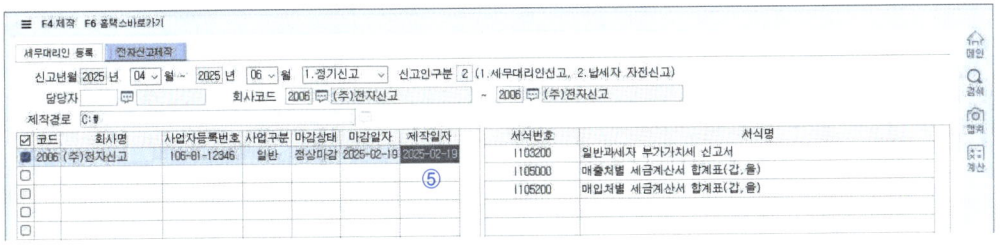

⑤ 전자신고파일 제작일자가 [제작일자]란에 표시된다.

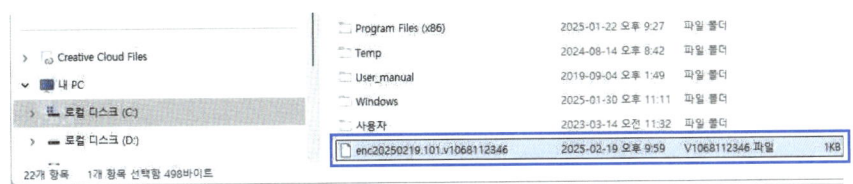

⑥ 제작된 파일은 C드라이브에 파일명(enc20250219.101.v1068112346)으로 생성된다.

단마디 … 파일명은 제작일자(2025년 2월 19일)에 따라 달라질 수 있다.

(2) 홈택스 전자신고

[신고서/부속명세]>[전자신고]>[국세청 홈택스 전자신고변환(교육용)]을 클릭한다.

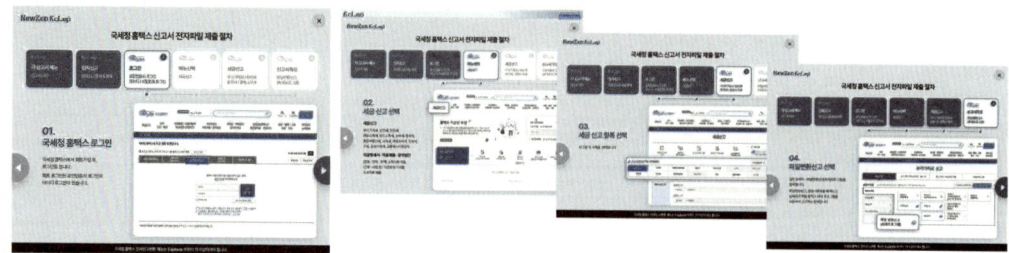

- 국세청홈택스신고서 전자파일 제출절차 화면의 상단에 ⊗를 클릭한다.

01. 전자파일변환

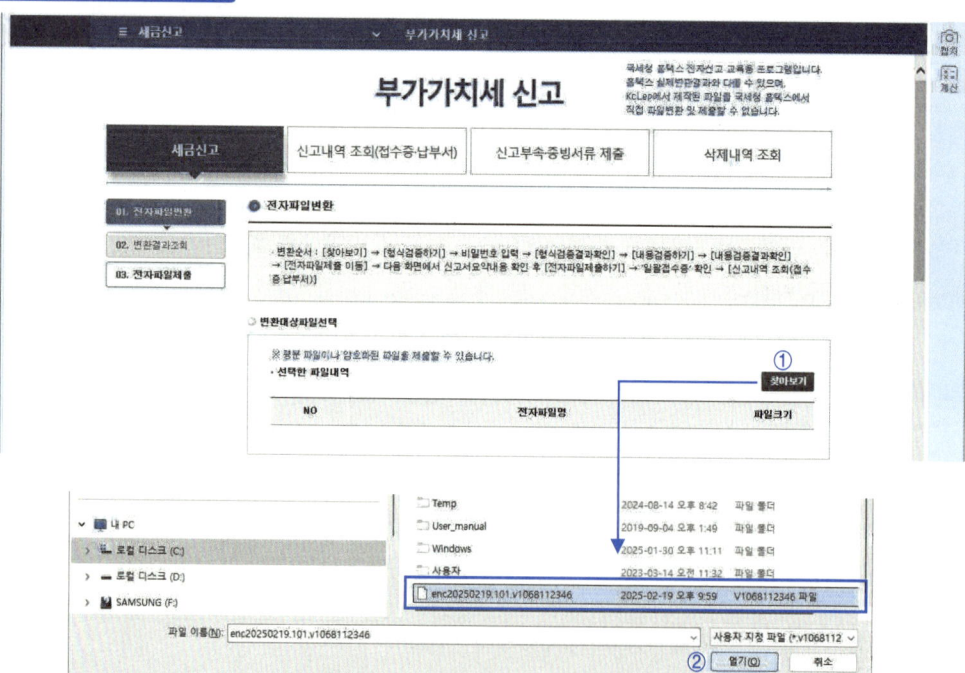

① ⊗변환대상파일선택 에서 찾아보기 를 클릭한다.
② C드라이브에 생성된 파일(enc20250219.101.v1068112346)을 선택하고 열기(O) 를 클릭한다.

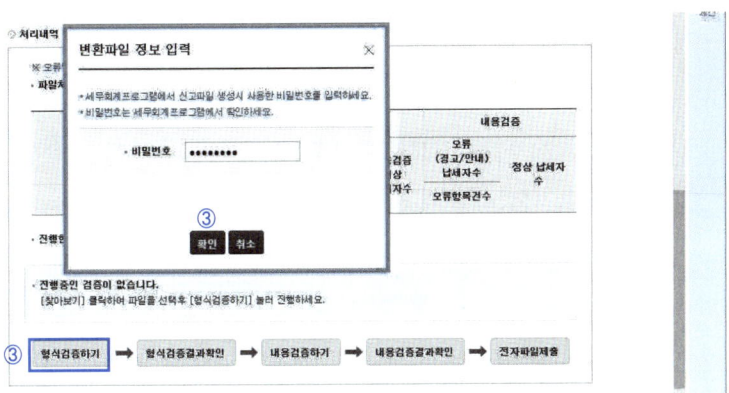

③ 화면 하단에 [형식검증하기]를 클릭하고 「변환파일 정보 입력」 보조창에 비밀번호(12345678)를 입력하고 [확인]을 클릭한다(전자신고 파일 제작시 입력한 비밀번호와 동일함).

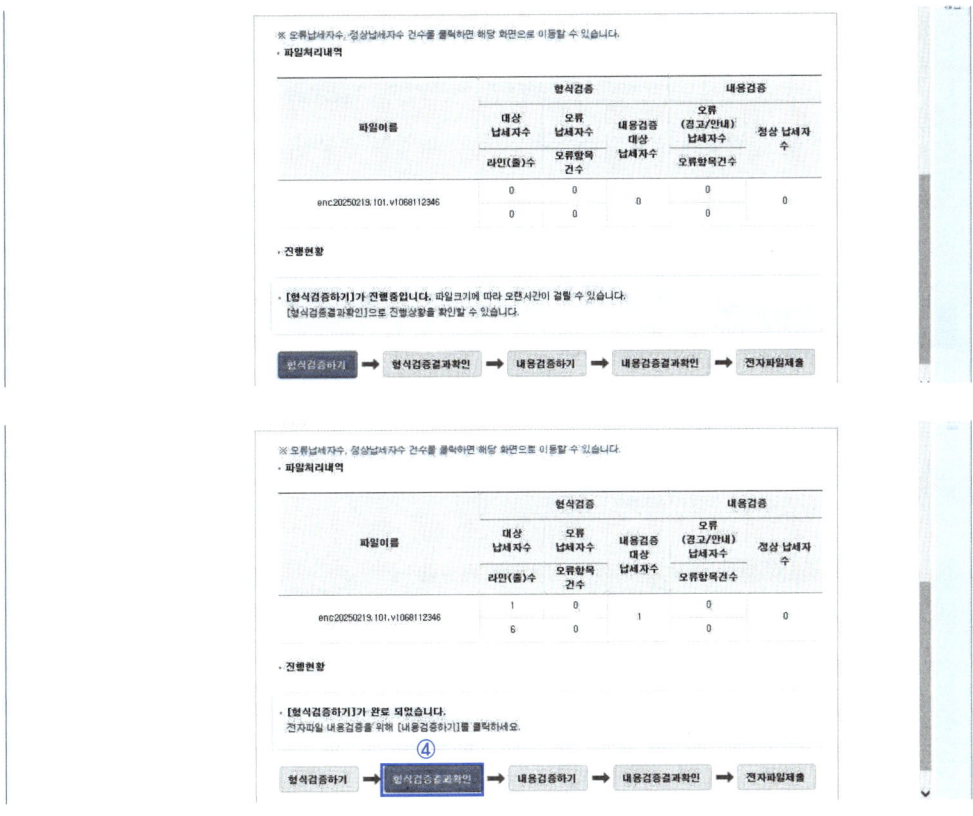

④ [형식검증결과확인]을 클릭하여 형식검증을 진행한다.

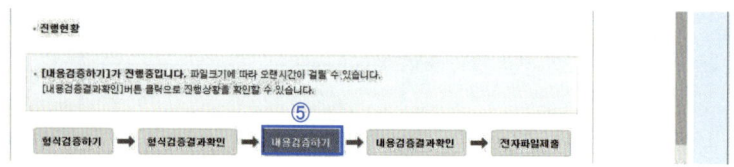

⑤ ![내용검증하기] 를 클릭하여 내용검증을 진행한다.

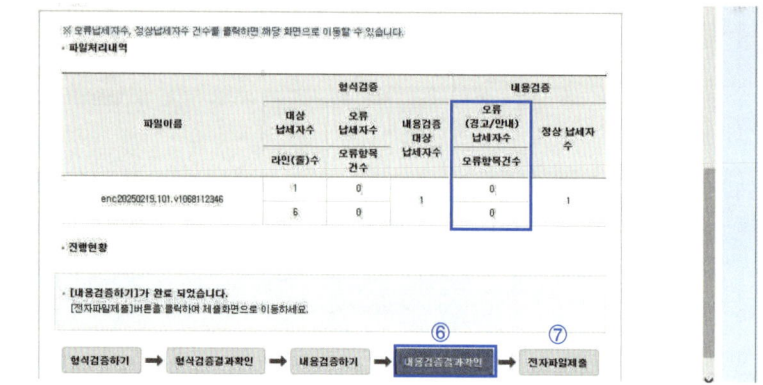

⑥ ![내용검증결과확인] 을 클릭하여 검증결과를 확인한다. 파일이 정상일 경우 내용검증에 오류 항목건수가 표시되지 않는다.

⑦ ![전자파일제출] 을 클릭하면 정상 변환된 제출가능한 신고서 목록이 아래와 같이 조회된다.

03. 전자파일제출

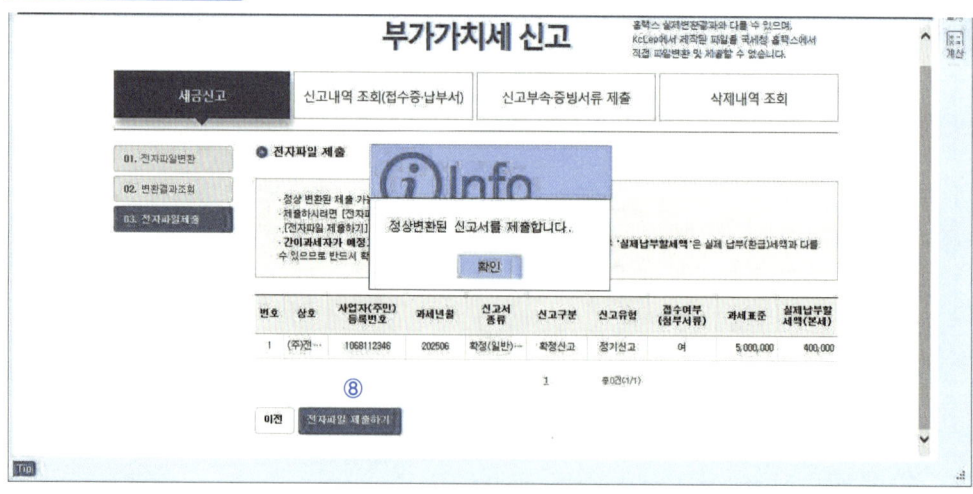

⑧ ![전자파일 제출하기] 를 클릭하고, 대화창에서 ![확인] 을 클릭하여 제출한다.

⑨ 제출이 완료되면 접수증이 나오며, 접수내용을 확인할 수 있다.

2. 원천징수신고 전자신고방법 : [2006] (주)전자신고

(1) 전자신고 파일생성

[원천징수]>[근로/퇴직/사업]>[근로소득관리]>[원천징수이행상황신고서]의 『원천징수명세및납부세액』 탭에서 귀속기간(1월 ~ 1월) / 지급기간(1월 ~ 1월) / 신고구분(1.정기신고)을 입력한다.

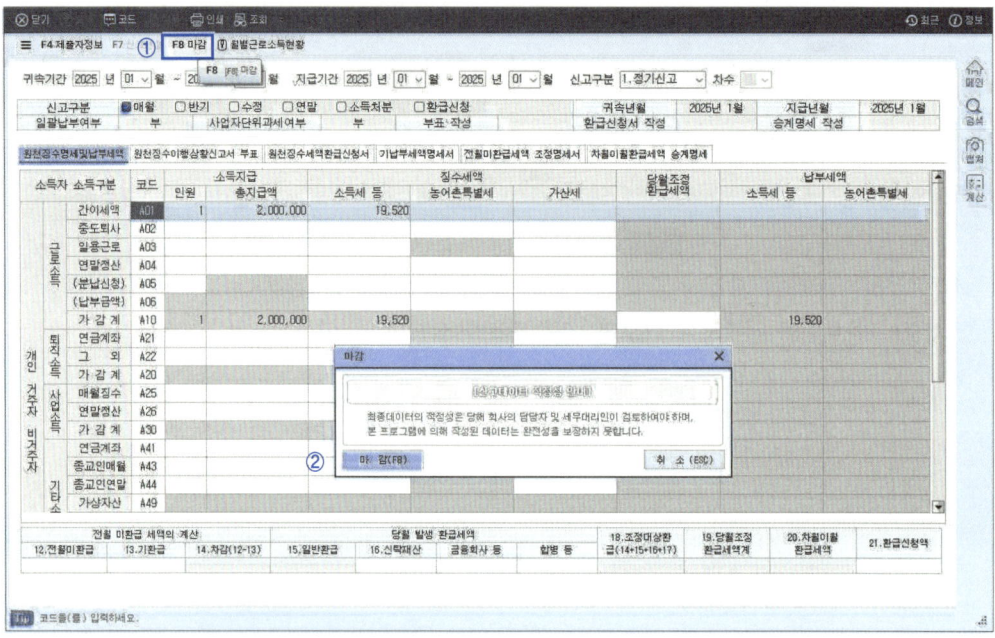

① [원천징수이행상항신고서]를 작성하고 상단 툴바의 F8 마감 버튼을 클릭한다.
② 「마감」 보조창에서 마 감(F8) 을 클릭한다.

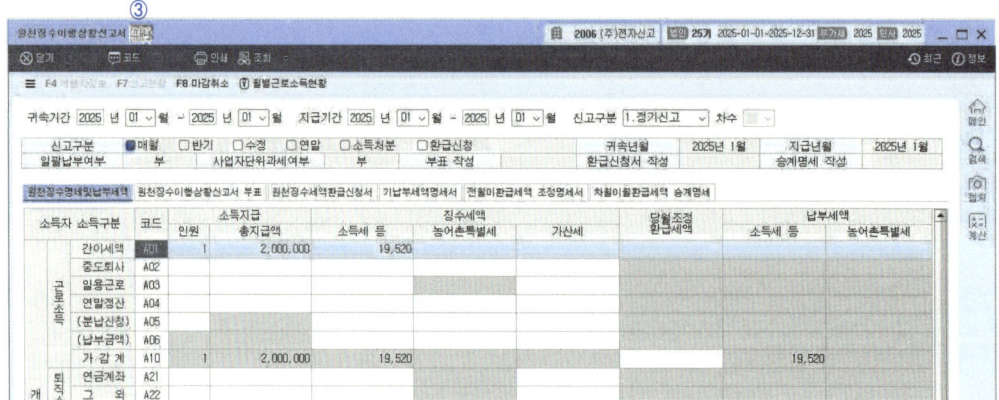

③ 「마감」 보조창이 닫히며 [원천징수이행상항신고서] 상단에 ●마감 표시가 나타난다.

[근로/퇴직/사업]>[전자신고]>[전자신고]를 클릭한다.

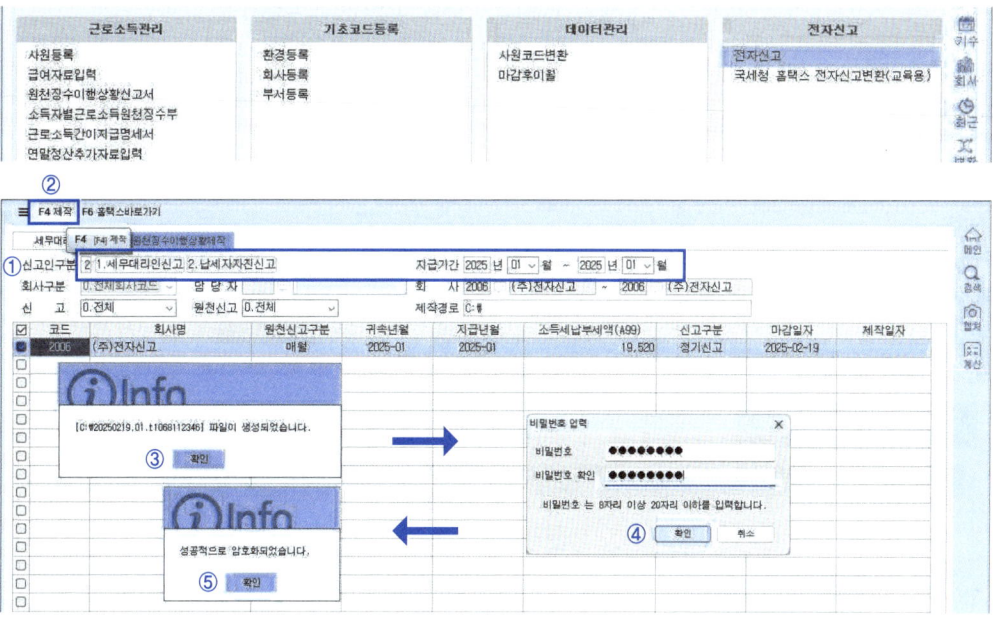

① 『원천징수이행상황제작』 탭에서 신고인구분(2.납세자 자진신고) / 지급기간(01월 ~ 01월)을 입력한다. [마감일자]란은 작업일 현재의 날짜가 자동으로 표시된다.
② 상단 툴바의 F4제작 버튼을 클릭한다.
③ "[C:₩20250219.01.t1068112346] 파일이 생성되었습니다." 대화창에서 확인 을 클릭한다.
④ 「비밀번호 입력」 보조창에서 비밀번호(12345678) / 비밀번호 확인(12345678)을 입력하고 확인 을 클릭한다.
⑤ "성공적으로 암호화되었습니다." 대화창에서 확인 을 클릭한다.

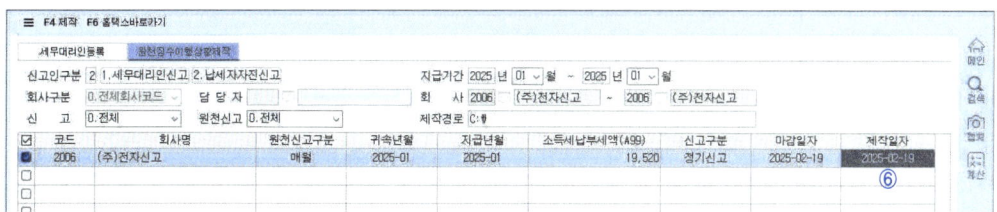

⑥ 전자신고파일 제작일자가 [제작일자]란에 표시된다.

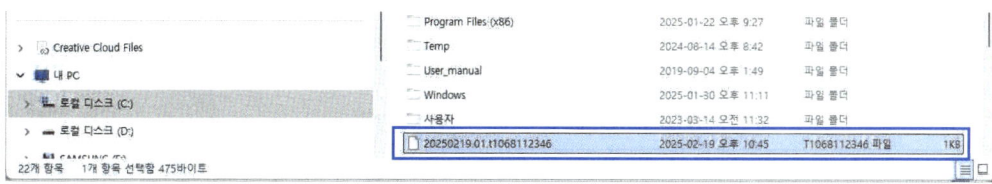

⑦ 제작된 파일은 C드라이브에 파일명(20250219.01.t1068112346)으로 생성된다.

(2) 홈택스 전자신고

[근로/퇴직/사업]>[전자신고]>[국세청 홈택스 전자신고변환(교육용)]을 클릭한다.

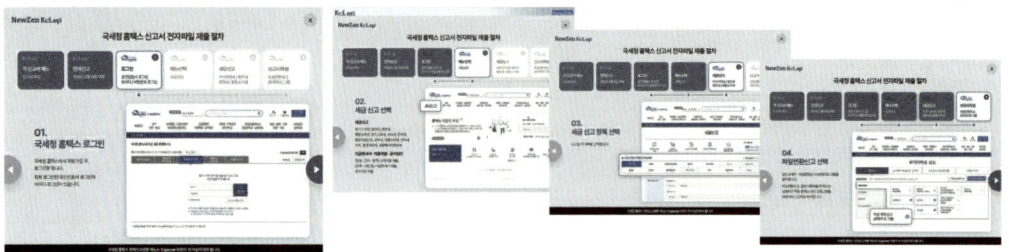

• 국세청 홈택스 『신고서 전자파일 제출』 절차 화면의 하단에 닫기 를 클릭한다.

① ⊙변환대상파일선택 에서 찾아보기 를 클릭한다.
② C드라이브에 생성된 파일(20250219.01.t1068112346)을 선택하고 열기(O) 를 클릭한다.

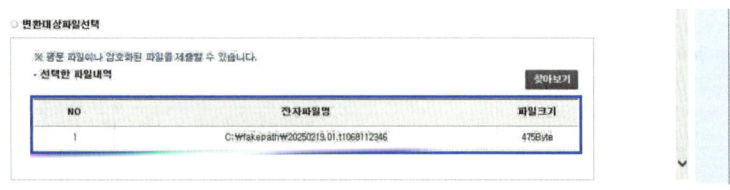

③ 화면 하단에 [형식검증하기] 를 클릭하고 「변환파일 정보 입력」 보조창에 비밀번호(12345678)를 입력하고 [확인] 을 클릭한다(전자신고 파일 제작시 입력한 비밀번호와 동일함).

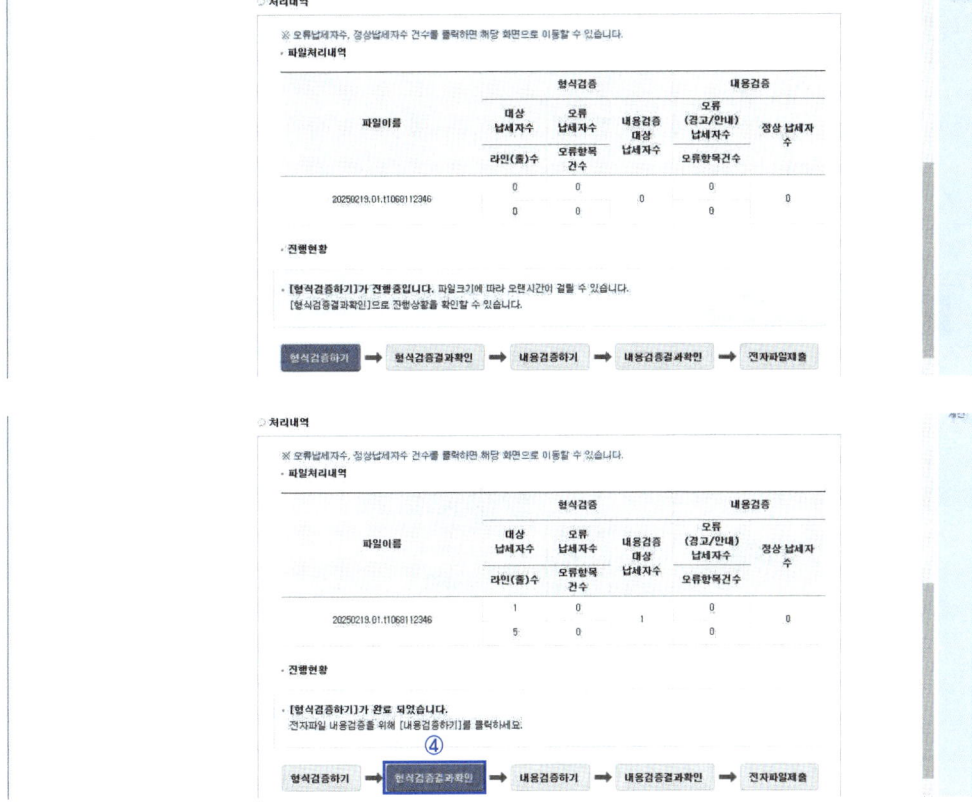

④ [형식검증결과확인] 을 클릭하여 형식검증을 진행한다.

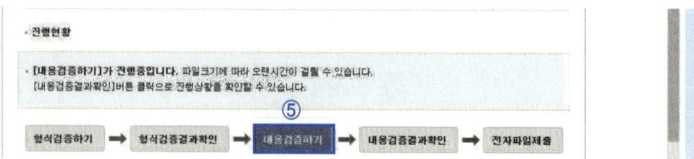

⑤ 를 클릭하여 내용검증을 진행한다.

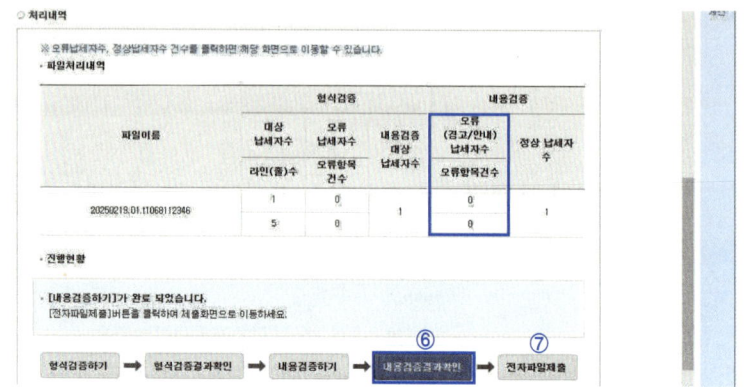

⑥ 을 클릭하여 검증결과를 확인한다. 파일이 정상일 경우 내용검증에 오류 항목 건수가 표시되지 않는다.

⑦ 을 클릭하면 정상 변환된 제출가능한 신고서 목록이 아래와 같이 조회된다.

03. 전자파일제출

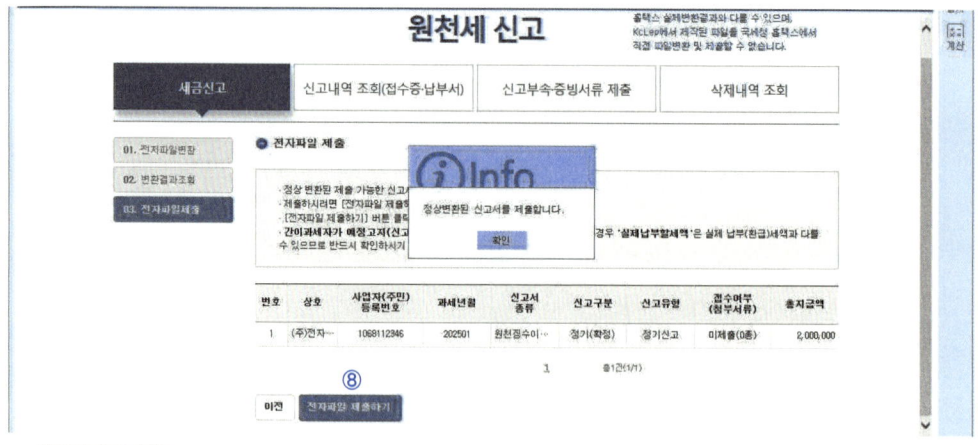

⑧ 를 클릭하고, 대화창에서 을 클릭하여 제출한다.

⑨ 제출이 완료되면 접수증이 나오며, 접수내용을 확인할 수 있다.

- 편 저 자   최 남 규

- 주 요 약 력
  광주고등학교 졸업
  조선대학교 경영학과 졸업
  홍익대학교 세무대학원 졸업
  前 세무사 오기현 사무소
  　㈜더존디지털웨어 강남지점 세무회계팀
  　㈜더존디지털웨어 강사
  　신구대학 세무회계과 겸임교수
  　웅지세무대학교 겸임교수
  　現 ㈜유비온 금융교육팀 교수

- 출 간 목 록
  최대리 전산회계 2급(실기+필기)   (도서출판 最大利)
  최대리 전산회계 1급(실기+필기)   (도서출판 最大利)
  최대리 전산회계 1급(기출문제)   (도서출판 最大利)
  최대리 전산세무 2급(기출문제)   (도서출판 最大利)
  최대리 전산세무 1급(실기+필기)   (도서출판 最大利)
  최대리 전산세무 1급(법인조정)   (도서출판 最大利)

- 네이버 카페   http://cafe.naver.com/choidairi (최대리 전산회계)
- 온라인 강좌   http://www.wowpass.com (와우패스)
- 홈 페 이 지   http://www.choidairi.co.kr
- 문 의 전 화   (031) 942-4596   FAX : (031) 943-4598

최대리 전산세무2급 (실기 + 필기)

2005년 5월 1일 초판 1쇄 펴냄	편저자 최남규
2025년 3월 1일 21판 1쇄 펴냄	발행인 최남규
	발행처 도서출판 최대리
저자와의 합의하에 인지를 생략함	반송처 경기도 일산동구 장항동 856-2 파크프라자 903호
	등 록 2005.4.1(등록번호 제313-2005-60호)
	학습문의 http://cafe.naver.com/choidairi

ISBN 979-11-94230-02-1   13320   정가 30,000원

본서의 독창적인 부분에 대한 무단 인용·전재·복제를 금이 책에 실려 있는 내용은 모두 저자에게 저작권이 있습니다. 저자의 서면 허락 없이 이 책의 내용의 일부 또는 전부를 무단 인용·전재·복제하면 저작권 침해로서 5년 이하의 징역 또는 5천만원 이하의 벌금에 처하거나 이를 병과할 수 있습니다.